CASES AND COMMENTARY ON
ADMINISTRATIVE LAW

제2판

최신 행정법판례 특강

홍정선 저

박영사

제 2 판 머리말

[1] 최신 행정판례특강 제 2 판을 2013년 초에 발간하려고 계획했는데, 독자들의 호응이 상당하여 당초 계획보다 앞당겨 2012년 초에 최신 행정법판례특강으로 서명을 바꾸어 제 2 판을 발간하게 되었다. 제 2 판의 특징은 다음과 같다.

이 책의 가장 큰 특징은 「최신 판례」를 검토 대상으로 하는 것이므로, 이에 부응하기 위하여 이 책에서 다루는 100개의 기본 주제 중 19개의 주제를 최신판례로, 즉 15개의 2011년 판례, 3개의 2010년 판례, 1개의 2009년 판례로 교체하였다. 또한 [판례 96]에서는 주제를 공익사업을 위한 토지 등의 취득 및 보상에 관한 법률상 「사업인정의 성질과 요건」으로 교체하였다. 전체로서 20개의 기본 주제를 새로운 판례로 대체·보완한 셈이다.

참고판례 부분에서는 사건개요를 제 1 판에 비해 보다 간략하게, 보다 평이하게 정리함으로써 독자들이 보다 쉽게 사건개요를 파악할 수 있도록 하였다. 판결요지의 이해에 별 문제가 없는 사건에서는 사건명을 옮기는 것으로 사건개요의 기술에 갈음하였다. 그리하여 이 책의 분량이 좀 줄어들게 되었는데, 이것 역시 독자들의 학습에 상당히 유익하게 작용할 것이라 믿는다.

위에서 언급한 사항을 제외하면, 제 1 판 머리말에서 지적하였던 사항들은 제 2 판에서도 그대로 유지된다.

[2] 독자들에게 권고하고 싶은 사항이 있다.

이 책에서는 가능한 한 사건마다 사건명을 붙이려고 하였다. 사건번호를 기억하기란 무모한 일일 것이다. 학습의 효과를 높이기 위해서는 사건명을 기억하는 것이 좋을 것이다. 나라에 따라서는 법정이나 판례에서 사건번호 외에 사건명이 활용되기도 하는데, 우리나라도 이러한 방향으로 나아가야 할 것이다.

독자들의 편의를 위해 사건개요를 간략하게 기술하였기 때문에 독자에 따라서는 간혹 사건개요의 기술내용이 사실관계의 파악에 미흡하다고 느낄 수도 있을 것이다. 이러한 경우에는 대법원 홈페이지의 종합법령정보에서 해당 판례를 찾아보면 유익할 것이다.

[3] 이제 감사의 마음을 전해야겠다.

이 책의 내용과 구성 등에 관해 조언을 아끼지 아니한 김기홍 강사와 독일 Tübingen대학 법학부에서 유학하고 최근에 돌아와 무척 바쁜 시간을 보내고 있으면서도 이 책의 교정본을 세밀하게 검토해준 홍강훈 박사에게 감사한다. 제 1 회 변호사시험을 치르고 바로 이 책의 교정을 도와준 연세대학교 로스쿨 1기생 류지혜 변호사에게도 감사의 마음을 전한다.

이 책을 출간해주신 박영사 안종만 회장님, 편집과 교정을 맡아준 김선민 부장님과 문선미 님, 늘 서무를 묵묵히 처리해주는 조성호 부장님에게도 감사를 표하면서.

2012년 2월
우거에서
홍 정 선 씀

머리말

[이 책의 출간배경] 여러 학생들로부터, 여러 수험생들로부터 적당한 행정판례교재를 찾아보기 어렵다는 이야기를 많이 들어 왔다. 대학에서 행정법을 연구하고 강의하는 저자로서는 이러한 이야기를 들을 때마다 마음이 불편하였다. 이 때문에 오래전부터 누구나 읽기 쉽고, 이해하기 쉽고, 기억하기 쉬운 행정판례교재를 집필해보고자 하였으나 이제서야 「최신행정판례특강」을 출간함으로써 그 뜻을 조금은 이루게 되었다.

[이 책의 구성] 이 책은 100개의 주제별로 상이한 판례를 다루는데, 주제마다 [사건개요][판결요지][해설][참고판례]의 순으로 구성되어 있다. [사건개요]에서는 사건의 내용을 간결하고 명쾌하게 정리하였으므로 독자들은 누구나 쉽게 사건내용을 파악할 수 있을 것이다. [판결요지]에서는 해당 사건의 모든 판결요지가 아니라 주제와 관련 있는 판결요지만을 기술하여 독자들의 이해의 정도를 높이려고 하였다. [해설]에서는 독자들의 명쾌한 기억을 위하여 난삽하지 않고 간명하게 정리하였다. [참고판례]에서도 대부분 사건개요를 기술하였다. 이러한 구성은 오로지 누구나 이 책으로 행정판례에 쉽게 다가갈 수 있도록 하기 위함이다. 한편, 경우에 따라서는 원고의 주장과 피고의 주장, 제 1 심과 제 2 심의 판결요지를 기술하기도 하였다.

[최신판례] 이 책에서 다루는 100개의 주제를 구성하는 판례들은 기본적으로 최신판례들이다. 따라서 이 책을 접하게 되면, 우리 판례의 최신경향을 느낄 수 있을 것이다. 경우에 따라서는 고전적 판례를 다룬 경우도 간혹 있다. [참고판례]에서 다룬 판례들은 최신판례에서 고전적 판례까지 다양하다. 최신판례를 중심으로 한다는 것이 이 책의 가장 큰 특징 중의 하나라 말하고 싶다.

[이 책의 독자들] 이 책은 행정판례에 관한 지식을 튼튼히 하고자 하는 이들을 대상으로 하였다. 따라서 행정법을 공부하는 대학생, 9급 · 7급 공무원채용시험 수험생, 공인노무사시험 · 경찰시험 등 각종 시험 수험생, 승진시험 수험생, 사법시험 · 행정고시 · 입법고시 · 법원고시 수험생, 변호사시험을 준비하는 로스쿨학생, 그 밖에 행정법

에 관심을 가진 모든 이들에게 이 책을 읽어 볼 것을 권하고 싶다.

[독자들에 권하는 말] 저자가 독자들에게 즐겨하는 말, 즉 「저자의 경험에 비추어 볼 때 행정법공부가 그렇게 쉬운 것만은 아닌 것 같다. 아무리 쉽게 쓴 책이라도 진지하게 읽고 진지하게 생각하여야만 그 효과를 기대할 수 있다. 이 책의 활용은 독자의 몫이다. 부단히 공부하는 자에게는 이 책이 분명히 쉽고도 알찬 책이 될 것이라 믿는다. 공부라는 것은 성실히 노력하는 것이지 그 이상도 그 이하도 아닐 것이다. 삶이란 성실히 일하는 것, 바로 그것 아니겠는가」라는 말을 이 책에서도 반복하고 싶다.

[감사의 말씀] 이 책을 펴내는 데 여러 분의 도움이 있었기에 감사를 표하고자 한다. 「최신행정판례특강」의 출간을 권하였을 뿐만 아니라 내용까지 검토해 준 김기홍 강사, 이 책의 원고를 처음부터 끝까지 읽고 조언을 해 준 진석원 강사와 김정환 강사에게 감사를 표한다. 귀한 시간을 내어 교정을 봐 준 연세대학교 로스쿨 제 1 기생 류지혜 양의 도움에도 고마움을 전한다. 이 책을 출간해 주신 박영사 안종만 회장님, 편집과 교정을 맡아 준 김선민 부장님과 문선미 님, 서무를 묵묵히 처리해 준 조성호 부장님에게 감사한다. 독자들의 건승을 기원하면서 …

2011년 2월
우거에서
홍 정 선 씀

차 례

SECTION 1 행정법총론(일반행정법)

SECTION 2 행정쟁송법

SECTION 3 행정법각론(특별행정법)

SECTION 1

행정법총론

(일반행정법)

CASES AND COMMENTARY ON ADMINISTRATIVE LAW

[판례 1] 통치행위

• 유신헌법상 긴급조치위반자에 대한 재심사건

(대판 2010. 12. 16, 2010도5986 전원합의체)

[사건개요]

1974년 8월 제1심(비상보통군법회)은 피고인에게 대한민국헌법을 비방하며 반국가단체인 북괴의 활동을 찬양·고무·동조하여 북괴를 이롭게 하였다는 이유로 구 대한민국헌법(1980. 10. 27. 헌법 제9호로 전부 개정되기 전의 것, 이하 '유신헌법'이라 한다) 제53조에 기한 대통령 긴급조치(이하 '긴급조치'라 한다) 제1호 제5항, 제3항, 제1항 및 구 반공법(1980. 12. 31. 법률 제3318호 국가보안법 부칙 제2조로 폐지되기 전의 것, 이하 '반공법'이라 한다) 제4조 제1항을 적용하여 유죄를 선고하였고, 이에 피고인이 항소하였으나 항소심(비상고등군법회의)도 같은 법령을 적용하여 유죄의 판결을 선고하였다. 위 판결은 대법원 1975. 2. 10. 선고 74도3506 판결로 피고인의 상고가 기각되어 그대로 확정되었다. 피고인은 2009년 2월 위 확정판결인 재심대상판결에 대하여 재심청구를 하였다. 피고인은 원심법원이 유언비어 날조·유포로 인한 긴급조치 위반의 점에 대하여 면소를 선고한데 대하여 무죄가 선고되어야 한다고 주장하면서 대법원에 상고하였다.

[판결요지]

[1] 입헌적 법치주의국가의 기본원칙은 어떠한 국가행위나 국가작용도 헌법과 법률에 근거하여 그 테두리 안에서 합헌적·합법적으로 행하여질 것을 요구하고, 이러한 합헌성과 합법성의 판단은 본질적으로 사법의 권능에 속하는 것이다. 다만 고도의 정치성을 띤 국가행위에 대하여는 이른바 통치행위라 하여 법원 스스로 사법심사권의 행사를 억제하여 그 심사대상에서 제외하는 영역이 있을 수 있다. 그러나 이와 같이 통치행위의 개념을 인정한다고 하더라도 과도한 사법심사의 자제가 기본권을 보장하고 법치주의 이념을 구현하여야 할 법원의 책무를 태만히 하거나 포기하는 것이 되지 않도록 그 인정을 지극히 신중하게 하여야 한다(대법원 2004. 3. 26. 선고 2003도7878 판결 등 참조).

[2] 평상시의 헌법질서에 따른 권력행사방법으로는 대처할 수 없는 중대한 위기상황이 발생한 경우 이를 수습함으로써 국가의 존립을 보장하기 위하여 행사되는 국가긴급권에 관한 대통령의 결단은 가급적 존중되어야 한다. 그러나 앞에서 살펴본 바와 같은 법치주의의 원칙상 통치행위라 하더라도 헌법과 법률에 근거하여야 하고 그에 위배되어서는 아니 된다. 더욱이 유신헌법 제53조에 근거한 긴급조치 제 1 호는 국민의 기본권에 대한 제한과 관련된 조치로서 형벌법규와 국가형벌권의 행사에 관한 규정을 포함하고 있다. 그러므로 기본권 보장의 최후 보루인 법원으로서는 마땅히 긴급조치 제 1 호에 규정된 형벌법규에 대하여 사법심사권을 행사함으로써, 대통령의 긴급조치권 행사로 인하여 국민의 기본권이 침해되고 나아가 우리나라 헌법의 근본이념인 자유민주적 기본질서가 부정되는 사태가 발생하지 않도록 그 책무를 다하여야 할 것이다.

[3] 유신헌법 제53조 제 4 항이 "제 1 항과 제 2 항의 긴급조치는 사법적 심사의 대상이 되지 아니한다"고 규정하고 있어, 대법원은 유신헌법 아래서, 긴급조치는 유신헌법에 근거한 것으로서 사법적 심사의 대상이 되지 아니하므로 그 위헌 여부를 다툴 수 없다는 취지의 판시를 한 바 있다(대법원 1977. 3. 22. 선고 74도3510 전원합의체 판결, 대법원 1977. 5. 13.자 77모19 전원합의체 결정 등 참조). 그러나 재심소송에서 적용될 절차에 관한 법령은 재심판결 당시의 법령이므로, 사법적 심사의 대상이 되는지 여부는 현재 시행 중인 대한민국헌법(이하 '현행 헌법'이라 한다)에 기하여 판단하여야 한다. 현행 헌법 제76조는 대통령의 긴급명령 · 긴급재정경제명령 등 국가긴급권의 행사에 대하여 사법심사배제 규정을 두고 있지 아니하다. 더욱이 유신헌법 자체에 의하더라도 그 제 8 조가 "모든 국민은 인간으로서의 존엄과 가치를 가지며, 이를 위하여 국가는 국민의 기본적 인권을 최대한으로 보장할 의무를 진다"고 규정하고 제 9 조 내지 제32조에서 개별 기본권 보장 규정을 두고 있었으므로, 유신헌법 제53조 제 4 항이 사법심사를 배제할 것을 규정하고 있다고 하더라도 이는 사법심사권을 절차적으로 제한하는 것일 뿐 이러한 기본권 보장 규정과 충돌되는 긴급조치의 합헌성 내지 정당성까지 담보한다고 할 수 없다. 따라서 이 사건 재심절차를 진행함에 있어, 모든 국민은 유신헌법에 따른 절차적 제한을 받음이 없이 법이 정한 절차에 의해서 긴급조치의 위헌성 유무를 따지는 것이 가능하므로, 이와 달리 유신헌법 제53조 제 4 항에 근거하여 이루어진 긴급조치에 대한 사법심사가 불가능하다는 취지의 위 대법원 판결 등은 더 이상 유지될 수 없다.

[해 설]

1. 쟁 점

이 사건에서는 ① 폐지 또는 실효된 형벌 관련 법령이 당초부터 위헌·무효인 경우 그 법령을 적용하여 공소가 제기된 피고사건에 대하여 법원이 취하여야 할 조치(=무죄의 선고) 및 이 경우 면소를 선고한 판결에 대하여 상소가 가능한지 여부(적극), ② 고도의 정치성을 띤 국가행위인 이른바 '통치행위'가 사법심사의 대상이 되는지 여부, ③ 헌법재판소의 위헌심판대상인 '법률'의 의미 및 소위 유신헌법 제53조에 근거한 '대통령 긴급조치' 위헌 여부의 최종적 심사기관(=대법원), ④ 소위 유신헌법 제53조에 근거한 '대통령 긴급조치 제1호'가 헌법에 위배되어 무효인지 여부(=적극) 등을 쟁점으로 하였으나, 이하에서는 ②와 관련하여 통치행위의 문제로서 검토한다.

2. 통치행위

(1) 행정과 통치행위

우리나라는 삼권분립국가이다. 법을 만드는 권한인 입법권은 국회에 속하고(헌법 제40조), 법을 집행하는 권한인 행정권은 대통령을 수반으로 하는 정부에 속하며(헌법 제66조 제4항), 법적 분쟁이 있는 경우에 이를 재판하는 권한인 사법권은 법관으로 구성된 법원에 속한다(헌법 제101조 제1항). 따라서 법원은 정부가 발하는 명령·규칙 또는 처분이 헌법이나 법률에 위반되는지 여부가 재판의 전제가 된 경우에는 심사할 수 있고, 특히 대법원은 이를 최종적으로 심사할 권한을 가진다(헌법 제107조 제2항). 사법권은 법원의 제청에 의한 법률의 위헌여부심판, 법률이 정하는 헌법소원에 관한 심판 등을 행하는 헌법재판소에 의해서도 수행된다(헌법 제111조 제1항 제1호·제5호 등). 그런데 우리의 다수 학설과 판례는 정부의 행위 중에 고도의 정치성이 있는 것은 통치행위라 부르면서 사법심사의 대상이 되지 아니한다는 입장을 취한다. 이러한 입장에서 정부가 하는 모든 작용을 넓은 의미의 행정이라고 한다면, 넓은 의미의 행정에는 사법심사의 대상이 되는 일반적인 의미(좁은 의미)의 행정 외에 사법심사의 대상이 되지 아니하는 통치행위도 있을 것이다.

(2) 통치행위의 인정 여부

법치국가는 국민의 권리를 보호하는 국가이다. 사법심사의 대상이 되지 아니하는 통치행위를 인정한다는 것은 그만큼 국민의 권리보호의 약화를 가져온다. 이 때문에 통치행위를 인정할 것인가의 여부에 관해 논란이 있다. 학설은 통치행위를 긍정하는 견해, 부정하는 견해, 제한적으로 긍정하는 견해로 나뉘고 있다. 헌법재판소는 사면과 긴급재정경제명령을 통치행위로 본 바 있고, 대법원도 남북정상회담의 개최와 비상계엄선포 등을 통치행위로 본 바 있다. 미국·영국·프랑스·독일·일본 등에서도 제한적으로 통치행위가 인정되고 있다.

(3) 인정 이유

헌법재판소는 이라크파병결정은 국방 및 외교에 관련된 고도의 정치적 결단을 요하는 문제이므로 대통령과 국회의 판단은 존중되어야 하고(권력간 상호존중), 또한 헌법재판소의 판단이 대통령과 국회의 그것보다 더 옳다거나 정확하다고 단정짓기 어려우므로(사법자제) 통치행위에 해당한다고 하였다. 따라서 헌법재판소는 권력간 상호존중과 사법자제를 통치행위를 인정하는 논거로 삼았다고 볼 수 있다.

3. 평　　가

우리 헌법이 법치주의를 택하고 있는 이상 통치행위를 인정하지 않는 것이 논리적이다. 그러나 정책적 관점에서 볼 때, 국가의 존립에 극도의 혼란을 초래할 수도 있는 정치적 사안들의 경우에는 통치행위를 인정할 수밖에 없다. 그러나 아무리 고도의 정치적 행위라고 하여도 헌법의 기본원리에 명백히 반한다면 통치행위로 인정받을 수 없다. 뿐만 아니라 이라크파병사건에서 헌법재판소가 밝힌 바와 같이 통치행위로 인정받기 위해서는 절차적 정당성이 확보되어야 한다. 말하자면 헌법과 법률이 정하는 절차를 따르지 아니한다면 통치행위로 인정받기 어려울 것이다.

4. 참고판례

[1] 국군해외파병 —이라크 파병사건(헌재 2004. 4. 29, 2003헌마814 전원재판부)

(정부가 2003. 10. 18. 국군(자이툰부대)을 이라크에 파견하기로 한 결정(제 2 차 이라크 파병)의 위헌확인심판사건에서) 이 사건 파병결정은 대통령이 파병의 정당성뿐만 아니라 북한 핵 사태의 원만한 해결을 위한 동맹국과의 관계, 우리나라의 안보문제, 국·내외 정치관계 등 국익과 관련한 여러 가지 사정을 고려하여 파병부대의 성격과 규모, 파병기간을 국가안전보장회의의 자문을 거쳐 결정한 것으로, 그 후 국무회의 심의·의결을 거쳐 국회의 동의를 얻음으로써 헌법과 법률에 따른 절차적 정당성을 확보했음을 알 수 있다. 그렇다

면 이 사건 파견결정은 그 성격상 국방 및 외교에 관련된 고도의 정치적 결단을 요하는 문제로서, 헌법과 법률이 정한 절차를 지켜 이루어진 것임이 명백하므로, 대통령과 국회의 판단은 존중되어야 하고 헌법재판소가 사법적 기준만으로 이를 심판하는 것은 자제되어야 한다.

[2] 사면 — 징역형 사면 후 벌금형 집행사건(헌재 2000. 6. 1, 97헌바74 전원재판부)

(징역형 사면에는 벌금형의 사면도 포함된다고 주장한 심판에서) (헌법 제79조 제1항과 제3항에 비추어) 사면의 종류, 대상, 범위, 절차, 효과 등은 범죄의 죄질과 보호법익, 일반국민의 가치관 내지 법감정, 국가이익과 국민화합의 필요성, 권력분립의 원칙과의 관계 등 제반사항을 종합하여 입법자가 결정할 사항으로서 광범위한 입법재량 내지 형성의 자유가 부여되어 있다. 선고된 형의 전부를 사면할 것인지 또는 일부만을 사면할 것인지를 결정하는 것은 사면권자의 전권사항에 속한다. (헌법 제79조 제1항과 제3항에 비추어) 사면의 종류, 대상, 범위, 절차, 효과 등은 범죄의 죄질과 보호법익, 일반국민의 가치관 내지 법감정, 국가이익과 국민화합의 필요성, 권력분립의 원칙과의 관계 등 제반사항을 종합하여 입법자가 결정할 사항으로서 광범위한 입법재량 내지 형성의 자유가 부여되어 있다. 선고된 형의 전부를 사면할 것인지 또는 일부만을 사면할 것인지를 결정하는 것은 사면권자의 전권사항에 속한다.

[3] 긴급명령 — 금융실명거래를 위한 긴급재정경제명령사건 (헌재 1996. 2. 29, 93헌마186 전원재판부)

(1993. 8. 12. 발해진 금융실명거래및비밀보장에관한긴급재정경제명령(대통령 긴급재정경제명령 제16호, 이하 '이 사건 긴급명령'이라고 한다)의 위헌확인심판사건에서) 이른바 통치행위를 포함하여 모든 국가작용은 국민의 기본권적 가치를 실현하기 위한 수단이라는 한계를 반드시 지켜야 하는 것이고, 헌법재판소는 헌법의 수호와 국민의 기본권 보장을 사명으로 하는 국가기관이므로 비록 고도의 정치적 결단에 의하여 행해지는 국가작용이라고 할지라도 그것이 국민의 기본권 침해와 직접 관련되는 경우에는 당연히 헌법재판소의 심판대상이 될 수 있는 것일 뿐만 아니라, 긴급재정경제명령은 법률의 효력을 갖는 것이므로 마땅히 헌법에 기속되어야 할 것이다.

[4] 남북정상회담 — 현대상선 대북사업 무단송금사건(대판 2004. 3. 26, 2003도7878)

(현대상선이 경제협력사업의 대가 명목으로 북한 조선아시아태평양위원회가 지정하는 계좌로 무단 송금하여 기소된 사건에서) 국가행위 중에는 고도의 정치성을 띤 것이 있고, 그러한 고도의 정치행위에 대하여 정치적 책임을 지지 않는 법원이 정치의 합목적성이나 정당성을 도외시한 채 합법성의 심사를 감행함으로써 정책결정이 좌우되는 일은 결코 바람직한 일이 아니며, 법원이 정치문제에 개입되어 그 중립성과 독립성을 침해당할 위험성도 부인할 수 없으므로, 고도의 정치성을 띤 국가행위에 대하여는 이른바 통치행위라 하여 법원 스스로 사법심사권의 행사를 억제하여 그 심사대상에서 제외하는 영역이 있다. 남북정상회담의 개최과정에서 위 피고인들이 공모하여 재정경제부장관에게 신고하지 아니하거나 통일부장관의 협력사업 승인을 얻지 아니한 채 위와 같이 북한측에 사업권의 대가 명목으로 4억 5,000만 달러를 송금한 행위 자체는 헌법상 법치국가의 원리와 법 앞에 평등원칙 등에 비추어 볼 때 사법심사의 대상이 된다.

[5] 비상계엄
— 12 · 12군사반란과 5 · 18내란사건(대판 1997. 4. 17, 96도3376 전원합의체)

(전두환의 지시에 따라 육군참모총장 육군대장 정승화를 강제연행한 12 · 12반란사건과 대통령과 국무총리를 강압하고 폭력적 불법수단을 동원하여 비상계엄의 전국확대를 의결 · 선포하는 등의 5 · 18내란으로 기소된 사건에서) 대통령의 비상계엄의 선포나 확대 행위는 고도의 정치적 · 군사적 성격을 지니고 있는 행위라 할 것이므로, 그것이 누구에게도 일견하여 헌법이나 법률에 위반되는 것으로서 명백하게 인정될 수 있는 등 특별한 사정이 있는 경우라면 몰라도, 그러하지 아니한 이상 그 계엄선포의 요건 구비 여부나 선포의 당 · 부당을 판단할 권한이 사법부에는 없다고 할 것이나, 이 사건과 같이 비상계엄의 선포나 확대가 국헌문란의 목적을 달성하기 위하여 행하여진 경우에는 법원은 그 자체가 범죄행위에 해당하는지의 여부에 관하여 심사할 수 있고, 이 사건 비상계엄의 전국확대조치가 내란죄에 해당함은 앞서 본 바와 같다.

[판례 2] 법률의 유보

• 서울시 중구 도시환경정비사업사건
(헌재 2011. 8. 30, 2009헌바128 · 148(병합))

[사건개요](일부 발췌)

청구인들은 도시환경정비사업의 시행자인 토지등소유자가 사업시행인가를 신청하기 전에 얻어야 하는 토지등소유자의 동의요건을 토지등소유자가 자치적으로 정하여 운영하는 규약에 정하도록 한 구 '도시 및 주거환경정비법' 제28조 제4항 본문의 '사업시행자' 부분 중 제8조 제3항에 따라 도시환경정비사업을 토지등소유자가 시행하는 경우에 관한 부분이 법률유보의 원칙에 위반된다는 점 등을 주장하면서, 2009. 6. 26.과 2009. 7. 8. 각 헌법소원심판을 청구하였다.

[심판대상]

당시 도시 및 주거환경정비법 제28조(사업시행인가) ④ 사업시행자(시장 · 군수 또는 주택공사 등을 제외한다)는 사업시행인가를 신청(인가받은 내용을 변경하거나 정비사업을 중지 또는 폐지하고자 하는 경우를 포함한다)하기 전에 미리 정관등이 정하는 바에 따라 토지등소유자(주택재건축사업인 경우에는 조합원을 말하며, 이하 이 항에서 같다)의 동의를 얻어야 한다.

[결정요지](일부 발췌)

[1] 헌법은 법치주의를 그 기본원리의 하나로 하고 있으며, 법치주의는 행정작용에 국회가 제정한 형식적 법률의 근거가 요청된다는 법률유보를 그 핵심적 내용의 하나로 하고 있다. 그런데 오늘날 법률유보의 원칙은 단순히 행정작용이 법률에 근거를 두기만 하면 충분한 것이 아니라, 국가공동체와 그 구성원에게 기본적이고도 중요한 의미를 갖는 영역, 특히 국민의 기본권실현에 관련된 영역에 있어서는 행정에 맡길 것이 아니라 국민의 대표자인 입법자 스스로 그 본질적 사항에 대하여 결정하여야 한다는 요구까지 내포하는 것으로 이해하여야 한다(이른바 의회유보원칙).

[2] 토지등소유자가 도시환경정비사업을 시행하는 경우 사업시행인가 신청시 필요한 토지등소유자의 동의는 개발사업의 주체 및 정비구역 내 토지등소유자를 상대로 수용권을 행사하고 각종 행정처분을 발할 수 있는 행정주체로서의 지위를 가지는 사

업시행자를 지정하는 문제로서 그 동의요건을 정하는 것은 국민의 권리와 의무의 형성에 관한 기본적이고 본질적인 사항이므로 국회가 스스로 행하여야 하는 사항에 속하는 것임에도 불구하고 사업시행인가 신청에 필요한 동의정족수를 토지등소유자가 자치적으로 정하여 운영하는 규약에 정하도록 한 것은 법률유보의 원칙에 위반된다.

[해　　설]

1. 쟁　　점

이 사건에서는 도시환경정비사업의 시행자인 토지등소유자가 사업시행인가를 신청하기 전에 얻어야 하는 토지등소유자의 동의요건을 토지등소유자가 자치적으로 정하여 운영하는 규약에 정하도록 한 구 당시 '도시 및 주거환경정비법' 제28조 제 4 항 본문의 '사업시행자' 부분 중 제 8 조 제 3 항에 따라 도시환경정비사업을 토지등소유자가 시행하는 경우에 관한 부분이 법률유보의 원칙에 위반되는지 여부(적극) 등을 쟁점으로 하였다. 이하에서 이와 관련하여 법률유보의 원칙의 문제로서 검토한다.

2. 법률의 유보의 원칙

(1) 의　　의

행정법상 법률의 유보의 원칙이란 「국가나 지방자치단체의 행정작용은 법적 근거를 가져야 한다」는 원칙을 말한다. 법률의 유보의 원칙은 우리나라가 민주국가·법치국가라는 점 등에서 나온다.

(2) 헌법과 법률의 유보의 원칙

헌법에서 법률의 유보의 원칙을 정면으로 선언하는 조항은 찾아볼 수 없다. 그럼에도 헌법은 제37조 제 2 항(기본권의 제한), 제23조 제 1 항(재산권의 내용과 한계)과 제 3 항(재산권의 수용·사용) 등에서 일정 사항에 대하여 법률로 정하도록 하고 있는바, 헌법은 법률유보의 원칙을 정하고 있는 것으로 이해된다. 법률유보의 원칙은 헌법원칙이므로 법률유보의 원칙의 위반은 헌법위반이 된다.

(3) 범　　위

헌법에서 법률로 정하도록 규정한 사항은 반드시 법률로 정하여야 하지만, 헌법에서 법률로 정하도록 규정한 사항이 아닌 사항에 대하여도 법률의 유보의 원칙이 적용되는가에 관해 학설은 침해유보설·전부유보설·중요사항유보설(본질성설) 등으로 나뉘고 있다. 오늘날에는 중요사항유보설이 일반적으로 지지되고 있다.

(4) 중요사항유보설

중요사항유보설이란 기본적인 규범영역에서 모든 중요한(본질적인) 결정은 입법자가 스스로 법률로 정하여야 한다는 독일 연방헌법재판소의 판례를 바탕으로 한 개념이다. 한편, 중요한 사항유보설은 2중의 의미 내지 2단계로 구성된다. 제 1 단계란 국가공동체의 중요한 사항(본질적 사항)은 정부가 아니라 국회가 법률로 정하여야 할 사항(입법사항)이라는 점이고, 제 2 단계란 국회는 입법사항을 헌법 제75조(대통령령)와 제95조(총리령과 부령)에 따라 정부가 대통령령이나 총리령 또는 부령으로 정하도록 위임할 수 있지만, 그럼에도 불구하고 보다 본질적인 중요한 사항은 위임할 수 없고, 반드시 국회 스스로가 정하여야 한다(의회유보)는 점이다.

3. 평　　가

이 사건에서도 헌법재판소는 종래와 마찬가지로 중요사항유보설의 입장에서 판시하고 있다(판례를 보라).

4. 참고판례

[1] 수형자 운동화착용 불허사건(헌재 2011. 2. 24, 2009헌마209)

(청송 제 2 교도소장이 2008. 11. 14. 민사법정에 출석하는 청구인의 운동화 착용을 불허한 행위, 적색 긴팔 티와 적색 반팔 티 영치품 사용신청을 불허한 처분 등의 위헌확인사건에서) 국민의 기본권은 헌법 제37조 제 2 항에 의하여 국가안전보장·질서유지 또는 공공복리를 위하여 필요한 경우에 한하여 이를 제한할 수 있으나, 그 제한의 방법은 원칙적으로 법률로써만 가능하고 제한의 정도도 기본권의 본질적 내용을 침해할 수 없으며 필요한 최소한도에 그쳐야 한다. 여기서 기본권 제한에 관한 법률유보의 원칙은 '법률에 근거한 규율'을 요청하는 것이므로, 그 형식이 반드시 법률일 필요는 없다 하더라도 법률상의 근거는 있어야 한다 할 것이다. 운동화착용불허행위는 구 행형법 제20조의 위임과 구 행형법 시행령 제73조 제 2 항의 재위임에 따른 구 수용자의류 및 침구급여에 관한 규칙과 수용자 피복관리 및 제작에 관한 지침에 근거를 둔 처분으로서 법률유보의 원칙에 위배되지 아니한다.

[2] KBS수신료사건

(1) 제 1 차 KBS수신료사건(헌재 1999. 5. 27, 98헌바70 전원재판부)
(텔레비전수신료를 한국방송공사로 하여금 결정해서 문화관광부장관의 승인을 얻도록 한 한국방송공사법 제36조등의 위헌확인심판사건에서) 텔레비전방송수신료는 대다수 국민의 재산권 보장의 측면이나 한국방송공사에게 보장된 방송자유의 측면에서 국민의 기본권실현에 관련된 영역에 속하고, 수신료금액의 결정은 납부의무자의 범위 등과 함께 수신료에 관한 본질적인 중요한 사항이므로 국회가 스스로 행하여야 하는 사항에 속하는 것임에도 불구하고 한국방송공사법 제36조 제 1 항에서 국회의 결정이나 관여를 배제한 채 한국방송공사로 하여금 수신료금액을 결정해서 문화관광부장관의 승인을 얻도록 한 것은 법률유보의 원칙에 위반된다.

■ 심판대상

한국방송공사법(1990. 8. 1. 법률 제4264호로 개정된 것) 제35조(텔레비전수상기의 등록과 수신료 납부의무) 텔레비전방송을 수신하기 위하여 텔레비전수상기(이하 '수상기'라 한다)를 소지한 자는 대통령령이 정하는 바에 따라 공사에 그 수상기를 등록하고 텔레비전방송수신료(이하 '수신료'라 한다)를 납부하여야 한다. 다만, 대통령령이 정하는 수상기에 대하여는 그 등록을 면제하거나 수신료의 전부 또는 일부를 감면할 수 있다.

제36조(수신료의 결정) ① 수신료의 금액은 이사회가 심의·결정하고, 공사가 공보처장관의 승인을 얻어 이를 부과·징수한다.

(2) 제 2 차 KBS수신료사건(헌재 2008. 2. 28, 2006헌바70 전원재판부)
(텔레비전수상기소지자에 대하여 수신료를 납부하도록 규정한 방송법 제64조 및 제67조 제 2 항 위헌확인심판사건에서) 수신료 징수업무를 한국방송공사가 직접 수행할 것인지 제 3 자에게 위탁할 것인지, 위탁한다면 누구에게 위탁하도록 할 것인지, 위탁받은 자가 자신의 고유업무와 결합하여 징수업무를 할 수 있는지는 징수업무 처리의 효율성 등을 감안하여 결정할 수 있는 사항으로서 국민의 기본권제한에 관한 본질적인 사항이 아니라 할 것이다. 따라서 방송법 제64조 및 제67조 제 2 항은 법률유보의 원칙에 위반되지 아니한다.

■ 심판대상(일부 발췌)

제67조(수상기 등록 및 징수의 위탁) ② 공사는 수상기의 생산자·판매인·수입판매인 또는 공사가 지정하는 자에게 수상기의 등록업무 및 수신료의 징수업무를 위탁할 수 있다.

[3] 기타

(1) 헌재 2010. 4. 29, 2007헌마910 전원재판부(행정사 자격시험사건)
(2) 헌재 2010. 10. 28, 2007헌마890(신병훈련소에서의 전화사용 통제사건)

[판례 3] 행정의 자기구속의 원칙
• 아산시 DSC사건(대판 2009. 12. 24, 2009두7967)

[사건개요]

원고(피상고인, 아산농산영농조합법인)는 2008. 1. 7. 피고(상고인, 아산시장)에게 신규 건조저장시설(DSC; Drying Storage Center, 이하 '이 사건 건조저장시설'이라 한다) 사업자인정신청을 하였다. 피고는 2008. 4. 21. 원고에 대하여, 농림사업실시규정(2007. 12. 28. 훈령 제1291호, 이하 '이 사건 훈령'이라 한다) 제 4 조에 따라 제정된 2008년도 농림사업시행지침서(이하 '이 사건 지침서'라 한다)가 정한 신규 DSC 사업자 인정기준에 적합하지 않다는 이유로 위 신청을 반려하였다(이하 '이 사건 처분'이라 한다). 원고가 제기한 신규건조저장시설사업자 인정신청반려처분 취소청구소송에서 원심인 대전고등법원은 피고의 사업자인정신청반려처분을 취소하였다. 이에 피고가 상고하였다.

[주 문] 원심판결을 파기하고, 사건을 대전고등법원에 환송한다.

[판결요지]

[1] 상급행정기관이 하급행정기관에 대하여 업무처리지침이나 법령의 해석적용에 관한 기준을 정하여 발하는 이른바 '행정규칙이나 내부지침'은 일반적으로 행정조직 내부에서만 효력을 가질 뿐 대외적인 구속력을 갖는 것은 아니므로 행정처분이 그에 위반하였다고 하여 그러한 사정만으로 곧바로 위법하게 되는 것은 아니다. 다만, 재량권 행사의 준칙인 행정규칙이 그 정한 바에 따라 되풀이 시행되어 행정관행이 이루어지게 되면 평등의 원칙이나 신뢰보호의 원칙에 따라 행정기관은 그 상대방에 대한 관계에서 그 규칙에 따라야 할 자기구속을 받게 되므로, 이러한 경우에는 특별한 사정이 없는 한 그를 위반하는 처분은 평등의 원칙이나 신뢰보호의 원칙에 위배되어 재량권을 일탈·남용한 위법한 처분이 된다.

[2] 시장이 농림수산식품부에 의하여 공표된 「2008년도 농림사업시행지침서」에 명시되지 않은 「시·군별 건조저장시설 개소당 논 면적」 기준을 충족하지 못하였다는 이유로 신규 건조저장시설 사업자인정신청을 반려한 사안에서, 위 지침이 되풀이 시행되어 행정관행이 이루어졌다거나 그 공표만으로 신청인이 보호가치 있는 신뢰를 갖

게 되었다고 볼 수 없고, 쌀 시장 개방화에 대비한 경쟁력 강화 등 우월한 공익상 요청에 따라 위 지침상의 요건 외에 「시·군별 건조저장시설 개소당 논 면적 1,000ha 이상」 요건을 추가할 만한 특별한 사정을 인정할 수 있어, 그 처분이 행정의 자기구속의 원칙 및 행정규칙에 관련된 신뢰보호의 원칙에 위배되거나 재량권을 일탈·남용한 위법이 없다.

[해　　설]

1. 쟁　　점

원심법원과 대법원은 이 사건의 적법 여부에 관해 결론을 달리하였지만, 두 법원 모두 행정의 자기구속이라는 용어를 사용하고 있음을 볼 수 있다. 이하에서 행정의 자기구속의 원칙의 적용문제로서 살펴보기로 한다.

2. 행정의 자기구속의 원칙

(1) 의　　의

행정의 자기구속의 원칙이란 「같은 사안에 대하여 제 3 자에게 한 것과 같은 결정을 상대방에게도 하도록 행정청이 구속을 받는다」는 원칙을 말한다. 「행정청은 스스로 정하여 시행하고 있는 기준을 합리적인 이유 없이 이탈할 수 없다」는 원칙으로 표현할 수도 있다. 합리적인 사유가 있으면 종래의 기준으로부터 이탈할 수도 있다.

(2) 기　　능

행정의 자기구속의 원칙은 행정청이 재량권을 행사할 때에 행정권의 자의를 방지하여 그 재량권의 행사가 적정하게 이루어지도록 하는 기능을 갖는다.

(3) 성　　질

행정의 자기구속의 원칙은 평등의 원칙에 근거를 둔 원칙으로서 행정법의 일반원칙의 하나로 이해되고 있다. 행정의 자기구속의 원칙에 위반된 행위는 위법한 행위가 된다. 행정의 자기구속의 원칙은 학설상 인정될 뿐만 아니라 헌법재판소에 의해서도 인정되고 있다.

(4) 요　　건

행정의 자기구속의 원칙은 다음을 요건으로 한다. 즉 ① 법적으로 비교할 수 있는 생활관계가 있어야 하고, ② 행정청이 설정한 법적 상황과 결정을 요하는 사건이 의미와 목적에 있어서 동일하여야 하며, ③ 문제되는 처분은 처분청에 의한 것이어야 하고, ④ 근거되는 행정관행은 적법한 것이어야 한다.

(5) 적용범위

행정의 자기구속의 원칙은 수익적인 행위에서 평등의 보장을 위해 발전된 것이지만, 침익적 행위의 경우에도 적용이 배제될 이유는 없다. 행정의 자기구속의 원칙은 재량행위와 판단여지가 주어지는 경우에 의미를 갖는다. 기속행위에서는 행정청에 아무런 선택의 자유도 없기 때문에 행정의 자기구속의 문제가 없다.

3. 평 가

(1) 행정의 자기구속의 원칙이 적용되기 위해서는 우선 법적으로 비교할 수 있는 생활관계가 있어야 한다. 말하자면 행정청이 스스로 정한 기준(지침)에 따라 이미 행한 결정과 그 기준에 따라 이루어져야 할 결정이 있는 경우에 문제된다. 이미 행한 결정이 있다는 것은 행정관행이 있음을 의미한다. 행정관행의 의미와 관련하여 대법원은 현실적으로 관행이 있음을 요구하는 것으로 보인다. 그러나 원심법원의 「이 사건 지침이 예기하고 있는 자기구속」이라는 표현에 비추어 원심법원은 예기관행도 행정관행의 한 종류로 보는 듯하다. 예기관행이란 「행정규칙에 정해진 사항은 앞으로 있을 행정의 관행을 미리 정하여 놓은 것이므로, 행정규칙에 정해진 사항은 미리 평가된 관행이 된다」라는 것을 뜻한다. 행정관행에 대한 원심법원의 태도가 진일보한 것으로 판단된다.

(2) 대법원은 행정의 자기구속의 원칙은 「쌀 시장 개방화에 대비한 경쟁력 강화 등 우월한 공익상 요청에 따라 위 지침상의 요건 외에 '시·군별 건조저장시설 개소당 논면적 1,000ha 이상' 요건을 추가할 만한 특별한 사정을 인정할 수 있어, 그 처분이 행정의 자기구속의 원칙…에 위배되거나 재량권을 일탈·남용한 위법이 없다」고 판시하였는데, 이것은 이 사건의 경우에 우월한 공익상 요청을 이 사건의 지침으로부터 이탈할 수 있는 합리적인 사유로 본 것으로 보인다. 이러한 대법원의 판단은 정당한 것으로 보인다.

[공익상 요청에 관한 대법원의 구체적 판단] 농림수산식품부는 1991년부터 2001년까지 미곡의 유통구조 개선 및 품질 향상, 가격 안정을 위하여 생산자로부터 미곡의 매입·건조·저장·가공·판매를 일괄적으로 처리할 수 있는 RPC 343개소를 지원하여 설치한 바 있으나, 그 후 벼 재배면적이 급격하게 줄어드는 반면 쌀 수입량은 증가하는 등 상황이 급변함에 따라 2005년부터 RPC 통합 등 구조조정을 추진하여 현재 276개소의 RPC만을 운영하고 있으며, 앞으로도 2013년까지 200

개 정도의 RPC로 통합함으로써 쌀 시장의 개방화에 대비하여 경쟁력을 강화하려고 시도하고 있는 점, 이에 따라 신규 RPC 또는 DSC 사업자의 인정 여부를 판단하는 경우에도 시설, 운영능력 및 지역기준 등을 고려하여 엄격한 심사를 하고 있는 점, 비록 원고의 2007년 기준 원료 벼 확보가능 논 면적이 2,347ha로서 이 사건 지침상의 「원료 벼 확보가능 논 면적 2,000ha 이상」 요건을 충족하고 있으나, 이러한 원료 벼 확보가능 논 면적은 RPC 또는 DSC 사업자가 1개의 시 또는 군에 있는 총 논 면적 중 현실적으로 확보가능한 논 면적을 의미하므로 이는 매해 변동될 여지가 있는 점, 원고의 이 사건 신청이 반려되었다고 하여 원고가 DSC 영업 자체를 할 수 없는 것이 아니고, 다만 피고로부터 벼 매입자금 지원 등의 혜택만을 받지 못할 뿐인 점 등을 알 수 있는바, 이러한 사정을 종합해 보면 피고가 이 사건 처분을 하면서 보다 우월한 공익상의 요청에 따라 이 사건 지침상의 요건 외에 「시·군별 DSC 개소당 논 면적 1,000ha 이상」 요건을 추가할 만한 특별한 사정이 없었다고 보기도 어렵다.

4. 참고판례

[1] 담양고등학교교사 전보사건(헌재 1990. 9. 3, 90헌마13 전원재판부)

(전라남도교육위원회의 1990학년도인사원칙(중등)이 헌법상 허용되지 않는 법령의 소급적용에 의하여 청구인의 기득권을 침해한 것임을 이유로 제기한 헌법소원심판사건에서) 행정규칙이 법령의 규정에 의하여 행정관청에 법령의 구체적 내용을 보충할 권한을 부여한 경우, 또는 재량권행사의 준칙인 규칙이 그 정한 바에 따라 되풀이 시행되어 행정관행이 이룩되게 되면, 평등의 원칙이나 신뢰보호의 원칙에 따라 행정기관은 그 상대방에 대한 관계에서 그 규칙에 따라야 할 자기구속을 당하게 되고, 그러한 경우에는 대외적인 구속력을 가지게 된다 할 것이다.

[2] 청주대학교 교원징계사건(대판 1993. 9. 10, 93누5741)

(청주대학교의 교수로 재직하면서 1991년도 2학기에 숭실대학교에 주 15시간 출강한 교원의 징계를 받은 후 재심을 청구한 사건에서) 법적용의 형평성의 원칙 또는 평등의 원칙이라고 하는 의미 속에는 전제요건이 동일한 사안을 동시에 판단하는 경우에는 동일하게 취급해야 할 것과 유사한 사건에서 이루어진 행정관행과 다르게 또는 불평등하게 행위하지 말아야 할 것 등의 의미가 내포되어 있다.

[판례 4] 비례원칙

• **서울광장 차벽저지사건**(헌재 2011. 6. 30, 2009헌마406)

[사건개요]

2009. 5. 23.경 경찰청장은 노무현 전 대통령을 조문하고자 덕수궁 대한문 앞 시민분향소를 찾은 사람들이 그 건너편에 있는 서울광장에서 불법·폭력 집회나 시위를 개최하는 것을 막기 위하여 경찰버스들로 서울광장을 둘러싸 소위 차벽(車壁)을 만드는 방법으로 서울광장에 출입하는 것을 제지하였다.

2009. 6. 3. 청구인들은 서울광장을 가로질러 통행하려고 하다가 서울광장을 둘러싼 차벽에 의하여 통행하지 못하게 되자 경찰청장의 이 사건 통행제지행위가 청구인들의 일반적 행동자유권 등 기본권을 침해한다고 주장하면서 이 사건 헌법소원심판청구를 하였다.

[심판대상]
경찰청장이 2009. 6. 3. 서울광장을 경찰버스들로 둘러싸 청구인들의 서울광장 통행을 제지한 행위가 청구인들의 기본권을 침해하였는지 여부이다.

[결정요지](발췌)

[1] 이 사건 통행제지행위는 서울광장에서 개최될 여지가 있는 일체의 집회를 금지하고 일반시민들의 통행조차 금지하는 전면적이고 광범위하며 극단적인 조치이므로 집회의 조건부 허용이나 개별적 집회의 금지나 해산으로는 방지할 수 없는 급박하고 명백하며 중대한 위험이 있는 경우에 한하여 비로소 취할 수 있는 거의 마지막 수단에 해당한다. 서울광장 주변에 노무현 전 대통령을 추모하는 사람들이 많이 모여 있었다거나 일부 시민들이 서울광장 인근에서 폭력행위를 저지른 바 있다고 하더라도 그것만으로 폭력행위일로부터 4일 후까지 이러한 조치를 그대로 유지해야 할 급박하고 명백한 불법·폭력 집회나 시위의 위험성이 있었다고 할 수 없으므로 이 사건 통행제지행위는 당시 상황에 필요한 최소한의 조치였다고 보기 어렵다.

[2] 전면적이고 광범위한 집회방지조치를 취할 필요성이 있었다고 하더라도, 서울광장에의 출입을 완전히 통제하는 경우 일반시민들의 통행이나 여가·문화 활동 등의

이용까지 제한되므로 서울광장의 몇 군데라도 통로를 개설하여 통제 하에 출입하게 하거나 대규모의 불법·폭력 집회가 행해질 가능성이 적은 시간대라든지 서울광장 인근 건물에의 출근이나 왕래가 많은 오전 시간대에는 일부 통제를 푸는 등 시민들의 통행이나 여가·문화활동에 과도한 제한을 초래하지 않으면서도 목적을 상당 부분 달성할 수 있는 수단이나 방법을 고려하였어야 함에도 불구하고 모든 시민의 통행을 전면적으로 제지한 것은 침해의 최소성을 충족한다고 할 수 없다.

[3] 대규모의 불법·폭력 집회나 시위를 막아 시민들의 생명·신체와 재산을 보호한다는 공익은 중요하지만, 당시의 상황에 비추어 볼 때 이러한 공익의 존재 여부나 그 실현 효과는 다소 가상적이고 추상적인 것이라고 볼 여지도 있고, 비교적 덜 제한적인 수단에 의하여도 거의 달성될 수 있었던 것으로 보여 일반 시민들이 입은 실질적이고 현존하는 불이익에 비하여 결코 크다고 단정하기 어려우므로 법익의 균형성 요건도 충족하였다고 할 수 없다.

[해　설]

1. 쟁　점

이 사건에서는 경찰청장이 2009. 6. 3. 경찰버스들로 서울특별시 서울광장을 둘러싸 통행을 제지한 행위가 비례원칙(과잉금지원칙)을 위반하여 청구인들의 일반적 행동자유권을 침해한 것인지 여부(적극) 등을 쟁점으로 하였다. 이하에서 이 사건을 비례원칙의 적용문제로서 살펴본다.

2. 비례원칙

(1) 의　의

비례원칙이란 행정의 목적과 그 목적을 실현하기 위한 수단의 관계에서 그 수단은 목적을 실현하는 데에 적합하고 또한 최소침해를 가져오는 것이어야 할 뿐만 아니라, 아울러 그 수단의 도입으로 인해 생겨나는 침해가 의도하는 이익·효과를 능가하여서는 아니 된다는 원칙을 말한다. 「대포로 참새를 쏘아서는 아니 된다」는 표현에서 보는 바와 같이 비례원칙은 행정의 목적과 그 목적을 실현하기 위한 수단의 관계는 이성적인 관계이어야 함을 뜻한다.

(2) 법적 근거

① 비례원칙의 헌법적 근거로 헌법 제37조 제2항을 볼 수 있다. 말하자면 헌법 제37조 제2항 중 「필요한 경우」란 광의의 비례원칙, 즉 적합성의 원칙, 필요성의 원칙, 그리고 상당성의 원칙을 포괄하는 의미로 해석된다. 따라서 비례원칙은 헌법적 지위를 가진 원칙이다. ② 비례원칙을 명시적으로 규정하고 있는 법률도 적지 아니하다(예: 행정규제기본법 제5조 제3항 등). ③ 판례도 물론 비례원칙을 인정하고 있다.

(3) 내 용

일반적으로 비례원칙이란 넓은 의미의 비례원칙을 뜻한다. 넓은 의미의 비례원칙은 적합성의 원칙 · 필요성의 원칙 · 상당성의 원칙으로 구성된다. ① 적합성의 원칙이란 수단은 추구하는 목표의 달성에 법적으로나 사실상으로 유용한 것이어야 한다는 원칙을 말한다. ② 필요성의 원칙이란 목표달성을 위해 채택된 수단은 많은 적합한 수단 중에서 개인이나 공중에 최소한의 침해를 가져오는 것이어야 한다는 원칙을 말한다. 최소수단의 원칙 또는 최소침해의 원칙이라고도 한다. ③ 상당성의 원칙이란 목표달성을 위해 적용하고자 하는 수단으로부터 나오는 침해가 목적하는 효과를 능가하여서는 아니 된다는 원칙을 말한다. 협의의 비례원칙이라고도 한다.

(4) 적용순서

적합성의 원칙, 필요성의 원칙, 그리고 좁은 의미의 비례원칙은 단계구조를 이룬다. 즉 많은 적합한 수단 중에서도 필요한 수단만이, 필요한 수단 중에서도 상당성 있는 수단만이 선택되어야 한다.

3. 평 가

헌법재판소는 [결정요지][1]에서 적합성의 원칙, [결정요지][2]에서 최소침해의 원칙, [결정요지][3]에서 협의의 비례원칙(상당성의 원칙)을 적용한 것으로 판단된다. 이것은 헌법재판소가 이 사건 결정에서 광의의 비례원칙을 적합성의 원칙, 필요성의 원칙, 그리고 좁은 의미의 비례원칙의 순으로 적용한 것임을 의미한다.

4. 참고판례

[1] 울산지방경찰청 경찰관 해임사건(대판 2008. 6. 26, 2008두6387)

(유흥업소를 운영하는 사람의 형으로부터 다액의 금전을 수년간에 걸쳐 정기적으로 수수한 경찰공무원이 해임처분을 받은 후 취소를 구한 사건에서) 공무원에 대한 징계처분이 사회통념상 현저하게 타당성을 잃었는지 여부는 구체적인 사례에 따라 직무의 특성, 징계의 원인이 된 비위사실의 내용과 성질, 징계에 의하여 달성하려고 하는 행정목적, 징계 양정의 기준, 특히 금품수수의 경우는 수수액수, 수수경위, 수수시기, 수수 이후 직무에 영향을 미쳤는지 여부 등 여러 요소를 종합하여 판단할 때 그 징계내용이 객관적으로 명백히 부당하다고 인정할 수 있는 경우라야 한다. 한편, 대략 같은 정도의 비위를 저지른 자들에 대하여 그 구체적인 직무의 특성, 금전 수수의 경우에는 그 액수와 횟수, 의도적·적극적 행위인지 여부, 개전의 정이 있는지 여부 등에 따라 징계의 종류의 선택과 양정에 있어서 차별적으로 취급하는 것은 사안의 성질에 따른 합리적 차별로서 이를 자의적 취급이라고 할 수 없어 평등의 원칙 내지 형평에 반하지 아니한다.

[2] 기타

(1) 헌재 2010. 2. 25, 2009헌바70 전원재판부(종로구청 건축허가취소사건)
(2) 대판 2001. 8. 24, 2000두7704(대구고검장 심재륜 면직사건)

[판례 5] 신뢰보호의 원칙

• 한약사국가시험 응시자격 제한사건

(대판 2007. 10. 29, 2005두4649 전원합의체)

[사건개요]

(1) 원고(피상고인, 항소인) A를 제외한 나머지 원고들은 1996. 12. 18. 순천대학교 한약자원학과에 입학원서를 접수하였고, 1996. 12. 26. 면접고사에 응시하였으며, 1997. 1. 20. 입학합격통지를 받고 1997. 1. 27. 합격자등록을 마쳐 1997. 3. 3. 위 한약자원학과에 입학하였으며, 원고 A는 1998. 3. 18. 위 한약자원학과에 입학하였다.

(2) 원고들은 위 한약자원학과를 이미 졸업하였거나 2004. 2. 졸업예정인 자들로서, 2003. 10. 15. 제 5 회 한약사국가시험의 응시원서를 제출하였다.

(3) 피고(한국보건의료인 국가시험원장, 상고인, 피항소인)는 한약사의 자격과 면허에 관하여 규정하고 있는 약사법(이하 '법'이라 한다) 제 3 조의2 제 2 항과 법 시행령(1997. 3. 6. 대통령령 제15301호로 개정된 것, 이하 '개정 시행령'이라 한다) 제 3 조의2 및 부칙 제 2 항의 규정에 의하여 원고들은 한약사시험에 응시할 자격이 없다는 이유로 2003. 10. 15. 원고들의 응시원서접수를 거부하였다. 이에 원고들은 한약사국가시험 응시원서접수거부처분취소청구소송을 제기하였다.

[참고] 개정 전 법령은 한약사시험에 응시하기 위하여 이수하여야 할 한약관련과목과 그 최소 학점만을 규정하였으므로 한약학과 졸업생이 아닌 경우에도 한약사시험에 응시할 자격이 있었다. 개정 법령은 한약사시험의 응시자격을 한약학과를 졸업한 자로 제한하였고, 다만 그 경과규정으로 부칙 제 2 항은 1996학년도 이전에 한약학과가 아닌 다른 학과에 입학한 자에 대해서는 종전의 규정에 따른다고 규정하였다.

[판결요지]

[1] 법령의 개정에서 신뢰보호원칙이 적용되어야 하는 이유는, 어떤 법령이 장래에도 그대로 존속할 것이라는 합리적이고 정당한 신뢰를 바탕으로 국민이 그 법령에 상응하는 구체적 행위로 나아가 일정한 법적 지위나 생활관계를 형성하여 왔음에도 국가가 이를 전혀 보호하지 않는다면 법질서에 대한 국민의 신뢰는 무너지고 현재의 행위에 대한 장래의 법적 효과를 예견할 수 없게 되어 법적 안정성이 크게 저해되기 때문이고, 이러한 신뢰보호는 절대적이거나 어느 생활영역에서나 균일한 것은 아니고 개개의 사안마다 관련된 자

유나 권리, 이익 등에 따라 보호의 정도와 방법이 다를 수 있으며, 새로운 법령을 통하여 실현하고자 하는 공익적 목적이 우월한 때에는 이를 고려하여 제한될 수 있으므로, 이 경우 신뢰보호원칙의 위배 여부를 판단하기 위해서는 한편으로는 침해된 이익의 보호가치, 침해의 중한 정도, 신뢰가 손상된 정도, 신뢰침해의 방법 등과 다른 한편으로는 새 법령을 통해 실현하고자 하는 공익적 목적을 종합적으로 비교·형량하여야 한다.

[2] 개정 전 약사법(1994. 1. 7. 법률 제4731호로 개정되고 2005. 7. 29. 법률 제7635호로 개정되기 전의 것) 제 3 조의2 제 2 항의 위임에 따라 같은 법 시행령(1994. 7. 7. 대통령령 제14319호로 개정되고 1997. 3. 6. 대통령령 제15301호로 개정되기 전의 것) 제 3 조의2에서 한약사 국가시험의 응시자격을 「필수 한약관련 과목과 학점을 이수하고 대학을 졸업한 자」로 규정하던 것을, 개정 시행령(1997. 3. 6. 대통령령 제15301호로 개정되고 2006. 3. 29. 대통령령 제19425호로 개정되기 전의 것) 제 3 조의2에서 「한약학과를 졸업한 자」로 응시자격을 변경하면서, 개정 시행령 부칙이 한약사 국가시험의 응시자격에 관하여 1996학년도 이전에 대학에 입학하여 개정 시행령 시행 당시 대학에 재학 중인 자에게는 개정 전의 시행령 제 3 조의2를 적용하게 하면서도 1997학년도에 대학에 입학하여 개정 시행령 시행 당시 대학에 재학중인 자에게는 개정 시행령 제 3 조의2를 적용하게 하는 것은 헌법상 신뢰보호의 원칙과 평등의 원칙에 위배되어 허용될 수 없다.

[해 설]

1. 쟁 점

1997년 3월 6일자로 개정되기 전의 약사법시행령은 한약사 국가시험의 응시자격을 「필수 한약관련 과목과 학점을 이수하고 대학을 졸업한 자」로 규정하였으나, 개정 시행령에서는 「한약학과를 졸업한 자」로 응시자격을 변경하면서, 1997학년도에 대학에 입학하여 개정 시행령 시행 당시 대학에 재학 중인 자에게는 개정 시행령을 적용함으로써 1997년 3월 3일에 한약관련학과에 입학한 자의 응시자격을 박탈한 것이 적법한가의 여부가 이 사건의 쟁점이다. 이하에서 신뢰보호의 원칙의 적용문제로서 이 사건을 검토한다.

2. 신뢰보호의 원칙

(1) 의 의

신뢰보호의 원칙이란 행정청의 어떠한 행위의 존속이나 정당성을 사인이 신뢰한 경우, 보호할 가치 있는 사인의 신뢰는 보호되어야 한다는 원칙을 말한다. 행정법의 일반원칙의 하나이다.

(2) 근 거

신뢰보호의 원칙은 법적 안정성을 보장하기 위한 것으로 헌법적 지위를 갖는다. 법률에서 신뢰보호의 원칙을 규정하기도 하나(행정절차법 제 4 조 제 2 항; 국세기본법 제18조 제 3 항 등) 이러한 규정은「법령 등의 해석 또는 행정청의 관행이 일반적으로 국민에게 받아들여진 때」와 관련하여서만 신뢰보호의 원칙을 규정하고 있을 뿐이다. 따라서「법령 등의 해석 또는 행정청의 관행이 일반적으로 국민에게 받아들여진 때」가 아닌 경우에 있어서 신뢰보호의 원칙은 학설과 판례에 의해 인정되고 있다.

(3) 요 건

신뢰보호의 원칙이 인정되기 위한 요건을 편의상 도해하기로 한다.

학설(지배적 견해)	판례
① 행정청의 선행조치가 있을 것	① 행정청이 개인에 대하여 신뢰의 대상이 되는 공적인 견해의 표명을 하였을 것
② 보호가치 있는 사인의 신뢰가 있을 것	② 행정청의 견해표명이 정당하다고 신뢰한 데에 대하여 그 개인에게 귀책사유가 없을 것
③ 신뢰에 기한 사인의 처리가 있을 것	③ 그 개인이 그 견해표명을 신뢰하고 이에 어떠한 행위를 하였을 것
④ 사인의 신뢰와 처리 사이에 인과관계가 있을 것	④ 그 견해표명을 신뢰한 개인의 이익이 침해되는 결과가 초래될 것
⑤ 선행조치에 반하는 후행처분이 있을 것	⑤ 행정청이 위 견해표명에 반하는 처분을 할 것
⑥ 상기 요건 충족하고, 신뢰한 자를 보호하는 것이 공익에 중대한 침해를 가져오는 것이 아닐 것	⑥ 상기 요건 충족하고, 공익 또는 제 3 자의 정당한 이익을 현저히 해할 우려가 있는 경우가 아닐 것

3. 평 가

(1) 원고들의 대학입학 당시의 법령상으로는 원고들에게 한약사시험 응시자격이 예정되어 있었다는 점에서 ①의 요건은 구비되었고 원고들은 이를 믿고 한약자원학과에 입학하였으므로 ③의 요건도 구비되었다. 그리고 법령개정으로 응시자격이 박탈되었으므로 ④와 ⑤의 요건도 구비되었다. 문제는 ②와 ⑥의 요건의 구비 여부이다.

(2) 원고들의 한약사 국가시험의 응시자격 취득의 기대라는 신뢰이익은 법적으로

보호받을 만한 가치를 지니고 있는 것이라 하겠다. 따라서 ②의 요건도 구비하였다.

(3) 1997학년도에 입학한 자들과 1996학년도 이전에 입학한 자들은 개정 전 시행령 제 3 조의2에서 정해진 한약사 국가시험 응시자격을 신뢰하고 대학에 입학하였다는 점에서 같다고 할 것이므로 개정법령의 실현을 통해 확보되는 공익보다 개정 법령으로 인해 침해되는 사익이 보다 크다고 할 것이므로 원고들이 보호받아야 한다. 따라서 ⑥의 요건도 구비되었다.

(4) 원고 A는 1998. 3. 18. 위 한약자원학과에 입학하였으므로 다른 원고들과 달리 신뢰보호의 원칙에 의한 보호를 받기 어렵다.

4. 참고판례

[1] 자동차운전면허정지처분 후 자동차운전면허취소
— 대구지방경찰청장 운전면허취소사건(대판 2000. 2. 25, 99두10520)

(여수경찰서 소속 경찰관으로부터 음주운전을 적발당한 자가 여수경찰서 교통사고 조사계 순경의 착오로 운전면허정지통지서를 받은 후 대구지방경찰청장이 별도로 자동차운전면허취소통지서를 받고 자동차운전면허취소의 취소를 구한 사건에서) 선행처분인 여수경찰서장의 면허정지처분은 비록 그와 같은 처분이 도로교통법시행규칙에서 정한 행정처분기준에 위배하여 이루어진 것이라 하더라도 그와 같은 사실만으로 곧바로 당해 처분이 위법하게 되는 것은 아닐 뿐더러, 원고로서는 그 면허정지처분이 효력을 발생함으로써 그 처분의 존속에 대한 신뢰가 이미 형성되었다 할 것이고 또한 그와 같은 처분의 존속이 현저히 공익에 반한다고는 보이지 아니하므로, 동일한 사유에 관하여 보다 무거운 면허취소처분을 하기 위하여 이미 행하여진 가벼운 면허정지처분을 취소하는 것은 선행처분에 대한 당사자의 신뢰 및 법적 안정성을 크게 저해하는 것이 되어 허용될 수 없다 할 것이다.

[2] 기타

(1) 대판 2009. 12. 24, 2008두15350(춘해학원 사업소세부과사건)
(2) 헌재 2003. 10. 30, 2001헌마700, 2003헌바11(병합) 전원재판부(문정동 진약국개설등록취소사건)

[판례 6] 부당결부금지의 원칙

• 경부고속도로 청원 - 증약 구간 송유관 이전비용사건

(대판 2009. 2. 12, 2005다65500)

[사건개요]

(1) 1991. 10. 8. 원고(피항소인, 한국도로공사)와 피고(항소인)는 "고속국도의 유지관리 및 도로확장 등의 사유로 도로부지 및 접도구역에 매설한 송유시설의 전부 또는 일부의 이설이 불가피할 경우에는 원고는 피고에게 송유관시설의 이전을 요구할 수 있고 그로 인하여 발생되는 이설비용은 피고가 부담한다"는 것 등을 내용으로 하는 협약을 체결하였다(원고는 고속국도법 제6조, 제8조, 제10조 및 도로법 제50조의 각 규정에 따라 고속국도와 그 접도구역의 관리 및 유지를 담당하는 관리청이다).

(2) 1992. 5. 18. 원고는 피고에게 '도로점용 및 접도구역 내 공작물 설치허가'를 하였다. 그 허가조건 중의 하나로 피고가 이 사건 협약을 위반하였을 때에는 원고가 임의로 허가를 취소할 수 있다는 조항을 부가하였다.

(3) 위 허가에 따라 송유관의 매설이 있었고, 그 후 도로 확장공사로 인해 송유관의 이설이 필요하게 되었다. 송유관 이설 비용에 관해 원고와 피고 사이에 분쟁이 발생하였다. 원고는 도로 확장공사의 일정 때문에 이설 공사비 전액을 피고에게 납입한 후 피고가 이설공사를 시행하기로 약정하였다. 피고는 이에 따라 2001. 12. 28. 공사를 완료하였으며, 원고는 피고에게 위 공사에 따른 비용으로 522,378,000원을 지급하였다. 그 후 원고는 약정금반환청구소송을 제기하였다.

[판결요지](부당결부금지의 원칙 부분만 발췌)

[1] 부당결부금지의 원칙이란 행정주체가 행정작용을 함에 있어서 상대방에게 이와 실질적인 관련이 없는 의무를 부과하거나 그 이행을 강제하여서는 아니 된다는 원칙을 말한다.

[2] 고속국도의 유지관리 및 도로확장 등의 사유로 접도구역에 매설한 송유시설의 이설이 불가피할 경우 그 이설비용을 피고가 부담하도록 한 것은, 원고가 접도구역의 송유관 매설에 대한 허가를 할 것을 전제로 한 것으로, 피고는 송유관이설이라는 부대

공사와 관련하여 공작물설치자로서 특별한 관계가 있다고 볼 수 있고, 피고로서는 접도구역 부지 소유자와 사이에 별도로 이용계약을 체결하고 그 부지점용에 따른 사용료를 지급하게 되나, 관리청인 원고로부터 접도구역의 송유관 매설에 관한 허가를 얻게 됨으로써 접도구역이 아닌 사유지를 이용하여 매설하는 경우에 비하여는 공사절차 등의 면에서 이익을 얻는다고 할 수 있으며, 피고의 사업이 공익성을 갖는다고 하더라도 비영리사업이라고 볼 수는 없고, 피고로서는 처음부터 이러한 경제적 이해관계를 고려하여 이 사건 협약을 체결한 것이라고 할 것이므로, 이 사건 협약 중 접도구역에 매설된 송유관 이설비용을 피고가 부담하도록 한 부분이 부당결부금지원칙에 위반된 것이라고 할 수는 없다.

[해　　설]

1. 쟁　　점

(1) 행정행위의 부관으로서 부담은 행정청이 행정처분을 하면서 일방적으로 부가하는 것이 일반적이다. 그런데 이 사건에서 행정청은 부담을 부가하기 이전에 상대방과 협의하여 부담의 내용을 협약의 형식으로 미리 정한 다음 행정처분을 하면서 이를 부가하였는데, 대법원은 이러한 부담의 부과방식도 가능하다고 하였다. 부관에 관한 논의는 생략한다.

(2) 이 사건의 핵심적인 문제점 중의 하나는 「피고가 이 사건 허가에 기하여 매설한 송유관을 이설하게 되는 경우에 피고에게 그 이설비용을 모두 부담하게 한 것」이 부당결부금지의 원칙에 반하는가의 여부이다. 이하에서 부당결부금지의 원칙의 적용문제로서 이 사건을 검토한다.

2. 부당결부금지의 원칙

(1) 의　　의

부당결부금지의 원칙이란 행정작용과 사인이 부담하는 반대급부는 부당한 내적인 관련을 가져서는 아니 되고 또한 상호 결부되어서도 아니 된다는 원칙을 말한다. 이 사건에서 대법원은 부당결부금지의 원칙을 「부당결부금지의 원칙이란 행정주체가 행정작용을 함에 있어서 상대방에게 이와 실질적인 관련이 없는 의무를 부과하거나 그 이행을 강제하여서는 아니 된다는 원칙」이라 하였다. 부당결부금지의 원칙은 행정법의 일반원칙의 하나로서 이에 위반하면 위법한 것이 된다. 예컨대 A군의 군수가 B에게 건축허가를 내주면서, 건축허가와 아무런 관련이 없는 「A군의 청사건립」을 위해 B의 토지 3,000평을 A군에 기부할 것을 건축허가의 조건으로 붙였다면, 이러한 조건은 부당결부금지의 원칙에 반하는 것으로 위법한 것이 된다.

(2) 근 거

부당결부금지의 원칙은 법치국가원칙과 자의금지의 원칙으로부터 나온다. 만약 부당결부가 가능하다면, 군수는 단란주점허가를 내주면서 단란주점허가와 무관한 사항, 예컨대 군에 기부금을 납부할 것을 허가조건으로 붙일 수 있게 되는데, 재산권의 침해는 법률로 하라는 헌법에 비추어 이러한 기부금 납부의무의 부과는 법률에 근거 없는 재산권의 침해가 된다. 법률에 근거 없는 재산권의 침해는 바로 법치국가원칙의 위반을 뜻하게 된다. 따라서 부당결부금지의 원칙은 헌법적 지위를 갖는다. 판례는 부당결부금지의 원칙을 명시적으로 인정하고 있다.

(3) 요 건

부당결부금지의 원칙이 적용되기 위해서는 ① 행정청의 작용이 있어야 하고, ② 그 행정작용은 상대방에게 부가하는 반대급부와 결부되어야 하며, ③ 그 행정작용과 사인의 급부가 부당한 내적 관련을 가져야 한다. 부당한 내적 관련성의 유무에 대한 판단기준으로 인과관계에 있어서의 관련성(원인적 관련성)과 목적에 있어서의 관련성(목적적 관련성)이 활용된다. 원인적 관련성이란 행정작용과 사인의 급부 사이에는 인과관계가 있을 때 정당한 내적 관계가 존재함을 의미하고, 목적적 관련성이란 행정작용과 사인의 급부 사이에서 사인의 급부가 행정작용과 특정의 목적을 같이할 때 정당한 내적 관계가 존재함을 의미한다. 따라서 원인적 관련성이나 목적적 관련성이 결여되면 행정작용과 사인의 급부 사이에는 부당한 내적 관련 내지 부당결부가 존재하는 것이 된다.

3. 평 가

(1) 원고는 피고에게 「도로점용 및 접도구역 내 공작물 설치허가」를 하였으므로 ①의 요건은 구비되었다. 「원고가 송유관시설의 이전을 요구할 때 그로 인하여 발생되는 이설비용은 피고가 부담한다」는 것을 허가의 반대급부로서 결부시켰으므로 ②의 요건도 구비되었다. 문제는 ③의 요건의 구비 여부이다.

(2) 생각건대 판례가 판시한 바와 같이 ① 피고는 원고로부터 이 사건 허가를 받음으로써 우리나라를 남북 방향으로 관통하는 송유관을 매설함에 있어서 도로부지나 접

도구역이 아닌 사유지를 이용하여 매설하는 경우 겪게 되는 여러 가지 법률적 · 사실적인 어려움을 상당 부분 해소하게 되는 이익도 동시에 얻는다는 점, ② 피고로서는 처음부터 이러한 경제적 이해관계를 고려하여 이 사건 협약을 체결한 것이라는 점, ③ 피고의 사업이 공익성을 갖는다고 하더라도 비영리사업이라고 볼 수 없다는 점에 비추어 원고가 피고에게 내 준 「도로점용 및 접도구역 내 공작물 설치허가」와 「원고가 송유관시설의 이전을 요구할 때 그로 인하여 발생되는 이설비용은 피고가 부담한다」는 부관(부담) 사이에는 원인적 관련성과 목적적 관련성이 혼재된 것으로 판단된다. 따라서 부당한 내적 관련 내지 부당결부는 존재한다고 말하기 어렵다.

4. 참고판례

인천시 도로개설용 토지 기부채납사건(대판 1997. 3. 11, 96다49650)

(1천억여원의 사업비를 들여 아파트를 건축하고자 주택사업계획의 승인신청을 원고에게 인천시장이 무단으로 붙인 기부채납부관의 효력을 쟁점으로 한 민사소송에서) 소외 인천시장은 원고에게 주택사업계획승인을 하게 됨을 기화로 그 주택사업과는 아무런 관련이 없는 토지인 위 2,791m²를 기부채납하도록 하는 부관을 위 주택사업계획승인에 붙인 사실이 인정되므로, 위 부관은 부당결부금지의 원칙에 위반되어 위법하다고 할 것이다.

■ 특기사항

대법원은 이 판결에서 학설상 주장되어 온 「부당결부금지의 원칙」을 처음으로 명시적으로 받아들였다.

[판례 7] 법률상 이익(개인적 공권)
• 화성시 택지개발사업지구 택지공급거부사건
(대판 2007. 12. 13, 2006두19068)

[사건개요]

(1) 1998. 2. 13. 원고(주식회사 금강주택)는 자기 소유의 화성시 태안읍 안녕리 토지 외 9필지(이하 '이 사건토지'라 한다) 합계 172,168m²를 소외 B신탁회사 명의로 신탁등기를 경료하였다.

(2) 1998. 5. 16. 피고(대한주택공사)가 화성시 태안읍 송산리, 안녕리 일원을 사업지구로 하여 시행하는 화성태안 3 지구 택지개발사업에 대한 택지개발예정지구 지정 및 고시가 있었다.

(3) 2003. 5. 6. 택지개발예정지구 변경지정 및 개발계획 승인 고시가 있었다.

(4) 2004. 4. 27. 원고는 피고에게 이 사건 토지 172,168m²를 협의매도하였다.

(5) 2004. 7. 13. 원고는 피고에게 "주택건설사업자인 원고가 이 사건 각 토지를 피고에게 협의양도함으로써 구 택지개발촉진법 시행령(2005. 3. 8. 대통령령 제18734호로 개정되기 전의 것, 이하 '구 시행령'이라 한다) 제13조의2 제 5 항 제 5 호에 의한 수의계약 요건을 충족하였다"는 이유로 위 택지개발사업지구 내에 조성될 공동주택용지 중 2개 블록을 공급하여 줄 것을 신청하였다.

(6) 2004. 8. 12. 피고는 원고가 위 택지개발예정지구 지정 당시 이 사건 각 토지를 소유하지 아니하여 위 수의계약 요건을 갖추지 못하였다는 것 등을 이유로 원고에게 공동주택용지를 공급하여 줄 수 없다고 회신하였다.

(7) 이에 원고는 "피고가 2004. 8. 12. 원고에 대하여 한 택지공급거부처분을 취소한다"는 것을 청구취지로 하여 수원지방법원에 택지공급신청거부처분취소청구소송을 제기하였다.

[참고조문]

(당시) **택지개발촉진법 제18조**(택지의 공급) ① 택지를 공급하고자 하는 자는 대통령령이 정하는 바에 따라 건설교통부장관의 승인을 얻어야 한다.

② 제 1 항의 규정에 의하여 공급하는 택지의 용도, 공급의 절차·방법 및 대상자 기타 공급조건에 관한 사항은 대통령령으로 정한다.

(당시) **택지개발촉진법 시행령 제13조의2**(택지의 공급방법등) ⑤ 제 2 항의 규정에 불구하고 다음 각호의 1에 해당하는 경우에는 수의계약의 방법으로 공급할 수 있다. 다만, ….

5. 주택법 제 9 조의 규정에 의하여 등록한 주택건설사업자가 제 5 조 제 2 항의 규정에 의한

공고일 현재 예정지구안에서 소유(그 공고일 현재 소유권을 이전하기로 하는 계약이 체결되어 있고, 당해 예정지구에 대한 개발계획의 승인전까지 그 소유권을 취득하는 경우를 포함한다)하는 토지의 전부를 공익사업을위한토지등의취득및보상에관한법률에 의한 협의에 응하여 시행자에게 양도한 때에 당해 주택건설사업자에게 그 사업추진 정도 등을 고려하여 건설교통부령이 정하는 면적의 범위안에서 택지를 공급하는 경우

[판결요지](법률상 이익 부분만 발췌)

구 택지개발촉진법 시행령 제13조의2 제 5 항 제 5 호는 당해 택지개발사업의 원활화를 기하기 위하여 당해 택지개발사업에 협조한 주택건설업자에게 당해 택지를 공급할 때에 수의계약에 의한 공급의 기회를 부여하는 것으로서, 그 취지는 단순히 택지개발사업의 시행자로 하여금 그러한 대상자들에게 수의계약에 의한 택지공급을 할 수 있는 권능을 부여하는 데 그치는 것이 아니라 그와 같은 요건을 갖추기 위하여 공공사업에 협력한 자에게 수의계약에 의한 택지공급의 기회를 요구할 수 있는 법적인 이익을 부여하고 있는 것이라고 보아야 하므로, 그들에게는 위와 같은 법령에 근거하여 수의계약에 의한 택지공급신청권(택지공급을 받을 권리와는 다른 개념)이 인정된다고 해석하여야 한다.

[해 설]

1. 쟁 점

이 사건은 원고가 피고의 택지공급 거부처분에 대하여 취소를 구한 사건이다. 제 1 심과 제 2 심은 원고에게 택지공급신청권이 없다고 하였으나, 대법원은 택지공급신청권이 있다고 하였다. 이 사건에서는 택지공급청구권의 존부 외에 재량권의 일탈 · 남용도 문제되었으나, 여기서는 택지공급청구권의 존부에 관해서만 살핀다.

2. 법률상 이익

(1) 의 의

(가) **관련규정** 행정심판법 제13조는 「처분의 취소 또는 변경 등을 구할 법률상 이익이 있는 자가 행정심판을 청구할 수 있다」고 규정하고, 행정소송법 제12조는 「취소소송은 처분등의 취소를 구할 법률상 이익이 있는 자가 제기할 수 있다」고 규정하

고 있다.

(나) 학 설 현행 행정소송법상 법률상 이익의 개념에 대한 학자들의 견해는 통일되어 있지 않다. 일부 견해는 법률상 이익과 권리를 같은 개념으로 이해하고, 일부 견해는 법률상 이익을 법률상 보호이익으로 이해한다.

(다) 사 견 행정심판법과 행정소송법 제정 당시 법률상 이익의 개념은 권리와 법률상 보호이익을 합한 개념이었다(법률상 이익 = 권리 + 법률상 보호이익). 그러나 오늘날 일반적 견해는 3가지의 개념을 모두 동일한 개념으로 이해하고 있다. 연혁적으로 보면 양자는 다른 개념이라 할 수도 있으나, 내용상으로는 재판을 통해 보호받는다는 점에서 차이가 없으므로 양자를 동일한 개념으로 볼 것이다.

(2) 성립유형

(가) 개 관 법률상 이익은 자연권으로서 헌법에서 직접 성립되는 것도 있고, 법률(법규명령 포함, 이하 같다)의 규정에 의해 성립되는 것도 있고, 공법상 계약이나 관습법에 의해 성립되는 것도 있다. 가장 중심적인 문제는 법률의 규정에 의한 성립의 경우이고, 이 사건은 법률에 의한 법률상 이익의 성립 여부를 쟁점으로 한다.

(나) 법률에 의한 성립

(a) 법률에서 바로 법률상 이익이 성립된다고 하기 위해서는 ① 법률이 국가 또는 그 밖의 행정주체에 행위의무를 부과하고 있고(강제규범성), 아울러 ② 법률이 공익의 실현 외에 사익의 보호도 의도하고 있어야 한다(사익보호성). 이러한 논리체계를 2요소론이라 부른다.

(b) 방침규정 · 훈시규정이 아닌 규정들은 대체로 행위의무를 부과하는 것으로 볼 수 있다. 재량행위의 경우에도 하자 없는 재량행사 그 자체는 의무적이다.

(c) 사익보호 여부의 판단은 처분의 근거되는 법률과 관련 법률 규정의 취지, 그리고 기본권을 고려하여 이루어져야 한다.

(3) 법률상 이익의 내용

판례는 「행정소송법 제12조에서 말하는 '법률상 이익'이란 당해 행정처분의 근거 법률에 의하여 보호되는 직접적이고 구체적인 이익을 말하고, 당해 행정처분과 관련하여 간접적이거나 사실적 · 경제적 이해관계를 가지는 데 불과한 경우는 여기에 포함되지 않는다」고 한다(대판 2010. 5. 13, 2009두19168). 판례의 이러한 입장은 1985년 10월 개정 행정소송법 이전의 구 행정소송법하에서부터 유지되어 온 것이다(대판 1973. 12. 11, 73누95).

(4) 법률상 이익의 유무판단의 기준시

법률상 이익의 유무판단의 기준시는 사실심변론종결시를 표준으로 한다. 행정행위의 성립시를 기준으로 하는 것이 아니다. 위법은 사후적인 법의 변경의 결과일 수도 있다(예: 사후에 최종적으로 납부의무가 없다는 것이 확정되면, 이전에 한 선납결정은 위법하게 된다).

3. 평 가

(1) 행위의무의 존부

택지개발촉진법 시행령 제13조의2 제 5 항은 단순한 방침규정은 아니므로 사업시행자에게 공급의무가 발생한다. 다만 그 의무는 재량적이다. 따라서 법률상 이익의 성립요건의 하나인 행위의무는 구비하였다. 판례상 행위의무의 존부는 쟁점이 되지 않았다.

(2) 사익보호의 존부

대법원은 [판결요지](법률상 이익 부분만 발췌)에서 보는 바와 같이 구 택지개발촉진법 시행령 제13조의2 제 5 항 제 5 호에서 원고의 사익보호의 존재를 도출하였다. 그런데 보호되는 사익의 내용은「택지를 공급받는 것」이 아니라「택지공급의 기회를 요구할 수 있는 것(택지공급신청권)」이라 하였다.

(3) 소 결

법률상 이익의 성립요건을 모두 구비하였으므로 원고에게 법률상 이익이 인정된다. 다만 판례가 이 사건에서 공공사업에 협력한 원고에게 택지공급을 받을 권리가 아니라 수의계약에 의한 택지공급신청권을 인정한 것은 택지로 공급할 수 있는 토지가 한정적이라는 점, 구 택지개발촉진법령에 따른 토지의 공급이 재량적이라는 점 등을 고려한 결과일 것이다.

4. 참고판례

[1] 접견권 — 장기표 · 김근태 접견신청사건(대판 1992. 5. 8, 91누7552)

(장기표가 국가보안법위반사건으로 홍성교도소에 미결수용자로 수용되어 있는 김근태를 접견하겠다는 신청을 하였으나 홍성교도소장이 이를 거부하자 김근태가 취소를 구한 사건에서) 원

래 만나고 싶은 사람을 만날 수 있다는 것은 인간이 가지는 가장 기본적인 자유 중 하나로서, 이는 헌법 제10조가 보장하고 있는 인간으로서의 존엄과 가치 및 행복추구권 가운데 포함되는 헌법상의 기본권이라고 할 것이다. 그리고 구속된 피고인이나 피의자도 이러한 기본권의 주체가 됨은 물론이다. 오히려 구속에 의하여 외부와 격리된 피고인이나 피의자의 경우에는 다른 사람과 만남으로써 외부와의 접촉을 유지할 수 있다는 것이 더욱 큰 의미를 가지게 되는 것이다. 또한 무죄추정의 원칙을 규정한 헌법 제27조 제 4 항의 규정도 구속된 피고인이나 피의자가 위와 같은 헌법상의 기본권을 가진다는 것을 뒷받침하는 규정이라 할 수 있다. 그러므로 형사소송법 제89조 및 제213조의2가 규정하고 있는 구속된 피고인 또는 피의자의 타인과의 접견권은 위와 같은 헌법상의 기본권을 확인하는 것일 뿐 형사소송법의 규정에 의하여 비로소 피고인 또는 피의자의 접견권이 창설되는 것으로는 볼 수 없다.

[2] 행정개입청구권 — 일조권 피해자 시정명령청구사건(헌재 2010. 4. 20, 2010헌마189)

(인접 건축물이 건축법을 위반하여 일조권을 침해하므로 그 건축물에 대하여 건축법 제79조, 제80조에 근거한 시정명령을 하여 줄 것을 청구하였으나, 피청구인이 시정명령을 하지 아니하자, 피청구인의 시정명령불행사의 위헌확인심판사건에서) 건축법 제79조는 시정명령에 대하여 규정하고 있으나, 동법이나 동법 시행령 어디에서도 일반국민에게 그러한 시정명령을 신청할 권리를 부여하고 있지 않을 뿐만 아니라, 피청구인에게 건축법 위반이라고 인정되는 건축물의 건축주 등에 대하여 시정명령을 할 것인지와 구체적인 시정명령의 내용을 무엇으로 할 것인지에 대하여 결정할 재량권을 주고 있으며, 달리 이 사건에서 시정명령을 해야 할 법적 의무가 인정된다고 볼 수 없다.

[3] 가석방 적격심사 신청권 — 치료감호자 가석방신청사건(헌재 2010. 12. 28, 2009헌마70)

(징역 10년 및 치료감호를 선고받고, 치료감호를 마친 후 징역형 복역 중인 자가 형법 제72조 제 1 항에서 정한 기간을 지난 수형자에 대한 가석방심사 신청권한을 소장에게만 제한적으로 인정한 구 행형법 제51조 등의 위헌확인심판사건에서) 가석방이란 수형자의 사회복귀를 촉진하기 위하여 형 집행중에 있는 자 가운데 행장이 양호하고 개전의 정이 현저한 자를 그 형의 집행종료 전에 석방함으로써 수형자에 대한 무용한 구금의 연장을 피하고 수형자의 윤리적 자기형성을 촉진하고자 하는 의미에서 취해지는 형사정책적 행정처분으로, 수형자의 개별적 요청이나 희망에 따라 행하여지는 것이 아니라 교정기관의 교정정책 혹

은 형사정책적 판단에 따라 이루어지는 재량적 조치이다. 그러므로 어떤 수형자가 형법 제72조 제 1 항에 규정된 요건을 갖추었다고 하더라도 그것만으로 교정당국에 대하여 가석방을 요구할 주관적 권리를 취득하게 되는 것이 아니고, 수형자는 교정당국의 가석방이라는 구체적인 행정처분이 있을 때 비로소 형기만료 전 석방이라는 사실상의 이익을 얻게 될 뿐이다. 따라서 형법 제72조 제 1 항의 기간을 경과한 수형자가 가석방 적격심사 대상자로 인정될 수 있는지 여부는 소장의 재량적 판단에 달려 있고, 수형자에게 가석방 적격심사를 청구할 주관적 권리가 있는 것은 아니다.

[판례 8] 공법상 지위의 승계

• **명이용원사건**(대판 2001. 6. 29, 2001두1611)

[사건개요]

2000. 4. 4. A는 경영하던 명이용원 내에서 콘돔을 보관하다가 적발되었다.
2000. 4. 5. A는 명이용원을 원고에게 매각하였다.
2000. 4. 12. 원고(상고인)는 피고(피상고인, 서초구청장)에게 이용업소 개설통보를 하고, 그 장소에서 새로운 상호로 영업을 하였다.
2000. 5. 23. 피고는, A가 밀실을 설치하고 윤락행위를 묵인하였거나 그 윤락행위에 사용할 수 있는 기구를 보관하였고, 원고가 그 영업을 양수하였다는 이유로, 원고에 대하여 그 중 밀실 설치의 점에 대하여는 시설개선명령을, 기구 보관의 점에 대하여는 영업정지 2월에 처하는 이 사건 처분을 하였다. 이에 원고는 영업정지처분 취소청구소송을 제기하였다.

[판결요지]

[1] 구 공중위생관리법(2000. 1. 12. 법률 제6155호로 개정되기 전의 것) 제11조 제 5 항에서, 영업소폐쇄명령을 받은 후 6월이 지나지 아니한 경우에는 동일한 장소에서는 그 폐쇄명령을 받은 영업과 같은 종류의 영업을 할 수 없다고 규정하고 있고, 같은법시행규칙 제19조 [별표 7] 행정처분기준 Ⅱ. 개별기준 3. 이용업에서 업주의 위반사항에 대하여 3차 또는 4차 위반시(다만, 영업정지처분을 받고 그 영업정지기간 중 영업을 한 경우는 1차 위반시)에는 영업장폐쇄명령을 하고, 그보다 위반횟수가 적을 경우에는 영업정지, 개선명령 등을 하게 되며, 일정한 경우 하나의 위반행위에 대하여 영업소에 대한 영업정지 또는 영업장폐쇄명령을, 이용사(업주)에 대한 업무정지 또는 면허취소 처분을 동시에 할 수 있다고 규정하고 있는 점 등을 고려하여 볼 때 영업정지나 영업장폐쇄명령 모두 대물적 처분으로 보아야 할 이치이다.

[2] 구 공중위생관리법(2000. 1. 12. 법률 제6155호로 개정되기 전의 것) 제 3 조 제 1 항에서 보건복지부장관은 공중위생영업자로 하여금 일정한 시설 및 설비를 갖추고 이를 유지 · 관리하게 할 수 있으며, 제 2 항에서 공중위생영업자가 영업소를 개설한 후 시장

등에게 영업소개설사실을 통보하도록 규정하는 외에 공중위생영업에 대한 어떠한 제한규정도 두고 있지 아니한 것은 공중위생영업의 양도가 가능함을 전제로 한 것이라 할 것이므로, 양수인이 그 양수 후 행정청에 새로운 영업소개설통보를 하였다 하더라도, 그로 인하여 영업양도 · 양수로 영업소에 관한 권리의무가 양수인에게 이전하는 법률효과까지 부정되는 것은 아니라 할 것인바, 만일 어떠한 공중위생영업에 대하여 그 영업을 정지할 위법사유가 있다면, 관할 행정청은 그 영업이 양도 · 양수되었다 하더라도 그 업소의 양수인에 대하여 영업정지처분을 할 수 있다고 봄이 상당하다.

[해 설]

1. 쟁 점

이 사건에서의 쟁점을 정리한다면, 「밀실을 설치하고 윤락행위를 묵인하였거나 그 윤락행위에 사용할 수 있는 기구를 보관하다가 적발된 A가 그 영업을 원고에게 양도한 경우, 권한행정청은 A가 아니라 원고에게 영업정지 등의 행정처분을 할 수 있는가」의 여부이다. 달리 말한다면, 양도인이 위법행위를 한 후 행정처분을 받기 전에 영업을 양도하면 권한행정청은 양수인에게 행정처분을 할 수 있는가의 여부이다.

2. 공법상 지위(권리 · 의무)의 승계

(1) 법적 상황

공법상 지위의 승계에 관한 일반법은 없다. 그러나 공법상 지위의 승계를 규정하는 개별법은 적지 않다. 2005. 3. 31.에 개정된 현행 공중위생관리법은 제 3 조의2(공중위생영업의 승계) 제 1 항에서 「공중위생영업자가 그 공중위생영업을 양도하거나 사망한 때 또는 법인의 합병이 있는 때에는 그 양수인 · 상속인 또는 합병후 존속하는 법인이나 합병에 의하여 설립되는 법인은 그 공중위생영업자의 지위를 승계한다」는 규정을 두고 있으나, 이 사건이 발생한 당시의 공중위생관리법은 지위승계에 관한 규정을 두지 않았다. 때문에 이 사건에 지위승계 여부는 해석문제가 된다.

(2) 요 건

공법상 지위의 승계(이전)에는 2가지의 요건이 필요하다. 즉 ① 권리와 의무가 이전에 적합하여야 하고(승계적합성) ② 이전을 실현시킬 수 있는 사유가 발생하여야 한다(승계사유). ①과 관련하여서는 공법상 권리와 의무가 이전될 수 있는가의 여부가 문제이다.

(3) 승계적합성(이전성)

관련규정의 목적에 비추어 그 권리나 의무의 존속이나 수행에 당사자의 인적 성격 내지 능력이 본질적이어서 타인에의 이전이 배제되는 것으로 판단되는 경우에는 일신전속적인 것으로 본다. 대체로 말해 비재산적인 것은 의문이 있을 때에는 이전성이 없다고 볼 것이고, 물적(재산적)인 것은 일반적으로 이전성을 갖는다고 볼 것이다.

(4) 승계사유

사법상의 양도, 채무인수, 경매, 상속, 법인의 합병 등이 일반적인 승계사유에 해당한다.

3. 평 가

(1) 승계적합성

대법원은 ① 구 공중위생관리법상 영업소폐쇄명령을 받은 후 6월이 지나지 아니한 경우에는 동일한 장소에서는 그 폐쇄명령을 받은 영업과 같은 종류의 영업을 할 수 없다고 규정하고 있는 점, ② 같은법시행규칙에서 이용업에서 업주의 위반사항에 대하여 3차 또는 4차 위반시(다만, 영업정지처분을 받고 그 영업정지기간 중 영업을 한 경우는 1차 위반시)에는 영업장폐쇄명령을 하고, 그보다 위반횟수가 적을 경우에는 영업정지, 개선명령 등을 하게 되며, 일정한 경우 하나의 위반행위에 대하여 영업소에 대한 영업정지 또는 영업장폐쇄명령을, 이용사(업주)에 대한 업무정지 또는 면허취소 처분을 동시에 할 수 있다고 규정하고 있는 점 등을 들어 영업정지나 영업장폐쇄명령을 대물적 처분으로 보았다.

(2) 승계사유

이 사건이 발생한 당시의 공중위생관리법은 영업양도에 관해 아무런 규정을 두지 않았다. 그럼에도 대법원은 「구 공중위생관리법 제 3 조 제 1 항에서 보건복지부장관은 공중위생영업자로 하여금 일정한 시설 및 설비를 갖추고 이를 유지 · 관리하게 할 수 있으며, 제 2 항에서 공중위생영업자가 영업소를 개설한 후 시장 등에게 영업소개설사실을 통보하도록 규정하는 외에 공중위생영업에 대한 어떠한 제한규정도 두고 있지 아니한 것은 공중위생영업의 양도가 가능함을 전제로 한 것」이라 하여 승계사유로서 영업양도를 긍정하였다.

(3) 소 결

결과만 두고 본다면, 승계를 인정하면, 「공중위생관리법의 위반과 무관한 원고에게 제재적 행정처분을 하는 것은 가혹하다」는 지적이 가능하고, 승계를 부인하면, 「공중위생관리법을 위반한 A에게 행정상 책임을 물을 수 없다」는 문제점이 발생한다. 판례를 따를 때, 행정처분을 받는 양수인이 입은 피해는 양수인과 양도인 사이에서 해결하여야 할 것이다.

4. 참고판례

[1] 양도인의 운전면허취소사유의 양수인 승계
— 인천 서구청 택시사업면허취소사건(대판 2010. 4. 8, 2009두17018)

(양도·양수 전에 음주운전을 하였다가 양도·양수 및 인가 후에 음주운전을 이유로 양도인의 운전면허가 취소되자, 양도인의 운전면허 취소가 운송사업면허의 취소사유에 해당한다는 이유로 양수인의 운송사업면허를 취소하자 양수인이 제기한 취소소송에서) 구 여객자동차 운수사업법(2007. 7. 13. 법률 제8511호로 개정되기 전의 것, 이하 '법'이라고 한다) 제15조 제4항에 의하면 개인택시 운송사업을 양수한 사람은 양도인의 운송사업자로서의 지위를 승계하는 것이므로, 관할관청은 개인택시 운송사업의 양도·양수에 대한 인가를 한 후에도 그 양도·양수 이전에 있었던 양도인에 대한 운송사업면허 취소사유를 들어 양수인의 사업면허를 취소할 수 있는 것이고, 가사 양도·양수 당시에는 양도인에 대한 운송사업면허 취소사유가 현실적으로 발생하지 않은 경우라도 그 원인되는 사실이 이미 존재하였다면, 관할관청으로서는 그 후 발생한 운송사업면허 취소사유에 기하여 양수인의 사업면허를 취소할 수 있다.

[2] 기타

(1) 대판 2010. 7. 15, 2010도4869(부산 북구청 영업장 면적 변경신고의무 불이행사건)
(2) 대판 2003. 10. 23, 2003두8005(석유판매시설 경매 취득자에 대한 과징금부과사건)

[판례 9] 신 고

• 잠원동 호텔예식장 음식점사건(대판 2009. 4. 23, 2008도6829)

[사건개요]

2003. 12. 피고인은 이 사건 일반음식점 영업장소를 임차보증금 15억원에 임차하여 A 웨딩홀이라는 상호로 예식장 영업을 시작하였다.

2005. 8. 피고인은 관할 서초구청의 무신고 영업단속과정에서 위 예식장 영업이 일반음식점 영업신고의 대상에 해당한다는 것을 처음으로 알게 되었다.

2006. 가을 피고인은 서초구청에 구청으로부터 보완을 요구받은 제반서류를 갖추어 일반음식점영업 신고서를 제출하였으나 피고인의 영업장소가 허가를 받지 아니한 불법 건축물이라는 이유로 접수가 거부되었다.

2007. 4. 28. - 2008. 1. 15. 피고인은 A웨딩홀에서 약 1,110m^2에 조리시설을 갖추고 테이블 40개, 의자 350개를 비치한 다음 위 웨딩홀을 찾는 사람들에게 뷔페 음식을 제공함으로써 일반음식점 영업을 하였다. 피고는 무신고영업행위 때문에 식품위생법위반으로 기소되었다.

[피고인주장]

2006년 가을경 서초구청에 구청으로부터 보완을 요구받은 제반서류를 갖추어 이 사건 일반음식점영업에 대한 적법한 요건을 갖춘 신고를 하였고, 일반음식점 영업신고는 자기완결적 신고로서 행정청의 수리처분이나 영업신고증의 교부 등 별단의 조치를 기다릴 필요가 없이 그 접수시에 신고로서의 효력이 발생하므로 그 후 이루어진 이 사건 영업은 무신고 영업이 아니다(출처: 서울중앙지법 2008. 7. 17, 2008노740).

[판결요지](신고 부분만 발췌)

식품위생법과 건축법은 그 입법 목적, 규정사항, 적용범위 등을 서로 달리하고 있어 식품접객업에 관하여 식품위생법이 건축법에 우선하여 배타적으로 적용되는 관계에 있다고는 해석되지 않는다. 그러므로 식품위생법에 따른 식품접객업(일반음식점영업)의 영업신고의 요건을 갖춘 자라고 하더라도, 그 영업신고를 한 당해 건축물이 건축법 소정의 허가를 받지 아니한 무허가 건물이라면 적법한 신고를 할 수 없다.

[해　　설]

1. 쟁　　점

이 사건에서의 쟁점은 「피고인이 제출한 일반음식점 영업신고서의 영업장소가 불법건축물이어서 영업신고서의 접수가 거부된 경우, 일반음식점 영업에 대한 적법한 신고가 있는 것인가」의 여부이다. 적법한 신고가 아니라면 무신고영업이 될 것이다. 이 사건에 대한 검토는 신고의 법리에 대한 문제가 된다.

2. 신고의 법리

(1) 의　　의

신고란 일정한 사실을 알리는 것을 말한다. 신고에는 단순한 사실로서의 신고(예: 화재신고)와 법적 행위로서의 신고(예: 영업신고, 출생신고)가 있다. 여기에서 검토를 하려는 것은 법적 행위로서의 신고를 말한다.

(2) 종　　류

신고는 수리를 요하지 아니하는 신고와 수리를 요하는 신고로 나눌 수 있다. 수리를 요하지 아니하는 신고는 신고의 도달로써 신고의 효과가 발생하지만, 수리를 요하는 신고는 행정청의 수리가 있어야만 효력을 발생한다. 수리를 요하지 아니하는 신고는 자체완성적인 공법행위이고, 수리를 요하는 신고는 행정요건적 사인의 공법행위이다. 법령상 신고의 성질이 분명하지 아니하면 그 법령의 목적, 취지, 체계 등을 종합적으로 해석·판단하여야 한다.

[참고]　수리를 요하지 않는 신고도 구체적인 내용이 동일한 것은 아니다. 예컨대, 체육시설의 설치·이용에 관한 법률상 신고 체육시설업의 신고는 도달로써 그 효과가 발생한다는 점 외에는 특별한 법적 제한이 따르지 아니하는 신고라는 점에서 수리를 요하지 않는 신고의 기본적인 형태에 해당한다. 그러나 잡지 등 정기간행물의 진흥에 관한 법률상 정기간행물의 발행신고는 규정형식상 기본적 형태의 신고에 해당하지만, 이 법률이 신고취소 등을 규정함으로 인하여 체육법상 신고 체육시설업의 신고보다 절차적으로 보다 강한 보호가 이루어지고 있고, 집회 및 시위에 관한 법률상 집회신고는 기본적 형태의 신고에 해당하지만, 이 법률이 집회 및 시위의 금지 및 제한 통고의 제도 등을 규정함으로 인하여 이 법률상 신고제는 허가제에 접근한다.

(3) 거　　부

수리를 요하지 아니하는 신고는 신고 그 자체로서 법적 절차가 완료되어 행정청의 처분이 개입할 여지가 없으므로 그 신고는 행정소송법상 처분에 해당하지 아니한다.

수리를 요하는 신고의 경우에도 신고 그 자체는 행정청의 처분이 아니지만, 신고의 수리 또는 신고수리의 거부는 행정소송법상 처분개념에 해당한다.

(4) 요 건

(가) **문제상황** 이 사건에서 보는 바와 같이 식품위생법과 같은법시행령의 관련 규정은, 일반음식점영업 신고를 하기 위하여 갖추어야 할 영업장·조리장·화장실 등과 같은 여러 물적 시설에 관한 공통시설기준 및 업종별시설기준을 규정하고 있고, 그 물적 시설은 당연히 건축법령과 관련을 맺는데, 이 경우 건축법령상 관련규정내용이 일반음식점영업 신고의 요건이 되는가의 여부이다. 달리 말하면 「음식점의 물적 시설은 건축법에 따른 허가를 받은 것일 것」도 일반음식점영업 신고요건이 되는가의 여부이다.

(나) **상이한 견해** ① 모든 법령은 고유의 목적을 가지지만 전체로서 법질서는 하나이므로 관련 법령이 모두 일시에 고려되어야 한다는 입장에서는 신고요건이라 볼 것이다. 그러나 ② 각 개별 법률의 목적이 달성되면 전체로서 법질서는 확보된다는 입장에서는 신고요건이 아니라 볼 것이다. ①의 입장에서는 불법건물에서의 일반음식점영업의 신고는 적법한 신고가 아니므로 신고인은 영업을 할 수 없게 된다. ②의 입장에서는 불법건물에서의 일반음식점영업의 신고도 가능하고 신고 후 영업도 가능하지만, 건축행정청이 불법건물을 철거하면 일반음식점영업을 할 수 없게 된다.

3. 평 가

행정의 효율성과 법질서의 확보라는 관점에서 보면, ①의 견해가 ②의 견해보다 효율적이다. 대법원은 [판결요지](신고 부분만 발췌)에서 보는 바와 같이 ①의 견해를 취하였다. 대법원의 입장에서는 당연히 「영업장소가 건축법 소정의 허가를 받지 아니한 불법 건축물인 이상 관할 서초구청에 이 사건 일반음식점영업에 대한 적법한 신고를 한 것으로 볼 수 없고, 그러한 상태에서 일반음식점 영업행위를 계속하는 것은 무신고 영업행위에 해당한다」고 판시할 수밖에 없다.

4. 참고판례

[1] 주민등록 신고의 성질

(임의경매절차에서 매각대금에 관하여 배당에서 제외된 자가 제기한 배당이의의 소에서, 이 소송에서는 정확한 지번과 동, 호수로 주민등록 전입신고서를 작성·제출하였는데 담당공무원이 착오로 수정을 요구하여, 잘못된 지번으로 수정하고 동, 호수 기재를 삭제한 주민등록 전입신고서를 다시 작성·제출하여 그대로 주민등록이 된 경우, 그 주민등록이 임대차의 공시방법으로서 유효한지 여부가 쟁점이었다) 주민등록은 단순히 주민의 거주관계를 파악하고 인구의 동태를 명확히 하는 것 외에도 주민등록에 따라 공법관계상의 여러 가지 법률상 효과가 나타나게 되는 것으로서, 주민등록의 신고는 행정청에 도달하기만 하면 신고로서의 효력이 발생하는 것이 아니라 행정청이 수리한 경우에 비로소 신고의 효력이 발생한다. 따라서 주민등록 신고서를 행정청에 제출하였다가 행정청이 이를 수리하기 전에 신고서의 내용을 수정하여 위와 같이 수정된 전입신고서가 수리되었다면 수정된 사항에 따라서 주민등록 신고가 이루어진 것으로 보는 것이 타당하다(대판 2009. 1. 30, 2006다17850).

[평가] 주민등록신고의 이중적 성격

(1) 주민등록을 위한 신고(주민법 제16조)와 주민의 신고에 따라(주민법 제 8 조) 주민등록표를 작성함으로써(주민법 제 7 조) 이루어지는 주민등록은 각각 독립된 별개의 행위로 보아야 한다. 말하자면 주민등록법상 주민등록의 신고는 ① 주민 지위의 발생을 가져오는 행위의 면(전입신고를 생각하라)과 ② 발생된 주민의 지위에서 주민의 권리행사(지방선거참여를 생각하라)를 위한 요건인 주민등록의 한 부분 절차로서 면도 갖는다. ①의 면에서 신고는 수리를 요하지 않는 사인의 공법행위이지만, ②면에서 신고는 수리를 요하는 사인의 공법행위에 해당한다.

(2) 판례가 「주민등록의 신고는 행정청에 도달하기만 하면 신고로서의 효력이 발생하는 것이 아니라 행정청이 수리한 경우에 비로소 신고의 효력이 발생한다(대판 2009. 1. 30, 2006다17850)」라고 한 것이 주민등록법상 주민등록의 신고의 이중적 성격을 부인하는 입장에서 나온 것이라면 동의하기 어렵다.

[2] 인·허가의제 효과를 수반하는 건축신고의 성질—용인시 기흥구 마북동 건축신고수리거부사건(대판 2011. 1. 20, 2010두14954 전원합의체)

(건축예정지가 인접토지 건축물 현황도로로 사용되고 있고, 타 부지로 진입이 불가한 상태이므로, 건축법 제 2 조 제 1 항 제12호 규정에 의한 현황도로로 인정된 부지에 건축물이 건축될 경우 기존 건축물로의 진출입이 차단되므로 건축신고가 불가하다고 통보하자 그 취소를 구한 사건에서) 건축법에서 인·허가의제제도를 둔 취지는, 인·허가의제사항과 관련하여 건축허

가 또는 건축신고의 관할 행정청으로 그 창구를 단일화하고 절차를 간소화하며 비용과 시간을 절감함으로써 국민의 권익을 보호하려는 것이지, 인·허가의제사항 관련 법률에 따른 각각의 인·허가 요건에 관한 일체의 심사를 배제하려는 것으로 보기는 어렵다. 왜냐하면, 건축법과 인·허가의제사항 관련 법률은 각기 고유한 목적이 있고, 건축신고와 인·허가의제사항도 각각 별개의 제도적 취지가 있으며 그 요건 또한 달리하기 때문이다. 나아가 인·허가의제사항 관련 법률에 규정된 요건 중 상당수는 공익에 관한 것으로서 행정청의 전문적이고 종합적인 심사가 요구되는데, 만약 건축신고만으로 인·허가의제사항에 관한 일체의 요건 심사가 배제된다고 한다면, 중대한 공익상의 침해나 이해관계인의 피해를 야기하고 관련 법률에서 인·허가 제도를 통하여 사인의 행위를 사전에 감독하고자 하는 규율체계 전반을 무너뜨릴 우려가 있다. 또한 무엇보다도 건축신고를 하려는 자는 인·허가의제사항 관련 법령에서 제출하도록 의무화하고 있는 신청서와 구비서류를 제출하여야 하는데, 이는 건축신고를 수리하는 행정청으로 하여금 인·허가의제사항 관련 법률에 규정된 요건에 관하여도 심사를 하도록 하기 위한 것으로 볼 수밖에 없다. 따라서 인·허가의제 효과를 수반하는 건축신고는 일반적인 건축신고와는 달리, 특별한 사정이 없는 한 행정청이 그 실체적 요건에 관한 심사를 한 후 수리하여야 하는 이른바 '수리를 요하는 신고'로 보는 것이 옳다.

[참고] 종전의 판례는 건축신고를 수리를 요하지 아니하는 신고로 보았다[판례 a, b]. 그러나 판례는 근년에 [판례 c]를 통해 입장을 변경하였다. [판례 c]에서 수리를 요하는 신고라는 표현을 볼 수 없지만 건축신고 반려행위는 항고소송의 대상이 된다고 하였고, 항고소송의 대상이 된다는 것이 수리(처분)를 요한다는 것을 전제로 하는 것이므로 [판례 c]는 건축신고를 수리를 요하는 신고로 보았다고 할 것이다. 그리고 주된 논거로 신고인의 법적 지위의 보호를 활용하였다. 한편, 그 후 위의 「대판 2011. 1. 20, 2010두14954」에서는 건축허가의 의제의 효과를 논거로 활용하면서, 명시적으로 건축신고를 수리를 요하는 신고로 표현하고 있음이 특징적이다. 건축법상 건축신고는 과거부터 허가를 의제하는 형식으로 규정되고 있음을 유의할 필요가 있다.

[판례 a] 대판 1995. 3. 14, 94누9962(담장설치신고서 반려처분 취소소송－담장설치신고 관련사건)
건축법상 신고사항에 관하여는 건축을 하고자 하는 자가 적법한 요건을 갖춘 신고만 하면 건축을 할 수 있고, 행정청의 수리처분 등 별단의 조처를 기다릴 필요가 없는 것이고, 더욱이 이 사건에서와 같이 높이 2미터 미만의 담장설치공사는 건축법이나 도시계획법 등 관계법령의 규정상 어떠한 허가나 신고없이 가능한 행위이다.

[판례 b] 대판 1999. 10. 22, 98두18435(증축신고수리처분 취소소송－차고증축 신고 관련사건)
구 건축법 제9조 제1항에 의하여 신고를 함으로써 건축허가를 받은 것으로 간주되는 경우에는 건축을 하고자 하는 자가 적법한 요건을 갖춘 신고만 하면 행정청의 수리행위 등 별다른 조치를 기다릴 필요 없이 건축을 할 수 있는 것인바, 위와 같은 차고의 증축은 건축법 제9조 제1항에 규정된 신고사항에 해당하여 건축주인 참가인이 건축법에 의한 신고를 한 이상 참가인은 피고의 수리 여부에 관계없이 이 사건 토지 상에 차고를 증축할 수 있다.

[판례 c] 대판 2010. 11. 18, 2008두167 전원합의체(건축신고불허(또는 반려)처분 취소소송-단독주택건축신고 관련사건)

행정청은 건축신고로써 건축허가가 의제되는 건축물의 경우에도 그 신고 없이 건축이 개시될 경우 건축주 등에 대하여 공사 중지·철거·사용금지 등의 시정명령을 할 수 있고(제69조 제1항), 그 시정명령을 받고 이행하지 아니한 건축물에 대하여는 당해 건축물을 사용하여 행할 다른 법령에 의한 영업 기타 행위의 허가를 하지 아니하도록 요청할 수 있으며(제69조 제2항), 그 요청을 받은 자는 특별한 이유가 없는 한 이에 응하여야 하고(제69조 제3항), 나아가 행정청은 그 시정명령의 이행을 하지 아니한 건축주 등에 대하여는 이행강제금을 부과할 수 있으며(제69조의2 제1항 제1호), 또한 건축신고를 하지 아니한 자는 200만 원 이하의 벌금에 처해질 수 있다(제80조 제1호, 제9조).

이와 같이 건축주 등으로서는 신고제하에서도 건축신고가 반려될 경우 당해 건축물의 건축을 개시하면 시정명령, 이행강제금, 벌금의 대상이 되거나 당해 건축물을 사용하여 행할 행위의 허가가 거부될 우려가 있어 불안정한 지위에 놓이게 된다. 따라서 건축신고 반려행위가 이루어진 단계에서 당사자로 하여금 반려행위의 적법성을 다투어 그 법적 불안을 해소한 다음 건축행위에 나아가도록 함으로써 장차 있을지도 모르는 위험에서 미리 벗어날 수 있도록 길을 열어주고, 위법한 건축물의 양산과 그 철거를 둘러싼 분쟁을 조기에 근본적으로 해결할 수 있게 하는 것이 법치행정의 원리에 부합한다. 그러므로 이 사건 건축신고 반려행위는 항고소송의 대상이 된다.

[3] 기타

(1) 대판 2010. 9. 9, 2008두22631(파주시 납골당사건)

(2) 대판 1998. 4. 24, 97도3121(숭실대앞 당구장사건)

[판례 10] 등 록

• 안양시 골재채취신고 반려사건(대판 2009. 6. 11, 2008두18021)

[사건개요]

(1) 2001. 3. 10. A토지(이 사건 토지)는 도시계획시설(건설폐기물 중간처리시설)로 결정·고시되었다.
(2) 2006. 2. 2. 원고(상고인)는 피고(피상고인)에게 A토지에 골재채취법 제32조 제 1 항에 의한 골재 선별·파쇄 신고를 하였다.
(3) 피고는 "개발제한구역에서의 신고처리가 불가하고, 또한 도시계획시설로 결정된 건설폐기물 중간처리시설에서는 당해 도시계획시설이 아닌(골재선별·파쇄를 위한) 건축물의 건축이나 공작물 등을 중복하여 설치할 수 없으므로 신고처리가 불가하다"는 이유로 원고의 신고를 반려하였다.
(4) 이에 원고는 신고수리거부처분취소소송을 제기하였다.

[판결요지](신고에 대한 심사 부분만 발췌)

[1] 골재채취 허가신청서와 골재선별·세척·파쇄신고서의 각 필요적 첨부서류를 비교하여 보면, 선별·세척·파쇄신고의 경우에도 채취업무에 고유하게 수반하는 서류 등을 제외하고 있을 뿐 허가신청서와 동일한 서류를 필요적 첨부서류로 정하고 있어(구 골재채취법 시행규칙 제12조, 제17조), 비록 선별·세척·파쇄 업무가 앞서 본 바와 같이 허가제에서 신고제로 완화된 사정이 있다고 하여도, 골재채취법은 선별·세척·파쇄신고에 있어서도 여전히 채취 허가 심사에 준하는 실질적인 검토를 요구하고 있다고 보이는 점, 구 골재채취법 제30조, 제32조 제 3 항은 선별·세척 또는 파쇄의 신고를 한 자에 대하여 사후적으로 필요한 조치를 명할 수 있다는 것이기는 하나, 신고 당시에 이미 그와 같은 사유가 있다면 신고단계에서 이를 심사하도록 함으로써 불필요한 행정력의 낭비 및 신청인의 불이익을 줄일 수 있다는 점 등에 비추어 보면, 시장·군수 또는 구청장은 골재선별·세척 또는 파쇄 신고에 대하여 실질적인 요건을 심사하여 신고를 수리하거나 거부할 수 있다고 할 것이다.

[2] 피고는 「개발제한구역에서의 신고처리가 불가하고, 또한 도시계획시설로 결정

된 건설폐기물 중간처리시설에서는 당해 도시계획시설이 아닌(골재선별·파쇄를 위한) 건축물의 건축이나 공작물 등을 중복하여 설치할 수 없으므로 신고처리가 불가하다」는 이유로 신고를 반려한 사실을 알 수 있다. 앞서 본 법리와 사실관계에 비추어 보면, 피고가 개발제한구역의 지정 및 관리에 관한 특별조치법과 국토의 계획 및 이용에 관한 법률에서 정한 사유를 심사하여 이 사건 골재 선별·파쇄 신고를 수리하지 않은 조치는 적법하다.

[해 설]

1. 쟁 점

이 사건에서의 쟁점의 한 부분은 「① 원고의 골재선별·세척 또는 파쇄 신고에 대하여 행정청의 심사가 필요한가, ② 필요하다면 어떠한 심사가 가능한가」의 여부이다. ①은 원고의 골재선별·세척 또는 파쇄 신고가 수리를 요하는 신고인지, 수리를 요하지 아니하는 신고인지의 문제가 된다. ②는 원고의 골재선별·세척 또는 파쇄 신고가 수리를 요하는 신고일 경우, 그 요건에 대한 심사는 형식적인 것인지(형식적 심사) 아니면 실질적인 것인지(실질적 심사)의 문제가 된다. 골재선별·세척 또는 파쇄 신고가 수리를 요하는 신고로 볼 때, 등록의 법리에 대한 검토문제가 필요하다.

2. 등 록

(1) 의 의

등록이란 사인이 알린 일정한 사실을 행정청이 유효한 행위로서 받아들이는 것, 즉 사인의 신고를 수리하는 행위를 말한다. 달리 말하면, 등록이란 수리를 요하는 신고를 말한다. 등록은 헌법 제37조 제2항에 따른 자유제한의 한 종류이다.

(2) 수리를 요하지 않는 신고와 구별

통상의 신고, 즉 수리를 요하지 않는 신고(예: 혼인 신고)는 사인의 신고 그 자체로써 법적 효과가 발생하지만([판례 9]를 보라), 등록은 사인의 신고(신청) 외에 행정청의 수리가 요구된다는 점에서 다르다. 따라서 통상의 신고는 자체완성적 사인의 공법행위이고, 등록에서 요구되는 신고(신청)는 행정요건적 사인의 공법행위이다.

(3) 허가와 구별

허가요건의 심사와 달리 등록 여부를 판단함에 있어서 행정청은 실질적 심사(예컨대 건축허가의 경우에 설계도면의 내용이 법에서 정한 안전에 문제가 없는 것인지의 여부를 심사하는 것이 실질적 심사의 예에 해당한다)를 할 수 없고, 형식적 심사(예컨대 정기간행물의 등록사항이 외관상 '잡지법' 제15조 제 1 항 각호를 충족하는지의 여부를 심사하는 것이 형식적 심사의 예에 해당한다. 만약 등록 후 발간시에 어떠한 내용이 게재될 것이라는 전제하에 그 내용이 법질서에 어긋나는지의 여부를 심사한다면, 그것은 형식적 심사가 아니라 실질적 심사에 해당한다)만 할 수 있다고 보아야 한다. 헌법재판소의 입장이기도 하다. 만약 등록의 경우에도 행정청이 실질적 심사를 할 수 있다면, 등록과 허가에는 아무런 차이도 없게 되며, 그것은 허가제도 외에 등록제도를 두는 취지에 반한다.

(4) 판례의 혼동(?)

대법원은 한 사건([참고판례][1])에서 등록제를 허가제로 새겼다. 말하자면 게임산업진흥에 관한 법률 제26조 제 1 항에서 일반게임제공업을 허가제로 하면서, 제 2 항에서 청소년게임제공업 또는 인터넷컴퓨터게임시설제공업을 등록제로 규정하고 있음에도 인터넷컴퓨터게임시설 제공업 등록을 대물적 허가로 보았는데, 이러한 판례의 태도는 동의하기 어렵다.

3. 평 가

(1) 수리를 요하는 신고

제정 당시(1991. 12. 14. 법률 제4428호)의 골재채취법에서는 골재의 선별·세척·파쇄·채취 업무는 모두 「허가」 대상이었으나, 이 사건 당시의 골재채취법(1999. 4. 15. 법률 제5966호로 개정된 법률)에서는 연간 1,000m³ 이상의 골재를 선별·세척·파쇄하는 업무는 「신고」 대상으로 변경되었다는 점, 그리고 구 골재채취법 제30조는 시장·군수 또는 구청장은 「1. 자연환경훼손·수질오염 기타의 재해로 인하여 공중에게 위해가 발생할 우려가 있을 … 경우」에는 골재채취의 허가를 받은 자에 대하여 골재채취구역의 변경, 채취의 중지, 시설물의 이전 기타 필요한 조치를 명할 수 있다고 규정하고, 같은 법 제32조 제 3 항에서 「제30조의 규정은 골재의 선별·세척 또는 파쇄의 신고를 한 자에 대하여 이를 준용한다」고 규정하고 있는 점에 비추어 골재의 선별·세척·파쇄·채취 업무를 수리를 요하는 신고로 본 것은 정당하다.

(2) 형식적 심사

골재채취법상 골재를 선별·세척·파쇄하는 업무가 종전에는 허가의 대상이었지만, 이 사건 당시에는 신고의 대상이라는 점, 골재채취는 여전히 허가의 대상이라는 점에 비추어 골재채취법은 허가와 신고를 구분하고 있음이 명백하다. 그렇다면 골재의 선별·세척·파쇄·채취의 신고에 대한 심사는 허가의 경우와 달리 형식적 심사에 머물러야 한다. 그렇지 않다면 허가제를 신고제로 전환한 이유를 설명할 수 없다. 대법원이 이 사건의 판결이유에서 「시장·군수 또는 구청장은 골재선별·세척 또는 파쇄 신고에 대하여 실질적인 요건을 심사하여 신고를 수리하거나 거부할 수 있다」고 한 것이 실질적 요건(내용적 요건)을 심사하여야 한다는 데에 초점을 둔 것인지, 아니면 요건에 대한 실질적 심사를 하여야 한다는 것인지 불분명하다.

4. 참고판례

[1] 안산시 인터넷컴퓨터게임시설제공업 등록사건(대판 2009. 11. 26, 2009도9187)

(피고가 게임산업진흥에관한법률위반·범인도피교사·도박개장의 죄로 기소된 사건에서) 게임산업진흥에 관한 법률 제26조 제2항(청소년게임제공업 또는 인터넷컴퓨터게임시설제공업을 영위하고자 하는 자는 문화체육관광부령이 정하는 시설을 갖추어 시장·군수·구청장에게 등록하여야 한다. 이하 생략)과 그 시행규칙이 규정하는 등록 요건 및 위 법률 제29조 제3항이 인터넷컴퓨터게임시설 제공업자의 영업양도, 사망, 합병의 경우뿐만 아니라 경매 등의 절차에 따라 단순히 영업자의 시설·기구(대통령령이 정하는 주요 시설 및 기구를 말한다)만의 인수가 이루어진 경우에도 인터넷컴퓨터게임시설 제공업자의 지위 승계를 인정하고 있는 점 등을 종합하여 보면, 인터넷컴퓨터게임시설 제공업 등록은 원칙적으로 대물적 허가의 성격을 갖는다고 할 것이다.

[2] 기타

헌재 1997. 8. 21, 93헌바51 전원재판부(서울신탁은행 노조 울림지사건)

[판례 11] 위임명령
• 의료기판매업자 업무정지사건(헌재 2011. 9. 29, 2010헌가93)

[사건개요]

제청신청인은 의료기기 판매업자로서 의료기기에 대하여 사전광고심의를 받은 내용과 다른 내용의 광고를 하였다는 이유로 행정청으로부터 업무정지 2개월에 갈음하는 과징금 900만원을 부과받게 되자, 이에 불복하여 법원에 행정소송을 제기함과 동시에 위 업무정지처분의 근거법률인 의료기기법 제32조 제 1 항 부분이 업무정지의 기간 범위를 보건복지가족부령에 포괄적으로 위임하여 헌법상 보장된 제청신청인의 직업수행의 자유를 침해한다고 주장하면서 위헌법률심판 제청신청을 하였고, 법원은 위 신청을 받아들여 2010. 11. 4. 이 사건 위헌법률심판을 제청하였다.

[심판대상]

의료기기법(2008. 12. 26. 법률 제9185호로 개정되고, 2010. 1. 18. 법률 제9932호로 개정되기 전의 것) **제32조**(허가 등의 취소와 업무의 정지) ① 제조업자 등이 다음 각 호의 1에 해당하는 때에 의료기기의 제조업자·수입업자 및 수리업자에 대하여는 식품의약품안전청장이, 판매업자 및 임대업자에 대하여는 시장·군수 또는 구청장이 허가의 취소, 영업소의 폐쇄, 품목의 제조·수입 및 판매의 금지 또는 보건복지가족부령이 정하는 기간 이내의 범위에서 그 업무의 전부 또는 일부의 정지를 명할 수 있다. (단서 생략)

[결정요지]

[1] 현대국가에 있어서 국민의 권리·의무에 관한 것이라 하여 모든 사항을 국회에서 제정한 법률만으로 규정하는 것은 불가능한바, 이는 행정영역이 복잡·다기하여 상황의 변화에 따라 다양한 방식으로 적절히 대처할 필요성이 요구되는 반면, 국회의 기술적·전문적 능력이나 시간적 적응능력에는 한계가 있기 때문이다. 이에 따라 헌법은 제75조에서 “대통령은 법률에서 구체적으로 범위를 정하여 위임받은 사항과 법률을 집행하기 위하여 필요한 사항에 관하여 대통령령을 발할 수 있다”고 규정하여 위임입법의 근거를 마련하는 한편, 대통령령으로 입법할 수 있는 사항을 법률에서 구체적으로 범위를 정하여 위임받은 사항으로 한정함으로써 위임입법의 범위와 한계를 제시하고 있고, 이는 법률에서 일정한 사항을 하위법령에 위임하는 경우의 일반원칙으로서

대통령령뿐만 아니라 헌법 제95조에 의하여 총리령 또는 부령에 위임하는 경우에도 동일하게 적용된다(헌재 2002. 6. 27, 2000헌가10 참조).

[2] 의료기기 판매업자에 대한 업무정지처분에 있어서 업무정지기간은 국민의 직업의 자유와 관련한 중요한 사항으로서 업무정지의 사유 못지않게 업무정지처분의 핵심적·본질적 요소라 할 것이므로, 비록 입법부가 복잡·다기한 행정영역에서 발생하는 상황의 변화에 따른 적절한 대처에 필요한 기술적·전문적 능력에 한계가 있어서 그 구체적인 기준을 하위법령에 위임할 수밖에 없다 하더라도 최소한 그 상한만은 법률의 형식으로 이를 명확하게 규정하여야 한다. 그런데, 이 사건 법률조항은 업무정지기간의 범위에 관하여 아무런 규정을 두고 있지 아니하고, 나아가 의료기기법의 다른 규정이나 다른 관련 법률을 유기적·체계적으로 종합하여 보더라도 보건복지부령에 규정될 업무정지기간의 범위, 특히 상한이 어떠할지를 예측할 수 없다. 따라서 이 사건 법률조항은 헌법 제75조의 포괄위임금지원칙에 위배된다.

[해　　설]

1. 쟁　　점

이 사건에서는 의료기기법 제32조 제 1 항 부분이 업무정지의 기간 범위를 보건복지부령이 헌법 제75조에 규정된 포괄위임입법금지의 원칙에 반하는 것인지의 여부를 쟁점으로 하였다. 이하에서 포괄위임금지의 문제로서 살펴본다.

2. 포괄적 위임의 금지

(1) 의　　의

헌법 제75조는 「대통령은 법률에서 구체적으로 범위를 정하여 위임받은 사항과 법률을 집행하기 위하여 필요한 사항에 관하여 대통령령을 발할 수 있다」고 규정한다. 「구체적으로 범위를 정하여 위임받은 사항…에 관하여 대통령령을 발할 수 있다」는 것은 포괄적인 위임으로는 대통령령을 발할 수는 없다는 것을 뜻한다. 이것이 이른바 포괄적 위임의 금지이다.

(2) 취　　지

포괄적 위임은 국회의 입법권을 국회가 스스로 포기하는 것이 되므로 총리령과 부령에 관해 규정하는 헌법 제95조는 포괄적 위임의 금지에 관한 표현이 없으나, 그럼에도 포괄적 위임의 금지가 적용된다고 볼 것이다. 조례의 경우에는 포괄적 위임이 가능하다. 왜냐하면 조례제정자인 지방의회는 주민에 의해 선출된 자로 구성되기 때문이다.

(3) 판단기준

헌법재판소는 1991. 7. 8, 91헌가4 전원재판부 결정에서 「우리 헌법 제75조도 '대통령은 법률에서 구체적으로 범위를 정하여 위임받은 사항…에 관하여 대통령령을 발할 수 있다'라고 규정하여 위임입법의 근거와 아울러 그 범위와 한계를 제시하고 있는데 '법률에서 구체적으로 범위를 정하여 위임받은 사항'이라 함은 법률에 이미 대통령령으로 규정될 내용 및 범위의 기본사항이 구체적으로 규정되어 있어서 누구라도 당해 법률로부터 대통령령에 규정될 내용의 대강을 예측할 수 있어야 함을 의미한다」고 하였고, 이러한 기준은 오늘날에도 여전히 활용되고 있다.

3. 평　　가

(1) 이 사건 판결은 헌법재판소의 종전의 입장을 따른 것이다.

(2) 당시 의료기기법 제32조 제 1 항 중 '판매업자에 대하여는 시장 · 군수 또는 구청장이 보건복지가족부령이 정하는 기간 이내의 범위에서 그 업무의 전부 또는 일부의 정지를 명할 수 있다'는 부분은 헌법에 합치되지 아니한다고 결정한 것은 타당하다.

4. 참고판례

[1] 직장보육시설 근로자 보육수당 청구사건(헌재 2011. 11. 24, 2010헌바373)

(1) 직장보육지원조항이 포괄위임금지원칙에 위배되는지 여부

(직장보육시설의 근로자가 영유아보육법상 직장보육시설의 설치의무에 갈음하는 보육수당을 지급하라는 소를 제기하고, 소송계속 중 영유아보육법 제14조에 대해 위헌제청신청을 하였으나, 제청신청이 기각되자 청구한 영유아보육법 제14조 위헌확인심판사건에서) 의무 사업장의 범위를 결정하기 위하여는 업계의 현황, 직장보육 수요 등 사회경제적 상황 등을 면밀히 조사 · 분석하고 수시로 변화하는 상황에 응하여 대처할 필요가 있다 할 것이고, 이를 일일이 법률로 정하도록 요구하는 것은 입법기술적으로 곤란한 일이 아닐 수 없으므로 위임의 필요성은 인정된다. 그리고, '대통령령으로 정하는 일정 규모 이상의 사업장의 사업주'는 그 입법 목적 및 체계상 일정한 보육수요가 있고, 재정능력이 있는 사업장의 사업

주라는 것을 충분히 예상할 수 있어 예측가능성이 있다. 따라서 이 사건 직장보육지원 조항은 포괄위임금지원칙에 위반되지 아니한다.

(2) 보육수당 지급위임조항이 포괄위임금지원칙에 위배되는지 여부

(동일한 사건에서) 사업주가 근로자에게 지급하여야 할 보육수당 금액 등에 대하여는 국민소득, 경제사정, 평균 보육비용 등 사회적·경제적 제반요소에 따라 달라질 수 있는 것으로 현실을 반영하여 상황에 맞게 유동적으로 대처할 필요가 있으므로 위임의 필요성이 있다. 그리고, 사업주가 지급하여야 할 보육수당은 직장 내 보육시설을 설치하지 못하여 근로자가 다른 보육시설을 이용할 때 소요되는 비용이 최대한도가 될 것이고 그 범위 내에서 금액의 기준이 정해질 것임을 충분히 예측할 수 있다고 할 것이다. 따라서 이 사건 보육수당 지급위임조항은 포괄위임금지원칙에 위배되지 아니한다.

■ 심판대상

영유아보육법(2004. 1. 29. 법률 제7153호로 개정되고, 2011. 6. 7. 법률 제10789호로 개정되어 2011. 12. 8. 시행되기 전의 것) **제14조**(직장보육시설의 설치 등) ① 대통령령으로 정하는 일정 규모 이상의 사업장의 사업주는 직장보육시설을 설치하여야 한다. 다만, 사업장의 사업주가 직장보육시설을 단독으로 설치할 수 없을 때에는 사업주 공동으로 직장보육시설을 설치·운영하거나, 지역의 보육시설과 위탁계약을 맺어 근로자 자녀의 보육을 지원하거나, 근로자에게 보육수당을 지급하여야 한다.

② 제 1 항에 따른 보육시설의 설치·위탁계약 및 보육수당의 지급에 필요한 사항은 보건복지부령으로 정한다.

[2] 기타

(1) 헌재 2010. 3. 25, 2008헌가5(다방종업원 영업장 외 손님접대사건)
(2) 대판 2006. 2. 24, 2005두2322(한약사 무단 한약제조판매사건)
(3) 헌재 2002. 6. 27, 2000헌가10 전원재판부(기술자격 보유자 자격정지 사건)
(4) 대판 2002. 8. 23, 2001두5651(Green Belt 내 콩나물재배사 건축허가취소사건)
(5) 대판 2000. 10. 27, 2000도1007(겉보리분말냉면사건)

[판례 12] 집행명령
• 지적담당 사무관 직권면직사건
(대판 2006. 10. 27, 2004두12261)

[사건개요]

(1) 원고는 1975. 9. 26. 북제주군 지방공무원 9급으로 임용되었고, 1991. 12. 26. 제주도청에 근무할 당시 지방지적 5급 사무관으로 승진하였으며, 1997. 1. 21.부터 남제주군으로 전입하여 근무하여 왔다.

(2) 피고(남제주군수)는 정부의 지방 행정 구조조정 계획에 따라 1999. 3. 9. 지방공무원법(이하 '법'이라고 한다) 제62조 제 3 항 소정의 직권면직시 고려하여 할 사항을 토대로 한 '공무원 평가기준'을 마련하여 1999. 3. 22. 남제주군인사위원회의 심의 · 의결을 거쳐 1999. 4. 1. 이를 확정하였다.

(3) 피고는 앞의 평가기준에 따라 남제주군 소속 5급직 공무원 23명 전원을 대상으로 하는 다면평가를 실시하였는데, 원고가 최저득점을 하였다. 남제주군인사위원회는 2003. 1. 30. 원고를 2003. 2. 28.까지 정리해야 할 직권면직대상자로 의결하였다. 피고는 2003. 7. 29. 원고에게 직권면직처분 사전예고를 한 후, 같은 해 9. 1.자로 법 제62조 제 1 항 제 3 호 소정의 '지방자치단체의 폐치 · 분합 및 직제와 정원의 개폐 또는 예산의 감소 등에 의하여 폐직 또는 과원이 된 때'를 사유로 하여 원고에 대하여 직권면직처분을 하였다. 이에 원고는 면직처분의 취소 등을 구하는 소를 제기하였다.

[참고조문]

지방공무원법 제62조(직권면직) ① 공무원이 다음 각호의 1에 해당할 때에는 임용권자는 직권에 의하여 이를 면직시킬 수 있다.

3. 지방자치단체의 폐치 · 분합 및 직제와 정원의 개폐 또는 예산의 감소등에 의하여 폐직 또는 과원이 된 때

7. 제65조의2 제 3 항의 규정에 의하여 대기명령을 받은 자가 그 기간중 능력 또는 근무성적의 향상을 기대하기 어렵다고 인정된 때

② 임용권자는 제 1 항의 규정에 의하여 면직시킬 경우에는 미리 당해 인사위원회의 의견을 들어야 한다. 다만, 제 1 항 제 7 호의 규정에 의하여 면직시킬 경우에는 당해 인사위원회의 동의를 얻어야 하며, 시 · 군 · 구의 5급이상 공무원은 시 · 도인사위원회의 동의를 얻어야 한다.

③ 임용권자는 제 1 항 제 3 호의 규정에 의하여 소속공무원을 면직시킬 때에는 임용형태 · 업무실적 · 직무수행능력 · 징계처분사실등을 고려하여 면직기준을 정하여야 한다.

④ 제 3 항의 면직기준을 정하거나 제 1 항 제 3 호의 규정에 의하여 면직대상자를 결정함에 있어서는 미리 당해 인사위원회의 의결을 거쳐야 한다.

> **지방공무원징계및소청규정 제 1 조의3**(징계의 관할) ① 특별시 · 광역시 및 도(이하 '시 · 도'라 한다) 인사위원회(이하 '위원회'라 한다)에서는 다음 각호의 징계사건을 심의 · 의결…한다.
> 1. 시 · 도 및 시 · 군 · 구(자치구를 말한다. 이하 같다)의 5급이상 공무원, 연구관 및 지도관의 징계사건
>
> **제14조**(직권면직에 대한 위원회의 동의 등) 법 제62조 제 2 항의 규정을 적용함에 있어 직권면직에 대한 위원회의 의견을 들어야 하는 경우에는 이 영에 의한 경징계요구사건의 징계를 심의 · 의결하는 위원회의 의견을 들어야 하고, 직권면직에 대한 위원회의 동의를 얻어야 하는 경우에는 이 영에 의한 중징계요구사건의 징계를 심의 · 의결하는 위원회의 동의를 얻어야 한다.

[판결요지]

지방공무원 징계 및 소청규정 제14조, 제 1 조의3 제 1 항 제 1 호는 지방공무원법 제62조 제 2 항 본문의 의견을 듣는 절차에 관하여 임용권자가 시 · 군 · 구의 5급 이상 공무원을 직권면직시킬 경우 시 · 도인사위원회의 의견을 듣도록 규정하고 있는바, 같은 법이 직권면직절차에 관하여 위임에 관한 아무런 규정을 두지 아니하였다고 하더라도 대통령령은 직권면직에 관한 같은 법의 규정을 집행하기 위하여 필요한 사항에 관하여 규정할 수 있고, 지방공무원 징계 및 소청규정이 위와 같이 시 · 군 · 구의 5급 이상의 공무원에 대한 직권면직에 관하여 시 · 도인사위원회의 의견을 듣도록 함으로써 그 대상자인 공무원에게 유리하게 엄격한 절차를 규정하고 있는 것은 직권면직처분의 객관성과 공정성을 확보함으로써 공무원의 정치적 중립성의 보장과 신분보장이라는 헌법상의 이념을 구현하려는 데 그 입법 취지가 있는 것이며, 시 · 도인사위원회의 의견이 임용권자인 기초자치단체장에 대하여 기속력이 있는 것이 아니라는 점에서 그 인사권을 침해하지도 않으므로 위 지방공무원 징계 및 소청규정을 무효라고 할 수 없다. 따라서 임용권자는 법 제62조 제 1 항 제 3 호의 규정에 의하여 시 · 군 · 구의 5급 이상 공무원을 직권면직시킬 경우 시 · 도인사위원회의 의견을 들어야 한다. (파기환송)

[해 설]

1. 쟁 점

이 사건은 남제주군이 지방자치단체이던 시기의 사건이다. 원고는 5급 이상 공무원을 직권면직하기 위하여는 지방공무원 징계 및 소청규정 제14조에 따라 사전에 제주

도인사위원회의 동의를 얻거나 그 의견을 들어야 하는 절차를 거쳐야 함에도 남제주군인사위원회의 의결만을 거쳤을 뿐이므로 자신에 대한 직권면직은 절차상 하자가 있다고 주장하였다. 그런데 직권면직시에 인사위원회의 의견을 듣도록 규정하는 지방공무원 징계 및 소청규정 제14조는 모법인 지방공무원법에 근거규정이 없다. 여기서 지방공무원 징계 및 소청규정 제14조 위반이 직권면직처분의 위법사유가 되는가의 여부가 문제된다. 이것은 지방공무원 징계 및 소청규정 제14조의 법적 성질의 문제이다. 이하에서는 이 사건을 집행명령의 적용문제로서 살펴본다.

2. 집행명령

(1) 의 의

집행명령이란 법률이나 상위명령을 집행하기 위한 행정입법을 말한다(예: 도로교통법 제11조 제 2 항의 집행을 위한 도로교통법시행령 제 8 조).

(2) 성 질

집행명령도 법규명령의 한 종류로써 구속력을 갖는다. 국가기관이나 지방자치단체나 사인은 집행명령을 준수하여야 한다. 집행명령에 반하는 행위는 위법한 행위가 된다.

(3) 근 거

헌법 제75조는「대통령이 … 법률을 집행하기 위하여 필요한 사항에 관하여 대통령령을 발할 수 있다」고 규정하고, 제95조는「국무총리 또는 행정각부의 장은 소관사무에 관하여 … 직권으로 총리령 또는 부령을 발할 수 있다」고 규정함으로써 헌법이 바로 집행명령의 발령권을 대통령과 국무총리 그리고 장관에게 부여하고 있다. 따라서 집행명령은 헌법 제75조와 제95조에 근거하여 개별적인 법령의 매개 없이도 바로 발령될 수 있다.

(4) 한 계

집행명령은 집행에 필요한 세칙을 정하는 범위 내에서만 가능하고, 새로운 권리나 의무를 규정할 수는 없다.

3. 평 가

지방공무원 징계 및 소청규정 제14조, 제 1 조의3 제 1 항 제 1 호는 지방공무원법 제62조 제 2 항를 집행하기 위하여 대통령이 발한 집행명령에 해당한다. 이 때문에 지방공무원 징계 및 소청규정 제14조, 제 1 조의3 제 1 항 제 1 호를 위반한 남제주군수의

면직처분은 절차상 위법하다. 따라서 대법원의 판단은 정당하다.

4. 참고판례

[1] 사법시험 제2차시험 과락사건(대판 2007. 1. 11, 2004두10432)

(제43회 사법시험 제2차시험에서 행정법을 과락받은 원고가 과락점수의 기준을 '매과목 4할 이상'으로 규정한 사법시험령 제15조 제2항이 법률유보의 원칙에 반하고 집행명령의 한계를 일탈하였다는 점 등을 이유로 제기한 사법시험제2차시험불합격처분취소소송에서) 변호사의 자격과 판사, 검사 등의 임용의 전제가 되는 「사법시험의 합격」이라는 직업선택의 자유와 공무담임권의 기본적인 제한요건은 국회에서 제정한 법률인 변호사법, 법원조직법, 검찰청법 등에서 규정되어 있는 것이고, 사법시험령은 단지 위 법률들이 규정한 사법시험의 시행과 절차 등에 관한 세부사항을 구체화하고 국가공무원법상 사법연수생이라는 별정직 공무원의 임용절차를 집행하기 위한 집행명령의 일종이라고 할 것이다.

[2] 제주도 자동차 대여사업 신고사건(대판 1989. 9. 12, 88누6962)

(자동차대여사업 사업구역 외의 지역에 영업소를 설치하고, 수차례에 걸쳐 신고를 하였으나 거부당한 경우, 관련법령의 개정이 있으면 어느 관청이 등록(신고)의 관할관청인지의 여부 등을 쟁점으로 한 사건에서) 상위법령의 시행에 필요한 세부적 사항을 정하기 위하여 행정관청이 일반적 직권에 의하여 제정하는 이른바 집행명령은 근거법령인 상위법령이 폐지되면 특별한 규정이 없는 이상 실효된다 할 것이나, 상위법령이 개정됨에 그친 경우에는 개정법령과 성질상 모순, 저촉되지 아니하고 개정된 상위법령의 시행에 필요한 사항을 규정하고 있는 이상 그 집행명령은 상위법령의 개정에도 불구하고 당연히 실효되지 아니하고 개정법령의 시행을 위한 집행명령이 제정, 발효될 때까지는 여전히 그 효력을 유지하는 것이라고 할 것이다.

[판례 13] 고시(행정규칙)형식의 법규명령
• 사회복지법인 평강원사건(대판 2008. 4. 10, 2007두4841)

[사건개요]

(1) 원고(사회복지법인 평강원)는 교육연구 및 복지시설 건물을 신축할 목적으로 2005. 2. 21.경 울산 울주군 삼동면 작동리 208-5, 46, 47, 산43-2 등 4필지(이하 이 사건 부지라 한다)를 매수한 후, 2005. 7. 8. 피고(울산광역시 울주군수)에게 위 지상에 노인복지시설 2개동을 신축하는 내용의 건축허가를 신청하였다.

(2) 피고는, 이 사건 부지는 아래의 이유로 이 사건 건물을 신축하기에 적합한 위치에 있지 아니하다는 사유를 들어, 2005. 8. 11. 불허가 처분을 하였다(이하 이 사건 처분이라 한다).

- 이 사건 부지는 산지관리법 제 4 조의 규정에 의한 산지구분상 보전(임업용)산지로서 산정상부에 위치한다.
- 관련 법령 및 산림청 고시에 의하면 전용하고자 하는 산지는 당해 산지의 표고 100분의 50 미만에 위치하여야 하는데, 이 사건 부지가 위치한 산지의 최저 표고점은 100미터, 최고 표고점은 223미터이고, 이 사건 부지는 그 표고가 170~195미터로 산자락 하단부의 표고를 기준으로 산정부와 100분의 50(161.5미터) 이상에 위치하고 있어 산지전용협의가 불가능하다.
- 신청지가 산정상부에 해당하여 비교적 경사가 급한 북쪽 사면 부분을 형질변경할 경우, 하단부로 토사유출 및 산사태 등 재해가 발생할 우려가 있고, 주변 경관 저해 및 주변 산림과 단절되어 산림환경에 악영향을 미칠 것으로 판단된다.
- 따라서, 이 사건 부지는 산지경관 및 산림생태보전과 공익적 이익을 위하여 산림으로 존치함이 타당하다(출처: 울산지법 2006. 5. 10, 2005구합2692).

(3) 원고는 건축불허가처분 취소청구소송을 제기하였다.

[판결요지](산림청 고시의 성질 부분만 발췌)

산지관리법 제18조 제 1 항 제 8 호에서 산지전용허가기준의 하나로 「사업계획 및 산지전용면적이 적정하고 산지전용방법이 자연경관 및 산림훼손을 최소화하고 산지전용 후의 복구에 지장을 줄 우려가 없을 것」이라는 추상적 기준을 설정하면서 같은 조 제 4 항에 의하여 그 세부기준을 대통령령으로 정하도록 위임하고 있고, 같은 법 시행령 제20조 제 4 항 [별표 4] 7.의 바.항에서 위 세부기준의 하나로 「전용하고자 하는 산지의 표고가 높거나 설치하고자 하는 시설물이 자연경관을 해치지 아니할 것」이라고 규정하여 전용하고자 하는 산지의 위치에 대한 대강의 제한을 제시하고 있으면서 같은 비고 2.에 의하여 위 기준을 적용하는 데 필요한 세부적인 사항은 산림청장이 정하여 고시하도록 위임하고 있으며, 이에 따라 산림청장이 법령에 따른 구체적인 기준으로서 전용하고자 하는 산지의 높이에 있어서의 한계로서 「산지의 경관을 보전하기 위하여 전용하고자 하는 산지는 당해 산지의 표고(산자락 하단부를 기준으로 한 산정부의 높이로 지반고를 말한다)의 50/100 미만에 위치하여야 한다」고 정한 산지전용허가기준의 세부검토기준에 관한 규정(2003. 11. 20. 산림청 고시 제2003-71호, 이하 '이 사건 고시'라고 한다) 제 2 조 [별표 3] ㈓목 가.의 규정은 위 산지관리법령이 위임한 바에 따라 그 법령의 내용이 될 사항을 구체적으로 정한 것으로서, 당해 법령의 위임 한계를 벗어나지 않으므로, 그와 결합하여 대외적으로 구속력이 있는 법규명령으로서 효력을 가진다고 할 것이다. (파기환송)

[해 설]

1. 쟁 점

이 사건의 핵심 쟁점은 산림청고시가 법규성을 갖는 법규명령인가의 여부이다. 이 사건을 고시형식의 법규명령의 적용문제로서 검토한다.

2. 고시형식의 법규명령

(1) 의 의

고시형식의 법규명령이란 일반적으로 법령의 위임에 근거하여 고시 또는 훈령의 법형식으로 발령되는 법규명령을 말한다. 고시형식의 법규명령도 법규명령의 일종이므로 국가기관이나 국민을 구속한다. 고시형식의 법규명령은 행정규칙형식의 법규명령이라 부르기도 한다.

(2) 인정 여부

헌법은 고시형식의 법규명령을 규정하고 있지 않다. 고시형식의 법규명령은 법률(행정규제기본법 제 4 조 제 2 항 단서)과 학설 및 판례(헌법재판소·대법원)에 의해 인정되고 있다. 우리 헌법상 고시형식으로 국민을 구속하는 법규명령은 허용되지 아니한다는 견해도 있다.

(3) 한 계

고시형식의 법규명령도 위임입법에 관해 규정하는 헌법 제75조와 제95조를 따라야 한다. 말하자면 고시형식의 법규명령도 포괄적 위임의 금지의 원칙을 따라야 한다. 만약 고시가 법령에 근거를 둔 것이라고 하여도 규정 내용이 법령의 위임 범위를 벗어난다면 그것은 국민을 구속하는 법규명령일 수 없다.

3. 평 가

이 사건 판결은 고시(행정규칙)형식의 법규명령에 관한 판례의 종래 입장을 따른 것이다(참고판례 참조). 저자는 고시(행정규칙)형식의 법규명령에 긍정적인 입장을 취한다.

4. 참고판례

[1] 천안시 넥스콘테크놀러지 공장설립승인신청거부사건(대판 2011. 9. 8, 2009두23822)

(공장설립승인신청에 대하여, 천안시장이 공장부지가 상수원보호구역으로부터 상류 800m 지점에 있어서 '산업입지의 개발에 관한 통합지침' 제36조 제1항 제6호에 따라 공장설립이 불허된다는 이유로 불승인처분을 하자 취소를 구한 사건에서) 산업입지 및 개발에 관한 법률 제40조 제1항, 제3항, 산업입지 및 개발에 관한 법률 시행령 제45조 제1항의 위임에 따라 제정된 '산업입지의 개발에 관한 통합지침'(2008. 1. 4. 건설교통부 고시 제2007-662호, 환경부 고시 제2007-205호)의 내용, 형식 및 취지 등을 종합하면, '산업입지의 개발에 관한 통합지침'은 위 법령이 위임한 것에 따라 법령의 내용이 될 사항을 구체적으로 정한 것으로서 법령의 위임 한계를 벗어나지 않으므로, 그와 결합하여 대외적으로 구속력이 있는 법규명령의 효력을 가진다.

[2] 금융산업의구조개선에관한법률 제2조 제3호 가목 등 위헌소원사건 (헌재 2004. 10. 28, 99헌바91 전원재판부)

(금융감독위원회가 금융산업의구조개선에관한법률을 근거로 A생명을 부실금융기관으로 결정하고, 아울러 자본감소를 명령하자, 그 처분의 취소를 구하는 항소심에서 근거법령의 위헌확인을 구한 헌법소원심판사건에서) 오늘날 의회의 입법독점주의에서 입법중심주의로 전환하여 일정한 범위 내에서 행정입법을 허용하게 된 동기가 사회적 변화에 대응한 입법수요의 급증과 종래의 형식적 권력분립주의로는 현대사회에 대응할 수 없다는 기능적 권력분

립론에 있다는 점 등을 감안하여 헌법 제40조와 헌법 제75조, 제95조의 의미를 살펴보면, 국회입법에 의한 수권이 입법기관이 아닌 행정기관에게 법률 등으로 구체적인 범위를 정하여 위임한 사항에 관하여는 당해 행정기관에게 법정립의 권한을 갖게 되고, 입법자가 규율의 형식도 선택할 수 있다 할 것이므로, 헌법이 인정하고 있는 위임입법의 형식은 예시적인 것으로 보아야 할 것이고, 그것은 법률이 행정규칙에 위임하더라도 그 행정규칙은 위임된 사항만을 규율할 수 있으므로, 국회입법의 원칙과 상치되지도 않는다. 다만, 형식의 선택에 있어서 규율의 밀도와 규율영역의 특성이 개별적으로 고찰되어야 할 것이고, 그에 따라 입법자에게 상세한 규율이 불가능한 것으로 보이는 영역이라면 행정부에게 필요한 보충을 할 책임이 인정되고 극히 전문적인 식견에 좌우되는 영역에서는 행정기관에 의한 구체화의 우위가 불가피하게 있을 수 있다. 그러한 영역에서 행정규칙에 대한 위임입법이 제한적으로 인정될 수 있다.

[3] 마포세무서장 양도소득세 부과사건(대판 1987. 9. 29, 86누484)

(원고가 건축물을 매도한 후 기준시가에 의하여 양도차익예정신고납부를 하였으나 피고인 마포세무서장이 소득세법과 동법시행령의 관련규정 외에 국세청훈령인 재산제세사무처리규정 제72조 제 3 항 제 5 호를 적용하여 양도당시의 실지거래가액을 기준으로 양도소득세 및 방위세부과처분을 하자, 이를 다툰 양도세부과처분취소소송에서) 상급행정기관이 하급행정기관에 대하여 업무처리지침이나 법령의 해석적용에 관한 기준을 정하여 발하는 이른바 행정규칙은 일반적으로 행정조직 내부에서만 효력을 가질 뿐 대외적인 구속력을 갖는 것은 아니지만, 법령의 규정이 특정행정기관에게 그 법령내용의 구체적 사항을 정할 수 있는 권한을 부여하면서 그 권한행사의 절차나 방법을 특정하고 있지 아니한 관계로 수임행정기관이 행정규칙의 형식으로 그 법령의 내용이 될 사항을 구체적으로 정하고 있다면 그와 같은 행정규칙, 규정은 위에서 본 행정규칙이 갖는 일반적 효력으로서가 아니라, 행정기관에 법령의 구체적 내용을 보충할 권한을 부여한 법령규정의 효력에 의하여 그 내용을 보충하는 기능을 갖게 된다 할 것이고, 따라서 이와 같은 행정규칙, 규정은 당해 법령의 위임한계를 벗어나지 아니하는 한 그것들과 결합하여 대외적인 구속력이 있는 법규명령으로서의 효력을 갖게 된다.

[판례 14] 부령(법규명령)형식의 행정규칙

• 의약품 '마그밀' 포장 개봉판매사건

(대판 2007. 9. 20, 2007두6946)

[사건개요]

2005. 8. 5. 보건복지부, 식품의약품안전청, 건강보험심사평가원 및 인천광역시 소속 직원들로 구성된 '합동약국감시단'은 약사인 원고가 운영하던 약국을 지도·감시하는 과정에서 200정 단위 '마그밀'의 포장이 개봉된 채 130정만 들어있는 상태로 일반판매대에 보관되어 있는 것을 발견하고, 약사법 제39조 위반으로 이를 적발하였다.

2005. 8. 16. 피고(인천광역시 연수구보건소장)는 원고에게 위 위반행위에 대하여 약사법 제69조 제 1 항 제 3 호, 제 2 항, 약사법 시행규칙 제89조에 의하여 업무정지 15일의 처분을 사전통지하였다.

2005. 9. 30. 피고는 약사법 제71조의3 제 1 항, 제 2 항, 약사법 시행령 제29조에 따라 업무정지 15일에 갈음하는 과징금 8,550,000원의 부과처분(이하 '이 사건 처분'이라 한다)을 하였다. 이에 원고는 과징금부과처분의 취소를 구하는 소를 제기하였다.

[판결요지](약사법시행규칙상 행정처분기준의 성질 부분 발췌)

[1] 제재적 행정처분의 기준이 부령의 형식으로 규정되어 있더라도 그것은 행정청 내부의 사무처리준칙을 정한 것에 지나지 아니하여 대외적으로 국민이나 법원을 기속하는 효력이 없고, 당해 처분의 적법 여부는 위 처분기준만이 아니라 관계 법령의 규정 내용과 취지에 따라 판단되어야 하므로, 위 처분기준에 적합하다 하여 곧바로 당해 처분이 적법한 것이라고 할 수는 없지만, 위 처분기준이 그 자체로 헌법 또는 법률에 합치되지 아니하거나 위 처분기준에 따른 제재적 행정처분이 그 처분사유가 된 위반행위의 내용 및 관계 법령의 규정 내용과 취지에 비추어 현저히 부당하다고 인정할 만한 합리적인 이유가 없는 한 섣불리 그 처분이 재량권의 범위를 일탈하였거나 재량권을 남용한 것이라고 판단해서는 안 된다.

[2] 약사의 의약품 개봉판매행위에 대하여 구 약사법(2007. 4. 11. 법률 제8365호로 전문개정되기 전의 것) 제69조 제 1 항 제 3 호, 제 3 항, 같은법시행규칙(2005. 10. 7. 보건복지부

령 제332호로 개정되기 전의 것) 제89조 [별표 6]「행정처분의 기준」에 따라 업무정지 15일의 처분을 사전통지하였다가, 그 후 같은 법 제71조의3 제1항, 제2항, 같은 법 시행령(2007. 6. 28. 대통령령 제20130호로 개정되기 전의 것) 제29조 [별표 1의2] '과징금 산정기준'에 따라 업무정지 15일에 갈음하는 과징금 부과처분을 한 것이 재량권의 범위를 일탈하거나 재량권을 남용한 것으로 보기 어렵다. (파기환송)

[해 설]

1. 쟁 점

이 사건에서는 제재적 행정처분의 기준이 부령의 형식으로 규정되어 있는 경우, 그 기준에 따른 처분의 적법성에 관한 판단 방법이 쟁점 중의 하나였는데, 이 쟁점은 부령형식의 제재적 행정처분의 기준의 성질과 관련되는바, 이하에서 이에 관해 살펴본다.

2. 법규명령형식의 행정규칙

(1) 의 의

법규명령형식의 행정규칙이란 법령의 위임을 받아 부령 또는 지방자치단체의 규칙에서 규정되고 있는 규율 중「행정처분기준과 같은 행정내부적 사항에 관한 규율」을 말한다. 법규명령형식의 행정규칙은 행정규칙의 일종이므로 외부적 구속력을 갖지 아니한다. 법규명령형식의 행정규칙은 형식은 법규명령이지만, 법원이나 국민을 구속하지 아니한다는 것이 특징적이다. 법규명령형식의 행정규칙을 부령형식의 행정규칙이라고도 한다.

(2) 문제영역

① 법규명령형식의 행정규칙은 법령의 위임에 근거하여 행정처분기준이 부령 또는 조례에서 규정되고 있는 경우의 문제이다. ② 법규명령형식의 행정규칙은 대통령령에서는 문제되지 아니한다. 판례는 대통령령에서 규정된 행정처분기준을 법규명령으로 보기 때문이다.

(3) 인정 여부(학설)

상위법령의 위임을 받아 부령, 또는 지방자치단체의 규칙에서 규정되고 있음에도 불구하고, 규정내용이 행정처분기준인 경우, 그 행정처분기준의 성질에 관해 ① 법형식을 중요시하여 법규명령에서 규정하면 법규명령으로 보는 견해(법규명령설), ② 행정규칙사항은 법규명령에서 규정해도 행정규칙이라는 것 등을 이유로 행정규칙으로 보는 견해(행정규칙설), ③ 오늘날의 헌법국가에서 법규명령이란 법령의 위임에 따른 행정입법으로 이해하여야 한다는 시각에서 법규명령으로 보는 견해가 있다(수권여부기준설).

[참고] 법규명령의 의의
법규명령설에서 법규명령이란 법률상의 수권에 근거하여 행정권이 정립하는 규범으로서 국민과의 관계에서 일반구속적인 규범을 말한다. 수권여부기준설에서 말하는 법규명령이란 법령의 위임에 따른 행정입법을 말하며, 국민과의 관계에서 일반적으로는 구속력을 갖지만 구속력을 갖지 아니하는 예외적인 경우(예: 대통령령인 직제)도 있다.

(4) 판 례

판례는 오래전부터 상위법령의 위임을 받아 부령이나(대판 1980. 4. 8, 79누151; 대판 2010. 4. 8, 2009두22997) 지방자치단체의 규칙에서(대판 2002. 1. 22, 2001두8414) 규정되고 있는 행정처분기준을 행정규칙으로 본다. 그러나 판례는 대통령령에서 규정되고 있는 행정처분기준은 법규명령으로 본다(대판 2001. 3. 9, 99두5207; 대판 1997. 12. 26, 97누15418).

3. 평 가

(1) ① 약사법시행규칙 제89조 [별표 6]「행정처분의 기준」은 부령에 관해 규정하는 헌법 제95조가 정하는 바에 합치된다는 점, ② 동 행정처분기준은 단순한 사무처리기준은 아니고, 국민의 기본권인 영업의 자유의 제한과 직접 관련된다는 점, ③ 동 행정처분기준에는 개별처분기준 외에 사정에 따라 제재의 정도를 가감할 수 있는 일반적 처분기준도 있어서 제재적인 처분을 기계적으로만 처리하는 것이 아니라, 사정에 따라 탄력적으로 할 수 있다는 점, ④ 동 행정처분기준은 행정권이 만든 것이므로 당해 행정권이 그에 구속된다고 하여도 논리상 모순은 없다는 점에 비추어 동 처분기준은 법규명령으로 보는 것이 타당하다. 아울러 ⑤ 판례가 대통령령으로 정해진 제재적 행정처분을 법규명령으로 보면서 부령으로 정해진 제재적 행정처분기준을 행정규칙으로 보는 것은 이해하기 어렵다.

(2) 약사법시행규칙 제89조 [별표 6]「행정처분의 기준」을 행정규칙으로 볼 때, 업무정지 15일에 갈음하는 과징금 부과처분을 한 것이 재량권의 범위를 일탈하거나 재량권을 남용한 것으로 보기 어렵다는 대법원의 판단은 정당하다고 본다.

4. 참고판례

[1] 식품위생법시행규칙상 행정처분기준의 성질 — 씨케이이글로벌(주) 냉동새우수입사건(대판 2010. 4. 8, 2009두22997)

(지방식품의약품안정청이 유해화학물질인 말라카이트그린이 사용된 냉동새우를 수입하면서 수입신고서에 그 사실을 누락한 씨케이글로벌 주식회사에 대하여 영업정지 1월의 처분을 하자 이의 취소를 구한 사건에서) 식품위생법 제58조 제 1 항에 의한 영업정지 등 행정처분의 적법 여부는 법 시행규칙 제53조 [별표 15]의 행정처분기준에 적합한 것인가의 여부에 따라 판단할 것이 아니라 법의 규정 및 그 취지에 적합한 것인가의 여부에 따라 판단하여야 한다. 법 시행규칙 제53조 [별표 15] 행정처분기준이 비록 행정청 내부의 사무처리 준칙을 정한 것에 지나지 아니하여 대외적으로 법원이나 국민을 기속하는 효력은 없지만, 위 행정처분기준이 수입업자들 및 행정청 사이에 처분의 수위를 가늠할 수 있는 유력한 잣대로 인식되고 있는 현실에 수입식품으로 인하여 생기는 위생상의 위해를 방지하기 위한 단속의 필요성과 그 일관성 제고라는 측면까지 아울러 참작하면, 위 행정처분기준에서 정하고 있는 범위를 벗어나는 처분을 하기 위해서는 그 기준을 준수한 행정처분을 할 경우 공익상 필요와 상대방이 받게 되는 불이익 등과 사이에 현저한 불균형이 발생한다는 등의 특별한 사정이 있어야 한다.

[2] 청소년보호법시행령상 과징금처분기준의 성질 — 유흥업소 청소년 고용사건(대판 2001. 3. 9, 99두5207)

(과거에 청소년 고용으로 15일간의 영업정지처분을 받은 적이 있는 유흥업주가 청소년 2명을 유흥업소에 7일간 고용한 탓으로 상한액의 2배인 16,000,000원의 과징금을 부과받자 이에 취소를 구한 사건에서) 구 청소년보호법 제49조 제 1 항, 제 2 항에 따른 법시행령 제40조 [별표 6]의 위반행위의종별에따른과징금처분기준은 법규명령이기는 하나 모법의 위임규정의 내용과 취지 및 헌법상의 과잉금지의 원칙과 평등의 원칙 등에 비추어 같은 유형의 위반행위라 하더라도 그 규모나 기간·사회적 비난 정도·위반행위로 인하여 다른 법률에 의하여 처벌받은 다른 사정·행위자의 개인적 사정 및 위반행위로 얻은 불법이익의 규모 등 여러 요소를 종합적으로 고려하여 사안에 따라 적정한 과징금의 액수를 정하여야 할 것이므로 그 수액은 정액이 아니라 최고한도액이라고 할 것이다.

[판례 15] 행정계획과 계획재량

• **원지동 추모공원사건**(대판 2007. 4. 12, 2005두1893)

[사건개요]

(1) 서울특별시, 사단법인 한국장묘문화개혁범국민협의회, SK 주식회사가 2000. 8. 4. 발족시킨 추모공원건립추진협의회(이하 '이 사건 협의회'라고 한다)는 서울 서초구 원지동 76 일대(개나리골)를 서울 추모공원의 부지로 선정하여 서울특별시에 추천하였다. SK 주식회사는 승화원과 추모의 집 등 장묘시설을 건립하여 서울특별시에 기부채납하며, 서울특별시는 위 장묘시설을 운영하기로 합의하였다.

(2) 피고(서울특별시장)는 서울특별시 도시계획위원회의 심의를 거쳐 2001. 9. 22. 서울특별시 고시 제2001-312호로써 서울 서초구 원지동 76 일대 130,320m^2에 묘지공원(추모의 집 5만위, 공원)을, 서울 서초구 원지동 68 일대 39,700m^2에 화장장(화장로 20기, 장례식장 12실, 묘지공원과 화장장시설을 합쳐 이하 '이 사건 추모공원'이라고 한다)을 설치하기로 하고, 기존의 폭 15m의 중로(2류) 370m를 폭 35m의 대로(1류) 380m로 변경하고 폭 11~14m의 중로(3류) 370m를 신설하는 내용의 도시계획시설결정(이하 '이 사건 도시계획시설결정'이라고 한다)을 하고 이를 고시하였다. 이에 원고들(상고인, 추모공원의 부지 내의 소유자와 인근지역주민)이 도시계획시설결정취소청구소송을 제기하였다.

[판결요지](행정계획상 형성의 자유 부분 발췌)

행정계획이라 함은 행정에 관한 전문적·기술적 판단을 기초로 하여 도시의 건설·정비·개량 등과 같은 특정한 행정목표를 달성하기 위하여 서로 관련되는 행정수단을 종합·조정함으로써 장래의 일정한 시점에 있어서 일정한 질서를 실현하기 위한 활동기준으로 설정된 것으로서, 관계 법령에는 추상적인 행정목표와 절차만이 규정되어 있을 뿐 행정계획의 내용에 관하여는 별다른 규정을 두고 있지 아니하므로 행정주체는 구체적인 행정계획을 입안·결정함에 있어서 비교적 광범위한 형성의 자유를 가지는 것이지만, 행정주체가 가지는 이와 같은 형성의 자유는 무제한적인 것이 아니라 그 행정계획에 관련되는 자들의 이익을 공익과 사익 사이에서는 물론이고 공익 상호간과 사익 상호간에도 정당하게 비교 교량하여야 한다는 제한이 있으므로, 행정주체가 행정계획을 입안·결정함에 있어서 이익형량을 전혀 행하지 아니하거나 이익형량의 고려 대상에 마땅히 포함시켜야 할 사항을 누락한 경우 또는 이익형량을 하였으나 정당성과 객관성이 결여된 경우에는 그 행정계획결정은 형량에 하자가 있어 위법하게 된다.

[해　　설]

1. 쟁　　점

이 사건에서는 묘지공원과 화장장의 후보지를 선정하는 과정에서 개최된 공청회에 행정절차법에서 정한 절차가 준수되어야 하는지 여부, 서울시의 도시계획시설결정에 하자가 없는지 등 여러 쟁점에 관해 판시되었으나, 이하에서는 이 사건을 다만 행정계획의 문제로서 검토한다.

2. 형성의 자유(계획재량)

(1) 계획법의 구조

원고들이 A도시계획시설결정의 취소를 구하는 소송을 제기하면, 법원은 당연히 A도시계획시설결정이 국토의 계획 및 이용에 관한 법률에 위반되는지의 여부를 심사하게 된다. 그런데 ① 식품위생법 등 전통적 의미의 법률(통상의 법률이라 부르기도 한다)은 「만약 …하면, …한다」는 규정방식(예: 만약 미성년자에게 술을 판매하면, 영업허가를 취소한다)을 취하지만, ② 국토의 계획 및 이용에 관한 법률 등 계획법률은 「…위하여, …한다」는 규정방식(예: 국토의 균형있는 발전을 위하여, …계획을 수립한다)을 취한다. ①의 규정형식을 조건프로그램이라 하고, ②의 규정형식을 목적프로그램이라 한다. 요컨대 계획법률은 목적프로그램이다.

(2) 형성의 자유(계획재량)

조건프로그램에서는 규율상황자체가 비교적 구체적이지만, 목적프로그램에서는 추상적인 목표를 제시할 뿐, 구체적인 계획의 내용에 관해서는 자세히 언급하지 않음이 일반적이다. 이 때문에 행정주체는 계획법률에 근거한 구체적인 계획을 책정하는 과정에서 광범위한 형성의 자유를 갖게 된다. 이러한 형성의 자유를 계획재량이라 부르기도 한다.

(3) 형성의 자유영역과 사법심사

도시계획시설결정을 수립함에 있어서 계획행정청에 고유한 형성의 자유영역이 있다고 말할 수밖에 없고, 그러한 형성의 자유영역 안에서 이루어진 내용에 대해서는 법원이 위법 여부를 심사할 수는 없다. 한편, 형성의 자유영역이 있다고 하여 형성의 자유에는 아무런 제한이 없다는 것은 아니다. ① 계획상의 목표는 법질서에 부합하여야 하고, ② 수단은 목표실현에 적합하고, 필요하고 또한 비례적이어야 하고, ③ 법에서 절차를 정한 것이 있다면 그 절차를 준수하여야 하고, ④「전체로서 계획관련자 모두의 이익을 정당히 고려하여야 한다」는 형량명령을 준수하는 전제하에 형성의 자유는 인정된다. 어느 하나를 위반하여도 위법을 가져오게 된다.

3. 평　가

대법원의 판단이 의문 없이 타당하다고 말하기는 어렵다. 그러나 서울특별시의 경우에 화장로 23기의 벽제승화원의 시설규모만으로도 수요를 충분히 감당할 수 있다는 원고의 주장 등은 피고인 서울특별시의 형성의 자유영역에 놓이는 사항일 것이다.

4. 참고판례

[1] 2008학년도 이후 대학입학제도 개선안사건
(헌재 2008. 9. 25, 2007헌마376 전원재판부)

(당시 교육인적자원부장관이 2004. 10. 28. '학교교육정상화를 위한 2008학년도 이후 대학입학제도 개선안'을 발표하자, 2010학년도 대학입학전형에 응시할 예정인 고등학생인 청구인이 이 개선안 중 '학교생활기록부의 반영 비중 확대' 및 '대학수학능력시험성적을 등급만 제공하는 것'이 헌법 제11조와 제31조 제 1 항에 반한다고 하면서 위헌확인을 구한 헌법소원심판사건에서) 이 사건 개선안은 현행 대학입학제도의 문제점 및 개선방향 혹은 추진 방향 및 추진을 위한 보완수단 등에 관한 일반적인 내용이 담겨 있을 뿐이므로, 그 자체로서는 법적 구속력이나 외부효과가 발생하지 않는 행정청의 지침 내지 의견진술 정도의 의미를 가지는 데 지나지 않는다. 장기적인 대학입학제도 개선을 위하여 마련된 이 사건 개선안이 피청구인이 대학입학전형기본계획을 마련함에 있어 행정지침을 제공하는 것은 사실이나, 피청구인이 반드시 이에 구속되는 것으로 보기는 어려우며, 실제로 2008학년도 이후의 대학입학전형기본계획을 살펴보더라도 이 사건 개선안이 그대로 반영되었다고 보기 어렵다. 그렇다면 이 사건 개선안은 비구속적 행정계획안에 불과할 뿐 아니라, 법령의 뒷받침에 의하여 장래 실시될 것이 확실시되는 경우로 볼 수도 없어, 예외적으로 헌법소원의 대상이 되는 공권력 행사로 볼 여지가 없다.

[2] 서울시 서초구 청계산 원터골 휴게광장조성사건(대판 2007. 1. 25, 2004두12063)

(서초구청장이 청계산 도시자연공원을 찾는 등산객이 주로 이용하는 원터골 진입로 주변에 휴게광장을 조성하여 만남의 장소를 제공하고 도시경관을 향상시키고자 도시계획을 입안하였으나, 원고가 이를 다툰 도시계획시설결정및지형도면승인처분취소소송에서) (1) 청계산 도시자연공원을 찾는 등산객이 주로 이용하는 원터골 진입로 주변이 무단 주차장화 되어 청계산의 경관과 이미지를 저해하고 있어 휴게광장을 조성하여 이용객들에게 만남의 장소를 제공하고 도시경관을 향상시키고자 하는 목적에서 입안된 이 사건 도시계획사업은 그 필요성이 있고, 피고(서초구청장)로서는 이러한 행정목적을 달성하기 위하여 이 사건 도시계획사업을 입안·결정함에 있어서 비교적 광범위한 형성의 자유를 가지고 있다.
(2) 도시계획을 입안함에 있어서는 미리 인구·교통·환경·토지이용 등에 대한 기초조사를 거쳐 추가적인 도시계획시설의 필요성 및 수요를 파악하여 시설의 규모와 편입대상토지의 범위 등에 대한 검토가 이루어져야 함에도, 피고는 이러한 기초조사도 하지 않은 상태에서 도시계획결정을 입안하여 도시계획위원회의 심의까지 마친 점, 그 후 보완한 기초조사의 결과에 의하더라도 구체적인 조사자료나 근거 없이 주말 등에 원터골을 통하여 청계산 도시자연공원을 찾는 등산객의 수를 2~3만 명으로 추산하고 있을 뿐, 이 사건 토지 부근의 청계산 원터골에 등산객 등을 위한 어떠한 도시계획시설이 있는지에 대한 조사나 추가적인 만남의 장소 또는 휴게장소의 필요성과 그 수요에 대한 조사 등도 없었던 것으로 보이는 점, 이 사건 도시계획사업의 공람공고와 관련하여 서울특별시 도시계획상임기획단은 이 사건 토지와 그 주변의 산림이 양호하고 지반이 낮은 골짜기 형태의 급경사지와 개울을 이루고 있어서 광장 조성시에 대량의 성토 및 절토가 예상되므로 이를 최소화 할 수 있도록 도로변을 중심으로 축소 조정하는 것이 바람직하다는 의견을 제출하였고, 피고가 미리 작성한 이 사건 도시계획사업의 설계도면에 의하더라도 이 사건 토지 전부를 광장으로 조성하지 아니함에도, 피고는 합리적인 근거 없이 위와 같은 의견을 반영하지 아니한 채 이 사건 토지 전부를 위 도시계획사업의 편입대상으로 결정한 점 등을 종합하여 보면, 피고가 이 사건 도시계획사업에 관한 행정계획을 입안·결정함에 있어서 이 사건 토지 전부를 사업부지로 편입한 것은 공익과 사익에 관한 이익형량의 고려대상에 마땅히 포함시켜야 할 사항을 누락하였거나 정당성 내지 객관성이 결여된 상태에서 이익형량을 하였다고 할 것이므로 이 사건 도시계획결정은 형량에 하자가 있어 위법하고, 이 사건 도시계획사업에 대한 인가처분 및 변경인가처분은 위법한 이 사건 도시계획결정을 기초로 한 후속처분으로서 역시 위법하다.

[판례 16] 예비결정

• 대구 동구청 폐기물처리업 부적정통보사건

(대판 1998. 4. 28, 97누21086)

[사건개요]

1997. 2. 27. 원고는 피고(대구광역시 동구청장)에게 구 폐기물관리법 제26조 제 1 항, 같은법시행규칙(1997. 7. 19. 환경부령 제27호로 개정되기 전의 것, 이하 같다) 제17조 제 2 항에 의하여 폐기물수집, 운반업 중 영업대상 폐기물을 생활폐기물 및 사업장생활계 폐기물, 업종을 같은 폐기물의 수집과 운반으로 한 사업계획서를 작성 · 제출하였다.
1997. 2. 28. 피고는 원고에게 생활폐기물의 처리는 피고의 고유권한이고, 피고는 관할 구역 안에서 배출되는 생활폐기물의 적정하고도 안정된 처리와 수집, 운반처리방법의 개선 및 자질향상으로 생활폐기물 처리를 능률적으로 수행하고 처리업체를 적정하게 허가, 운영할 책임이 있으므로, 생활폐기물 및 사업장생활계 폐기물수집, 운반업 허가는 폐기물량의 대폭적인 증가와 위탁구역확대 등의 요인이 발생할 때 적법절차에 따라 공개적인 방법으로 선정, 허가할 계획이라는 이유로 부적정 통보('이 사건 처분')를 하였다. 이에 원고가 폐기물처리사업부적정통보의 취소를 구하는 소를 제기하였다.

[참고조문]

당시 폐기물관리법 제26조(폐기물처리업) ① 폐기물의 수집 · 운반 또는 처리를 업(이하 '폐기물처리업'이라 한다)으로 하고자 하는 자는 환경부령이 정하는 바에 따라 폐기물처리사업계획서를 지정폐기물을 대상으로 하는 경우에는 환경부장관에게 제출하고, 그 밖의 폐기물을 대상으로 하는 경우에는 시 · 도지사에게 제출하여야 한다. …
② 환경부장관 또는 시 · 도지사는 제 1 항의 규정에 의하여 제출된 폐기물처리사업계획서를 검토하여 그 적합 여부를 폐기물처리사업계획서를 제출한 자에게 통보하여야 한다.
③ 제 2 항의 규정에 의하여 적합통보를 받은 자는 환경부령이 정하는 기준에 의한 시설 · 장비 및 기술능력을 갖추어 업종별로 시 · 도지사의 허가를 받아야 한다. …

[판결요지](부적정 통보의 처분성 부분만 발췌)

관계 법령의 규정에 의하면 폐기물처리업의 허가를 받기 위하여는 먼저 사업계획서를 제출하여 허가권자로부터 사업계획에 대한 적정 통보를 받아야 하고, 그 적정 통보를 받은 자만이 일정기간 내에 시설, 장비, 기술능력, 자본금을 갖추어 허가신청을 할 수 있으므로, 결국 부적정 통보는 허가신청 자체를 제한하는 등 개인의 권리 내지 법률상의 이익을 개별적이고 구체적으로 규제하고 있어 행정처분에 해당한다.

[해　　설]

1. 쟁　　점

이 사건은 ① 폐기물관리법 관계 법령에 의한 폐기물처리업 허가권자의 부적정 통보가 행정처분에 해당하는지 여부(적극), ② 폐기물처리업의 허가에 앞서 사업계획서에 대한 적정·부적정 통보 제도를 둔 취지, ③ 기속행위와 재량행위의 구별 기준 등을 쟁점으로 하였으나, ①만을 검토한다. 부적정 통보는 학문상 예비결정에 해당한다. 따라서 이하에서 이 사건을 예비결정의 적용문제로서 살펴본다.

2. 예비결정

(1) 의　　의

예비결정이란 종국적인 행정행위(예: 건축허가)를 하기에 앞서서 종국적인 행정행위에 요구되는 여러 요건 중에서 개별적인 몇몇 요건(예: 일정 건축물을 해당 대지에 건축하는 것이 가능한지의 여부)에 대한 결정을 말한다(예: 건축법 제10조 제1항).

> **건축법 제10조**(건축 관련 입지와 규모의 사전결정) ① 제11조에 따른 건축허가 대상 건축물을 건축하려는 자는 건축허가를 신청하기 전에 허가권자에게 그 건축물을 해당 대지에 건축하는 것이 이 법이나 다른 법령에서 허용되는지에 대한 사전결정을 신청할 수 있다.

(2) 인정취지

예비결정의 취지는 이 사건에서 대법원이 판시한 바와 같다. 즉, 「폐기물관리법의 관련 규정에 비추어 보면 폐기물처리업의 허가에 앞서 사업계획서에 대한 적정·부적정 통보 제도를 두고 있는 것은 폐기물처리업을 하고자 하는 자가 스스로 시설 등을 설치하여 허가신청을 하였다가 허가단계에서 그 사업계획이 부적정하다고 판명되어 불허가되면 허가신청인이 막대한 경제적·시간적 손실을 입게 되므로, 이를 방지하는 동시에 허가관청으로 하여금 미리 사업계획서를 심사하여 그 적정·부적정 통보 처분을 하도록 하고, 나중에 허가단계에서는 나머지 허가요건만을 심사하여 신속하게 허가업무를 처리하는 데 그 취지가 있다」고 하겠다.

(3) 법적 근거

예비결정은 법령에 규정이 있거나 신청인에게 행정행위의 한 부분이 독립적으로 다루어지는 것에 대한 정당한 이익이 있는 경우에 가능하다고 본다.

(4) 성질(행정행위)

예비결정은 그 결정에서 정해진 부분에만 제한적인 효력을 갖지만, 그 자체가 하나의 행정행위이다. 왜냐하면 예비결정 역시 행정행위의 개념(행정청이 법 아래서 구체적 사실에 대한 법집행으로서 행하는 권력적 단독행위로서 공법행위)에 해당하기 때문이다.

(5) 효　과

예비결정은 사후의 종국적인 결정의 유보하에 이루어지는 행위이다. 따라서 예비결정은 신청자인 사인에게 어떤 종국적인 행위를 허용하는 것은 아니지만 행정청은 본결정에서 예비결정과 상충되는 결정을 할 수 없다.

3. 평　가

폐기물관리법상 폐기물관리업의 허가신청은 적합 통보를 받은 자만이 가능하고, 부적정 통보를 받은 자는 폐기물관리업의 허가신청을 할 수 없다. 따라서는 부적정통보를 받은 자가 부적정 통보를 다툴 수 없다고 한다면, 부적정 통보를 받은 자는 헌법상 보장되는 영업의 자유를 보호받지 못하는 결과가 될 것이다. 이러한 시각에서 보아도 판례의 태도는 타당하다.

4. 참고판례

[1] 안양교육청 일반사회교육시설 설치불허사건(대판 1996. 10. 25, 95누14244)

(당시 사회교육법령에 사회교육시설을 설치하고자 하는 자는 등록신청 이전에 시설·설비의 명세 등을 기재한 설치계획서를 제출하여 관할 시·도교육위원회로부터 검토결과를 통보받도록 규정되어 있었다. 이에 따라 원고가 사회교육시설의 설치계획서를 제출하였으나 안양교육청 교육장이 이를 반려하자 원고가 제기한 일반사회교육시설 설치불허처분 취소소송에서) 사회교육법령이 설치계획서의 제출 및 검토라는 사전제도를 두고 있는 것은 사회교육시설을 설치하고자 하는 자에게 미리 그 계획의 적법성을 심사·통보함으로써 그로 하여금 경제적·시간적으로 무익한 노력을 하지 않도록 배려함과 동시에 관할 시·도교육위원회로 하여금 미리 등록요건의 일부를 심사하고 나중에 등록단계에서는 나머지 등록요건만을

심사하게 함으로써 신속하게 등록업무를 처리하도록 하는 데 그 취지가 있다 할 것이므로, 설치계획서를 제출받은 관할 시·도교육위원회로서는 그 시설·설비가 사회교육법령이 정하고 있는 설치기준에 맞는 것인지 여부를 검토함은 물론 건축법·주택건설촉진법 등 관계 법령상 그러한 시설·설비를 갖추는 것이 가능한지 여부까지도 이를 검토하여 만약 그 시설·설비가 설치기준에 맞지 않는다거나 관계 법령상 그러한 시설·설비를 갖추는 것이 불가능하다면 설치계획서를 반려할 수 있다.

[2] 삼천포시 삼보종합건설 건축계획 사전결정 불허사건(대판 1996. 3. 12, 95누658)

(삼보종합건설 주식회사가 당시 건축법 제7조에 따라 건축계획사전결정을 신청하였으나, 삼천포시장이 불허가처분을 하자 원고가 이의 취소를 구한 사건에서) (1) 당시 건축법 제7조와 제8조 제3항의 규정에 의하면, 건축에 관한 계획의 사전결정은 일정한 용도 및 규모 이상의 건축물을 건축하고자 하는 자가 건축허가 신청 전에 시장 등 허가권자로부터 계획하고 있는 건축물을 해당 대지 위에 건축하는 것이 건축법 등 관련 법규에 의하여 허용되는지 여부에 대한 사전 결정을 받는 제도로서, 규정상 결정의 대상이 「당해 건축물을 해당 대지에 건축하는 것이 이 법 또는 다른 법률의 규정에 의하여 허용되는지의 여부」로 한정되어 있고, 위 사전결정제도의 목적이 일정 규모 이상의 건축물 등을 신축하고자 하는 자가 건축허가신청에 필요한 모든 준비를 갖추어 허가신청을 하였다가 건축물 입지의 부적법성을 이유로 불허가될 경우 그 불이익이 매우 클 것이므로 건축허가 신청 전에 건축계획서 등에 의하여 그 입지의 적법성 여부에 대한 사전결정을 받을 수 있게 함으로써 경제적·시간적 부담을 덜어 주려는 것이어서 그 허부 판단의 기준은 건축허가에 있어서의 그것과 가급적 일치되어야 할 것이므로 사전결정을 함에 있어서도 처분 당시의 건축법 기타 관계 법령상의 제한만이 판단의 기준이 된다 할 것이다.
(2) 그러므로 사전결정 신청에 대한 결정권자는 건축하고자 하는 건축물을 해당 대지에 건축하는 것이 처분 당시의 건축법, 도시계획법 등의 관계 법령에서 정하는 제한에 배치되지 아니하는 이상 당연히 건축이 허용된다는 사전결정을 하여야 하고 위 관계 법령에서 정하는 제한 사유 이외의 사유를 들어 건축을 불허가하는 결정을 할 수는 없다.

[판례 17] 재량행위
• **사육곰 용도변경신청사건**(대판 2011. 1. 27, 2010두23033)

[사건개요]

2009. 8. 26. 원고는 피고(한강유역환경청장)에게 '원고가 사육하던 1986년생 반달가슴곰 암컷 1두(이하 '이 사건 곰'이라 한다)의 웅지를 비누, 에센스의 제조에 사용하고 발바닥을 요리에 사용할 수 있도록 이 사건 곰의 용도를 사육곰에서 식품 및 가공품 재료로 변경하는 것을 승인하여 달라'는 취지로 국제적멸종위기종 용도변경 승인신청(이하 '이 사건 승인신청'이라 한다)을 하였다.
2009. 9. 2. 피고는 원고에게 '수입 또는 반입하여 인공사육중인 곰(수입 또는 반입한 것으로부터 증식한 개체 포함)은 웅담 등을 약재로 사용하는 경우 외에는 용도변경승인 대상에 해당하지 않는다'는 이유로 이 사건 승인신청서를 반려하였다(이하 '이 사건 처분'이라 한다). 이에 원고는 국제멸종위기종용도변경승인신청반려처분취소소송을 제기하였다.

[원고의 주장]
이 사건 곰은 원고가 인공적으로 사육하는 곰으로서 사유재산에 해당하고 개량종으로 국제적멸종위기종에 해당하지 않으므로, 이 사건 곰의 용도를 식품 및 가공품 재료로 변경하는 것을 승인하지 않은 이 사건 처분은 재량권을 일탈·남용하여 위법하다.

[판결요지](파기환송)

[1] 야생동·식물보호법 제16조 제 3 항과 같은 법 시행규칙 제22조 제 1 항의 체제 또는 문언을 살펴보면 원칙적으로 국제적멸종위기종 및 그 가공품의 수입 또는 반입 목적 외의 용도로의 사용을 금지하면서 용도변경이 불가피한 경우로서 환경부장관의 용도변경승인을 받은 경우에 한하여 용도변경을 허용하도록 하고 있으므로, 위 법 제16조 제 3 항에 의한 용도변경승인은 특정인에게만 용도 외의 사용을 허용해주는 권리나 이익을 부여하는 이른바 수익적 행정행위로서 법령에 특별한 규정이 없는 한 재량행위이고, 위 법 제16조 제 3 항이 용도변경이 불가피한 경우에만 용도변경을 할 수 있도록 제한하는 규정을 두면서도 시행규칙 제22조에서 용도변경신청을 할 수 있는 경우에 대하여만 확정적 규정을 두고 있을 뿐 용도변경이 불가피한 경우에 대하여는

아무런 규정을 두지 아니하여 용도변경 승인을 할 수 있는 용도변경의 불가피성에 대한 판단에 있어 재량의 여지를 남겨 두고 있는 이상, 용도변경을 승인하기 위한 요건으로서의 용도변경의 불가피성에 관한 판단에 필요한 기준을 정하는 것도 역시 행정청의 재량에 속하는 것이므로, 그 설정된 기준이 객관적으로 합리적이 아니라거나 타당하지 않다고 볼 만한 다른 특별한 사정이 없는 이상 행정청의 의사는 가능한 한 존중되어야 한다.

[2] 곰의 웅지를 추출하여 비누, 화장품 등의 재료로 사용할 목적으로 곰의 용도를 '사육곰'에서 '식·가공품 및 약용 재료'로 변경하겠다는 내용의 국제적멸종위기종의 용도변경 승인신청에 대하여, 한강유역환경청장이 '웅담 등을 약재로 사용하는 경우' 외에는 용도변경을 해줄 수 없다며 위 용도변경신청을 거부한 사안에서, 환경부장관이 지방환경관서의 장에게 보낸 '사육곰 용도변경 시의 유의사항 통보'는 용도변경이 불가피한 경우를 웅담 등을 약재로 사용하는 경우로 제한하는 기준을 제시한 것으로 보이고, 그 설정된 기준이 법의 목적이나 취지에 비추어 객관적으로 합리적이 아니라거나 타당하지 않다고 볼 만한 다른 특별한 사정이 없으므로, 이러한 통보에 따른 위 처분은 적법함에도 이와 달리 본 원심판결에 법리를 오해한 위법이 있다.

[해　　설]

1. 쟁　　점

이 사건은 야생동·식물보호법 제16조 제3항에 의한 용도변경승인 행위 및 용도변경의 불가피성 판단에 필요한 기준을 정하는 행위가 재량행위인지 아니면 기속행위인지, 그리고 재량행위라고 한다면 재량권행사에 하자가 없는 것인지의 여부를 쟁점으로 하였다. 이하에서 재량행위의 문제로서 살펴본다.

2. 재량행위

(1) 의　　의

A가 B의 자동차를 훔치거나 빼앗으면, 지방경찰청장은 도로교통법 제93조 제1항 본문 및 제12호에 근거하여 행정안전부령이 정하는 기준에 의하여 운전면허를 취소할 수도 있고, 1년 이내의 범위에서 운전면허의 효력을 정지시킬 수 있다. 이와 같이 행정청이 다수의 효과 중에서 특정의 효과를 선택할 수 있는 행위를 재량행위라 하고,

선택할 수 있는 권능을 재량권이라 한다. 이와 달리 행정청에게 선택의 여지가 없는 행위를 기속행위라 한다.

(2) 구별필요성

행정소송법 제27조는 「행정청의 재량에 속하는 처분이라도 재량권의 한계를 넘거나 그 남용이 있는 때에는 법원은 이를 취소할 수 있다」고 규정하고 있다. 따라서 재량에 속하는 처분에 잘못이 있다고 하여도, 그 잘못이 재량권의 한계를 넘지 아니하거나 남용이 아니라면 법원은 이를 취소할 수 없는 경우도 있으므로 기속행위와 재량행위의 구별이 필요하다.

(3) 구별기준

법령에서 「○○○업을 하고자 하는 자는 … 허가를 받아야 한다」고 규정하는 경우와 같이 법령상 어떠한 행위가 기속행위인지 또는 재량행위인지의 여부가 명백하지 아니한 경우, 구별기준이 문제된다.

㈎ 판 례 판례는 ① 관련법령에 대한 종합적인 판단을 전제로 하여 재량행위와 기속행위를 구분하여야 한다는 것을 기본적인 기준으로 하면서, ② 이 사건에서 보는 바와 같이 효과재량설을 보충적인 기준으로 활용한다. 그리고 ③ 공익성을 구별기준으로 들기도 한다.

㈏ 사 견 판례 ①의 입장을 저자는 종합설이라 부른다. 종합설이 타당하다. 그러나 종합설에 의하여도 구분이 용이하지 아니한 경우에는 헌법상 최상위의 조항인 헌법 제10조와 제37조 제 2 항 및 행정행위의 내용 · 성질에서 그 기준을 찾아야 한다. 즉 「기본권의 최대한 보장」이라는 헌법상 명령과 행정행위의 「공익성」을 재량행위와 기속행위의 구분기준으로 하여야 한다(기본권기준설). 따라서 기본권의 보장이 보다 강하게 요청되는 경우에는 사인의 기본권실현에 유리하게 판단하고, 공익실현이 보다 강하게 요청되는 경우에는 공익실현에 유익하도록 판단하여야 한다.

(4) 재량하자

㈎ 의 의 재량행사는 재량권이 주어진 목적과 한계 내에서 이루어져야 한다. 그 목적과 한계 내의 것인 한 재량행위는 당 · 부당의 문제는 생길지언정 위법의 문제는 생기지 않는다. 그 목적과 한계를 벗어나면 재량하자가 있는 것이 되고 위법한 것이 되어 사법심사의 대상이 됨은 실정법(행정소송법 제27조) · 이론 · 판례가 모두 인정하고 있다.

㈏ 유 형 재량하자에는 재량권의 일탈 · 재량권의 남용 · 재량권의 불행사의

3가지가 있다 ① 재량권의 일탈이란 법령상 주어진 재량의 한계를 벗어난 재량하자를 말한다(예: 법령에서 정한 액수 이상의 과태료를 부과하거나, 법령은 과태료부과만을 예정하고 있으나 행정청이 영업허가를 취소한 경우). ② 재량권의 남용이란 법령상 주어진 재량권의 범위 내에서 재량권이 고려되었으나 잘못된 방향으로 사고되어 재량행사가 이루어지는 경우이다. 재량권의 남용의 사유로 평등위반, 비례원칙, 비이성적인 형량, 사실의 오인 등을 들 수 있다. ③ 재량권의 불행사란 행정청이 자신에게 부여된 재량권을 고려가능한 모든 관점을 고려하여 행사한 것이 아닌 경우를 말한다. 재량권의 불행사를 재량권의 남용의 한 종류로 보기도 한다.

(5) 사법심사의 방식

판례는「재량행위에 대한 사법심사에 있어서는 행정청의 재량에 기한 공익판단의 여지를 감안하여 법원은 독자의 결론을 도출함이 없이 당해 행위에 재량권의 일탈·남용이 있는지 여부만을 심사하게 되고, 이러한 재량권의 일탈·남용 여부에 대한 심사는 사실오인, 비례·평등의 원칙 위배 등을 그 판단 대상으로 한다」는 입장이다(대판 2010. 9. 9, 2010다39413).

3. 평 가

대법원은「위 법 제16조 제 3 항에 의한 용도변경승인은 특정인에게만 용도 외의 사용을 허용해주는 권리나 이익을 부여하는 이른바 수익적 행정행위로서 법령에 특별한 규정이 없는 한 재량행위이고」라 하였다. 판례가 왜 수익적인 행위는 재량행위이어야 하는가에 관해 언급하는 바는 없다. 이러한 판례의 논거는 이해하기 어렵다. 종합설과 기본권기준설에 의할 때, 야생동·식물보호법 제16조 제 3 항에 의한 용도변경승인은 공익성이 매우 강한 사업이므로, 개인의 기본권의 최대한 보장의 관점이 아니라 공익의 효과적인 실현이라는 관점에서 판단되어야 한다. 그런데, 공익의 효과적인 실현을 위해서는 행정청에 재량권이 있다고 보아야 하므로, 야생동·식물보호법 제16조 제 3 항에 의한 용도변경승인은 재량행위로 볼 수밖에 없다. 결론에 있어 판례의 입장은 정당하지만, 그것이 수익적이기 때문에 재량행위라는 논리에는 문제가 있다.

4. 참고판례

[1] 개인택시면허의 성질
— 양산시 개인택시 면허제외사건(대판 2010. 1. 28, 2009두19137)

(원고는 피고 양산시장의 "2008년도 개인택시 운송사업 신규면허 공고"에 따라 개인택시 운송사업 신규면허 신청을 하였으나, 양산시 개인택시 면허업무 처리규칙(이하 '면허규칙'이라고만 한다)에 따른 심사에서 개인택시 운송사업 면허대상에서 제외되자, 이에 원고가 제기한 개인택시운송사업면허대상자제외처분 취소소송에서) 여객자동차 운수사업법에 의한 개인택시운송사업면허는 특정인에게 권리나 이익을 부여하는 행정행위로서 법령에 특별한 규정이 없는 한 재량행위이고, 그 면허를 위하여 정하여진 순위 내에서의 운전경력인정방법의 기준설정 역시 행정청의 재량에 속한다 할 것이지만, 행정청이 면허발급 여부를 심사함에 있어서 이미 설정된 면허기준의 해석상 당해 신청이 면허발급의 우선순위에 해당함이 명백함에도 이를 제외시켜 면허거부처분을 하였다면 특별한 사정이 없는 한 그 거부처분은 재량권을 남용한 위법한 처분이 된다.

[2] 공무원징계처분의 성질
— 창원중부경찰서 경찰관 징계사건(대판 2008. 10. 9, 2008두11853·11860)

(순찰중 순찰구역을 임의로 이탈하여 도박현장을 적발하고도 도박판돈 395,000원을 착복한 경찰공무원이 법정절차를 거쳐 최종적으로 해임되자 해임처분취소·파면처분의 취소를 구한 사건에서) 공무원인 피징계자에게 징계사유가 있어서 징계처분을 하는 경우 어떠한 처분을 할 것인가는 징계권자의 재량에 맡겨진 것이므로, 그 징계처분이 위법하다고 하기 위해서는 징계권자가 재량권의 행사로서 한 징계처분이 사회통념상 현저하게 타당성을 잃어 징계권자에게 맡겨진 재량권을 남용한 것이라고 인정되는 경우에 한한다. 그리고 공무원에 대한 징계처분이 사회통념상 현저하게 타당성을 잃었는지 여부는 구체적인 사례에 따라 직무의 특성, 징계의 원인이 된 비위사실의 내용과 성질, 징계에 의하여 달성하려고 하는 행정목적, 징계 양정의 기준 등 여러 요소를 종합하여 판단하여야 하고, 특히 금품수수의 경우는 수수액수, 수수경위, 수수시기, 수수 이후 직무에 영향을 미쳤는지 여부 등이 고려되어야 한다.

[3] 해양경찰공무원시험 합격결정취소 및 응시자격제한처분의 성질 — 해양경찰공무원 채용시험사건(대판 2008. 5. 29, 2007두18321)

(경찰공무원 순경 공개채용시험에서 가짜 '합기도 2단 공인단증'을 제출하여 가산점을 부여받고 근무하다가 의원면직한 후 피고 해양경찰청장이 시행한 해양경찰공무원 채용시험에 응시하여 최종 합격하였으나, 경찰공무원 채용시험 부정행위자로서 응시 결격사유가 있다는 이유로 합격결정을 취소당하자, 원고가 제기한 합격결정취소및응시자격제한처분취소소송에서) 어느 행정행위가 기속행위인지 재량행위인지 나아가 재량행위라고 할지라도 기속재량행위인지 또는 자유재량에 속하는 것인지의 여부는 이를 일률적으로 규정지을 수는 없는 것이고, 당해 처분의 근거가 된 규정의 형식이나 체재 또는 문언에 따라 개별적으로 판단하여야 한다. 위 법리와 기록에 비추어 보면, 경찰공무원임용령 제46조 제 1 항의 수권형식과 내용에 비추어 이는 행정청 내부의 사무처리기준을 규정한 재량준칙이 아니라 일반 국민이나 법원을 구속하는 법규명령에 해당하고 따라서 위 규정에 의한 처분은 재량행위가 아닌 기속행위라 할 것이므로, 위 규정이 재량준칙임을 전제로 한 원고의 이 사건 응시자격제한처분의 재량권 일탈·남용 주장을 배척한 원심의 판단은 옳은 것으로 수긍이 가고 거기에 재량권 일탈·남용에 대한 법리오해의 위법이 없다.

[4] 기타

(1) 대판 2007. 5. 10, 2005두13315(주택건설사업계획의 승인의 성질 — 해동주택 주택건설사업계획 승인신청서 반려사건)
(2) 대판 2004. 3. 25, 2003두12837(개발제한 구역내 개발행위의 허가의 성질 — 동아건설 레미콘 생산시설 설치허가사건)
(3) 대판 2002. 6. 28, 2001두10028(마을버스운송사업면허의 성질 — 광주 대창운수 마을버스사건)
(4) 대판 2001. 7. 27, 99두9490(청소년보호법상의 과징금부과처분의 성질 — 만화 섹시보이 대여사건)

허 가

[판례 18] • 경남기업 건축주 명의변경 청구사건

(대판 2009. 3. 12, 2006다28454)

[사건개요]

경남기업 주식회사가 피고들을 상대로 건축 중인 건물의 소유권확인을 구하는 소를 제기하여 계속 중에 있었다. 그러나 경남기업은 스스로 피고들에 대한 건축주명의변경절차의 이행청구권을 행사하지 않고 있었다. 경남기업으로부터 이 사건 건물 지분을 양수한 원고들이 경남기업을 대위하여, 위 소유권확인 청구와는 별도로 이 사건 건축주명의변경절차의 이행을 청구하였다. 원고가 건물의 건축주명의변경에 동의하지 아니하는 피고들을 상대로 그 의사표시에 갈음하는 판결을 받기 위하여 건축주명의변경절차 이행을 청구하는 소송을 제기하였다.

[판결요지](건축허가의 성질 부분만 발췌)

건축허가는 시장·군수 등의 행정관청이 건축행정상 목적을 수행하기 위하여 수허가자에게 일반적으로 행정관청의 허가 없이는 건축행위를 하여서는 안 된다는 상대적 금지를 관계 법규에 적합한 일정한 경우에 해제함으로써 일정한 건축행위를 하도록 회복시켜 주는 행정처분일 뿐 허가받은 자에게 새로운 권리나 능력을 부여하는 것이 아니고, 건축허가서는 허가된 건물에 관한 실체적 권리의 득실변경의 공시방법이 아니며 그 추정력도 없으므로 건축허가서에 건축주로 기재된 자가 그 소유권을 취득하는 것은 아니며, 건축 중인 건물의 소유자와 건축허가의 건축주가 반드시 일치되어야 하는 것도 아니다.

[해 설]

1. 쟁 점

이 사건에서는 ① 건축허가의 법적 성격 및 건축중인 건물의 소유자와 건축허가 명의자가 일치하여야 하는지 여부(소극), ② 건축중인 건물의 양수인이 건축주명의변경에 동의하지 않는 양도인을 상대로 건축주명의변경절차의 이행을 구할 소의 이익이 있는지 여부(적극) 등이 쟁점이었다. 이하에서 허가의 성질에 관한 사항을 판시한 ① 부분만을 살펴본다.

2. 허 가

(1) 의 의

학문상 허가란 법령에 의해 개인의 자연적 자유가 제한되고 있는 경우, 그 제한을 해제하여 자연의 자유를 적법하게 행사할 수 있도록 회복하여 주는 행정행위를 말한다. 허가는 위험의 방지를 목적으로 금지하였던 바를 해제하는 행위이다(예방적 금지해제). 허가는 상대적 금지의 경우에만 가능하고, 절대적 금지의 경우에는 인정되지 않는다.

(2) 성 질

전통적 견해와 판례는 허가를 명령적 행위로 본다. 그러나 예컨대, 단란주점영업허가의 경우, 금지의 해제라는 소극적인 관점에서 보면 단란주점영업허가는 명령적이나, 단란주점영업을 경영할 수 있는 법적 지위가 창설된다는 적극적 관점에서 보면 단란주점영업허가는 형성적이다.

(3) 효 과

허가로 인한 이익은 2가지 방향에서 검토를 요한다. ① 먼저, 허가로 인해 피허가자는 자유를 회복하게 된다. 이것은 제한된 기본권의 회복을 의미한다. 기본권의 회복은 헌법에서 보장하는 이익의 회복이므로, 그것은 당연히 법적 이익에 해당한다. 한편, ② 허가는 금지를 해제하여 피허가자로 하여금 어떠한 행위를 할 수 있는 가능성을 부여할 뿐, 그 행위와 관련된 이익을 법적으로 보장하는 것은 아니다. 허가로 인해 경영상 얻은 이익이 있다면 반사적 이익이다. 판례상 예외의 경우도 나타난다.

(4) 무허가행위

예컨대, 허가를 요하는 영업임에도 무허가로 영업하면 행정상 강제 또는 행정벌이 가해지는 것이 일반적이다. 경우에 따라서는 무효가 될 수도 있을 것이다.

3. 평 가

건축허가는 학문상 허가의 전형적인 예에 해당한다. 대법원은 이 사건에서도 건축허가를 상대적 금지의 해제로 보는 종래의 입장을 재확인하였다. 허가를 상대적 금지의 해제로 본다는 것은 허가가 사권을 설정하는 것은 아니라는 것을 의미한다. 이 때문에 건축 중인 건물의 소유자와 건축허가의 건축주가 다른 경우도 발생할 수 있다. 이러한 경우에는 건축 중인 건물의 소유자가 건축주 명의변경을 신청할 수 있다는 것이 판례의 입장이다.

4. 참고판례

[1] 약사 한약조제시험사건(대판 1998. 3. 10, 97누4289)

(한의사들인 원고들은 국립보건원장이 약사들이 한약조제권을 부여받을 수 있는 한약조제시험을 실시함으로 인해 한의사들의 영업상 이익이 감소되었다고 주장하면서 제기한 한약조제시험 무효확인소송에서) 한의사 면허는 경찰금지를 해제하는 명령적 행위(강학상 허가)에 해당하고, 한약조제시험을 통하여 약사에게 한약조제권을 인정함으로써 한의사들의 영업상 이익이 감소되었다고 하더라도 이러한 이익은 사실상의 이익에 불과하고 약사법이나 의료법 등의 법률에 의하여 보호되는 이익이라고는 볼 수 없으므로, 한의사들이 한약조제시험을 통하여 한약조제권을 인정받은 약사들에 대한 합격처분의 무효확인을 구하는 당해 소는 원고적격이 없는 자들이 제기한 소로서 부적법하다.

[2] 은평구 청소 대행계약사건(대판 2006. 7. 28, 2004두6716)

(서울특별시 은평구청장이 2개 회사에 분뇨등 관련영업허가처분을 신규로 하였다. 그 후 기존업체가 신규분뇨등관련영업허가처분의 취소를 구한 사건에서) 구 오수·분뇨 및 축산폐수의 처리에 관한 법률(2002. 12. 26. 법률 제6827호로 개정되기 전의 것)과 같은 법 시행령상 업종을 분뇨와 축산폐수 수집·운반업 및 정화조청소업으로 하여 분뇨 등 관련 영업허가를 받아 영업을 하고 있는 기존 업자의 이익이 법률상 보호되는 이익이라고 보아, 기존 업자에게 경업자에 대한 영업허가처분의 취소를 구할 원고적격이 있다.

[3] 법령개정시 허가의 근거법
— 서산시 주택건설사업계획사건(대판 2006. 8. 25, 2004두2974)

(국토이용관리법에 따라 서산시장에게 주택건설사업계획승인신청을 하였으나, 동법이 폐지되

고 국토계획법이 시행되자 서산시장이 국토계획법에 따라 이 사건 신청지가 개발대상지역으로 부적합한 지역이라는 이유 등으로 신청을 반려하자 이의 취소를 구한 사건에서) (1) 허가 등의 행정처분은 원칙적으로 처분시의 법령과 허가기준에 의하여 처리되어야 하고 허가신청 당시의 기준에 따라야 하는 것은 아니며, 비록 허가신청 후 허가기준이 변경되었다 하더라도 그 허가관청이 허가신청을 수리하고도 정당한 이유 없이 그 처리를 늦추어 그 사이에 허가기준이 변경된 것이 아닌 이상 변경된 허가기준에 따라서 처분을 하여야 한다. (2) 피고가 이 사건 신청을 수리하고도 정당한 이유 없이 그 처리를 늦추었다고 볼 수 없으므로, 이 사건 처분 당시 적용될 법률은 종전 국토이용관리법이 아니라 국토계획법이다. 국토계획법령에 따르면 이 사건 신청은 건축물의 규모에 관한 제한에 위반되어 부적법한 것이어서 피고로서는 반드시 반려처분을 하여야 한다.

[4] 건축불허가사유인 소방서장의 부동의를 다투는 방법 — 연제구 변전소건축허가 신청사건(대판 2004. 10. 15, 2003두6573)

(한국전력공사가 부산광역시 연제구청장에게 변전소의 건축허가를 신청하였으나, 주민의 건강 등을 이유로 거부처분을 하자, 이에 거부처분의 취소를 구한 사건에서) 건축허가권자가 건축불허가처분을 하면서 그 처분사유로 건축불허가 사유뿐만 아니라 구 소방법(2003. 5. 29. 법률 제6916호로 개정되기 전의 것) 제 8 조 제 1 항에 따른 소방서장의 건축부동의 사유를 들고 있다고 하여 그 건축불허가처분 외에 별개로 건축부동의처분이 존재하는 것이 아니므로, 그 건축불허가처분을 받은 사람은 그 건축불허가처분에 관한 쟁송에서 건축법상의 건축불허가 사유뿐만 아니라 소방서장의 부동의 사유에 관하여도 다툴 수 있다.

[5] 기타

(1) 대판 1981. 1. 27, 79누433(행정권에 의한 허가요건의 임의적 추가 가능성 여부)
(2) 대판 1989. 9. 12, 88누6856(허가요건으로서 다른 법률상 제한)
(3) 대판 1985. 2. 8, 84누369(허가의 소멸사유로서 실효)

[판례 19] 특 허
• 조선족 동포 국적불허사건(대판 2010. 7. 15, 2009두19069)

[사건개요]

(1) 원고는 중화인민공화국(이하 '중국'이라 한다) 국적의 조선족 동포로서 방문동거(F-1) 체류자격으로 2003. 4. 28. 대한민국에 입국하였고, 2003. 7. 17.자로 그 체류기간 60일이 만료된 이후에도 본국으로 귀국하거나 체류기간 연장조치를 취하지 아니하고 체류하였다.
(2) 원고는 양평휴게소에 취업하여 근무하다가 2004. 3. 12.경 뇌출혈 등으로 쓰러졌고, 이로 인하여 산업재해로 인한 연금 수급권자가 되었으며, 2005. 2. 5.부터 소송수행, 질병 등의 사유가 있을 때 부여되는 기타(G-1) 체류자격으로 국내에 체류하고 있었다.
(3) 원고는 2008. 10. 7. 원고의 부모가 모두 대한민국의 국민이었고, 대한민국에 3년 이상 주소를 두고 있음을 이유로 국적법 제 6 조 제 1 항 제 1 호 소정의 간이귀화신청을 하였으나, 피고는 2008. 12. 24. 원고에게 '기타(G-1) 체류자격은 대한민국에 입국한 외국인이 입국 후 발생한 불가피한 사유(소송, 질병발생 등)로 국내에 임시적으로 체류할 필요성이 인정될 때 부여되는 잠정적인 체류자격인바, 대한민국 정부가 원고에게 인도적 차원에서 부여한 기타(G-1) 체류자격을 이용하여 귀화신청을 하는 것은 기타(G-1) 체류자격 존재 이유 및 국적제도의 일반적 취지에도 부합하지 않는다'는 이유로 이를 불허하는 처분(이하 '이 사건 처분'이라 한다)을 하였다. 이에 원고는 국적신청불허가처분취소소송을 제기하였다.
(4) 원고는 2008. 10. 8.부터 현재까지는 귀화허가신청자(F-1-2) 체류자격으로 국내에 체류하고 있다.

[원고의 주장]
국적법 제 6 조 제 1 항에 정한 '대한민국에 3년 이상 계속하여 주소가 있는 자'의 의미를 특정한 체류자격을 부여받아 대한민국에 거주할 것으로 해석할 아무런 근거가 없고, 기타(G-1) 체류자격이라도 이를 적법하게 부여받아 대한민국에 거주한 경우라면 '대한민국에 계속하여 주소가 있는' 것으로 보아야 할 것이므로, 산재사고를 당한 후 대한민국 정부로부터 적법하게 발급받은 기타(G-1) 체류자격에 근거하여 2005. 2. 5.부터 간이귀화신청시까지 대한민국에 계속 거주하여 온 원고는 위 규정에서 정한 '대한민국에 3년 이상 계속하여 주소가 있는 자'에 해당한다. 따라서 원고가 국적법 제 6 조 제 1 항이 정한 거주요건을 갖추지 못하였음을 이유로 한 이 사건 처분은 위법하다.

[판결요지]

[1] 국적법 제 6 조 제 1 항, 국적법 시행규칙 제 5 조 규정의 문언이나 체계, 국내거주요건이 간이귀화절차, 나아가 귀화절차 일반에서 가지는 의미와 특성·역할 등에 비추어 볼 때, 귀화신청인이 국내거주요건을 갖추었는지 여부를 판단할 때 출입국관리법 시행령 제12조에서 정한 외국인의 체류자격에 따라 그 기간의 산정을 달리할 것은 아니다.

[2] 국적은 국민의 자격을 결정짓는 것이고, 이를 취득한 사람은 국가의 주권자가 되는 동시에 국가의 속인적 통치권의 대상이 되므로, 귀화허가는 외국인에게 대한민국 국적을 부여함으로써 국민으로서의 법적 지위를 포괄적으로 설정하는 행위에 해당한다. 한편 국적법 등 관계 법령 어디에도 외국인에게 대한민국의 국적을 취득할 권리를 부여하였다고 볼 만한 규정이 없다. 이와 같은 귀화허가의 근거 규정의 형식과 문언, 귀화허가의 내용과 특성 등을 고려하여 보면, 법무부장관은 귀화신청인이 법률이 정하는 귀화요건을 갖추었다고 하더라도 귀화를 허가할 것인지 여부에 관하여 재량권을 가진다.

[해　　설]

1. 쟁　　점

이 사건 판결에서는 ① 귀화신청인이 국내거주요건을 갖추었는지 여부를 판단할 때 출입국관리법 시행령 제12조에서 정한 외국인의 체류자격에 따라 그 기간을 다르게 산정할 수 있는지 여부(소극)와 ② 법무부장관이 법률에 정한 귀화요건을 갖춘 귀화신청인에게 귀화를 허가할 것인지 여부에 관하여 재량권을 가지는지 여부(적극)가 쟁점이었다. 이하에서 이 사건을 특허의 법리의 적용문제로서 검토한다.

2. 특　　허

(1) 의　　의

좁은 의미에서 특허(권리설정행위)란 특정인에게 특정한 권리를 설정하는 행위를 말한다. 자동차운송사업면허는 특허행위의 대표적인 예에 해당한다. 실정법상으로 면허·허가 등으로 불린다. 권리설정행위는 설권행위의 기본적인 유형이다.

(2) 성 질

전통적 견해와 판례는 특허를 형성적 행위로 본다. 특허는 협력을 요하는 행정행위(쌍방적 행정행위)이고, 명문의 규정이 없는 한 재량행위이다.

(3) 효 과

특허로 인한 이익은 2가지 방향에서 검토를 요한다. ① 경우에 따라 특허의 상대방은 자유를 회복하게 된다. 이것은 제한된 기본권의 회복을 의미한다. 기본권의 회복은 헌법에서 보장하는 이익의 회복이므로, 그것은 당연히 법률상 이익에 해당한다. ② 특허는 새로운 법적인 힘을 발생시키는 것을 본질적인 내용으로 한다. 따라서 특허행정청이 경쟁자인 제 3 자에게 위법하게 특허를 하면, 경쟁자는 이를 다툴 수 있다.

3. 평 가

(1) 귀화허가의 성질을 학문상 특허로 보는 데 이견이 없다.

(2) 대법원은 이 사건 판결에서 「국적법 등 관계 법령 어디에도 외국인에게 대한민국의 국적을 취득할 권리를 부여하였다고 볼 만한 규정이 없다. 이와 같은 귀화허가의 근거 규정의 형식과 문언, 귀화허가의 내용과 특성 등을 고려하여 보면, 법무부장관은 귀화신청인이 법률이 정하는 귀화요건을 갖추었다고 하더라도 귀화를 허가할 것인지 여부에 관하여 재량권을 가진다」고 하였다. 그러나 대한민국 국적법상 귀화요건을 구비한 외국인은 대한민국 국적법상 사익보호성을 가지며 아울러 법무부장관은 행위의무(귀화허가처분)를 부담하므로 귀화허가를 받을 권리를 갖지만, 법무부장관의 행위의무는 폭넓은 재량행위이므로 현실적으로 외국인이 귀화허가를 받을 권리를 실현하는 것이 용이하지 않다고 하는 것이 보다 논리적이다.

4. 참고판례

[1] 개인택시운송사업면허의 성질
— 양산시 개인택시 면허제외사건(대판 2010. 1. 28, 2009두19137)

(원고는 피고 양산시장의 "2008년도 개인택시 운송사업 신규면허 공고"에 따라 개인택시 운송사업 신규면허 신청을 하였으나, 양산시 개인택시 면허업무 처리규칙(이하 '면허규칙'이라고만 한다)에 따른 심사에서 개인택시 운송사업 면허대상에서 제외되자, 이에 원고가 제기한 개인택

시운송사업면허대상자제외처분취소소송사건에서) 여객자동차 운수사업법에 의한 개인택시운송사업면허는 특정인에게 권리나 이익을 부여하는 행정행위이다.

[2] 도로점용허가의 법적 성질 — 동대문구 비전센타건물 지하연결통로 개설불허사건 (대판 2008. 11. 27, 2008두4985)

(건물 부지와 8m 도로를 사이에 두고 마주한 지상에 건물의 신축허가를 받은 다음, 양자를 연결하는 지하연결통로의 개설을 위해 건축허가변경을 신청하였으나, 서울특별시 동대문구청장이 불허하자 다툰 사건에서) 구 도로법 제40조 제 1 항(현행법 제38조 제 1 항)에 의한 도로점용은 일반 공중의 교통에 사용되는 도로에 대하여 이러한 일반사용과는 별도로 도로의 특정부분을 유형적·고정적으로 특정한 목적을 위하여 사용하는 이른바 특별사용을 뜻하는 것이고, 이러한 도로점용의 허가는 특정인에게 일정한 내용의 공물사용권을 설정하는 설권행위이다.

[참고] 도로법 제38조 제 1 항에 의한 점용허가는 언제나 특허로서의 허가를 의미하는 것은 아니다. 이에 관해 [판례 93]을 보라.

[3] 행정재산의 사용·수익허가의 성질 — 국립의료원 부설주차장 위탁관리사건(대판 2006. 3. 9, 2004다31074)

(대한민국 산하의 국립의료원이 '국립의료원 부설주차장 위탁관리운영용역계약'을 맺은 원고에게 위탁관리 사용료의 미납액 및 연체에 대한 가산금으로 금 19,600,140원을 추가로 납부할 것을 통보하자 원고가 이 사건 계약이 순전히 사경제 주체로서 행한 사법상 임대차 내지 이에 준하는 계약관계임을 전제로, 가산금까지 지급할 의무가 없다고 제기한 채무부존재확인소송에서) 피고 대한민국 산하의 국립의료원 부설주차장에 관한 위탁관리용역운영계약의 실질은 행정재산인 위 부설주차장에 대한 국유재산법 제24조 제 1 항에 의한 사용·수익 허가로서 이루어진 것이므로, 이는 위 국립의료원이 원고의 신청에 의하여 공권력을 가진 우월적 지위에서 행한 행정처분으로서 특정인에게 행정재산을 사용할 수 있는 권리를 설정하여 주는 강학상 특허에 해당한다 할 것이고 순전히 사경제주체로서 원고와 대등한 위치에서 행한 사법상의 계약으로 보기 어렵다. 따라서 원고가 이 사건 가산금 지급채무의 부존재를 주장하여 구제를 받으려면, 적절한 행정쟁송절차를 통하여 권리관계를 다투어야 할 것이지, 이 사건과 같이 피고에 대하여 민사소송으로 위 지급의무의 부존재확인을 구할 수는 없는 것이다.

[판례 20] 인 가

• 예술대학교 임원취임승인 취소사건

(대판 2007. 12. 27, 2005두9651)

[사건개요]

(1) 2003. 4. 7.－4. 19. 피고(피상고인, 교육인적자원부장관)는 소외 1 학교법인 및 ○○ 예술대학교에 대한 종합감사를 실시한 결과, 학교법인 임원의 직무태만, 수익용기본재산 처분 부당, 당연퇴직 해당자 계속 근무 부당, ○○ 예술대학교 총장 선임 부적정, 교원 특별채용 부적정, 교원 신규임용 부적정, 교비회계 집행 부당 등 총 30건의 위법·부당사항을 적발하였다.

(2) 2003. 7. 1. 피고는 소외 1 학교법인에 대하여 위법·부당사항을 지적하면서 2003. 8. 30.까지 소외 1 학교법인의 임직원 및 ○○ 예술대학교의 교직원에 대한 신분상, 행정상, 재정상 조치를 취할 것을 요구하였다.

(3) 2003. 7. 15. 피고는 소외 1 학교법인에 대하여 [시정요구사항]을 이행할 것과 그 결과를 2003. 8. 30.까지 피고에게 제출할 것을 요구하면서, 위 기일까지 미이행시 임원취임승인취소 등의 조치를 취할 것임을 계고하였다.

(4) 2004. 2. 4. 피고는 원고가 시정요구사항을 미이행하였다는 사유로, 이사장 겸 이사 내지 이사로서 취임승인이 유보되었던 원고 1, 2, 3의 각 임원취임승인신청을 반려하였으며, 소외 1 학교법인의 이사인 원고 4, 5, 6, 7과 감사인 원고 8, 9에 대하여 종합감사결과의 위법·부당사항 중 "교비회계를 부당 집행한 행위는 위 임원들의 직무 태만 내지 동조하에 이루어진 명백한 사립학교법 위반"이라는 사유를 들어 각 사립학교법 제20조의2에 기하여 임원취임승인을 취소하였고, 사립학교법 제25조의 규정에 기하여 소외 a, b, c, d, e, f, g를 소외 1 학교법인의 임시이사로 임명하는 처분을 하였다.

(5) 이에 원고들은 "피고가 2004. 2. 4. 소외 1 학교법인에 대하여 한 원고 1, 2, 3의 임원취임승인신청반려처분과 2004. 2. 5. 원고 4, 5, 6, 7, 8, 9에 대하여 한 임원취임승인취소처분 및 같은 날 소외 a, b, c, d, e, f, g를 소외 1 학교법인의 임시이사로 선임한 처분을 각 취소한다"는 청구취지로 임원취임승인취소처분등취소소송을 제기하였다.

[판결요지](관할청의 임원취임승인행위의 법적 성격 부분만 발췌)

구 사립학교법 제20조 제 1 항, 제 2 항은 학교법인의 이사장·이사·감사 등의 임원은 이사회의 선임을 거쳐 관할청의 승인을 받아 취임하도록 규정하고 있는바, 관할청의 임원취임승인행위는 학교법인의 임원선임행위의 법률상 효력을 완성케 하는 보충적 법률행위이다. 따라서 관할청이 학교법인의 임원취임승인신청에 대하여 이를 반려하거나 거부하는 경우 학교법인에 의하여 임원으로 선임된 사람은 학교법인의 임원으로 취임할 수 없게 되는 불이익을 입게 되는바, 이와 같은 불이익은 간접적이거나 사실상의 불이익이 아니라 직접적이고도 구체적인 법률상의 불이익이라 할 것이므로 학교법인에 의하여 임원으로 선임된 사람에게는 관할청의 임원취임승인신청 반려처분을 다툴 수 있는 원고적격이 있다.

[해　　설]

1. 쟁　　점

이 사건에서는 학교법인의 임원으로 선임된 사람이 학교법인의 임원취임승인신청에 대한 행정청의 반려처분을 다툴 수 있는지 등 여러 사항을 쟁점으로 하였다. 이하에서는 학교법인의 임원취임승인과 관련하여 인가의 문제로 검토한다.

2. 인가의 법리

(1) 의　　의

행정청이 타자의 법률행위를 동의로써 보충하여 그 행위의 효력을 완성시켜 주는 행정행위를 인가라 한다. 인가는 공익과 관련 있는 행위에 공익의 실현자로서 행정주체가 관여하는 제도이다.

(2) 성질·형식·대상

① 인가행위의 기속성 여부는 근거법령의 법문에 따라 판단하여야 한다. 만약 법령에 특별한 규정이 없다면 인가의 대상이 공익적 견지에서 판단을 요하는 것인지 아니면 사익의 보호를 위한 것인지의 여부 등을 고려하여 판단하여야 한다. ② 인가는 언제나 처분의 형식으로 행한다. 법령에 의한 일반적인 인가는 없다. ③ 인가의 대상은 언제나 법률행위이며 사실행위는 아니다. 이 점은 허가와 다르다.

(3) 신청과 효력

① 인가는 언제나 신청(출원)을 전제로 한다. ② 인가에 의해 기본적인 법률행위는 효과를 발생한다. 그 효과는 사법적인 것도 있고(예: 특허기업의 요금인가), 공법적인 것도 있다(예: 지방자치단체의 기채의 인가). 한편, ③ 학교임원취임승인의 경우, 인가 처분 그 자체만으로는 법률상 아무런 효과도 발생하지 아니한다.

(4) 기본행위·인가행위의 하자

① 기본행위가 적법하고 인가행위도 적법하면 전체로서 당해 행위는 유효하다. ② 기본행위에 하자가 있으면, 유효한 인가가 있어도 기본행위가 유효한 것이 될 수 없다. ③ 기본행위가 적법하나 인가행위가 무효이면, 무인가행위가 된다. 무인가행위는 전체로서 유효한 행위로 성립되지 아니한다. ④ 기본행위가 적법하지만 인가행위가 취소할 수 있는 행위이면, 인가가 취소될 때까지는 유인가행위로서 효력을 갖는다.

(5) 쟁송방법

기본행위에 하자가 있는 경우에는 기본행위를 다투어야 하며, 인가행위를 다툴 것은 아니다. 왜냐하면 인가는 적법한 기본행위를 전제로 그 기본행위를 보충하는 의미만을 가질 뿐, 기본행위의 흠결을 메우는 행위는 아니기 때문이다.

3. 평 가

판례는 오래전부터 관할청의 이사취임승인은 학교법인의 임원선임행위를 보충하여 그 법률상의 효력을 완성시키는 보충적 행정행위라 판시하여 왔다(대판 1992. 9. 22, 92누5461; 대판 2001. 5. 29, 99두7432). 이 사건에서도 관할청의 임원취임승인행위를 보충적 행정행위로 보았다. 타자의 법률행위를 동의로써 보충하는 행위는 학문상 인가에 해당하므로, 판례가 임원취임승인행위를 인가로 보는 것은 확고하다.

4. 참고판례

[1] 도시 및 주거환경정비법상 재개발조합설립인가처분의 성질 — 해운대 우동6구역주택재개발정비사업조합 인가사건(대판 2010. 1. 28, 2009두4845)

(피고 부산광역시 해운대구청장이 신청을 받아 우동6구역주택재개발정비사업조합 설립추진위원회의 설립을 인가하자, 이 사건 사업구역 내 토지 또는 건물의 소유자로서 조합원인 원고들

이 조합설립동의에 하자가 있음을 이유로 피고의 조합에 대한 조합설립인가처분의 무효확인을 구한 소송에서) 재개발조합설립인가신청에 대한 행정청의 조합설립인가처분은 단순히 사인들의 조합설립행위에 대한 보충행위로서의 성질을 가지는 것이 아니라 법령상 일정한 요건을 갖추는 경우 행정주체(공법인)의 지위를 부여하는 일종의 설권적 처분의 성질을 가진다고 보아야 한다. 그러므로 구 도시 및 주거환경정비법(2007. 12. 21. 법률 제8785호로 개정되기 전의 것)상 재개발조합설립인가신청에 대하여 행정청의 조합설립인가처분이 있은 이후에는, 조합설립동의에 하자가 있음을 이유로 재개발조합 설립의 효력을 부정하려면 항고소송으로 조합설립인가처분의 효력을 다투어야 한다.

[2] 주택건설촉진법상 재건축조합설립인가의 성질 — 비산삼익아파트 재건축정비사업조합 사건(대판 2010. 1. 28, 2008다90347)

(조합규약의 개정에 대하여 관할 관청의 인가를 받기 전에 이루어진 재건축아파트 층수 및 동호수 배정의 무효확인을 구한 소송에서) 주택건설촉진법 제44조 제 1 항의 규정에 의하면, 주택조합을 구성하여 그 구성원의 주택을 건설하고자 할 때 관할 시장 등의 인가를 받아야 하고, 인가받은 내용을 변경하거나 주택조합을 해산하고자 할 때에도 마찬가지로 인가를 받도록 되어 있는바, 여기서 관할 시장 등의 인가행위는 그 대상이 되는 기본행위를 보충하여 법률상 효력을 완성시키는 보충행위로서 이러한 인가의 유무에 따라 기본행위의 효력이 문제되는 것은 주택건설촉진법과 관련한 공법상의 관계에서이지 주택조합과 조합원, 또는 조합원들 사이의 내부적인 사법관계에까지 영향을 미치는 것은 아니다.

[3] 기타

(1) 대판 2001. 12. 11, 2001두7541(도시재개발법상 주택개량재개발조합의 관리처분계획인가의 성질)
(2) 대판 2002. 5. 24, 2000두3641(이사선임결의의 내용 및 그 절차의 하자를 다투는 방법 — 학교법인 성요셉 교육재단 임시이사 선임사건)
(3) 대판 1996. 5. 16, 95누4810(한국예수교전도관사건)
(4) 대판 1975. 8. 29, 75누23(공유수면 매립준공인가의 성질)

[판례 21] 처분의 이유제시

• 해동주택 주택건설사업계획승인신청서 반려사건

(대판 2007. 5. 10, 2005두13315)

[사건개요]

원고(주식회사 해동주택)는 피고(서울특별시 도봉구청장)에게 주택건설사업계획승인을 신청하였으나, 피고는 사건 주택건설사업의 시행으로 산림과 주거환경이 훼손되는 것을 막고 이 사건 임야를 유지·보존함으로써 토사유출, 산사태 등의 재해를 방지할 공익상의 필요가 있다고 하여 그 사업계획 승인신청을 반려하였다. 이에 원고가 반려처분의 취소를 구하는 소를 제기하였다.

[판결요지](이유제시 부분만 발췌)

[1] 행정절차법 제23조 제 1 항은「행정청은 처분을 하는 때에는 당사자에게 그 근거와 이유를 제시하여야 한다」고 규정하고 있는바, 일반적으로 당사자가 근거규정 등을 명시하여 신청하는 인·허가 등을 거부하는 처분을 함에 있어 당사자가 그 근거를 알 수 있을 정도로 상당한 이유를 제시한 경우에는 당해 처분의 근거 및 이유를 구체적 조항 및 내용까지 명시하지 않았더라도 그로 말미암아 그 처분이 위법한 것이 된다고 할 수 없다.

[2] 피고가 이 사건 주택건설사업계획 승인신청의 일괄처리사항에 포함된 토지형질변경허가를 구체적으로 언급하면서 그 신청을 반려한 이 사건 처분에 있어서 그 처분이 있기까지의 경과에 비추어 보면 원고로서는 도시계획위원회 심의 결과 녹지보전 등의 사유로 토지형질변경을 불허한다는 결정을 하고 이에 따라 피고가 구 주택건설촉진법 제33조 제 1 항에 의하여 이 사건 신청을 반려한 것임을 충분히 알 수 있었다고 할 것이므로 피고가 근거 규정을 구체적으로 표시하지 않았다고 하여 그 처분 자체를 위법하다고 할 수 없다.

[해 설]

1. 쟁 점

이 사건에서는 ① 구 주택건설촉진법 제33조에 의한 주택건설사업계획 승인의 법적 성질 및 법규에 명문의 근거가 없어도 국토 및 자연의 유지와 환경보전 등 공익상 필요를 이유로 그 승인신청을 불허가할 수 있는지 여부(적극), ② 행정처분의 근거와 이유 제시의무의 이행 여부(적극) 등을 쟁점으로 하였다. 이하에서는 ②부분만을 검토한다. ②부분은 학문상 이유제시의 문제가 된다.

2. 처분의 이유제시

(1) 의 의

행정청이 처분을 하는 때에는 그 근거와 이유를 제시하여야 하는바(행정절차법 제23조 제 1 항 본문), 이를 처분의 이유제시라 부른다. 이유제시는 침익적 행위는 물론 수익적 행위와 복효적 행위의 경우에도 요구된다. 한편, 행정절차법은 근거와 이유를 구별하여 사용하고 있으나, 양자를 엄격히 구별할 필요는 없어 보인다. 근거에는 사실상의 근거와 법률상의 근거가 포함된다.

(2) 예 외

① 신청내용을 그대로 인정하는 처분인 경우, ② 단순·반복적인 처분 또는 경미한 처분으로서 당사자가 그 이유를 명백히 알 수 있는 경우, ③ 긴급을 요하는 경우에는 이유제시가 요구되지 아니한다(행정절차법 제23조 제 1 항). 그러나 ②와 ③의 경우에 처분 후 당사자가 요청하는 경우에는 그 근거와 이유를 제시하여야 한다(동법 제23조 제 2 항).

(3) 법적 근거

① 행정절차법 제23조가 행정행위의 이유제시에 관한 일반적인 규정이다. ② 민원사무처리와 관련하여서는 민원사무처리에 관한 법률 제15조 제 2 항이 일반적인 규정이다. ③ 단행법률에서 이유제시에 관한 규정을 두기도 한다(예: 국가공무원법 제75조).

(4) 정 도

이유제시의 정도는 처분사유를 이해할 수 있을 정도로 구체적이어야 한다. 이유제시에 있어서는 행정청이 자기의 결정에 고려하였던 사실상, 그리고 법률상의 근거를 알려야 한다. 사실상 근거에는 행정청이 확정하여 행정행위의 결정에 근거로 삼은 사실관계가 포함되며, 법률상 근거에는 해석·포섭·형량 그리고 절차법상 형량이 포함된다. 재량결정에 있어서의 이유제시에는 행정청이 자기의 재량행사에서 기준으로 하였던 관점을 또한 알려야 할 것이다.

(5) 결여의 효과

이유제시결여의 하자는 독자적인 위법사유가 된다. 이유제시가 요구됨에도 불구하고 이유의 기재가 전혀 없거나 중요사항의 기재의 결여는 무효사유로 볼 것이고, 다만 이유기재의 불충분은 취소사유로 볼 것이다.

3. 평　가

(1) 판례는 행정절차법이 제정된 1996년 이전에 이미 이유제시를 적법요건의 하나로 판시해 왔다. 현행 행정절차법은 명시적으로 이유제시를 규정하고 있으므로 이유제시가 행정행위(처분)의 적법요건의 하나라는 점에 대해서는 다툼이 없다. 오늘날에는 이유제시를 규정하는 행정절차법 제23조의 해석이 중요한 문제이다.

(2) 당사자가 근거규정 등을 명시하여 신청하는 인·허가 등을 거부하는 처분을 하는 경우, 당사자가 그 근거를 알 수 있을 정도로 상당한 이유를 제시하였다면 당해 처분의 근거 및 이유를 구체적 조항 및 내용까지 명시하지 않았더라도 이유제시가 결여되었다고 말하기 어려울 것이다. 이 사건에서 대법원이 [판결요지](이유제시 부분만 발췌)에서 취한 입장도 이러한 시각에 따른 것이라 하겠다.

4. 참고판례

[1] 토지형질변경허가신청 불허의 근거규정으로 '도시계획법'만 기재한 처분의 효력
— 대전시 유성구 과수재배용도토지형질변경신청사건(대판 2002. 5. 17, 2000두8912)

(원고가 대전광역시 유성구청장에게 과수재배를 목적으로 임야에 대한 토지형질변경허가신청을 하였으나, 조림목적으로 이용하는 것이 타당하다는 이유로 불허처분을 하자 이의 취소를 구한 사건에서) 원고가 도시계획법 제21조, 도시계획법시행령 제20조 제 1 항 제 2 호에 의하여 개발제한구역의 지정목적에 지장이 없다고 하여 토지형질변경허가신청을 하였고, 이에 대하여 피고(대전광역시 유성구청장)는 원고가 벌채허가를 득한 내용대로 조림을 하여야 한다는 이유로 불허하였음이 분명하므로, 원고로서는 당초 벌채허가와 달리 이 사건 임야를 이용하기 위한 원고의 신청이 개발제한구역의 지정목적에 현저히 지장을 초래하

는 것이라는 이유로 도시계획법시행령 제20조 제1항 제2호에 따라 불허된 것임을 알 수 있었다고 할 것이고, 따라서 피고가 근거규정을 단지 '도시계획법'이라고만 하였다고 하여 그 처분 자체를 위법하다고 할 수 없다.

[2] 사유 미비의 일반주류도매업면허취소의 효력 — 남양주 미금상사 주류판매면허취소사건(대판 1990. 9. 11, 90누1786)

(남양주세무서장의 일반주류도매업면허취소처분이 이유미비임을 이유로 한 일반주류도매업면허취소처분취소소송에서) 면허의 취소처분에는 그 근거가 되는 법령이나 취소권 유보의 부관 등을 명시하여야 함은 물론 처분을 받은 자가 어떠한 위반사실에 대하여 당해 처분이 있었는지를 알 수 있을 정도로 사실을 적시할 것을 요하며, 이와 같은 취소처분의 근거와 위반사실의 적시를 빠뜨린 하자는 피처분자가 처분 당시 그 취지를 알고 있었다거나 그후 알게 되었다 하여도 치유될 수 없다고 할 것인바, 세무서장인 피고가 주류도매업자인 원고에 대하여 한 이 사건 일반주류도매업면허취소통지에 '상기 주류도매장은 무면허 주류 판매업자에게 주류를 판매하여 주세법 제11조 및 국세법사무처리규정 제26조에 의거 지정조건위반으로 주류판매면허를 취소합니다'라고만 되어 있어서 원고의 영업기간과 거래상대방 등에 비추어 원고가 어떠한 거래행위로 인하여 이 사건 처분을 받았는지 알 수 없게 되어 있다면 이 사건 면허취소처분은 위법하다.

[3] 행정청의 처분의 방식에 관하여 규정한 행정절차법 제24조 위반행위의 효력 — 시흥소방서 구두 시정명령사건(대판 2011. 11. 10, 2011도11109)

(소방시설설치유지 및 안전관리에 관한 법률 제9조에 의거하여 소방시설 불량사항을 시정보완하라는 명령서를 시흥소방서의 담당 소방공무원이 피고인을 방문하여 구두로 고지하였으나, 피고인이 이에 응하지 아니하자 기소된 형사사건에서) 행정절차법 제24조는 행정의 공정성·투명성 및 신뢰성을 확보하고 국민의 권익을 보호하기 위한 것이므로 위 규정에 위반하여 행하여진 행정청의 처분은 그 하자가 중대하고 명백하여 원칙적으로 무효이다.

[판례 22] 행정행위의 효력(공정력)

• 간질환현역병 군무이탈사건(대판 2002. 4. 26, 2002도740)

[사건개요]

간질환을 가진 피고인이 현역병입영대상자로 병역처분을 받고 입영한 후 군무를 이탈하였다는 사유로 기소된 사건에서, 피고인은 현역병입영대상자가 아닌 자신에 대한 현역병입영처분은 흠이 있는 것이고 따라서 자신은 군형법의 적용대상인 군인에 해당하지 않으므로 군무이탈죄가 성립되지 않는다고 주장하였다.

[판결요지]

군형법 제1조 제1항, 제2항에 의하면, 군형법은 같은 법에 규정된 죄를 범한 대한민국 군인에게 적용되고 여기에서 군인이라 함은 현역에 복무하는 병 등을 말한다고 규정되어 있으며, 병역법 제5조 제1항 제1호에 의하면, 현역은 징집 등에 의하여 입영한 병 등을 말하는 것으로, 같은 법 제2조 제1항 제1호, 제3호에 의하면, 징집이라 함은 국가가 병역의무자에 대하여 현역에 복무할 의무를 부과하는 것, 입영이라 함은 병역의무자가 징집 등에 의하여 군부대에 들어가는 것을 말하는 것으로 각 규정되어 있는바, 병역의무자가 소정의 절차에 따라 현역병입영대상자로 병역처분을 받고 징집되어 군부대에 들어갔다면, 설령 그 병역처분에 흠이 있다고 하더라도 그 흠이 당연무효에 해당하는 것이 아닌 이상, 그 사람은 입영한 때부터 현역의 군인으로서 군형법의 적용대상이 되는 것으로 보아야 한다.

[해　설]

1. 쟁　점

현역병입영대상자로 병역처분을 받고 입대한 피고인을 군형법상 군무이탈죄로 처벌하려면, 피고인에 대한 병역처분이 유효한 것이어야 한다. 병역처분이 적법한 경우에는 당연히 유효하지만, 병역처분이 위법하여도 유효한 경우가 있다. 이러한 효력은 행정법상 공정력으로 불린다. 이하에서 이 사건을 공정력의 적용문제로서 검토한다.

2. 행정행위의 공정력

(1) 의 의

행정행위는 위법하다고 하여도 당연무효가 아닌 한 권한을 가진 기관에 의해 취소될 때까지 행위의 상대방이나 제3자가 그 효력을 부인할 수 없는 일종의 구속력을 발생시키는바, 이러한 구속력을 공정력이라 부른다.

(2) 근 거

(가) **이론적 근거** 행정의 안정적 운영을 위해 다소 위법하다고 하여도 그대로 실현하는 것이 필요하고, 또한 행정의 실제상 다소 위법하다고 하여도 위법을 모르는 국민들은 행정행위를 믿고 따를 수밖에 없는바, 국민들이 신뢰하는 행정행위는 그대로 유지하는 것이 국민들의 안정된 법생활에 필요하다. 이것이 공정력을 인정하는 취지이다.

(나) **실정법적 근거** 실정법상 공정력을 직접적으로 규정하는 법률은 찾아볼 수 없다. 다만 공정력의 승인을 전제로 하는 규정들은 볼 수 있다. 예컨대, 행정소송법 제4조 제1호는 취소소송을 「행정청의 위법한 처분등을 취소 또는 변경하는 소송」으로 규정하고 있다. 이 조문의 해석상 취소소송은 위법하지만, 효력이 있는 처분등을 취소 또는 변경하는 소송으로 이해되고 있다. 여기서 당연무효가 아닌 한 위법한 처분도 효력이 있다는 것을 알 수 있다. 따라서 행정소송법 제4조 제1호는 공정력을 승인하는 간접적인 근거가 된다. 취소심판을 규정하는 행정심판법 제5조 제1호도 공정력을 승인하는 간접적인 근거가 된다.

(3) 성 질

공정력은 행정행위의 내용이 적법하다는 내용상의 구속력이 아니다. 공정력은 설령 행정행위가 위법하다고 하여도 무효가 아니라면 절차적으로 일단 준수되어야 한다는 절차상 구속력이다. 처분청이 위법한 처분을 직권으로 취소하지 아니하는 한, 공정력을 깨뜨리려고 하면 행정심판이나 행정소송을 제기하여야 한다.

(4) 한 계

공정력은 부당한 행위 또는 단순위법의 행정행위의 경우에 인정된다. 하자가 중대하고 명백하여 무효인 행정행위의 경우에는 공정력이 인정되지 아니한다. 예컨대 병무청장이 실수로 여성에게 입영통지서를 보낸 경우, 당연무효이므로 입영통지서를 받은 여성은 입영할 필요가 없다. 이러한 경우에는 공정력의 인정을 위한 논리적 근거가 되는 행정의 안정성에 대한 침해가 되지 않기 때문이다.

3. 평　가

(1) 대법원은 이 사건에서 「소정의 절차에 따라 현역병입영대상자로 병역처분을 받고 징집되어 군부대에 들어갔다면, 설령 그 병역처분에 흠이 있다고 하더라도 그 흠이 당연무효에 해당하는 것이 아닌 이상, 그 사람은 입영한 때부터 현역의 군인으로서 군형법의 적용대상이 되는 것으로 보아야 한다」고 판시하였는데, 여기서 「설령 그 병역처분에 흠이 있다고 하더라도 그 흠이 당연무효에 해당하는 것이 아닌 이상」이라는 부분에서 처분에 흠이 있는 경우에도 그 효과로서는 당연무효도 있고, 당연무효가 아닌 경우도 있다는 것을 알 수 있다. 당연무효가 아닌 경우란 처분이 위법하여도 유효하다는 것을 의미한다.

(2) 처분이 위법하여도 유효하다는 것은 바로 공정력을 인정한 결과이다. 대법원이 이 사건에서 공정력이라는 용어를 명시적으로 사용한 것은 아니지만, 내용상 공정력을 인정하였다고 새기는 데에는 어려움이 없다. 공정력이라는 용어를 명시적으로 표현한 판례도 있다.

(3) 이 사건에서 피고인이 「병역처분에 흠이 있으므로 군형법의 적용대상이 아니다」라고 주장하려면, 먼저 병역처분에 흠이 있음을 이유로 병역처분의 취소를 구하여야 했다. 그런데 제소기간을 경과하였다면, 병역처분에 흠이 있다고 하여도 피고인은 군인(병)의 신분을 제거할 수 없다.

4. 참고판례

[1] 공정력의 의의와 성질
— 효동건설 광역교통시설부담금사건(대판 2007. 3. 16, 2006다83802)

(주택건설사업 시행자인 효동산업개발 주식회사가 확·포장공사비를 부담한 도로가 주택건설기준 등에 관한 규정 제25조의 '진입도로'에 해당하지 않음을 이유로 부당이득금의 반환을 구한 사건에서) 행정처분이 아무리 위법하다고 하여도 그 하자가 중대하고 명백하여 당연무효라고 보아야 할 사유가 있는 경우를 제외하고는 아무도 그 하자를 이유로 무단히 그 효과를 부정하지 못하는 것으로, 이러한 행정행위의 공정력은 판결의 기판력과 같은 효력은 아니지만 그 공정력의 객관적 범위에 속하는 행정행위의 하자가 취소사유에 불과한

때에는 그 처분이 취소되지 않는 한 처분의 효력을 부정하여 그로 인한 이득을 법률상 원인 없는 이득이라고 말할 수 없는 것이다.

[2] 공정력의 주관적 범위

(용인군수의 계고처분에 기한 대집행의 실행이 완료된 후, 계고처분의 취소를 구한 사건에서) 행정행위의 공정력이라 함은 행정행위에 하자가 있더라도 당연무효가 아닌 한 권한있는 기관에 의하여 취소될 때까지는 잠정적으로 유효한 것으로 통용되는 효력에 지나지 아니하는 것이므로, 행정행위가 취소되지 아니하여 공정력이 인정된다고 하더라도 그 상대방이나 이해관계인은 언제든지 그 행정행위가 위법한 것임을 주장할 수 있다(대판 1993. 11. 9, 93누14271).

[3] 공정력과 불가쟁력의 관계
— 서울시 관악구 LPG판매업 신고반려사건(대판 1991. 4. 23, 90누8756)

(사업개시 전 사업소 소재지 반경 25미터 이내 가옥주의 동의를 받을 것 등을 조건으로 한 액화석유가스판매사업허가을 받고 사업개시신고를 하였으나, 동의서를 첨부하지 아니하였다는 이유로 사업개시신고를 반려하는 처분을 받자 이의 취소를 구한 사건에서) 허가관청이 액화석유가스판매사업허가를 하면서 붙인 사업소 소재지 반경 25미터 이내 가옥주의 동의를 받아 사업개시 전에 그 동의서를 제출하도록 한 조건이 액화석유가스의안전및사업관리법 제 3 조 제 2 항, 제 4 항 및 같은법시행령 제 3 조 제 1 항에 위배되어 액화석유가스판매사업허가처분에 하자가 있다고 하더라도 위 하자는 그 처분 자체를 무효라고 볼 정도로 중대하고 명백한 하자라고 볼 수 없으므로 그와 같은 하자가 취소사유가 되는 위법한 것이라도 그 처분이 취소될 때까지는 누구도 그 효력을 부인할 수 없을 뿐 아니라, 이는 선행처분인 액화석유가스판매사업허가 단계에서 다투었어야 할 것이고 그 쟁송기간이 이미 경과된 후인 사업개시신고 단계에 있어서는 그 효력을 다툴 수 없고, 또 선행처분인 사업허가처분에 위와 같은 하자가 있다고 하여 후행처분인 사업개시신고반려처분도 당연히 위법한 것은 아니다.

[판례 23] 선결문제

• 순화구역 도시환경정비사업조합사건

(대판 2010. 4. 8, 2009다90092)

[사건개요]

(1) 원고(피상고인, 순화제1-1구역도시환경정비사업조합)는 도시환경정비사업의 관리처분계획 인가의 고시가 있은 후 종전 토지 또는 건축물의 소유자 등 권리자에게 소유 또는 점유하고 있는 부동산의 인도를 청구하였다.
(2) 권리자들은 조합설립결의와 관리처분계획에 대한 결의에 중대하고 명백한 하자가 있어 그 각 결의가 무효이므로 위 청구에 응할 수 없다고 하였다. 이에 원고는 건물인도를 구하는 민사소송을 제기하였다.

[참고조문]

행정소송법 제11조(선결문제) ① 처분등의 효력 유무 또는 존재 여부가 민사소송의 선결문제로 되어 당해 민사소송의 수소법원이 이를 심리·판단하는 경우에는 제17조(행정청의 소송참가), 제25조(행정심판기록의 제출명령), 제26조(직권심리) 및 제33조(소송비용에 관한 재판의 효력)의 규정을 준용한다.

[판결요지]

[1] 민사소송에 있어서 어느 행정처분의 당연무효 여부가 선결문제로 되는 때에는 이를 판단하여 당연무효임을 전제로 판결할 수 있고 반드시 행정소송 등의 절차에 의하여 그 취소나 무효확인을 받아야 하는 것은 아니다.

[2] 조합설립결의나 관리처분계획에 대한 결의가 당연무효라는 권리자의 주장 속에는 조합설립 인가처분이나 관리처분계획에 당연무효사유가 있다는 주장도 포함되어 있으므로 이를 심리하여 권리자 주장의 당부를 판단하여야 한다.

[해　설]

1. 쟁　점

이 사건은 민사소송에서 어느 행정처분의 당연무효 여부가 먼저 확정되어야 할 경우, 반드시 행정소송 등의 절차에 의해 그 취소나 무효 확인을 받아야 하는지 여부를 핵심적인 쟁점으로 하였다. 이것은 학문상 선결문제가 된다. 이하에서 이 사건을 선결문제로 검토한다.

2. 선결문제

(1) 관　념

㈎ 의　의　　소송절차상 먼저 해결되어야 할 행정법상 문제를 선결문제라 한다. 선결문제에는 민사소송에서도 발생하고, 형사소송에서도 발생한다. 선결문제에는 처분등의 위법 여부가 문제되는 경우와 처분등의 효력·존재 유무가 문제되는 경우가 있다.

㈏ 관련규정　　행정소송법 제11조는 처분등의 효력 유무 또는 존재 여부가 민사소송의 선결문제가 되는 경우만을 규정하고 있다. 행정소송법에 규정이 없는 경우에 관해서는 학설과 판례가 해결하여야 한다.

(2) 민사소송과 선결문제

㈎ 행정행위의 효력 유무가 선결문제인 경우　　예컨대 영등포세무서장으로부터 100만원의 과세처분을 받은 甲이 이를 납부 한 후 그 과세처분이 무효임을 알게 되면, 甲은 과세처분이 무효임을 이유로 부당이득금반환청구소송을 제기할 수 있다. 이러한 부당이득금반환청구소송은 학문상 행정소송으로 보지만, 판례는 민사소송으로 본다. 이러한 부당이득금반환청구소송에서 민사법원은 선결문제인 과세처분의 무효 여부를 판단할 수 있다는 입장이다[참고판례 1 참조].

㈏ 행정행위의 위법 여부가 선결문제인 경우　　예컨대 위법한 영업허가취소처분으로 피해를 입은 사인은 국가배상법에 따라 손해배상을 청구할 수 있다. 이러한 손해배상청구소송은 학문상 행정소송으로 보지만, 판례는 민사소송으로 본다. 이러한 손해배상청구소송에서 민사법원은 선결문제인 영업허가취소처분의 위법 여부를 판단할 수 있다는 것이 판례의 입장이고[참고판례 2 참조], 다수설의 입장이다.

(3) 형사소송과 선결문제

㈎ 행정행위의 효력 유무가 선결문제인 경우　　예컨대 뇌물을 주고 운전면허를 받

은 乙이 무면허운전을 하였다는 이유로 검찰에 의해 기소되면, 과연 乙이 무면허운전을 하였는가의 여부가 먼저 해결되어야 할 문제가 된다(운전면허가 취소할 수 있는 행위라면, 취소할 때까지는 유효하므로, 최소 전까지는 무면허운전이 아니다). 이러한 형사소송에서 형사법원은 乙의 운전면허의 무효 여부를 판단할 수 있다는 것이 판례의 입장이고[참고판례 3 참조], 다수설의 입장이다.

(나) **행정행위의 위법 여부가 선결문제인 경우** 예컨대 명령불복종으로 기소되면, 상관의 행정법상 명령이 위법한지의 여부가 먼저 해결되어야 할 문제가 된다. 이러한 형사소송에서 형사법원은 상관의 행정법상 명령의 위법 여부를 판단할 수 있다는 것이 판례의 입장이고[참고판례 4 참조], 다수설의 입장이다.

3. 평 가

무효인 행위는 누구에게도 그 효력이 발생하지 아니하므로, 민사법원도 행정처분의 효력 유무를 판단할 수 있다고 보아야 한다. 따라서 이 사건 [판결요지][1]은 타당하다.

4. 참고판례

[1] 선결문제로서 행정행위의 효력 유무와 민사법원

(조세의 과오납을 이유로 제기한 부당이득금반환청구소송에서) 원래 행정처분이 아무리 위법하다고 하여도 그 하자가 중대하고 명백하여 당연무효라고 보아야 할 사유가 있는 경우를 제외하고는 아무도 그 하자를 이유로 무단히 그 효과를 부정하지 못하는 것으로, 이러한 행정행위의 공정력은 판결의 기판력과 같은 효력은 아니지만 그 공정력의 객관적 범위에 속하는 행정행위의 하자가 취소사유에 불과한 때에는 그 처분이 취소되지 않는 한 처분의 효력을 부정하여 그로 인한 이득을 법률상 원인 없는 이득이라고 말할 수 없게 하는 것이다. 따라서 국세의 과오납이 취소할 수 있는 위법한 과세처분에 의한 것이라도 그 처분이 취소되지 않는 한 그로 인한 납세액을 곧바로 부당이득이라고 하여 반환을 구할 수 있는 것이 아니다(대판 1994. 11. 11, 94다28000).

[2] 선결문제로서 행정행위의 위법 여부와 민사법원 — 위법한 분양처분고시와 손해배상

(중계4-2지구주택개량재개발조합이 원고의 토지를 매수하지 않은 채 체비시설로 지정하면서 상응하는 대지 및 건축시설을 분양하지도 않고, 청산금도 지급하지 않는 내용의 분양처분고시를 하자 원고가 제기한 토지대금지급청구소송에서) 재개발사업 시행자가 분양신청을 하지 아니한 토지의 소유자에 대하여 대지 및 건축시설을 분양하지도 아니하고 청산금도 지급하지 아니하기로 하는 분양처분고시는 행정처분의 성질을 지닌 것이므로 그것이 적법한 행정소송의 절차에 의하여 취소되지 아니하는 한 법원도 그 처분에 기속되어 그 행정처분의 내용과 달리 청산금을 지급하라고 명할 수는 없지만, 그와 같이 대지 및 건축시설도 분양하지 아니하고 청산금도 지급하지 아니한 채 분양처분고시를 하여 재개발구역 내에 다른 사람이 소유하고 있던 토지의 소유권을 상실시켰다면 재개발사업 시행자는 그 한도에서 재개발사업을 위법하게 시행하였으므로 그 토지의 소유자에 대하여 불법행위의 책임을 진다(대판 2002. 10. 11, 2002다33502).

[3] 선결문제로서 행정행위의 효력 유무와 형사법원 — 타인 명의의 운전면허취득사건(대판 1982. 6. 8, 80도2646)

(도로교통법상 연령미달로 운전면허를 받을 수 없는 피고인이 형의 이름으로 운전면허시험에 응시하여 합격하고 운전면허를 받은 후 도로교통법상의 무면허운전죄로 기소된 사건에서)
(1) 도로교통법 제65조 제 1 호는, 동법 제57조 제 1 호에 위반하여 교부된 운전면허는 당연무효라는 정신하에 이를 취소사유에서 제외하고 동법 제57조 제 2 호 내지 제 4 호에 위반하여 교부된 운전면허만을 취소대상으로 규정한 것이 아니라, 운전면허를 받은 자가 「사후에」 동 법 제57조 제 2 호 내지 제 4 호의 결격자에 「해당하게 된 때」를 운전면허 취소사유로 규정하고 있는 것에 불과함이 그 법문상 명백하므로, 위 규정이 도로교통법 제57조 제 1 호에 위반하여 교부된 운전면허를 당연무효로 보아야만 할 근거가 될 수는 없다.
(2) 피고인이 그의 형의 이름으로 운전면허시험에 응시하여 합격하고 받은 운전면허는 비록 위법하다 하더라도 도로교통법 제65조 제 3 호의 허위 기타 부정한 수단으로 운전면허를 받은 경우에 해당함에 불과하여 취소되지 않는 한 그 효력이 있는 것이라 할 것이므로 피고인의 운전행위는 도로교통법 제38조의 무면허운전에 해당하지 아니한다.

[4] 선결문제로서 행정행위의 위법 여부와 형사법원

(1) 아파트단지 내 알뜰시장 개최금지명령위반사건(대판 2009. 6. 25, 2006도824)

(A아파트 입주자대표회의에 대한 지도, 감독권을 가지고 있는 관할구청은 주택법 및 주택법시행령을 준수하기 위하여 입주자대표회의에 알뜰시장을 여는 의결 및 알뜰시장의 개최 등을 하지 말라는 취지의 필요한 명령, 즉 단지 내에서의 알뜰시장 개최를 금지하는 취지의 시정명령을 하였으나, 피고인이 알뜰시장의 개최를 강행함으로써 위 명령을 위반하였다. 이에 피고인은 주택법 제91조 제11호 위반죄로 기소된 사건에서) (1) 행정청으로부터 구 주택법 제91조에 의한 시정명령을 받고도 이를 위반하였다는 이유로 위 법 제98조 제11호에 의한 처벌을 하기 위해서는 그 시정명령이 적법한 것이어야 하고, 그 시정명령이 위법하다고 인정되는 한 위 법 제98조 제11호 위반죄는 성립하지 않는다.

(2) 공동주택관리규약에서 입주자 등의 행위에 대한 관리주체의 동의기준을 정한 것이 단지 내 상가 입점자에게 알뜰시장의 개최금지를 요구할 수 있는 권리를 부여한 것으로 볼 수 없고, 알뜰시장 개최와 관련하여 단지 내 상가 입점자가 가지는 이해관계는 사실적·경제적 이해관계에 불과할 뿐 법률상 보호되는 이익이 아니므로 위 시정명령은 적법하지 아니하므로 구 주택법(2008. 2. 29. 법률 제8863호로 개정되기 전의 것) 제98조 제11호 위반죄가 성립하지 아니한다.

(당시) 주택법 제91조(사업주체 등에 대한 지도·감독) 건설교통부장관 또는 지방자치단체의 장은 사업주체 및 공동주택의 입주자·사용자·관리주체·입주자대표회의 또는 리모델링주택조합이 이 법 또는 이 법에 의한 명령 또는 처분을 위반한 경우에는 공사의 중지, 원상복구 그 밖의 필요한 조치를 명할 수 있다.

제98조(벌칙) 다음 각호의 1에 해당하는 자는 1년 이하의 징역 또는 1천만원 이하의 벌금에 처한다.

(2) 그린벨트 내 비닐하우스 철거명령위반사건(대판 2004. 5. 14, 2001도2841)

(서울 강동구청장은 비닐하우스를 직접 건축한 것이 아니라 매수한 자인 피고인에게 구 도시계획법상 개발제한구역 내에서의 제한사항 위반을 이유로 구 도시계획법에 따라 비닐하우스를 철거하고 토지를 원상회복하라는 시정지시를 하였으나, 피고인이 이를 따르지 않았다. 이에 피고인이 기소된 사건에서) 구 도시계획법 제78조에 정한 처분이나 조치명령을 받은 자가 이에 위반한 경우 이로 인하여 법 제92조에 정한 처벌을 하기 위하여는 그 처분이나 조치명령이 적법한 것이라야 하고, 그 처분이 당연무효가 아니라 하더라도 그것이 위법한 처분으로 인정되는 한 같은 법 제92조 위반죄가 성립될 수 없다고 할 것이고, 한편, 법 제92조 제 4 호, 제78조 제 1 호, 제21조 제 2 항의 각 규정을 종합하면 개발제한구역 안에서 그 구역지정의 목적에 위배되는 건축물의 건축, 공작물의 설치 등을 한 경우 행정청은 그

건축물을 건축하거나 공작물을 설치한 자에 대하여서만 법 제78조 제1호에 의하여 처분이나 원상회복 등의 조치명령을 할 수 있고, 명문의 규정이 없는 한 이러한 위반 건축물을 양수한 자에 대하여는 이를 할 수 없다고 할 것이다.

[판례 24] 행정행위의 무효와 취소의 구별기준

• 효동건설 광역교통시설부담금사건

(대판 2007. 3. 16, 2006다83802)

[사건개요]

주택건설사업 시행자가 확·포장공사비를 부담한 도로는 주택건설기준 등에 관한 규정 제25조의 '진입도로'에 해당하지 않아 그 공사비를 광역교통시설부담금에서 공제하여야 한다. 그런데 경기도지사의 위임을 받은 화성시장 또는 화성시 담당공무원이 관련 법령에 관한 필요한 지식을 갖추지 못하여 그 해석을 그르치고 사실관계를 오인하여 확·포장공사비를 공제하지 아니한 채 원고에게 이 사건 광역교통시설부담금의 납부에 관한 독촉장을 발부하였고 원고가 그에 따라 부담금을 납부하였다. 원고(효동건설)는 광역교통시설부담금 부과처분의 하자가 중대하고 명백하여 당연무효라고 판단하고, 부당이득금반환청구소송을 제기하였다.

[판결요지](당연무효 판단기준 부분 발췌)

[1] 하자 있는 행정처분이 당연무효가 되기 위해서는 그 하자가 법규의 중요한 부분을 위반한 중대한 것으로서 객관적으로 명백한 것이어야 하며, 하자가 중대하고 명백한지 여부를 판별함에 있어서는 그 법규의 목적, 의미, 기능 등을 목적론적으로 고찰함과 동시에 구체적 사안 자체의 특수성에 관하여도 합리적으로 고찰함을 요한다.

[2] 행정청이 어느 법률관계나 사실관계에 대하여 어느 법률의 규정을 적용하여 행정처분을 한 경우에 그 법률관계나 사실관계에 대하여는 그 법률의 규정을 적용할 수 없다는 법리가 명백히 밝혀져 그 해석에 다툼의 여지가 없음에도 불구하고 행정청이 위 규정을 적용하여 처분을 한 때에는 그 하자가 중대하고도 명백하다고 할 것이나, 그 법률관계나 사실관계에 대하여 그 법률의 규정을 적용할 수 없다는 법리가 명백히 밝혀지지 아니하여 그 해석에 다툼의 여지가 있는 때에는 행정관청이 이를 잘못 해석하여 행정처분을 하였더라도 이는 그 처분 요건사실을 오인한 것에 불과하여 그 하자가 명백하다고 할 수 없는 것이고, 행정처분의 대상이 되지 아니하는 어떤 법률관계나 사실관계에 대하여 이를 처분의 대상이 되는 것으로 오인할 만한 객관적인 사정이 있

는 경우로서 그것이 처분대상이 되는지의 여부가 그 사실관계를 정확히 조사하여야 비로소 밝혀질 수 있는 때에는 비록 이를 오인한 하자가 중대하다고 할지라도 외관상 명백하다고 할 수 없는 것이다.

[해 설]

1. 쟁 점

(1) 원고가 제기한 이 사건 「부당이득금반환청구소송」에서 원고가 승소하기 위해서는 피고인 경기도의 광역교통시설부담금 부과처분이 무효이어야 한다. 왜냐하면 경기도의 광역교통시설부담금 부과처분이 위법하다고 하여도 무효가 아니고, 취소할 수 있는 행위에 불과하다면, 취소되지 않는 한, 행정행위의 공정력으로 인해 유효한 것이 되므로 경기도의 이득은 법률상 원인이 있는 것이 되고, 따라서 법률상 원인 없음을 이유로 하는 부당이득금반환청구는 정당한 청구원인이 없는 것이 되기 때문이다.

(2) 만약 경기도의 광역교통시설부담금 부과처분이 위법하지만, 취소할 수 있는 행위에 불과하다면, 광역교통시설부담금 부과처분의 무효를 이유로 하는 부당이득금반환청구소송이 아니라 경기도의 광역교통시설부담금 부과처분의 취소를 구하는 소와 아울러 부당이득금반환청구의 소를 병합하여 제기하여야 했다. 이하에서는 이 사건을 행정행위의 무효와 취소의 구별에 관한 문제로서 검토한다.

2. 행정행위의 무효와 취소의 구별

(1) 구별의 필요성

① 취소할 수 있는 행위는 일정한 기간의 경과 등으로 불가쟁력(형식적 존속력)이 발생하지만, 무효인 행위에는 불가쟁력이 발생하지 아니하고, ② 취소할 수 있는 행위는 선·후행행위가 하나의 효과를 목적으로 하는 경우에만 선행행위의 하자가 후행행위에 승계되지만(판례), 무효인 행위에는 하나의 효과를 목적으로 하지 아니하는 경우에도 승계되고, ③ 취소할 수 있는 행위에는 하자의 치유가 인정되지만, 무효인 행위에는 하자의 치유가 인정되지 아니하고, ④ 취소할 수 있는 행위에는 하자의 전환이 인정되지 아니하지만(전통적 견해), 무효인 행위에는 인정된다. 따라서 무효와 취소를 구별할 필요성이 있다.

(2) 구별의 기준

행정행위의 무효와 취소를 구별하는 기준으로 여러 견해가 있으나, 전통적 견해와 판례는 중대명백설을 취한다. 중대명백설이란 하자가 중대하고 동시에 명백한 행위는 무효이고, 하자가 중대하지만 명백하지 않거나, 명백하지만 중대하지 않은 행위는 취소할 수 있는 행위라는 견해이다. 한편, 하자가 중대하면 무효이지만, 제 3 자나 공공의 신뢰보호의 필요가 있는 경우에는 하자가 중대하고 동시에 명백하여야 무효이고, 그러하지 아니하면 취소할 수 있는 행위라고 하는 명백성보충요건설이 판례상 소수설로 주장되기도 하였다.

(3) 중대명백설

① 중대명백설이 ⓐ 하자가 중대하고 명백한 행정행위를 무효로 보는 것은 정의의 원칙을 위한 것이고, ⓑ 하자가 중대하지만 명백하지 아니하거나 하자가 중대하지 아니하지만 명백한 행정행위를 취소할 수 있는 행위로 하여 쟁송기간이 경과하면 하자에도 불구하고 더 이상 하자를 다툴 수 없도록 하는 것은 법적 안정성을 위한 것이므로, 중대명백설은 정의의 원칙과 법적 안정성의 원칙의 조화를 내용으로 한다. ② 중대명백설에서 하자가 중대하다는 것은 당해 행정행위의 적법요건의 면에서 하자가 중대하다는 것을 의미하고, 하자가 명백하다는 것은 행정행위의 자체에 하자 있음이 일반인의 관점에서 외관상 명백하다는 것을 의미한다. 그러나 실제상 중대성과 명백성의 판단은 쉽지 않다.

3. 평　　가

(1) 대법원은 이 사건에서 「하자 있는 행정처분이 당연무효가 되기 위해서는 그 하자가 법규의 중요한 부분을 위반한 중대한 것으로서 객관적으로 명백한 것이어야 한다」고 한 것은 무효와 취소의 구별기준으로 중대명백설을 따른 것임을 의미한다. 판례가 무효와 취소의 구별기준으로 중대명백설을 취하는 것은 확고하다.

(2) 대법원은 이 사건에서 하자가 명백하지 아니한 경우로 ① 법리가 명백히 밝혀지지 아니하여 그 해석에 다툼의 여지가 있어서 행정관청이 이를 잘못 해석하여 행정처분을 한 경우, ② 행정처분의 대상이 되지 아니하는 어떤 법률관계나 사실관계에 대하여 이를 처분의 대상이 되는 것으로 오인할 만한 객관적인 사정이 있어서 행한 처분의 경우를 들었다.

4. 참고판례

[1] 난지도휀스공사사건(대판 1995. 7. 11, 94누4615 전원합의체)

(주식회사 덕명건설은 서울시 난지도 관리사업소가 발주하는 난지도 주변 휀스설치공사에 관하여 조달청과 공사도급계약을 체결하고 이를 소외 화성휀스실업주식회사에 일괄 하도급주었다는 이유로 서울특별시 영등포구청장으로부터 4개월 동안 영업정지처분을 받았다. 이에 덕명건설이 제기한 건설업영업정지처분무효확인청구소송에서)

[다수의견] [판례 24] [판결요지] [1]과 같다.

[소수의견] 행정행위의 무효사유를 판단하는 기준으로서의 명백성은 행정처분의 법적 안정성 확보를 통하여 행정의 원활한 수행을 도모하는 한편 그 행정처분을 유효한 것으로 믿은 제3자나 공공의 신뢰를 보호하여야 할 필요가 있는 경우에 보충적으로 요구되는 것으로서, 그와 같은 필요가 없거나 하자가 워낙 중대하여 그와 같은 필요에 비하여 처분 상대방의 권익을 구제하고 위법한 결과를 시정할 필요가 훨씬 더 큰 경우라면 그 하자가 명백하지 않더라도 그와 같이 중대한 하자를 가진 행정처분은 당연무효라고 보아야 한다.

[2] 상위법령에 반하는 조례에 근거한 행정처분의 하자
— 서울시 중부교육청 변상금연체료사건(대판 2009. 10. 29, 2007두26285)

(서울특별시 중부교육청 교육장이 관리하는 공유재산인 토지의 무단점용에 따른 변상금을 부과받은 후 이를 납부한 연체료의 구체적인 금액·납부기한·납부장소와 산출근거 등을 문서로 통지하지 아니한 채 이 사건 연체료를 지급받았으므로 이 사건 연체료의 징수는 절차상 위법하다고 주장하면서 제기한 공법상부당이득금반환청구소송에서) (1) 일반적으로 조례가 법률 등 상위법령에 위배된다는 사정은 그 조례의 규정을 위법하여 무효라고 선언한 대법원의 판결이 선고되지 아니한 상태에서는 그 조례 규정의 위법 여부가 해석상 다툼의 여지가 없을 정도로 명백하였다고 인정되지 아니하는 이상 객관적으로 명백한 것이라 할 수 없으므로, 이러한 조례에 근거한 행정처분의 하자는 취소사유에 해당할 뿐 무효사유가 된다고 볼 수는 없다.

(2) 변상금연체료 부과처분의 근거인 '서울특별시 공유재산 관리 조례'의 관련 규정이 지방재정법 등 상위법령의 위임이 없어 효력이 없는지 여부가 해석상 다툼의 여지가 없을 정도로 객관적으로 명백하다고 할 수 없으므로, 위 부과처분이 당연무효에 해당한다고 볼 수 없다.

[판례 25] 행정행위의 취소

• 의약품 알로피아정사건(대판 2008. 11. 13, 2008두8628)

[사건개요]

(1) 원고는 피고(식품의약품안전청장)로부터 1989. 1. 1. 이후 제조(수입)품목허가를 받은 전문의약품과 성분이 동일한 정제인 동아피나스테리드정(피나스테리드)에 관하여 생물학적 동등성 시험용 제조품목허가를 받은 후, 생동성 시험기관인 주식회사 랩프런티어로부터 2005. 8. 29.경 수령한 시험결과보고서를 피고에게 제출하여, 2005. 11. 15. 피고로부터 제품명을 알로피아정(피나스테리드)(이하 '이 사건 의약품'이라 한다)으로 변경하여 제조품목허가를 받음과 동시에 생동성을 인정받아 '생동성인정품목 공고'에 등재되었음을 통보받았다.

(2) 피고는 2006년 3월경부터 생동성 시험기관에 대한 점검을 하였다. 그 과정에서 이 사건 의약품에 피고에게 제출된 결과보고서와 시험기관 컴퓨터에 내장된 원본의 내용 중 일부가 일치하지 않는다는 사실을 발견하였다.

(3) 피고는 2006. 9. 28. 생동성 시험자료의 조작 혐의가 있다는 이유로 이 사건 의약품에 관한 제조품목허가취소에 관한 청문절차를 통지함과 동시에 잠정적으로 판매금지 및 회수명령을 하였다가, 2007. 1. 9. 같은 이유로 위 잠정적 조치에 갈음하여 원고에 대하여 이 사건 의약품에 관한 제조품목허가를 취소하고, 이 사건 의약품의 회수 후 폐기를 명령하는 이 사건 처분을 하였다.

(4) 이에 원고는 회수명령등의 취소를 구하는 소를 제기하였다. 원고는 "① 생동성 시험(인정 여부) 자체가 제조품목허가나 그 취소의 요건이 되지 않는다. ② 이 사건 의약품은 실질적 생동성이 인정되므로 시험자료의 조작만을 이유로 한 이 사건 처분은 위법하다. ③ 시험자료의 조작이 없었다. ④ 시험자료의 조작에 관하여 원고의 귀책사유가 없었다. ⑤ 이 사건 처분은 비례의 원칙에 위반한다(재량의 일탈·남용 주장)"고 주장하였다. 재판에서 ①②③④는 받아들여지지 않았고, 다만 ⑤가 쟁점이 되었다.

[판결요지]

[1] 행정행위를 한 처분청은 그 행위에 하자가 있는 경우에는 별도의 법적 근거가 없더라도 스스로 이를 취소할 수 있고, 다만 수익적 행정처분을 취소할 때에는 이를

취소하여야 할 공익상의 필요와 그 취소로 인하여 당사자가 입게 될 기득권과 신뢰보호 및 법률생활 안정의 침해 등 불이익을 비교·교량한 후 공익상의 필요가 당사자가 입을 불이익을 정당화할 만큼 강한 경우에 한하여 취소할 수 있다. 그런데 수익적 행정처분의 하자가 당사자의 사실은폐나 기타 사위의 방법에 의한 신청행위에 기인한 것이라면, 당사자는 처분에 의한 이익을 위법하게 취득하였음을 알아 취소가능성도 예상하고 있었을 것이므로, 그 자신이 처분에 관한 신뢰이익을 원용할 수 없음은 물론, 행정청이 이를 고려하지 않았다 하여도 재량권의 남용이 되지 않고, 이 경우 당사자의 사실은폐나 기타 사위의 방법에 의한 신청행위가 제3자를 통하여 소극적으로 이루어졌다고 하여 달리 볼 것이 아니다.

[2] 생물학적 동등성 시험 자료 일부가 조작되었음을 이유로 해당 의약품의 회수 및 폐기를 명한 사안에서, 그 행정처분으로 제약회사가 입게 될 경제적 손실이라는 불이익과 생물학적 동등성이 사전에 제대로 확인되지 않은 의약품이 유통되어 국민건강이 침해될 수 있는 위험을 예방하기 위한 공익상의 필요를 단순 비교하기 어려운 점 등에 비추어, 위 처분이 재량권을 일탈·남용하여 위법하다고 볼 수 없다.

[해　설]

1. 쟁　점

이 사건은 하자있는 행정행위(이 사건의 경우, 일부 조작된 자료 등을 기초로 한 요건미비의 행정행위)의 직권취소의 제한을 쟁점으로 하고 있다. 이하에서 이 사건을 직권취소의 법리의 적용문제로서 검토한다.

2. 행정행위의 직권취소

(1) 의　의

행정행위의 직권취소란 일단 유효하게 발령된 행정행위를 처분청 등이 그 행위에 위법 또는 부당한 하자가 있음을 이유로 하여 직권으로 그 효력을 소멸시키는 것을 말한다. 직권취소는 행정청 스스로의 반성에 의거하여 행하는 취소를 말한다. 직권취소는 적법요건에 흠이 있는 행위의 효과를 소멸시킨다는 점에서 사후의 새로운 사정을 이유로 효력을 소멸시키는 철회와 구별된다.

(2) 일 반 법

현재로서 하자 있는 행정행위의 직권취소에 관한 일반법(통칙적 규정)은 없다. 따라서 하자 있는 행정행위의 직권취소에 관한 법리는 학설과 판례에 의해 정해질 수밖에 없다. 쟁송취소는 행정심판법과 행정소송법에 의한다.

(3) 취소권자

① 처분청은 명문의 근거가 없어도 직권취소할 수 있다. 왜냐하면 처분권한 속에는 위법한 처분을 바로잡는 권한까지 포함된 것으로 볼 것이기 때문이다. ② 실정법은 감독청에게 취소권을 부여하고 있다. 말하자면 국가행정의 경우에는 정부조직법 제11조 제 2 항, 제16조 제 2 항, 제22조 제 3 항, 지방자치행정의 경우에는 지방자치법 제169조 제 1 항이 감독청의 취소권을 일반적 · 명시적으로 규정하고 있다.

(4) 사 유

법규가 명문으로 직권취소의 사유를 규정하고 있으면 별문제가 없다. 명문의 규정이 없어도 단순위법한 행정행위와 부당한 행위는 직권취소의 대상이 된다. 단순위법의 행위란 무효원인이 아닌 하자 있는 행위를 말한다. 한편, 하자 있는 처분을 직권취소하는 경우, 직권취소의 예외가 인정되는 경우도 있을 수 있다.

(5) 자유와 제한

① 침익적 행정행위는 불가쟁력(형식적 확정력)이 생겨난 후에도 의무에 합당한 재량에 따라 행정청에 의해 취소될 수 있다. ② 수익적 행정행위의 직권취소는 적법 · 타당한 행정으로 회복하는 의미를 갖지만 처분의 상대방에 불이익한바, 상대방의 법적 안정을 침해할 수 있으므로 자유롭지 않다. 말하자면 수익적 행위의 경우, 상대방 등이 그 행위의 존속을 신뢰하였고(주관적 요소), 그 신뢰가 보호할만하고 또한 상대방 등의 신뢰이익이 공익보다 큰 경우(객관적요소)에는 직권취소가 제한되며, 그러하지 아니한 경우에만 취소가 자유롭다.

3. 평 가

이 사건에서 대법원은 생물학적 동등성이 제대로 확인되지 않은 의약품이 유통되는 것은 국민건강에 큰 영향을 미치는 것이라 하여 국민건강이라는 공익을 보다 중하게 본 것이다.

4. 참고판례

[1] 취소소송 중 직권취소의 가능 여부

(변상금부과처분취소소송에서) 변상금 부과처분에 대한 취소소송이 진행 중이라도 그 부과권자로서는 위법한 처분을 스스로 취소하고 그 하자를 보완하여 다시 적법한 부과처분을 할 수도 있다(대판 2006. 2. 10, 2003두5686).

[2] 취소요구권의 존부 — 강화군 양사면 토석채취허가사건(대판 2006. 6. 30, 2004두701)

(강화군수의 산림 복구설계승인 및 복구준공통보에 대하여 이해관계인이 취소신청을 하였으나 거부당하자 제기한 복구준공통보등취소신청거부처분취소소송에서) 산림법령에는 채석허가처분을 한 처분청이 산림을 복구한 자에 대하여 복구설계서승인 및 복구준공통보를 한 경우 그 취소신청과 관련하여 아무런 규정을 두고 있지 않고, 원래 행정처분을 한 처분청은 그 처분에 하자가 있는 경우에는 원칙적으로 별도의 법적 근거가 없더라도 스스로 이를 직권으로 취소할 수 있지만, 그와 같이 직권취소를 할 수 있다는 사정만으로 이해관계인에게 처분청에 대하여 그 취소를 요구할 신청권이 부여된 것으로 볼 수는 없다.

[3] 직권취소의 제한
— 제 6 관구사령부 장교복지회 형질변경신청사건(대판 2004. 7. 22, 2003두7606)

(도시계획법령상의 조정신고기간이 도과하여 택지개발이 더 이상 불가능하였으나 개정된 구 도시계획법시행령에 의하여 그 조정신고기간이 삭제됨에 따라 신청인이 당초의 개간허가 수허가자의 변경신고, 벌채허가신청과 토지 및 산림형질변경허가신청 등을 하였으나 행정청이 개발제한구역의 지정목적에 현저히 지장을 초래한다는 등의 이유로 이를 반려하자 이를 다툰 형질변경허가반려처분취소소송에서) 수익적 행정처분을 취소 또는 철회하거나 중지시키는 경우에는 이미 부여된 그 국민의 기득권을 침해하는 것이 되므로, 비록 취소 등의 사유가 있다고 하더라도 그 취소권 등의 행사는 기득권의 침해를 정당화할 만한 중대한 공익상의 필요 또는 제 3 자의 이익보호의 필요가 있는 때에 한하여 상대방이 받는 불이익과 비교·교량하여 결정하여야 하고, 그 처분으로 인하여 공익상의 필요보다 상대방이 받게 되는 불이익 등이 막대한 경우에는 재량권의 한계를 일탈한 것으로서 그 자체가 위법하다.

[판례 26] 행정행위의 철회
• **대송분교 폐교부지사건**(대판 2005. 4. 29, 2004두11954)

[사건개요]

1996. 6. 25. 원고는 전라북도 김제교육청으로부터 김제시 봉남면 대송리에 있는 봉남초등학교 대송분교 폐교부지를 매수하였다. 매수시에 지역주민의 정서를 감안하여 공해유발시설 등 사회적으로 물의를 야기하는 시설을 설치하지 않기로 약정(이하 '이 사건 특약'이라 한다)하였다.
2002. 5. 29. 원고는 폐교부지에서 소음·진동·비산 먼지 등을 유발할 수 있는 공해유발시설인 건설폐기물 중간처리업을 하기 위하여 피고(김제시장)에게 구 폐기물관리법 제26조에 따라 폐기물처리업사업계획서를 제출하였다. 그러나 특약사실을 알리지 않았다.
2002. 7. 4. 원고는 피고로부터 위 사업계획서에 대한 적정통보를 받았다.
2003. 4. 11. 주민들의 민원제기에 따라 피고는 적정통보를 취소하고 아울러 부적정통보를 하였다. 이에 원고는 취소소송을 제기하였다.

[판결요지]

이른바 수익적 행정행위의 철회는 그 처분 당시 별다른 하자가 없었음에도 불구하고 사후적으로 그 효력을 상실케 하는 행정행위이므로, 법령에 명시적인 규정이 있거나 행정행위의 부관으로 그 철회권이 유보되어 있는 등의 경우가 아니라면, 원래의 행정행위를 존속시킬 필요가 없게 된 사정변경이 생겼거나 또는 중대한 공익상의 필요가 발생한 경우 등의 예외적인 경우에만 허용된다.

[해 설]

1. 쟁 점

원고가 폐기물처리사업계획서를 제출할 때 특약사실을 알리지 아니한 것이 위법·부당한지의 여부가 문제된다. 만약 그것이 위법하다면 「피고의 적정통보의 취소」를 직권취소의 문제로 접근할 필요가 있고, 적법하다면 「피고의 적정통보의 취소」를 철회의 문제로 접근할 필요가 있기 때문이다. 결론부터 말한다면 이 사건은 행정행위의 철회의 사유의 존부를 쟁점으로 하고 있다. 이하에서 이 사건을 철회의 법리의 적용문제로서 검토한다.

2. 행정행위의 철회

(1) 의 의

행정행위의 철회란 적법요건을 구비하여 완전히 효력을 발생하고 있는 행정행위에 대하여 그 행위의 효력의 전부 또는 일부를 장래에 향해 소멸시키는 원행정행위와 독립된 별개의 의사표시를 말한다. 철회는 학문상의 용어이며 실정법상으로는 일반적으로 취소로 불리고 있다.

(2) 일 반 법

현재로서 행정행위의 철회에 관한 일반법(통칙적 규정)은 없다. 따라서 행정행위의 철회에 관한 법리는 학설과 판례에 의해 정해질 수밖에 없다.

(3) 철회권자

① 명문의 규정을 불문하고 처분청은 철회권을 가진다. 왜냐하면 처분청의 처분권한에는 기존의 처분을 변화하는 환경에 적합하도록 조정할 수 있는 권한도 포함되어 있다고 보기 때문이다. 그러나 ② 감독청은 철회권을 갖지 못한다. 왜냐하면 철회도 하나의 독립된 새로운 행정행위인데 감독청이 철회한다면, 이는 감독청이 합리적인 이유 없이 처분청의 권한을 침해하는 결과가 되고, 이러한 결과는 처분청을 둔 행정조직의 목적에 반하기 때문이다.

(4) 사 유

① 철회에 법적 근거가 필요하다는 견해에 의하면, 철회의 사유는 개별 법률에서 정하는 바에 의한다. 그러나 ② 판례와 같이 철회에 법적 근거가 필요하지 않다고 하는 견해에 의하면, ⓐ 침익적인 행위의 경우에는 기존의 행정행위를 사후적으로 위법 또는 비합목적적으로 만드는 새로운 사정이 철회의 사유가 되며, ⓑ 수익적인 행위의 경우에는 행정행위의 부관으로 철회권이 유보되어 있는 경우, 부담을 불이행하는 경우, 사실관계의 변화의 경우, 법적 상황의 변화의 경우, 그리고 기타 공익상 중대한 침해가 있는 경우에 철회가 가능하다고 한다.

(5) 자유와 제한

① 침익적 행정행위는 수익적인 결과를 가져오기 때문에 침익적 행위의 철회는 비교적 자유롭다. 물론 다른 사유(예: 확약)로 제한을 받는 경우에는 철회하기 어렵다. ② 수익적 행정행위의 침익적인 결과를 가져오기 때문에 수익적 행위의 철회는 자유롭지 않다. 왜냐하면 철회가 공익을 위한 것이지만, 공익실현을 위해 사익이 임의로 침해되어도 좋다고 말할 수는 없기 때문이다. 수익적 행위의 철회가 가능한지의 여부는 침해되는 사익과 실현코자 하는 공익을 저울질하여 그 이익이 큰 쪽을 선택하여야 한다.

3. 평 가

(1) 대법원은 원심이 들고 있는 사유들은 모두 적정통보 당시 존재했던 사정들에 불과하여 위와 같은 사정만으로는 이 사건 적정통보의 효력을 사후적으로 상실케 할 만한 사정변경이 생겼다거나 또는 중대한 공익상의 필요가 발생하였다고 보기는 부족하고, 달리 이를 인정할 만한 사정도 보이지 않는다」고 하였다. 원래의 행정행위시에 존재하던 사정들은 새로운 사정에 해당하지 아니하므로 그러한 사정들은 철회의 사유가 될 수 없다. 따라서 대법원의 판단이 정당하다.

(2) 대법원은 종래부터 법령에 명시적인 규정이 없다고 하여도 일정한 사유가 있는 경우에는 철회할 수 있다고 하였는데, 이 사건에서도 그러한 입장을 재확인하고 있다.

4. 참고판례

[1] 행정행위의 직권취소와 철회의 구별

(사립학교법인이 관할청의 허가를 받아 차입한 자금을 법인회계에 수입조치하지 아니하고 본래의 허가 용도가 아닌 다른 용도에 사용하였다는 사유로, 관할청이 기존의 자금차입허가를 취소한 경우의 효력 등을 쟁점으로 한 채무부존재확인소송에서) 행정행위의 취소는 일단 유효하게 성립한 행정행위를 그 행위에 위법 또는 부당한 하자가 있음을 이유로 소급하여 그 효력을 소멸시키는 별도의 행정처분이고, 행정행위의 철회는 적법요건을 구비하여 완전히 효력을 발하고 있는 행정행위를 사후적으로 그 행위의 효력의 전부 또는 일부를 장래에 향해 소멸시키는 행정처분이므로, 행정행위의 취소사유는 행정행위의 성립 당시에 존재하였던 하자를 말하고, 철회사유는 행정행위가 성립된 이후에 새로이 발생한 것으로서 행정행위의 효력을 존속시킬 수 없는 사유를 말한다(대판 2006. 5. 11, 2003다37969).

[2] 행정행위의 철회의 제한 — 인천 서구청 택시사업면허취소사건(대판 2010. 4. 8, 2009두17018)

(양도·양수 전에 음주운전을 하였다가 양도·양수 및 인가 후에 음주운전을 이유로 양도인의 운전면허가 취소되자, 양도인의 운전면허 취소가 운송사업면허의 취소사유에 해당한다는 이유로 양수인의 운송사업면허를 취소하자 양수인이 제기한 취소소송에서) 개인택시 운송사업면허와 같은 수익적 행정처분을 취소 또는 철회하거나 중지하는 경우에는 이미 부여된 그 국민의 기득권을 침해하는 것이 되므로, 비록 취소 등의 사유가 있다고 하더라도 그 취소권 등의 행사는 기득권의 침해를 정당화할 만한 중대한 공익상의 필요 또는 제 3 자의 이익보호의 필요가 있는 때에 한하여 상대방이 받는 불이익과 비교·교량하여 결정하여야 하고, 그 처분으로 인하여 공익상의 필요보다 상대방이 받게 되는 불이익 등이 막대한 경우에는 재량권의 한계를 일탈한 것으로서 그 자체가 위법하게 된다.

[3] 철회의 효과(장래효)

(사립학교법인이 관할청의 허가를 받아 차입한 자금을 법인회계에 수입조치하지 아니하고 본래의 허가 용도가 아닌 다른 용도에 사용하였다는 사유로, 관할청이 기존의 자금차입허가를 취소한 경우의 효력 등을 쟁점으로 한 채무부존재확인소송에서) 관할청이 이 사건 허가 및 변경허가를 취소하는 사유로 든 것은 원고가 차입한 자금을 법인회계에 수입조치하지 아니하고 본래의 허가 용도가 아닌 다른 용도에 사용하였다는 것으로서, 이는 허가처분의 효력이 발생하여 자금차입행위가 유효하게 이루어진 이후에 비로소 이행할 수 있는 것들이고, 허가처분 당시에 그 처분에 위와 같은 흠이 존재하였던 것은 아니므로, 위 사유들은 허가처분의 철회사유에 해당한다고 보아야 하고, 따라서 관할청이 위와 같은 사유를 들어 이 사건 허가 및 변경허가를 취소하였다면 이는 그 명칭에 불구하고 행정행위의 철회에 해당하는 것으로 이 사건 허가 및 변경허가의 효력은 장래에 향하여 소멸할 뿐이다. 그럼에도 불구하고, 원심이 서울특별시교육청의 위 처분이 이 사건 허가 및 변경허가의 취소에 해당한다는 이유로 위 허가처분이 소급하여 무효가 되었다고 판단한 것은 행정처분의 취소 및 철회에 관한 법리를 오해함으로써 판결에 영향을 미친 위법을 범한 것이다(대판 2006. 5. 11, 2003다37969).

[판례 27] 행정행위의 하자의 승계

• 공익근무요원 신체등위 판정사건

(대판 2002. 12. 10, 2001두5422)

[사건개요]

1995. 7. 20. 원고는 서울지방병무청에서 실시한 신체검사 결과 수핵탈출증으로 신체등위 5급 판정을 받고 그에 기하여 같은 날 제 2 국민역편입처분을 받았다.

1999. 4. 27. 피고(서울지방병무청장)는 '원고의 아버지가 신체등위 판정 무렵 당시 원고의 신체등위 판정을 담당하였던 군의관 A에게 300만원을 공여하였다'는 이유로 제 2 국민역편입처분을 취소하였다.

1999. 5. 25. 원고는 서울지방병무청에서 다시 신체검사를 받았는데, 허리디스크와 만성부비동염에 대하여 각 신체등위 4급 판정을 받고, '다리 통증 및 무릎을 구부리지 못하는 증세'에 대하여 신체등위 2급 판정을 받았다.

1999. 7. 10. 원고는 보충역편입처분을 받았다.

1999. 11. 9. 피고는 보충역편입처분에 근거하여, 원고에 대하여 공익근무요원으로 소집하는 처분을 하였다. 그 후 원고는 1999. 5. 25.자 신체등위판정이 잘못임을 이유로 공익근무요원소집처분의 취소를 구하는 소를 제기하였다.

[판결요지]

구 병역법의 관련 규정에 의하면, 보충역편입처분 등의 병역처분은 구체적인 병역의무부과를 위한 전제로서 징병검사 결과 신체등위와 학력·연령 등 자질을 감안하여 역종을 부과하는 처분임에 반하여, 공익근무요원소집처분은 보충역편입처분을 받은 공익근무요원소집대상자에게 기초적 군사훈련과 구체적인 복무기관 및 복무분야를 정한 공익근무요원으로서의 복무를 명하는 구체적인 행정처분이므로, 위 두 처분은 후자의 처분이 전자의 처분을 전제로 하는 것이기는 하나 각각 단계적으로 별개의 법률효과를 발생하는 독립된 행정처분이라고 할 것이므로, 따라서 보충역편입처분의 기초가 되는 신체등위 판정에 잘못이 있다는 이유로 이를 다투기 위하여는 신체등위 판정을 기초로 한 보충역편입처분에 대하여 쟁송을 제기하여야 할 것이며, 그 처분을 다투지 아니하여 이미 불가쟁력이 생겨 그 효력을 다툴 수 없게 된 경우에는, 병역처분변경신청에 의하는 경우는 별론으로 하고, 보충역편입처분에 하자가 있다고 할지라도 그것이 당연무효라고 볼만한 특단의 사정이 없는 한 그 위법을 이유로 공익근무요원 소집처분의 효력을 다툴 수 없다.

[해　　설]

1. 쟁　　점

이 사건에서 쟁점은 선행 신체등위판정처분상의 하자가 후행 공익근무요원소집처분에 승계되는가의 여부이다. 학문상 이것은 행정행위의 하자의 승계문제가 된다. 이하에서 이 사건을 행정행위의 하자의 승계의 법리의 적용문제로서 검토한다.

2. 행정행위의 하자의 승계

(1) 하자의 승계의 의의

둘 이상의 행정행위가 연속적으로 행해지는 경우, 선행행위에 하자가 있으면 후행행위에 하자가 없다고 하여도 선행행위가 위법함을 이유로 후행행위를 다툴 수 있는가의 여부가 바로 하자의 승계의 문제이다. 다툴 수 있다면 승계된다고 하고, 다툴 수 없다고 하면 승계되지 아니한다고 표현한다.

(2) 하자의 승계의 문제영역

① 선행행위가 무효인 경우에는 행정행위의 하자의 승계 여부가 문제되지 아니한다. 왜냐하면 이 경우에는 후행행위를 다툴 필요 없이 바로 선행행위의 무효를 주장하면 되기 때문이다. 따라서 선행행위에 취소사유가 존재하여야 한다. 또한 ② 선행행위에 불가쟁력이 발생하기 전에는 문제되지 않는다. 이 경우에는 바로 선행행위를 다투면 되기 때문이다. ③ 후행행위 자체에는 고유한 하자가 없어야 하며, ④ 선행행위와 후행행위 모두 항고소송의 대상이 되는 처분이어야 한다.

(3) 하자의 승계의 인정 여부 판단기준

㈎ 전통적 견해와 판례　　전통적인 견해와 판례는 행정행위의 하자문제는 행정행위마다 독립적으로 판단되어야 한다는 전제하에 선행행위와 후행행위가 상호관련적이나 별개의 효과를 목적으로 행하여지는 경우에는, 선행행위의 단순위법은 후행행위에 승계되지 아니한다. 그런데 판례는 선행행위와 후행행위가 별개의 법률효과를 목적으로 하는 경우에도 수인성의 원칙상 예외적으로 승계를 인정하기도 한다. 한편, 선행행

위와 후행행위가 일련의 절차를 구성하면서 하나의 효과를 목적으로 하는 경우에는 예외적으로 선행행위의 위법성이 후행행위에 승계된다고 이론구성을 하고 있다.

(나) **구속력설**(규준력설) 행정행위의 하자의 승계문제를 선행행위의 후행행위에 대한 구속력의 문제로 다루는 견해도 있다. 즉, 「둘 이상의 행정행위가 동일한 법적 효과를 추구하고 있는 경우에 선행행위는 후행행위에 대하여 일정한 범위에서 구속력을 가지며, 그 구속력이 미치는 범위 안에서 후행행위에 있어서 선행행위의 효과(내용적 구속력)와 다른 주장을 할 수 없다」고 한다.

(다) **사 견** 행정행위의 하자의 승계문제와 행정행위의 선행행위의 후행행위에 대한 구속력의 문제의 상호관계에 대한 분명한 해명없이 행정행위의 하자의 승계문제를 행정행위의 선행행위의 후행행위에 대한 구속력의 문제로 대체하는 것은 위험한 논리이다. 왜냐하면 일설이 주장하는 바와 같이 선행행위의 후행행위에 대한 구속력의 문제는 하자의 승계문제가 해결된 뒤에 발생하는 문제로 보이기 때문이다.

3. 평 가

대법원은 종래부터 선행행위의 하자가 후행행위에 승계되는지 여부의 판단기준을 위의 [판결요지]에서 보는 바와 같이 목적의 동일성 여부를 기준으로 하였는데, 이 사건에서도 그러한 입장을 재확인하고 있다.

4. 참고판례

[1] 이천세무서 양도소득세부과사건(대판 1994. 1. 25, 93누8542)

(이천세무서장이 원고에게 양도소득세를 부과하자 원고가 위법하게 결정된 개별공시지가를 기초로 양도세액을 산출하였으므로 위법하다는 등의 사유로 제기한 양도소득세등부과처분취소소송에서) (1) 두 개 이상의 행정처분이 연속적으로 행하여지는 경우 선행처분과 후행처분이 서로 결합하여 1개의 법률효과를 완성하는 때에는 선행처분에 하자가 있으면 그 하자는 후행처분에 승계되는 것이므로 선행처분에 불가쟁력이 생겨 그 효력을 다툴 수 없게 된 경우에도 선행처분의 하자를 이유로 후행처분의 효력을 다툴 수 있는 것이며, 반면 선행처분과 후행처분이 서로 독립하여 별개의 법률효과를 목적으로 하는 때에는 선행처분에 불가쟁력이 생겨 그 효력을 다툴 수 없게 된 경우에는 선행처분의 하자가 중대하고 명백하여 당연무효인 경우를 제외하고는 선행처분의 하자를 이유로 후행처분의 효력을

다툴 수 없는 것이 원칙이다.
(2) 그러나 선행처분과 후행처분이 서로 독립하여 별개의 효과를 목적으로 하는 경우에도 선행처분의 불가쟁력이나 구속력이 그로 인하여 불이익을 입게 되는 자에게 수인한도(受忍限度)를 넘는 가혹함을 가져오며, 그 결과가 당사자에게 예측가능한 것이 아닌 경우에는 국민의 재판받을 권리를 보장하고 있는 헌법의 이념에 비추어 선행처분의 후행처분에 대한 구속력은 인정될 수 없다고 봄이 타당할 것이다. (상고기각)

[2] 하자의 승계를 인정한 판례 모음

(1) 계고처분과 대집행영장발부통보처분(대판 1996. 2. 9, 95누12507)
(2) 독촉과 가산금·중가산금징수처분(대판 1986. 10. 28, 86누147)
(3) 한지의사시험자격인정과 한지의사면허처분(대판 1975. 12. 9, 75누123)
(4) 선행행위가 무효인 경우(대판 1999. 4. 27, 97누6780)

[3] 하자의 승계를 부인한 판례 모음

(1) 사업인정과 수용재결처분(대판 2000. 10. 13, 2000두5142)
(2) 택지개발계획의 승인과 수용재결처분(대판 2000. 10. 13, 99두653)
(3) 건물철거명령과 대집행계고처분(대판 1998. 9. 8, 97누20502)
(4) 택지개발예정지구지정과 택지개발계획승인처분(대판 1996. 3. 22, 95누10075)
(5) 토지등급의 설정 또는 수정처분과 과세처분(대판 1995. 3. 28, 93누23565)
(6) 수강거부처분과 수료처분(대판 1994. 12. 23, 94누477)
(7) 재개발사업시행인가처분과 토지수용재결처분(대판 1992. 12. 11, 92누5584)
(8) 도시계획사업의 실시계획인가고시와 수용재결처분(대판 1991. 11. 26, 90누9971)
(9) 액화석유가스판매사업허가와 사업개시신고반려처분(대판 1991. 4. 23, 90누8756)
(10) 직위해제처분과 면직처분(대판 1984. 9. 1, 84누191)
(11) 과세처분과 체납처분(대판 1977. 7. 12, 76누51; 대판 1988. 6. 28, 87누1009)

[판례 28] 행정행위의 하자의 치유
• 서울 동대문구 주택재개발정비사업조합사건
(대판 2010. 8. 26, 2010두2579)

[사건개요]

(1) 원고(피상고인)들은 피고(상고인)인 서울특별시 동대문구청장이 ○○제5구역주택재개발정비사업조합(피고보조참가인)에 내준 재개발정비사업조합설립인가의 취소를 구하는 소를 제기하였다. 제1심 법원은 구 도시 및 주거환경정비법(2008. 2. 29. 법률 제8852호로 개정되기 전의 것, 이하 '구 도시정비법'이라고 한다) 제16조 제1항에서 정한 토지 등 소유자 4분의 3 이상의 동의를 얻어야 한다는 요건을 충족하지 못하였다는 것을 이유로, 이 사건 주택재개발정비사업조합 설립인가처분(이하 '이 사건 처분'이라고 한다)은 위법하다고 판단하였다.

(2) 피고는 제2심에서 "제1심판결 이후 이 사건 정비구역 내 토지 등 소유자 318명 중 그 4분의 3을 초과하는 247명으로부터 새로 조합설립동의서를 받았으니 이 사건 처분의 흠은 치유되었다"고 주장하였다. 제2심 법원은 원고들의 주장을 배척하였다.

(3) 대법원도 제2심의 판단에 위법이 없다고 하였다.

[참고조문]

구 도시 및 주거환경정비법 제16조(조합의 설립인가 등) ① 주택재개발사업 및 도시환경정비사업의 추진위원회가 조합을 설립하고자 하는 때에는 토지등소유자의 4분의 3 이상의 동의를 얻어 정관 및 건설교통부령이 정하는 서류를 첨부하여 시장·군수의 인가를 받아야 한다. 인가받은 사항을 변경하고자 하는 때에도 또한 같다. 다만, 대통령령이 정하는 경미한 사항을 변경하고자 하는 때에는 조합원의 동의없이 시장·군수에게 신고하고 변경할 수 있다.

[판결요지](하자의 치유 부분만 발췌)

[1] 행정소송에서 행정처분의 위법 여부는 행정처분이 있을 때의 법령과 사실상태를 기준으로 하여 판단하여야 하고, 처분 후 법령의 개폐나 사실상태의 변동에 의하여 영향을 받지는 않는다고 할 것이며, 흠이 있는 행정행위의 치유는 행정행위의 성질이나 법치주의 관점에서 볼 때 원칙적으로 허용될 수 없는 것이고, 예외적으로 행정행위의 무용한 반복을 피하고 당사자의 법적 안정성을 위해 이를 허용하는 때에도 국민의 권리나 이익을 침해하지 않는 범위에서 구체적 사정에 따라 합목적적으로 인정하여야

할 것이다(대법원 2002. 7. 9. 선고 2001두10684 판결 참조).

[2] 제 1 심판결 이후 이 사건 정비구역 내 토지 등 소유자 318명 중 그 4분의 3을 초과하는 247명으로부터 새로 조합설립동의서를 받았으니 이 사건 처분의 흠은 치유되었다고 주장하였지만, 구 도시정비법 제16조 제 1 항에서 정하는 조합설립인가처분은 설권적 처분의 성질을 갖고 있고, 흠의 치유를 인정하더라도 원고들을 비롯한 토지 등 소유자들에게 아무런 손해가 발생하지 않는다고 단정할 수 없다.

[해 설]

1. 쟁 점

이 사건에서는 허가요건에 미비(건물주의 동의의 결여)가 있음에도 불구하고 위법하게 허가를 내준 경우, 허가 후에 미비된 요건을 보완하면 원래의 허가처분은 적법하게 되는가를 쟁점으로 한다. 학문상 이것은 행정행위의 하자의 치유문제가 된다. 이 사건에서는 하자의 치유문제 외에 행정소송에서 행정처분의 위법 여부를 판단하는 기준이 되는 법령과 사실상태 등도 쟁점이었으나, 이하에서는 하자의 승계문제만 살핀다.

2. 행정행위의 하자의 치유

(1) 의 의

행정행위가 발령 당시에 적법요건을 완전히 구비한 것이 아니어서 위법한 것이라고 하여도 사후에 흠결을 보완하게 되면, 발령당시의 하자에도 불구하고 그 행위의 효과를 다툴 수 없도록 유지하는 것을 하자 있는 행정행위의 치유라 부른다. 흠결의 보완방식은 법령이 정한 절차에 따른 것이어야 한다.

(2) 취 지

하자 있는 행정행위의 하자의 치유는 국민의 법생활의 안정과 신뢰보호를 위한 것으로서 예외적으로 인정되는 것이며, 아울러 불필요한 행정행위의 반복을 방지하기 위한 것이기도 하다. 국민의 법생활의 안정과 신뢰보호를 침해하는 경우에는 행정행위의 하자의 치유는 인정될 수 없다.

(3) 법적 근거

민법상으로는 하자의 치유의 법리가 명문화되어 있으나(민법 제143조 내지 제146조의 취소할 수 있는 법률행위의 추인), 행정법상으로는 일반규정이 없다. 전통적 견해와 판례는 하자의 치유를 인정한다. 현재 하자의 치유를 부정하는 견해는 찾아볼 수 없다.

(4) 적용영역

전통적 견해와 판례는 행정행위의 하자의 치유는 취소할 수 있는 행정행위에만 인정된다는 입장이다. 무효는 언제나 무효이므로 무효행위에 치유를 인정하기는 곤란하므로 전통적 견해와 판례의 입장은 타당하다.

(5) 사 유

치유의 사유로 ① 요건의 사후보완, ② 장기간의 방치, ③ 공공복리상의 필요 등을 드는 견해도 있고, ②와 ③은 행정행위의 취소의 제한사유로 보는 것이 타당하고 ①만을 엄밀한 의미의 치유의 사유로 보기도 한다. 후자의 견해가 합리적이다. ①의 요건은 대체로 형식과 절차상의 요건을 의미하는 것으로 이해된다.

(6) 효 과

치유의 효과는 소급적이다. 처음부터 적법한 행위와 같은 효과를 가진다. 치유가 허용되지 않은 행위의 경우에는 새로운 행위를 발령함으로써 치유의 효과를 거둘 수 있을 뿐이다.

(7) 치유의 시기

문제는 하자의 치유가 어느 시점까지 가능한가의 여부이다. ① 학설은 쟁송제기 이전에만 가능하다는 입장과 이후에도 가능할 것이라는 입장으로 나뉘고 있다. ② 판례는 행정쟁송의 제기 이전에 가능하다는 입장을 취한다. ③ 생각건대 소송경제 등을 고려하여 소송절차의 종결 전까지 하자의 치유를 인정하는 것이 바람직하다고 본다. 물론 이러한 것도 처분의 동일성을 해하지 아니하는 범위 안에서만 인정되어야 한다.

3. 평 가

(1) 대법원은 종래부터 위의 [판결요지]에서 보는 내용으로 행정행위의 하자의 치유를 인정하였는데, 이 사건에서도 그러한 입장을 재확인하고 있다.

(2) 이 사건 판결이유에서 「흠의 치유를 인정하더라도 원고들을 비롯한 토지 등 소유자들에게 아무런 손해가 발생하지 않는다고 단정할 수 없다」라고 적시되고 있는바,

이 사건은 국민(원고들)의 권리나 이익의 침해를 이유로 흠(하자)의 치유를 인정하지 아니한 전형적인 사례에 해당한다.

4. 참고판례

[1] 이리세무서 법인세부과사건(대판 1983. 7. 26, 82누420)

(이리세무서장이 원고에게 법인세부과처분을 하면서 그 납세고지서에 과세표준·세율·세액의 산출근거 등을 기재하지 않고 발부하자 원고가 기재사항미비의 위법을 이유로 제기한 법인세등부과처분취소소송에서) (1) 과세처분시 납세고지서에 과세표준 … 등이 누락된 경우에는 늦어도 과세처분에 대한 불복여부의 결정 및 불복신청에 편의를 줄 수 있는 상당한 기간 내에 보정행위를 하여야 그 하자가 치유된다 할 것이므로, 과세처분이 있은 지 4년이 지나서 그 취소소송이 제기된 때에 보정된 납세고지서를 송달하였다는 사실이나 오랜 기간(4년)의 경과로써 과세처분의 하자가 치유되었다고 볼 수는 없다.
(2) 대상판결은 하자있는 행정행위의 치유의 가능성과 치유의 시한에 관한 대법원의 입장을 명백히 밝힌 리딩케이스이다.

[2] 행정행위의 하자의 치유시기에 관한 판례 모음

(1) (세액산출근거 등을 기재하지 아니한 문서로 한 재산세부과처분의 취소를 구한 소송에서) 세액산출근거가 누락된 납세고지서에 의한 과세처분의 하자의 치유를 허용하려면 늦어도 과세처분에 대한 불복여부의 결정 및 불복신청에 편의를 줄 수 있는 상당한 기간 내에 하여야 한다고 할 것이므로 위 과세처분에 대한 전심절차가 모두 끝나고 상고심의 계류중에 세액산출근거의 통지가 있었다고 하여 이로써 위 과세처분의 하자가 치유되었다고는 볼 수 없다(대판 1984. 4. 10, 83누393).
(2) (세액산출근거가 누락된 납세고지서에 의한 부가가치세부과처분의 취소를 구한 사건에서) 과세관청이 취소소송 계속 중에 납세고지서의 세액산출근거를 밝히는 보정통지를 하였다 하여 이것을 종전에 위법한 부과처분을 스스로 취소하고 새로운 부과처분을 한 것으로 볼 수 없으므로 이미 항고소송이 계속 중인 단계에서 위와 같은 보정통지를 하였다 하여 그 위법성이 이로써 치유된다 할 수 없다(대판 1988. 2. 9, 83누404).

[판례 29] 행정행위의 부관의 한계

• **병천종합레저 골프장사건**(대판 2009. 12. 10, 2007다63966)

[사건개요]

1990. 8. 29. 피고(변경 전 상호: 병천종합레저 주식회사)는 구 체육시설의 설치·이용에 관한 법률 제7조 제1항에 따라 원고(충청남도)로부터 천안시 병천면 A부지 위에 24홀 골프장을 건설하는 내용의 등록체육시설업(골프장업)사업계획에 대한 승인을 받았다.
1990. 8. 29. 피고는 골프장업사업계획승인과 관련하여 25억 원을 지역발전협력기금 명목으로 원고에게 기부하기로 약정하였다. 이 증여계약은 골프장사업계획승인이 확정적으로 취소되는 것을 묵시적 해제조건으로 한 것이었다.
1996. 10. 16. 골프장사업을 위한 개별 인·허가가 지연되어 피고의 공사착수가 늦어지자 원고는 위 착공지연을 이유로 골프장업사업계획승인을 취소하였다.
1997. 7. 3. 피고의 행정심판청구에 따라 원고의 위 취소처분은 재량권의 한계를 일탈하여 위법하다는 이유로 취소되었다.
2004. 1. 2. 피고는 환경영향평가, 보전임지전용허가, 매장문화재시굴허가 및 시굴조사, 산림형질변경허가, 하천공작물설치허가 등 나머지 인·허가 절차를 마친 후 관할 천안시장에게 착공계획서를 제출하고 골프장 공사에 착수하였다.
2005. 1. 20. 피고는 골프장회원 모집을 시작하였다.
그 후 피고가 원고에게 약정금액을 기부하지 아니하므로, 원고는 "피고는 원고에게 25억원 및 이에 대하여 2004. 1. 2.부터 이 사건 소장부본 송달일까지 연 5%, 그 다음날부터 다 갚는 날까지는 연 20%의 각 비율로 계산한 돈을 지급하라(주위적으로 증여계약에 기한 이행청구를, 예비적으로 불법행위로 인한 손해배상청구를 하고 있다)"는 것을 청구취지로 하는 약정금청구소송을 제기하였다.

[판결요지]

공무원이 인·허가 등 수익적 행정처분을 하면서 상대방에게 그 처분과 관련하여 이른바 부관으로서 부담을 붙일 수 있다 하더라도, 그러한 부담은 법치주의와 사유재산 존중, 조세법률주의 등 헌법의 기본원리에 비추어 비례의 원칙이나 부당결부의 원칙에 위반되지 않아야만 적법한 것인바, 행정처분과 부관 사이에 실제적 관련성이 있다고 볼 수 없는 경우 공무원이 위와 같은 공법상의 제한을 회피할 목적으로 행정처분의 상대방과 사이에 사법상 계약을 체결하는 형식을 취하였다면 이는 법치행정의 원리에 반하는 것으로서 위법하다.

[해　　설]

1. 쟁　　점

이 사건은 ① 부담을 사법상 계약의 형식으로 붙일 수 있는지 여부, 그리고 ② 붙일 수 있다고 할 때, 그 계약내용에 한계가 없는 것인지의 여부를 쟁점으로 한다. 학문상 이러한 쟁점들은 행정행위의 부관을 붙이는 방법과 부관의 한계문제가 된다. 이하에서 이 사건을 부관의 법리의 적용문제로서 검토한다.

2. 행정행위의 부관

(1) 의　　의

행정행위의 부관이란 행정행위의 효력범위를 보다 자세히 정하기 위하여 주된 행정행위에 부가된 종된 규율을 말한다. 종된 규율은 주된 행정행위의 효과를 제한하거나 특별한 의무를 부과하거나 요건을 보충하는 내용으로 이루어진다. 부관에는 조건, 기한, 철회권의 유보, 부담, 부담유보, 법률효과의 일부배제 등이 있다.

(2) 가 능 성

판례와 전통적 견해에 의하면, 개별 법령에서 부관을 붙일 수 있다는 조항이 없다고 하여도 법률행위적 행정행위 중 재량행위에만 부관을 붙일 수 있고, 기속행위에는 붙일 수 없다고 한다. 한편, 비판적 견해는 ① 기속행위에도 법규상 규정되어 있거나, 또는 부관이 법상의 전제요건을 충족시키게 될 때에는 부관을 붙일 수 있고, ② 재량행위의 경우에도 성질상 부관을 붙일 수 없는 경우도 있다고 한다. 비판론의 견해가 타당하다.

(3) 붙이는 방법

① 부관은 행정청이 처분을 하면서 일방적으로 붙이는 것이 일반적이다. 그리고 ② 판례는 행정처분의 상대방이 수익적 행정처분을 얻기 위하여 행정청과 사이에 행정처분에 부가할 부담에 관한 협약을 체결하고 행정청이 수익적 행정처분을 하면서 협약상의 의무를 부담으로 부가하는 것도 가능한 것으로 본다(대판 2009. 2. 12, 2005다65500).

(4) 한 계

(가) **부관으로서의 한계** ① 부관은 주된 행위와 사항적 통일성을 갖는 범위 안에서 가능하다(사항적 한계). ② 부관은 주된 행위의 목적에 반하지 않아야 한다(목적상 한계). ③ 행정행위의 성질상 부관을 붙이는 것이 허용되지 아니하는 경우도 있다(성질상 한계). ④ 주된 행정행위를 발령한 후에 새로이 부관을 붙이는 것은 원칙적으로 허용되지 아니한다(시간적 한계). 판례와 학설은 제한된 범위 안에서 사후부관을 인정한다.

(나) **행정행위로서의 한계** 부관도 행정행위의 한 구성부분이므로, 주된 행위와 마찬가지로 행정행위로서의 적법요건을 구비하여야 한다. 즉, ① 부관은 법령에 적합하여야 하고, ② 부관은 사실상으로나 법상으로 가능한 것이어야 하며, ③ 부관의 내용은 명확하여야 하며, 또한 ④ 부관은 행정법의 일반원칙도 준수하여야 한다.

3. 평 가

(1) 이 사건은 전통적인 방식으로 붙인 부관을 다툰 것은 아니다. 이 사건에서는 처분(골프장사업계획승인)과 계약(기부금약정계약) 사이에 대가관계가 설정됨으로 인하여 결과적으로는 계약이 부관의 기능을 행하는 것으로 볼 수 있다. 따라서 대법원이 기부금약정계약의 위법 여부를 부관의 한계문제로서 검토한 것은 타당하다.

(2) 대법원이 위의 [판결요지]에서 보는 바와 같이 부관의 한계로서 「법치주의와 사유재산 존중, 조세법률주의 등 헌법의 기본원리에 비추어 비례의 원칙이나 부당결부의 원칙에 위반되지 않아야 한다」고 판시한 것은 종래의 입장을 재확인하는 것이라 하겠다.

4. 참고판례

[1] 부담의 독립쟁송가능성
— 울산해운항만청 수토대금사건(대판 1992. 1. 21, 91누1264)

(건설부장관은 원고에게 A공유수면매립면허를 하면서 조건으로 이미 투기한 토사에 대하여 피고인 울산지방해운항만청장이 정하는 대가(수토대)를 납부하도록 하고, 이에 따라 피고가 수토대금부과처분을 하자 부과기준년도 문제가 있음을 이유로 원고가 제기한 수토대금부과처분취소소송에서) (1) 행정행위의 부관은 행정행위의 일반적인 효력이나 효과를 제한하기 위하여 의사표시의 주된 내용에 부가되는 종된 의사표시이지 그 자체로서 직접 법적 효과를

발생하는 독립된 처분이 아니므로 현행 행정쟁송제도 아래서는 부관 그 자체만을 독립된 쟁송의 대상으로 할 수 없는 것이 원칙이나 행정행위의 부관 중에서도 행정행위에 부수하여 그 행정행위의 상대방에게 일정한 의무를 부과하는 행정청의 의사표시인 부담의 경우에는 다른 부관과는 달리 행정행위의 불가분적인 요소가 아니고 그 존속이 본체인 행정행위의 존재를 전제로 하는 것일 뿐이므로 부담 그 자체로서 행정쟁송의 대상이 될 수 있다.
(2) 행정행위의 부관인 부담에 정해진 바에 따라 당해 행정청이 아닌 다른 행정청이 그 부담상의 의무이행을 요구하는 의사표시를 하였을 경우, 이러한 행위가 당연히 또는 무조건으로 행정소송법상 항고소송의 대상이 되는 처분에 해당한다고 할 수는 없다.

■ 평　　가

(1) 대법원은 이 사건에서 조건·기한 또는 철회권의 유보와 달리 부담은 그 자체로서 행정쟁송의 대상이 된다고 하였다. 부담을 주된 행위로부터 분리한 후 남는 부분이 그 자체로서 별다른 의미를 갖지 아니하는 경우에도 부담만을 독립하여 취소시킬 수 있다고 하는 것은 바람직한 것이 아니므로, 모든 부담이 그 자체로서 언제나 행정쟁송의 대상이 될 수 있다는 것을 내포하는 듯한 대상판결의 요지는 다소 문제점을 갖는다.
(2) 대법원은 「모든 부관이 그 자체로서 독립하여 행정쟁송의 대상이 될 수 없다」고 한 종전의 입장(대판 1986. 8. 19, 86누202)을 「행정행위의 부관은 부담의 경우를 제외하고는 독립하여 행정소송의 대상이 될 수 없다(대판 1991. 12. 13, 90누8503)」고 변경한 후, 이 사건 판결에서 변경된 입장을 재확인하고 있다. 변경된 입장은 계속되고 있다.

[2] 행정행위의 부관에 관한 최근 판례 동향

(1) 사후부관의 가능성

(당초 사업계획승인조건에서는 사업시행자가 주변도로 편입지를 무상양수하는 것으로 정해져 있었으나 후에 행정청이 이를 유상양도하는 것으로 정하여 사업계획승인 변경고시를 하자, 이에 따라 주변도로 편입지를 매입한 원고가 주변도로 편입지 매매계약의 무효를 이유로 제기한 부당이득금반환소송에서) 행정처분이 발하여진 후 새로운 부담을 부가하거나 이미 부가되어 있는 부담의 범위 또는 내용 등을 변경하는 이른바 사후부담은, 법률에 명문의 규정이 있거나 그것이 미리 유보되어 있는 경우 또는 상대방의 동의가 있는 경우에 허용되는 것이 원칙이다(대판 2009. 11. 12, 2008다98006).

(2) 재량행위와 부관의 가능성

(가) (주택건설사업계획변경승인처분부관취소소송에서) 재량행위에 있어서는 관계 법령에 명시적인 금지규정이 없는 한 행정목적을 달성하기 위하여 조건이나 기한, 부담 등의 부관

을 붙일 수 있고, 그 부관의 내용이 이행 가능하고 비례의 원칙 및 평등의 원칙에 적합하며 행정처분의 본질적 효력을 저해하지 아니하는 이상 위법하다고 할 수 없다(대판 2009. 10. 29, 2008두9829).

(나) 구 주택건설촉진법 제33조에 따라 원고에게 주택건설사업계획의 승인을 하면서 "경전철 분담금 부과시 이를 사용검사 전까지 납부할 것"이라는 승인조건을 부가하였고, 이후 이 승인조건에 근거하여 이 사건 분담금을 부과하였다는 것인바, 위 법규정에 의한 주택건설사업계획의 승인은 행정청의 재량행위에 속하므로 법령상의 근거 없이도 부관을 붙일 수 있다(대판 2007. 12. 28, 2005다72300).

(다) (피고 서초구청장이 서울특별시 반포아파트지구개발기본계획(변경)에 따라 원고의 미주아파트주택재건축정비사업조합설립을 인가한 후 법정절차를 거쳐 원고에게 주택재건축사업시행을 인가하면서 인가조건을 붙였는데, 원고가 인가조건 중 일부의 취소를 구한 사업시행인가처분일부취소소송에서) 주택재건축사업시행의 인가는 상대방에게 권리나 이익을 부여하는 효과를 가진 이른바 수익적 행정처분으로서 법령에 행정처분의 요건에 관하여 일의적으로 규정되어 있지 아니한 이상 행정청의 재량행위에 속하므로, 처분청으로서는 법령상의 제한에 근거한 것이 아니라 하더라도 공익상 필요 등에 의하여 필요한 범위 내에서 여러 조건(부담)을 부과할 수 있다(대판 2007. 7. 12, 2007두6663).

(라) 구 도시계획법령을 종합해 보면, 개발제한구역 내에서는 구역지정의 목적상 건축물의 건축 및 공작물의 설치 등 개발행위가 원칙적으로 금지되고, 다만 구체적인 경우에 이러한 구역지정의 목적에 위배되지 아니할 경우 예외적으로 허가에 의하여 그러한 행위를 할 수 있게 되어 있음이 그 규정의 체제와 문언상 분명하고, 이러한 예외적인 개발행위의 허가는 상대방에게 수익적인 것이 틀림이 없으므로 그 법률적 성질은 재량행위 내지 자유재량행위에 속하는 것이고, 이러한 재량행위에 있어서는 관계 법령에 명시적인 금지규정이 없는 한 행정목적을 달성하기 위하여 조건이나 기한, 부담 등의 부관을 붙일 수 있고, 그 부관의 내용이 이행 가능하고 비례의 원칙 및 평등의 원칙에 적합하며 행정처분의 본질적 효력을 저해하지 아니하는 이상 위법하다고 할 수 없다(대판 2004. 3. 25, 2003두12837).

(3) 수익적 행위와 부관의 가능성

(송유관이설공사비 부담을 둘러싼 분쟁에서) 수익적 행정처분에 있어서는 법령에 특별한 근거규정이 없다고 하더라도 그 부관으로서 부담을 붙일 수 있다(대판 2009. 2. 12, 2005다65500).

(4) 부담의 독립쟁송가능성

(가) (한국도로공사가 주식회사 대한송유관공사를 피고로 하여 제기한 약정금반환청구소송에서) 행정청이 재량행위인 수익적 행정처분을 하면서 처분의 상대방에게 일정한 의무를 부과하는 부담을 부가하였다면 이때 부담은 독립하여 행정소송의 대상이 되는 행정처분이 된

다(대판 2009. 2. 12, 2008다56262).

(나) (원고가 서울특별시장으로부터 구 도시공원법에 의하여 공원시설을 조성하도록 하는 도시계획사업(공원조성) 시행허가를 받아 이 사건 시설물을 설치하여 이를 서울특별시에 기부한 다음 서울특별시장의 권한을 위임받은 피고 서울대공원 관리사업소장으로부터 이 사건 시설물에 대하여 그 기간을 신청한 사용·수익 허가기간 40년 가운데 20년간만 무상 사용·수익의 허가를 받자, 제기한 무상사용허가일부거부처분취소소송에서) 행정행위의 부관은 부담인 경우를 제외하고는 독립하여 행정소송의 대상이 될 수 없는바, 기부채납 받은 행정재산에 대한 사용·수익허가에서 공유재산의 관리청이 정한 사용·수익허가의 기간은 그 허가의 효력을 제한하기 위한 행정행위의 부관으로서 이러한 사용·수익허가의 기간에 대해서는 독립하여 행정소송을 제기할 수 없다(대판 2001. 6. 15, 99두509).

(5) 부관의 한계

(사회복지법인 성실원 정관변경허가취소처분취소소송에서) 주무관청이 정관변경허가를 함에 있어서는 비례의 원칙 및 평등의 원칙에 적합하고 행정처분의 본질적 효력을 해하지 않는 한도 내에서 부관을 붙일 수 있다(대판 2002. 9. 24, 2000두5661).

[판례 30] 확 약

• 광주광역시 지방부이사관 승진임용예정 철회사건
(광주지판 2006. 9. 28, 2006구합1036)

[사건개요]

2004. 3.경 피고(광주광역시장)는 국가서기관으로서 광주광역시 기획관으로 근무하던 원고를 광주광역시 지방부이사관으로 특별임용하기 위하여 원고를 포함한 8명을 지방부이사관 승진후보자로 하여 광주광역시 인사위원회에 심의를 요구하였다.

2004. 3. 31. 광주광역시 인사위원회는 원고를 지방부이사관 임용대상자로 의결하였다.

2004. 3. 31. 의결결과는 광주광역시 구내방송 및 내부통신망에 게시한 전자문서를 통하여 피고 소속 공무원 및 기자들에게 알려지게 되었고, 광주일보 등 일간지에도 보도되었다.

2004. 3. 31. 의결결과에 따라 원고는 피고를 통하여 행정자치부장관에게 국가공무원에서 광주광역시 지방공무원으로의 전출에 동의한다는 동의서를 제출하였다.

2004. 4. 1. 피고는 행정자치부장관에게 원고가 광주광역시 지방부이사관에 내정되었음을 이유로 그에 대한 광주광역시 지방공무원 전출명령을 제청함과 동시에 그동안 지방부이사관 승진예정인 지방공무원을 재단법인 광주비엔날레 사무국장으로 파견하여 온 인사관행에 따라 원고를 당분간 위 사무국장으로 파견, 근무하도록 하는 인사발령을 하였다.

2004. 4. 14. 대통령권한대행인 국무총리가 원고에게 광주광역시 지방공무원 전출을 명하였다.

2004. 7.초경 광주비엔날레 이사장과 사무총장은 2차례에 걸쳐 사무국장인 원고가 충분한 지원역할을 못하고 오히려 업무추진에 걸림돌이 되고 있다는 이유로 피고에게 사무국장의 교체를 요구하였다.

2004. 7. 20. 피고는 원고에 대하여 광주비엔날레 사무국장 파견복귀 및 대기를 명하였다. 그 후 피고는 위 인사위원회에 원고의 지방부이사관 승진의결 재심의를 요구하였다.

2004. 7. 31. 인사위원회는 원고에 대한 2004. 3. 31.자 승진임용예정 철회를 의결하였다.

2004. 8. 1. 피고는 원고를 제외한 나머지 부이사관 승진예정자에 대한 승진발령을 하였다.

2004. 8. 9. 피고는 원고를 지방서기관으로 보하는 시립민속박물관장으로 발령하였다.

2005. 9. 30. 광주광역시 소청심사위원회에 원고의 의사에 반하는 불리한 부작위를 이유로 자신을 지방부이사관으로 승진임용하라는 소청심사를 청구하였다.
2006. 2. 20. 소청심사청구는 기각되었다.
2006. 3. 8. 원고는 피고를 상대로 "피고가 원고를 광주광역시 지방부이사관으로 승진임용하지 아니한 것은 위법하다"는 취지의 부작위위법확인의 소를 제기하였다.

[판결요지](확약부분 발췌)

확약이 독립적 행정행위라고 볼 수 없다고 하더라도 이에 대하여도 수익적 행정행위의 취소·철회의 제한 등 행정행위에 관한 법리가 준용된다고 할 것인바, 행정청이 확약을 취소하거나 철회하기 위하여는 확약이 행해진 후에 불가항력이나 기타의 사유로 확약을 이행할 수 없을 정도로 그 기초가 되었던 사실상태나 법률상태가 변경된 경우 또는 확약을 번복해야 할 공익상의 필요가 당사자가 입게 될 기득권과 신뢰 및 법률생활 안정의 침해 등의 불이익을 정당화할 수 있을 만큼 중대한 경우에 한한다. (청구인용)

[해 설]

1. 쟁 점

이 사건에서는 ① 원고에게 승진임용신청권이 있는지 여부, ② 원고인 국가서기관 공무원이 지방부이사관으로의 승진임용을 신청한 데 대하여 광역시장이 그에 따른 임용을 거부하는 종국적인 조치가 처분에 해당하는지 여부, ③ 승진임용예정의 철회가 가능한지 여부 등이 쟁점이었다. 승진임용예정(또는 승진임용내정)은 학문상 확약에 해당한다. 이하에서 이 사건을 확약의 법리의 적용문제로서 검토한다.

2. 확약의 법리

(1) 확약의 의의

행정주체가 사인에 대해 장차 일정한 행정작용을 행하거나 행하지 않겠다고 하는 것을 내용으로 하는 공법상 일방적인 자기구속의 의사표시를 확언이라 하고, 확언의 대상이 특정 행정행위의 발령이나 불발령에 관한 것인 경우를 확약이라 부른다. 확약이 단행법에서 규정되기도 하나(1987년에 입법예고가 되었던 행정절차법(안) 제25조), 일반법은 없다. 확약의 법리는 이론과 판례에 맡겨져 있다. 확약은 내인가 또는 내허가라는 용어로 불리기도 한다.

(2) 확약의 성질

확약이 공법상의 의사표시이긴 하지만, 그 자체가 행정행위인가에 관해서는 견해가 갈린다. 다수설은 행정행위성을 인정한다. 확약을 행정법상 독자적 행위형식으로 보는 견해도 있다. 생각건대 확약은 종국적인 행위 그 자체는 아니지만, 구속적인 의사표시 그 자체는 행정행위의 개념(행정청이 법 아래서 구체적 사실에 대한 법집행으로서 행하는 권력적 단독행위로서의 공법행위)을 충족시킨다.

(3) 확약의 효과

통상의 행정행위만큼 광범위한 것은 아니나 확약도 원칙적으로 구속효를 갖는다. 적법한 확약이 성립하면, 행정청은 상대방에 대해 확약한 행정행위를 발령하여야 할 의무를 부담하고, 상대방은 당해 행정청에 대해 그 이행을 청구할 수 있다.

(4) 구속효의 배제

확약이 주어진 후 사실상태 또는 법적 상태가 변경되면, 확약의 구속성은 사후적으로 별다른 의사표시가 없어도 상실된다. 따라서 확약의 존속력은 통상의 행정행위에 비해 약하다. 확약도 행정행위의 일종이므로 직권취소나 철회의 법리에 따라 직권취소 또는 철회할 수 있다.

3. 평 가

(1) 재판부가 광주광역시 인사위원회가 원고를 지방부이사관 임용대상자로 의결하였고, 피고가 행정자치부장관에게 「원고가 광주광역시 지방부이사관에 내정되었음을 이유로 그에 대한 광주광역시 지방공무원 전출명령을 제청한 것」 등을 논거로 하여, 피고는 원고에 대하여 원고를 지방부이사관으로 임용하겠다는 자기구속적 약속, 이른바 확약을 하였다고 본 것은 타당하다.

(2) 재판부는 확약을 독립적 행정행위라고 볼 수 없다고 하였는데, 이것은 [참고판례 1]에서 나타난 대법원의 입장을 따른 것이라 하겠다. 그러나 앞의 「2. 확약의 법리 (2) 확약의 성질」에서 지적한 바와 같이 확약의 개념은 행정행위의 개념(행정청이 법 아래서 구체적 사실에 대한 법집행으로서 행하는 권력적 단독행위로서의 공법행위)을 충족시킨다고 볼 것이므로, 재판부의 판시에는 문제가 있다.

4. 참고판례

[1] 외연도 어촌계 우선순위결정사건(대판 1995. 1. 20, 94누6529)

(제 1 종 양식어업의 어장에 관하여 어업권면허를 받기 위한 우선순위결정에서 1순위자로 결정된 자에게 충청남도지사가 어업권면허처분을 하자, 2순위로 결정된 자가 어업권면허처분의 취소를 구한 사건에서) 어업권면허에 선행하는 우선순위결정은 행정청이 우선권자로 결정된 자의 신청이 있으면 어업권면허처분을 하겠다는 것을 약속하는 행위로서 강학상 확약에 불과하고 행정처분은 아니므로, 우선순위결정에 공정력이나 불가쟁력과 같은 효력은 인정되지 아니하며, 따라서 우선순위결정이 잘못되었다는 이유로 종전의 어업권면허처분이 취소되면 행정청은 종전의 우선순위결정을 무시하고 다시 우선순위를 결정한 다음 새로운 우선순위결정에 기하여 새로운 어업권면허를 할 수 있다.

■ 평　　가

(1) 수산업법상 어업권면허의 부여절차는 「어장이용개발계획의 수립 → 우선순위의 결정 → 어업권면허의 부여」 등의 순서로 이루어진다. 여기서 우선순위결정에서 1순위로 결정된 자의 신청이 있으면 동인에게 어업권면허를 하고 1순위자가 신청을 포기하는 등의 사정이 있는 경우에는 차순위자에게 어업권면허를 하게 된다. 따라서 우선순위결정은 일종의 확약의 성질을 띤다.

(2) 대법원은 대상판결에서 「어업권면허에 선행하는 우선순위결정은 행정청이 우선권자로 결정된 자의 신청이 있으면 어업권면허처분을 하겠다는 것을 약속하는 행위로서 강학상 확약」에 해당한다고 한 것은 타당하다.

(3) 대법원이 대상판결에서 강학상 개념인 확약이라는 용어를 활용한 것은 행정법학의 발전에 긍정적인 것이라 할 수 있다. 그러나 대법원이 확약(우선순위결정)을 행정처분(행정행위)의 일종으로 보지 않고, 단순히 행정청의 내부적 의사결정으로만 보고, 확약(우선순위결정)으로 인해 사인이 받는 이익을 법적 권리가 아니라 행정청이 확약(우선순위결정)에 구속됨으로 인하여 받게 되는 반사적 효과에 불과하다고 본 것은 행정법학에서 긍정되고 있는 확약의 법리에 반하는 것이어서 부정적인 비판을 면하기 어렵다.

[2] 기타

(1) 대판 1991. 6. 28, 90누4402(내인가의 취소의 성질 — 정원운수 양도양수 내인가사건)

(2) 대판 1996. 8. 20, 95누10877(확약의 실효 — 현진종합건설 주택건설사업 승인거부사건)

[판례 31] 처분의 사전통지

• 인천대학 교원 재임용거부사건(대판 2003. 11. 28, 2003두674)

[사건개요]

1994. 2. 원고들은 종전의 학교법인 선인학원이 설립·경영하던 인천대학교 및 인천전문대학에서 교수 및 부교수 또는 조교수로 근무하던 중 인천대학교 및 인천전문대학의 설립자가 인천광역시(당시 명칭은 인천직할시)로 변경됨으로 인하여 그 신분관계가 종료됨에 따라 재임용절차를 밟게되었다.
1994. 3. 1. 원고들은 임용심사결과에 따라 이 날짜로 임용에서 모두 제외되었다. 그 후 원고들은 임용권자를 상대로 임용거부처분취소청구의 소를 제기하여 대법원으로부터 승소판결을 받았다.
1998. 8. 피고들은 대법원판결의 취지에 따라 다시 심사하였고, 심사결과 원고들은 임용거부처분을 받았다. 이에 원고들은 임용거부처분취소소송을 제기하였다. 원고들은 "원고들에게 사전에 통지하여 충분한 소명이나 반박자료를 제출할 기회를 주지 아니한 것은 위법하다"는 것을 상고이유 중의 하나로 하였다.

[판결요지]

행정절차법 제21조 제1항은 행정청은 당사자에게 의무를 과하거나 권익을 제한하는 처분을 하는 경우에는 미리 처분의 제목, 당사자의 성명 또는 명칭과 주소, 처분하고자 하는 원인이 되는 사실과 처분의 내용 및 법적 근거, 그에 대하여 의견을 제출할 수 있다는 뜻과 의견을 제출하지 아니하는 경우의 처리방법, 의견제출기관의 명칭과 주소, 의견제출기한 등을 당사자 등에게 통지하도록 하고 있는바, 신청에 따른 처분이 이루어지지 아니한 경우에는 아직 당사자에게 권익이 부과되지 아니하였으므로 특별한 사정이 없는 한 신청에 대한 거부처분이라고 하더라도 직접 당사자의 권익을 제한하는 것은 아니어서 신청에 대한 거부처분을 여기에서 말하는 「당사자의 권익을 제한하는 처분」에 해당한다고 할 수 없는 것이어서 처분의 사전통지대상이 된다고 할 수 없다.

[해　설]

1. 쟁　점

이 사건에서는 피고가 원고에 대하여 사전통지를 함이 없이 임용거부처분을 한 것이 위법한가의 여부를 핵심적인 쟁점으로 한다. 이것은 학문상 처분의 사전통지의 문제가 된다. 이하에서 이 사건을 처분의 사전통지의문제로 검토한다.

2. 처분의 사전통지

(1) 의　의

행정청이 당사자에게 의무를 과하거나 권익을 제한하는 처분을 하는 경우에는 미리 다음 각호(1. 처분의 제목, 2. 당사자의 성명 또는 명칭과 주소, 3. 처분하고자 하는 원인이 되는 사실과 처분의 내용 및 법적 근거, 4. 제3호에 대하여 의견을 제출할 수 있다는 뜻과 의견을 제출하지 아니하는 경우의 처리방법, 5. 의견제출기관의 명칭과 주소, 6. 의견제출기한, 7. 기타 필요한 사항)의 사항을 당사자등에게 통지하여야 한다(행정절차법 제21조 제1항). 이를 처분의 사전통지라 한다.

(2) 성　질

사전통지를 받는 것은 절차적 권리로서 당사자의 개인적 공권으로 보호된다. 사전통지가 배제되는 예외사유에 해당하지 않는 한, 사전통지는 의무적이다.

(3) 적용범위

처분의 사전통지는 당사자에게 의무를 과하거나 권익을 제한하는 처분에 적용되고, 수익적 행위에는 적용이 없다. 문제는 수익적 행위의 거부의 경우이다. 판례는 이 사건에서 보는 바와 같이 수익적 행위의 거부의 경우에 사전통지가 적용되지 않는다고 한다. 수익적 행위의 거부도 권익을 제한하는 처분에 해당한다고 보아 처분의 사전통지가 적용되어야 한다는 견해도 있다. 한편, 일반처분의 경우에는 처분의 사전통지가 적용되지 아니한다.

(4) 통지의 생략

다음 각호(1. 공공의 안전 또는 복리를 위하여 긴급히 처분을 할 필요가 있는 경우, 2. 법령등에서 요구된 자격이 없거나 없어지게 되면 반드시 일정한 처분을 하여야 하는 경우에 그 자격이 없거나 없어지게 된 사실이 법원의 재판등에 의하여 객관적으로 증명된 때, 3. 당해 처분의 성질상 의견청취가 현저히 곤란하거나 명백히 불필요하다고 인정될 만한 상당한 이유가 있는 경우)의 1에 해당하는 경우에는 제 1 항의 규정에 의한 통지를 아니할 수 있다(행정절차법 제21조 제 3 항).

(5) 결여의 효과

행정청이 침익적 행위를 하면서 당사자에게 사전통지를 하지 아니하였다면, 사전통지를 하지 아니하여도 되는 예외적인 경우에 해당하지 않는 한, 그 행정행위는 위법한 것이 된다.

3. 평　　가

(1) 이 사건 판결은 「신청에 대한 거부처분은 '당사자의 권익을 제한하는 처분'에 해당하지 않는다」고 밝힌 리딩케이스이다.

(2) 국민의 권익보호의 확대라는 관점에서 본다면, 수익적 행위의 신청(갱신 신청 포함)에 대한 거부처분은 당사자의 권익을 제한하는 처분으로 보는 것이 바람직하다.

4. 참고판례

울주군 지하수개발이용신고사건(대판 2000. 11. 14, 99두5870)

■ 사건개요

1997. 3. 29. 피고(상고인, 울산광역시 울주군수)는 온천지구임을 간과하고 원고의 지하수개발 · 이용신고를 수리하였다.

1998. 2. 4. 피고는 위 신고수리처분을 취소하고 원상복구명령을 발하였다(이하 이 사건 처분이라 한다). 그 후 원고는 피고가 이 사건 처분을 함에 있어서 원고에게 행정절차법에서 정한 사전통지를 하지 아니하였음을 이유로 지하수개발이용수리취소및원상복구명령취소소송을 제기하였다.

■ 판결요지

(1) 행정절차법 제21조 제 1 항 · 제 4 항, 제22조 제 1 항 내지 제 4 항에 의하면, 행정청이 당사자에게 의무를 과하거나 권익을 제한하는 처분을 하는 경우에는 미리 처분하고자 하는 원인이 되는 사실과 처분의 내용 및 법적 근거, 이에 대하여 의견을 제출할 수 있다는 뜻과 의견을 제출하지 아니하는 경우의 처리방법 등의 사항을 당사자 등에게 통지하여야 하고, 다른 법령 등에서 필요적으로 청문을 실시하거나 공청회를 개최하도록 규정하고

있지 아니한 경우에도 당사자 등에게 의견제출의 기회를 주어야 하되, 당해 처분의 성질상 의견청취가 현저히 곤란하거나 명백히 불필요하다고 인정될 만한 상당한 이유가 있는 경우 등에는 처분의 사전통지나 의견청취를 하지 아니할 수 있도록 규정하고 있으므로, 행정청이 침해적 행정처분을 함에 있어서 당사자에게 위와 같은 사전통지를 하거나 의견제출의 기회를 주지 아니하였다면 사전통지를 하지 않거나 의견제출의 기회를 주지 아니하여도 되는 예외적인 경우에 해당하지 아니하는 한 그 처분은 위법하여 취소를 면할 수 없다고 할 것이다.

(2) 피고가 이 사건 처분을 함에 있어서 원고에게 행정절차법에서 정한 사전통지를 하거나 의견제출의 기회를 제공하였다는 점을 인정할 증거가 없고, 행정지도방식에 의한 사전고지나 그에 따른 원고의 자진 폐공의 약속 등의 사유만으로는 그것이 위 사전통지 등을 하지 않아도 되는 위 법 소정의 예외의 경우에 해당한다고 볼 수도 없다. (청구인용)

[판례 32] 의견제출절차의 하자

• 옥천 교육청 지방조무원 임용취소사건

(대판 2009. 1. 30, 2008두16155)

[사건개요]

2001. 9. 13. 원고는 대전지방법원에서 '특정범죄가중처벌 등에 관한 법률 위반죄' 등으로 징역 10월에 집행유예 2년의 형을 선고받았다.

2001. 9. 21. 위 판결이 확정되었다.

2005. 5. 1. 피고(충청북도 옥천 교육청 교육장)는 지방공무원법 제31조 소정의 결격사유가 없는 자를 응시자격자로 한 제한경쟁 특별임용시험을 시행하여 원고를 피고 소속 지방공무원시보로 임용하였다(시보임용처분).

2005. 11. 1. 피고는 원고를 정규공무원으로 임용하였다(정규임용처분).

2007. 6. 21. 피고는 이 사건 시보임용처분 당시 원고에게 공무원임용 결격사유가 있었음을 정규임용처분 후 확인하고 원고에 대하여 지방공무원법 제31조 제 4 호에 따라 시보임용처분을 취소하였다.

2007. 7. 30. 피고는 원고에게 의견진술 기회나 소명기회 등을 부여하지 아니한 채 정규임용처분을 취소하였다. 그 후 원고는 정규임용취소처분의 취소를 구하는 소를 제기하였다.

[판결요지]

정규임용처분을 취소하는 처분은 원고의 이익을 침해하는 처분이고, 한편 지방공무원법 및 그 시행령에는 이 사건 처분과 같이 정규임용처분을 취소하는 처분을 함에 있어 행정절차에 준하는 절차를 거치도록 하는 규정이 없을 뿐만 아니라 위 처분이 성질상 행정절차를 거치기 곤란하거나 불필요하다고 인정되는 처분이라고 보기도 어렵다고 할 것이어서 이 사건 처분이 행정절차법의 적용이 제외되는 경우에 해당한다고 할 수 없으며, 나아가 이 사건 처분은, 지방공무원법 제31조 제 4 호 소정의 공무원임용 결격사유가 있어 당연무효인 이 사건 시보임용처분과는 달리, 위 시보임용처분의 무효로 인하여 시보공무원으로서의 경력을 갖추지 못하였다는 이유만으로, 위 결격사유가 해소된 후에 한 별도의 정규임용처분을 취소하는 처분이어서 행정절차법 제21조

제 4 항 및 제22조 제 4 항에 따라 원고에게 사전통지를 하지 않거나 의견제출의 기회를 주지 아니하여도 되는 예외적인 경우에 해당한다고 할 수도 없다. 그렇다면 피고가 이 사건 처분을 함에 있어 원고에게 처분의 사전통지를 하거나 의견제출의 기회를 부여하지 아니한 이상, 이 사건 처분은 절차상 하자가 있어 위법하다.

[해 설]

1. 쟁 점

이 사건은 원고에게 의견제출의 기회를 부여하지 아니한 채 이루어진 피고의 정규임용취소처분을 다툰 사건이다. 의견제출의 기회부여는 학문상 행정행위의 적법요건 중 절차요건의 하나로 다루어지고 있다. 이하에서 이 사건을 의견제출절차의 하자의 문제로서 검토한다.

2. 의견제출절차

(1) 의견제출의 의의

행정절차법상 의견제출이란 행정청이 어떠한 행정작용을 하기에 앞서 당사자 등이 의견을 제시하는 절차로서 청문이나 공청회에 해당하지 아니하는 절차를 말한다(행정절차법 제 2 조 제 7 호). 의견제출절차는 약식절차이다. 의견제출절차는 행정절차법상 의견청취절차 중 원칙적인 절차이다.

(2) 의견제출의 적용범위

의견제출제도는 사전통지제도와 마찬가지로 의무를 부과하거나 권익을 제한하는 경우에만 적용되고, 수익적 행위나 수익적 행위의 거부의 경우에는 적용이 없다.

(3) 의견제출의 성질

의견제출제도는 당사자등의 이익을 보호하는 데 그 취지가 있는바, 의견제출을 할 수 있는 것은 절차적 권리로서 당사자의 개인적 공권으로 보호된다.

(4) 의견제출의 결여

의견제출절차의 하자에 관한 사항을 규율하는 통칙적인 규정은 없다. 개별법상 명문의 규정이 없는 경우와 관련하여 학설은 나뉘고 있다.

㈎ 학 설 행정절차의 하자가 처분의 독립의 위법사유가 되는가의 여부에 관

해 학설은 소극설과 적극설로 나뉘고 있다. 소극설은 절차규정은 적정한 행정결정의 확보를 위한 것이라는 점, 절차위반을 이유로 취소된 후 다시 처분한다고 하여도 전과 동일한 처분을 하는 경우에는 행정경제 및 소송경제에 반한다는 점을 근거로 한다. 적극설은 적정한 절차는 적정한 결정의 전제가 된다는 점, 다시 처분한다고 할 때 반드시 동일한 결론에 도달한다는 보장이 없다는 점, 절차적 요건의 의미를 살려야 한다는 점, 그리고 취소소송 등의 기속력이 절차의 위법을 이유로 하는 경우에 준용된다는 점(행정소송법 제30조 제 3 항)을 근거로 한다. 적극설이 우리의 지배적인 견해이다. 적극설이 타당하다.

(나) **판 례** 대법원은 적극설의 입장을 취하고 있다. 말하자면 법령상 요구되는 청문절차의 결여를 위법사유로 보고 있다.

3. 평 가

대법원은 이 사건에서 종전과 마찬가지로 의견제출절차를 적법요건의 하나로 보았다. 말하자면 의견제출절차가 결여된 처분은 위법하다는 입장을 유지하였다.

4. 참고판례

[1] 대령진급 낙천사건(대판 2007. 9. 21, 2006두20631)

(원고가 장교진급 선발위원회에서 대령 진급예정자로 선발되어 공표되었으나, 원고에게 감봉 3월의 징계를 받은 사실이 있음을 이유로 육군 참모총장의 진급낙천을 건의받은 피고 국방부장관이 대령진급 선발을 취소하자 원고가 제기한 진급낙천처분취소소송에서) (1) 행정과정에 대한 국민의 참여와 행정의 공정성, 투명성 및 신뢰성을 확보하고 국민의 권익을 보호함을 목적으로 하는 행정절차법의 입법목적과 행정절차법 제 3 조 제 2 항 제 9 호의 규정 내용 등에 비추어 보면, 공무원 인사관계 법령에 의한 처분에 관한 사항 전부에 대하여 행정절차법의 적용이 배제되는 것이 아니라 성질상 행정절차를 거치기 곤란하거나 불필요하다고 인정되는 처분이나 행정절차에 준하는 절차를 거치도록 하고 있는 처분의 경우에만 행정절차법의 적용이 배제된다.

(2) 군인사법령에 의하여 진급예정자명단에 포함된 자에 대하여 의견제출의 기회를 부여하지 아니한 채 진급선발을 취소하는 처분을 한 것이 절차상 하자가 있어 위법하다.

[2] 「의견청취가 현저히 곤란하거나 …」의 의미에 관한 판례 — 서울 종로구 사행행위 유기장 영업허가취소사건(대판 2001. 4. 13, 2000두3337)

(손님에게 유기기구를 이용하여 사행행위를 하게 한 원고가 유기장업주에게 청문통지서를 발송하였으나 수취인 부재 및 수취인 미거주를 이유로 청문통지서가 모두 반송되어 오자, 행정절차법 제14조 제 4 항의 규정에 따라 청문통지를 공고하였고, 원고가 그 청문일시에 출석하지 아니하자, 피고가 청문을 실시하지 않은 채 원고에 대하여 유기장업허가를 취소하자 이를 다툰 사건에서) 행정절차법 제21조 제 4 항 제 3 호는 침해적 행정처분을 할 경우 청문을 실시하지 않을 수 있는 사유로서 「당해 처분의 성질상 의견청취가 현저히 곤란하거나 명백히 불필요하다고 인정될 만한 상당한 이유가 있는 경우」를 규정하고 있으나, 여기에서 말하는 「의견청취가 현저히 곤란하거나 명백히 불필요하다고 인정될 만한 상당한 이유가 있는지 여부」는 당해 행정처분의 성질에 비추어 판단하여야 하는 것이지, 청문통지서의 반송 여부, 청문통지의 방법 등에 의하여 판단할 것은 아니며, 또한 행정처분의 상대방이 통지된 청문일시에 불출석하였다는 이유만으로 행정청이 관계 법령상 그 실시가 요구되는 청문을 실시하지 아니한 채 침해적 행정처분을 할 수는 없을 것이므로, 행정처분의 상대방에 대한 청문통지서가 반송되었다거나, 행정처분의 상대방이 청문일시에 불출석하였다는 이유로 청문을 실시하지 아니하고 한 침해적 행정처분은 위법하다.

[3] 수익적 행위의 신청에 대한 거부처분시 사전통지의 필요 여부 — 인천전문대학 교원임용거부사건(대판 2003. 11. 28, 2003두674)

(종전의 학교법인 선인학원이 설립·경영하던 인천대학교 및 인천전문대학에서 교수 및 부교수 또는 조교수로 근무하던 중 인천대학교 및 인천전문대학의 설립자가 인천광역시(당시 명칭은 인천직할시)로 변경됨으로 인하여 그 신분관계가 종료됨에 따라 밟게 된 임용심사결과 임용에서 제외된 원고 등이 임용권자를 상대로 제기한 임용거부처분취소청구의 소에서) 행정절차법 제21조 제 1 항은 행정청은 당사자에게 의무를 과하거나 권익을 제한하는 처분을 하는 경우에는 … 규정하고 있는바, 신청에 따른 처분이 이루어지지 아니한 경우에는 아직 당사자에게 권익이 부과되지 아니하였으므로 특별한 사정이 없는 한 신청에 대한 거부처분이라고 하더라도 직접 당사자의 권익을 제한하는 것은 아니어서 신청에 대한 거부처분을 여기에서 말하는 '당사자의 권익을 제한하는 처분'에 해당한다고 할 수 없는 것이어서 처분의 사전통지대상이 된다고 할 수 없다.

[판례 33] 정보상 자기결정권

• 지문날인 거부사건

(헌재 2005. 5. 26, 99헌마513, 2004헌마190(병합) 전원재판부)

[사건개요]

[99헌마513 사건] 청구인들은 이미 주민등록증을 발급받은 사람들로서, 자신들이 주민등록증발급신청서에 날인함으로써 만들어진 열 손가락의 지문정보를 피청구인 경찰청장이 보관·전산화하고 이를 범죄수사목적에 이용하는 공권력행사로 인하여 자신들의 인간의 존엄과 가치, 개인정보자기결정권 등을 침해받았다고 주장하면서, 1999. 9. 1. 이 사건 헌법소원심판을 청구하였다.

[2004헌마190 사건] 청구인들은 모두 17세가 되어 주민등록증 발급대상자가 되었으나, 당시 주민등록법시행령 제33조 제 2 항에 의한 별지 제30호서식을 근거로 한 주민등록증발급신청서에의 지문날인을 거부한 사람들로서, 주민등록법시행령 제33조 제 2 항에 의한 별지 제30호 서식 중 열 손가락의 회전지문과 평면지문을 날인하도록 한 부분… 이 자신들의 인간의 존엄과 가치, 개인정보자기결정권 등을 침해한다고 주장하면서, 2004. 3. 11. 이 사건 헌법소원심판을 청구하였다.

[심판대상]

주민등록법시행령 제33조(주민등록증의 발급절차) ② 제 1 항의 규정에 의하여 주민등록증 발급통지를 받은 자 또는 공고된 자는 그 통지서 또는 공고문에 기재된 발급신청기간 내에 본인이 직접 주민등록이 되어 있는 시·군·자치구(이하 '주민등록지의 시·군·구'라 한다)의 관계공무원에게 사진(6월 이내에 촬영한 가로 3센티미터 세로 4센티미터의 탈모상반신의 사진을 말한다. 이하 같다) 1매를 제출하거나 그 사무소에서 직접 사진을 촬영하고, 본인임을 소명한 후, 그 공무원 앞에서 별지 제30호서식에 의한 주민등록증발급신청서에 지문을 날인하여 신청하여야 한다.

[결정요지]

[1] 지문날인제도는 1968. 5. 29. 법률 제2016호로 주민등록법이 개정되어 주민등록증 제도가 도입되면서 주민등록증의 발급과 관련하여 비로소 도입된 것으로서, 그 입법목적으로는, 주민의 거주관계 파악 및 행정사무의 적정, 간이한 처리라는 주민등록제도 일반에 관한 입법목적 외에도 치안유지나 국가안보가 보다 적극적으로 고려된 것이고, 이러한 입법목적에는 날인된 지문의 범죄수사목적상 이용도 포함된다.

[2] 개인정보자기결정권은 자신에 관한 정보가 언제 누구에게 어느 범위까지 알려지고 또 이용되도록 할 것인지를 그 정보주체가 스스로 결정할 수 있는 권리이다. 즉 정보주체가 개인정보의 공개와 이용에 관하여 스스로 결정할 권리를 말한다. 개인정보자기결정권의 헌법상 근거로는 헌법 제17조의 사생활의 비밀과 자유, 헌법 제10조 제 1 문의 인간의 존엄과 가치 및 행복추구권에 근거를 둔 일반적 인격권 또는 위 조문들과 동시에 우리 헌법의 자유민주적 기본질서 규정 또는 국민주권원리와 민주주의원리 등을 고려할 수 있으나, 개인정보자기결정권으로 보호하려는 내용을 위 각 기본권들 및 헌법원리들 중 일부에 완전히 포섭시키는 것은 불가능하다고 할 것이므로, 그 헌법적 근거를 굳이 어느 한 두개에 국한시키는 것은 바람직하지 않은 것으로 보이고, 오히려 개인정보자기결정권은 이들을 이념적 기초로 하는 독자적 기본권으로서 헌법에 명시되지 아니한 기본권이라고 보아야 할 것이다.

[3] 개인의 고유성, 동일성을 나타내는 지문은 그 정보주체를 타인으로부터 식별가능하게 하는 개인정보이므로, 시장·군수 또는 구청장이 개인의 지문정보를 수집하고, 경찰청장이 이를 보관·전산화하여 범죄수사목적에 이용하는 것은 모두 개인정보자기결정권을 제한하는 것이라고 할 수 있다.

[4] 개인정보자기결정권을 제한하는 공권력의 행사는 반드시 법률에 그 근거가 있어야 한다. (구)주민등록법 제17조의8 제 2 항 본문은 주민등록증의 수록사항의 하나로 지문을 규정하고 있다. … 따라서 심판대상인 이 사건 시행령조항 및 경찰청장의 보관 등 행위는 모두 그 법률의 근거가 있다. 그러나 법률적 근거를 보다 명확히 하는 것이 바람직하다.

[5] 지문날인제도에 의한 개인정보자기결정권의 제한은 과잉금지의 원칙의 위배 여부를 판단함에 있어 고려되어야 할 목적의 정당성, 방법의 적정성, 피해의 최소성 및 법익의 균형성 등 모든 요건을 충족하였다고 보여지므로, 이 사건 지문날인제도가 과잉금지의 원칙에 위배하여 청구인들의 개인정보자기결정권을 침해하였다고 볼 수 없다.

[해 설]

1. 쟁 점

이 사건은 주민등록법에서 규정되고 있는 지문날인제도가 헌법상 보장되는 인간의 존엄과 가치, 개인정보자기결정권(정보상 자기결정권)을 침해하는 것인지의 여부를 핵심적인 쟁점으로 하고 있다. 이하에서 이 사건을 개인정보자기결정권(정보상 자기결정권)의 문제로서 검토한다.

2. 개인정보자기결정권(정보상 자기결정권)

(1) 의 의

정보상 자기결정권이란 자신에 관한 정보를 관리·통제하고, 외부로 표현함에 있어 스스로 결정할 수 있는 권리를 말한다. 정보상 자기결정권의 헌법적 근거로는 사생활의 비밀과 자유를 보장하는 헌법 제17조, 법률적 근거로는 개인정보 보호법 등이 있다.

(2) 개인정보

개인정보 보호법상 "개인정보"란 살아 있는 개인에 관한 정보로서 성명, 주민등록번호 및 영상 등을 통하여 개인을 알아볼 수 있는 정보(해당 정보만으로는 특정 개인을 알아볼 수 없더라도 다른 정보와 쉽게 결합하여 알아볼 수 있는 것을 포함한다)를 말한다(개인정보 보호법 제2조 제1호). 정보에는 성명·생년월일·연령·가족관계등록부의 등록기준지·가족상황·교육수준·직업·종교·취미·지문·사진·수입·재산·보험·납세상황·차량·은행거래 등이 포함된다.

(3) 내 용

정보주체는 자신의 개인정보 처리와 관련하여 ① 개인정보의 처리에 관한 정보를 제공받을 권리(통지를 받을 권리), ② 개인정보의 처리에 관한 동의 여부, 동의 범위 등을 선택하고 결정할 권리(동의권), ③ 개인정보의 처리 여부를 확인하고 개인정보에 대하여 열람(사본의 발급을 포함한다)을 요구할 권리(열람청구권), ④ 개인정보의 처리 정지, 정정·삭제 및 파기를 요구할 권리(정정·삭제·파기청구권), ⑤ 개인정보의 처리로 인하여 발생한 피해를 신속하고 공정한 절차에 따라 구제받을 권리(손해배상청구권, 쟁송제기권) 등을 가진다(개인정보 보호법 제4조).

(4) 정보수집의 한계

기본권을 현저하게 침해할 우려가 있는 개인정보수집, 기본권의 본질적 사항을 침해하는 정보수집, 또한 불특정한 목적의 개인정보수집은 금지된다. 정보수집의 방법도 비례의 원칙에 따라 필요한 최소한도에 그쳐야 하며, 수인성의 원칙도 준수되어야 한다. 또한 원칙적으로 정보는 정보당사자로부터 그의 동의하에 직접 수집하여야 한다.

또한 수집된 정보를 관리함에 있어서, 부당한 목적으로 사용하여서는 안 되며, 정보법상 규율을 준수해야 한다.

3. 평 가

이 사건에서 헌법재판소는 개인정보자기결정권의 개념을 정의하고, 아울러 헌법적 근거를 제시하면서, 지문날인제도는 법적 근거를 가지고 있고, 동시에 지문날인제도는 비례원칙에 어긋나지 아니한다고 하였다.

4. 참고판례

보안사민간인사찰폭로사건(대판 1998. 7. 24, 96다42789)

(피고 대한민국 산하 국군보안사령부 소속 군인 및 군무원들의 불법사찰로 인해 헌법상 보장된 인간으로서의 존엄과 가치 및 행복추구권, 사생활의 비밀과 자유, 통신 및 주거의 자유 등 기본권이 침해되었다고 하여 원고들이 입은 정신적 손해에 대한 배상을 구한 사건에서) (1) 헌법 제10조와 헌법 제17조는 개인의 사생활 활동이 타인으로부터 침해되거나 사생활이 함부로 공개되지 아니할 소극적인 권리는 물론, 오늘날 고도로 정보화된 현대사회에서 자신에 대한 정보를 자율적으로 통제할 수 있는 적극적인 권리까지도 보장하려는 데에 그 취지가 있는 것으로 해석된다.

(2) 구 국군보안사령부가 군과 관련된 첩보 수집, 특정한 군사법원 관할 범죄의 수사 등 법령에 규정된 직무범위를 벗어나 민간인들을 대상으로 평소의 동향을 감시·파악할 목적으로 지속적으로 개인의 집회·결사에 관한 활동이나 사생활에 관한 정보를 미행, 망원 활용, 탐문채집 등의 방법으로 비밀리에 수집·관리한 경우, 이는 헌법에 의하여 보장된 기본권을 침해한 것으로서 불법행위를 구성한다.

■ 평 가

대상판결은 헌법 제10조와 제17조를 근거로 하여 모든 국민은 정보상 자기결정권(자기정보결정권)을 갖는다는 것, 즉 모든 국민은 자기정보를 보호받을 소극적 권리는 물론 자기정보를 관리·통제할 수 있는 적극적인 권리까지 갖는다는 것을 명시적으로 긍정한 리딩 케이스라는 점에서 특별한 의미를 갖는다.

[판례 34] 정보공개청구권

• KBS추적60분(새튼은 특허를 노렸나) 정보공개거부사건

(대판 2010. 12. 23, 2008두13101)

[사건개요]

원고는, 피고 한국방송공사(KBS)가 황우석교수의 논문조작 사건에 관한 사실관계의 진실 여부를 밝히기 위하여 제작한 프로그램인 '추적 60분', 가제 "새튼은 특허를 노렸나"의 60분 분량의 편집원본 테이프 1개에 대하여 2006. 11. 20. 피고에 정보공개를 청구하였다. 피고는 정보공개청구 접수를 받은 날로부터 20일 이내에 공개여부 결정을 하지 아니하여 구 공공기관의 정보공개에 관한 법률 제11조 제 5 항에 따라 정보공개를 청구한 날부터 20일이 경과한 2006. 12. 11. 비공개의 결정을 한 것으로 간주되었다(이하 간주된 비공개결정을 '이 사건 처분'이라 한다). 이에 원고는 정보공개거부처분취소소송을 제기하였다.

[판결요지](일부 발췌)

[1] 국민의 정보공개청구권은 법률상 보호되는 구체적인 권리이므로, 공공기관에 대하여 정보의 공개를 청구하였다가 공개거부처분을 받은 청구인은 행정소송을 통하여 그 공개거부처분의 취소를 구할 법률상의 이익이 있고, 공개청구의 대상이 되는 정보가 이미 다른 사람에게 공개되어 널리 알려져 있다거나 인터넷 등을 통하여 공개되어 인터넷검색 등을 통하여 쉽게 알 수 있다는 사정만으로는 소의 이익이 없다거나 비공개결정이 정당화될 수 없다.

[2] 어느 법인이 공공기관의 정보공개에 관한 법률 제 2 조 제 3 호, 같은 법 시행령 제 2 조 제 4 호에 따라 정보를 공개할 의무가 있는 '특별법에 의하여 설립된 특수법인'에 해당하는지 여부는, 국민의 알 권리를 보장하고 국정에 대한 국민의 참여와 국정운영의 투명성을 확보하고자 하는 위 법의 입법 목적을 염두에 두고, 해당 법인에게 부여된 업무가 국가행정업무이거나 이에 해당하지 않더라도 그 업무 수행으로써 추구하는 이익이 해당 법인 내부의 이익에 그치지 않고 공동체 전체의 이익에 해당하는 공익적 성격을 갖는지 여부를 중심으로 개별적으로 판단하되, 해당 법인의 설립근거가 되

는 법률이 법인의 조직구성과 활동에 대한 행정적 관리·감독 등에서 민법이나 상법 등에 의하여 설립된 일반 법인과 달리 규율한 취지, 국가나 지방자치단체의 해당 법인에 대한 재정적 지원·보조의 유무와 그 정도, 해당 법인의 공공적 업무와 관련하여 국가기관·지방자치단체 등 다른 공공기관에 대한 정보공개청구와는 별도로 해당 법인에 대하여 직접 정보공개청구를 구할 필요성이 있는지 여부 등을 종합적으로 고려하여야 한다.

[3] 방송법이라는 특별법에 의하여 설립 운영되는 한국방송공사(KBS)는 공공기관의 정보공개에 관한 법률 시행령 제2조 제4호의 '특별법에 의하여 설립된 특수법인'으로서 정보공개의무가 있는 공공기관의 정보공개에 관한 법률 제2조 제3호의 '공공기관'에 해당한다.

[4] 방송사의 취재활동을 통하여 확보한 결과물이나 그 과정에 관한 정보 또는 방송프로그램의 기획·편성·제작 등에 관한 정보는 경쟁관계에 있는 다른 방송사와의 관계나 시청자와의 관계, 방송프로그램의 객관성·형평성·중립성이 보호되어야 한다는 당위성 측면에서 볼 때 '타인에게 알려지지 아니함이 유리한 사업활동에 관한 일체의 정보'에 해당한다고 볼 수 있는바, 개인 또는 집단의 가치관이나 이해관계에 따라 방송프로그램에 대한 평가가 크게 다를 수밖에 없는 상황에서, 공공기관의 정보공개에 관한 법률에 의한 정보공개청구의 방법으로 방송사가 가지고 있는 방송프로그램의 기획·편성·제작 등에 관한 정보 등을 제한 없이 모두 공개하도록 강제하는 것은 방송사로 하여금 정보공개의 결과로서 야기될 수 있는 각종 비난이나 공격에 노출되게 하여 결과적으로 방송프로그램 기획 등 방송활동을 위축시킴으로써 방송사의 경영·영업상의 이익을 해하고 나아가 방송의 자유와 독립을 훼손할 우려가 있다. 따라서 방송프로그램의 기획·편성·제작 등에 관한 정보로서 방송사가 공개하지 아니한 것은, 사업활동에 의하여 발생하는 위해로부터 사람의 생명·신체 또는 건강을 보호하기 위하여 공개할 필요가 있는 정보나 위법·부당한 사업활동으로부터 국민의 재산 또는 생활을 보호하기 위하여 공개할 필요가 있는 정보를 제외하고는, 공공기관의 정보공개에 관한 법률 제9조 제1항 제7호에 정한 '법인 등의 경영·영업상 비밀에 관한 사항'에 해당할 뿐만 아니라 그 공개를 거부할 만한 정당한 이익도 있다고 보아야 한다.

[해 설]

1. 쟁 점

이 사건에서는 ① 공개청구의 대상이 되는 정보가 이미 다른 사람에게 공개되어 널리 알려져 있다거나 인터넷 등을 통하여 공개되어 인터넷검색 등을 통하여 쉽게 알 수 있는 경우 소의 이익이 없다거나 비공개결정이 정당화될 수 있는지 여부(소극), ② 한국방송공사(KBS)가 공공기관의 정보공개에 관한 법률 제 2 조 제 3 호 등에 따라 정보를 공개할 의무가 있는 '특별법에 의하여 설립된 특수법인'에 해당하는지 여부, ③ 공공기관의 정보공개에 관한 법률 제 9 조 제 1 항 제 7 호에서 정한 '법인 등의 경영·영업상 비밀'의 의미 및 공개를 거부할 만한 '정당한 이익'이 있는지 여부의 판단 방법 등을 쟁점을 하였다. 이하에서 정부공개청구권의 문제로서 검토한다.

2. 정보공개청구권

(1) 의 의

정보공개청구권이란 사인이 공공기관에 대하여 정보를 제공해 줄 것을 요구할 수 있는 개인적 공권을 말한다. 정보공개청구권은 자기와 직접적 이해관계가 있는 정보에 대한 개별적 정보공개청구권과 자기와 직접적 이해관계가 없는 정보에 대한 일반적 정보공개청구권으로 구별될 수 있다. 현행 공공기관의 정보공개에 관한 법률상 정보청구권은 양자를 포함한다.

(2) 법적 근거

① 정보공개청구권의 헌법상 근거조항에 관해서는 견해가 갈린다. 일설은 행복추구권(헌법 제10조)에서, 일설은 표현의 자유(헌법 제21조 제 1 항)에서 찾기도 한다. 정보공개청구권은 헌법적 지위의 권리이다. 사인의 정보공개청구권은 알 권리의 실현에 기여한다. 알 권리는 헌법상 원리로서의 참정권의 전제가 된다. ② 다른 법률에 특별한 규정이 있는 경우를 제외하고는 공공기관의 정보공개에 관한 법률이 일반법으로서 적용된다(공개법 제 4 조 제 1 항). ③ 공공기관의 정보공개에 관한 법률은 「지방자치단체는 그 소관사무에 관하여 법령의 범위 안에서 정보공개에 관한 조례를 정할 수 있다(공개법 제 4 조 제 2 항)」고 규정하여 지방자치단체의 정보공개조례의 법적 근거를 명시적으로 마련하고 있다.

(3) 정보공개청구권자

모든 국민은 정보의 공개를 청구할 권리를 가진다(공개법 제5조 제1항). 여기서 국민이란 자연인 외에 법인을 포함하는 개념이다. 법인격 없는 단체도 포함된다고 볼 것이다. 외국인의 정보공개청구에 대해서는 대통령령으로 정한다(공개법 제5조 제2항).

(4) 비공개대상정보

공공기관이 공개하지 아니할 수 있는 정보로「다른 법률 또는 법률이 위임한 명령(국회규칙 · 대법원규칙 · 헌법재판소규칙 · 중앙선거관리위원회규칙 · 대통령령 및 조례에 한한다)에 의하여 비밀 또는 비공개 사항으로 규정된 정보」등이 있다(공개법 제9조 제1항).

(5) 부분공개

공개청구한 정보가 제9조 제1항 각호의 1에 해당하는 부분과 공개가 가능한 부분이 혼합되어 있는 경우로서 공개청구의 취지에 어긋나지 아니하는 범위 안에서 두 부분을 분리할 수 있는 때에는 제9조 제1항 각호의 1에 해당하는 부분을 제외하고 공개하여야 한다(공개법 제14조).

3. 평　　가

(1) 이 사건 판결에서 인터넷 등을 통하여 공개되어 인터넷검색 등을 통하여 쉽게 알 수 있다고 하여도 공개대상정보일 수 있다고 한 것은 국민의 정보공개청구권의 확대에 기여할 것이다.

(2) 이 사건 판결은 한국방송공사(KBS)가 공공기관의 정보공개에 관한 법률 시행령 제2조 제4호의 '특별법에 의하여 설립된 특수법인'으로서 정보공개의무가 있는 공공기관의 정보공개에 관한 법률 제2조 제3호의 '공공기관'에 해당한다고 명시적으로 밝힌 첫 판결이다.

4. 참고판례

[1] 정보공개청구권 — 광주교도소 정보공개거부사건(대판 2009. 12. 10, 2009두12785)

(교도소에 복역중인 원고의 정보공개청구에 대하여 피고 광주교도소장이 거부를 하자 원고가 제기한 정보공개거부처분취소소송에서) (1) 공공기관의 정보공개에 관한 법률 제9조 제1항 제4호에서 비공개대상으로 규정한 '형의 집행, 교정에 관한 사항으로서 공개될 경우 그

직무수행을 현저히 곤란하게 하는 정보'란 당해 정보가 공개될 경우 재소자들의 관리 및 질서유지, 수용시설의 안전, 재소자들에 대한 적정한 처우 및 교정·교화에 관한 직무의 공정하고 효율적인 수행에 직접적이고 구체적으로 장애를 줄 고도의 개연성이 있고, 그 정도가 현저한 경우를 의미한다.
(2) 법원이 행정기관의 정보공개거부처분의 위법 여부를 심리한 결과 공개를 거부한 정보에 비공개사유에 해당하는 부분과 그렇지 않은 부분이 혼합되어 있고, 공개청구의 취지에 어긋나지 않는 범위 안에서 두 부분을 분리할 수 있음을 인정할 수 있을 때에는 공개가 가능한 정보에 국한하여 일부취소를 명할 수 있다. 이러한 정보의 부분 공개가 허용되는 경우란 그 정보의 공개방법 및 절차에 비추어 당해 정보에서 비공개대상정보에 관련된 기술 등을 제외 혹은 삭제하고 나머지 정보만을 공개하는 것이 가능하고 나머지 부분의 정보만으로도 공개의 가치가 있는 경우를 의미한다.

[2] 경기고 자치위원회 정보공개거부사건(대판 2010. 6. 10, 2010두2913)

(퇴학서류 등 정보의 공개를 청구하였으나 거부당하자 제기한 정보공개거부처분취소소송에서)
(1) 공공기관의 정보공개에 관한 법률 제 9 조 제 1 항 본문은 「공공기관이 보유관리하는 정보는 공개대상이 된다」고 규정하면서 그 단서 제 1 호에서는 「다른 법률 또는 법률이 위임한 명령(국회규칙·대법원규칙·중앙선거관리위원회규칙·대통령령 및 조례에 한한다)에 의하여 비밀 또는 비공개 사항으로 규정된 정보」는 이를 공개하지 아니할 수 있다고 규정하고 있는바, 그 입법 취지는 비밀 또는 비공개 사항으로 다른 법률 등에 규정되어 있는 경우는 이를 존중함으로써 법률 간의 마찰을 피하기 위한 것이고, 여기에서 「법률에 의한 명령」은 정보의 공개에 관하여 법률의 구체적인 위임 아래 제정된 법규명령(위임명령)을 의미한다.
(2) 학교폭력예방 및 대책에 관한 법률 제21조 제 1 항, 제 2 항, 제 3 항 및 같은 법 시행령 제17조 규정들의 내용, 학교폭력예방 및 대책에 관한 법률의 목적, 입법 취지, 특히 학교폭력예방 및 대책에 관한 법률 제21조 제 3 항이 학교폭력대책자치위원회의 회의를 공개하지 못하도록 규정하고 있는 점 등에 비추어, 학교폭력대책자치위원회의 회의록은 공공기관의 정보공개에 관한 법률 제 9 조 제 1 항 제 1 호의 「다른 법률 또는 법률이 위임한 명령에 의하여 비밀 또는 비공개 사항으로 규정된 정보」에 해당한다.

[3] 대입수능시험 정보공개사건(대판 2010. 2. 25, 2007두9877)

(대학입학전형 관련 자료 공개청구에 대한 거부처분을 다툰 소송에서) '2002년도 및 2003년

도 국가 수준 학업성취도평가 자료'는 표본조사 방식으로 이루어졌을 뿐만 아니라 학교 식별정보 등도 포함되어 있어서 그 원자료 전부가 그대로 공개될 경우 학업성취도평가 업무의 공정한 수행이 객관적으로 현저하게 지장을 받을 것이라는 고도의 개연성이 존재한다고 볼 여지가 있어 공공기관의 정보공개에 관한 법률 제 9 조 제 1 항 제 5 호에서 정한 비공개대상정보에 해당하는 부분이 있으나, '2002학년도부터 2005학년도까지의 대학수학능력시험 원데이터'는 연구 목적으로 그 정보의 공개를 청구하는 경우, 공개로 인하여 초래될 부작용이 공개로 얻을 수 있는 이익보다 더 클 것이라고 단정하기 어려우므로 그 공개로 대학수학능력시험 업무의 공정한 수행이 객관적으로 현저하게 지장을 받을 것이라는 고도의 개연성이 존재한다고 볼 수 없어 위 조항의 비공개대상정보에 해당하지 않는다.

[판례 35] 행정형벌

• 부산광역시 개조승합차 운행사건

(대판 2009. 6. 11, 2008도6530)

[사건개요]

(1) 피고인 A는 부산광역시 항만관리소에서 근무하는 부산광역시 지방직 6급 공무원으로서, 관할 관청의 승인을 받지 아니하고 차량 상판에 적색의 불빛을 발산하는 경광등 및 실내 앰프 장치가 설치된 카니발 승합차량을 2007. 9. 4.부터 2007. 9. 12.까지 항만 순찰 업무를 위해 운행하였다. 이 때문에 피고인 A는 자동차관리법위반으로 기소되었다. 피고인 부산광역시도 위 사용인의 그 업무로 인해 자동차관리법위반으로 기소되었다.
(2) 제 1 심은 피고인 A에게 형의 선고를 유예하고, 피고인 부산광역시에 벌금 1백만원을 선고하였다. 제 2 심은 피고인 부산광역시의 항소에 대하여 형의 선고를 유예하였다. 피고인 부산광역시가 상고하였다.

[관련조문]

(당시) **자동차관리법 제34조**(자동차의 구조·장치의 변경) 자동차의 구조·장치중 건설교통부령이 정하는 것을 변경하고자 하는 때에는 당해자동차의 소유자가 시장·군수 또는 구청장의 승인을 얻어야 한다.

제81조(벌칙) 다음 각호의 1에 해당하는 자는 1년 이하의 징역 또는 300만원 이하의 벌금에 처한다.

3. 제34조(제52조에서 준용하는 경우를 포함한다)의 규정에 위반하여 구조등이 변경된 자동차인 것을 알면서 이를 운행한 자

제83조(양벌규정) 법인의 대표자, 법인 또는 개인의 대리인·사용인 기타의 종업원이 그 법인 또는 개인의 업무와 관련하여 제78조 내지 제82조의 위반행위를 한 때에는 행위자를 벌하는 외에 그 법인 또는 개인에 대하여도 각 해당 조의 벌금형에 처한다.

[판결요지]

[1] 국가가 본래 그의 사무의 일부를 지방자치단체의 장에게 위임하여 처리하게 하는 기관위임사무의 경우 지방자치단체는 국가기관의 일부로 볼 수 있고, 지방자치단체가 그 고유의 자치사무를 처리하는 경우 지방자치단체는 국가기관의 일부가 아니라 국가기관과는 별도의 독립한 공법인으로서 양벌규정에 의한 처벌대상이 되는 법인에 해당한다.

[2] 법령상 지방자치단체의 장이 처리하도록 하고 있는 사무가 자치사무인지, 기관위임사무에 해당하는지 여부를 판단하는 때에는 그에 관한 법령의 규정 형식과 취지를 우선 고려하여야 하며, 그 외에도 그 사무의 성질이 전국적으로 통일적인 처리가 요구되는 사무인지 여부나 그에 관한 경비부담과 최종적인 책임귀속의 주체 등도 아울러 고려하여 판단하여야 한다.

[3] 지방자치단체 소속 공무원이 지정항만순찰 등의 업무를 위해 관할관청의 승인 없이 개조한 승합차를 운행함으로써 구 자동차관리법(2007. 10. 17. 법률 제8658호로 개정되기 전의 것)을 위반한 사안에서, 지방자치법, 구 항만법(2007. 8. 3. 법률 제8628호로 개정되기 전의 것), 구 항만법 시행령(2007. 12. 31. 대통령령 20506호로 개정되기 전의 것) 등에 비추어 위 항만순찰 등의 업무가 지방자치단체의 장이 국가로부터 위임받은 기관위임사무에 해당하여, 해당 지방자치단체가 구 자동차관리법 제83조의 양벌규정에 따른 처벌대상이 될 수 없다.

[해　　설]

1. 쟁　　점

이 사건은 ① 지방자치단체인 부산광역시의 범죄능력의 유무와 ② 자치사무와 기관위임사무의 구분기준 등을 쟁점으로 하였다. 이하에서는 ①에 관해서 보기로 한다. ②에 관해서는 [판례 82]의 참고판례[1][2] 참조.

2. 행정형벌

(1) 의　　의

행정의 상대방이 행정법상 의무를 위반한 경우에 국가 또는 지방자치단체가 행정의 상대방에 과하는 행정법상의 제재로서의 처벌(예: 징역 · 벌금 · 과태료)을 행정벌이라 한다. 행정벌 중에서 형법에 규정되어 있는 형벌[사형, 징역(무기 · 유기), 금고(무기 · 유기), 자격상실, 자격정지, 벌금, 구류, 과료, 몰수]이 가해지는 것을 행정형벌이라 한다.

(2) 법적 근거

죄형법정주의의 원칙상 행정형벌은 법률의 근거를 요한다. 현재로서 행정벌에 관한 일반법은 없다. 단행 법률에서 개별적으로 규정되고 있다. 개별 법률의 위임이 있다면, 법규명령으로 행정벌을 규정할 수도 있으나, 헌법 제75조와 제95조의 위임입법의 법리에 따라야 한다.

(3) 형법총칙 적용 여부

행정벌에 관한 일반법이 없으므로, 개별 법률에 규정이 없는 사항에 관해서는 형법 제 8 조에 따라 형법총칙이 적용된다.

형법 제 8 조(총칙의 적용) 본법 총칙은 타법령에 정한 죄에 적용한다. 단 그 법령에 특별한 규정이 있는 때에는 예외로 한다.

(4) 법인의 범죄능력

형사법상 법인의 범죄능력은 부인되고 있다. 그러나 행정법상으로는 행정법규의 실효성을 확보하기 위하여 행위자와 법인을 모두 처벌하는 양벌규정을 두기도 한다(예: 이 사건의 경우).

(5) 과형절차

① 행정형벌의 부과에 관한 일반적인 절차는 형벌의 경우와 마찬가지로 형사소송법에 의한다. 그러나 ② 경우에 따라서는 특별절차로서 통고처분절차가 활용되기도 한다. 통고처분이란 일반형사소송절차에 앞선 절차로서 일정한 위법행위의 범법자에게 범칙금을 납부토록 하고, 범칙자가 그 범칙금을 납부하면 처벌이 종료되는 과형절차를 말한다.

3. 평　　가

(1) 이 사건 [판결요지][1]의 내용은 기존 판례의 입장을 재확인한 것이다. 지방자치단체의 장이 국가로부터 위임받은 기관위임사무를 수행하는 경우, 해당 지방자치단체는 양벌규정에 따른 처벌대상이 될 수 없다고 한 판례의 취지는 타당하다.

(2) 헌법재판소는 법인의 대표자, 법인 또는 개인의 대리인·사용인 기타의 종업원이 그 법인 또는 개인의 업무와 관련하여 법위반행위를 한 때, 행위자를 벌하는 외에 그 법인 또는 개인에 대하여도 무제한적으로 각 해당 조의 벌에 처하는 것은 헌법에 위반된다고 하였다. 이에 따라 법인 등의 책임을 제한하는 입법이 이루어지고 있다(예: 현행 자동차관리법 제83조 단서 참조).

4. 참고판례

통고처분 — 강남구 버스·승용차 추돌사건(대판 1995. 6. 29, 95누4674)

■ 사건개요

1993. 9. 30. 서울 강남구 논현동 4거리에서 원고가 운행하던 시내버스와 A가 운행하던 승용차 사이에 추돌사고가 있었다. 이 사고를 조사한 피고(강남경찰서장)는 오히려 원고의 신호위반(도로교통법 위반)을 이유로 1994. 1. 2. 원고에게 범칙금 20,000원의 통고처분을 행하였다. 이에 원고는 교통신호를 무시하고 진행하여 오던 A의 승용차에 추돌하여 자신이 운행하던 버스의 범바가 파손되는 손해를 입었음에도 불구하고 피고(강남경찰서장)가 원고에게 범칙금 20,000원의 통고처분을 행한 것은 사실관계를 왜곡한 위법한 처분이라고 주장하면서 통고처분의 취소를 구하는 소를 제기하였다.

■ 판결요지

도로교통법 제118조에서 규정하는 경찰서장의 통고처분은 행정소송의 대상이되는 행정처분이 아니므로 그 처분의 취소를 구하는 소송은 부적법하고, 도로교통법상의 통고처분을 받은 자가 그 처분에 대하여 이의가 있는 경우에는 통고처분에 따른 범칙금의 납부를 이행하지 아니함으로써 경찰서장의 즉결심판청구에 의하여 법원의 심판을 받을 수 있게 될 뿐이다.

[판례 36] 행정대집행

• 전국공무원노동조합 군지부 폐쇄사건

(대판 2011. 4. 28, 2007도7514)

[사건개요]

2006. 8. 18.경 A군 공무원인 피고인들은, 피고인들이 소속된 전국공무원노동조합(이하 '전공노'라 한다)이 법외노조로 규정되어 군청으로부터 전공노 A군지부 사무실에 대한 자진폐쇄 요청을 받았으나 불응하였다.

2006. 9. 8.경, 9. 13.경 피고인들은 전공노 A군지부 사무실에 대한 이전 계고장을 우편으로 송달받았음에도 수취거부하였다.

2006. 9. 25.경 전공노 A군지부 사무실에 대한 행정대집행을 저지하기 위하여 행정대집행 실시를 고지하는 A군 소속 공무원들에게 욕설을 하면서 멱살을 잡는 등 몸싸움을 벌이고, 사무실로 출입하는 계단, 복도, 출입문 등에 소파, 책상 등을 쌓아놓고, 전공노 사무실 출입문을 걸어 잠그는 방법으로 단체 또는 다중의 위력으로 A군청 소속 공무원들의 사무실 폐쇄 대집행에 관한 정당한 직무집행을 방해하고, 노동운동 기타 공무 이외의 일을 위하여 집단적 행위를 하였다. 이에 피고들은 특수공무집행방해 · 지방공무원법위반으로 기소되었다.

[피고인의 주장]

이 사건의 발단이 된 행정대집행은 위법한 대집행이므로 이에 대하여 저항한 피고인들의 저지행위는 위법한 공무집행에 대한 방어행위로서 정당방위 또는 정당한 행위에 해당한다.

[판결요지](상고기각, 일부 발췌)

[1] 구 공유재산 및 물품 관리법(2010. 2. 4. 법률 제10006호로 개정되기 전의 것, 이하 '공유재산법'이라 한다) 제83조는 "정당한 사유 없이 공유재산을 점유하거나 이에 시설물을 설치한 때에는 행정대집행법 제 3 조 내지 제 6 조의 규정을 준용하여 철거 그 밖의 필요한 조치를 할 수 있다"라고 정하고 있는데, 위 규정은 대집행에 관한 개별적인 근거 규정을 마련함과 동시에 행정대집행법상의 대집행 요건 및 절차에 관한 일부 규정만을 준용한다는 취지에 그치는 것이고, 그것이 대체적 작위의무에 속하지 아니하여 원칙적으로 대집행의 대상이 될 수 없는 다른 종류의 의무에 대하여서까지 강제집행을

허용하는 취지는 아니다(대법원 1998. 10. 23. 선고 97누157 판결 참조).

[2] 이 사건 사무실의 사용 경위 및 현황과 행정대집행의 실시 배경, 계고서 및 대집행영장의 내용, 실행된 행정대집행의 내용 등을 앞서 본 법리에 비추어 살펴보면, 당초 A군 직장협의회의 이 사건 사무실 사용은 A군수의 청사관리권에 기한 사무실 배정에 따라 그 소속 공무원 등이 청사시설을 사용한 것으로서, 그로 인하여 직장협의회가 그 사무실에 대한 독립된 점유를 취득하였다고 보기는 어렵고, 그에 연이은 전공노 A군지부의 위 사무실 사용 역시 청사시설의 임의적 편법사용 정도를 벗어나지 못하는 것으로서 그 또한 독립된 점유라고 보기는 어렵다 할 것이다. 따라서 이 사건 행정대집행은 그 주된 목적이 법외 단체인 전공노의 위 사무실에 대한 사실상 불법사용을 중지시키기 위하여 사무실 내에 비치되어 있는 전공노의 물품을 철거하고 사무실을 폐쇄함으로써 A군 청사의 기능을 회복하는 데 있다고 보이므로, 이 사건 행정대집행은 전체적으로 대집행의 대상이 되는 대체적 작위의무인 철거의무를 대상으로 한 것으로 적법한 공무집행에 해당한다고 볼 수 있다.

[해　　설]

1. 쟁　　점

이 사건은 [사건개요]에서 본 바와 같이 법외 단체인 전국공무원노동조합의 지부가 당초 공무원 직장협의회의 운영에 이용되던 군 청사시설인 사무실을 임의로 사용하자, 지방자치단체장이 자진폐쇄 요청 후 행정대집행법에 따라 행정대집행을 하였는데, 피고인들과 위 지부 소속 공무원들이 위 집행을 행하던 공무원들에게 대항하여 폭행 등 행위를 한 사안에서, 피고인들이 특수공무집행방해죄로 기소된 형사사건이지만, 공유재산 및 물품 관리법 제83조가 '대체적 작위의무'가 아닌 의무에 대하여도 대집행을 허용하는 취지인지 여부가 쟁점 중의 하나였다. 이하에서는 이 사건을 행정대집행법의 적용문제로서 검토한다.

> [참고조문]　　공유재산 및 물품 관리법 제83조(원상복구명령 등) ① 지방자치단체의 장은 정당한 사유 없이 공유재산을 점유하거나 공유재산에 시설물을 설치한 경우에는 원상복구 또는 시설물의 철거 등을 명하거나 이에 필요한 조치를 할 수 있다.
> ② 제1항에 따른 명령을 받은 자가 그 명령을 이행하지 아니할 때에는 「행정대집행법」에 따라 원상복구 또는 시설물의 철거 등을 하고 그 비용을 징수할 수 있다.

2. 행정대집행

(1) 의　　의

대체적 작위의무, 즉 타인이 대신하여 행할 수 있는 의무(예: 불법건물의 철거)의 불이행이 있는 경우, 당해 행정청이 불이행된 의무를 스스로 행하거나 제 3 자로 하여금 이행하게 하고, 그 비용을 의무자로부터 징수하는 것을 대집행이라 한다.

(2) 법적 근거

행정대집행에 관한 일반법으로 행정대집행법이 있다. 행정대집행에 관한 규정을 갖는 개별 법률도 있다(예: 건축법 제74조; 골재채취법 제33조; 공익사업을 위한 토지 등의 취득 및 보상에 관한 법률 제89조). 개별 법률에 특별한 규정이 없는 경우에는 행정대집행법이 일반법으로 적용된다.

(3) 요　　건

대집행의 실체적 요건은 행정대집행법 제 2 조가 규정하고 있다. 행정대집행법 제 2 조는 대집행의 요건으로 ① 공법상 의무의 불이행이 있을 것(사법상 의무는 대집행의 대상이 아니다), ② 불이행된 의무는 대체적 작위의무일 것(비대체적 작위의무는 대집행의 대상이 아니다), ③ 다른 방법이 없을 것(대집행보다 침해가 경미한 수단이 있으면 대집행할 수 없다), 그리고 ④ 공익상의 요청이 있을 것(대집행하는 것이 실제상 공익에 보탬이 되지 아니하면 대집행할 수 없다)을 규정하고 있다.

(4) 주　　체

① 대집행을 결정하고 이를 실행할 수 있는 권한을 가진 자인 대집행주체는 당해 행정청이다(행정대집행법 제 2 조). 당해 행정청이란 의무를 부과한 행정청을 의미한다. 그것은 국가기관일 수도 있고, 지방자치단체의 기관일 수도 있다. ② 대집행을 현실로 수행하는 자를 대집행행위자라 하는데, 대집행행위자는 반드시 당해 행정청이어야 하는 것은 아니다.

(5) 절　　차

대집행의 절차는 행정대집행법 제 3 조가 규정하고 있다. 대집행은 ① 계고→② 대집행영장에 의한 통지→③ 대집행의 실행→④ 비용의 징수의 순으로 이루어진다.

(6) 행정상 쟁송

① 대집행(계고, 대집행영장에 의한 통지, 대집행의 실행)에 대하여는 행정심판을 제기할

수 있다(행정대집행법 제 7 조). ② 대집행에 대한 행정심판의 제기가 법원에 대한 출소의 권리를 방해하지 아니한다(행정대집행법 제 8 조). 즉, 대집행(계고, 대집행영장에 의한 통지, 대집행의 실행)에 관하여 불복이 있는 자는 행정소송의 제기를 통하여 위법한 대집행을 다툴 수도 있다.

3. 평　　가

(1) 기본권을 제한하는 법률은 엄격하게 새겨야 한다는 점에서 보면, 판례가 행정대집행법을 준용하는 경우에는 대체적 작위의무만이 대집행의 대상이 된다고 한 것은 타당하다.

(2) 문제는 공유재산 및 물품 관리법 제83조 제 1 항에서 규정하는 사항 중「필요한 조치」로서 대체적 작위의무가 아닌 경우에는 실효성을 확보할 수 있는 일반규정이 현재로서는 찾아보기 어렵다. 행정상 의무의 형태가 다양한 것임에 비추어 행정강제의 실효성확보수단도 다양화할 필요가 있다. 다양한 수단을 갖는 행정강제법의 정비가 필요하다.

4. 참고판례

[1] 한국토지주택공사가 법령에 의하여 대집행권한을 위탁받아 공무인 대집행을 실시하는 경우, 그 법적 지위

(대한주택공사가 대한주택공사법 시행령등에 의하여 대집행권한을 위탁받아 공무인 대집행을 실시하기 위하여 지출한 비용을 민사소송절차에 의하여 상환을 청구한 사건에서) 대한주택공사는 구 대한주택공사법(위 한국토지주택공사법 부칙 제 2 조로 폐지, 이하 '법'이라 한다) 제 2 조, 제 5 조에 의하여 정부가 자본금의 전액을 출자하여 설립한 법인이고, 대한주택공사가 택지개발촉진법에 따른 택지개발사업을 수행하는 경우 이러한 사업에 관하여는 법 제 9 조 제 1 항 제 2 호, 제 9 조 제 2 항 제 7 호, 구 대한주택공사법 시행령 제10조 제 1 항 제 2 호, 공익사업을 위한 토지 등의 취득 및 보상에 관한 법률 제89조 제 2 항에 따라 시·도지사나 시장·군수 또는 구청장의 업무에 속하는 대집행권한을 대한주택공사에 위탁하도록 되어 있다. 따라서 대한주택공사는 위 사업을 수행함에 있어 법령에 의하여 대집행권한을 위탁받은 자로서 공무인 대집행을 실시함에 따르는 권리·의무 및 책임이 귀속되는 행정주체의 지위에 있다(대판 2011. 9. 8, 2010다48240).

[2] 도시공원시설 점유자의 퇴거 및 명도의무가 행정대집행법상 대집행의 대상인지 여부 — 서울시 관악구 도시공원매점 철거사건(대판 1998. 10. 23, 97누157)

(도시공원시설인 매점의 관리청이 대집행을 위한 계고처분을 하자 다툰 시설물철거대집행계고처분취소소송에서) 도시공원시설인 매점의 관리청이 그 공동점유자 중의 1인에 대하여 소정의 기간 내에 위 매점으로부터 퇴거하고 이에 부수하여 그 판매 시설물 및 상품을 반출하지 아니할 때에는 이를 대집행하겠다는 내용의 계고처분은 그 주된 목적이 매점의 원형을 보존하기 위하여 점유자가 설치한 불법 시설물을 철거하고자 하는 것이 아니라, 매점에 대한 점유자의 점유를 배제하고 그 점유이전을 받는 데 있다고 할 것인데, 이러한 의무는 그것을 강제적으로 실현함에 있어 직접적인 실력행사가 필요한 것이지 대체적 작위의무에 해당하는 것은 아니어서 직접강제의 방법에 의하는 것은 별론으로 하고 행정대집행법에 의한 대집행의 대상이 되는 것은 아니다.

[3] 그 불이행을 방치함이 심히 공익을 해할 것의 의미 — 마포구 옥탑방사건(대판 1989. 7. 11, 88누11193)

■ 사건개요

원고는 A건물을 신축하여 준공검사까지 마친 다음 건축법 제 5 조 제 2 항 제 1 호 소정의 신고없이 그 중 옥탑을 증축하여 주거용으로 용도변경을 하고, 1층에 창고와 화장실을 증축하였다. 이에 피고(서울특별시 마포구청장)는 1987. 9. 26. 원고에게 증축부분은 건축법 제 5 조에 위반한 것이라 하여 같은해 10. 6.까지 자진철거를 명하였고 원고가 이를 이행하지 아니하자 같은해 10. 13. 이를 10일 이내에 철거할 것을 명함과 아울러 원고가 이를 불이행할 경우 행정대집행법 제 2 조, 제 3 조 제 1 항의 규정에 의하여 대집행한다는 내용의 이 사건 대집행계고처분을 하였다. 이에 원고는 증축부분에 대한 철거대집행계고처분의 취소를 구하는 소를 제기하였고 승소하였다. 이에 피고가 상고하였다.

■ 판결요지

이 사건 건물은 대지 82평방미터의 지상에 1, 2, 3층 각 44.72평방미터, 옥탑 5.31평방미터, 지층 46.80평방미터의 근린생활시설 및 주택으로서 그 중 1, 2층과 지층은 각각 다른 사람들에게 세를 주고 원고는 3층만을 사용하고 있는데, 애당초 설계상 잘못으로 1층에는 화장실과 부엌이 따로 없어 1층에 세든 입주자들이 2층으로 올라와 그곳 거실에 있는 화장실을 사용하도록 되어 있을 뿐 아니라 아궁이도 건물바깥으로 나 있어 비가 올 때는 부엌일을 할 수 없는 등 심한 불편을 겪게 되자, 부득이 허가없이 1층 출입문 옆에 화장실 2.86평방미터와 아궁이가 있는 건물벽면과 담장 사이에 지붕을 씌워 창고(부엌) 9.02

평방미터를 설치하였으며, 또한 원고는 가족들이 많아서 3층에 있는 방들만으로는 부족하게 되자 기왕에 허가받아 건축한 옥탑 5.31평방미터에 덧붙여 13.11평방미터를 증축하여 주거용 방실을 1개 설치한 사실, 그러나 위 각 증축부분은 외관상 당초 허가된 건물의 외부로 돌출하지 아니하였거나 돌출되었더라도 크게 눈에 띄지 아니하며 위 옥탑부분 역시 3층건물의 옥상에 있어 지면에서는 잘 보이지 않는 등 이 사건 건물이나 주위의 미관상으로도 별다른 이상이 없는 사실, 피고가 계고처분을 한 위 위법 건물부분을 대집행으로 철거할 경우 많은 비용이 소요되는 반면에 철거를 한다 하더라도 위법 건물을 철거하였다는 점 이외에는 위 건물 1, 2층에 새든 입주자들의 생활에는 막대한 불편을 초래하여 오히려 쓰임새가 줄어든 건물을 만들게 되는 사실, 위 증축으로 인하여 위반결과가 현존하여 있고, 원고가 그 철거의무를 불이행하고 있으나 이를 방치함이 도시계획이나 도로교통상 또는 방화, 보안, 위생, 도시미관 및 공해예방 등의 공익을 심히 해하는 때에 해당한다고 할 수 없다.

공 매

[판례 37]

• 양산시 부동산 공매사건

(대판 2008. 11. 20, 2007두18154 전원합의체)

[사건개요]

(1) 양산시는 원고가 이 사건 부동산의 취득세 등을 체납하자, 2004. 10. 25. 및 2004. 12. 29. 체납세액을 3,072,060원(가산금 포함)으로 하여 이 사건 부동산을 압류하였다.
(2) 피고인(한국자산관리공사)은 2005. 1. 18.경 양산시로부터 이 사건 부동산에 대한 공매대행을 의뢰받고, 2005. 9. 7. 공매공고를 한 후 공매절차를 진행하여, 2005 11. 9. 이 사건 부동산을 소외 3에게 매각한다는 결정(이하 '이 사건 처분'이라 한다)을 하였다.
(3) 원고는 2005. 12. 15.경 체납세액 전액을 양산시에 납부하였으나, 이 사건 부동산에 관하여 2005. 12. 22. 소외 3 앞으로 공매를 원인으로 한 소유권이전등기가 마쳐졌다가 2006. 7. 11. 소외 4 앞으로 매매를 원인으로 한 소유권이전등기가 마쳐졌다.
(4) 원고는 "이 사건 처분은 원고에 대한 적법한 공매통지 없이 이루어진 것이므로 위법하여 취소되어야 한다"라고 주장하면서 매각결정취소소송을 제기하였다. 제 1 심은 원고의 청구를 인용하였다. 제 2 심법원은 피고의 항소를 기각하였다. 대법원은 피고의 상고를 기각하였다.

[판결요지]

[1] 체납자는 국세징수법 제66조에 의하여 직접이든 간접이든 압류재산을 매수하지 못함에도, 국세징수법이 압류재산을 공매할 때 공고와 별도로 체납자 등에게 공매통지를 하도록 한 이유는, 체납자 등에게 공매절차가 유효한 조세부과처분 및 압류처분에 근거하여 적법하게 이루어지는지 여부를 확인하고 이를 다툴 수 있는 기회를 주는 한편, 국세징수법이 정한 바에 따라 체납세액을 납부하고 공매절차를 중지 또는 취소시켜 소유권 또는 기타의 권리를 보존할 수 있는 기회를 갖도록 함으로써, 체납자 등이 감수하여야 하는 강제적인 재산권 상실에 대응한 절차적인 적법성을 확보하기 위한 것이다. 따라서 체납자 등에 대한 공매통지는 국가의 강제력에 의하여 진행되는 공매에서 체납자 등의 권리 내지 재산상의 이익을 보호하기 위하여 법률로 규정한 절차적 요건이라고 보아야 하며, 공매처분을 하면서 체납자 등에게 공매통지를 하지 않았

거나 공매통지를 하였더라도 그것이 적법하지 아니한 경우에는 절차상의 흠이 있어 그 공매처분은 위법하다. 다만, 공매통지의 목적이나 취지 등에 비추어 보면, 체납자 등은 자신에 대한 공매통지의 하자만을 공매처분의 위법사유로 주장할 수 있을 뿐 다른 권리자에 대한 공매통지의 하자를 들어 공매처분의 위법사유로 주장하는 것은 허용되지 않는다.

[2] [다수의견] 공매통지는 공매의 요건이 아니라 공매사실 자체를 체납자 등에게 알려주는 데 불과한 것이라는 취지로 판시한 대법원 1971. 2. 23. 선고 70누161 판결, 대법원 1996. 9. 6. 선고 95누12026 판결 등을 비롯한 같은 취지의 판결들은 이 판결의 견해에 배치되는 범위 내에서 이를 모두 변경하기로 한다.

[해 설]

1. 쟁 점

이 사건에서는 체납자 등에 대한 공매통지가 공매의 절차적 요건인지 여부(적극) 및 체납자 등에게 공매통지를 하지 않았거나 적법하지 않은 공매통지를 한 경우 그 공매처분이 위법한지 여부(적극)를 쟁점으로 하였다.

2. 공 매

(1) 의 의

국세징수법상 강제징수절차는 독촉 → 체납처분(압류→매각→청산)의 순으로 이루어진다. 매각은 압류재산을 환가하는 것을 말한다. 매각의 방법에는 공매와 수의계약이 있다. 공매란 경쟁을 통한 공개적인 매각을 말한다. 공매는 입찰 또는 경매(국세기본법 제 2 조 제18호의 규정에 의한 정보통신망을 이용한 것을 포함한다)의 방법에 의한다(국세징수법 제67조 제 1 항). 공매는 공매결정 → 공매 공고 → 공매통지 → 공매처분의 순으로 이루어진다.

(2) 공매결정

공매결정이란 공매에 붙이기로 하는 결정을 말한다. 공매결정은 세무서장이 행한다(국세징수법 제61조 제 1 항). 판례는 공매결정 그 자체는 항고소송의 대상인 처분이 아니라 한다.

(3) 공매공고

세무서장은 공매를 하고자 할 때에는 다음 각 호[1. 매수대금의 납부기한, 2. 공매재산의 명칭 · 소재 · 수량 · 품질 · 매각예정가격 기타 중요한 사항, 3. 입찰 또는 경매의 장소와 일시(기간입찰의 경우에는 그 입찰기간), 4. 개찰의 장소와 일시, 5. 보증금을 받을 때에는 그 금액, 6. 공매재산이 공유물의 지분인 경우 공유자(체납자를 제외한다. 이하 같다)에게 우선매수권이 있다는 사실]의 사항을 공고하여야 한다. 이 경우 동일재산에 대한 공매 · 재공매 등 수회의 공매에 관한 사항을 일괄하여 공고할 수 있다(국세징수법 제67조 제 2 항). 공매공고는 공매통지와 마찬가지로 공매의 절차적 요건으로 볼 것이다.

(4) 공매통지

(가) 세무서장은 제67조 제 2 항의 규정에 의한 공고를 한 때에는 즉시 그 내용을 다음 각 호(1. 체납자, 2. 납세담보물소유자, 3. 공매재산이 공유물의 지분인 경우 공유자, 4. 공매재산에 전세권 · 질권 · 저당권 그 밖의 권리를 가진 자)의 자에게 통지하여야 한다(국징법 제68조). 대법원은 종래 공매통지를 항고소송의 대상인 처분이 아니라고 하였다.

(나) 위의 [판결요지][1]에서 보는 바와 같이 대법원은 이 사건 판례에서 종래의 입장을 변경하여 체납자 등에 대한 공매통지는 국가의 강제력에 의하여 진행되는 공매에서 체납자 등의 권리 내지 재산상의 이익을 보호하기 위하여 법률로 규정한 절차적 요건으로 보았다.

(5) 공매처분

공매처분이란 현실적으로 매각하는 처분을 말한다. 말하자면 매각하여 소유권을 이전하기로 하는 결정을 말한다. 판례는 매각처분을 항고소송의 대상인 처분에 해당하는 것으로 본다. 기능적으로 본다면, 공매는 체납자와 매수인사이의 사법상 매매계약을 체납처분청이 대행하는 성격을 가진다고 말할 수있다. 공매처분의 권한이 위임된 경우에는 행정소송상 수임청이 피고가 된다.

3. 평 가

(1) 이 사건 판결은 「공매통지는 공매의 요건이 아니라 공매사실 자체를 체납자 등에게 알려주는 데 불과한 것」이라는 종래 판례의 입장을 바꾸어 「공매통지는 국가의 강제력에 의하여 진행되는 공매에서 체납자 등의 권리 내지 재산상의 이익을 보호하기 위하여 법률로 규정한 절차적 요건」이라고 변경하였다는 점에서 주목할 만하다.

(2) 이 사건 판결은 문언상 공매통지를 공매의 절차적 요건으로 표현하고 있다. 그

런데 공매통지는 단순히 행정행위(예: 매각처분)의 적법요건의 하나인 표시요건에 해당하는 것이 아니라 준법률행위적 행정행위의 하나인 통지의 성질도 갖는다고 볼 것이므로, 이 판결의 내용은 공매통지를 행정처분으로 본 것이라 말할 수도 있다.

4. 참고판례

[1] 공매'결정'의 성질에 관한 판례
— 파라다이스 공매사건(대판 2007. 7. 27, 2006두8464)

(한국자산관리공사의 주식회사 파라다이스에 대한 공매통지 등을 다툰 공매처분취소소송에서) 피고(한국자산관리공사)가 이 사건 각 부동산을 2005. 3. 15. 10:00부터 같은 달 16일 17:00까지의 기간 중 인터넷을 통하여 재공매하기로 한 결정 자체는 내부적인 의사결정에 불과하여 항고소송의 대상이 되는 행정처분이라고 볼 수 없다.

[2] 공매'통지'의 성질에 관한 종래의 판례
— 파라다이스 공매사건(대판 2007. 7. 27, 2006두8464)

(한국자산관리공사의 주식회사 파라다이스에 대한 공매통지 등을 다툰 공매처분취소소송에서) 피고가 2005. 2. 16. 원고 등에게 한 공매통지는 공매의 요건이 아니라 공매사실 자체를 체납자에게 알려주는 데 불과한 것으로서, 통지의 상대방인 원고 등의 법적 지위나 권리·의무에 직접 영향을 주는 것이 아니라고 할 것이므로 이것 역시 행정처분에 해당한다고 할 수 없다.

[3] 공매'처분'의 성질에 관한 판례
— 고려식품 공매사건(대판 1984. 9. 25, 84누201)

(마포세무서장이 공매처분을 취소하자 공매에 의하여 재산을 매수한 자가 그 공매처분취소처분의 취소를 구한 사건에서) 과세관청이 체납처분으로서 행하는 공매는 우월한 공권력의 행사로서 행정소송의 대상이 되는 공법상의 행정처분이며 공매에 의하여 재산을 매수한 자는 그 공매처분이 취소된 경우에 그 취소처분의 위법을 주장하여 행정소송을 제기할 법률상 이익이 있다고 할 것이다.

[판례 38] 공 표

• 이동 쌀막걸리 사카린사건(대판 1998. 5. 22, 97다57689)

[사건개요]

피고(한국소비자보호원)는 1995. 7. 11. 광릉수목원 입구에서 트럭노점상으로부터 원고(이동주조 주식회사)가 제조자로 표시되고 '이동쌀막걸리'라는 상표가 부착된 1.7ℓ 들이 쌀막걸리 4병을 병당 2,000원씩에 구입하여 그 중 2병을 시료로 삼아 검사한 결과, 관련 규정상 주류에는 첨가할 수 없는 '사카린나트륨'이 그에 함유되어 있는 것으로 나타나자, 같은 해 8. 18. 원고가 제조·판매하는 쌀막걸리 제품에서 '사카린나트륨'이 검출되었다는 내용의 검사 결과를 언론에 공표함으로써 같은 달 19. 그 내용이 일간지에 보도되었다. 이에 원고는 허위사실을 공표함으로써 입은 피해의 배상을 구하는 손해배상 청구소송을 제기하였다.

[원심판결요지]
2병의 시료는 원고의 판매구역 내 지정소매점에서 판매되는 원고의 제품과 외관상으로는 아무런 차이점도 없고, 원고가 제조한 '이동쌀막걸리'는 원고의 판매구역 외에서도 쉽게 구매할 수 있고, 2병의 시료도 포천군 지역에서 구입하였으므로, 피고로서는 2병의 시료가 원고가 생산·판매한 것이라고 믿었고 또 그렇게 믿은 데에 상당한 이유가 있다 할 것이므로, 피고의 이 사건 공표에는 위법성이 없다.

[판결요지]

[1] 일정한 행정목적 달성을 위하여 언론에 보도자료를 제공하는 등 이른바 행정상의 공표의 방법으로 실명을 공개함으로써 타인의 명예를 훼손한 경우, 그 대상자에 관하여 적시된 사실의 내용이 진실이라는 증명이 없더라도 그 공표의 주체가 공표 당시 이를 진실이라고 믿었고 또 그렇게 믿을 만한 상당한 이유가 있다면 위법성이 없는 것이고, 이 점은 언론을 포함한 사인에 의한 명예훼손의 경우와 다를 바가 없다 하겠으나, 그러한 상당한 이유가 있는지 여부의 판단에 있어서는 실명공표 자체가 매우 신중하게 이루어져야 한다는 요청에서 비롯되는 무거운 주의의무와 공권력을 행사하는 공표 주체의 광범한 사실조사 능력, 그리고 공표된 사실이 진실하리라는 점에 대한 국민의 강한 기대와 신뢰 등에 비추어 볼 때 사인의 행위에 의한 경우보다는 훨씬 더 엄격

한 기준이 요구되므로, 그 공표사실이 의심의 여지 없이 확실히 진실이라고 믿을 만한 객관적이고도 타당한 확증과 근거가 있는 경우가 아니라면 그러한 상당한 이유가 있다고 할 수 없다.

[2] 한국소비자보호원이 제품의 유통경로에 대한 조사 없이 제조자의 직접 공급지역 외에서 일반적인 거래가격보다 저렴한 가격으로 단지 외관만을 보고 구입한 시료를 바탕으로 「이동쌀막걸리」에서 유해물질이 검출되었다는 검사 결과를 언론에 공표한 사안에서, 공표의 기초가 된 시료가 원고 제품이라는 점에 대한 객관적이고도 타당한 확증과 근거가 있다고 볼 수 없으므로 공표 내용의 진실성을 오신한 데 상당한 이유가 없다.

[해 설]

1. 쟁 점

이 사건에서는 행정상 공표의 방법으로 실명을 공개함으로써 타인의 명예를 훼손한 경우, 그 공표 내용이 진실이라고 믿을 만한 상당한 이유가 있는지 여부의 판단기준을 쟁점으로 하였다. 달리 말한다면 대상판결에서는 피고가 객관적이고도 타당한 확증과 근거도 없이 원고가 제조, 판매하는 쌀막걸리에서 유해물질이 검출되었다고 언론에 공표한 것이 위법한가의 여부를 쟁점으로 하였다. 행정상 공표의 법리의 적용문제로서 이 사건 판결을 검토한다.

2. 공표의 법리

(1) 의 의

국세청장은 10억 이상 고액의 세금을 체납하여 납세의무를 불이행하고 있는 자의 명단을 공개할 수 있고, 여성가족부장관은 아동·청소년의 성을 사는 행위를 하여 청소년보호의무를 위반한 자의 이름 등을 법원의 판결을 받아 공개할 수 있다. 이와 같이 행정법상 의무위반 또는 의무불이행이 있는 경우, 그 의무위반자 또는 불이행자의 명단과 그 위반 또는 불이행한 사실을 공중이 알 수 있도록 알리는 것을 공표라 한다.

(2) 성 질

① 공표제도는 개인의 명예심 내지 수치심을 자극함으로써 개인에게 제재를 가하고 그로 인해 간접적으로 의무이행을 확보하는 성질을 갖는다. ② 공표는 행정의 실효성

확보수단의 하나로서 사실행위이다. 공표는 의사표시를 요소로 하는 법적 행위가 아니므로 아무런 법적 효과(권리·의무)도 발생시키지 아니한다.

(3) 법적 근거

공표제도는 공표대상자의 명예 등을 침해하는 것이므로 헌법 제37조 제2항에 비추어 법률의 근거를 필요로 한다. 명단 등의 공표에 관해 명시적으로 규정하는 일반법은 없지만, 실제상 공공기관의 정보공개에 관한 법률이 일반법적인 기능을 수행할 수 있을 것이다(공공기관의 정보공개에 관한 법률 제3조). 공표에 관한 규정들이 국세기본법 등 단행법에서도 발견된다(예: 국세기본법 제85조의5; 지방세기본법 제140조; 아동·청소년의 성보호에 관한 법률 제38조의3).

(4) 한 계

개인의 인권의 보호, 법률유보의 원칙 등과 관련하여 명문의 규정이 없이 이루어지는 공표제도의 적법성이 문제된다. 특히 수사기관의 피의사실의 공표는 더욱 신중하여야 한다. 한편 개인의 프라이버시도 보호되어야 한다. 양자는 조화되어야 한다.

(5) 권리보호

① 공표는 사실행위이지 행정쟁송법(행정심판법+행정소송법)상 처분이 아니므로 행정상 쟁송의 대상이 될 수 없다. ② 공표는 사실행위이지만 국가배상법 제2조의 직무행위에 해당한다. 따라서 공표가 만약 위법한 것이라면, 손해배상을 청구할 수 있다. ③ 공표의 상대방은 민법 제764조에 근거하여 정정공고를 구할 수도 있다.

3. 평 가

(1) 위의 [판결요지]에서 보는 ① 공표의 성질, ② 진실성에 대한 증명의 필요, ③ 공표의 위법성 여부에 관한 판례의 태도에 관하여 특별히 비판할 사항을 발견하기 어렵다.

(2) 대법원은 이 사건 판결에서 행정상 공표의 위법성조각사유에 대한 판단기준을 엄격히 해 온 종래의 입장을 재확인하였다. 대법원의 이러한 입장은 행정상 공표행위에 의하여 침해당하는 개인의 인격권·재산권의 구제범위를 넓히는 의미를 갖는다.

4. 참고판례

[1] 수사기관의 피의사실 공표행위가 허용되기 위한 요건 및 그 판단 기준

(부산지방경찰청과 안기부 부산지부의 강압수사 후 검찰송치를 전후하여 간첩혐의사실을 언론기관에 유출시켜 보도되게 함으로써 피해를 입었다고 주장하면서 제기한 손해배상청구소송에서) 일반 국민들은 사회에서 발생하는 제반 범죄에 관한 알권리를 가지고 있고 수사기관이 피의사실에 관하여 발표를 하는 것은 국민들의 이러한 권리를 충족하기 위한 방법의 일환이라 할 것이나, 한편 헌법 제27조 제4항은 형사피고인에 대한 무죄추정의 원칙을 천명하고 있고, 형법 제126조는 검찰, 경찰 기타 범죄수사에 관한 직무를 행하는 자 또는 이를 감독하거나 보조하는 자가 그 직무를 행함에 당하여 지득한 피의사실을 공판청구 전에 공표하는 행위를 범죄로 규정하고 있으며, 형사소송법 제198조는 검사, 사법경찰관리 기타 직무상 수사에 관계 있는 자는 비밀을 엄수하며 피의자 또는 다른 사람의 인권을 존중하여야 한다고 규정하고 있는바, 수사기관의 피의사실 공표행위는 공권력에 의한 수사결과를 바탕으로 한 것으로 국민들에게 그 내용이 진실이라는 강한 신뢰를 부여함은 물론 그로 인하여 피의자나 피해자 나아가 그 주변 인물들에 대하여 치명적인 피해를 가할 수도 있다는 점을 고려할 때, 수사기관의 발표는 원칙적으로 일반 국민들의 정당한 관심의 대상이 되는 사항에 관하여 객관적이고도 충분한 증거나 자료를 바탕으로 한 사실 발표에 한정되어야 하고, 이를 발표함에 있어서도 정당한 목적하에 수사결과를 발표할 수 있는 권한을 가진 자에 의하여 공식의 절차에 따라 행하여져야 하며, 무죄추정의 원칙에 반하여 유죄를 속단하게 할 우려가 있는 표현이나 추측 또는 예단을 불러일으킬 우려가 있는 표현을 피하는 등 그 내용이나 표현 방법에 대하여도 유념하지 아니하면 아니 된다 할 것이므로, 수사기관의 피의사실 공표행위가 위법성을 조각하는지의 여부를 판단함에 있어서는 공표 목적의 공익성과 공표 내용의 공공성, 공표의 필요성, 공표된 피의사실의 객관성 및 정확성, 공표의 절차와 형식, 그 표현 방법, 피의사실의 공표로 인하여 생기는 피침해이익의 성질, 내용 등을 종합적으로 참작하여야 한다(대판 2002. 9. 24, 2001다49692).

[2] 기타

대판 1993. 11. 26, 93다18389(행정상 공표의 위법성 판단기준)

[판례 39] 국가배상법 제2조의 요건

• 창조한국당 비례대표 후보자 범죄경력조회사건

(대판 2011. 9. 8, 2011다34521)

[사건개요]

검찰청 직원으로서 범죄경력조회 업무를 담당한 소외 甲은 2008년 국회의원 선거 당시 원고인 창조한국당의 비례대표 후보자인 소외 乙에 대한 전과기록 및 피선거권에 관한 범죄경력 조회서에 소외 乙이 2001. 2. 6. 서울고등법원에서 공직선거 및 선거부정방지법 위반죄로 징역 8월을 선고받아 그 집행을 종료한 범죄전력을 기재하지 않았다. 이에 원고인 창조한국당은 대한민국 등을 상대로 무형적 손해의 배상을 구하는 손해배상청구소송을 제기하였다.

[판결요지]

[1] (중과실의 의의) 공무원이 직무 수행 중 불법행위로 타인에게 손해를 입힌 경우에 국가나 지방자치단체가 국가배상책임을 부담하는 외에 공무원 개인도 고의 또는 중과실이 있는 경우에는 불법행위로 인한 손해배상책임을 지고, 공무원에게 경과실이 있을 뿐인 경우에는 공무원 개인은 불법행위로 인한 손해배상책임을 부담하지 아니하는데, 여기서 공무원의 중과실이란 공무원에게 통상 요구되는 정도의 상당한 주의를 하지 않더라도 약간의 주의를 한다면 손쉽게 위법·유해한 결과를 예견할 수 있는 경우임에도 만연히 이를 간과함과 같은 거의 고의에 가까운 현저한 주의를 결여한 상태를 의미한다.

[2] (직무의 사익보호성과 인과관계) 공무원이 고의 또는 과실로 그에게 부과된 직무상 의무를 위반하였을 경우라고 하더라도 국가는 그러한 직무상의 의무 위반과 피해자가 입은 손해 사이에 상당인과관계가 인정되는 범위 내에서만 배상책임을 지는 것이고, 이 경우 상당인과관계가 인정되기 위하여는 공무원에게 부과된 직무상 의무의 내용이 단순히 공공 일반의 이익을 위한 것이거나 행정기관 내부의 질서를 규율하기 위한 것이 아니고 전적으로 또는 부수적으로 사회구성원 개인의 안전과 이익을 보호하기 위하여 설정된 것이어야 한다.

[3] (범죄경력조회와 사익보호성) 공직선거법 제49조 제10항에 의하면, 후보자가 되고자 하는 자 또는 정당은 본인 또는 후보자가 되고자 하는 소속 당원의 전과기록을 관할 국가경찰관서의 장에게 조회할 수 있고, 당해 국가경찰관서의 장은 지체 없이 전과기록을 회보하여야 하며, 관할 선거구 선거관리위원회는 확인이 필요하다고 인정되는 후보자에 대하여 후보자등록 마감 후 지체 없이 당해 선거구를 관할하는 검찰청의 장에게 후보자의 전과기록을 조회할 수 있고, 당해 검찰청의 장은 전과기록의 진위 여부를 지체 없이 회보하여야 한다. 그리고 같은 조 제11항, 제12항은 위 전과기록을 누구든지 열람할 수 있고, 이를 선거구민에게 공개하도록 하고 있다. 공직선거법이 위와 같이 후보자가 되고자 하는 자와 그 소속 정당에게 전과기록을 조회할 권리를 부여하고 수사기관에 회보의무를 부과한 것은 단순히 유권자의 알권리 보호 등 공공 일반의 이익만을 위한 것이 아니라, 그와 함께 후보자가 되고자 하는 자가 자신의 피선거권 유무를 정확하게 확인할 수 있게 하고, 정당이 후보자가 되고자 하는 자의 범죄경력을 파악함으로써 부적격자를 공천함으로 인하여 생길 수 있는 정당의 신뢰도 하락을 방지할 수 있게 하는 등 개별적인 이익도 보호하기 위한 것이다.

[해　　설]

1. 쟁　　점

이 사건은 국가배상법 제 2 조가 정하는 요건의 하나로서 범죄경력조회가 사익보호성을 갖는지 여부, 공무원이 책임을 지는 중과실의 의미 등을 쟁점으로 하였다. 이하에서 이 사건을 국가배상법 제 2 조의 문제로서 살펴본다.

2. 위법한 직무집행행위로 인한 배상책임의 성립요건

(1) 요건 개관

국가배상법 제 2 조는 위법한 직무집행행위로 인한 배상책임을 규정하고 있다. 동조는 ① 공무원, ② 직무, ③ 집행하면서, ④ 고의 또는 과실, ⑤ 법령에 위반, ⑥ 타인, ⑦ 손해의 개념을 요소로 하여 국가배상책임의 성립요건을 규정하고 있다. 국가배상책임이 성립하기 위해서는 이러한 요건을 모두 구비하여야만 한다. 이러한 요건들을 차례로 살펴보기로 한다.

(2) 공무원 또는 공무를 위탁받은 사인

국가배상법상 공무원이란 국가나 지방자치단체에 소속된 모든 공무원뿐만 아니라 국가나 지방자치단체로부터 일시적으로 사무를 위탁받은 사인도 포함한다.

(3) 직 무

(가) **공법상 직무** 모든 공법작용이 포함된다. 다만 국가배상법 제 5 조의 직무는 제외되지만, 제 5 조의 영조물의 설치·관리가 제 2 조의 직무와 경합되는 경우도 있을 수 있다. 사법작용은 직무에서 제외된다(대판 1999. 6. 22, 99다7008).

(나) **사익보호성** 국가배상법 제 2 조의 직무는 오로지 공익을 위한 직무가 아니라 공익과 사익을 동시에 위한 직무이든지 아니면 사익을 위한 직무이어야 한다.

(4) 집행하면서

통설과 판례(대판 1995. 4. 21, 93다14240)는 직무를 '집행하면서'를 직무집행행위뿐만 아니라 널리 외형상으로 직무집행과 관련 있는 행위를 포함하는 것으로 새긴다(외형설).

(5) 고의 또는 과실

① 고의란 어떠한 위법행위의 발생가능성을 인식하고 그 결과를 인용하는 것을 말하고, 과실이란 부주의로 인해 어떠한 위법한 결과를 초래하는 것을 말한다. 공무원의 직무집행상의 과실이라 함은 공무원이 그 직무를 수행함에 있어 당해 직무를 담당하는 평균인이 통상 갖추어야 할 주의의무를 게을리 하는 것을 말한다. ② 고의·과실의 유무는 당해 공무원을 기준으로 판단한다.

(6) 법령에 위반

① 법령에는 널리 성문법 외에 불문법과 행정법의 일반원칙이 포함된다. 고시·훈령형식의 법규명령도 포함된다. ② 위반이란 법령에 위배됨을 의미한다. 위반에는 적극적인 작위에 의한 위반(예: 불심검문시 경찰관이 검문당하는 자에게 폭행을 가하는 경우)과 소극적인 부작위에 의한 위반(예: 경찰관이 심야에 보호자로부터 이탈하여 길을 잃고 헤매는 미아를 보호하여야 함에도 불구하고 외면하는 경우)도 있다. 물론 부작위의 경우에는 작위의무가 있어야 한다(예: 경찰관의 보호의무).

(7) 타 인

타인(他人)이란 위법한 행위를 한 자나 그 행위에 가담한 자를 제외한 모든 피해자를 말한다. 가해한 공무원과 동일한 행위를 위해 그 행위의 현장에 있다가 피해를 받은 공무원도 타인에 해당한다.

(8) 손　　해

① 손해란 가해행위로부터 발생한 일체의 손해를 말한다. 손해는 법익침해로서의 불이익을 의미한다. 반사적 이익의 침해는 여기의 손해에 해당하지 아니한다. 적극적 손해인가 또는 소극적 손해인가, 재산상의 손해인가 또는 생명·신체·정신상의 손해인가를 가리지 않는다. ② 가해행위인 직무집행행위와 손해의 발생 사이에는 상당인과관계가 있어야 한다. 인과관계유무의 판단은 관련법령의 내용, 가해행위의 태양, 피해의 상황 등 제반사정을 복합적으로 고려하면서 이루어져야 한다.

3. 평　　가

대법원은 이 사건에서 국가배상법 제 2 조 제 1 항의 해석상 직무상 의무의 불이행과 피해 사이에는 상당인과관계가 있어야 한다는 점, 상당인과관계가 인정되기 위하여는 공무원에게 부과된 직무상 의무의 내용이 전적으로 또는 부수적으로 사회구성원 개인의 안전과 이익을 보호하기 위하여 설정된 것이어야 한다는 점 등을 판시하였다. 이러한 판시사항은 [참고판례]에서 보는 바와 같이 종전의 입장을 재확인하는 것이다.

4. 참고판례

[1] 공무를 위탁받은 사인 — 교통할아버지사건(대판 2001. 1. 5, 98다39060)

(서울특별시 강서구의 '교통할아버지 봉사활동 계획'에 따라 '교통할아버지'로 선정된 노인이 위탁받은 업무 범위를 넘어 교차로 중앙에서 교통정리를 하다가 교통사고를 발생시키자 동부화재해상보험 주식회사가 보험금을 지급한 후, 피고에게 구상금을 청구한 사건에서) 원심이 피고(서울특별시 강서구)가 「교통할아버지 봉사활동」 계획을 수립한 다음 관할 동장으로 하여금 「교통할아버지」 봉사원을 선정하게 하여 그들에게 활동시간과 장소까지 지정해 주면서 그 활동시간에 비례한 수당을 지급하고 그 활동에 필요한 모자, 완장 등 물품을 공급함으로써, 피고의 복지행정업무에 해당하는 어린이 보호, 교통안내, 거리질서 확립 등의 공무를 위탁하여 이를 집행하게 하였다고 보아, 소외 김○○은 「교통할아버지」 활동을 하는 범위 내에서는 국가배상법 제 2 조에 규정된 지방자치단체의 「공무원」이라고 봄이 상당하다고 판단한 것은 잘못이 없다.

[2] 직무의 사익보호성

(1) 미니컵 젤리사건(대판 2010. 9. 9, 2008다77795)

(어린이가 '미니컵 젤리'를 먹다가 질식하여 사망하자 식품의약품안전청장 등이 식품위생법상의 규제 권한을 행사하지 않은 잘못으로 피해를 입었다고 주장하면서 제기한 손해배상소송에서) 구 식품위생법은 제1조에서 「이 법은 식품으로 인한 위생상의 위해를 방지하고 식품영양의 질적 향상을 도모함으로써 국민보건의 증진에 이바지함을 목적으로 한다」고 규정하고 있고, 같은 법 제7조, 제9조, 제10조, 제16조 등에서는 식품의약품안전청장 등으로 하여금 식품 또는 식품첨가물의 제조 등의 방법과 성분, 용기와 포장의 제조 방법과 그 원재료, 표시 등에 대하여 일정한 기준 및 규격 등을 마련하도록 하고, 그와 같은 기준 및 규격 등을 준수하는지 여부를 확인할 필요가 있거나 위생상 위해가 발생할 우려나 국민보건상의 필요가 있을 경우 수입신고시 식품 등을 검사하도록 규정하고 있다. 위와 같은 구 식품위생법의 관련 규정을 종합하여 보면, 같은 법 제7조, 제9조, 제10조, 제16조는 단순히 국민 전체의 보건을 증진한다고 하는 공공 일반의 이익만을 위한 것이 아니라, 그와 함께 사회구성원 개개인의 건강상의 위해를 방지하는 등의 개별적인 안전과 이익도 도모하기 위하여 설정된 것이라고 할 수 있다.

(2) 성폭력범죄 조사사건(대판 2008. 6. 12, 2007다64365)

(성폭력범죄의 담당 경찰관이 원고의 구체적 피해사실 및 인적사항이 기재된 서류를 유출하여 언론에 보도되도록 하는 등으로 원고들이 겪은 정신적 고통에 대한 손해배상청구소송에서) 성폭력범죄의 처벌 및 피해자보호 등에 관한 법률 제21조는 성폭력범죄의 수사 또는 재판을 담당하거나 이에 관여하는 공무원에 대하여 피해자의 인적사항과 사생활의 비밀을 엄수할 직무상 의무를 부과하고 있고, 이는 주로 성폭력범죄 피해자의 명예와 사생활의 평온을 보호하기 위한 것이므로, 성폭력범죄의 수사를 담당하거나 수사에 관여하는 경찰관이 위와 같은 직무상 의무에 반하여 피해자의 인적사항 등을 공개 또는 누설하였다면 국가는 그로 인하여 피해자가 입은 손해를 배상하여야 한다.

(3) 군산시 개복동 윤락가 화재사건(대판 2008. 4. 10, 2005다48994)

(유흥주점에 감금된 채 윤락을 강요받으며 생활하던 여종업원들이 유흥주점에 화재가 났을 때 미처 피신하지 못하고 유독가스에 질식하여 사망하자 국가를 상대로 손해배상을 청구한 소송에서) 구 소방법은 화재를 예방·경계·진압하고 재난·재해 및 그 밖의 위급한 상황에서의 구조·구급활동을 통하여 국민의 생명·신체 및 재산을 보호함으로써 공공의 안녕질서의 유지와 복리증진에 이바지함을 목적으로 하여 제정된 법으로서, 소방법의 규정들은 단순히 전체로서의 공공 일반의 안전을 도모하기 위한 것에서 더 나아가 국민 개개인의 인명과 재화의 안전보장을 목적으로 하여 둔 것이다.

(4) 연기군 부랑인 선도시설사건(대판 2006. 7. 28, 2004다759)

(원고들이 부랑인 선도시설에 수용되는 과정에서 경찰과 공무원들이 직·간접적으로 불법 납치·감금을 묵인하거나 비호하는 등으로 원고들의 인권유린이 방치되어 피해의 배상을 청구한 사건에서) 부랑인선도시설 또는 정신질환자요양시설의 지도·감독사무에 관한 관계 법규의 규정에 의하여 장관의 지도·감독권한을 위임받은 시장·군수·구청장의 지도·감독의 권한 및 의무의 내용은 적어도 부수적으로는 사회구성원 개인의 신체, 건강 등 안전과 이익을 보호하기 위하여 설정된 것이다.

(5) 부산시 수돗물사건(대판 2001. 10. 23, 99다36280)

(수돗물 공급자인 피고 부산광역시는 상수원수 2급에 미달하는 상수원수를 취수하여 수돗물을 생산할 경우에는 고도의 정수처리를 하여야 함에도 불구하고, 이러한 의무에 위반하여 수질기준에 미달하는 낙동강 하천수를 취수하여 수돗물을 생산·공급하거나 하는 등으로 이를 마신 원고들이 정신적 고통을 입었다는 이유로 제기한 손해배상청구소송에서) 상수원수의 수질을 환경기준에 따라 유지하도록 규정하고 있는 관련 법령(헌법 제10조, 제35조, 환경정책기본법, 수질환경보전법, 수도법과 그 시행령 등)의 취지·목적·내용과 그 법령에 따라 국가 또는 지방자치단체가 부담하는 의무의 성질 등을 고려할 때, 국가 등에게 일정한 기준에 따라 상수원수의 수질을 유지하여야 할 의무를 부과하고 있는 법령의 규정은 국민에게 양질의 수돗물이 공급되게 함으로써 국민 일반의 건강을 보호하여 공공 일반의 전체적인 이익을 도모하기 위한 것이지, 국민 개개인의 안전과 이익을 직접적으로 보호하기 위한 규정이 아니다.

[3] 고의 또는 과실

(1) 행정처분이 항고소송에서 취소된 경우, 고의·과실의 그 판단 기준

(관련 민사소송에서 근로자 A의 후유장해를 인정하지 않는 내용의 판결이 확정되었음에도, 산업재해보상보험심사위원회가 확정된 민사판결의 내용을 뒤집을 만한 새로운 자료가 제출되는 등의 특별한 사정도 없이 확정판결의 취지에 따른 근로복지공단의 처분을 취소하는 내용의 재결을 한 사안에서, 그 재결로 피해를 입었다고 주장하면서 제기한 손해배상소송에서) 어떠한 행정처분이 후에 항고소송에서 위법한 것으로서 취소되었다고 하더라도 그로써 곧 당해 행정처분이 공무원의 고의 또는 과실에 의한 불법행위를 구성한다고 단정할 수는 없지만, 그 행정처분의 담당공무원이 보통 일반의 공무원을 표준으로 하여 볼 때 객관적 주의의무를 결하여 그 행정처분이 객관적 정당성을 상실하였다고 인정될 정도에 이른 경우에는 국가배상법 제 2 조 소정의 국가배상책임의 요건을 충족하였다고 보아야 한다. 이때 객관적 정당성을 상실하였는지 여부는 침해행위가 되는 행정처분의 태양과 그 목적, 피해자의 관여 여부 및 관여의 정도, 침해된 이익의 종류와 손해의 정도 등 여러 사정을 종

합하여 결정하되 손해의 전보책임을 국가 또는 지방자치단체에게 부담시킬 만한 실질적인 이유가 있는지도 살펴서 판단하여야 하며, 이는 행정청이 재결의 형식으로 처분을 한 경우에도 마찬가지이다(대판 2011. 1. 27, 2008다30703).

(2) 국·공립대학 교원에 대한 재임용거부처분의 경우, 국가배상책임의 성립 요건(고의·과실)**과 그 판단 기준**

(재임용심사에서 탈락한 국립대학 교원이 '대학교원 기간임용제 탈락자 구제를 위한 특별법'에 따라 교원소청심사특별위원회에 재심사를 청구하여 재임용거부처분취소결정을 받고 복직한 다음 재임용거부로 입은 손해에 대하여 국가배상청구를 한 사건에서) 국·공립대학 교원에 대한 재임용거부처분이 재량권을 일탈·남용한 것으로 평가되어 그것이 불법행위가 됨을 이유로 국·공립대학 교원 임용권자에게 손해배상책임을 묻기 위해서는 당해 재임용거부가 국·공립대학 교원 임용권자의 고의 또는 과실로 인한 것이라는 점이 인정되어야 한다. 그리고 위와 같은 고의·과실이 인정되려면 국·공립대학 교원 임용권자가 객관적 주의의무를 결하여 그 재임용거부처분이 객관적 정당성을 상실하였다고 인정될 정도에 이르러야 한다(대판 2011. 1. 27, 2009다30946).

(3) 제40회 사법시험 제 1 차시험사건(대판 2003. 11. 27, 2001다33789·33796·33802·33819)

(1988. 2. 22. 시행된 제40회 사법시험 제 1 차시험에서 4개 문제의 복수정답처리로 인해 불합격처분을 받은 응시자가 손해배상을 청구한 사건에서) 법령에 의하여 국가가 그 시행 및 관리를 담당하는 시험에 있어 시험문항의 출제 및 정답결정에 오류가 있어 이로 인하여 합격자 결정이 위법하게 되었다는 것을 이유로 공무원 내지 시험출제에 관여한 시험위원의 고의·과실로 인한 국가배상책임을 인정하기 위하여는, 해당 시험의 실시목적이 시험에 응시한 개인에게 특정한 자격을 부여하는 개인적 이해관계 이외에 일정한 수준의 적정 자격을 갖춘 자에게만 특정 자격을 부여하는 사회적 제도로서 그 시험의 실시에 일반 국민의 이해관계와도 관련되는 공익적 배려가 있는지 여부, 그와 같은 시험이 시험시행 당시의 법령이 정한 요건과 절차에 따라 국가기관 내지 소속 공무원이 구체적 시험문제의 출제, 정답 결정, 합격 여부의 결정을 위하여 해당 시험과목별로 외부의 전문 시험위원을 적정하게 위촉하였는지 여부, 위촉된 시험위원들이 문제를 출제함에 있어 최대한 주관적 판단의 여지를 배제하고 객관적 입장에서 해당 과목의 시험을 출제하였는지 및 같은 과목의 시험위원들 사이에 출제된 문제와 정답의 결정과정에 다른 의견은 없었는지 여부, 1차시험의 오류를 주장하는 응시자 본인에게 사후에 국가가 1차시험의 합격을 전제로 2차시험의 응시자격을 부여하였는지 여부 등 제반 사정을 종합적으로 고려하여 시험관련 공무원 혹은 시험위원이 객관적 주의의무를 결하여 그 시험의 출제와 정답 및 합격자 결정 등의 행정처분이 객관적 정당성을 상실하고, 이로 인하여 손해의 전보책임을 국가에게 부담시켜야 할 실질적인 이유가 있다고 인정되어야 한다.

(4) 전국언노련사건(대판 1995. 10. 13, 95다32747)
(노동부장관의 전국언론노동조합연맹 노동조합설립신고서 반려처분을 다툰 소송에서 승소하자 노동부장관의 위법한 노동조합설립신고서 반려처분에 의하여 손해를 입었다고 주장하면서 국가를 상대로 제기한 손해배상청구소송에서) 일반적으로 공무원이 직무를 집행함에 있어서 관계법규를 알지 못하거나 필요한 지식을 갖추지 못하여 법규의 해석을 그르쳐 잘못된 행정처분을 하였다면 그가 법률전문가가 아닌 행정직 공무원이라고 하여 과실이 없다고 할 수 없으나, 법령에 대한 해석이 그 문언 자체만으로는 명백하지 아니하여 여러 견해가 있을 수 있는 데다가 이에 대한 선례나 학설, 판례 등도 귀일된 바 없어 의의가 없을 수 없는 경우에 관계 공무원이 그 나름대로 신중을 다하여 합리적인 근거를 찾아 그 중 어느 한 견해를 따라 내린 해석이 후에 대법원이 내린 입장과 같지 않아 결과적으로 잘못된 해석에 돌아가고, 이에 따른 처리가 역시 결과적으로 위법하게 되어 그 법령의 부당집행이라는 결과를 가져오게 되었다고 하더라도, 그와 같은 처리 방법 이상의 것을 성실한 평균적 공무원에게 기대하기는 어려운 일이고, 따라서 이러한 경우에까지 국가배상법상 공무원의 과실을 인정할 수는 없다.

[4] 법령에 위반

(1) 성폭력범죄 조사사건(대판 2008. 6. 12, 2007다64365)
(성폭력범죄의 담당 경찰관이 원고의 구체적 피해사실 및 인적사항이 기재된 서류를 유출하여 언론에 보도되도록 하는 등으로 원고들이 겪은 정신적 고통에 대한 손해배상청구소송에서) 국가배상책임에 있어 공무원의 가해행위는 법령을 위반한 것이어야 하고, 법령을 위반하였다 함은 엄격한 의미의 법령 위반뿐 아니라 인권존중, 권력남용금지, 신의성실과 같이 공무원으로서 마땅히 지켜야 할 준칙이나 규범을 지키지 아니하고 위반한 경우를 포함하여 널리 그 행위가 객관적인 정당성을 결여하고 있음을 뜻하는 것이므로, 경찰관이 범죄수사를 함에 있어 경찰관으로서 의당 지켜야 할 법규상 또는 조리상의 한계를 위반하였다면 이는 법령을 위반한 경우에 해당한다.

(2) 공동경비구역 K소대장 사망사건(대판 2006. 12. 7, 2004다14932)
(판문점 공동경비구역 근무자 K소대장이 A사병에 의하여 사망한 상태로 발견되었는데, K소대장은 총상이 사망원인이었다. 이에 K소대장의 유족들이 대한민국을 상대로 제기한 손해배상청구소송에서) 조사활동과 그에 따른 수사의 개시 여부에 관한 수사기관의 판단이 위법하다고 평가되기 위하여는 수사기관에게 이러한 권한을 부여한 형사소송법 등의 관련 법령의 취지와 목적에 비추어 볼 때 구체적인 사정에 따라 수사기관이 그 권한을 행사하여 필요한 조치를 취하지 아니한 것이 현저하게 불합리하다고 인정되거나 또는 경험칙

이나 논리칙상 도저히 합리성을 긍정할 수 없는 정도에 이르렀다고 인정되는 경우라야 한다.

[5] 부작위에 의한 위법 — 연기군 부랑인 선도시설사건(대판 2006. 7. 28, 2004다759)

(원고들이 부랑인 선도시설에 수용되는 과정에서 경찰과 공무원들이 직·간접적으로 불법 납치·감금을 묵인하거나 비호하는 등으로 원고들의 인권유린이 방치되어 피해의 배상을 청구한 사건에서) 부랑인선도시설 및 정신질환자요양시설에 대한 지도·감독 업무를 담당하는 공무원이 그와 같은 지도·감독의무를 다하지 아니한 경우 그 의무 위반이 직무에 충실한 보통 일반의 공무원을 표준으로 할 때 객관적 정당성을 상실하였다고 인정될 정도에 이른 경우에는 국가배상법 제 2 조에서 말하는 위법의 요건을 충족한다고 봄이 상당하고, 또한 시장·군수·구청장이 부랑인선도시설 및 정신질환자요양시설의 업무에 관하여 지도·감독을 하고, 필요한 경우 그 시설에 대하여 그 업무의 내용에 관하여 보고하게 하거나 관계 서류의 제출을 명하거나 소속공무원으로 하여금 시설에 출입하여 검사 또는 질문하게 할 수 있는 등 형식상 시장·군수·구청장에게 재량에 의한 직무수행권한을 부여한 것처럼 되어 있더라도 시장·군수·구청장에게 그러한 권한을 부여한 취지와 목적에 비추어 볼 때 구체적인 사정에 따라 시장·군수·구청장이 그 권한을 행사하여 필요한 조치를 취하지 아니하는 것이 현저하게 불합리하다고 인정되는 경우에는 그러한 권한의 불행사는 직무상의 의무를 위반하는 것이 되어 위법하게 된다.

[6] 상당인과관계

(1) 인천지방법원 위법경락허가사건(대판 2007. 12. 27, 2005다62747)

(경매법원 공무원의 과실로 위법한 경매절차가 진행되어 경락허가결정이 취소된 경우, 경락인이 경락부동산에 대한 소유권이전등기를 경료하기 위하여 지출한 국민주택채권 할인료 상당의 손해배상을 청구한 사건에서) 경매법원 공무원에게 부과된 공유자에 대한 통지의무가 직접적으로는 공유자의 우선매수권이나 이해관계인으로서의 절차상 이익과 관계되는 것이기는 하지만, 공유자에 대한 통지가 적법하게 행해지지 않은 채로 경매절차가 진행되면 뒤늦게라도 그 절차상의 하자를 이유로 경락허가결정이 취소될 수 있고 경매법원의 적법한 절차진행을 신뢰하고 경매에 참여하여 경락을 받고 법원의 지시에 따라 경락대금납부 및 소유권이전등기까지 마친 경락인으로서는 불측의 손해를 입을 수밖에 없어 위와 같은 통지 기타 적법절차의 준수 여부는 경락인의 이익과도 밀접한 관계가 있고, 위와 같은 일련의 과정에서 경매법원 스스로 그 하자를 시정하는 조치를 취하지 않는 이상 특별히 경락

인이 불복절차 등을 통하여 이를 시정하거나 위 결과 발생을 막을 것을 기대할 수도 없으며, 경락인의 손해에 대하여 국가배상 이외의 방법으로 구제받을 방법이 있는 것도 아니라는 점에서, 경매법원 공무원의 위 공유자통지 등에 관한 절차상의 과오는 경락인의 손해발생과 사이에 상당인과관계가 있다.

(2) **충무 유람선 극동호 화재사건**(대판 1993. 2. 12, 91다43466)
(유람선화재로 유람선에 타고 있던 승객 중 36명이 익사 또는 소사하자 피해자 유족들이 대한민국 등을 상대로 손해배상을 청구한 사건에서) 상당인과관계의 유무를 판단함에 있어서는 일반적인 결과발생의 개연성은 물론 직무상 의무를 부과하는 법령 기타 행동규범의 목적이나 가해행위의 태양 및 피해의 정도 등을 종합적으로 고려하여야 할 것이다. 관할 충무시장은 유선 및 도선업법 제 5 조 제 3 호의 규정에 의하여 유선의 수선, 사용 및 운항의 제한 또는 금지를 명하여야 할 직무상 의무가 있음에도 불구하고 이를 이행하지 아니하여 위 직무상 의무를 위반하였다고 할 것이다. 선박안전법이나 유선 및 도선업법의 각 규정은 공공의 안전 외에 일반인의 인명과 재화의 안전보장도 그 목적으로 하는 것이라고 할 것이므로, 피고 대한민국의 선박검사관이나 피고 충무시 소속 공무원들이 위와 같은 직무상 의무를 위반하여 시설이 불량한 이 사건 유람선에 대하여 선박중간검사에 합격하였다 하여 선박검사증서를 발급하고, 해당법규에 규정된 조치를 취함이 없이 계속 운항하게 함으로써 이 사건 화재사고가 발생한 것이라고 볼 수 있는 것이라면, 위 유람선 화재사고와 피고들 소속 공무원들의 직무상 의무위반행위와의 사이에는 상당인과관계가 있고, 따라서 피고들은 그로 인한 손해배상책임을 부담하여야 한다고 할 것이다.

[7] 기타

(1) 대판 1999. 6. 22, 99다7008(사법작용과 국가배상법의 관계 — 수원역 통일호 열차사건)
(2) 대판 1995. 4. 21, 93다14240(집행하면서 — 전입신병 폭행사건)
(3) 대판 2001. 12. 14, 2000다12679(고의 또는 과실 — 인천대학교 교원 재임용 거부사건)

[판례 40] 국가배상법 제 5 조의 요건

• 삼성천 범람사건(대판 2007. 9. 21, 2005다65678)

[사건개요]

(1) 삼성천은 안양천에 유입하여 한강으로 흘러들어가는 지방 2 급 하천이다. 피고 경기도는 하천법 제12조에 의하여 삼성천을 관리하게 되어 있는데, 피고 경기도는 경기도사무위임조례에 의하여 피고 안양시에게 삼성천의 관리를 위탁하였다. 삼성천 하류에는 삼성 7 교가 설치되어 있는데, 교량 상판 상단의 높이가 25.86m, 통수량은 초당 212.17m³로 설계되어 있고, 통수량은 초당 140.83m³에 이른다.

(2) 2001. 7. 14.과 15. 이틀간에 걸쳐 안양시 일원에 집중호우가 발생하였고, 특히 2001. 7. 15. 02:31부터 03:30까지 사이에 삼성천 유역에는 약 94.5mm의 비가 한꺼번에 쏟아진 탓으로 안양시에서 258세대가 침수되는 수해가 있었다. 이러한 강우량은 수원측후소 관측자료에 의하면 150년 빈도에 해당하는 강우량이며, 이로 인해 발생하는 삼성천의 홍수량을 재현하면 초당 150m³에 이른다.

(3) 위와 같은 단시간 내의 집중호우로 인해 떠내려온 부유물들이 삼성 7 교 교각에 걸려 유수 소통을 방해함으로써 삼성 7 교의 통수능력이 저하되어, 삼성천에 한꺼번에 몰린 유수가 원활하게 하류로 흘러 내려가지 못하고 삼성천변 밖으로 범람하여 삼성천 하류인 삼성 7 교 부근 일대가 물에 잠기는 침수사고가 발생하였다(이하 '이 사건 침수사고'라 한다).

(4) 건설부가 제정한 하천시설기준에 의하면 지방 2 급 하천은 계획강우구분 이(E)급으로 계획강우의 규모를 50년 빈도로 시설하도록 되어 있고, 계획홍수량이 초당 200m³ 미만인 경우에는 여유고를 0.6m이상 두도록 되어 있다. 이에 따라 피고는 1991. 12.경 재현기간 50년 빈도의 강우량을 기준으로 하여 계획홍수량을 초당 104m³로 하는 안양천수계 하천정비기본계획을 수립하고, 이에 의하여 삼성천의 개수정비를 완료하였다. 위 계획에 의하면 삼성 7 교가 가설된 지점은 50년 빈도의 규모로 계획하폭은 22m, 계획홍수량은 초당 104m³, 계획홍수위는 25.26m로 되어 있다. 한편, 건설교통부에서는 1999. 5. 7. 기존 1991년 하천정비기본계획과는 달리 한강수계(안양천) 하천정비기본계획을 새롭게 수립하기 시작하면서, 삼성천이 안양천 본류와 합류하는 지점에서의 계획홍수위를 기존에 비해 0.88m 상승시키기로 계획하고, 2002. 12. 4. 중앙하천관리심의위원회의 심의를 얻었으나, 2003. 2월경까지도 하천법에 의한 고시가 되지 않은 상태이다.

(5) 원고들은 피고 안양시에게는 국가배상법 제 5 조에 의한 손해배상을, 피고 경기도

에게는 그 책임 또는 국가배상법 제 6 조에 의한 비용부담자로서의 손해배상을 구하는 소송을 제기하였다.

[판결요지]

[1] 국가배상법 제 5 조 제 1 항 소정의 영조물의 설치 또는 관리의 하자라 함은 영조물이 그 용도에 따라 통상 갖추어야 할 안전성을 갖추지 못한 상태에 있음을 말하는 것으로서, 영조물이 완전무결한 상태에 있지 아니하고 그 기능상 어떠한 결함이 있다는 것만으로 영조물의 설치 또는 관리에 하자가 있다고 할 수 없는 것이고, 위와 같은 안전성의 구비 여부를 판단함에 있어서는 당해 영조물의 용도, 그 설치장소의 현황 및 이용 상황 등 제반 사정을 종합적으로 고려하여 설치 관리자가 그 영조물의 위험성에 비례하여 사회통념상 일반적으로 요구되는 정도의 방호조치의무를 다하였는지 여부를 그 기준으로 삼아야 할 것이며, 객관적으로 보아 시간적·장소적으로 영조물의 기능상 결함으로 인한 손해발생의 예견가능성과 회피가능성이 없는 경우, 즉 그 영조물의 결함이 영조물의 설치관리자의 관리행위가 미칠 수 없는 상황 아래에 있는 경우에는 영조물의 설치·관리상의 하자를 인정할 수 없다.

[2] 자연영조물로서의 하천은 원래 이를 설치할 것인지 여부에 대한 선택의 여지가 없고, 위험을 내포한 상태에서 자연적으로 존재하고 있으며, 간단한 방법으로 위험상태를 제거할 수 없는 경우가 많고, 유수라고 하는 자연현상을 대상으로 하면서도 그 유수의 원천인 강우의 규모, 범위, 발생시기 등의 예측이나 홍수의 발생 작용 등의 예측이 곤란하고, 실제로 홍수가 어떤 작용을 하는지는 실험에 의한 파악이 거의 불가능하고 실제 홍수에 의하여 파악할 수밖에 없어 결국 과거의 홍수 경험을 토대로 하천관리를 할 수밖에 없는 특질이 있고, 또 국가나 하천관리청이 목표로 하는 하천의 개수작업을 완성함에 있어서는 막대한 예산을 필요로 하고, 대규모 공사가 되어 이를 완공하는 데 장기간이 소요되며, 치수의 수단은 강우의 특성과 하천 유역의 특성에 의하여 정해지는 것이므로 그 특성에 맞는 방법을 찾아내는 것은 오랜 경험이 필요하고 또 기상의 변화에 따라 최신의 과학기술에 의한 방법이 효용이 없을 수도 있는 등 그 관리상의 특수성도 있으므로, 하천관리의 하자 유무는, 과거에 발생한 수해의 규모·발생의 빈도·발생원인·피해의 성질·강우상황·유역의 지형 기타 자연적 조건, 토지의 이용상황 기타 사회적 조건, 개수를 요하는 긴급성의 유무 및 그 정도 등 제반 사정을

종합적으로 고려하고, 하천관리에 있어서의 위와 같은 재정적 · 시간적 · 기술적 제약하에서 같은 종류, 같은 규모 하천에 대한 하천관리의 일반수준 및 사회통념에 비추어 시인될 수 있는 안전성을 구비하고 있다고 인정할 수 있는지 여부를 기준으로 하여 판단해야 한다.

[3] 관리청이 하천법 등 관련 규정에 의해 책정한 하천정비기본계획 등에 따라 개수를 완료한 하천 또는 아직 개수 중이라 하더라도 개수를 완료한 부분에 있어서는, 위 하천정비기본계획 등에서 정한 계획홍수량 및 계획홍수위를 충족하여 하천이 관리되고 있다면 당초부터 계획홍수량 및 계획홍수위를 잘못 책정하였다거나 그 후 이를 시급히 변경해야 할 사정이 생겼음에도 불구하고 이를 해태하였다는 등의 특별한 사정이 없는 한, 그 하천은 용도에 따라 통상 갖추어야 할 안전성을 갖추고 있다고 봄이 상당하다.

[해　　설]

1. 쟁　　점

이 사건은 홍수로 인하여 삼성천 하류인 삼성 7 교 부근 일대가 물에 잠기는 침수사고가 발생함으로써 피해를 입은 원고들이 기본적으로 국가배상법 제 5 조를 근거로 하여 손해배상을 청구한 사건이다. 원고들은 ① 삼성 7 교의 설치상의 하자, ② 삼성천주변의 관리상의 하자, 그리고 ③ 새로운 하천정비기본계획에 따르지 아니한 하자를 쟁점으로 제기하였다. 이하에서 이 사건을 공공시설 등의 하자로 인한 배상책임을 규정하는 국가배상법 제 5 조 제 1 항의 해석 · 적용문제로서 검토한다.

2. 공공시설 등의 하자로 인한 배상책임의 성립요건

(1) 개　　관

국가배상법은 제 5 조는 ① 영조물, ② 설치 또는 관리에 하자, ③ 타인, ④ 손해의 개념을 요소로 하여 국가배상책임의 성립요건을 규정하고 있다. 국가배상책임이 성립하기 위해서는 이러한 요건을 모두 구비하여야만 한다. 이러한 요건들을 차례로 살펴보기로 한다.

(2) 영 조 물

영조물이란 일반적으로 인적 · 물적 종합시설을 의미한다. 그러나 국가배상법 제 5

조에서 영조물로 예시되고 있는 도로·하천은 공적 목적에 제공된 물건, 공물을 의미하기 때문에 국가배상법 제 5 조에서 영조물이란 공물을 의미한다. 공물에는 자연공물(예: 한강)·인공공물(예: 서대문구청사), 동산·부동산이 있고, 동물도 포함된다. 공물에 공용물과 공공용물이 포함된다.

(3) 설치 또는 관리에 하자

㈎ 의 미 ① 설치란 영조물(공물)의 설계에서 건조까지를 말하고, 관리란 영조물의 건조 후의 유지·수선을 의미한다. ② 하자의 의미와 관련하여 학설은 주관설(하자를 공물주체가 관리의무, 즉 안전확보 내지 사고방지의무를 게을리한 잘못으로 이해하는 견해)·객관설(하자를 공물 자체가 항상 갖추어야 할 객관적인 안정성의 결여로 이해하는 견해)·절충설(하자를 영조물 자체의 하자뿐만 아니라 관리자의 안전관리의무위반이라는 주관적 요소도 부가하여 이해하여야 한다는 견해) 등으로 나뉘고 있다. 판례는 객관설을 취하는 것으로 보인다. 국가배상법 제 5 조의 표현은 주관설에 입각한 것으로 보이나 제 2 조와의 관계상 객관설을 취할 때 국가의 무과실책임이 인정될 것이므로 객관설이 타당하다.

㈏ 특 징 ① 객관적 안전성을 갖춘 이상 불가항력에 의한 가해행위는 면책이 된다. ② 예산의 부족은 배상액의 산정에 참작사유는 될지언정 안전성판단에 결정적인 사유는 될 수 없다. ③ 국가배상법 제 5 조의 국가책임은 무과실책임이다. 말하자면 국가나 지방자치단체가 공물의 관리에 하자가 없었더라도 공물 자체에 객관적 안전성이 결여되었다면 국가나 지방자치단체는 배상책임을 부담한다.

(4) 타 인

타인이란 설치·관리의 주체 이외의 자로서 영조물의 설치 또는 관리상의 하자로 인한 모든 피해자를 말한다. 영조물의 설치 또는 관리의 주체가 국가인 경우에는 지방자치단체, 지방자치단체인 경우에는 국가도 타인에 해당한다. 다만 피해자가 군인·군무원 등인 경우에는 뒤에서 보는 바의 특례가 인정되고 있다.

(5) 손 해

① 손해란 영조물의 설치 또는 관리상의 하자로 인해 발생한 일체의 손해를 말한다. 손해는 법익침해로서의 불이익을 의미한다. 반사적 이익의 침해는 여기의 손해에 해당하지 아니한다. 적극적 손해인가 또는 소극적 손해인가, 재산상의 손해인가 또는 생명·신체·정신상의 손해인가를 가리지 않는다. ② 영조물의 설치 또는 관리상의 하자와 손해의 발생 사이에는 상당인과관계가 있어야 한다. 인과관계유무의 판단은 관련법령의 내용, 영조물의 설치 또는 관리의 태양, 피해의 상황 등 제반사정을 복합적

으로 고려하면서 이루어져야 한다.

3. 평 가

(1) 대법원이 [판결요지][1]에서 밝힌 기준은 학설상 객관설로 불리고 있다. 판례가 취하는 객관설은 하자의 유무를 「영조물이 완전무결한 상태에 있는가」의 여부가 아니라 「사회통념상 일반적으로 요구되는 정도의 방호조치의무를 다하였는지 여부」를 그 기준으로 한다는 점에서 절대적인 의미의 객관설이 아니라 주관적 요소를 띄는 객관설이라 할 수 있다. 이러한 이유로 최근의 판례입장을 변형된 객관설이라 부르기도 한다. 오래전의 판례는 방호조치의무를 하자의 판단기준으로 활용하지 아니하였는데, 이러한 판례의 입장을 본래적 의미의 객관설이라 부를 수 있다.

(2) 대법원은 [판결요지][2]에서 자연영조물로서의 하천의 관리상의 특질과 특수성 및 하천관리상 하자 유무의 판단 기준을 제시하고, 이러한 의미와 기준은 종래부터 밝혀온 대법원의 입장을 재확인하는 것이다.

4. 참고판례

[1] 대구비행장 소음사건(대판 2010. 11. 25, 2007다74560)

(대구비행장에서 발생하는 항공기소음 등을 이유로 주민이 대한민국을 상대로 손해배상을 청구한 대구비행장사건에서) 소음 등을 포함한 공해 등의 위험지역으로 이주하여 들어가서 거주하는 경우와 같이 위험의 존재를 인식하면서 그로 인한 피해를 용인하며 접근한 것으로 볼 수 있는 경우에, 그 피해가 직접 생명이나 신체에 관련된 것이 아니라 정신적 고통이나 생활방해의 정도에 그치고 그 침해행위에 고도의 공공성이 인정되는 때에는, 위험에 접근한 후 실제로 입은 피해 정도가 위험에 접근할 당시에 인식하고 있었던 위험의 정도를 초과하는 것이거나 위험에 접근한 후에 그 위험이 특별히 증대하였다는 등의 특별한 사정이 없는 한 가해자의 면책을 인정하여야 하는 경우도 있을 수 있다. 특히 소음 등의 공해로 인한 법적 쟁송이 제기되거나 그 피해에 대한 보상이 실시되는 등 피해지역임이 구체적으로 드러나고 또한 이러한 사실이 그 지역에 널리 알려진 이후에 이주하여 오는 경우에는 위와 같은 위험에의 접근에 따른 가해자의 면책 여부를 보다 적극적으로 인정할 여지가 있을 것이다. 다만 일반인이 공해 등의 위험지역으로 이주하여 거주하는 경우라고 하더라도 위험에 접근할 당시에 그러한 위험이 존재하는 사실을 정확하게 알 수 없는 경우가 많고, 그 밖에 위험에 접근하게 된 경위와 동기 등의 여러 가지 사정을

종합하여 그와 같은 위험의 존재를 인식하면서도 위험으로 인한 피해를 용인하면서 접근하였다고 볼 수 없는 경우에는 손해배상액의 산정에 있어 형평의 원칙상 과실상계에 준하여 감액사유로 고려하는 것이 상당하다.

[2] 중랑천구간 침수사건(대판 2003. 10. 23, 2001다48057)

(집중적인 호우로 중랑천변의 공릉 1, 3동 지역(수해지역)을 지나고 있는 복개하천의 하수가 중랑천으로 흘러들지 못하고 역류하면서 수해지역이 침수되어 피해를 입은 수해지역 원고들이 서울특별시 등을 상대로 손해배상을 청구한 소송에서) 100년 발생빈도의 강우량을 기준으로 책정된 계획홍수위를 초과하여 600년 또는 1,000년 발생빈도의 강우량에 의한 하천의 범람은 예측가능성 및 회피가능성이 없는 불가항력적인 재해로서 그 영조물의 관리청에게 책임을 물을 수 없다.

[3] 5거리교차로 신호등 고장사고사건(대판 2000. 2. 25, 99다54004)

(5거리 교차로에서 교차로의 진행방향 신호기의 정지신호가 단선으로 소등되어 있는 상태에서 그대로 진행하다가 다른 방향의 진행신호에 따라 교차로에 진입한 차량과 충돌한 사건과 관련한 구상금청구소송에서) 피고가 관할하는 서울특별시 전역에는 약 13만여 개의 신호등 전구가 설치되어 있고 그 중 약 300여 개가 하루에 소등되고, 신호등 전구의 수명은 전력변동률이 높아 예측하기 곤란하며, 이 사건 신호기의 신호등 고장신고가 이 사건 사고발생 전까지 접수되지 아니하였고, 교차로 진행방향의 신호기가 소등되었다 하더라도 좌우의 다른 신호기에 의하여 신호기의 내용을 확인할 수 있을 뿐만 아니라 차의 운전자로서는 신호기에 의한 교통정리가 행하여지고 있지 아니하는 교차로에 들어가려는 경우에도 도로교통법 제22조 제 4 항 내지 제 7 항 소정의 교차로 통행방법을 준수하여야 하는 점 등에 비추어 보면, 피고가 이 사건 신호기의 적색신호가 단선으로 소등되었다는 것을 바로 알 수 있었음에도 이를 알지 못한 잘못이 있다거나 그 소등으로 인하여 사고가 발생하리라는 것을 예측하고 이를 회피하지 못한 잘못이 있다고 할 수도 없으며, 더욱이 피고가 이 사건 교통신호기의 고장 사실을 바로 알 수 있었다고 볼 수도 없는 이상 사회통념상 이러한 경우까지 피고에게 이로 인한 사고의 발생을 방지할 수 있는 방호조치를 기대할 수도 있었다고 할 수는 없을 것이므로, 이 사건 신호기의 적색신호가 소등된 기능상 결함이 있었다는 사정만으로는 이 사건 신호기의 설치 또는 관리상의 어떠한 하자가 있었다고 할 수 없다.

[판례 41] 손해배상책임의 주체

- **굽은 도로 직진신호기사건**(대판 2000. 1. 14, 99다24201)
- **보행자신호기·차량신호기 동시 녹색사건**(대판 1999. 6. 25, 99다11120)

[사건개요]

[A] 사무귀속주체의 배상책임 — 굽은 도로 직진신호기사건(대판 2000. 1. 14, 99다24201)
A는 1997. 8. 31. 01:20경 원고(B) 소유의 승용차를 운전하여 시흥시 월곶동 350 소재 삼거리 교차로 상을 시화공단 쪽에서 인천 쪽으로 진행하다가 반대차선으로 넘어 들어가 승용차 앞 부분으로 반대차선 갓길에 있는 전주를 충격한 후 차량과 함께 전주 뒤편 약 2~3m 아래 콘크리트 구조물에 떨어져 그 자리에서 사망하였다. 사고 지점은 삼거리 교차로로서 A가 진행하는 방향은 우측으로 굽은 도로였음에도 그곳에 설치된 신호기는 도로 상황에 상응한 우측 화살표 신호가 아닌 직진 신호가 들어오도록 설치되어 있었고, 이에 교차로에 진입하던 A는 야간이었던 탓에 도로가 우측으로 굽어 있음을 알지 못한 채 단순히 신호기의 직진신호에 따라 그대로 직진하다가 사고를 일으켰다. 이에 원고는 시흥시를 상대로 손해배상을 구하는 소송을 제기하였다. 이 사건 신호기는 안산경찰서장이 피고(시흥시)의 시장으로부터 그 설치·관리업무를 위탁받아 관리하여 온 것이었다.

[B] 비용부담자의 배상책임
— 보행자신호기·차량신호기 동시 녹색사건(대판 1999. 6. 25, 99다11120)

(1) 1996. 10. 2. 밤 낙뢰로 대전광역시 대덕구 평촌동 534 주식회사 연합물산 앞 왕복 6차로 도로에 설치된 신호기에 고장이 발생하여 보행자신호기와 차량신호기에 동시에 녹색등이 표시되었다. 이러한 고장 사실이 다음날인 1996. 10. 2. 12:13경, 15:56경, 15:29경 3차례에 걸쳐 충남지방경찰청 교통정보센터에 신고되었다.

(2) 이 신호기는 대전광역시장이 설치한 것이고, 신호기의 관리권한은 당시의 도로교통법시행령 제71조의2 제 1 항의 규정에 의하여 충남지방경찰청장에게 위임되어 대전광역시 소속 공무원과 충남지방경찰청 소속 공무원이 합동근무하는 교통종합관제센터에서 그 관리업무를 담당하였다.

(3) 교통정보센터는 수리업체에 연락하여 수리하도록 하였으나 수리업체 직원이 고장난 신호등을 찾지 못하여 위 신호기가 고장난 채 방치되어 있던 중 1996. 10. 3. 15:40경 보행자신호기의 녹색등을 보고 횡단보도를 건너던 원고가 차량신호기의 녹색등을

보고 도로를 주행하던 승용차에 충격 되어 상해를 입는 교통사고가 발생하였다. 이에 원고는 대한민국을 상대로 손해배상을 청구하였다.

[판결요지]

[A] 굽은 도로 직진신호기사건(대판 2000. 1. 14, 99다24201)

당시 도로교통법 제3조 제1항에 의하여 특별시장·광역시장 또는 시장·군수(이하 '시장 등'이라고 한다)의 권한으로 규정되어 있는 도로에서의 신호기 및 안전표지의 설치·관리에 관한 권한은 동법시행령 제71조의2 제1항 제1호에 의하여 지방경찰청장 또는 경찰서장(이하 '경찰서장 등'이라고 한다)에게 위탁되었으나, 이와 같은 권한의 위탁은 이른바 기관위임으로서, 경찰서장 등은 권한을 위임한 시장 등이 속한 지방자치단체의 산하 행정기관의 지위에서 그 사무를 처리하는 것이므로, 경찰서장 등이 설치·관리하는 신호기의 하자로 인한 국가배상법 제5조 소정의 배상책임은 그 사무의 귀속 주체인 시장 등이 속한 지방자치단체가 부담한다고 할 것이다. 따라서 상고이유 중 이 사건 신호기를 현실적으로 설치·관리하는 자가 안산경찰서장임을 내세워 피고가 국가배상법 제5조 소정의 배상책임의 귀속 주체가 아니라고 다투는 부분은 받아들일 수 없다.

[B] 보행자신호기·차량신호기 동시 녹색사건(대판 1999. 6. 25, 99다11120)

(당시) 도로교통법 제3조 제1항은 특별시장·광역시장 또는 시장·군수(광역시의 군수를 제외)는 도로에서의 위험을 방지하고 교통의 안전과 원활한 소통을 확보하기 위하여 필요하다고 인정하는 때에는 신호기 및 안전표지를 설치하고 이를 관리하여야 하도록 규정하고, 도로교통법시행령 제71조의2 제1항 제1호는 특별시장·광역시장이 위 법률규정에 의한 신호기 및 안전표지의 설치·관리에 관한 권한을 지방경찰청장에게 위임하는 것으로 규정하고 있는바, 이와 같이 행정권한이 기관위임된 경우 권한을 위임받은 기관은 권한을 위임한 기관이 속하는 지방자치단체의 산하 행정기관의 지위에서 그 사무를 처리하는 것이므로 사무귀속의 주체가 달라진다고 할 수 없고, 따라서 권한을 위임받은 기관 소속의 공무원이 위임사무처리에 있어 고의 또는 과실로 타인에게 손해를 가하였거나 위임사무로 설치·관리하는 영조물의 하자로 타인에게 손해를 발생하게 한 경우에는 권한을 위임한 관청이 소속된 지방자치단체가 국가배상법 제2조 또는 제5조에 의한 배상책임을 부담하고, 권한을 위임받은 관청이 속하는 지방자치단체 또는 국가가 국가배상법 제2조 또는 제5조에 의한 배상책임을 부담하는

것이 아니므로, 지방자치단체장이 교통신호기를 설치하여 그 관리권한이 도로교통법 제71조의2 제 1 항의 규정에 의하여 관할 지방경찰청장에게 위임되어 지방자치단체 소속 공무원과 지방경찰청 소속 공무원이 합동근무하는 교통종합관제센터에서 그 관리업무를 담당하던 중 위 신호기가 고장난 채 방치되어 교통사고가 발생한 경우, 국가배상법 제 2 조 또는 제 5 조에 의한 배상책임을 부담하는 것은 지방경찰청장이 소속된 국가가 아니라, 그 권한을 위임한 지방자치단체장이 소속된 지방자치단체라고 할 것이나, 한편 국가배상법 제 6 조 제 1 항은 같은 법 제 2 조, 제 3 조 및 제 5 조의 규정에 의하여 국가 또는 지방자치단체가 손해를 배상할 책임이 있는 경우에 공무원의 선임·감독 또는 영조물의 설치·관리를 맡은 자와 공무원의 봉급·급여 기타의 비용 또는 영조물의 설치·관리의 비용을 부담하는 자가 동일하지 아니한 경우에는 그 비용을 부담하는 자도 손해를 배상하여야 한다고 규정하고 있으므로 교통신호기를 관리하는 지방경찰청장 산하 경찰관들에 대한 봉급을 부담하는 국가도 국가배상법 제 6 조 제 1 항에 의한 배상책임을 부담한다.

[해 설]

1. 쟁 점

(1) 굽은 도로 직진신호기사건과 보행자신호기·차량신호기 동시 녹색사건 모두 당시 도로교통법령에 의하여 지방경찰청장 또는 경찰서장이 지방자치단체장으로부터 권한을 위탁받아 일반 공중의 통행에 제공되어 사용되고 있는 도로에 신호기나 안전표지를 설치하여 관련된 사건이다.

(2) 굽은 도로 직진신호기사건에서는 설치·관리 비용의 부담자가 누구인지 관계없이 지방자치단체가 국가배상법 제 5 조 소정의 배상책임을 지는지 여부 등을 쟁점으로 하였고, 보행자신호기·차량신호기 동시 녹색사건에서는 비용부담자인 국가가 배상책임을 지는지 여부 등을 쟁점으로 하였다. 이하에서 이 사건들을 국가배상법상 손해배상책임의 주체의 문제로서 검토한다.

2. 손해배상책임의 주체

(1) 배상책임자로서 국가와 지방자치단체

국가배상법상 배상책임자는 국가 또는 지방자치단체이다. 헌법은 국가와 공공단체를 배상책임자로 규정하고 있으나, 국가배상법은 공공단체를 지방자치단체로 한정하고 있다. 따라서 지방자치단체를 제외한 공공단체(공법상 법인)는 다른 특별규정이 없는 한 민법규정에 의할 수밖에 없을 것이다.

(2) 사무의 귀속주체로서 배상책임자

국가배상법 제 2 조 제 1 항에서 국가 또는 지방자치단체가 배상책임을 진다고 하는 것은 당해 사무의 귀속주체에 따라서 국가사무의 경우에는 국가가 배상책임을 지고, 자치사무의 경우에 당해 지방자치단체가 배상책임을 진다는 것을 뜻한다. 기관위임사무의 경우에는 위임기관이 속한 행정주체가 배상책임을 진다.

(3) 비용부담자로서 배상책임자

㈎ 의 의 공무원의 선임·감독자와 공무원의 봉급·급여 기타의 비용부담자가 동일하지 않은 경우에는 비용부담자도 배상책임이 있다(국가배상법 제 6 조 제 1 항). 이 사건 판결에서 보는 바와 같이 판례는 기관위임사무의 경우에 있어서 수임자의 배상책임을 국가배상법 제 6 조 제 1 항의 손해배상책임으로 새기고 있다. 그런데 국가배상법 제 6 조 제 1 항은 공무원의 선임·감독자와 공무원의 봉급·급여 기타의 비용부담자가 동일하지 아니한 경우를 전제로 하므로, 판례는 기관위임사무의 경우에 공무원의 선임·감독을 맡은 자를 국가 또는 지방자치단체로 보고, 비용부담자를 기관위임사무를 현실적으로 처리하는 지방자치단체의 장으로 보는 것으로 이해된다.

㈏ 비용부담자의 의미 ① 봉급·급여 기타의 비용부담자란 봉급·급여 또는 사무집행에 소요되는 비용의 부담자를 의미한다. 여기서 비용부담자의 의미와 관련하여 형식적 비용부담자설(실질적인 비용의 부담관계를 고려함이 없이 대외적·형식적으로 비용을 지출하는 자를 의미한다는 견해)과 형식적 비용부담자뿐만 아니라 실질적 비용부담자(지방자치법이나 지방재정법 등에 따라 그 비용을 궁극적으로 부담하여야 하는 자)도 포함한다는 병합설로 나뉜다. ② 판례는 병합설을 취한다. ③ 생각건대 지방공무원의 봉급·급여는 특별회계가 아니라 일반회계에서 나온다는 점, 국가의 지방교부세 또는 특별시·광역시의 재정조정교부금은 일반회계의 내용이 된다는 점을 고려할 때, 형식적 비용부담과 실질적 비용부담의 구분은 곤란하므로, 병합설이 타당하다.

3. 평 가

(1) 굽은 도로 직진신호기사건

이 사건에서 비용부담의 여부를 불문하고 사무의 귀속주체인 피고 시흥시에게 배상책임을 인정한 것은 타당하다. 이러한 판례의 태도는 종전의 입장을 재확인하는 것이기도 하다.

(2) 보행자신호기·차량신호기 동시 녹색사건

국가배상법 제 6 조 제 1 항은 예컨대 국가사업이지만 지방자치단체가 비용을 부담하는 사업인 국영공비사업의 경우에 비용부담자인 지방자치단체에게도 손해배상책임을 부과하는 조문으로 이해된다. 그런데 국가배상법 제정당시와 달리 오늘날에는 국영공비사업을 찾아보기 어렵다. 한편, 사무의 기관위임의 경우, 수임기관이 속한 지방자치단체 등에게 손해배상책임을 명시적으로 규정하는 조문은 국가배상법에서 찾아볼 수 없다. 판례는 이러한 입법의 공백을 해석을 통해 메우고 있다. 말하자면 판례는 기관위임사무의 경우에 국가배상법 제 6 조 제 1 항을 적용하여 위임자를 선임·감독자로 보고, 수임자를 비용부담자로 보아 수임자에게 국가배상법 제 6 조 제 1 항에 따른 배상책임을 인정하고 있다.

4. 참고판례

천안시 지입차량사건(대판 1991. 6. 28, 90누6521)

(원고가 완전 직영으로 경영하는 것 등을 조건으로 자동차운송사업면허를 받아 사업을 하던 자가 A등으로부터 차량을 지입받아 A등에게 자동차운송사업을 경영하도록 함으로써 면허조건을 위반하였다는 이유로 감차처분을 하고 동시에 A등 지입차주에 지입차량에 관한 개별운송사업면허처분을 하자 원고가 A등에 대한 처분의 취소를 구한 사건에서) 국가배상법 제 6 조 제 1 항 소정의 「공무원의 봉급·급여 기타의 비용」이란 공무원의 인건비만을 가리키는 것이 아니라 당해사무에 필요한 일체의 경비를 의미한다고 할 것이고, 적어도 대외적으로 그러한 경비를 지출하는 자는 경비의 실질적·궁극적 부담자가 아니더라도 그러한 경비를 부담하는 자에 포함된다. 구 지방자치법 제131조(현행 제132조), 구 지방재정법 제16조 제 2 항(현행 제18조 제 2 항)의 규정상, 지방자치단체의 장이 기관위임된 국가행정사무를 처리하는 경우 그에 소요되는 경비의 실질적·궁극적 부담자는 국가라고 하더라도 당해 지방자치단체는 국가로부터 내부적으로 교부된 금원으로 그 사무에 필요한 경비를 대외적으로 지출하는 자이므로, 이러한 경우 지방자치단체는 국가배상법 제 6 조 제 1 항 소정의 비용부담자로서 공무원의 불법행위로 인한 같은 법에 의한 손해를 배상할 책임이 있다.

■ 평 가

(1) 이 사건 판결에서 대법원이 병합설의 입장에서 「감차처분 및 개별운송사업면허처분에 관련된 사무가 천안시장에게 재위임된 국가행정사무이어서 국가배상법 제 2 조에 의한 공무원의 선임, 감독자로서의 손해배상 책임은 국가에 있다고 하더라도, 위 사무에 소요되는 경비는 피고 시가 지출하였을 것이므로, 천안시장이 위 사무를 처리함에 있어서 원고의 주장과 같은 불법행위를 저질렀다면, 천안시는 국가배상법 제 6 조 제 1 항 소정의 비용부담자로서 이로 인한 손해를 배상할 책임이 있는 것」이라 한 것은 타당하다.

(2) 기관위임사무의 처리중에 발생한 불법행위의 경우, 수임자가 손해배상책임을 부담하는가의 여부에 관해 국가배상법은 명시적인 규정을 갖고 있지 않다(입법의 미비). 그럼에도 대법원은 종전과 마찬가지로 이 사건 판결에서 국가배상법 제 6 조 제 1 항을 근거로 하여 수임사무의 처리와 관련하여 발생하는 손해배상에 대한 책임을 수임자가 속한 행정주체도 부담한다는 것을 명시적으로 밝히고 있다(확대해석을 통한 권리보호의 확대). 국가배상법 제 6 조 제 1 항의 표현에 비추어 보면 판례의 태도에는 다소 문제가 있으나, 해석을 통해 국민의 권리보호의 범위를 확대하였다는 점에서는 긍정적으로 평가할 만하다.

[판례 42] 공무원의 손해배상책임

• 공군버스 군용지프 추돌사건

(대판 1996. 2. 15, 95다38677 전원합의체)

[사건개요]

피고 A는 공군소속 운전병으로 근무하던 1991. 7. 29. 11:00경 소속부대의 군용버스를 운전중이었다. 피고 A로서는 버스의 속력을 줄이고 전방을 잘 살펴 진로의 안전함을 확인하고 진행하는 등 하여 사고를 미연에 방지하여야 할 주의의무가 있었음에도 이를 게을리하여 철길건널목 일단정지선 부근에서 신호대기중이던 군용지프차가 정지하고 있는 것을 약 6m 전방에서 뒤늦게 발견하고 급제동조치를 취하였다. 그러나 미치지 못하여 군용버스의 앞부분으로 군용지프차의 뒷부분을 들이받았고, 그 충격으로 군용지프차로 하여금 군용지프차 앞으로 끼어 들어 서행하던 봉고트럭 뒷부분을 들이받고 이어서 때마침 그곳을 운행중이던 장항발 서울행 420호 통일호 열차와 충돌하게 하였다. 이 때문에 군용지프차에 탑승한 소속부대가 동일한 중령인 B를 뇌탈출 및 좌열창 등으로 즉사하게 하였다. 당시 피고 A는 지휘관인 B의 인솔하에 군용버스에 소속부대가 동일한 군인들을 태우고 공군 제○○전대 견학을 가기 위하여 소속 대대를 출발하여 가다가 사고를 일으켰다.

[원고들의 주장과 피고의 항변]

B의 처와 아들인 원고들은 피고 A의 과실로 인한 불법행위로 인하여 손해를 입었음을 청구원인으로 하여, 피고에 대하여 그 손해의 배상을 청구하였다. 이에 대하여 피고 A는, B 및 원고들이 사고로 인해 입은 손해는 공무원인 피고의 직무상 불법행위로 인하여 발생한 것이어서 B 및 원고들이 피고 개인을 상대로 직접 그 손해배상을 청구할 수 없으므로, 원고들의 청구에 응할 수 없다고 항변하였다.

[참고조문]

헌법 제29조 ① 공무원의 직무상 불법행위로 손해를 받은 국민은 법률이 정하는 바에 의하여 국가 또는 공공단체에 정당한 배상을 청구할 수 있다. 이 경우 공무원 자신의 책임은 면제되지 아니한다.

국가배상법 제 2 조(배상책임) ① 국가나 지방자치단체는 공무원 또는 공무를 위탁받은 사인(이하 '공무원'이라 한다)이 직무를 집행하면서 고의 또는 과실로 법령을 위반하여 타인에게 손해를 입히거나, 「자동차손해배상 보장법」에 따라 손해배상의 책임이 있을 때에는 이 법에 따라 그 손해를 배상하여야 한다. 다만, 군인·군무원·경찰공무원 또는 향토예비군대원이 전투·훈련 등 직무 집행과 관련하여 전사(戰死)·순직(殉職)하거나 공상(公傷)을 입은 경우에 본인이나 그 유족이 다른 법령에 따라 재해보상금·유족연금·상이연금 등의 보상을 지급받을 수 있을 때에는 이 법 및 「민법」에 따른 손해배상을 청구할 수 없다.

[판결요지]

[1] 헌법 제29조 제1항 단서는 공무원이 한 직무상 불법행위로 인하여 국가 등이 배상책임을 진다고 할지라도 그 때문에 공무원 자신의 민·형사책임이나 징계책임이 면제되지 아니한다는 원칙을 규정한 것이나, 그 조항 자체로 공무원 개인의 구체적인 손해배상책임의 범위까지 규정한 것으로 보기는 어렵다.

[2] 국가배상법 제2조 제1항 본문 및 제2항의 입법 취지는 공무원의 직무상 위법행위로 타인에게 손해를 끼친 경우에는 변제자력이 충분한 국가 등에게 선임감독상 과실 여부에 불구하고 손해배상책임을 부담시켜 국민의 재산권을 보장하되, 공무원이 직무를 수행함에 있어 경과실로 타인에게 손해를 입힌 경우에는 그 직무수행상 통상 예기할 수 있는 흠이 있는 것에 불과하므로, 이러한 공무원의 행위는 여전히 국가 등의 기관의 행위로 보아 그로 인하여 발생한 손해에 대한 배상책임도 전적으로 국가 등에만 귀속시키고 공무원 개인에게는 그로 인한 책임을 부담시키지 아니하여 공무원의 공무집행의 안정성을 확보하고, 반면에 공무원의 위법행위가 고의·중과실에 기한 경우에는 비록 그 행위가 그의 직무와 관련된 것이라고 하더라도 그와 같은 행위는 그 본질에 있어서 기관행위로서의 품격을 상실하여 국가 등에게 그 책임을 귀속시킬 수 없으므로 공무원 개인에게 불법행위로 인한 손해배상책임을 부담시키되, 다만 이러한 경우에도 그 행위의 외관을 객관적으로 관찰하여 공무원의 직무집행으로 보여질 때에는 피해자인 국민을 두텁게 보호하기 위하여 국가 등이 공무원 개인과 중첩적으로 배상책임을 부담하되 국가 등이 배상책임을 지는 경우에는 공무원 개인에게 구상할 수 있도록 함으로써 궁극적으로 그 책임이 공무원 개인에게 귀속되도록 하려는 것이라고 봄이 합당하다.

[3] 공무원이 직무수행 중 불법행위로 타인에게 손해를 입힌 경우에 국가 등이 국가배상책임을 부담하는 외에 공무원 개인도 고의 또는 중과실이 있는 경우에는 불법행위로 인한 손해배상책임을 진다고 할 것이지만, 공무원에게 경과실뿐인 경우에는 공무원 개인은 손해배상책임을 부담하지 아니한다고 해석하는 것이 헌법 제29조 제1항 본문과 단서 및 국가배상법 제2조의 입법취지에 조화되는 올바른 해석이다.

[4] 공무원의 직무상 위법행위가 경과실에 의한 경우에는 국가배상책임만 인정하고 공무원 개인의 손해배상책임을 인정하지 아니하는 것이 피해자인 국민의 입장에서 보면 헌법 제23조가 보장하고 있는 재산권에 대한 제한이 될 것이지만, 이는 공무수행의 안정성이란 공공의 이익을 위한 것이라는 점과 공무원 개인책임이 인정되지 아니하더라도 충분한 자력이 있는 국가에 의한 배상책임이 인정되고 국가배상책임의 인정 요건도 민법상 사용자책임에 비하여 완화하고 있는 점 등에 비추어 볼 때, 헌법 제37조 제 2 항이 허용하는 기본권 제한 범위에 속하는 것이라고 할 것이다.

[5] [3]항의 법리는 피해자가 헌법 제29조 제 2 항, 국가배상법 제 2 조 제 1 항 단서 소정의 공무원으로서 위 단서 조항에 의하여 법률에 정해진 보상 외에는 국가배상법에 의한 배상을 청구할 수 없는 경우라고 하여 달리 볼 것은 아니다. 왜냐하면 헌법 제29조 제 2 항은 군인, 군무원, 경찰공무원, 기타 법률이 정한 공무원의 경우 전투, 훈련 등 직무집행과 관련하여 받은 손해에 대하여 법률이 정하는 보상 외에 국가 등에 대하여 공무원의 직무상 불법행위로 인한 배상을 청구할 수 없도록 규정하고 있고 국가배상법 제 2 조 제 1 항 단서도 이를 이어 받아 이를 구체화하고 있지만, 이는 군인 등이 전투, 훈련 등과 관련하여 받는 손해에 한하여는 국가의 손해배상을 인정하지 아니하고 법률이 정한 보상만을 인정함이 타당하다는 헌법적 결단에 의한 것이기 때문이다.

[결론] 피고 A는 군부대 운전병으로서 공무를 수행하기 위하여 국가 소유의 사고 차량을 운전하다가 이 사건 교통사고를 일으킨 것이므로 위 차량의 운행은 헌법 제29조 제 1 항 본문 및 국가배상법 제 2 조 제 1 항에 의하여 일응 피고가 소속된 국가가 국가배상책임을 부담하여야 할 경우로 보이는바(한편 피해자인 B 역시 같은 부대 소속 군인으로서 직무집행 중 이 사건 사고로 사망한 것으로 인정되어 그 유족들인 원고들이 국가유공자예우등에관한법률 등에 의하여 보상을 받을 수 있는 경우에는 국가배상법 제 2 조 제 1 항 단서에 의하여 국가에 대하여 국가배상을 청구할 수 없게 될 것이지만, 이 점은 위에서 언급한 바와 같이 피고 개인의 손해배상책임의 인정 여부에 영향이 없다), 사고차량을 운전한 피고에게 경과실만 인정되는 경우에는 공무원 개인인 피고에게는 불법행위로 인한 손해배상책임을 물을 수 없지만 피고에게 중과실이 있는 것으로 인정되는 경우에는 피고 개인에게도 손해배상책임을 물을 수 있다고 할 것이다.

[해 설]

1. 쟁 점

이 사건에서는 ① 헌법 제29조 제 1 항 단서의 취지, ② 국가배상법 제29조 제 1 항 본문 및 제 2 항의 입법 취지, ③ 공무원이 직무수행 중 불법행위로 타인에게 손해를 입힌 경우, 공무원 개인의 손해배상책임 유무(=제한적 긍정설), ④ 경과실에 의한 공무원의 직무상 위법행위에 대하여 공무원 개인의 손해배상책임을 인정하지 않는 것이 헌법 제23조에 위배되는지 여부, ⑤ 앞의 ③의 법리는 피해자가 군인 등 헌법 제29조 제 2 항, 국가배상법 제 2 조 제 1 항 단서 소정의 공무원의 경우에는 달리 보아야 하는지 여부 등을 쟁점으로 하였다. 이하에서는 다만 ③을 중심으로 검토한다.

2. 공무원의 손해배상책임

(1) 학설 · 판례

공무원의 손해배상책임의 유무와 관련하여 ① 학설은 전부긍정설(헌법 제29조 제 1 항 단서와 국가배상법 제 2 조 제 2 항, 그리고 국민의 재산권의 두터운 보호를 논거로 한다) · 부정설(공무원이 공무수행에 전념하도록 할 필요가 있고, 국가는 변제능력이 충분하다는 점을 논거로 한다) · 부분긍정설(피해자의 보호, 공무원의 보호, 위법행위의 억제 등이 요청이 조화되어야 한다는 점을 논거로 한다)로 나뉜다. ② 대상판결은 공무원에게 고의 또는 중과실이 있는 때에는 공무원 개인도 피해자에 대하여 민사상 손해배상책임을 지고, 경과실만 있는 때에는 책임을 지지 아니한다는 입장이다.

(2) 사 견

국가책임의 본질을 대위책임으로 보는 본서는 공무원의 피해자에 대한 민사상손해배상책임을 부인하는 입장을 취하는바, 피해자의 국가와 공무원에 대한 선택적인 청구는 불가하다고 본다. 말하자면 국가나 지방자치단체에 대해서만 배상의 청구가 가능하다고 본다. 선택적 청구의 배제는 ① 피해자에게는 담보력이 충분한 자에 의한 배상의 보장을, ② 가해자인 공무원에게는 피해자로부터 직접적인 배상청구를 피함으로써 공무집행에 전념하게 하도록 하기 위함이다.

3. 평 가

(1) 이 사건 판결은 국가책임의 본질을 절충설의 입장에서 파악한다. 즉, 공무원의

위법행위가 고의 또는 중과실에 의한 것인 때의 국가책임은 대위책임과 자기책임의 양면성을 갖지만, 경과실에 의한 것인 때에는 국가에 구상권이 부인된다는 것을 이유로 국가책임을 자기책임으로 보는바, 이 사건 판결은 당연히 공무원의 손해배상책임에 대하여 부분긍정설을 취한다.

(2) 이 사건 판결에 대해서는 ① 중과실의 의미를 넓게 새기게 되면, 공무원의 보호가 충분하지 않다는 지적이 가능하고, ② 헌법이나 국가배상법은 가해자인 공무원의 가해행위가 고의 또는 중대한 과실에 의한 것인지, 아니면 경과실에 의한 것인지를 구분하여 공무원의 손해배상책임의 유무를 규정하고 있지 아니함에도 불구하고 해석을 통하여 양자를 구분하고, 경과실의 경우에는 손해배상책임을 지지 아니한다고 하는 것은 해석론상 지나치다는 지적도 가능하다.

(3) 판례는 과거에 ① 공무원의 손해배상책임을 인정하면서 국가와 공무원에 대한 선택적인 청구가 가능하다는 입장을 취하였으나, 그 후 ② 국가와 공무원에 대한 선택적인 청구가 불가능하다는 입장으로 선회하였다가, ③ 이 사건 판결에 와서는 고의나 중대한 과실이 있는 경우에는 선택적 청구가 가능하지만, 경과실이 있는 경우에는 선택적 청구를 할 수 없다고 입장을 변경하였다.

4. 참고판례

[1] 공무원에 대한 손해배상청구가 가능하다는 초기의 판례

(공무집행으로 이루어진 분묘발굴행위로 피해를 입었다고 하면서 공무원을 상대로 제기한 손해배상청구소송에서) 공무원의 직무상 불법행위로 손해를 받은 국민이 국가 또는 공공단체에 배상을 청구하는 경우 국가 또는 공공단체에 대하여 그의 불법행위를 이유로 손해배상을 구함은 국가배상법이 정한바에 따른다 하여도 이 역시 민사상의 손해배상 책임을 특별법인 국가배상법이 정한데 불과하며 헌법 제26조 단서는 국가 또는 공공단체가 불법행위로 인한 손해배상책임을 지는 경우 공무원 자신의 책임은 면제되지 아니한다고 규정하여 공무원의 직무상 불법행위로 손해를 받은 국민이 공무원 자신에게 대하여도 직접 그의 불법행위를 이유로 손해배상을 청구할 수 있음을 규정하여 국가배상법의 공무원 자신의 책임에 관한 규정여하를 기다릴것 없이 공무원 자신이 불법행위를 이유로 민사상의 손해배상책임을 져야 할 법리이다(대판 1972. 10. 10, 69다701).

[2] 공무원에 대한 손해배상청구가 불가하다는 변경된 판례

(금산경찰서 경비과장인 원고가 금산경찰서장의 승낙을 얻어 트럭 적재함에 위 경찰서에 파견근무 중이던 방위병 A를 탑승시킨 후 위 운전하던 중 과실로 제방 아래로 추락 전도케 함으로써 A에게 상해를 입게 한 후 A에게 손해배상금으로 지급하기로 서면에 의한 합의를 한 후 보험회사에 보험금을 청구한 사건에서) 공무원의 직무상 불법행위로 인하여 손해를 받은 사람은 국가 또는 공공단체를 상대로 손해배상을 청구할 수 있고, 이 경우에 공무원에게 고의 또는 중대한 과실이 있는 때에는 국가 또는 공공단체는 그 공무원에게 구상할 수 있을 뿐, 피해자가 공무원 개인을 상대로 손해배상을 청구할 수 없는 것이다. 원심이 국가가 공무원의 직무상 불법행위로 인한 책임을 지는 경우에도 공무원 자신의 책임은 면제되지 아니한다 하여 피고(교통사고를 낸 방위병이 운전하였던 관용트럭을 피보험자동차로 하여 금산경찰서장이 자동차보험에 가입한 한국자동차보험 주식회사)는 원고에게 이 사건 보험계약에 따른 보험금을 지급할 의무가 있다고 판시한 것은 구 헌법 제28조 제 1 항, 국가배상법 제 2 조 제 1 항에 관한 법리를 오해하여 판결에 영향을 미친 위법이 있다(대판 1994. 4. 12, 93다11807).

[판례 43] 경찰관의 이중배상배제

• **낙석사고로 사망한 경찰관사건**(대판 2011. 3. 10, 2010다85942)

[사건개요]

A경찰공무원이 낙석사고가 일어난 지점 주변의 교통 정리를 위하여 순찰차를 운전하여 그 사고현장 부근으로 가다가 산에서 떨어진 소형 차량 크기의 낙석이 순찰차를 덮침으로써 사망하였고, A의 상속인들이 국가배상법 제5조에 따라 손해배상을 청구하였다. 피고(경상북도)는 국가배상법(2005. 7. 13. 법률 제7584호로 개정된 것) 제2조 제1항 단서(이하 '이 사건 면책조항'이라고 한다)에 의하여 피고가 같은 법 및 민법에 의한 손해배상책임에서 면제된다고 주장하였다.

[원심판단](서울고등법원 2010. 9. 10. 선고 2010나2697 판결)(청구기각)
① 종전 면책조항에 대하여 대법원과 헌법재판소가 헌법 제29조 제2항과 실질적으로 내용을 같이하는 규정이라고 해석하여 왔는데, 이 사건 면책조항은 "전투·훈련 등 직무집행"이라고 규정하여 헌법 제29조 제2항과 동일한 표현으로 개정이 이루어졌으므로 그 개정에도 불구하고 그 실질적 내용은 동일한 것으로 보이는 점, ② 이 사건 면책조항이 종전의 '전투·훈련 기타'에서 '전투·훈련 등'으로 개정되었는데 통상적으로 '기타'와 '등'은 같은 의미로 이해되고 이 경우에 다르게 볼 특수한 사정이 엿보이지 않는 점, ③ 위 개정 과정에서 국가 등의 면책을 종전보다 제한하려는 내용의 당초 개정안이 헌법의 규정에 반한다는 등의 이유로 이 사건 면책조항으로 수정이 이루어져 국회를 통과한 점, ④ 이 사건 면책조항은 군인연금법이나 '국가유공자 등 예우에 관한 법률' 등의 특별법에 의한 보상을 지급받을 수 있는 경우에 한하여 국가나 지방자치단체의 배상책임을 제한하는데, '국가유공자 등 예우에 관한 법률'에 의한 보훈급여금 등은 사회보장적 성격을 가질 뿐만 아니라 국가를 위한 공헌이나 희생에 대한 응분의 예우를 베푸는 것으로서, 불법행위로 인한 손해를 전보하는 데 목적이 있는 손해배상제도와는 그 취지나 목적을 달리하지만, 실질적으로 사고를 당한 피해자 또는 유족의 금전적 손실을 메운다는 점에서 배상과 유사한 기능을 수행하는 측면이 있음을 부인할 수 없다는 사정 등을 고려하면 이 사건 면책조항이 국민의 기본권을 과도하게 침해한다고도 할 수 없다는 점 등을 종합할 때, 이 사건 면책조항은 종전 면책조항과 마찬가지로 전투·훈련 또는 이에 준하는 직무집행뿐만 아니라 일반 직무집행에 관하여도 국가나 지방자치단체의 배상책임을 제한하는 것이다.

[판결요지]

이 사건 면책조항에 관한 위와 같은 원심의 해석 및 판단은 정당하고, 거기에 상고이유의 주장과 같이 이 사건 면책조항 또는 보훈급여금 등에 관한 법리를 오해한 위법

이 있다고 할 수 없다

[해 설]

1. 쟁 점

이 사건에서는 전투·훈련이 아니라 일반적인 직무집행인 주변 교통정리와 관련된 직무를 수행하다가 경찰관이 순직한 경우는 국가배상법 제 2 조 단서에 의해 이중배상이 배제되는 경우에 해당하는가의 여부를 쟁점으로 하였다. 이러한 쟁점은 국가배상법 제 2 조 단서 부분이 2005. 7. 13. 개정된 것과 관련한다. 이하에서 군인·군무원·경찰공무원 등의 이중배상배제의 문제로 검토한다.

[2005. 7. 13. 개정 전 국가배상법 제 2 조 단서 중 제 1 문]

군인·군무원·경찰공무원 또는 향토예비군대원이 전투·훈련·기타 직무집행과 관련하거나 국방 또는 치안유지의 목적상 사용하는 시설 및 자동차·함선·항공기·기타 운반기구안에서 전사·순직 또는 공상을 입은 경우에 …

[2005. 7. 13. 개정 후 국가배상법 제 2 조 단서 중 제 1 문]

군인·군무원·경찰공무원 또는 향토예비군대원이 전투·훈련 등 직무집행과 관련하여 전사·순직 또는 공상을 입은 경우에 …

2. 군인·군무원 등의 이중배상배제

(1) 규정내용

당시 국가배상법 제 2 조 제 1 항 단서는「군인·군무원·경찰공무원 또는 향토예비군대원이 전투·훈련 기타 직무집행과 관련하거나 국방 또는 치안유지의 목적상 사용하는 시설 및 자동차·함선·항공기 기타 운반기구 안에서 전사·순직 또는 공상을 입은 경우에 본인 또는 유족이 다른 법령의 규정에 의하여 재해보상금·유족연금·상이연금 등의 보상을 지급받을 수 있는 때에는 이 법 및 민법의 규정에 의한 손해배상을 청구할 수 없다」고 규정하여 군인 등 특별한 신분을 가진 자에 대하여 이중배상을 금지하고 있었다(동 규정은 2005. 7. 13.에 개정되었다. 이 개정에서 이중배상배제의 사항적 범위가 축소되었다).

(2) 규정의 성격

(가) **대법원**(제도의 취지) 대법원은「군인·군무원 등의 이중배상배제의 제도는, 직무집행과 관련하여 피해를 입은 군인 등이 간편한 보상절차에 의하여 자신의 과실

유무나 그 정도와 관계없이 무자력의 위험부담이 없는 확실하고 통일된 피해보상을 받을 수 있도록 보장하는 대신에, 피해 군인 등이 국가 등에 대하여 공무원의 직무상 불법행위로 인한 손해배상을 청구할 수 없게 함으로써, 군인 등의 동일한 피해에 대하여 국가 등의 보상과 배상이 모두 이루어짐으로 인하여 발생할 수 있는 과다한 재정지출과 피해 군인 등 사이의 불균형을 방지하고, 또한 가해자인 군인 등과 피해자인 군인 등의 직무상 잘못을 따지는 쟁송이 가져올 폐해를 예방하려는 것」이라 한다(대판 2001. 2. 15, 96다42420).

(나) **헌법재판소**(합헌성) 헌법재판소는「국가배상법 제 2 조 제 1 항 단서는 헌법 제29조 제 1 항에 의하여 보장되는 국가배상청구권을 헌법 내재적으로 제한하는 헌법 제29조 제 2 항에 직접 근거하고, 실질적으로 그 내용을 같이하는 것이므로 헌법에 위반된다고 할 수 없다」고 하였다(헌재 1995. 12. 28. 95헌바3 전원재판부; 헌재 2001. 2. 22. 2000헌바38 전원재판부).

(다) **사 견** 국가배상법에 의한 배상은「불법에 대한 배상」이며, 다른 법령에 의한 보상은「국가에 바친 헌신에 대한 보상」이어서 양자는 목적을 달리한다. 따라서 이중배상을 금하는 헌법과 국가배상법의 관련규정은 비합리적이라 생각된다.

(3) 적용대상자

헌법상 이중배상이 배제되는 자는 군인 · 군무원 · 경찰공무원이고 국가배상법에서는 향토예비군대원을 추가하여 규정하고 있다. 국가배상법이 향토예비군을 이중배상배제의 대상자로 규정한 것이 위헌인지 여부가 다투어진 사안에서 헌법재판소는 합헌으로 보았다(헌재 1996. 6. 13. 94헌바20).

(4) 공동불법행위와 구상

국가와 공동불법행위책임이 있는 민간인의 국가에 대한 구상권 행사와 관련하여 종례 판례는 이중배상배제를 이유로 국가와 공동불법행위책임이 있는 자의 국가에 대한 구상권행사를 전면 부인하였다. 이에 대하여 헌법재판소는「일반국민이 직무집행중인 군인과의 공동불법행위로 직무집행중인 다른 군인에게 공상을 입혀 그 피해자에게 공동의 불법행위로 인한 손해를 배상한 다음 공동불법행위자인 군인의 부담부분에 관하여 국가에 대하여 구상권을 행사하는 것을 허용하지 아니한다고 해석하는 한, 헌법에 위반된다」고 하였다.

3. 평 가

(1) 2005. 7. 13. 개정 전 법률에서 사용된 '기타'의 의미와 2005. 7. 13. 개정 후 법률에서 사용된 '등'의 의미는 동일하다고 볼 것이므로 2005. 7. 13. 개정 법률로 일반적인 직무를 집행하는 경찰관은 이중배상배제에서 제외되었다고 볼 수는 없다. 이러한 의미에서 판례의 태도는 타당하다.

(2) 그러나 군인·군무원·경찰공무원 등에 대한 이중배상의 배제는 폐지되어야 한다는 저자의 입장에서 보면, 이 판결 역시 문제가 있다.

4. 참고판례

[1] 민간인·군인의 다른 군인에 대한 공동불법행위시 민간인의 구상권 범위 — 의무경찰대원 오토바이충돌사건(대판 2001. 2. 15, 96다42420)

(민간인과 직무집행중인 군인 등의 공동불법행위로 인하여 직무집행 중인 다른 군인 등이 피해를 입은 경우, 민간인의 피해 군인 등에 대한 손해배상의 범위 및 민간인이 피해 군인 등에게 자신의 귀책부분을 넘어서 배상한 경우) 공동불법행위자 등이 부진정연대채무자로서 각자 피해자의 손해 전부를 배상할 의무를 부담하는 공동불법행위의 일반적인 경우와 달리 예외적으로 민간인은 피해 군인 등에 대하여 그 손해 중 국가 등이 민간인에 대한 구상의무를 부담한다면 그 내부적인 관계에서 부담하여야 할 부분을 제외한 나머지 자신의 부담부분에 한하여 손해배상의무를 부담하고, 한편 국가 등에 대하여는 그 귀책부분의 구상을 청구할 수 없다

[2] 기타

헌재 1994. 12. 29, 93헌바21 전원재판부(민간인·군인의 다른 군인에 대한 공동불법행위시 민간인의 구상권 범위—육군중사 오토바이 사고 관련 국가배상법 제 2 조 제 1 항 단서 위헌소원사건)

[판례 44] 공용제한과 손실보상

• **동두천시 강변우회도로사건**(대판 2006. 9. 28, 2004두13639)

[사건개요]

2001. 7. 23. 원고는 자신 소유의 이 사건 토지가 도로로 사용되고 있다는 이유로 당시 도로법 제79조의 규정에 따라 경기도지방토지수용위원회에 손실보상의 재결신청을 하였고, 위 위원회는 이 날 재결이유에서는 당시 도로법 제79조에 근거하여 이 사건 토지를 수용하기로 한다고 기재하면서도 재결의 주문란에는 단순히 이 사건 토지의 손실보상금을 8,944,000원으로 한다고 기재하여 재결하였다.

2001. 11. 13. 원고가 위 재결에 불복하여 피고 중앙토지수용위원회(이하 '중토위'라 한다)에 이의신청을 하자, 피고 중토위는 이 날, 피고 동두천시가 이 사건 토지를 도로로 사용하는 것은 당시 도로법 제79조 제 1 항의 규정에 의한 손실보상청구의 대상이 되지 아니하고, 경기도지방토지수용위원회의 수용재결 또한 법률상 근거 없이 이루어졌다는 이유로 "2001. 7. 23. 경기도지방토지수용위원회에서 이 사건 토지에 대하여 한 수용재결을 취소한다"는 내용의 이의재결(이하 '이 사건 이의재결'이라 한다)을 하였다. 이에 원고는 토지수용이의재결처분취소등을 구하는 소를 제기하였다.

[참고조문]

(당시) **도로법 제 5 조**(사권의 제한) 도로를 구성하는 부지, 옹벽, 기타의 물건에 대하여서는 사권을 행사할 수 없다. 다만, 소유권을 이전하거나 저당권을 설정함은 그러하지 아니하다.

제79조(공용부담으로 인한 손실보상) ① 이 법의 규정에 의한 처분이나 제한으로 인하여 손실을 받은 자가 있을 때에는 건설교통부장관이 행한 처분이나 제한으로 인한 것은 국고에서, 기타의 행정청이 행한 처분이나 제한으로 인한 것은 당해 행정청이 속하는 지방자치단체에서 그 손실을 보상하여야 한다.

② 제 1 항의 규정에 의한 손실의 보상에 관하여는 건설교통부장관 기타의 행정청이 그 손실을 받은 자와 협의하여야 한다.

③ 제 2 항의 규정에 의한 협의가 성립되지 아니하거나 협의를 할 수 없을 때에는 대통령령이 정하는 바에 의하여 관할 토지수용위원회에 재결을 신청할 수 있다.

[판결요지]

당시 도로법 제10조 등은 당시 도시계획법에 의한 도시계획사업으로 설치된 도로에 관하여 당시 도로법 제79조를 준용하고 있고, 당시 도로법 제79조는 도로법의 규정에 의하여 건설교통부장관 또는 기타의 행정청이 행한 처분이나 제한으로 인한 손실을 받은 자가 있을 때에는 국가나 지방자치단체는 그 손실을 보상하여야 한다고 규정하고 있는바, 도로의 공용개시행위로 인하여 공물로 성립한 사인 소유의 도로부지 등에 대하여 도로법 제 5 조에 의하여 사권의 행사가 제한됨으로써 그 소유자가 손실을 받았다고 하더라도 이와 같은 사권의 제한은 건설교통부장관 또는 기타의 행정청이 행한 것이 아니라 도로법이 도로의 공물로서의 특성을 유지하기 위하여 필요한 범위 내에서 제한을 가하는 것이므로, 이러한 경우 도로부지 등의 소유자는 국가나 지방자치단체를 상대로 하여 부당이득반환청구나 손해배상청구를 할 수 있음은 별론으로 하고 도로법 제79조에 의한 손실보상청구를 할 수는 없다.

[해　　설]

1. 쟁　　점

이 사건 판결은 당시 도로법 제79조의 해석을 전제로 도로의 공용개시행위로 인하여 공물로 성립한 사인 소유의 도로부지 등에 대하여 당시 도로법 제 5 조에 따라 사권의 행사가 제한됨으로써 그 소유자가 손실을 받은 경우, 도로부지 등의 소유자가 도로법 제79조에 의한 손실보상청구를 할 수 있는지 여부를 쟁점으로 하였다. 이하에서 이 사건을 「손실보상청구권의 법적 근거」의 문제로서 검토한다.

2. 손실보상청구권의 법적 근거

(1) 이론적 근거

손실보상제도는 공익과 사익이 충돌하는 경우에 공익이 우선되어야 하지만, 공익을 위해 희생된 사익은 보호되어야 한다는 사고(思考)에 바탕을 두고 있다. 이러한 사고는 「희생사상」으로 불린다. 우리 헌법 제23조 제 3 항은 희생사상을 받아들인 것이라 할 수 있다. 희생사상은 학설상 특별희생설(特別犧牲說)로 불리고 있다. 특별희생설은 우리의 통설 · 판례의 입장이다.

(2) 실정법적 근거

(가) **일 반 론**　　① 헌법 제23조 제 3 항은 「공공필요에 의한 재산권의 수용 · 사용 또는 제한 및 그에 대한 보상은 법률로써 하되, 정당한 보상을 지급하여야 한다」고 규정하고 있다. 따라서 보상에 관한 사항은 법률로 정하여야 한다. ② 현재로서 손실보

상에 관한 일반법은 없다. 공익사업에 필요한 토지 등의 수용 및 사용과 그 손실보상에 관한 일반법으로 「공익사업을 위한 토지 등의 취득 및 보상에 관한 법률」이 있다.

(나) **보상규정이 없는 경우** 문제는 개별 법률에서 침해의 근거는 규정하지만, 보상에 관한 규정이 없는 경우에 헌법을 근거로 손실보상을 청구할 수 있는가의 여부이다. 학설은 ① 헌법 제23조 제 3 항은 방침규정이므로 청구할 수 없다는 견해(방침규정설), ② 보상규정 없이 침해만 규정하는 법률은 헌법 제23조 제 3 항에 반하는 위헌법률이므로 손실보상이 아니라 손해배상을 청구할 수 있다는 견해(위헌무효설), ③ 헌법 제23조 제 3 항을 직접적인 근거로 하여 청구할 수 있다는 견해(직접효력규정설), ④ 헌법 제23조 제 3 항, 헌법 제10조(인간의 존엄·가치), 헌법 제11조(평등권), 헌법 제23조 제 1 항(재산권의 보장) 등을 근거로 청구할 수 있다는 견해(간접효력규정설, 유추적용설)가 있다. 간접효력규정설(유추적용설)이 유력한 견해로 보인다. 판례는 손실보상청구권의 인정에 긍정적이지만, 그 근거는 일정하지 않다.

3. 평 가

(1) 이 사건에서 원고가 입은 손실은 행정청이 행한 처분이나 제한으로 인한 것이 아니라 도로법 제 5 조에 의한 것이므로, 행정청이 행한 처분이나 제한으로 인한 손실의 보상을 규정하는 당시 도로법 제79조에 근거하여 보상을 청구할 수는 없다. 따라서 이러한 취지의 이 사건 판결은 타당하다.

(2) 도로법에는 원고가 입은 손실의 보상에 관해 직접 규정하는 조문을 찾아볼 수 없다. 도로법 제 5 조의 공용제한은 공익(공공의 필요)을 위한 것이고, 재산권에 대한 것이고, 적법한 침해이고, 그 침해는 특별한 희생을 가져오는 것이라고 볼 때, 도로법 제 5 조로 인한 침해는 위의 2.(2)(나)에서 언급한 간접효력규정설에 따라 손실보상의 문제로 처리하는 것이 합리적이다. 그러나 대법원은 이 사건 판결에서 「도로부지 등의 소유자는 국가나 지방자치단체를 상대로 하여 부당이득반환청구나 손해배상청구를 할 수 있다」고 하여 도로법 제 5 조로 인한 침해의 보상문제를 부당이득반환청구 내지 손해배상청구로 해결할 수 있다고 하고 있다. 이는 보상이라는 결과에 초점을 맞춘 것일 뿐, 손실보상법리의 논리체계에는 적합하지 않다.

4. 참고판례

[1] 대천시 보령화력발전소사건(대판 2002. 11. 26, 2001다44352)

(피고 한국전력공사는 보령화력발전소 건설로 인한 인근 어민 김양식어장의 피해보상에 대한 보상금은 지급하기로 하였으나, 김양식어업 폐지로 김종묘를 공급하던 원고들의 보상요구는 거절하였다. 이에 김종묘업자가 손해배상을 청구한 사건에서) (1) 공공사업의 시행 결과 그로 인하여 기업지 밖에 미치는 간접손실에 관하여 피해자와 사업시행자 사이에 협의가 이루어지지 아니하고 그 보상에 관한 명문의 근거 법령이 없는 경우라고 하더라도, 헌법 제23조 제 3 항은 「공공필요에 의한 재산권의 수용·사용 또는 제한 및 그에 대한 보상은 법률로써 하되, 정당한 보상을 지급하여야 한다」고 규정하고 있고, 이에 따라 국민의 재산권을 침해하는 행위 그 자체는 반드시 형식적 법률에 근거하여야 하며, 토지수용법 등의 개별 법률에서 공익사업에 필요한 재산권 침해의 근거와 아울러 그로 인한 손실보상 규정을 두고 있는 점, 공공용지의취득및손실보상에관한특례법 제 3 조 제 1 항은 「공공사업을 위한 토지 등의 취득 또는 사용으로 인하여 토지 등의 소유자가 입은 손실은 사업시행자가 이를 보상하여야 한다」고 규정하고, 같은법시행규칙 제23조의2 내지 7에서 공공사업시행지구 밖에 있는 영업과 공작물 등에 대한 간접손실에 대하여도 일정한 조건하에서 이를 보상하도록 규정하고 있는 점 등에 비추어, 공공사업의 시행으로 인하여 그러한 손실이 발생하리라는 것을 쉽게 예견할 수 있고 그 손실의 범위도 구체적으로 이를 특정할 수 있는 경우라면, 그 손실의 보상에 관하여 공공용지의취득및손실보상에관한특례법시행규칙의 관련 규정 등을 유추적용할 수 있다고 해석함이 상당하다.

(2) 관계 법령이 요구하는 허가나 신고없이 김양식장을 배후지로 하여 김종묘생산어업에 종사하던 자들의 간접손실에 대하여 그 손실의 예견가능성이 없고, 그 손실의 범위도 구체적으로 특정하기 어려워 공공용지의취득및손실보상에관한특례법시행규칙상의 손실보상에 관한 규정을 유추적용할 수 없다.

[2] 기타

(1) 대판 2004. 9. 23, 2004다2558(유추해석과 손실보상청구권 — 김포시 도로부지편입사건)
(2) 대판 1972. 11. 28, 72다1597(「법리」라는 표현을 근거로 한 손실보상청구권)
(3) 대판 1966. 10. 18, 66다1715(불법행위 — 대구 동촌비행장 방수로부지 점용사건)

[판례 45] 손실보상청구권의 성립요건으로서 공공의 필요

• **안성시 골프장인가사건**(헌재 2011. 6. 30, 2008헌바166)

[사건개요]

2007. 5. 21. 경기도지사는 청구인들 소유의 토지를 포함한 안성시 A지역 일원에 대하여 안성 도시관리계획(용도지역변경, 도시계획시설)을 결정 · 고시하였다.

2007. 11. 21. 안성시장은 안성시 A지역 일원에 대한 도시계획시설사업(종류: 체육시설, 명칭: B컨트리 클럽, 사업시행자: 주식회사 C코리아)에 관한 실시계획을 인가 · 고시하였다.

2008. 3. 6. 안성시장은 위 도시계획시설사업에 관한 실시계획인가 변경신청(종류: 체육시설, 명칭: D컨트리클럽, 사업시행자: 주식회사 E)을 인가 · 고시하였다.

2008. 6. 23. 위 사업의 시행자인 주식회사 E는 위 청구인들과 그들 소유의 토지들에 관한 보상협의를 시도하였으나 협의가 이루어지지 아니하자 경기도지방토지수용위원회에 위 토지들에 대한 재결신청을 하였고, 경기도지방토지수용위원회는 이 날짜로 위 토지들에 대한 수용재결을 하였다.

2008. 7. 15. 청구인들은 수원지방법원에 경기도지방토지수용위원회를 상대로 위 수용처분의 취소를 구하는 소를 제기하였으며, 위 소송계속 중 공공필요성이 없는 사업을 위해 민간기업에게 토지수용권을 부여하고 있는 '국토의 계획 및 이용에 관한 법률' 제95조 제 1 항 등이 헌법 제23조 제 3 항, 제37조 제 2 항 등에 위반된다는 이유로 위헌법률심판제청신청을 하였다.

2008. 11. 17. 청구인들의 신청은 기각되었다.

2008. 12. 24. 청구인들은 사건 헌법소원심판을 청구하였다.

[심판대상]

국토의 계획 및 이용에 관한 법률(2002. 2. 4. 법률 제6655호로 제정된 것) **제 2 조**(정의) 이 법에서 사용하는 용어의 정의는 다음과 같다.

6. "기반시설"이라 함은 다음 각 목의 시설로서 대통령령으로 정하는 시설을 말한다.

라. 학교 · 운동장 · 공공청사 · 문화시설 · 체육시설 등 공공 · 문화체육시설

제95조(토지 등의 수용 및 사용) ① 도시계획시설사업의 시행자는 도시계획시설사업에 필요한 다음 각 호의 물건 또는 권리를 수용 또는 사용할 수 있다.

1. 토지 · 건축물 또는 그 토지에 정착된 물건
2. 토지 · 건축물 또는 그 토지에 정착된 물건에 관한 소유권 외의 권리

[결정요지](일부 발췌)

[1] 도시계획시설사업은 도로 · 철도 · 항만 · 공항 · 주차장 등 교통시설, 수도 · 전기 · 가스공급설비 등 공급시설과 같은 도시계획시설을 설치 · 정비 또는 개량하여 공공복리를 증진시키고 국민의 삶의 질을 향상시키는 것을 목적으로 하고 있으므로, 도시계획시설사업은 그 자체로 공공필요성의 요건이 충족된다.

[2] 그 자체로 공공필요성이 인정되는 교통시설이나 수도 · 전기 · 가스공급설비 등 국토계획법상의 다른 기반시설과는 달리, 기반시설로서의 체육시설의 종류와 범위를 대통령령에 위임하기 위해서는, 체육시설 중 공공필요성이 인정되는 범위로 한정해 두어야 한다. 그러나 이 사건 정의조항은 체육시설의 구체적인 내용을 아무런 제한 없이 대통령령에 위임하고 있으므로, 기반시설로서의 체육시설의 구체적인 범위를 결정하는 일을 전적으로 행정부에게 일임한 결과가 되어 버렸고, 이로 인해 시행령에서 공공필요성을 인정하기 곤란한 일부 골프장과 같은 시설까지도 체육시설의 종류에 속하는 것으로 규정되는 경우에는 그러한 시설을 설치하기 위해서까지 수용권이 과잉행사될 우려가 발생하게 된다. 그렇다면, 이 사건 정의조항은 개별 체육시설의 성격과 공익성을 고려하지 않은 채 구체적인 범위를 한정하지 않고 포괄적으로 대통령령에 입법을 위임하고 있으므로 헌법상 위임입법의 한계를 일탈하여 포괄위임금지원칙에 위배된다.

[해　설]

1. 쟁　점

민간기업이 도시계획시설사업의 시행자로서 도시계획시설사업에 필요한 토지 등을 수용할 수 있도록 규정한 국토계획법 제95조 제 1 항의 "도시계획시설사업의 시행자" 중 "제86조 제 7 항"의 적용을 받는 부분이 헌법 제23조 제 3 항 소정의 공공필요성 요건을 결여하거나 과잉금지원칙을 위반하여 재산권을 침해하는지 여부 등을 쟁점으로 하였다. 이하에서는 손실보상청구권의 성립요건의 문제로서 살펴본다.

2. 손실보상청구권

(1) 의　의

행정상 손실보상청구권이란 국가나 지방자치단체가 공공의 필요에 응하기 위한 적법한 공권력을 행사하여 사인의 재산권에 특별한 희생을 가한 경우, 그 사인이 피해의 보상을 구할 수 있는 권리를 말한다.

(2) 근 거

현재로서 손실보상에 관한 일반법은 없다. 공익사업에 필요한 토지 등의 수용 및 사용과 그 손실보상에 관한 일반법으로 「공익사업을 위한 토지 등의 취득 및 보상에 관한 법률」이 있다. 그 밖에 손실보상을 규정하는 개별 법률(예: 도로법 제92조; 하천법 제76조)도 적지 않다.

(3) 요 건

㈎ **개 관** ① 개별 법률에서 손실보상청구권을 규정하고 있다면, 손실보상청구권의 성립 여부는 그 법률에서 정한 바에 따라 판단하면 된다. 그러한 법률도 분석해 보면, 모두 공공필요, 재산권, 침해, 특별한 희생을 개념요소로 한다. 나누어서 보기로 한다.

㈏ **공공필요** 손실보상청구권은 공공필요를 위해 재산권에 침해가 이루어지는 경우에 인정된다. 공공필요란 도로·항만의 건설 등 일정한 사업만을 의미하는 것은 아니다. 그것은 넓게 새겨야 하며, 무릇 일반 공익을 위한 것이면 공공필요에 해당하는 것으로 보아야 한다. 오로지 국고목적, 즉 재정확보를 목적으로 하는 것은 여기서 말하는 공공필요에 해당하지 않는다. 왜냐하면 수용은 국유재산의 증대를 위한 것이 아니기 때문이다.

㈐ **재 산 권** 손실보상청구권은 재산권에 대한 침해가 있는 경우에 인정된다. 재산권의 종류는 물권인가 채권인가를 가리지 않고 공법상의 권리인가 사법상의 권리인가도 가리지 않는다. 재산적 가치 있는 모든 공권과 사권이 침해의 대상이 될 수 있다.

㈑ **침 해** 손실보상청구권은 재산권에 대한 침해가 있는 경우에 인정된다. 침해에는 수용·사용·제한이 있다. 수용이란 재산권을 박탈하는 것을 의미하며, 사용이란 재산권을 일시 사용하는 것을 의미하며, 제한이란 재산권의 사용·수익을 제한하는 것을 말한다.

(4) 특별한 희생

손실보상청구권은 재산권에 대한 침해가 있고, 그 침해가 특별한 희생에 해당하는 경우에 인정된다. 특별한 희생이란 사회적 제약을 벗어나는 희생을 말한다. 따라서 사회적 제약을 벗어나는 재산권규제에는 보상이 따라야 한다. 특별희생의 존부는 중대설·특별희생설 등을 활용하면서 수인가능성·경찰상 위험성·부동산의 상환구속성 등을 종합하여 판단하여야 할 것이다[판례 46을 보라].

(5) 보상규정

① 보상규정이 있는 경우는 헌법 제23조 제3항이 예정하고 있는 형태의 손실보상이 되고, ② 개별 법률이 보상규정을 두지 않고 다만 특별한 희생을 수반하는 공용침해만을 규정한다면, 이러한 경우에는 헌법 제23조 제3항이 아니라 헌법 제23조 제1항 및 제11조 그리고 제23조 제3항 및 관계규정의 종합적인 해석상 인정되는 형태의 손실보상이 된다.

3. 평 가

이 결정은 공공필요성의 유무의 판단기준을 비교적 구체적으로 적시하고 있다는 점에서 긍정적으로 볼 수 있을 것이다. 그리고 이 사건 결정에서 「'국토의 계획 및 이용에 관한 법률'(2002. 2. 4. 법률 제6655호로 제정된 것) 제2조 제6호 라목 중 "체육시설" 부분은 헌법에 합치되지 아니한다」고 한 것은 타당해 보인다.

4. 참고판례

[1] 공용수용의 주체로서 민간인 — 충청남도 아산시 산업단지 지정승인 신청사건(헌재 2009. 9. 24, 2007헌바114)

(산업입지 및 개발에 관한 법률 제11조 제1항 등 위헌소원에서) 기업도 일정한 조건하에서는 헌법상 공용수용권을 행사할 수 있다. 만약 사업시행자에게 수용권한이 부여되지 않는다면 협의에 응하지 않는 사람들의 일방적인 의사에 의해 도시계획시설사업을 통한 공익의 실현이 저지되거나 연기될 수 있고, 수용에 이르기까지의 과정이 국토계획법상 적법한 절차에 의해 진행되며, 사업시행자는 피수용권자에게 정당한 보상을 지급해야 하고, 우리 법제는 구체적인 수용처분에 하자가 있을 경우 행정소송 등을 통한 실효적인 권리구제의 방안들을 마련하고 있는 점 등에 비추어 이 사건 수용조항이 피해의 최소성 원칙에 반한다고 볼 수 없고, 우리 국가공동체에서 도시계획시설이 수행하는 역할 등을 감안한다면 위 수용조항이 공익과 사익 간의 균형성을 도외시한 것이라고 보기도 어렵다. 따라서 이 사건 수용조항은 헌법 제23조 제3항 소정의 공공필요성 요건을 결여하거나 과잉금지원칙을 위반하여 재산권을 침해하지 않는다.

[2] 재산권

(1) 마포구 하천편입사건(대판 1989. 6. 13, 88누5495)
(중앙토지수용위원회를 피고로 한 재결신청거부처분취소소송에서) 어느 토지 위에 담보권을 가지고 있던 자가 그 토지가 하천구역에 편입됨으로 인하여 담보권을 상실하게 되어, 그 때문에 채권의 만족을 얻을 수 없게 되었다면, 이는 위에서 본 처분이나 하천공사로 말미암아 손실을 입은 경우에 해당함이 명백하므로 담보권자 또한 그 손실을 보상받기 위하여 스스로 재결을 신청할 수 있다.

(2) 낙동강 하구 둑사건(대판 1989. 9. 12, 88누11216)
(중앙토지수용위원회를 피고로 한 토지수용재결처분취소소송에서) 문화적, 학술적 가치는 특별한 사정이 없는 한 그 토지의 부동산으로서의 경제적, 재산적 가치를 높여주는 것이 아니므로 이는 토지수용법 제51조 소정의 손실보상의 대상이 될 수 없다고 해석하는 것이 상당하다. 이 사건 토지가 논지와 같은 철새도래지로서 자연문화적인 학술가치를 지녔다 하더라도 이 사건 보상의 대상으로 될 수 없다.

(3) 토지에 속한 토석·사력(자갈)
(중앙토지수용위원회 등을 피고로 한 토지수용이의재결처분취소등 청구소송에서) 수용대상 토지에 속한 토석 또는 사력은 적어도 토지의 형질변경 또는 채석·채취를 적법하게 할 수 있는 행정적 조치가 있거나 그것이 가능하고, 구체적으로 토지의 가격에 영향을 미치고 있음이 객관적으로 인정되어 경제적 가치가 있다고 평가되는 등 특별한 사정이 있는 경우에 한하여 토지보상금을 산정함에 있어서 참작할 수 있다고 보아야 한다(대판 2003. 4. 8, 2002두4518).

(4) 영업의 폐지나 휴업
(원고인 한국도로공사가 시행하는 서울외곽순환선 고속국도 건설공사를 위하여 A에게 영업장소이전에 따른 휴업보상금을 지급하였으나, 그 후 피고들의 공장은 법령상 휴업보상의 대상이 되지 아니함에도 피고들이 휴업보상금을 수령하였다고 하여 부당이득반환을 청구한 소송에서) 영업의 폐지나 휴업에 대한 손실보상의 대상이 되는 영업의 범위에는, 관계 법령에 의하여 당해 공공사업에 관한 계획의 고시 등이 있은 후에 당해 법률에 의하여 금지된 행위를 하거나 허가를 받아야 할 행위를 허가 없이 행한 경우 또는 관계 법령에 의하여 허가·면허 또는 신고 등이나 일정한 자격이 있어야 행할 수 있는 영업이나 행위를 당해 허가·면허 또는 신고 등이나 자격 없이 행하고 있는 경우만 제외되므로, 공공사업에 관한 계획의 고시 등이 있기 이전은 물론이고 그 이후라도 계약체결, 협의성립 또는 수용재결 이전에 영업이나 행위에 필요한 허가·면허·신고나 자격을 정하고 있는 관계 법령에 의하여 그 허가 등의 요건을 갖춘 영업이나 행위는 그것이 어느 법령에도 위반되지 아니하

고 또한 위와 같은 보상제외사유의 어디에도 해당되지 아니하는 것으로서 손실보상의 대상이 된다(대판 2001. 4. 27, 2000다50237).

[3] 법률수용의 가능성

(당시 하천법에 의하여 청구인의 토지가 하천부지에 편입되고, 그 토지에 대하여 대한민국 명의의 소유권보존등기가 이루어졌는데, 이에 청구인은 그 소유권보존등기가 원인무효라고 주장하며, 그 토지에 관하여 청구인으로의 진정명의 회복을 위한 소유권이전등기 절차의 이행을 구하는 소를 제기하고, 그 소송 계속중 하천을 국유로 한 하천법 제 3 조가 헌법 제11조 제 1 항, 제23조, 제37조 제 2 항에 위반된다며 위헌제청신청을 하였으나 기각되자, 헌법소원심판을 청구한 사건에서) 이 사건 토지는 제방부지와 제외지로서 공부상 소유자가 복구되지 않은 상태에서 1971년 하천법의 시행으로 일제히 국유로 귀속된 것으로서, 이는 하천관리라는 공익 목적을 위하여 국민의 특정 재산권을 직접 법률에 의하여 강제적으로 국가가 취득한 것이므로, 헌법 제23조 제 3 항에 규정된 재산권의 「수용」에 해당된다(헌재 2010. 2. 25, 2008헌바6 전원재판부).

■ 심판대상

구 하천법 제 3 조(하천의 귀속) 하천은 이를 국유로 한다.

[판례 46] 손실보상청구권의 성립요건으로서 특별한 희생

• 고천암지구 간척농지개발사업 관행어업 미보상사건

(대판 2010. 12. 9, 2007두6571)

[사건개요]

(1) 원고들은 전남 해남군 황산면 한자리, 화산면 가좌리, 평호리, 석호리, 관동리, 삼마리 등 해안마을에서 고천암지구 간척농지개발사업(이하 이 사건 간척사업이라 한다) 시행 이전부터 계속 거주하면서 자연부락별로 어촌계를 조직하고, 오랫동안 소형 선박이나 손으로 호미 등을 사용하여 각 지선 해안 공유수면에서 굴, 바지락, 고막 등 자연산 패류와 미역, 감태, 파래 등 자연산 해초류를 채취하여 시중에 판매하는 관행에 의한 어업에 종사하여 왔다.

(2) 농업진흥공사와 해남농지개량조합은 이 사건 간척사업을 추진함에 있어서 원고 등의 동의를 받거나 그 손실을 사전에 보상하지 않은 채 그대로 공사를 진행하였다.

(3) 원고 등은 아무런 보상을 받지 못하게 되자, 해남농지개량조합에게 관행어업권자로서 이 사건 간척사업으로 인하여 어획이 감소되는 등의 손실을 보상받기 위하여 구 공유수면매립법 제16조, 구 토지수용법 제25조의3 등의 규정을 근거로 재결신청을 청구하였고, 이에 해남농지개량조합은 피고 전라남도지방토지수용위원회에 재결을 신청하였다. 피고 전라남도지방토지수용위원회는 원고 등의 관행어업을 인정할 만한 증거자료가 없어 손실보상 대상자로 보기 어렵다는 등의 이유로 손실보상재결신청을 기각하는 재결을 하였다. 이에 원고들은 손실보상재결신청기각결정취소등을 구하는 소를 제기하였다.

[판결요지](일부 발췌)

구 공유수면매립법(1999. 2. 8. 법률 제5911호로 전부 개정되기 전의 것) 제17조가 "매립의 면허를 받은 자는 제16조 제 1 항의 규정에 의한 보상이나 시설을 한 후가 아니면 그 보상을 받을 권리를 가진 자에게 손실을 미칠 공사에 착수할 수 없다. 다만, 그 권리를 가진 자의 동의를 받았을 때에는 예외로 한다"고 규정하고 있으나, 손실보상은 공공필요에 의한 행정작용에 의하여 사인에게 발생한 특별한 희생에 대한 전보라는 점에서 그 사인에게 특별한 희생이 발생하여야 하는 것은 당연히 요구되는 것이고, 공유수면 매립면허의 고시가 있다고 하여 반드시 그 사업이 시행되고 그로 인하여 손실이 발생한다고 할 수 없으므로, 매립면허 고시 이후 매립공사가 실행되어 관행어업권자에게 실질적이고 현실적인 피해가 발생한 경우에만 공유수면매립법에서 정하는 손실보상청구권이 발생하였다고 할 것이다(파기환송).

[해　　설]

1. 쟁　　점

이 사건에서는 ① 간척사업의 시행으로 종래의 관행어업권자에게 구 공유수면매립법에서 정하는 손실보상청구권이 인정되기 위해서는 매립면허고시 후 매립공사가 실행되어 관행어업권자에게 실질적이고 현실적인 피해(특별한 희생)가 발생해야 하는지 여부(적극), ② 구 공유수면매립법상 간척사업의 시행으로 인하여 관행어업권이 상실되었음을 이유로 한 손실보상청구권에 민법에서 정하는 소멸시효규정이 유추적용될 수 있는지 여부(적극)와 소멸시효기간(=10년) 및 소멸시효의 기산일(=실질적이고 현실적인 손실이 발생한 때) 등을 쟁점으로 하였으나, 이하에서는 ①과 관련하여 손실보상청구권의 요건의 하나인 특별희생의 문제로 검토한다.

2. 특별한 희생

(1) 의　　의

특별한 희생이란 공공의 이익을 위하여 국가로부터 국민에게 침해가 가해지는 경우, 공동체의 구성원으로서 수인하여야 하는 범위를 벗어나는 피해를 말한다. 말하자면 재산권의 내용과 단순한 제한의 구체화는 사회적 구속성 하에 놓이는 것이고, 이러한 사회적 구속성을 벗어나는 희생이 특별한 희생에 해당한다. 양자의 구별은 용이하지 않다.

(2) 특별한 희생 여부의 판단기준

㈎ **개별행위설**　　라이히재판소에 의해 발전된 이론으로, 고권주체의 개별행위로 특정인의 권리가 침해되었는가의 여부와, 그리고 이것이 공공의 복지를 위한 특별한 희생을 가져왔는가의 여부에 따라 구분하려는 입장이다. 이 견해에 따르면 동일한 상황 하에 있는 모든 사람이 동일한 방식으로 관련되면 기본적으로 특별희생은 존재하지 않는 것이 된다. 이 견해를 형식적 기준설, 형식설 또는 형식적 표준설이라고도 한다.

(나) **특별희생설** 독일의 연방통상재판소에 의해 앞서 본 개별행위설을 대체하여 발전된 이론으로, 개인에 요구된 특별한 희생 여부를 결정적인 구분기준으로 한다. 즉 이 견해는 관계된 개인이나 집단을 다른 개인이나 집단과 비교할 때 그들을 불평등하게 다루고, 또한 그들에게 수인을 요구할 수 없는 희생을 공익을 위해 강제하게 되는 경우의 재산권의 침해를 수용이라 한다. 이 견해에 대해서는 구체적인 경우에 사회적 구속의 한계를 능가하는 특별한 희생이 있는가의 판단에 아무런 충분한 기준도 제시하지 못한다는 지적이 있다.

(다) **중 대 설** 독일의 연방행정재판소가 취하는 이론으로 침해의 중대성과 범위를 구분기준으로 하는 입장이다. 침해의 중대성과 범위에 비추어 사인이 수인할 수 없는 경우에만 보상이 주어진다는 것이다. 중대설의 결점은 그 기준의 불명확성에 있다.

(라) **기 타** 그 밖에 ① 침해되는 재산상의 권리가 보호할 가치가 있는 것인가를 기준으로 하는 보호가치설, ② 침해가 수인할 수 있는 것인가를 기준으로 하는 수인설, ③ 재산권의 실질적 내용이 박탈되어 재산의 본질적인 경제적 기능이 침해받았는가의 여부를 기준으로 하는 실체감소설, ④ 침해가 당해 재산권에 대해 인정되어온 목적에 위배되는가의 여부를 기준으로 하는 목적위배설, ⑤ 재산권이 소재하는 위치와 상황에 따른 사회적 제약을 기준으로 보상 여부를 정하는 상황구속성의 이론 등이 있다.

(마) **사견**(절충설) 어느 견해도 만족할 만한 것으로 보이지 않는다. 앞의 여러 견해를 종합하여 판단해야 할 것이다. 말하자면 중대설 · 특별희생설 등을 활용하면서 수인가능성 · 경찰상 위험성 · 부동산의 상환구속성의 이론 등을 종합하여 판단하여야 할 것이다.

3. 평　가

(1) 이 사건 판결은 「손실보상은 특별한 희생에 대한 보상」이라는 손실보상이론의 논리를 일반적인 표현으로 명시하였다는 점에서 주목할 만하다. 이러한 판례의 표현은 「보상규정이 없다고 하여도 특별한 희생이 있으면 보상이 따라야 한다」는 손실보상론의 다른 표현으로 새길 수도 있을 것이다.

(2) 손실보상청구권이 성립하려면, 특별한 희생이 현실화되어야 한다는 전제 하에 매립면허 고시 이후 매립공사가 실행되어 관행어업권자에게 실질적이고 현실적인 피해가 발생한 경우에만 공유수면매립법에서 정하는 손실보상청구권이 발생한다는 판시는 당연한 지적이다.

4. 참고판례

개발제한구역제도와 특별희생

(1) (구 도시계획법 제21조(개발제한구역의 지정)에 대한 위헌소원에서) 구 도시계획법 제21조에 규정된 개발제한구역제도 그 자체는 원칙적으로 합헌적인 규정인데, 다만 개발제한구역의 지정으로 말미암아 일부 토지소유자에게 사회적 제약의 범위를 넘는 가혹한 부담이 발생하는 예외적인 경우에 대하여 보상규정을 두지 않은 것에 위헌성이 있는 것이다(헌재 1998. 12. 24, 89헌마214 · 90헌바16 · 97헌바78(병합)).

(2) (구 도시계획법 제21조 제 1 항, 제 2 항 위헌심판제청사건에서) 구 도시계획법 제21조 제 1 항, 제 2 항의 규정에 의하여 개발제한구역 안에 있는 토지의 소유자는 재산상의 권리행사에 많은 제한을 받게 되고 그 한도 내에서 일반 토지소유자에 비하여 불이익을 받게 되었음은 명백하지만 '도시의 무질서한 확산을 방지하고 도시주변의 자연환경을 보전하여 건전한 생활환경을 확보하기 위하여, 또는 국방부장관의 요청이 있어 보안상 도시의 개발을 제한할 필요가 있다고 인정되는 때'에 한하여 가하여지는 위와 같은 제한은 공공복리에 적합한 합리적인 제한이라고 볼 것이고, 그 제한으로 인한 토지소유자의 불이익은 공공의 복리를 위하여 감수하지 아니하면 안될 정도의 것이라고 인정되므로 이에 대하여 손실보상의 규정을 하지 아니하였다 하여 도시계획법 제21조 제 1 항, 제 2 항의 규정을 헌법 제23조 제 3 항이나 제37조 제 2 항에 위배되는 것이라고 할 수 없다(대결 1990. 5. 8, 89부2).

[판례 47] 정당한 보상

• 부여군 백제역사재현단지사건

(헌재 2009. 11. 26, 2009헌바141 전원재판부)

[사건개요]

(1) 부여군수는 2007. 1. 17. 부여군 고시 제2006-28호로 사업시행자를 충청남도 등으로 하여 충남 부여군 규암면 ○○리 일대 3,294,701m²에 백제역사재현단지를 조성하기로 하는 내용의 백제역사재현단지조성사업 실시계획승인을 고시하였는데 청구인들의 토지가 위 사업구역에 편입되었다.

(2) 사업시행자와 청구인들 사이에 협의가 성립되지 않자 사업시행자는 수용재결과 이의재결을 거쳐 주위적으로 행정소송을 제기하였고, 그 소송 계속 중 '부동산 가격공시 및 감정평가에 관한 법률' 제 9 조 제 1 항 제 1 호, 제10조가 헌법에 위반된다며 위헌법률심판 제청신청을 하였으나 기각되자 이 사건 헌법소원심판을 청구하였다.

[심판대상]

부동산 가격공시 및 감정평가에 관한 법률(2007. 4. 27. 법률 제8409호로 개정된 것) **제 9 조**(표준지공시지가의 적용) ① 국가·지방자치단체, '공공기관의 운영에 관한 법률'에 따른 공공기관 그 밖에 대통령령이 정하는 공공단체가 다음 각 호의 목적을 위하여 토지의 가격을 산정하는 경우에는 당해 토지와 유사한 이용가치를 지닌다고 인정되는 하나 또는 둘 이상의 표준지공시지가를 기준으로 하여 당해 토지의 가격과 표준지공시지가가 균형을 유지하도록 하여야 한다. 다만, 필요하다고 인정하는 때에는 산정된 지가를 다음 각 호의 목적에 따라 가감조정하여 적용할 수 있다.

1. 공공용지의 매수 및 토지의 수용·사용에 대한 보상

제10조(표준지공시지가의 효력) 표준지공시지가는 토지시장의 지가정보를 제공하고 일반적인 토지거래의 지표가 되며, 국가·지방자치단체 등의 기관이 그 업무와 관련하여 지가를 산정하거나 감정평가업자가 개별적으로 토지를 감정평가하는 경우에 그 기준이 된다.

[결정요지]

헌법 제23조 제 3 항이 규정하는 정당한 보상이란 원칙적으로 피수용 재산의 객관적인 재산가치를 완전하게 보상하는 완전보상을 의미하는바, 구 토지수용법 제46조 제 2 항 및 지가공시법 제10조 제 1 항 제 1 호가 토지수용으로 인한 손실보상액의 산정을 표준지공시지가를 기준으로 하되 개발이익을 배제하고, 공시기준일부터 재결시까지의

시점보정을 인근토지의 가격변동률과 도매물가상승률 등에 의하여 행하도록 규정한 것은 위 각 법률의 규정에 의한 공시지가가 공시기준일 당시의 표준지의 객관적 가치를 정당하게 반영하는 것이고, 표준지와 지가산정 대상 토지 사이에 가격의 유사성을 인정할 수 있도록 표준지의 선정이 적정하며, 공시기준일 이후 수용시까지의 시가변동을 산출하는 시점보정의 방법이 적정한 것으로 보이므로, 헌법 제23조 제3항이 규정한 정당보상의 원칙에 위배되는 것이 아니며, 또한 위 헌법조항의 법률유보를 넘어섰다거나 과잉금지의 원칙에 위배된다고 볼 수 없다.

[해 설]

1. 쟁 점

이 사건에서는 토지수용에 대한 보상을 표준지공시지가를 기준으로 하도록 한 '부동산 가격공시 및 감정평가에 관한 법률'(2007. 4. 27. 법률 제8409호로 개정된 것) 제9조 제1항 제1호, 제10조(이하 '이 사건 법률조항'이라 한다)가 재산권을 침해하는지 여부 등을 쟁점으로 하였다. 이하에서 정당한 보상의 문제로서 검토한다.

2. 정당한 보상

(1) 정당한 보상의 의미

헌법 제23조 제3항은 재산권의 수용·사용 또는 제한시 법률로써 하되, 정당한 보상을 지급하여야 한다고 규정하고 있는바, 정당한 보상의 의미가 문제된다.

(가) 학 설 학설은 손실보상이 재산권보장, 부담의 공평, 상실된 가치의 보전이라는 관점에서 인정된다고 보아 보상은 완전보상이어야 한다는 견해인 완전보상설과 재산권의 사회적 제약 내지 사회적 구속성, 재산권의 공공복리적합의무의 관점에서 공·사익을 형량하여 보상내용을 결정하여야 하므로 완전보상을 원칙으로 하되 합리적인 이유가 있는 경우에는 완전보상을 하회할 수도 있다고 하는 견해인 상당보상설로 나뉘고 있다.

(나) 판 례 대법원은 정당한 보상은 완전보상이어야 한다는 입장을 취하며, 헌법재판소도 이 사건 결정 이래 「완전보상」이어야 한다는 입장을 취하고 있다.

(다) 사 견 사회국가원리도 우리 헌법이 지향하는 이념의 하나임을 고려할 때 상당보상설이 타당하다고 본다.

(2) 표준지 공시지가제

(가) **표준지 공시지가의 의의** 공공용지의 매수 및 토지의 수용·사용에 대한 보상을 위한 토지의 가격산정에 기준이 되는 공시지가인「표준지공시지가」라 함은 부동산 가격공시 및 감정평가에 관한 법률의 규정에 의한 절차에 따라 국토해양부장관이 조사·평가하여 공시한 표준지의 단위면적당 가격을 말한다(법 제2조 제5호, 제9조 제1항 제1호).

(나) **표준지 공시지가제와 개발이익의 배제** 공익사업의 시행에 관한 정보의 유통에 의한 지가상승분까지도 보상의 기준으로 하는 것은 오히려 정당보상의 원칙에 합치하지 않으므로 개발이익을 보상액에서 제외하는 것이 타당하다. 공시지가제도는 개발이익배제를 위한 취지의 규정으로 이해될 필요가 있고, 따라서 공시지가제는 헌법상 정당보상의 원칙 및 평등원칙에 반하는 것이 아니다. 대법원의 입장도 같다.

3. 평　가

이 사건 결정은 헌법재판소의 종전의 입장을 따른 것이다.

4. 참고판례

[1] 서울 성동구 성수동 도시계획사건(헌재 2009. 6. 25, 2007헌바104 전원재판부)

(구 국토의 계획 및 이용에 관한 법률 제96조(공익사업을 위한 토지 등의 취득 및 보상에 관한 법률의 준용) 제2항 등 위헌소원에서) (1) 토지수용으로 인한 손실보상액의 산정을 공시지가를 기준으로 하되 그 공시기준일부터 가격시점까지의 시점보정을 지가상승률 등에 의하여 행하도록 규정한 것은 공시지가가 공시기준일 당시의 표준지의 객관적 가치를 정당하게 반영하는 것이고, 표준지와 지가산정 대상토지 사이에 가격의 유사성을 인정할 수 있도록 표준지의 선정이 적정하며, 공시기준일 이후 수용 시까지의 시가변동을 산출하는 시점보정의 방법이 적정한 것으로 보이므로, 청구인의 재산권을 침해하였다고 볼 수 없다.

(2) 당해 토지의 협의 성립 또는 재결 당시 공시된 공시지가 중 당해 사업인정고시일에 가장 가까운 시점에 공시된 공시지가로 하도록 규정한 것은 시점보정의 기준이 되는 공시지가에 개발이익이 포함되는 것을 방지하기 위한 것으로서 개발이익이 배제된 손실보상액을 산정하는 적정한 수단에 해당되므로 헌법 제23조 제3항에 위반된다고 볼 수 없다.

[2] 문화관광부 국립아시아문화전당 건립계획사건
(헌재 2007. 11. 29, 2006헌바79 전원재판부)

(국토의 계획 및 이용에 관한 법률 제96조(공익사업을 위한 토지 등의 취득 및 보상에 관한 법률의 준용) 제 2 항 등 위헌소원에서) 토지수용으로 인한 손실보상액의 산정을 공시지가를 기준으로 하되 그 공시기준일부터 가격시점까지의 시점보정을 지가상승률 등에 의하여 행하도록 규정한 것은 공시지가가 공시기준일 당시의 표준지의 객관적 가치를 정당하게 반영하는 것이고, 표준지와 지가산정 대상토지 사이에 가격의 유사성을 인정할 수 있도록 표준지의 선정이 적정하며, 공시기준일 이후 수용 시까지의 시가변동을 산출하는 시점보정의 방법이 적정한 것으로 보이므로, 청구인의 재산권을 침해하였다고 볼 수 없다.

[3] 서울 양천구 신정지구택지개발사건(헌재 2001. 4. 26, 2000헌바31 전원재판부)

(지가공시및토지등의평가에관한법률 제10조(공시지가의 적용) 제 1 항 제 1 호 위헌소원에서) 공시지가에서 그 평가의 기준이나 절차로 미루어 대상토지가 대상지역공고일 당시 갖는 객관적 가치를 평가하기 위한 것으로서 적정성을 갖고 있으며, 표준지와 지가선정 대상토지 사이에 가격의 유사성을 인정할 수 있도록 표준지 선정의 적정성이 보장되므로 위 조항(지가공시 및 토지 등의 평가에 관한 법률 제10조 제 1 항 제 1 호)이 헌법 제23조 제 3 항이 규정한 정당보상의 원칙에 위배되거나 과잉금지의 원칙에 위배된다고 볼 수 없고, 토지수용시 개별공시지가에 따라 손실보상액을 산정하지 아니하였다고 하여 위헌이 되는 것은 아니다.

[판례 48] 생활보상

• 월곡 제 2 구역 주택재개발정비사업조합사건
(대판 2008. 5. 29, 2007다8129)

[사건개요]

(1) 피고(월곡제2구역주택재개발정비사업조합)는 1999. 6. 10. 도시재개발법(2002. 12. 30. 법률 제6852호로 폐지되기 전의 것, 이하 같다) 제 4 조에 의하여 주택재개발구역으로 지정·고시된 서울 성북구 하월곡동 33 일대 주택재개발사업(이하 '이 사건 재개발사업'이라 한다)의 시행을 목적으로 설립된 조합이다.
(2) 2002. 4. 2. 피고는 성북구청장으로부터 같은 법 제12조에 의하여 설립인가를 받았다.
(3) 2003. 8. 30. 이 사건 재개발사업의 사업시행인가고시가 신설된 도시 및 주거환경정비법(이하 '도정법'이라고만 한다)에 의하여 이루어졌다[도정법 부칙 제 3 조(일반적 경과조치)는 "이 법 시행 당시 도시재개발법에 의하여 행하여진 처분·절차 그 밖의 행위는 이 법의 규정에 의하여 행하여진 것으로 본다"고 규정하고 있다].
(4) 2001. 10. 5.경 원고 2는 소외 1로부터 이 사건 재개발사업 지역내인 서울 성북구 하월곡동 96-36 주택 방 2칸을 임대차보증금 200만원, 차임 20만원으로 정하여 임차하되, 특약사항으로 임대차기간에 대하여는 그곳이 재개발구역이므로 가옥주가 철거하고 이주할 때까지 거주하는 것으로 하고, 임차인의 세입자 보상요구를 할 수 없도록 약정하였으며 처인 소외 2, 아들인 소외 3과 함께 2005. 4. 23.까지 거주하여 왔다.
(5) 원고 1은 2002. 3. 15.부터 사위인 원고 2로부터 같은 곳의 방 2칸을 임차한 것으로 계약서를 작성하고 2002. 3. 21. 그의 아들인 소외 4의 주민등록은 그곳으로 이전되었으나 원고 1의 주민등록의 이전여부는 불분명하였다.
(6) 원고들은, 도정법, 공익사업을 위한 토지 등의 취득 및 보상에 관한 법률(이하 '공익사업법'이라고만 한다) 및 시행규칙 등에 의하여 사업시행인가일인 2003. 8. 30. 당시 3월 이상 거주한 세입자로서 주거이전비를 보상 받을 수 있는 대상자에 해당되므로 통계청의 2004년 도시가계조사 통계의 근로자 가구의 가구원수별 월 평균 가계지출비를 기준으로 원고 1에게 5,675,970원(2인 가구 1,891,990원×3개월), 원고 2에게 7,026,201원(3인 가구 2,342,067원×3개월) 및 이에 대하여 2003. 8. 30.부터 이 사건 소장부본 송달일까지는 연 5%의, 그 다음날부터 완제일까지는 연 2할의 각 비율에 의한 지연손해금의 지급을 구한다고 주장하였다. 원고들은 1심과 2심에서 패소하자 대법원에 상고하였다.

[주 문] 원심판결을 파기하고, 제 1 심판결을 취소한다. 사건을 서울행정법원에 이송한다.

[판결요지]

[1] 구 공익사업을 위한 토지 등의 취득 및 보상에 관한 법률 제 2 조, 제78조에 의하면, 세입자는 사업시행자가 취득 또는 사용할 토지에 관하여 임대차 등에 의한 권리를 가진 관계인으로서, 같은 법 시행규칙 제54조 제 2 항 본문에 해당하는 경우에는 주거이전에 필요한 비용을 보상받을 권리가 있다. 그런데 이러한 주거이전비는 당해 공익사업 시행지구 안에 거주하는 세입자들의 조기이주를 장려하여 사업추진을 원활하게 하려는 정책적인 목적과 주거이전으로 인하여 특별한 어려움을 겪게 될 세입자들을 대상으로 하는 사회보장적인 차원에서 지급되는 금원의 성격을 가지므로, 적법하게 시행된 공익사업으로 인하여 이주하게 된 주거용 건축물 세입자의 주거이전비 보상청구권은 공법상의 권리이고, 따라서 그 보상을 둘러싼 쟁송은 민사소송이 아니라 공법상의 법률관계를 대상으로 하는 행정소송에 의하여야 한다.

[2] 구 공익사업을 위한 토지 등의 취득 및 보상에 관한 법률에 따른 세입자의 주거이전비 보상청구권은 그 요건을 충족하는 경우에 당연히 발생하는 것이므로, 주거이전비 보상청구소송은 행정소송법 제 3 조 제 2 호에 규정된 당사자소송에 의하여야 한다. 다만, 구 도시 및 주거환경정비법 제40조 제 1 항에 의하여 준용되는 구 공익사업을 위한 토지 등의 취득 및 보상에 관한 법률 제 2 조, 제50조, 제78조, 제85조 등의 각 조문을 종합하여 보면, 세입자의 주거이전비 보상에 관하여 재결이 이루어진 다음 세입자가 보상금의 증감 부분을 다투는 경우에는 같은 법 제85조 제 2 항에 규정된 행정소송에 따라, 보상금의 증감 이외의 부분을 다투는 경우에는 같은 조 제 1 항에 규정된 행정소송에 따라 권리구제를 받을 수 있다.

[해 설]

1. 쟁 점

대법원은 「원심 및 제 1 심이, 원고들의 이 사건 청구가 민사소송의 대상임을 전제로 하여 민사소송절차에 의하여 심리·판단한 것에는 공익사업법 시행규칙 제54조 제 2 항 본문에 규정된 세입자의 주거이전비 보상청구의 법적 성질 및 그 소송절차에 관한 법리를 오해한 위법이 있다. 그러므로 상고이유에 대한 판단을 생략한 채 직권으로 원심판결을 파기하고, 제 1 심판결을 취소하며, 사건을 다시 심리·판단하게 하기 위하여 관할법원인 서울행정법원에 이송하기로 하여 관여 대법관의 일치된 의견으로 주문과 같이 판결한다」라고 판시하였다. 따라서 이 사건 판결에서는 결과적으로 세입자의 주거이전비 보상청구의 법적 성질 및 그 소송절차가 쟁점이 된 셈이다.

2. 생활보상

(1) 의　　의

공익사업을 위한 토지수용에서 수용으로 인해 피수용자의 생활근거 그 자체가 상실되는 경우에는 객관적 교환가치 외에 생계지원대책과 이주대책 등도 마련해 주어야 보상이 의미 있게 되는 경우가 있는데 그러한 삶의 터전을 마련해 주는 것을 생활보상이라 한다.

(2) 법적 근거

생활보상은 헌법 제23조 제 3 항과 헌법 제34조 제 1 항을 근거로 인정된다. 생활보상을 구체화하고 있는 법률로 공익사업을 위한 토지 등의 취득 및 보상에 관한 법률을 볼 수 있다.

(3) 특　　징

생활보상은 단순히 재산권의 보장에만 머무르는 것이 아니다. 그것은 삶의 기반을 확보하는 문제인 까닭에 생존권적 기본권의 문제이기도 하다. 따라서 생활보상은 사회복지국가원리에 바탕을 두는 제도로서의 성질을 갖는다.

3. 평　　가

(1) 위의 [판결요지][1]에서 보는 바와 같이 대법원이 「세입자에게 주거이전비 보상청구권을 공법상 권리로 파악하고, 그 보상을 둘러싼 쟁송은 공법상의 법률관계를 대상으로 하는 행정소송에 의하여야 한다」고 한 것은 생활보상의 특징에 비추어 타당하다.

(2) 이 사건 판결이유에서 적시된 바와 같이 「세입자는 관할, 직권심리 등과 같은 민사소송절차와는 다른 행정소송절차상의 여러 특칙들을 활용하여 보다 효과적이고 능률적으로 권리실현을 할 수 있으므로, 민사소송절차에 의하는 것보다는 행정소송절차에 의하는 것이 국민의 권리구제라는 측면에서도 한층 더 바람직하다」는 점에서도

이 사건 판결은 긍정적으로 평가될만하다.

4. 참고판례

[1] 이주대책의 성질

(목포시를 피고로 한 분양행위무효확인소송에서) 공익사업법에 의한 이주대책은 공익사업의 시행에 필요한 토지 등을 제공함으로 인하여 생활의 근거를 상실하게 되는 이주대책대상자들을 위하여 사업시행자가 '기본적인 생활시설이 포함된' 택지를 조성하거나 그 지상에 주택을 건설하여 이주대책대상자들에게 이를 '그 투입비용 원가만의 부담 하에' 개별 공급하는 것으로서, 그 본래의 지가 이주대책대상자들에 대하여 종전의 생활상태를 원상으로 회복시키면서 동시에 인간다운 생활을 보장하여 주기 위한 이른바 생활보상의 일환으로 국가의 적극적이고 정책적인 배려에 의하여 마련된 제도이다(대판 2011. 2. 24, 2010다43498).

[2] 이주정착지 공급에 생활기본시설의 설치가 포함되는지 여부

(목포시를 피고로 한 분양행위무효확인소송에서) 이주대책의 제도적 취지에 비추어 볼 때, 공익사업법 제78조 제4항은 사업시행자가 이주대책대상자들을 위한 이주대책으로서 이주정착지에 택지를 조성하거나 주택을 건설하여 공급하는 경우 그 이주정착지에 대한 도로, 급수 및 배수시설 기타 공공시설 등 당해 지역조건에 따른 생활기본시설이 설치되어 있어야 하고, 또한 그 공공시설 등의 설치비용은 사업시행자가 부담하는 것으로서 이를 이주대책대상자들에게 전가할 수 없으며, 이주대책대상자들에게는 다만 분양받을 택지의 용지비 및 조성비 등과 같은 택지조성원가, 주택을 공급하는 경우 그 건축원가만을 부담시킬 수 있는 것으로 해석함이 상당하고, 위 규정은 그 취지에 비추어 볼 때 당사자의 합의로도 그 적용을 배제할 수 없는 강행법규에 해당한다고 봄이 상당하다(대판 2011. 2. 24, 2010다43498).

[판례 49] 수용유사침해보상
• MBC주식 강제증여사건(대판 1993. 10. 26, 93다6409)

[사건개요]

원고(고려화재해상보험주식회사)는 문화방송 주식 150,000주를 소유하고 있었다. 원고의 대표이사 A는 1980. 6. 말경 당시 선포된 비상계엄에 따라 언론에 관한 업무를 담당하고 있던 피고(대한민국) 산하 국군보안사령부의 정보처장이었던 권정달로부터 위 주식 모두를 언론통폐합조치의 수행을 위하여 대한민국에게 증여할 것을 요구받고 처음에는 이를 거부하였으나, 증여를 거부하면 손해가 가하여질지 모르겠다는 염려를 하게 되어 결국 같은 해 12. 8. 대한민국에게 교부하여 증여하였다. 피고는 이를 국유재산법 소정의 기부채납의 형식으로 증여받은 다음 1981. 12. 7. 이를 한국방송공사에게 양도하였고, 한국방송공사는 1988. 12. 31. 이를 피고(방송문화진흥회)에 양도하였다. 원고(고려화재해상보험주식회사)는 주위적으로는 피고 대한민국에 대하여는 주식의 주주임의 확인을 구하고, 피고 방송문화진흥회에 대하여는 그 인도를 구하였으며, 예비적으로는 피고 대한민국에 대하여 손실보상을 구하였다.

[판결요지]

[1] 주위적 청구

■ 원심판결요지

(1) 피고 대한민국은 비상계엄 하에서 언론통폐합이라는 공공정책을 수행하기 위하여 주식을 기부채납의 형식으로 증여받은 것이나, 원고의 증여라는 법률행위는 형식에 불과하여 무의미하고, 따라서 국가의 이 사건 주식취득은 기부채납이 아니라 소유자의 의사와 관계없이 국가의 일방적 의사에 의하여 강제로 이루어지는 수용과 동일하며, 이러한 방식으로 사유재산을 수용하는 것은 법률상의 근거가 없이 이루어진 것이어서 위법하다. 이 사건과 같이 국가와 개인이 서로 대등한 지위에 있지 않은 경우의 사유재산권의 귀속변동에 민법을 적용하여 그 유무효나 취소가능 여부를 논할 수는 없고, 국가가 공공의 필요에 의하여 사인(私人)의 주식을 강제로 취득한 것은 국가가 주식을 수용한 것에 해당하므로 이 사건 주식의 소유권은 피고 대한민국에 귀속되었다고 보아야 할 것이고, 따라서 원고의 주장은 더 나아가 살필 필요없이 이유 없다

(서울고법 1992. 12. 24, 92나20073).

(2) 민법의 적용이 있다고 본다면 증여계약은 원고 주장과 같은 이유로 무효라고 할 수 없고, 강박에 의한 의사표시의 취소는 제척기간의 경과 후에 이루어진 것으로서 효력이 없다(서울고법 1992. 12. 24, 92나20073).

■ 대법원판결요지

원심의 주위적 판단은 수긍할 수 없다. 왜냐하면 수용이라 함은 공권력의 행사에 의한 행정처분의 일종인데, 비록 증여계약의 체결과정에서 국가공무원의 강박행위가 있었다 하더라도 그것만으로 증여계약의 체결이나 그에 따른 주식의 취득이 국가의 공권력의 행사에 의한 행정처분에 해당한다고 볼 수는 없고 어떤 법률관계가 불평등한 것이어서 민법의 규정이 배제되는 공법적 법률관계라고 하기 위하여는 그 불평등이 법률에 근거한 것이라야 할 것이고, 당사자간의 불평등이 공무원의 위법한 강박행위에 기인한 것일 때에는 이러한 불평등은 사실상의 문제에 불과하여 이러한 점만을 이유로 당사자 사이의 관계가 민법의 규정이 배제되는 공법적 법률관계라고 할 수는 없기 때문이다. 그러나 원심의 부가적 판단은 정당하다. 결론에 있어서는 문제가 없다. 주위적 청구부분에 대한 원고의 상고를 기각한다.

[2] 예비적 청구

■ 원심판결요지

피고 대한민국의 주식수용은 개인의 명백히 자유로운 동의는 없이 이루어진 것이고, 나아가 법률의 근거없이 이루어진 것으로서 개인의 재산권에 대한 위법한 침해이고 이는 결국 법률의 근거없이 개인의 재산을 수용함으로써 발생한 이른바 수용유사적(收用類似的) 침해이므로, 이로 인하여 특별한 희생 즉 손실을 당한 원고는 자연법의 원리나 구 헌법 제22조 제 3 항의 효력으로서 국가에게 그 손실의 보상을 청구할 권리가 있다. 보상을 구하는 원고의 피고 대한민국에 대한 예비적 청구를 인용한다.

■ 대법원판결요지

수용유사적 침해의 이론은 국가 기타 공권력의 주체가 위법하게 공권력을 행사하여 국민의 재산권을 침해하였고 그 효과가 실제에 있어서 수용과 다름없을 때에는 적법한 수용이 있는 것과 마찬가지로 국민이 그로 인한 손실의 보상을 청구할 수 있다는 내용으로 이해되는데, 과연 우리 법제 하에서 그와 같은 이론을 채택할 수 있는 것인가는 별론으로 하더라도 위에서 본 바에 의하여 이 사건에서 피고 대한민국의 이 사건 주식취득이 그러한 공권력의 행사에 의한 수용유사적 침해에 해당한다고 볼 수는 없다. 예비적 청구부분에 관한 피고 대한민국 패소부분을 파기하고, 이 부분 사건을 서울고등법원에 환송한다.

[해　설]

1. 쟁　점

이 사건 판결에서 문제의 핵심은 강제증여가 공법적인 것인지, 사법적인 것인지의 여부와 공법적인 것이라면 수용유사침해에 해당하는지의 여부이다. 이하에서 수용유사침해의 법리의 문제로 살펴보기로 한다.

2. 수용유사침해

(1) 의　의

수용유사침해란 국가나 지방자치단체가 공공의 필요에 응하기 위해 법령에 근거하여 공권력행사를 통해 사인의 재산권에 특별한 희생을 가하였으나, 그 근거법령에 보상규정이 없거나 하여 그 공권력행사가 위법한 경우에도 수용침해보상(전통적 손실보상제도)의 경우와 마찬가지로 재산권 보장과 공적 부담 앞의 평등이라는 견지에서 그 사인에게 조절적인 보상을 해주는 제도를 말한다.

(2) 법적 근거(인정근거)

㈎ **학　설**　　수용유사침해보상의 법리의 인정 여부와 관련하여 학설은 ① 국가에 의한 침해가 상기의 수용유사침해보상에 해당하는 경우는 손해배상청구만 가능하다는 견해, ② 헌법 제23조 제 3 항을 직접적 또는 간접적 효력규정으로 보아 손실보상청구가 가능하다는 견해로 나뉘고 있다.

㈏ **판　례**　　수용유사침해보상의 이론에 대한 판례의 입장은 이 사건 판결에서 보는 바와 같이 명백하지 않다. 한편, 헌법재판소는 사회적 제약의 범위를 넘는 가혹한 부담이 발생하는 예외적인 경우에 대하여 보상규정을 두지 않은 것에 위헌성이 있다고 하면서 토지소유자는 보상입법을 기다려 그에 따른 권리행사를 할 수 있을 뿐이라 한다.

㈐ **사　견**　　행위 자체가 공공복리를 위한 경우에는 불법행위가 아니라 수용에 준하여 해결하는 것이 보다 논리적이다. 우리 헌법의 여러 조항(예: 헌법 제10조, 제23조 제 1 항, 제23조 제 3 항, 제37조 제 1 항)의 유기적인 해석을 통해 일종의 수용유사침해보상

의 헌법적 근거를 찾을 수 있다(간접효력규정설).

(3) 요 건

침해의 위법성을 제외하면, 수용보상청구권의 요건을 유추하여 정해진다. 그 요건으로 ① 공법상 행정주체의 침해, ② 재산권에 대한 침해, ③ 특별희생, ④ 침해의 위법성(침해의 근거규정·보상규정을 갖는 수용법률을 위법하게 집행하는 경우, 또는 침해의 근거규정은 있으나 보상규정이 없는 경우의 침해의 경우), ⑤ 침해의 공공복지관련성이 있다.

3. 평 가

(1) 이 사건 판결에 의해 채택되지는 아니하였지만, 원심판결이 「자연법의 원리 내지 구 헌법 제22조 제3항」을 근거로 하여 수용유사침해에 따른 손실보상청구권을 인정하였다는 점이 우선 특기할 만하다. 다음으로, 대법원이 대상판결에서 「우리 법제하에서 그와 같은 이론을 채택할 수 있는 것인가는 별론으로 하더라도 위에서 본 바에 의하여 이 사건에서 피고 대한민국의 이 사건 주식취득이 그러한 공권력의 행사에 의한 수용유사적 침해에 해당한다고 볼 수는 없다」고 하여 수용유사침해보상의 법리를 전면적으로 부인하지 아니하고 인정가능성을 열어 두었다는 점도 특기할 만하다.

(2) 대법원이 이 사건 판결에서 처음으로 수용유사침해보상의 법리라는 용어를 명시적으로 사용한 것도 특기할 만하다.

4. 참고판례

한강 중지도 부근 제외지사건(대판 1987. 7. 21, 84누126)

(하천법(1971. 1. 19. 법률 제2292호로 개정된 것)의 시행으로 바로 하천구역으로 편입되어 국유가 됨으로써 토지소유권을 상실한 자가 피해보상을 위해 제기한 소송에서) 국유화가 된 당해 제외지의 소유자에 대하여 그 손실을 보상한다는 직접적인 보상규정을 둔 바가 없었으나 같은법 제74조의 손실보상 요건에 관한 규정은 보상사유를 제한적으로 열거한 것이라기 보다는 예시적으로 열거한 것이어서 국유로 된 제외지의 소유자에 대하여는 위 법조를 유추적용하여 관리청은 그 손실을 보상하여야 한다.

SECTION 2
행정쟁송법

CASES AND COMMENTARY
ON
ADMINISTRATIVE LAW

[판례 50] 행정심판청구기간

• 양천세무서 운수알선업자 부가가치세 부과사건

(대판 2010. 6. 25, 2007두12514 전원합의체)

[사건개요]

2005. 4. 1. 피고(양천세무서장)는 금천세무서장으로부터 통보받은 자료를 기초로 하여 원고에 대하여 매출신고 누락분에 해당하는 청구취지 기재와 같은 부가가치세를 부과·고지하였다(이하 '이 사건 처분'이라 한다).

2005. 6. 29. 원고는 이에 불복하여 피고에게 이의신청을 하였다.

2005. 7. 27. 피고는 원고의 주장이 이유 있는 것으로 판단되므로 실지거래여부를 재조사하여 그 결과에 따라 과세표준 및 세액을 경정하도록 한다는 취지의 결정을 하고(이하 '이 사건 재조사결정'이라 한다), 이를 금천세무서장에게 통보하였다.

2005. 7. 29. 원고에게 피고의 2005. 7. 27.자 결정서가 도달하였다.

2005. 10. 18. 금천세무서장은 피고의 재조사결정 통보에 따라 2005. 9. 6.부터 2005. 10. 21.까지 재조사를 하고서 당초 결정이 정당한 것으로 판단하고 이를 피고에게 통지하였다.

2005. 10. 24. 피고는 원고에게 당초 결정이 정당하다는 재조사결과를 통보하였다.

2005. 10. 28. 원고는 국세청에 심사청구를 제기하였다.

2005. 12. 29. 국세청은 원고의 심사청구는 원고가 이 사건 재조사결정을 통보받은 2005. 7. 29.로부터 심사청구기간인 90일을 도과하여 제기된 것으로서 부적법하다는 이유로 청구를 각하하는 결정을 하였다.

2006. 3. 20. 이에 원고는 이 사건 소를 제기하였다.

[판결요지]

[다수의견] 이의신청 등에 대한 결정의 한 유형으로 실무상 행해지고 있는 재조사결정은 처분청으로 하여금 하나의 과세단위의 전부 또는 일부에 관하여 당해 결정에서 지적된 사항을 재조사하여 그 결과에 따라 과세표준과 세액을 경정하거나 당초 처분을 유지하는 등의 후속 처분을 하도록 하는 형식을 취하고 있다. 이에 따라 재조사결정을 통지받은 이의신청인 등은 그에 따른 후속 처분의 통지를 받은 후에야 비로소

다음 단계의 쟁송절차에서 불복할 대상과 범위를 구체적으로 특정할 수 있게 된다. 이와 같은 재조사결정의 형식과 취지, 그리고 행정심판제도의 자율적 행정통제기능 및 복잡하고 전문적·기술적 성격을 갖는 조세법률관계의 특수성 등을 감안하면, 재조사결정은 당해 결정에서 지적된 사항에 관해서는 처분청의 재조사결과를 기다려 그에 따른 후속 처분의 내용을 이의신청 등에 대한 결정의 일부분으로 삼겠다는 의사가 내포된 변형결정에 해당한다고 볼 수밖에 없다. 그렇다면 재조사결정은 처분청의 후속 처분에 의하여 그 내용이 보완됨으로써 이의신청 등에 대한 결정으로서의 효력이 발생한다고 할 것이므로, 재조사결정에 따른 심사청구기간이나 심판청구기간 또는 행정소송의 제소기간은 이의신청인 등이 후속 처분의 통지를 받은 날부터 기산된다고 봄이 타당하다.

[별개의견] 재조사결정은 단지 효율적인 사건의 심리를 위하여 처분청에 재조사를 지시하는 사실상의 내부적 명령에 불과하다고 보아야 할 것이므로 그로써 이의신청 등에 대한 결정이 있었다고 할 수 없고, 후속 처분에 의하여 그 효력이 발생한다고 의제할 수도 없다. 따라서 이의신청인 등에게 재조사결정이나 후속 처분이 통지되었다고 하더라도 그 후 다시 재결청이 국세기본법에 규정된 유형의 결정을 하여 이의신청인 등에게 이를 통지할 때까지는 심사청구기간 등이 진행하지 않는다고 보아야 한다.

[해 설]

1. 쟁 점

이 사건 판결은 재결청의 재조사결정에 따른 심사청구기간이나 심판청구기간 또는 행정소송의 제소기간의 기산점(=후속 처분의 통지를 받은 날)이 언제인지를 쟁점으로 하였다. 이하에서 이 사건 판결을 행정심판청구기간의 문제로서 검토한다.

2. 행정심판청구기간

(1) 의 의

행정심판청구기간이란 행정심판을 제기할 수 있는 시간적 간격을 말한다. 행정심판청구기간을 법정화한 것은 행정법관계의 신속한 확정을 도모하고, 행정의 안정을 기하기 위한 것이다.

(2) 적용범위

심판청구기간의 제한은 취소심판청구와 거부처분에 대한 의무이행심판청구에 적용된다. 그러나 무효확인심판청구와 부작위에 대한 의무이행심판청구에는 적용되지 아니한다(행정심판법 제27조 제 7 항, 구 행정심판법 제18조 제 7 항).

(3) 원 칙

① 행정심판은 처분이 있음을 알게 된 날부터 90일 이내에 청구하여야 한다(행정심판법 제27조 제 1 항, 구 행정심판법 제18조 제 1 항). ② 행정심판은 처분이 있었던 날부터 180일이 지나면 청구하지 못한다. 다만, 정당한 사유가 있는 경우에는 그러하지 아니하다(행정심판법 제27조 제 3 항, 구 행정심판법 제18조 제 3 항). 정당한 사유란 반드시 천재지변 등 불가항력만을 의미하는 것은 아니다. 그것은 건전한 사회관념에 따라 판단되어야 한다. ③ 위의 90일과 180일 중 어느 것이라도 먼저 경과하면 심판제기는 불가능하게 된다. ④ 특별법에서 심판청구기간을 달리 정할 수도 있다.

3. 평 가

순수하게 논리적 관점에서 보면, 다수의견과 별개의견은 나름대로 타당성을 갖는다. 다수의견을 취한다고 하여 심판청구기간에 제한을 두는 의미가 훼손된다고는 보기 어렵다. 그렇다면 사인의 권리보호의 관점에서 다수견해를 취하는 것이 바람직하다.

4. 참고판례

[1] 동성아파트 경비원 납부고지서 수령사건(대판 2002. 8. 27, 2002두3850)

(과징금부과처분취소소송에서) (1) 국세기본법의 적용을 받는 처분과 달리 행정심판법의 적용을 받는 처분인 이 사건 과징금부과처분에 대한 심판청구기간의 기산점인 행정심판법 제18조 제 1 항 소정의 「처분이 있음을 안 날」이라 함은 당사자가 통지·공고 기타의 방법에 의하여 당해 처분이 있었다는 사실을 현실적으로 안 날을 의미하고(대법원 1964. 9. 8. 선고 63누196 판결, 1991. 6. 28. 선고 90누6521 판결, 1995. 11. 24. 선고 95누11535 판결 참조), 추상적으로 알 수 있었던 날을 의미하는 것은 아니라 할 것이며, 다만 처분을 기재한 서류가 당사자의 주소에 송달되는 등으로 사회통념상 처분이 있음을 당사자가 알 수 있는 상태에 놓여진 때에는 반증이 없는 한 그 처분이 있음을 알았다고 추정할 수는 있다 할 것이다.

(2) 원고가 아파트 경비원인 K에게 우편물 등의 수령권한을 위임한 것으로 볼 수는 있을지언정 이 사건 부과처분의 대상으로 된 사항에 관하여 원고를 대신하여 처리할 권한까지 위임한 것으로 볼 수는 없다 할 것이므로, 설사 위 K가 위 납부고지서를 수령한 때에 이 사건 부과처분이 있음을 알았다고 하더라도 이로써 원고 자신이 이 사건 부과처분이 있음을 안 것과 동일하게 볼 수는 없다고 할 것이다.

■ 평 가

(1) 이 사건 판결은 본안요건이 아니라 소송요건(본안판단의 전제요건)의 하나인 행정심판전치의 이행 여부를 쟁점으로 하였다. 구체적으로 말하면 처분이 있음을 안 날(현행법상 표현으로는 알게 된 날)의 의미가 쟁점이었다.

(2) 이 사건에서 「알게 된 날」의 의미와 관련하여 원심은 처분의 통지를 받은 날, 대법원은 처분이 있었다는 사실을 현실적으로 알게 된 날로 보았다. 대법원의 태도가 사인의 권리보호에 보다 적극적이다. 대법원의 이러한 입장은 행정심판법 제정 이전 소원법이 적용되던 시기부터 계속되고 있다.

(3) 이 사건 판결에서 대법원이 아파트거주자들의 아파트 경비원에 대한 우편물 수령권한의 위임은 인정하되, 처리권한의 위임은 인정하지 아니한 것은 타당하다.

[2] 포천군 소수력발전사건(대판 1988. 9. 27, 88누29)

(포천군수가 삼정수력주식회사 하천공작물(보)설치공사준공인가처분을 하자, 원고가 제기한 하천공작물(보)설치공사준공검사증발급처분취소소송에서) 행정처분의 상대방이 아닌 제 3 자는 행정심판법 제18조 제 3 항의 청구기간내에 심판청구를 제기하지 아니하였다 하더라도 그 심판청구기간내에 심판청구가 가능하였다는 특별한 사정이 없는 한 동 조항 단서에서 규정하고 있는 기간을 지키지 못한 정당한 사유가 있는 때에 해당한다고 보아 심판청구기간의 제한을 받지 않는다고 해석하여야 한다.

■ 평 가

(1) 이 사건 판결에서는 원고가 심판청구기간을 준수하였는가의 여부가 문제되었다. 말하자면 당시 행정심판법 제18조(심판청구기간) 제 3 항은 「심판청구는 처분이 있은 날로부터 180일을 경과하면 제기하지 못한다. 다만, 정당한 사유가 있는 경우에는 그러하지 아니하다」라고 규정하였는데, 원고에게 과연 180일 경과 전에 행정심판을 제기하지 못할 정당한 사유가 있었는가의 여부가 쟁점이었다. 이 사건 역시 행정심판의 필요적 전치주의가 적용되던 시기에 일어난 사건이다.

(2) 이 사건 판결은 행정처분의 상대방이 아닌 제 3 자가 행정심판법 제18조(현행법 제27조) 제 3 항에서 말하는 「정당한 사유」가 있는 자에 해당될 수 있는 배경을 명시적으로 밝힌 리딩케이스로서의 의미를 갖는다.

[판례 51] 행정심판법상 위법과 부당 여부 판단의 기준시점

• **속리산 용화온천사건**(대판 2001. 7. 27, 99두5092)

[사건개요]

1993. 2. 5. 국립공원의 관리청인 내무부장관은 원고(상고인, 속리산국립공원 용화온천집단시설지구지주조합)의 신청에 따라, 속리산국립공원 용화집단시설지구 내 시설물기본설계를 승인하는 처분(원처분)을 하였다.

1995. 12. 20. 집단시설지구개발사업은 환경영향평가대상사업이라는 환경처장관의 회신에 따라 내무부장관은 원고에게 환경영향평가서를 작성하게 하여 피고와 6차례에 걸쳐 환경영향평가협의를 한 후, 기본설계변경승인처분(변경처분)을 하였다.

1996. 5. 9. 국립공원관리공단이사장은 내무부장관의 변경처분의 조건 및 환경부와의 환경영향평가협의내용의 이행 등을 조건으로 하여 원고에게 용화집단시설지구기반조성 공원사업시행을 허가하는 처분(대상처분)을 하였다.

1996. 6. 7. 위 집단시설지구로부터 약 2km 정도 떨어진 신월천변 지역에 거주하는 주민들인 피고보조참가인 등 1825인이 내무부장관의 변경처분과 공단이사장의 대상처분의 각 취소를 구하는 행정심판을 제기하였다.

1997. 3. 26. 내무부장관은 국립공원관리공단이사장이 환경적 위해발생과 그 결과를 충분히 고려하지 아니하고 대상처분을 한 것은 재량권을 일탈하였거나 남용한 것으로 위법·부당하다는 등의 이유로 대상처분을 취소한다는 내용의 재결(재결처분)을 하였다. 이에 원고는 참가인은 청구인적격을 갖지 못하며, 대상처분이 위법·부당하지 아니하는 것을 이유로 피고의 재결처분의 취소를 구하는 소를 제기하였다.

[참고] 1997. 5. 21. 내무부장관은 1995. 12. 20.자 내무부장관의 변경처분의 취소를 구하는 부분을 각하하는 내용의 재결을 하였으며, 정부조직법중개정법률(1998. 2. 28. 법률 제5529호)에 의하여 내무부장관 소관이던 자연공원법 관련 업무가 피고(피상고인)인 환경부장관에게 이관되었다.

[판결요지](발췌)

행정심판에 있어서 행정처분의 위법·부당 여부는 원칙적으로 처분시를 기준으로 판단하여야 할 것이나, 재결청은 처분 당시 존재하였거나 행정청에 제출되었던 자료뿐만 아니라, 재결 당시까지 제출된 모든 자료를 종합하여 처분 당시 존재하였던 객관적 사실을 확정하고 그 사실에 기초하여 처분의 위법·부당 여부를 판단할 수 있다.

[해 설]

1. 쟁 점

이 사건 판결에서는 ① 행정심판에 있어서 재결청이 행정처분의 위법·부당 여부를 재결당시까지 제출된 모든 자료를 종합하여 판단할 수 있는지 여부(적극), ② 국립공원 관리청이 국립공원 집단시설지구개발사업과 관련하여 그시설물기본설계 변경승인처분을 함에 있어서 환경부장관과의 협의를 거친 이상 환경부장관의 환경영향평가에 대한 의견에 반하는 처분을 하였다고 하여 그처분이 위법하다고 할 수 있는지의 여부(소극), ③ 자연공원사업의 시행허가의 법적 성질(=재량행위) 및 행정심판의 재결청의 그 허가의 위법 여부에 대한 심사 기준, ④ 공원사업시행허가처분에 의하여 인근 주민들의 환경상의 이익 등이 침해되거나 침해될 우려가 있는지의 여부(적극) 등을 쟁점으로 하였다. 이하에서는 ①을 중심으로 검토한다.

2. 위법과 부당

(1) 위법·부당의 의의

위법이란 외부효를 갖는 법규위반을 의미한다. 따라서 행정규칙위반은 원칙적으로 위법이 되지 아니한다. 그러나 행정규칙위반이 동시에 외부효를 갖는 법규의 위반이 되면, 위법이 된다. 다만, 행정규제기본법 제 4 조 제 2 항 단서에 따른 법률보충규칙위반을 위반하면 위법이 된다. 재량행위의 경우, 단순한 재량위반행위는 비합목적적인 행위로서 부당한 행위가 된다. 그러나 재량하자(재량일탈·재량결여·재량남용)의 경우에는 위법이 된다. 한편, 행정처분의 위법·부당 여부는 공무원의 고의나 과실 여부에 관계없이 객관적으로 판단되어야 한다.

(2) 위법·부당 판단의 기준시

(가) 학 설 위법·부당판단의 기준시점과 관련하여 학설은 ① 재결을 처분의 사후심사가 아니라 처분에 계속적으로 효력을 부여할 것인가의 문제로 보는 재결시기준설, ② 처분시 이후의 사정고려는 재결청에 의한 처분청의 고유권한의 침해로 이해하는 처분시기준설(이 견해는 취소재결을 처분의 적법성의 사후심사제도로 이해한다), ③ 처분시기준설을 원칙으로 하면서 예외적으로 계속효 있는 행위의 경우에 재결시기준설

을 취하는 절충설로 나뉘고 있다.

(나) 판 례 판례는 처분시기준설을 취한다.

(다) 사 견 행정심판제도의 중점을 행정법규의 정당한 적용과 실현에 둔다면 재결시가 기준이 될 것이고, 개인의 권익구제에 둔다면 처분시가 기준이 될 것이다. 저자는 후자의 입장에서 취소심판이나 무효확인심판의 경우에는 처분시기준설을 취하고, 의무이행심판의 경우에는 재결시기준설을 취한다.

(3) 위법·부당 판단의 자료

취소심판에 있어서 행정처분의 위법 여부를 판단하는 기준 시점에 대하여 재결시가 아니라 처분시라고 하는 것은 행정처분이 있은 때의 법령과 사실상태를 기준으로 하여 처분의 위법 여부를 판단하여야 한다는 의미이다. 그것은 처분 후 법령의 개폐나 사실상태의 변동에 영향을 받지 않는다는 것을 뜻하는 것이기도 하다. 따라서 처분 당시의 사실상태 등에 대한 입증은 사실심 심리종결시까지 할 수 있다. 말하자면 행정심판위원회는 행정처분 당시 행정청이 알고 있었던 자료뿐만 아니라 심리종결 당시까지 제출된 모든 자료를 종합하여 처분 당시 존재하였던 객관적 사실을 확정하고 그 사실에 기초하여 처분의 위법·부당 여부를 판단할 수 있다.

3. 평 가

이 사건 판결은 취소심판에 있어서 행정처분의 위법·부당 여부의 판단을 위한 기준시점을 명시적으로 밝힌 리딩케이스이다. 물론 이 사건 판결은 취소소송에 있어서 행정처분의 위법·부당 여부의 판단을 위한 기준시점과 동일한 보조를 취하고 있다. 이러한 판례의 입장은 현재에도 계속되고 있다(대판 2010. 8. 26, 2010두2579).

4. 참고판례

[1] 삼성공조 주식회사 과징금사건(대판 2010. 1. 14, 2009두11843)

(공정거래위원회가 하도급법위반으로 시정명령등을 하자, 이의 취소를 구한 소송에서) (1) 공정거래위원회가 하도급거래 공정화에 관한 법률 제25조 제 1 항에 의한 시정명령을 하는 경우에는 단순히 하도급대금의 발생 및 지급지연과 같은 제13조 등의 위반행위가 있었는가를 확인함에 그쳐서는 아니되고, 나아가 그 위반행위로 인한 결과가 그 당시까지 계속

되고 있는지를 확인하여 비록 법 위반행위가 있었더라도 하도급대금 채무의 불발생 또는 변제, 상계, 정산 등 사유 여하를 불문하고 위반행위의 결과가 더 이상 존재하지 아니한다면, 그 결과의 시정을 명하는 내용의 시정명령을 할 여지는 없다고 보아야 한다.
(2) 항고소송에 있어 행정처분의 위법 여부는 행정처분이 있을 때의 법령과 사실 상태를 기준으로 판단하여야 하며, 법원은 행정처분 당시 행정청이 알고 있었던 자료뿐만 아니라 사실심 변론종결 당시까지 제출된 모든 자료를 종합하여 처분 당시 존재하였던 객관적 사실을 확정하고 그 사실에 기초하여 처분의 위법 여부를 판단할 수 있다.
(3) 이러한 법리에 비추어 보면, 하도급법 위반행위의 결과가 이미 시정된 상태에서 그 위반행위를 대상으로 발하여진 피고의 이 사건 시정명령이 위법하다고 본 원심의 판단은 옳고, 피고가 그 주장과 같은 경위로 이 사건 시정명령 당시 그 위반행위가 시정된 사실을 알지 못하였다 하더라도 달리 볼 수 없다. 이에 관한 상고이유의 주장은 이유 없다.

[2] 서울특별시 개인택시운송사업면허제외사건(대판 1993. 5. 27, 92누19033)

(개인택시운송사업면허를 신청하였으나 서울특별시장으로부터 제외처분을 받고 제기한 개인택시운송사업면허제외처분취소소송에서) 항고소송에 있어서 행정처분의 위법 여부를 판단하는 기준 시점에 대하여 판결시가 아니라 처분시라고 하는 의미는 행정처분이 있을 때의 법령과 사실상태를 기준으로 하여 위법 여부를 판단할 것이며 처분 후 법령의 개폐나 사실상태의 변동에 영향을 받지 않는다는 뜻이고 처분 당시 존재하였던 자료나 행정청에 제출되었던 자료만으로 위법 여부를 판단한다는 의미는 아니므로, 처분 당시의 사실상태 등에 대한 입증은 사실심 변론종결 당시까지 할 수 있고, 법원은 행정처분 당시 행정청이 알고 있었던 자료뿐만 아니라 사실심 변론종결 당시까지 제출된 모든 자료를 종합하여 처분 당시 존재하였던 객관적 사실을 확정하고 그 사실에 기초하여 처분의 위법 여부를 판단할 수 있다.

[판례 52] 재결의 형성력

• **보령정로환사건**(대판 1998. 4. 24, 97누17131)

[사건개요]

1996. 3. 21. 피고(상고인, 보건복지부장관)는 원고(피상고인, 보령제약주식회사)에 대하여 의약품(보령정로환당의정)제조품목허가처분(이 사건 허가처분이라 한다)을 하였다.

1997. 1. 11. 피고보조참가인(소외 동성제약 주식회사)은 피고의 원고에 대한 허가는 이미 자신에게 허가한 의약품(동성정로환)과 동일·유사한 명칭을 사용하는 의약품에 대하여 허가를 한 것이어서 위법하다는 이유로 행정심판을 제기하였고, 이에 대하여 처분청 겸 재결청인 피고는 국무총리행정심판위원회의 의결을 거쳐 허가처분을 취소한다는 내용의 취소재결(이 사건 취소재결처분이라 한다)을 하였다.

1997. 1. 23. 피고는 원고에게 허가처분을 취소하는 내용의 처분('이 사건 허가취소처분'이라 한다)을 하였다. 이에 원고는 자신에 대한 의약품제조품목허가를 취소시킨 피고의 행위가 위법하다는 이유로 구제를 받기 위하여 소를 제기하였다. 원심은 원고승소판결을 내렸고, 대법원은 석명권의 불행사 및 심리미진의 위법을 이유로 원심법원에 환송하였다.

[참고] 이 사건 발생 당시의 행정심판법은 의결기관인 행정심판위원회(국무총리행정심판위원회. 현행법상 중앙행정심판위원회)와 집행기관인 재결청(보건복지부장관)을 분리하였다. 그러나 현행법(2008. 2. 29 시행 개정 행정심판법부터)은 의결기관과 집행기관을 통합하였다(중앙행정심판위원회). 따라서 이 사건 당시에는 보건복지부가 재결청이었으나, 현행법상으로는 중앙행정심판위원회가 재결기능까지 수행한다는 점을 유의할 필요가 있다.

[원심판결요지]

이 사건 허가취소처분은 이 사건 허가처분을 취소하도록 명한 취소재결(재결처분)에 따라 허가처분을 취소한 것으로서 항고소송의 대상이 되는 처분에 해당하는바, 이 사건 허가취소처분이 항고소송의 대상이 되는 처분이 아니라고 한 피고보조참가인의 본안전 항변은 정당하지 않다. 원고에게 허가한 의약품의 명칭(보령정로환당의정)과 이미 피고보조참가인에게 허가한 의약품의 명칭(동성정로환)이 서로 동일·유사한 명칭이 아니므로 이 사건 허가취소처분은 위법하다.

[판결요지]

[1] 구 행정심판법 제32조 제3항에 의하면 「재결청은 취소심판의 청구가 이유 있다고 인정할 때에는 처분을 취소·변경하거나 처분청에게 취소·변경할 것을 명한다」고 규정하고 있으므로, 행정심판 재결의 내용이 처분청에게 처분의 취소를 명하는 것이 아니라 재결청이 스스로 처분을 취소하는 것일 때에는 그 재결의 형성력에 의하여 당해 처분은 별도의 행정처분을 기다릴 것 없이 당연히 취소되어 소멸되는 것이다.

[2] 당해 의약품제조품목허가처분취소재결은 보건복지부장관이 재결청의 지위에서 스스로 제약회사에 대한 위 의약품제조품목허가처분을 취소한 이른바 형성재결임이 명백하므로, 위 회사에 대한 의약품제조품목허가처분은 당해 취소재결에 의하여 당연히 취소·소멸되었고, 그 이후에 다시 위 허가처분을 취소한 당해 처분은 당해 취소재결의 당사자가 아니어서 그 재결이 있었음을 모르고 있는 위 회사에게 위 허가처분이 취소·소멸되었음을 확인하여 알려주는 의미의 사실 또는 관념의 통지에 불과할 뿐 위 허가처분을 취소·소멸시키는 새로운 형성적 행위가 아니므로 항고소송의 대상이 되는 처분이라고 할 수 없다.

[해 설]

1. 쟁 점

이 사건 판결에서는 ① 형성적 재결의 효력, ② 원처분에 대한 형성적 취소재결이 확정된 후 처분청이 다시 원 처분을 취소한 경우, 원 처분을 취소하는 행위가 항고소송의 대상이 되는 처분인지 여부(소극) 등을 쟁점으로 하였다. ①은 학문상 재결의 형성력의 문제가 된다. 이하에서 이 사건을 재결의 형성력의 문제로서 검토한다.

2. 재결의 형성력

(1) 재결의 효력

재결의 효력으로 형성력과 기속력이 있다. 또한 재결은 행정행위의 일종이므로 여타의 행정행위와 마찬가지로 내용상 구속력·공정력·구성요건적 효력·형식적 존속력과 실질적 존속력(재심판청구의 금지, 행정심판법 제39조) 등의 효력을 갖는다. 이하에서 형성력에 관해서 살펴본다.

(2) 재결의 종류

이 사건 당시의 행정심판법 제32조 제 3 항은 「재결청은 취소심판의 청구가 이유있다고 인정할 때에는 처분을 취소 또는 변경하거나 처분청에게 취소 또는 변경할 것을 명한다」고 규정하였다. 따라서 당시 행정심판법상 인용재결에는 취소재결 · 변경재결과 취소명령재결 · 변경명령재결의 4가지가 있었다. 취소재결 · 변경재결은 형성재결이었고, 취소명령재결 · 변경명령재결은 이행재결이었다.

[참고] 현행 행정심판법 제43조 제 3 항은 「위원회는 취소심판의 청구가 이유가 있다고 인정하면 처분을 취소 또는 다른 처분으로 변경하거나 처분을 다른 처분으로 변경할 것을 피청구인에게 명한다」고 규정하고 있다. 따라서 현행법상 인용재결에는 취소재결 · 변경재결과 변경명령재결의 3가지가 있다. 취소변경재결은 폐지되었다.

(3) 형 성 력

(가) 형성재결인 취소재결 · 변경재결의 경우, 처분청이 취소재결 · 변경재결에 따라 취소 처분 또는 변경처분을 하여야 취소 또는 변경의 효력이 발생하는 것이 아니라 재결청(현행법상 행정심판위원회)의 재결로써 바로 취소의 효력 또는 변경의 효력이 발생한다. 이를 재결의 형성력이라 한다. 말하자면 취소재결 · 변경재결로 인해 기존의 법률관계는 취소에 소급하여 변동(소멸 · 변경)을 가져온다.

(나) 형성재결(예: 취소재결 · 변경재결)의 경우, 재결청(현행법상 행정심판위원회)으로부터 재결을 통보받은 처분청이 행하는 취소처분 · 변경처분은 재결결과의 단순한 통보에 불과한 사실행위이지 행정행위는 아니다. 말하자면 취소재결에 의해 취소된 처분의 내용과 동일한 처분을 다시 취소한다고 하여도, 그것은 처분이 취소재결에 의해 취소되었음을 다시 알려주는 사실상 행위에 불과할 뿐, 아무런 법적 효과를 발생하는 것도 아니다.

3. 평 가

이 사건 판결은 종전의 대법원 입장을 확인하는 판결이기도 하다.

4. 참고판례

[1] 대한콘크리트 벽돌공장설립신고사건(대판 1997. 5. 30, 96누14678)

(재결청으로부터 '처분청의 공장설립변경신고수리처분을 취소한다'는 내용의 형성적 재결을 송부받은 처분청이 원고(당해 처분의 상대방)에게 재결결과를 통보하자, 원고가 제기한 공장설립변경신고수리취소처분취소소송에서) (1) 행정심판법 제32조 제 3 항에 의하면 재결청은 취소심판의 청구가 이유 있다고 인정되는 때에는 처분을 취소 또는 변경하거나 처분청에게 취소 또는 변경할 것을 명한다고 규정하고 있으므로, 행정심판에 있어서 재결청의 재결 내용이 처분청의 취소를 명하는 것이 아니라 처분청의 처분을 스스로 취소하는 것일 때에는 그 재결의 형성력이 발생하여 당해 행정처분은 별도의 행정처분을 기다릴 것 없이 당연히 취소되어 소멸되는 것이라 할 것이다. 따라서 위 재결을 송부받은 피고로서는 별도로 위 1995. 1. 9.자 수리처분을 취소할 필요가 없는 것이어서 단순히 원고에게 같은 해 9. 23. 위 재결결과를 통보하고, 피고가 같은 해 1. 9. 발급한 공장설립변경신고 확인서를 같은 해 9. 30.까지 반납하도록 요구한 것에 불과하고(피고는 원고에게 위 통보와 함께 위 재결에 대하여 이의가 있을 때에는 관할 고등법원에 행정소송을 제기할 수 있다고 까지 고지하였다), 이러한 재결결과 통보는 사실의 통지에 불과하고 항고소송의 대상이 되는 행정처분이라고 볼 수 없으므로 이 사건 소는 부적법하다.

(2) 그럼에도 불구하고 원심이 위 1995. 1. 9.자 수리처분에 대한 경상남도지사의 취소재결결과를 피고가 1995. 9. 23.에 원고에게 통보한 것을 항고소송의 대상이 되는 새로운 행정처분으로 보고 본안에 들어가 판단하였으니 원심판결에는 항고소송의 대상이 되는 행정처분에 관한 법리오해의 위법이 있다고 할 것이고, 이러한 위법은 판결 결과에 영향을 미쳤음이 분명하므로 이 점을 지적하는 상고이유 주장은 이유 있다.

[2] 기타

대판 1994. 4. 12, 93누1879(취소재결의 형성력 — 현대산업 개발부담금사건)

[판례 53] 재결의 기속력

• 군산 한보주택 아파트 건설사건(대판 2005. 12. 9, 2003두7705)

[사건개요]

1999. 7. 16. 원고(유한회사 한보주택)는 군산시 나운동 산 A번지 임야 7,498m²(이하 이 사건 아파트단지라고 한다) 지상에 공동주택인 아파트 1개동 256세대를 건설하기 위하여 피고에게 주택사업계획승인신청을 하였다.

1999. 7. 21. 피고(군산시장)는 이 사건 아파트단지는 도시자연공원인 월명공원주변에 위치하여 사업시행시 공원주변의 환경, 풍치, 미관 등이 손상될 우려가 있다는 이유로 주택건설사업계획승인신청서 반려처분을 하였다.

1999. 7. 31. 원고는 이에 불복하여 재결청인 전라북도지사에게 위 반려처분의 취소를 구하는 행정심판을 제기하였다.

1999. 9. 10. 재결청인 전라북도지사는 피고의 위 반려처분은 재량권을 남용한 것이고, 월명공원 주변의 환경, 풍치, 미관 등의 손상을 우려하여 위 반려처분을 한 공익보다는 원고의 사업시행으로 인한 지역경제 승수효과와 도시서민들을 위한 임대주택 공급이라는 공익성이 더 크다고 볼 수 있을 뿐만 아니라 수년간에 걸쳐 재산권행사를 하지 못하고 있는 원고의 사익은 보호되어야 한다는 이유로 위 반려처분을 취소하라는 내용의 재결을 하였다.

1999. 11. 6. 위 재결에 따라 원고가 주택건설사업계획승인 촉구 민원을 제출하였다.

1999. 12. 27. 피고는 원고에게 1차 서류보완요구를 통하여 당초 신청된 주택건설사업계획신청서상 중대한 하자가 드러났다는 이유로 이에 대한 보정을 요구하였다.

2000. 1. 26. 피고는 원고가 일부 경미한 부분 외에는 보완요구사항을 이행하지 않아 다시금 2차로 원고에게 서류보완요구를 하면서 2000. 2. 3.까지 보완서류를 제출하지 않을 때는 민원사무처리규정에 의거하여 민원서류가 반려됨을 통지하였다.

2000. 2. 10. 원고가 이에 불응하였다는 이유로 위 승인신청서를 반려하는 처분(이하 이 사건 처분이라고 한다)을 하였다.

2000. 1. 18. 원고는 피고가 원고의 1999. 7. 16.자 주택건설사업계획승인신청(이하 당초 계획이라고 한다)에 대하여 위 재결에 따른 처분을 이행하지 않고 장기간 미루고 있다고 주장하며 재결청인 전라북도지사에게 주택건설사업계획승인을 구하는 의무이행재결심판을 청구하였다.

2000. 5. 6. 전라북도지사는 피고가 원고에게 요구한 보완사항이 정당하다는 이유로 원

고의 청구를 기각하였다. 이에 원고는 주택건설사업계획승인신청서반려처분취소소송을 제기하였다. 제 1 심은 "피고가 2000. 2. 10. 원고에게 한 주택건설사업계획승인신청 반려처분을 취소한다"고 판결하였고, 제 2 심은 "제 1 심 판결을 취소하고, 원고의 청구를 기각한다"고 판결하였으며, 대법원은 원고의 "상고를 기각한다"고 판결하였다.

[참고] 이 사건 발생 당시의 행정심판법은 의결기관인 행정심판위원회(전라북도행정심판위원회)와 집행기관인 재결청(전라북도지사)을 분리하였다. 그러나 현행법은 의결기관과 집행기관을 통합하고 있다(전라북도행정심판위원회). 따라서 이 사건 당시에는 전라북도지사가 재결청이었으나, 현행법상으로는 전라북도행정심판위원회가 재결기능까지 수행한다는 점을 유의할 필요가 있다.

[판결요지](발췌)

[1] 재결의 기속력은 재결의 주문 및 그 전제가 된 요건사실의 인정과 판단, 즉 처분 등의 구체적 위법사유에 관한 판단에만 미친다고 할 것이고, 종전 처분이 재결에 의하여 취소되었다 하더라도 종전 처분시와는 다른 사유를 들어서 처분을 하는 것은 기속력에 저촉되지 않는다고 할 것이며, 여기에서 동일 사유인지 다른 사유인지는 종전 처분에 관하여 위법한 것으로 재결에서 판단된 사유와 기본적 사실관계에 있어 동일성이 인정되는 사유인지 여부에 따라 판단되어야 한다.

[2] 이 사건 종전 처분의 처분사유는 이 사건 사업이 주변의 환경, 풍치, 미관 등을 해할 우려가 있다는 것이고, 그에 대한 재결은 이 사건 사업이 환경, 풍치, 미관 등을 정한 1994. 7. 5. 고시와 군산시건축조례에 위반되지 않고, 환경·풍치·미관 등을 유지하여야 하는 공익보다는 이 사건 사업으로 인한 지역경제 승수효과와 도시서민들을 위한 임대주택 공급이라는 또 다른 공익과 재산권행사의 보장이라는 사익까지 더해 보면 결국 종전 처분은 비례의 원칙에 위배되어 재량권을 남용하였다는 것이므로 종전 처분에 대한 재결의 기속력은 그 주문과 재결에서 판단된 이와 같은 사유에 대해서만 생긴다고 할 것이고, 한편 이 사건 처분의 처분사유는 공단대로 및 교통여건상 예정 진입도로계획이 불합리하여 대체 진입도로를 확보하도록 한 보완요구를 이행하지 아니하였다는 것 등인 사실을 알 수 있는바, 그렇다면 이 사건 처분의 처분사유와 종전 처분에 관하여 위법한 것으로 재결에서 판단된 사유와는 기본적 사실관계에 있어 동일성이 없다고 할 것이므로 이 사건 처분이 종전 처분에 대한 재결의 기속력에 저촉되는 처분이라고 할 수 없다.

[해 설]

1. 쟁 점

이 사건 판결은 2000. 2. 10.자 피고의 원고에 대한 주택건설사업계획승인신청 반려처분이 1999. 9. 10.자 재결청인 전라북도지사의 재결에 반하는 것인지의 여부를 쟁점으로 하고 있다. 달리 말한다면 재결청인 전라북도지사의 재결의 기속력이 관계 행정청인 피고 군산시장에 대하여 어느 범위까지 미치는가를 쟁점으로 한다. 이것은 학문상 재결의 기속력의 문제가 된다. 이하에서 이 사건을 재결의 기속력의 문제로서 검토한다.

2. 재결의 기속력

(1) 의 의

재결은 피청구인인 행정청과 그 밖의 관계행정청을 기속하는바(행정심판법 제37조 제1항), 이러한 재결의 효력을 기속력이라 한다. 기속력은 판결의 실효성 확보를 위하여 인정되는 효력이다. 기속이란 피청구인인 행정청과 관계행정청이 재결의 취지에 따라야 함을 의미하는데, 재결의 취지에 따른다는 것은 소극적인 면과 적극적인 면에서 재결의 취지에 따라야 함을 의미한다.

(2) 소극적 의무로서 반복금지의무

소극적인 면에서 재결의 취지에 따라야 한다는 것은 재결에 반하는 행위를 할 수 없다는 것을 의미한다. 이러한 의무를 반복금지의무라고도 한다.

(3) 적극적 의무로서 재처분의무

적극적인 면에서 재결의 취지에 따라야 한다는 것은 당사자의 신청을 거부하거나 부작위로 방치한 처분의 이행을 명하는 재결이 있으면 행정청은 지체 없이 이전의 신청에 대하여 재결의 취지에 따라 처분을 하여야 한다(행정심판법 제49조 제2항 제1문)는 것을 의미한다. 예컨대, 甲의 건축허가신청에 대한 서대문구청장의 건축허가거부처분을 다툰 의무이행심판에서 서울특별시행정심판위원회가 서대문구청장에게 '甲에게 건축허가를 내주라'는 재결을 하면, 서대문구청장은 지체 없이 甲에게 건축허가를 내주어야 한다. 만약 당해 행정청(예: 서대문구청장)이 처분(예: 건축허가)을 하지 아니하는 때에는 서울특별시행정심판위원회는 당사자(예: 甲)가 신청하면 기간을 정하여 서면으로 시정을 명하고, 그 기간에 이행하지 아니하면 직접 처분을 할 수 있다(행정심판법

제50조 제1항 본문).

3. 평 가

이 사건 판결에서 판시된 내용은 종래의 판례입장을 재확인하는 것이다.

4. 참고판례

[1] 교원 재임용거부처분을 취소하는 결정의 기속력의 범위

(교원의 임금청구소송에서) '교원지위향상을 위한 특별법' 제7조 제1항, 제10조 제2항에 의하면, 교원소청심사위원회는 각급학교 교원에 대한 징계처분과 그 밖에 그 의사에 반하는 불리한 처분(임용기간이 만료된 교원에 대한 재임용거부처분을 포함한다)에 대한 소청을 심사하고 그 소청심사결정은 처분권자를 기속한다. 이와 같은 교원소청심사위원회의 소청심사결정 중 임용기간이 만료된 교원에 대한 재임용거부처분을 취소하는 결정은 재임용거부처분을 취소함으로써 학교법인 등에게 해당 교원에 대한 재임용심사를 다시 하도록 하는 절차적 의무를 부과하는 데 그칠 뿐 학교법인 등에게 반드시 해당 교원을 재임용하여야 하는 의무를 부과하거나 혹은 그 교원이 바로 재임용되는 것과 같은 법적 효과까지 인정되는 것은 아니다. 나아가 재임용거부처분을 취소한 소청심사결정의 기속력에 기하여 재임용심사의무가 있는 학교법인 등이 그 의무를 이행하지 아니하였다고 하더라도 그러한 사정만으로 바로 불법행위로 인한 임금 상당 재산상 손해의 배상책임이 발생하는 것은 아니고, 재심사 결과 해당 교원이 재임용되었을 것임이 인정되는 경우에 한하여 위와 같은 손해배상책임을 긍정할 수 있다(대판 2010. 9. 9, 2008다6953).

[2] 기타

대판 2003. 4. 25, 2002두3201(재결의 기속력 — 아람마트 진해점사건)

[판례 54] 행정소송과 민사소송의 구분
• 금릉군 대신유치원 전임강사 해임사건
(대판 1991. 5. 10, 90다10766)

[사건개요]

(1) 경상북도 교육위원회 교육감은 교육부(당시 문교부)에서 1986. 2. 4.경 마련한 공립유치원 전임강사관리 운영지침에 따라 유치원 전임강사 임용권을 해당 유치원이 병설된 국민학교(현재 초등학교)의 교장에게 위임하였고, 대신국민학교장은 1988. 4. 6. 원고(상고인)를 그 국민학교 병설유치원(이 유치원은 지방자치단체인 금릉군이 설립, 경영하는 공립유치원이다)의 전임강사로 임용하였다. 임용기간을 같은 해 12. 31.까지로 하였고, 1989. 1. 1.에 임기 1년으로 재임용하여 근무케 하였다.

(2) 원고는 그 유치원의 전임강사로서 임용되었으나 유치원 교사로서의 직무를 담당하였다. 원고에 대한 복무관리는 공무원 복무규정이 적용되었고, 원고에 대한 보수는 공무원 보수규정 제 5 조에 정해진 28호봉의 고정급으로 하였고, 연 4회의 기말수당을 지급받았다. 그 보수는 금릉군으로부터 지급받았다.

(3) 원고는 1989. 6. 11.경 전국 유치원 전임강사 노동조합을 결성하는 등 노동조합 활동을 하였다는 이유로 피고(대신초등학교 병설 유치원)로부터 같은 달 26. 해임처분을 받았다. 이에 원고는 자신이 교육공무원이 아님에도 피고가 국가공무원법 제66조 제 1 항을 적용하여 아무런 징계절차 없이 위 해임처분을 한 것은 부당하므로 무효라고 주장하면서 위 해임처분의 무효확인과 아울러 위 해임시부터 복직시까지 매월 급료 금 273,000원의 지급을 구하는 민사소송을 제기하였다.

[원심판결요지]

원고가 교육부장관(당시 문교부장관)의 권한을 재위임 받은 공립교육기관의 장에 의하여 유치원 전임강사로 임용되어, 지방자치단체로부터 보수를 지급받고 공무원복무규정을 적용받고 있었을 뿐만 아니라 사실상 유치원 교사로서의 직무를 수행하여 왔다면, 원고의 유치원 전임강사로서의 신분적 지위는 교육공무원법의 적용을 받는 교육공무원에 해당한다고 보아야 할 것이고, 따라서 원고의 위 근무관계는 사법상의 고용계약관계가 아닌 공법상의 특별권력관계로서 원고에 대하여 한 이 사건 해임처분은 피고가 위 유치원의 관리주체로서 공법상의 특별권력인 징계권을 행사하는 과정에서 이루어진 행정처분이므로, 항고소송 내지 당사자 소송으로서의 행정소송의 대상은 될지언정 민사재판권의 관할에 속한다고 할 수 없다(대구고법 1990. 9. 25, 90나2445).

[판결요지]

당시 교육공무원법 제 2 조 제 1 항, 교육법 제75조 제 1 항 제 3 호에 의하면, 유치원의 경우 원장, 원감과 교사만을 교육공무원법상의 교육공무원으로 규정하고 있으므로, 유치원 교사의 자격이 있는 원고가 교육법시행령 제35조에 의하여 전임강사로 임용되어 사실상 유치원 교사의 업무를 담당하였다고 하더라도 그와 같은 사실만으로 원고를 교육공무원법의 적용을 받는 교육공무원으로 볼 수는 없다고 할 것이다. 그러나, 원심이 인정한 전임강사의 임용권자, 임용방법, 근무의 내용 및 복무관리 등의 사실을 종합하여 보면, 원고에게 교육공무원에 준하는 신분보장이라든가 공무원보수규정에 의한 보수의 지급이 없다고 하더라도, 원고의 위와 같은 근무관계를 사법상의 고용계약관계로 보기는 어렵고, 교육공무원에 준하여 신분보장을 받는 정원 이외의 임시직 공무원의 성격으로 파악함이 상당할 것이다. 따라서 이 사건 해임처분의 시정과 아울러 수령이 지체된 보수의 지급을 구하는 소송을 행정소송의 대상이지 민사소송의 대상이 아니라고 판단한 원심판결은 그 결론에 있어서 타당하다.

[해 설]

1. 쟁 점

이 사건 판결은 원고가 해임처분의 시정 및 수령지체된 보수의 지급을 구하는 소송을 민사소송으로 제기하자 제 1 심법원이 소각하판결을 하였다. 제 2 심과 제 3 심에서도 이 사건은 행정소송의 대상이라 하여 원고의 청구를 각하하였다. 요컨대 이 사건은 행정소송과 민사소송의 구별을 쟁점으로 하였다. 이하에서 이 사건을 행정소송과 민사소송의 구별의 문제로서 검토한다.

2. 행정소송과 민사소송의 구별

(1) 학 설

행정에 관한 공법상의 분쟁을 대상으로 하는 행정소송과 사법상의 권리관계에 관한 민사소송의 구별은 공법과 사법의 구별기준에 따라 판단된다. 이와 관련된 학설로는 이익설(법관계의 목적이 되고 있는 이익을 기준으로 하여 공익에 봉사하는 법이 공법이고, 사익에 봉사하는 법이 사법이라는 견해) · 종속설(복종설, 권력설)(법이 규율하는 법률관계의 성질자체를 기준으로 상 · 하질서관계(불평등관계)를 규율하는 법이 공법이고, 대등질서관계(평등관계)를 규율하는 법이 사법이라는 견해)·구주체설(법관계의 주체를 기준으로 하여 적어도 어느 한쪽이 국가 기타의 행정주체로 되어 있는 법관계를 규율하는 법이 공법이고, 사인 상호간의 관계를 규율하는 법이 사법이라는 견해)·신주체설(귀속설, 특별법설, 수정주체설)(행정주체를 포함한 모든 권리주체에게 권리의무가 귀속되는 법이 사법이고, 권리의무가 배타적으로 공권력주체에게만 귀속되는 법인 공법이라는 견해) 등이 있다. 그러나 실제로는 학설의 종합적인 활용을 전제로 행정소송법상 처분개념의 해석을 통해 양자를 구분하게 된다.

(2) 판　　례

종래의 판례는 공법과 사법의 구별에 관한 여러 학설과 관련법령의 여러 규정을 종합적으로 해석하는 방식을 취하고 있다. 특히 행정행위의 내용과 방법 및 분쟁이 발생하였을 때에 그 해결에 관한 특별규정이 있느냐 없느냐 하는 점 등을 고려하여야 한다고 하고 있다. 즉, 행정상의 강제집행, 행정벌, 손실보상이나 국가배상, 행정상 쟁송제도 등이 규정되어 있을 경우에는 공법이 적용되는 관계로 보고 있다고 할 것이다.

(3) 사　　견

어떤 법적 문제에 관하여 적용될 법규범이 없거나 공법과 사법이 모두 있는 경우에는 위 여러 견해들을 고려하여 기본적으로 행정의 목표·목적에 따라 결정되어야 할 것이다. 한편, 행정청이 공법적으로도 사법적으로도 행할 수 있는 경우, 특정의 법관계가 존재하고, 그 법관계의 성질의 불분명하여 의문이 있는 경우에는 원칙적으로 공법관계로 볼 것이다.

3. 평　　가

(1) 원심법원은 원고를 교육공무원법의 적용을 받는 교육공무원으로 보았으나 대법원은 원고를 교육공무원에 준하는 신분보장을 받는 정원 이외의 임시직 공무원으로 보았다. 교육공무원법을 엄격히 새기면 대법원의 입장을 취할 것이다. 그러나 당시 교육법시행령 제35조 제 1 항이 자격이나 신분보장에 관한 아무런 규정도 없이 정원 이외의 교원의 직무를 보조케 하기 위하여 강사를 둘 수 있다고 규정하고 있었던 점을 고려하여 교육공무원법을 넓게 새기면 원심법원의 입장을 취할 수 있을 것이다. 그러나 정규직이든 임시직이든 원고가 공무원이라고 하는 점에서는 원심법원이나 대법원의 입장이 동일하다.

(2) 이 사건 판결은 ① 종래의 입장에 따라 「공법관계와 사법관계의 구별은 여러 가지 사항을 종합적으로 고려하여야 한다」는 종래의 논리를 바탕으로 하고 있고, 이러

한 입장은 계속되고 있다. ② 공립초등학교 병설 유치원의 전임강사의 근무관계와 관련하여 전임강사의 임용권자, 임용방법, 근무의 내용 및 복무관리 등의 사실에 중점을 두어 전임강사의 근로관계를 공법상 근무관계로 보았다는 점, ③ 그리하여 공립초등학교 병설 유치원의 전임강사의 신분상 불이익처분에 대한 쟁송을 민사소송이 아닌 행정소송의 대상이라고 판시한 점도 이 사건 판결의 특징이다.

4. 참고판례

수원시 상수도사업소 청원경찰 징계사건(대판 1993. 7. 13, 92다47564)

(수원시장이 수원시 상수도사업소에 근무하는 청원경찰인 원고에 대하여 파면처분의 징계처분을 하자, 원고는 이의 시정을 구하기 위하여 민사소송을 제기한 사건에서) (1) 국가나 지방자치단체에 근무하는 청원경찰은 국가공무원법이나 지방공무원법상의 공무원은 아니지만, 다른 청원경찰과는 달리 그 임용권자가 행정기관의 장이고, 국가나 지방자치단체로부터 보수를 받으며, 산업재해보상보험법이나 근로기준법이 아닌 공무원연금법에 따른 재해보상과 퇴직급여를 지급받고, 직무상의 불법행위에 대하여도 민법이 아닌 국가배상법이 적용되는 등의 특질이 있으며 그 외 임용자격, 직무, 복무의무 내용 등을 종합하여 볼 때, 그 근무관계를 사법상의 고용계약관계로 보기는 어렵다 할 것이다.

(2) 수원시장이 수원시 상수도사업소에 근무하는 청원경찰인 원고에 대하여 한 징계처분의 시정을 구하는 원고의 이 사건 소는 행정소송의 대상이지 민사소송의 대상이 아니다.

[판례 55] 무효선언을 구하는 의미의 취소소송
• 소공세무서 배당소득세사건
(대판 1976. 2. 24, 75누128 전원합의체)

[사건개요]

원고(상고인, 대성산업주식회사)의 대표이사는 피고(피상고인, 소공세무서장)의 갑종배당소득세과세처분에 대하여 (구)국세심판청구법(1975년 폐지)상의 소정의 전심절차를 거치지 아니하고 "피고가 원고에 대하여 1969. 2. 3.자로 한 갑종배당소득금 18,150,000원의 과세처분은 이를 취소한다"라는 청구취지의 취소소송을 제기하였다. 원심은 직권으로 전심절차의 결여(원심판결요지 참조)를 이유로 각하판결을 하였고, 이에 원고는 상고하였다. 원고는 양 소송절차에서 이 사건은 과세처분의 무효확인도 겸하여 구하는 의미에서 그 취소를 구하는 소송이고, 이와 같은 소송에는 전심절차를 거칠 필요가 없으니 이 소송은 적법하다고 주장하였다.

[원심판결요지]
(구)국세심사청구법(1975. 4. 1. 폐지)에 의하면, 국세의 부과처분에 대한 행정소송은 먼저 처분세무서장에 대한 재조사청구, 소관 지방국세청장에 대한 심사청구, 국세청장에 대한 재심사청구등 3단계의 불복방법을 거친 다음에 이를 제기하도록 규정하고 있는바, 이 사건에 있어서 원고는 본건 과세처분에 관하여 구 국세심사청구법에서 규정하는 위와 같은 전심절차를 거치지 아니하였음은 이 사건 소장의 청구원인기재에 의하여 명백하므로 원고의 이사건 소는 결국 제소요건을 제대로 갖추지 못한 부적법한 소라고 할 것이다.

[판결요지]

[다수의견] 당연무효를 선언하는 의미에서의 취소청구도 그것이 외견상 존재하는 행정처분에 관하여 권한있는 기관에 의한 취소를 구하고 있는 점에서 하나의 항고소송인 이상 전심절차는 그 소송요건이라고 보지 않을 수 없으므로 전심절차를 거치지 아니한 본소 청구는 결국 그 소송요건을 갖추지 못하여 부적법하다. 이와는 달리 당연무효를 선언하는 의미에서의 취소청구에는 전심절차등 행정소송법상 특유의 제소요건의 충족이 필요하지 않다고 한 종전의 본원판결은 이 판결로서 이를 폐기한다.

[소수의견] 다수의견은 외견상 존재하는 행정처분에 관하여 권한 있는 기관에 의한 취소를 구하

고 있으므로 비록 그것이 무효확인을 구하는 의미에서 취소를 구하고 있다 하더라도 항고소송의 한가닥으로 보아서 전심절차를 거칠 것을 요구하고 있다. 그러나 무효확인을 구하는 의미에서 행정처분의 취소를 구하는 것은 실질을 무시하고 형식에만 치우쳐서 이론을 구성한 것에 불과하다 할 것이요 비록 그것이 형식은 항고소송의 형태를 취하고 있다 할지라도 그 내용에 있어서는 행정처분의 무효확인을 구하는 것이나 다를 바가 없다 할 것이므로 이러한 경우에 있어서는 전심절차를 밟게 할 필요가 없다고 보는 것이 상당하다. 만일 이러한 경우에까지 전심절차를 밟게끔 요구한다면 법원이 형식에만 치우쳐서 당사자에게 공연한 부담을 과하는 결과가 되어 바람직하지 못할 뿐더러 원고가 애초부터 행정처분의 무효확인을 구하여 온 경우에 비하여 피차균형을 잃게 될 염려가 다분히 깃들여 있기 때문이다. 이러한 관점에서 소수의견에서는 당원이 최근까지 판시하여 온 판결들(1975. 4. 22. 선고 73누215 판결; 1974. 5. 28. 선고 74누96 판결; 1973. 12. 11. 선고 73누104 판결)이 취한 견해를 지지한다.

[해　　설]

1. 쟁　　점

(1) 이 사건 발생 당시의 국세기본법에는 소원전치(오늘날의 행정심판전치)에 관해 특별한 규정이 없었지만(현행 국세기본법은 행정심판전치주의를 명시적으로 규정하고 있다), 행정소송법 제 2 조는 필요적 소원전치주의(오늘날의 행정심판전치주의)를 규정하고 있었다(현행 행정소송법 제18조는 임의적 심판전치를 원칙으로 규정하고 있다). 그런데 당시 행정소송법 제 1 조는「행정청 또는 그 소속기관의 위법에 대한 그 처분의 취소 또는 변경에 관한 소송 기타 공법상의 권리관계에 관한 소송절차는 본법에 의한다」고 규정하였으므로 소원전치주의는 취소소송에 적용되고 무효확인소송에는 적용되지 아니하였다(현행 행정소송법도 행정심판전치주의는 취소소송에만 적용된다. 동법 제18조, 제38조 제 1 항).

[참고조문]

(당시) **행정소송법 제 2 조** 전조의 소송은 그 처분에 대하여 다른 법률의 규정에 의하여 소원, 심사의 청구, 이의의 신립 기타 행정청에 대한 불복의 신립(이하 '소원'이라 칭함)을 할 수 있는 경우에는 이에 대한 재결결정 기타의 처분(이하 '재결'이라 칭함)을 경한 후가 아니면 이를 제기할 수 없다. 단, 소원의 제기가 있은 날로부터 2월을 경과한 때 또는 소원의 재결을 경함으로 인하여 중대한 손해를 생할 우려가 있는 때 기타 정당한 사유가 있는 경우에는 소원의 재결을 경하지 아니하고 소송을 제기할 수 있다.

(현) **국세기본법 제56조**(다른 법률과의 관계) ② 제55조에 규정된 위법한 처분에 대한 행정소송은「행정소송법」제18조 제 1 항 본문, 제 2 항 및 제 3 항에도 불구하고 이 법에 따른 심사청구 또는 심판청구와 그에 대한 결정을 거치지 아니하면 제기할 수 없다.

(2) 이 사건에서는 취소소송으로 제기하였다면 필요적 심판전치가 적용되는 경우지만, 무효선언을 구하는 의미에서 그 취소를 구하는 소송에서도 필요적 심판전치가 적

용되는가의 여부를 쟁점으로 하였다. 이하에서 이 사건을 무효선언을 구하는 의미에서 그 취소소송의 문제로서 검토한다.

2. 하자의 유형과 쟁송방법

(1) 원 칙

하자있는 행정행위는 그 효과와 관련하여 행정행위의 부존재, 무효인 행정행위, 취소할 수 있는 행정행위로 구분되고 있다. 행정소송법상 행정행위의 부존재의 경우에는 부존재확인소송, 무효의 경우에는 무효확인소송, 취소의 경우에는 취소소송의 형식으로 그 하자를 다툴 수 있다.

이론상 ① 무효확인소송의 형식으로 취소를 주장할 수 있는가의 여부와 ② 취소소송의 형식으로 무효를 다툴 수 있는가(무효선언을 구하는 취소소송)의 여부가 문제된다.

(2) 무효확인소송의 형식으로 취소를 구할 수 있는지 여부

판례는 무효확인의 청구에는 특별한 사정이 없는 한 그 처분의 취소를 구하는 취지를 포함하고 있다고 한다. 생각건대 무효원인의 하자는 취소원인의 하자보다 중하므로 무효주장에는 취소주장까지 포용하는 관계에 있다고 볼 수 있으므로, 무효확인소송의 형식에 의한 취소주장의 가능성은 비교적 용이하게 인정할 수 있을 것이다. 무효확인소송으로 취소청구를 인용하려면 먼저 취소를 구하는 항고소송으로서의 제소요건을 구비하여야 할 것이다.

(3) 취소소송의 형식으로 무효확인을 구할 수 있는지 여부

소송의 실제상 「취소청구에는 엄밀한 의미의 취소청구뿐만 아니라 무효확인의 취지도 함께 포함된 것으로 볼 수 있는가(무효선언을 구하는 의미의 취소소송의 가능성)」의 문제가 된다. 여기에는 ① 취소청구에 당연히 무효확인을 구하는 취지가 포함되어 있다고 볼 수 있는가의 여부와 ② 무효선언을 구하는 것이 청구취지상 명백한 경우에 무효선언을 구하는 취소소송을 제기할 수 있는가의 문제를 포함한다. 생각건대 ⓐ 행정소송법은 무효확인의 소를 별도로 규정하고 있으므로 취소청구에 당연히 무효확인을 구하는 취지가 포함된다고 말하기는 어렵다. 그러나 ⓑ 무효선언을 함께 구하는 것이 청구취지상 명백한 경우에는 포함된다고 말할 여지가 있다. 물론 ⓑ의 경우도 인정할 필요가 없다는 견해도 있으나, 무효사유인지 또는 취소사유인지의 구별이 극히 곤란한 경우에는 하자있는 행정처분의 상대방은 혼란에 빠질 수 있으므로 그 처분의 취소소송을 제기하면서 함께 무효선언을 구할 수 있는 길을 열어 놓는 것도 국민의 권리구제의 측면에서 타당성을 갖는다고 본다.

(4) 무효선언을 구하는 취소소송과 전심절차

판례는 「무효선언을 구하는 취소소송에는 전심절차의 적용이 없다」고 하다가 이 사건 판결에서는 「무효선언을 구하는 취소소송에는 전심절차의 적용이 있다」고 입장을 변경하였다.

3. 평 가

이 사건 판결은 대법원이 무효선언을 구하는 취소소송을 취소소송의 일종으로 보고, 종전과 달리 「무효선언을 구하는 의미의 취소소송도 취소소송의 전심절차요건을 갖추어야 한다」는 것으로 입장을 변경한 리딩케이스이다. 이 사건 판결의 취지는 그 후에도 유지되고 있다.

4. 참고판례

[1] 부산진세무서 신한모직상사사건(대판 1969. 11. 11, 69누122)

(과세처분취소소송에서) 영업을 하지 아니한 사람을 상대로 하여 영업을 한 것을 전제로 그 사업소득세를 부과하고, 나아가 그 징수를 위하여 체납처분을 하였다면, 이러한 행정처분의 하자는 중대하고, 명백하므로 그 처분의 효력은 당연 무효라 할 것이다. 당연무효인 행정처분의 무효확인을 구하는 의미에서 그 취소를 구하는 이 사건 행정소송에서는 제소 전 절차를 밟을 필요가 없다.

[2] 화성시 진흥석산사건(대판 2005. 12. 23, 2005두3554)

(채석허가수허가자변경신고수리처분취소소송에서) 하자 있는 행정처분을 놓고 이를 무효로 볼 것인지 아니면 단순히 취소할 수 있는 처분으로 볼 것인지는 동일한 사실관계를 토대로 한 법률적 평가의 문제에 불과하고, 행정처분의 무효확인을 구하는 소에는 특단의 사정이 없는 한 그 취소를 구하는 취지도 포함되어 있다고 보아야 하는 점 등에 비추어 볼 때, 동일한 행정처분에 대하여 무효확인의 소를 제기하였다가 그 후 그 처분의 취소를 구하는 소를 추가적으로 병합한 경우, 주된 청구인 무효확인의 소가 적법한 제소기간 내에 제기되었다면 추가로 병합된 취소청구의 소도 적법하게 제기된 것으로 봄이 상당하다.

[판례 56] 직권조사사항

• 공무원 출신 근로복지공단 직원의 퇴직연금사건

(대판 2004. 12. 24, 2003두15195)

[사건개요]

(1) 원고들은 공무원으로 임용되어 근무하다가 퇴직하여 모두 구 공무원연금법(2000. 12. 30. 법률 제6328호로 개정되기 전의 것, 이하 같다)에 따른 퇴직연금 지급 대상자가 되었고, 1995. 5. 1. 근로복지공단 직원으로 다시 임용되어 근무하면서도 퇴직연금을 수령해왔다.
(2) 피고(공무원연금관리공단)는 원고들이 근무하는 근로복지공단이 구 공무원연금법령(상세조문 생략)에 의하여 연금지급정지 대상기관으로 지정됨에 따라 2000. 3. 13. 무렵 원고들에 대하여 같은 해 2. 1. 이후 매월마다 퇴직연금 중 2분의 1에 해당하는 금액의 지급이 정지된다는 것을 통보하고 원고들에 대한 퇴직연금 중 일부 금액을 지급하지 아니하였다.
(3) 그 후 원고들은 피고에게 퇴직연금 중 일부 미지급된 금액의 지급을 청구하였으나, 피고는 2000. 8. 29. 원고들이 근무하는 근로복지공단이 앞서 본 구 공무원연금법령에 의하여 퇴직연금 중 2분의 1에 해당하는 연금일부 지급정지 대상기관으로 지정되었다는 이유로 이를 지급할 수 없다는 취지로 회신하였다. 이에 원고들은 퇴직연금지급청구거부처분취소소송을 제기하였다.
(4) 원심은 위 2000. 8. 29.자 회신이 항고소송의 대상이 되는 행정처분임을 전제로, 헌법재판소가 2003. 9. 25. 위 처분의 근거가 된 구 공무원연금법 제47조 제 3 호의 규정에 대하여 위헌이라는 결정을 하였으므로(2000헌바94, 2001헌가21 결정), 피고의 위 처분은 결국 법률의 근거가 없이 행하여진 것과 같은 하자가 있는 것으로 되어 위법하다고 판단하였다. 이에 피고가 상고하였다.

[판결요지]

[1] 행정소송에서 쟁송의 대상이 되는 행정처분의 존부는 소송요건으로서 직권조사사항이고, 자백의 대상이 될 수 없는 것이므로, 설사 그 존재를 당사자들이 다투지 아니한다 하더라도 그 존부에 관하여 의심이 있는 경우에는 이를 직권으로 밝혀 보아야

할 것이고, 사실심에서 변론종결시까지 당사자가 주장하지 않던 직권조사사항에 해당하는 사항을 상고심에서 비로소 주장하는 경우 그 직권조사사항에 해당하는 사항은 상고심의 심판범위에 해당한다.

[2] 공무원으로 재직하다가 퇴직하여 구 공무원연금법(2000. 12. 30. 법률 제6328호로 개정되기 전의 것)에 따라 퇴직연금을 받고 있던 사람이 근로복지공단 직원으로 다시 임용되어 근로복지공단으로부터는 급여를 받고 공무원연금관리공단으로부터는 여전히 퇴직연금을 지급받고 있다가, 구 공무원연금법시행규칙(2000. 1. 31. 행정자치부령 제89호로 개정되어 2001. 2. 28. 행정자치부령 제126호로 개정되기 전의 것)이 개정되면서 근로복지공단이 구 공무원연금법 제47조 제3호 소정의 퇴직연금 중 일부의 금액에 대한 지급정지기관으로 지정된 경우, 공무원연금관리공단의 지급정지처분 여부에 관계없이 개정된 구 공무원연금법시행규칙이 시행된 때로부터 그 법 규정에 의하여 당연히 퇴직연금 중 일부 금액의 지급이 정지되는 것이므로, 공무원연금관리공단이 위와 같은 법령의 개정 사실과 퇴직연금 수급자가 퇴직연금 중 일부 금액의 지급정지 대상자가 되었다는 사실을 통보한 것은 단지 위와 같이 법령에서 정한 사유의 발생으로 퇴직연금 중 일부 금액의 지급이 정지된다는 점을 알려주는 관념의 통지에 불과하고, 그로 인하여 비로소 지급이 정지되는 것은 아니므로 항고소송의 대상이 되는 행정처분으로 볼 수 없다.

[3] 공무원연금관리공단의 인정에 의하여 퇴직연금을 지급받아 오던 중 공무원연금법령의 개정 등으로 퇴직연금 중 일부 금액의 지급이 정지된 경우에는 당연히 개정된 법령에 따라 퇴직연금이 확정되는 것이지 구 공무원연금법(2000. 12. 30. 법률 제6328호로 개정되기 전의 것) 제26조 제1항에 정해진 공무원연금관리공단의 퇴직연금 결정과 통지에 의하여 비로소 그 금액이 확정되는 것이 아니므로, 공무원연금관리공단이 퇴직연금 중 일부 금액에 대하여 지급거부의 의사표시를 하였다고 하더라도 그 의사표시는 퇴직연금 청구권을 형성·확정하는 행정처분이 아니라 공법상의 법률관계의 한쪽 당사자로서 그 지급의무의 존부 및 범위에 관하여 나름대로의 사실상·법률상 의견을 밝힌 것에 불과하다고 할 것이어서, 이를 행정처분이라고 볼 수는 없고, 그리고 이러한 미지급 퇴직연금에 대한 지급청구권은 공법상 권리로서 그 지급을 구하는 소송은 공법상의 법률관계에 관한 소송인 공법상 당사자소송에 해당한다.

[해 설]

1. 쟁 점

취소소송은 처분등을 대상으로 한다. 따라서 처분등이 아닌 사항을 대상으로 취소소송을 제기하면 법원은 당연히 각하하여야 한다. 이 사건 판결은 「원심이 처분에 해당하지 아니한 사항을 대상으로 한 취소소송에서 원고의 청구를 인용한 것」이 직권조사사항에 관한 법리위반인지의 여부 등을 쟁점으로 하였다. 달리 말한다면, 행정처분의 존부는 본안판단의 전제요건(소송요건)의 하나이므로, 이 사건 판결은 소송요건의 존부가 직권조사사항인가의 문제를 쟁점으로 하였다. 이하에서 직권조사사항의 법리의 문제로서 검토한다.

2. 직권조사사항의 법리

(1) 본안판단의 전제요건

취소소송을 제기하여 법원으로부터 본안에 관한 승소판결을 받기 위해서는 본안판단(처분의 위법 여부의 판단)의 전제요건(소송요건)과 본안요건을 갖추어야 한다. 본안판단의 전제요건으로는 ① 처분등이 존재하고, ② 관할법원에, ③ 원고가 피고를 상대로, ④ 일정한 기간 내에, ⑤ 소장을 제출하여야 하고, ⑥ 일정한 경우에는 행정심판전치를 거쳐야 하되, ⑦ 원고에게는 처분등의 취소 또는 변경을 구할 이익(권리보호의 필요)이 있어야 하며, 아울러 ⑧ 당사자 사이의 소송대상에 대하여 기판력 있는 판결이 없어야 하고 또한 ⑨ 중복제소도 아니어야 한다.

(2) 직권조사사항(직권심사사항)

본안판단의 전제요건의 구비여부는 법원에 의한 직권심사사항이다. 당사자의 주장이 없다고 하여도 존부에 관하여 의심이 있다면, 법원으로서는 당연히 직권으로 심사하여 밝혀야 한다. 본안판단의 전제요건의 심사는 상고심에서도 가능하다. 본안판단의 전제요건이 결여되면, 법원은 소송판결(각하판결)을 한다. 이로써 소송은 본안심사가 허용되지 아니하는 것으로서 배척된다.

3. 평 가

대법원이 [판결요지][1]에서 판시한 직권조사사항(직권심사사항)의 법리는 대법원이 종래부터 취해온 입장을 재확인한 것이다.

4. 참고판례

[1] 만주국 의사면허증 인정확인사건(대판 1986. 7. 8, 84누653)

(일제치하 때 만주국 의사인허를 취득한 후 1946년 중국 의사면허를 취득하여 6.25사변 전까지 북한에서 의사로 근무하다가 월남한 자가 당시 의료법령에 따라 외국의사로서 국내의사시험 응시자격을 얻기 위하여 피고에게 외국의사면허증 인정신청서를 제출하였으나 거부당하자 외국의사면허증인정확인등을 구한 사건에서) 가사 원심판결설시와 같이 원고가 그 취소를 구하는 행정처분이 위 1983. 12. 26자 피고의 회신을 가리키는 것이라면 원심으로서는 위 회신이 항고소송의 대상이 되는 행정처분에 해당되는 것인지, 그것이 항고소송의 대상이 되는 행정처분에 해당된다면 원고는 이에 대하여 소원법 소정의 소원의 제기 등 적법한 전심절차를 거쳤는지를 심리하여야 할 것임에도 불구하고 이를 심리하지 아니한채 피고의 위 1983. 12. 26자 거부처분이 정당하다고 판단한 것은 항고소송의 대상이 되는 행정처분에 대한 심리를 다하지 않았거나 소원에 대한 재결을 행정처분으로 보아 그 재결을 소송의 대상으로 삼은 위법이 있다고 하지 않을 수 없다. (파기환송)

[2] 처분청의 처분권한의 유무의 직권조사사항 여부

(1) (지방자치단체가 외환위기에 따른 국가위기상황에서 행정자치부의 구조조정방침에 따라 상수도 검침업무를 민간에 위탁하기로 방침을 정하고 검침업무를 수행하던 조무원을 직권면직하자, 다툰 직권면직처분취소소송에서) 행정소송에 있어서 처분청의 처분권한 유무는 직권조사사항이라고 할 수 없고(대법원 1997. 6. 19. 선고 95누8669 전원합의체 판결 참조), 위 상고이유는 원고가 상고심에 이르러 비로소 내어놓은 주장임이 기록상 명백하여 원심판결에 대한 적법한 상고이유가 될 수 없다(대판 2006. 9. 8, 2004두5225).

(2) (상습도박죄로 처벌받는 등 공무원으로서의 품위유지의무를 위반하여 파면당한 자가 제기한 파면처분취소소송에서) 원고(상고인)는 피고(피상고인, 서울지방철도청장)가 원고에 대하여 파면처분을 할 권한을 가지고 있지 아니하다는 점에 관하여 원심에서 전혀 다투지 아니하다가 상고이유에서 비로소 피고가 원고에 대하여 파면처분을 할 권한이 없기 때문에 이 사건 파면 처분이 위법하다고 주장하고 있으나, 처분청이 처분권한을 가지고 있는가 하는 점은 직권조사사항이 아니므로 원심이 이에 관하여 아무런 판단을 하지 아니하였다 하여 여기에 논하는 바와 같은 석명의무 위반이나 심리미진의 위법이 있다고 할 수 없다(대판 1996. 6. 25, 96누570).

[판례 57] 항고소송의 대상으로서 처분

• 평택 - 시흥간 고속도로 측량면적 불일치사건

(대판 2011. 8. 25, 2011두3371)

[사건개요]

2008. 3. 28. 원고(한국도로공사)는 국토해양부 고시 제2008-14호로 사회기반시설에 대한 민간투자법에 기하여 고속국도 153호선 평택-시흥간 고속도로 건설공사의 사업시행자로 지정되었으며, 그 후 공사를 하던 중 위 고속도로 건설공사에 편입되는 별지목록 기재 토지들이 지적공부에 등록된 면적과 실제 측량한 면적이 서로 일치하지 않는 것을 발견하였다.

2009. 6. 18. 원고는 피고(화성시장)에게 등록사항정정측량 성과도를 첨부하여 지적불부합지임을 통보하면서, 인접토지 소유자의 승낙서 등은 첨부하지 아니한 채, 지적법 제28조 제 1 호에 기하여 토지소유자들을 대위하여 위 토지면적등록정정신청을 하였다(이하 '이 사건 신청'이라고 한다).

2009. 피고는, 지적법 제28조에 의하여 사업시행자가 지적법 제24조 제 3 항의 규정에 의한 등록사항정정을 대위신청하는 경우에는 인접토지 소유자의 승낙서 또는 이에 대항할 수 있는 확정판결서 정본이 첨부되어야 하나, 토지소유자의 승낙서 및 확정판결서 정본이 누락되어 있다는 이유로 이를 반려하는 이 사건 처분을 하였다.

2009. 원고는 지적공부등록사항정정반려처분취소소송을 제기하였다.

[피고의 본안전 항변]
지적공부에 일정한 사항을 등재하는 행위는 행정사무 집행의 편의와 사실증명의 자료로 삼기 위한 것일 뿐, 그 등재 또는 변경으로 인하여 당해 토지에 대한 실체상의 권리관계에 변동을 가져 오는 것이 아니고, 토지의 소재, 지번, 지목 및 경계가 지적공부의 기재에 의하여 확정된다 하여 토지소유권 등의 범위가 증명되는 것도 아니므로, 지적공부의 면적을 정정해 달라는 요청을 거부한 이 사건 처분은 항고소송의 대상이 될 수 없다.

[판결요지]

[1] 반려처분은 공공사업의 원활한 수행을 위하여 부여된 사업시행자의 관계 법령상 권리 또는 이익에 영향을 미치는 공권력의 행사 또는 그 거부에 해당하는 것으로서 항고소송의 대상이 되는 행정처분에 해당한다.

[2] 구 지적법 제28조 제 1 호는 공공사업 사업시행자의 대위신청에 따른 등록사항 정정시 토지소유자 승낙서나 이에 준하는 확정판결서 정본 제출을 요구하고 있지 않은 점, 공공사업 사업시행자가 토지소유자의 지적등록 정정신청을 대위할 수 있도록 한 취지는 토지소유자가 이를 임의로 이행하지 않는 경우에도 공공사업의 원활한 진행이 가능하도록 하는 데 있는 점, 구 지적법 제24조 제 3 항에 의한 등록사항 정정시 인접 토지소유자 승낙서 또는 이에 대항할 수 있는 확정판결서 정본이 요구되는 경우는 정정으로 인하여 인접 토지의 경계가 변경되는 경우로 한정되는 점 등에 비추어 보면, 토지소유자 승낙서 또는 이에 준하는 확정판결서 정본이 제출되지 않았다는 이유로 위 신청을 거부할 수 없으므로, 반려처분은 위법하다.

[해 설]

1. 쟁 점

이 사건에서는 한국도로공사가 구 지적법 제24조 제 1 항, 제28조 제 1 호에 따라 고속도로 건설공사에 편입되는 토지소유자들을 대위하여 토지면적등록 정정신청에 대하여 화성시장이 반려한 것이 항고소송 대상이 되는 행정처분에 해당하는가의 여부 등을 쟁점으로 하였다. 이하에서 행정소송법상 처분의 문제로서 검토한다.

2. 처분의 개념

(1) 행정소송법상 처분개념

행정소송법 제19조(취소소송의 대상) 본문은 「취소소송은 처분등을 대상으로 한다」고 규정하고 있다. 그리고 행정소송법 제 2 조 제 1 항 제 1 호는 「1. '처분등'이라 함은 행정청이 행하는 구체적 사실에 관한 법집행으로서의 공권력의 행사 또는 그 거부와 그 밖에 이에 준하는 행정작용(이하 '처분'이라 한다) 및 행정심판에 대한 재결을 말한다」고 규정하고 있다. 따라서 국가나 지방자치단체의 행위가 취소소송의 대상이 되기 위해서는 행정소송법 제 2 조 제 1 항 제 1 호가 정하는 내용에 해당하여야 한다.

(가) **행 정 청** 　행정소송법상 처분은 행정청이 행하는 공권력행사이다. 동법 제 2 조 제 2 항에 따라 행정청에는 법령에 의하여 행정권한의 위임 또는 위탁을 받은 행정기관, 공공단체 및 그 기관 또는 사인이 포함된다.

(나) **구체적 사실** 　행정소송법상 처분은 구체적 사실에 관한 공권력행사이다. 구

체적 사실이란 기본적으로 관련자가 개별적이고 규율대상이 구체적인 것을 의미한다. 관련자가 일반적이고 규율사건이 구체적인 경우의 규율은 일반처분이라 하는데 이것 역시 처분에 해당한다.

(다) **법 집 행** 행정소송법상 처분은 법집행으로서의 공권력행사이다.

(라) **공권력행사** 공권력행사의 의미는 분명하지 않지만, 여기서 공권력행사란 공법에 근거하여 행정청이 일방적으로 행하는 일체의 행정작용으로 이해된다. 따라서 행정청이 행하는 사법작용이나 사인과의 대등한 관계에서 이루어지는 공법상 계약 등은 여기서 말하는 공권력행사에 해당하지 아니한다. 한편, 공권력행사의 거부는 공권력행사의 소극적 유형으로서 당연히 공권력행사에 포함된다.

(마) **그 밖에 이에 준하는 행정작용** 현재로서 「그 밖에 이에 준하는 행정작용」의 의미는 분명하지 않다. 논자에 따라서는 권력행사로서의 사실행위, 행정입법, 구속적 행정계획 등을 그 예로 들기도 한다. 그러나 취소소송을 형성소송으로 이해하는 한, 권력행사로서의 사실행위가 순수 사실행위라면 처분에 해당할 수 없고, 행정입법은 규범이므로 처분에 속한다고 보기 어려우며, 구속적 행정계획은 행정계획마다 그 성질을 달리하므로 한마디로 단언할 수는 없다. 다만 집행행위를 요함이 없이 바로 국민의 권리·의무를 발생시키는 법규명령은 이에 해당한다고 볼 수 있다.

(2) 취소소송의 본질과 처분개념

(가) **취소소송의 본질** 취소소송의 본질은 일반적으로 위법성의 소급적 제거에 있는 것으로 이해되고 있다. 그런데 사실적인 것은 소급적인 제거가 불가능하지만, 법적 행위에 존재하는 위법성은 소급적으로 제거할 수 있으므로, 취소소송의 대상이 되는 공권력행사(처분)는 법적 행위에 한정된다. 만약 취소소송의 본질을 위법의 확인으로 본다면, 사실행위도 취소소송의 대상이 된다고 말할 수도 있을 것이다.

(나) **판례의 입장** 판례는 오래전부터 「원래 행정소송은 구체적인 권리의무에 관한 분쟁을 전제로 하여 제기되는 것이므로, 항고소송의 대상이 되는 행정처분은 행정청의 공법상의 행위로서 특정사항에 대하여 법규에 의한 권리의 설정 또는 의무의 부담을 명하며, 기타 법률상의 효과를 발생케 하는 등의 국민의 권리의무에 직접 관계가 있는 행위를 말한다고 해석하여야 할 것이므로 특별한 사정이 없는 한, 행정권내부에 있어서의 행위라던가 알선, 권유, 사실상의 통지등과 같이 상대방 또는 기타 관계자들의 법률상 지위에 직접적으로 법률적 변동을 일으키지 않는 행위 등은 항고소송의 대상이 될 수 없다」고 하였고(대판 1967. 6. 27, 67누44), 이러한 입장은 오늘날에도 계속되

고 있다.

㈐ **법적 행위의 의의** 법적 행위란 외부적으로 직접적인 법효과를 의도하는 의사표시를 말한다. ① 법적 행위는 행정조직 내부를 넘어서 개인에 대해 직접적으로 권리·의무의 발생·변경·소멸 등의 법적 효과를 가져오는 행위를 말한다. 행정조직 내부행위는 법적 행위가 아니다. ② 법적 행위는 당해 행위로써 직접 법적 효과를 가져오는 행위이다. 도로청소와 행정지도 등은 사실행위로서 법적 효과가 없는 행위이므로 법적 행위가 아니다. ③ 법적 행위는 행정법상 의사표시를 주된 요소로 하고, 그에 따라 일정한 효과가 주어지는 행위이다. 단순히 어떠한 사실을 알리는 것 역시 법적 행위가 아니다.

3. 평 가

토지면적등록정정신청에 대한 거부처분은 행정청의 행위이고, 구체적 사실에 대한 것이며, 법집행이고, 공권력행사이므로 행정소송법이 명시적으로 정하는 처분개념에 해당한다. 그리고 토지면적등록정정신청에 대한 거부처분은 공공사업의 원활한 수행을 위하여 부여된 원고의 관계법령상의 권리 또는 이익에 직접 영향을 미친다고 할 것이므로, 토지면적등록정정신청에 대한 거부처분을 항고소송의 대상이 되는 행정처분으로 본 것은 타당하다.

4. 참고판례

[1] 군인명예전역수당지급대상자 추천의 법적 행위 여부
— 해군대령 명예전역추천거부사건(대판 2009. 12. 10, 2009두14231)

(명예전역대상자 추천에서 거부된 해군대령이 제기한 명예전역거부처분취소소송에서) 군인사법 제53조의2 제6항의 위임을 받은 군인 명예전역수당지급 규정 제6조 제1항, 제3항의 각 규정에 의하면, 각 군 참모총장은 군인 명예전역수당 지급신청을 받아 이를 심사하고 수당지급대상자를 선정하여 국방부장관에게 추천하며, 국방부장관은 각 군 참모총장으로부터 수당지급대상자의 추천을 받아 수당지급대상자를 최종적으로 심사·결정하도록 규정되어 있다. 이 규정에 따라 각 군 참모총장이 수당지급대상자 결정절차에 대하여 수당지급대상자를 추천하거나 신청자 중 일부를 추천하지 아니하는 행위는 행정기관 상호간의 내부적인 의사결정과정의 하나일 뿐 그 자체만으로는 직접적으로 국민의 권리·의

무가 설정, 변경, 박탈되거나 그 범위가 확정되는 등 기존의 권리상태에 어떤 변동을 가져오는 것이 아니므로 이를 항고소송의 대상이 되는 처분이라고 할 수는 없다.

[2] 수도권매립지관리공사의 행정청 해당 여부 — 수도권매립지관리공사 부정당업자제재사건(대결 2010. 11. 26, 2010무137)

(수도권매립지관리공사가 입찰참가자격을 제한하는 내용의 부정당업자제재처분을 하자, 처분의 상대방이 제재처분의 무효확인 또는 취소를 구한 사건에서) 재항고인은 수도권매립지관리공사의 설립 및 운영 등에 관한 법률의 규정에 의하여 설립된 공공기관(법인)으로서 공공기관의 운영에 관한 법률 제5조 제4항에 의한 「기타 공공기관」에 불과하여 같은 법 제39조에 의한 입찰참가자격 제한 조치를 할 수 없을 뿐만 아니라, 재항고인의 대표자는 국가를 당사자로 하는 계약에 관한 법률 제27조 제1항에 의하여 입찰참가자격 제한 조치를 할 수 있는 '각 중앙관서의 장'에 해당하지 아니함이 명백하다. 따라서 재항고인은 행정소송법에 정한 행정청 또는 그 소속기관이거나, 그로부터 이 사건 제재처분의 권한을 위임받은 공공기관에 해당하지 아니하므로, 재항고인이 한 이 사건 제재처분은, 행정소송의 대상이 되는 행정처분이 아니라 단지 신청인을 재항고인이 시행하는 입찰에 참가시키지 않겠다는 뜻의 사법상의 효력을 가지는 통지행위에 불과하다.

[3] 취소소송의 요건으로서 처분의 존재 — 생계유지곤란 병역감면신청사건(대판 2010. 4. 29, 2009두16879)

(부산지방병무청장이 병역감면요건 구비 여부를 심사하지 않은 채 병역감면신청서 회송처분을 하고 이를 전제로 공익근무요원 소집통지를 하였다가, 병역감면신청을 재검토하기로 하여 신청서를 제출받아 병역감면요건 구비 여부를 심사한 후 다시 병역감면 거부처분을 하고 이를 전제로 다시 공익근무요원 소집통지를 하자 다툰 공익근무요원소집처분취소소송에서) (1) 행정처분이 취소되면 그 처분은 효력을 상실하여 더 이상 존재하지 않는 것이고, 존재하지 않는 행정처분을 대상으로 한 취소소송은 소의 이익이 없어 부적법하다.

(2) 절차상 또는 형식상 하자로 무효인 행정처분에 대하여 행정청이 적법한 절차 또는 형식을 갖추어 다시 동일한 행정처분을 하였다면, 종전의 무효인 행정처분에 대한 무효확인 청구는 과거의 법률관계의 효력을 다투는 것에 불과하므로 무효확인을 구할 법률상 이익이 없다.

[4] 기타

(1) 대판 2007. 10. 26, 2005두7853(진해시 어업권연장거부사건)

(2) 대판 2007. 4. 27, 2004두9302(경정처분과 소의 대상 — 접대부고용업체 영업정지사건)

[판례 58] 항고소송의 대상으로서 거부처분

• **디지큐브(주) 입지보조금신청사건**(대판 2011. 9. 29, 2010두26339)

[사건개요]

2009. 5. 12. 원고(피상고인, 주식회사 디지큐브)는 원고의 본사와 공장을 서울특별시에서 광주광역시로 이전하겠다는 계획을 가지고 피고 광주광역시장에게 구 지방자치단체의 지방이전기업유치에 대한 국가의 재정자금지원기준(2010. 1. 4. 지식경제부고시 제2009-335호로 개정되기 전의 것, 이하 '재정자금지원기준'이라고 한다) 제 7 조의 규정에 따라 입지보조금 등의 지급을 신청하였다.

2009. 5. 18. 피고 광주광역시장은 피고 지식경제부장관에게 입지보조금 등의 지급신청을 하였다.

2009. 5. 27. 피고 지식경제부장관은 피고 광주광역시장에게 원고의 입지보조금 등 지급신청이 재정자금지원기준 제 6 조 제 1 항의 기준에 부합하지 아니한다는 이유를 들어 이를 반려하였다.

2009. 6. 2. 피고 광주광역시장은 2009. 5. 27.자 피고지식경제부장관의 반려처분의 이유와 같은 이유를 들어 원고의 입지보조금 등 지급신청을 반려하였다.

2009. 6. 10. 원고는 피고 광주광역시장에게 다시 입지보조금 등 지급신청을 하였다.

2009. 6. 12. 피고 광주광역시장은 피고 지식경제부장관에게 입지보조금 등 지급신청을 하였다.

2009. 7. 16. 피고 지식경제부장관은 피고 광주광역시장에게 '원고의 수도권 소재 기간이 3년 미만으로 재정자금지원기준 제 6 조 제 1 항에 규정된 지원대상 요건을 충족하지 못한다'는 이유를 들어 입지보조금 등 지급신청을 반려하였다(이하 '피고 지식경제부장관의 반려회신'이라고 한다).

2009. 7. 21. 피고 광주광역시장은 원고에게 2009. 7. 16.자 피고 지식경제부장관의 반려처분의 이유와 같은 이유를 들어 원고의 입지보조금 등 지급신청을 반려하였다(이하 '피고 광주광역시장의 반려회신'이라고 한다). 이에 원고는 지원금지급신청반려처분취소 소송을 제기하였다.

[판결요지]

[1] 국민의 적극적 신청행위에 대하여 행정청이 그 신청에 따른 행위를 하지 않겠다고 거부한 행위가 항고소송의 대상이 되는 행정처분에 해당하는 것이라고 하려면, 그 신청한 행위가 공권력의 행사 또는 이에 준하는 행정작용이어야 하고, 그 거부행위가 신청인의 법률관계에 어떤 변동을 일으키는 것이어야 하며, 그 국민에게 그 행위발동을 요구할 법규상 또는 조리상의 신청권이 있어야 한다.

[2] 국민이 어떤 신청을 한 경우에 그 신청의 근거가 된 조항의 해석상 행정발동에 대한 개인의 신청권을 인정하고 있다고 보이면 그 거부행위는 항고소송의 대상이 되는 처분으로 보아야 한다.

[3] 거부처분은 당사자의 신청에 대하여 관할 행정청이 이를 거절하는 의사를 대외적으로 명백히 표시함으로써 성립되는 것이므로, 당사자가 한 신청에 대하여 거부처분이 있은 후 당사자가 다시 신청을 한 경우에 그 신청의 제목 여하에 불구하고 그 내용이 새로운 신청을 하는 취지라면 관할 행정청이 이를 다시 거절한 이상 새로운 거부처분이 있은 것으로 보아야 한다.

[4] 국가균형발전 특별법 제19조 제 1 항 등 관련 규정들의 형식 및 내용에 의하면, 피고 지식경제부장관에 대한 국가 보조금 지급신청권은 해당 지방자치단체의 장에게 있다고 할 것이고, 지방이전기업은 해당 지방자치단체의 장에게 국가 보조금의 지급신청을 할 수 있을 뿐 피고 지식경제부장관에 대하여 국가 보조금의 지급을 요구할 법규상 또는 조리상 신청권이 있다고 볼 수 없으므로, 피고 지식경제부장관의 반려회신은 항고소송의 대상이 되는 행정처분에 해당되지 않는다.

[해 설]

1. 쟁 점

이 사건은 원고의 입지보조금 지급신청에 대한 지식경제부장관의 반려회신과 광주광역시장의 반려처분이 항고소송 대상이 되는 행정처분에 해당하는지 여부 등을 쟁점으로 하였다. 이하에서 항고소송의 대상으로서 거부처분의 문제로 살펴보기로 한다.

2. 거부처분의 개념

(1) 행정소송법상 처분개념에 대한 규정내용

행정소송법 제 2 조 제 1 항 제 1 호는 「'처분등'이라 함은 행정청이 행하는 구체적 사실에 관한 법집행으로서의 공권력의 행사 또는 그 거부와 그 밖에 이에 준하는 행정작용(이하 '처분'이라 한다) 및 행정심판에 대한 재결을 말한다」고 규정하고 있다.

(2) 행정소송법상 거부처분에 대한 개념분석

행정소송법 제 2 조 제 1 항 제 1 호에서 말하는 거부처분은 「행정청이 행하는 구체적 사실에 관한 법집행으로서의 공권력의 행사의 거부」를 말한다. 「행정청이 행하는 구체적 사실에 관한 법집행으로서의 공권력의 행사」 부분에 대한 개념분석은 [판례 57]의 2.에서 살펴본 바 있다. 거부는 단순한 부작위가 아니라 공권력 행사의 요청을 받아들이지 아니한다는 적극적 의사표시를 말한다.

(3) 거부처분과 신청권

(가) **판 례** 판례는 오래전부터 「국민의 신청에 대한 행정청의 거부처분이 항고소송의 대상이 되는 행정처분이 되기 위하여는, 국민이 행정청에 대하여 그 신청에 따른 행정행위를 해줄 것을 요구할 수 있는 법규상 또는 조리상의 권리가 있어야 한다」는 입장을 취하고 있다. 판례의 입장을 따르게 되면, 신청권이 없는 자의 신청에 대한 거부는 항고소송의 대상이 되는 거부처분에 해당하지 아니한다.

(나) **사 견** 어떠한 거부행위가 행정소송의 대상이 되는 처분에 해당하는가의 여부는 「그 거부된 행위가 행정소송법 제 2 조 제 2 항 제 1 호의 처분에 해당하는가」의 여부에 따라 판단하는 것이 논리적이다. 그래야만 행정소송법이 제 2 조 제 2 항 제 1 호에서 처분개념에 관한 정의규정을 두고 있는 취지에 부합할 것이다. 행정소송법 제 2 조 제 2 항 제 1 호는 신청권에 관해 규정하는 바가 없다. 따라서 판례는 거부행위의 처분 해당 여부에 관한 판단에 있어서 신청권(신청에 따른 행정행위를 요구할 수 있는 법규상 또는 조리상 권리)의 유무를 처분성의 문제가 아니라 원고적격(행정소송법 제12조)의 문제로 처리하여야 할 것이다.

3. 평 가

(1) 이 사건 판결은 종래의 입장을 따르고 있다(참고판례를 보라).

(2) 위의 2.(3)(나)에서 지적한 사견은 바로 이 사건 판결에 대한 평가이기도 하다.

(3) 판례의 입장을 따른다면, 신청권의 의미와 내용이 문제된다. 이에 관해서는 [판례 74] 부작위위법확인소송에서 보기로 한다.

4. 참고판례

[1] 신청권의 존부의 판단기준

(1) 금강유역환경청장 토지매수거부사건(대판 2009. 9. 10, 2007두20638)
(금강수계 중 상수원 수질보전을 위하여 필요한 지역의 토지 등의 소유자가 국가에 그 토지 등을 매도하기 위하여 매수신청을 하였으나 유역환경청장이 이를 거부하자 다툰 토지매수신청거부처분취소소송에서) 거부처분의 처분성을 인정하기 위한 전제요건이 되는 신청권의 존부는 구체적 사건에서 신청인이 누구인가를 고려하지 않고 관계 법규의 해석에 의하여 일반 국민에게 그러한 신청권을 인정하고 있는가를 살펴 추상적으로 결정되는 것이고, 신청인이 그 신청에 따른 단순한 응답을 받을 권리를 넘어서 신청의 인용이라는 만족적 결과를 얻을 권리를 의미하는 것은 아니라고 할 것이므로, 국민이 어떤 신청을 한 경우에 그 신청의 근거가 된 조항의 해석상 행정발동에 대한 개인의 신청권을 인정하고 있다고 보이면 그 거부행위는 항고소송의 대상이 되는 처분으로 보아야 할 것이고, 구체적으로 그 신청이 인용될 수 있는가 하는 점은 본안에서 판단하여야 할 사항이다.

(2) 롯데마트 창원점사건(대판 2007. 10. 11, 2007두1316)
(롯데마트 창원점 건축허가신청불허가처분취소소송에서) 신청한 행위에 대한 거부행위가 '신청인의 법률관계에 어떤 변동을 일으키는 것'이라는 의미는 신청인의 실체상의 권리관계에 직접적인 변동을 일으키는 것은 물론, 그렇지 않다 하더라도 신청인이 실체상의 권리자로서 권리를 행사함에 중대한 지장을 초래하는 것도 포함한다고 해석함이 상당하다.

[2] 기타

(1) 대판 1991. 6. 11, 90누10292(거부처분 후 재신청에 대한 거부처분의 성질)
(2) 대판 1984. 10. 23, 84누227(계획변경신청거부와 계획변경청구권 — 부산직할시 도시계획시설결정변경신청사건)

[판례 59] 항고소송의 대상으로서 재결(재결소송)

• 코리아트윈스CC사건(대판 2001. 5. 29, 99두10292)

[사건개요]

1990. 3. 29. 원고(피상고인, 한국남용개발 주식회사)는 구 체육시설의설치 · 이용에관한법률(1994. 1. 7. 법률 제4719호로 전문 개정되기 전의 것) 제 7 조 제 1 항에 의하여 골프장 사업계획승인을 받았다.

1996. 3. 6. 원고는 1994. 1. 7. 전문 개정된 구 체육시설의설치 · 이용에관한법률(1999. 1. 18. 법률 제5636호로 개정되기 전의 것, 아래에서는 '법'이라 한다) 부칙 제 4 조에서 정한 2년의 기한 내에 시설설치공사를 착수하지 아니하였으므로, 경기도지사가 사업계획승인의 취소를 위한 청문을 실시하자, 원고는 인근 주민들의 민원에 의한 국토이용계획변경신청 취하와 그에 뒤이은 인 · 허가 절차 등이 지연되어 공사를 착수하지 못하였다고 소명하였다.

1996. 7. 24. 경기도지사는 원고에게 사업계획승인의 취소를 1996. 12. 31.까지 유보하니 그때까지 공사에 착수하라는 통보(유보처분)를 하였다.

1996. 12. 30. 원고가 착공계획서를 제출함에 따라, 경기도지사는 이를 수리한다는 통보(수리처분)를 하였다.

1997. 11. 10. 골프장사업부지 인근 주민들인 피고보조참가인들이 수리처분의 취소와 원고에 대한 사업계획승인처분의 무효확인을 구하는 행정심판을 제기한 데 대하여 피고(상고인, 문화관광부장관)는 수리처분을 취소하고(대상재결) 사업계획승인처분의 무효확인청구를 기각하는 일부 인용재결을 하였다.

이에 원고는 "피고가 1997. 11. 10.에 한 경기도지사의 1996. 12. 30.자 원고에 대한 착공계획서수리처분을 취소한 재결을 취소한다"는 판결을 구하는 소를 제기하였다. 원심법원은 "수리처분은 적법, 타당하고 그 위법, 부당함을 이유로 수리처분을 취소한 재결은 위법하다"고 하여 원고승소판결을 내렸다(서울고법 1999. 9. 2, 97구48786). 피고는 이에 불복하여 상고하였다.

[판결요지]

[1] 구 체육시설의설치 · 이용에관한법률상, 등록체육시설업에 대한 사업계획의 승인을 얻은 자는 규정된 기한 내에 사업시설의 착공계획서를 제출하고 그 수리 여부에

상관없이 설치공사에 착수하면 되는 것이지, 착공계획서가 수리되어야만 비로소 공사에 착수할 수 있다거나 그 밖에 착공계획서 제출 및 수리로 인하여 사업계획의 승인을 얻은 자에게 어떠한 권리를 설정하거나 의무를 부담케 하는 법률효과가 발생하는 것이 아니다.

[2] 이른바 복효적 행정행위, 특히 제3자효를 수반하는 행정행위에 대한 행정심판청구에 있어서 그 청구를 인용하는 내용의 재결로 인하여 비로소 권리이익을 침해받게 되는 자는 그 인용재결에 대하여 다툴 필요가 있고, 그 인용재결은 원처분과 내용을 달리하는 것이므로 그 인용재결의 취소를 구하는 것은 원처분에는 없는 재결에 고유한 하자를 주장하는 셈이어서 당연히 항고소송의 대상이 된다.

[3] 행정청이 골프장 사업계획승인을 얻은 자의 사업시설 착공계획서를 수리한 것에 대하여 인근 주민들이 그 수리처분의 취소를 구하는 행정심판을 청구하자 재결청이 그 청구를 인용하여 수리처분을 취소하는 형성적 재결을 한 경우, 그 수리처분 취소심판청구는 행정심판의 대상이 되지 아니하여 부적법 각하하여야 함에도 위 재결은 그 청구를 인용하여 수리처분을 취소하였으므로 재결 자체에 고유한 하자가 있다.

[해　설]

1. 쟁　점

이 사건에서는 제3자효를 수반하는 행정행위에 대한 행정심판청구에 있어서 그 청구를 인용하는 내용의 재결로 인하여 비로소 권리이익을 침해받게 되는 자가 그 인용재결에 대하여 취소를 구하는 경우, 그 인용재결이 항고소송의 대상이 되는지 여부(적극) 등을 쟁점으로 하였다. 이하에서 재결소송의 문제로 검토한다.

2. 재결소송

(1) 재결소송의 의의

재결을 소의 대상으로 하는 소송을 재결소송이라 부른다. 재결소송에서 말하는 재결은 행정심판법이 정하는 절차에 따른 재결만을 뜻하는 것은 아니다. 이 밖에 당사자심판이나 이의신청에 의한 재결도 포함된다.

(2) 재결소송이 가능한 경우

행정소송법상 재결에 대한 취소소송은 재결 자체에 고유한 위법이 있음을 이유로 하는 경우에 한한다(행소법 제19조 단서). 따라서 취소소송은 원칙적으로 원처분을 대상으로 하며, 재결은 예외적으로만 취소소송의 대상이 될 수 있다. 이를 원처분중심주의라 부른다.

(3) 재결소송의 존재의미

원처분중심주의의 예외로서 재결소송(재결에 대한 취소소송)을 인정한 것은 원처분을 다툴 필요가 없거나 다툴 수 없는 자도 재결로 인하여 다툴 필요가 생겨날 수 있을 것인데, 이러한 경우에 재결을 다툴 수 없다면 그러한 자들을 위한 권리보호의 길이 막히는 결과가 되기 때문이다. 요컨대 재결로 인하여 비로소 불이익을 받게 되는 경우에 재결소송은 인정된다.

(4) 재결소송의 사유

재결에 대한 취소소송은 재결 자체에 고유한 위법이 있는 경우에 가능하다. 원처분의 사유와 동일한 재결사유는 재결의 내용에 고유한 위법이 아니다. 재결 자체에 고유한 위법이란 재결 자체에 주체 · 절차 · 형식의 위법 또는 내용상의 위법이 있는 경우를 의미한다. 재결에 고유한 위법이 없다면, 원처분을 다투어야 한다.

(5) 재결소송의 대상인 재결

형성재결인 취소재결의 경우에는 취소재결 그 자체가 소의 대상이 된다. 그러나 명령재결인 취소명령재결의 경우에는 재결이 소의 대상인지 아니면 재결에 따른 처분이 소의 대상인지의 여부가 문제된다. 권익보호라는 소송제도의 목적에 비추어 재결에 따른 처분이 소의 대상이 되어야 할 것이다. 판례는 양자 모두가 소의 대상일 수 있다는 입장이다.

(6) 원처분주의의 예외

개별법률에서 원처분주의의 예외로서 재결을 취소소송의 대상으로 규정하는 경우도 있다. 이를 재결주의라 부른다. 재결주의의 예로 감사원의 재심의 판정(감사원법 제40조 제 2 항), 중앙노동위원회의 재심처분(노동위원회법 제27조 제 1 항) 등이 있다.

3. 평 가

이 사건 판결은 재결의 내용에 고유한 위법이 있음을 인정한 판결의 한 예가 된다.

다만 위의 [판결요지][2]는 제 3 자효 있는 행정행위의 경우에 재결소송이 인정될 수 있다는 것을 의미하는 것이지, 제 3 자효 있는 행정행위가 아닌 경우에는 재결소송이 인정될 수 없다는 의미를 포함하는 것은 아니라는 점을 유념할 필요가 있다. 물론 제 3 자효 있는 행정행위가 아닌 경우에도 재결소송은 인정될 수 있다.

4. 참고판례

[1] 경북 성주군 해인골프장사업계획승인사건(대판 1997. 12. 23, 96누10911)

(문화체육부장관이 주식회사 가야개발에 해인골프장사업계획승인을 내주었고, 이에 제 3 자인 대한불교조계종 해인사 등이 행정심판을 제기하여 그 처분이 취소되는 재결이 있자, 원처분의 상대방인 가야개발이 제기한 재결에 대한 취소소송에서) 이른바 복효적 행정행위, 특히 제 3 자효를 수반하는 행정행위에 대한 행정심판청구에 있어서 그 청구를 인용하는 내용의 재결로 인하여 비로소 권리이익을 침해받게 되는 자(예컨대, 제 3 자가 행정심판청구인인 경우의 행정처분의 상대방 또는 행정처분의 상대방이 행정심판청구인인 경우의 제 3 자)는 그 인용재결에 대하여 다툴 필요가 있고, 그 인용재결은 원처분과 내용을 달리하는 것이므로 그 인용재결의 취소를 구하는 것은 원처분에는 없는 재결에 고유한 하자를 주장하는 셈이어서 당연히 항고소송의 대상이 된다고 할 것이고, 더구나 이 사건 재결과 같이 그 인용재결청인 피고 스스로가 직접 이 사건 사업계획승인처분을 취소하는 형성적 재결을 한 경우에는 그 재결 외에 그에 따른 행정청의 별도의 처분이 있지 않기 때문에 재결 자체를 쟁송의 대상으로 할 수밖에 없다.

[2] 기타

대판 1995. 6. 13, 94누15592(보령군 양식어업면허취소사건)

[판례 60] 제 3 자의 원고적격

[A] 경업자소송의 원고적격

- **충북리무진사건**(대판 2010. 6. 10, 2009두10512)

[사건개요]

(1) 피고보조참가인(이하 '보조참가인'이라 한다. 충북리무진주식회사)은 직행형 시외버스 운송사업자로서 청주↔광명 노선(이하 '종전노선'이라 한다)을 운행하던 중 2007. 11. 1. 피고(충청북도지사)에게 시외버스운송사업계획변경인가 신청(이하 '이 사건 신청'이라 한다)을 하였다.

(2) 피고는 같은 달 26. 이 사건 신청이 구 '여객자동차 운수사업 인·면허 업무처리요령'(2008. 2. 27. 건설교통부훈령 제707호로 개정되기 전의 것. 이하 '요령'이라고 한다) 제 2 조 제 2 의 나목에 규정된 단축연장의 요건에 해당되는 것으로 보고 아래와 같이 종전노선의 운행횟수 9회 중 4회에 관하여, 청주에서 호법분기점까지로 그 운행구간을 단축을 하고 다시 호법분기점에서부터 서울(도심공항터미널)까지로 운행구간을 연장하는 한편, 청주에서 호법분기점까지의 기존 운행경로를 일부 변경(청주공항, 북청주 경유)하는 내용(이하 변경된 노선 및 운행계통을 '이 사건 노선'이라 한다)의 시외버스운송사업계획변경인가 처분(이하 '이 사건 처분'이라 한다)을 하였다. 이에 원고(서울고속 주식회사 외 1)가 여객자동차운송사업계획변경인가처분취소소송을 제기하였다.

[변경 전(종전노선)]

기점	경유지	종점	거리	회수
광명	광명IC, 서해안·영동·중부고속도로, 서청주IC	청주	134.4km	9

[변경 후(이 사건 노선)]

기점	경유지	종점	거리	회수	변경내용
광명	광명IC, 서해안·영동·중부고속도로, 서청주IC	청주	134.4km	5	감4회
서울(도심공항터미널)	종합운동장, 올림픽대로, 강일IC, 중부고속도로, 오창IC, 청주공항, 북청주	청주	134.0km	4	단축연장

[판결요지](원고적격 부분 발췌)

[1] 면허나 인·허가 등의 수익적 행정처분의 근거가 되는 법률이 해당 업자들 사이의 과당경쟁으로 인한 경영의 불합리를 방지하는 것도 그 목적으로 하고 있는 경우, 다른 업자에 대한 면허나 인·허가 등의 수익적 행정처분에 대하여 미리 같은 종류의 면허나 인·허가 등의 처분을 받아 영업을 하고 있는 기존의 업자는 경업자에 대하여 이루어진 면허나 인·허가 등 행정처분의 상대방이 아니라 하더라도 당해 행정처분의 취소를 구할 원고적격이 있다.

[2] 피고보조참가인의 시외버스운송사업과 원고의 시외버스운송사업이 다 같이 운행계통을 정하여 여객을 운송하는 노선여객자동차 운송사업에 속하고, 피고보조참가인에 대한 시외버스운송사업계획변경인가 처분으로 기존의 시외버스운송사업자인 원고의 노선 및 운행계통과 피고보조참가인의 노선 및 운행계통이 일부 같고, 기점 혹은 종점이 같거나 인근에 위치한 원고의 수익감소가 예상되므로, 기존의 시외버스운송사업자인 원고에 위 처분의 취소를 구할 법률상의 이익이 있다.

[해 설]

1. 쟁 점

이 사건에서는 수익적 행정처분의 근거가 되는 법률이 해당 업자들 사이의 과다경쟁으로 인한 경영의 불합리를 방지하는 목적도 가지고 있는 경우, 기존업자가 경업자에 대한 면허나 인·허가 등의 수익적 행정처분의 취소를 구할 원고적격이 있는지 여부(적극)를 쟁점 중의 하나로 하였다. 이하에서 이 사건 판결을 경업자소송의 원고적격의 문제로서 검토한다(본안에 대한 검토는 논외로 한다).

2. 원고적격

(1) 경업자소송의 의의

경업자소송이란 서로 경쟁관계에 있는 자들 사이에서 특정인에게 주어지는 수익적 행위가 타인(제 3 자)에게는 법률상 불이익을 초래하는 경우에 그 타인이 자기의 법률상 이익의 침해를 이유로 수익을 받은 특정인에 대한 행위를 다투는 소송을 말한다. 경업자소송은 경쟁자소송이라고도 한다. 행정소송으로서 경업자소송을 제기하기 위해서는 행정소송법이 정하는 원고적격을 구비하여야 한다.

(2) 원고적격의 의의

원고적격이란 행정소송에서 원고가 될 수 있는 자격을 의미한다. 취소소송은 처분등의 취소를 구할 법률상 이익이 있는 자가 제기할 수 있다(행정소송법 제12조 제 1 문). 처분등의 효과가 기간의 경과, 처분등의 집행 그 밖의 사유로 인하여 소멸된 뒤에도 그 처분등의 취소로 인하여 회복되는 법률상 이익이 있는 자의 경우에는 또한 같다(동법 제12조 제 2 문).

(3) 법률상 이익

이에 관한 내용은 [판례 7] [해설] 2.를 보라.

3. 평　　가

(1) 대법원은 이 사건 판결에서도 경업자소송의 원고적격에 관한 종래의 입장을 재확인하고 있다.

(2) 경업자소송에서의 원고적격(법률상 이익)의 구체적인 내용은 헌법상 보장되는 직업선택의 자유권(영업의 자유)이다.

4. 참고판례

[1] 원미구 담배 구내소매인 지정사건(대판 2008. 4. 10, 2008두402)

(부천시 원미구청장이 B를 C장소에서 담배를 팔 수 있는 구내소매인으로 지정하자, C장소와 가까운 곳에 담배를 판매하는 일반소매인 A가 피고를 상대로 B에 대한 담배소매인지정처분의 취소를 구하는 소송에서) (1) (일반소매인 사이) 구 담배사업법(2007. 7. 19. 법률 제8518호로 개정되기 전의 것)과 그 시행령 및 시행규칙의 관계 규정에 의하면, 담배소매인을 일반소매인과 구내소매인으로 구분하여, 일반소매인 사이에서는 그 영업소 간에 군청, 읍·면사무소가 소재하는 리 또는 동지역에서는 50m, 그 외의 지역에서는 100m 이상의 거리를 유지하도록 규정하는 등 일반소매인의 영업소 간에 일정한 거리제한을 두고 있는데, 이는 담배유통구조의 확립을 통하여 국민의 건강과 관련되고 국가 등의 주요 세원이 되는 담배산업 전반의 건전한 발전 도모 및 국민경제에의 이바지라는 공익목적을 달성하고자 함과 동시에 일반소매인 간의 과당경쟁으로 인한 불합리한 경영을 방지함으로써 일반소매인의 경영상 이익을 보호하는 데에도 그 목적이 있다고 보이므로, 일반소매인으로 지정되어 영업을 하고 있는 기존업자의 신규 일반소매인에 대한 이익은 단순한 사실상의

반사적 이익이 아니라 법률상 보호되는 이익으로서 기존 일반소매인이 신규 일반소매인 지정처분의 취소를 구할 원고적격이 있다고 보아야 할 것이다.

(2) (일반소매인과 구내소매인 사이) 구내소매인과 일반소매인 사이에서는 구내소매인의 영업소와 일반소매인의 영업소 간에 거리제한을 두지 아니할 뿐 아니라 건축물 또는 시설물의 구조·상주인원 및 이용인원 등을 고려하여 동일 시설물 내 2개소 이상의 장소에 구내소매인을 지정할 수 있으며, 이 경우 일반소매인이 지정된 장소가 구내소매인 지정대상이 된 때에는 동일 건축물 또는 시설물 안에 지정된 일반소매인은 구내소매인으로 보고, 구내소매인이 지정된 건축물 등에는 일반소매인을 지정할 수 없으며, 구내소매인은 담배진열장 및 담배소매점 표시판을 건물 또는 시설물의 외부에 설치하여서는 아니 된다고 규정하는 등 일반소매인의 입장에서 구내소매인과의 과당경쟁으로 인한 경영의 불합리를 방지하는 것을 그 목적으로 할 수 있다고 보기 어려우므로, 일반소매인으로 지정되어 영업을 하고 있는 기존업자의 신규 구내소매인에 대한 이익은 법률상 보호되는 이익이 아니라 단순한 사실상의 반사적 이익이라고 해석함이 상당하므로, 기존 일반소매인은 신규 구내소매인 지정처분의 취소를 구할 원고적격이 없다.

[2] 은평구 청소 대행계약사건(대판 2006. 7. 28, 2004두6716)

(구 오수·분뇨 및 축산폐수의 처리에 관한 법률상 분뇨와 축산폐수 수집·운반업 및 정화조청소업의 허가를 받아 영업을 하고 있는 기존 업자가 경업자에 대한 서울특별시 은평구청장의 영업허가처분의 취소를 구한 분뇨등관련영업허가처분취소소송에서) 구 오수·분뇨 및 축산폐수의 처리에 관한 법률(2002. 12. 26. 법률 제6827호로 개정되기 전의 것)과 같은 법 시행령(2003. 7. 25. 대통령령 제18065호로 개정되기 전의 것)상 업종을 분뇨와 축산폐수 수집·운반업 및 정화조청소업으로 하여 분뇨 등 관련 영업허가를 받아 영업을 하고 있는 기존 업자의 이익이 법률상 보호되는 이익이라고 보아, 기존 업자에게 경업자에 대한 영업허가처분의 취소를 구할 원고적격이 있다.

[3] 기타

(1) 대판 2010. 11. 11, 2010두4179(버스운송사업면허와 경업자소송의 원고적격)

(2) 대판 2006. 12. 22, 2006두14001(제 3 자의 법률상 이익의 의미)

[B] 경원소송의 원고적격

• **조선대 로스쿨인가탈락사건**(대판 2009. 12. 10, 2009두8359)

[사건개요]

(1) 피고(교육과학기술부장관)는 법학교육위원회의 심의를 거쳐 2007. 10. 30. 교육인적자원부 공고 제2007-120호로 "2009학년도 법학전문대학원 총 입학정원은 2,000명으로 하며, 전국을 고등법원 관할 구역을 단위로 한 5대 권역으로 설정하고 각 권역 내에서 우수한 대학을 법학전문대학원 설치인가 대학으로 선정한다"는 등을 내용으로 하는 법학전문대학원 설치인가 신청 공고(이하 '이 사건 공고'라고 한다)를 하였다.

(2) 원고(학교법인 조선대학교)는 2007. 11. 30. 피고에게 입학정원을 100명으로, 특성화분야를 문화법으로 하여 법학전문대학원 설치인가를 신청하였다. 광주권역에서는 원고 이외에 ① 광주에 소재하고 있는 전남대학교가 입학정원을 150명, 특성화분야를 공익인권법으로, ② 전북 전주에 소재하고 있는 전북대학교가 입학정원을 100명, 특성화분야를 동북아법으로, ③ 전북 익산에 소재하고 있는 학교법인 원광대학교가 입학정원 80명, 특성화분야를 의생명과학법으로, ④ 제주도에 소재하고 있는 제주대학교가 입학정원을 50명, 특성화분야를 국제법무로 하여 각 신청하였으며, 전국적으로는 총 41개 대학이 법학전문대학원 설치인가를 신청하였다.

(3) 법학교육위원회의 위원들은 이 사건 심사기준에 따라 설치인가를 신청한 각 대학을 평가하고 점수를 부여하였는데, 광주 권역 대학들의 평균점수 및 순위는 아래와 같다.

학교명	평균점수	순위
전남대	865.2	1
전북대	848.1	2
원광대	816.4	3
조선대	784.8	4
제주대	771.1	5

(4) 피고는 2008. 2. 4. 법학교육위원회의 심의결과에 따라 서울 권역에 15개 대학, 지방 4대 권역에 10개 대학[그중 광주 권역에서는 원고를 제외한 전남대(120명), 전북대(80명), 원광대(60명), 제주대(40명)가 선정되었다], 총 25개 대학을 예비인가 대학으로 선정하고, 선정된 대학에 대하여 예비인가 대학으로 선정하였다. 원고 등 예비인가를 받지 못한 대학에 대하여는 별도로 그 사실을 통지하지는 않았다. 이에 원고는 예비인가처분취소소송을 제기하였다.

[원고의 주장]
주위적으로, 피고가 2008. 2. 4. 소외 전남대학교, 전북대학교, 제주대학교, 학교법인 원광대학교에 대하여 한 법학전문대학원 예비인가처분은 무효임을 확인한다. 예비적으로, 피고가 2008. 2. 4. 소외 전남대학교, 전북대학교, 제주대학교, 학교법인 원광대학교에 대하여 한 법학전문대학원 예비인가처분을 취소한다.

[피고의 본안전 항변]
(1) 피고는 2008. 2. 4. 법학전문대학원 설치 예비인가 대상으로 선정된 대학들에 대하여 선정 사실을 통보하였을 뿐이고 위 예비인가 대상 대학의 선정 및 통보는 2008. 9.경으로 예정되어 있는 법학전문대학원 설치인가처분의 준비단계에 불과한 것이므로, 이로써 원고의 법적 지위나 권리·의무에 직접 영향을 주는 것은 아니라고 할 것이고, 따라서 행정소송의 대상인 처분 자체가 존재하지 아니하거나 행정소송의 대상으로서의 처분이라고 할 수 없다.
(2) 설령 피고의 전남대, 전북대, 제주대, 원광대(이하 '이 사건 4개 대학'이라고 한다)에 대한 위 2008. 2. 4.자 예비인가 대상 대학 선정 및 통보행위가 행정소송의 대상인 처분에 해당한다고 하더라도, 원고는 위 예비인가의 대상자가 아닌 제3자로서 위 예비인가 대학의 선정으로 인하여 법률상 이익을 침해받은 것이 아니므로 다른 대학들에 대한 예비인가처분을 다툴 원고 적격이 없다.
(3) 따라서 이 사건 소는 부적법하다.

[판결요지](원고적격 부분 발췌)

[1] 인, 허가 등의 수익적 행정처분을 신청한 수인이 서로 경쟁관계에 있어서 일방에 대한 허가 등의 처분이 타방에 대한 불허가 등으로 귀결될 수밖에 없는 때 허가 등의 처분을 받지 못한 자는 비록 경원자에 대하여 이루어진 허가 등 처분의 상대방이 아니라 하더라도 당해 처분의 취소를 구할 원고 적격이 있다고 할 것이고, 다만 명백한 법적 장애로 인하여 원고 자신의 신청이 인용될 가능성이 처음부터 배제되어 있는 경우에는 당해 처분의 취소를 구할 정당한 이익이 없다고 할 것이다.

[2] 원고를 포함하여 법학전문대학원 설치인가 신청을 한 41개 대학들은 2,000명이라는 총 입학정원을 두고 그 설치인가 여부 및 개별 입학정원의 배정에 관하여 서로 경쟁관계에 있고 이 사건 각 처분이 취소될 경우 원고의 신청이 인용될 가능성도 배제할 수 없으므로, 원고는 이 사건 각 처분의 상대방이 아니라도 그 처분의 취소 등을 구할 당사자적격이 있다.

[해 설]

1. 쟁 점

이 사건 판결에서는 본안전 항변으로 제3자에게 경원자에 대한 수익적 행정처분의 취소를 구할 당사자 적격이 있는지 여부가 쟁점이었고, 본안으로 법학전문대학원의 설치·운영에 관한 법률 제13조에 정한 「당해 심의」의 범위, 사정판결을 하기 위한 요건 등을 쟁점으로 하였다. 이하에서 이 사건 판결을 경원자소송의 원고적격의 문제로서 검토한다(본안에 대한 검토는 논외로 한다).

2. 원고적격

(1) 경원자소송의 의의

경원자소송이란 면허나 인·허가 등의 수익적 행정처분을 신청한 수인이 서로 경쟁관계에 있어서 일방에 대한 면허나 인·허가 등의 행정처분이 타방에 대한 불면허나 불인가·불허가 등으로 귀결될 수밖에 없는 경우(경원관계)에 불허가 등으로 인해 자기의 법률상 이익을 침해당한 자가 허가 등을 받은 자의 처분을 다투는 소송을 말한다. 행정소송으로서 경원자소송을 제기하기 위해서는 행정소송법이 정하는 원고적격을 구비하여야 한다.

(2) 원고적격의 법리

이에 관한 내용은 [판례 7] [해설] 2.를 보라.

3. 평 가

(1) 대법원은 이 사건 판결에서도 경원자소송의 원고적격에 관한 종래의 입장을 재확인하고 있다.

(2) 경원자소송에서의 원고적격(법률상 이익)의 구체적인 내용은 헌법상 보장되는 직업선택의 자유권(영업의 자유)이다.

(3) 대법원은 이 사건 판결이유에서 경쟁관계라는 용어를 사용하고 있으나, 경원자소송에서 말하는 경쟁관계와 경업자소송에서 말하는 경쟁관계의 의미는 다소 차이가 있다. 따라서 이 사건 판결에서 경쟁관계라는 용어 대신에 경원관계라는 용어를 사용하였으면 좋았을 것이다.

4. 참고판례

[1] 서울 도봉구 미래종합유선방송 설립허가사건(대판 1996. 6. 28, 96누3630)

(종합유선방송국허가대상법인선정처분취소소송에서) 도봉종합유선방송국 주식회사는 강학상의 설립중의 회사에 해당하거나 아니면 적어도 비법인 사단에 해당한다고 할 것이고, 종합유선방송국 허가신청서에는 A가 신청인으로 기재되어 있기는 하나 A가 도봉종합유선방송국 주식회사의 대표이사로 취임하기로 정해져 있는 점에 비추어 볼 때 위 A는 설립 중의 회사 또는 비법인 사단의 집행기관으로서 설립 중의 회사 또는 비법인 사단의 대표자의 지위에서 위 허가신청을 한 것으로 보아야 할 것이며, 따라서 위 주식회사 미래종합유선방송을 허가대상법인으로 선정하는 피고의 이 사건 처분에 의하여 법률상 이익을 침해당한 자는 허가신청에 관하여 경쟁관계에 있는 자로서 위 주식회사 미래종합유선방송에 대한 이 사건 처분이 없었더라면 허가대상법인으로 선정되었을 지위에 있는 설립 중의 회사 또는 비법인 사단인 위 도봉종합유선방송국 주식회사라 할 것이고, 그 출자자에 불과한 원고 B는 이 사건 처분에 대하여 사실상이며 간접적인 이해관계를 갖는 데 불과하므로 이 사건 처분을 취소하여 달라는 행정소송을 제기할 이익이 없다.

[2] 고흥군 LPG충전소사건(대판 1992. 5. 8, 91누13274)

(경원관계에 있으면서 허가를 받지 못한 자가 허가청에 대하여 경원자에 대하여 이루어진 허가등의 취소를 구한 엘피지충전소허가처분취소소송에서) 원심이 인정한 바에 의하면, 액화석유가스충전사업의 허가기준을 정한 전라남도 고시에 의하여 고흥군 내에는 당시 1개소에 한하여 L.P.G. 충전사업의 신규허가가 가능하였는데, 원고가 한 허가신청은 관계 법령과 위 고시에서 정한 허가요건을 갖춘 것이고, 피고보조참가인(이하 참가인이라 부른다)들의 그것은 그 요건을 갖추지 못한 것임에도 피고는 이와 반대로 보아 원고의 허가신청을 반려하는 한편 참가인들에 대하여는 이를 허가하는 이 사건 처분을 하였다는 것인 바, 그렇다면 원고와 참가인들은 경원관계에 있다 할 것이므로 원고에게는 이 사건 처분의 취소를 구할 당사자적격이 있다고 하여야 함은 물론 나아가 이 사건 처분이 취소된다면 원고가 허가를 받을 수 있는 지위에 있음에 비추어 처분의 취소를 구할 정당한 이익도 있다고 하여야 할 것이다.

[C] 이웃소송(인인소송)의 원고적격

• **파주시 금광교회납골당설치사건**(대판 2011. 9. 8, 2009두6766)

[사건개요]

(1) 대한예수교장로회금광교회(피고보조참가인)가 납골당설치 신고를 하였다.
(2) 피고(파주시장)는 2007. 5. 15. 피고보조참가인(이하 '참가인'이라고 한다)에게 '구 장사법령에 따라 관리사무실 등 필요한 시설을 설치하고 유골을 안전하게 보관할 수 있는 설비를 갖추어야 하며, 진입도로에 편입되는 농지에 대한 농지전용허가, 산지관리법에 의한 산지전용허가, 국토의 계획 및 이용에 관한 법률에 의한 개발행위허가, 건축법에 의한 안전조치 및 건축허가, 소하천정비종합계획에 의한 비관리청 사업시행허가 등 관계 법률에 따른 허가 및 준수사항 등을 이행하여야 한다. 이 이행통지 내용의 이행 여부 확인 후 신고필증을 교부할 예정이고, 신고필증을 교부받기 전에 납골을 봉안할 수 없다'는 등을 내용으로 하는 납골당설치 신고사항 이행통지(이하 '이 사건 이행통지'라고 한다)를 하였다.
(3) 납골당 설치장소 인근에 거주하는 주민들이 납골당설치신고수리처분이행통지취소소송을 제기하였다

[관련법령] 당시 장사법 제14조 제 3 항, 구 장사 등에 관한 법률 시행령 제13조 제 1 항 [별표 3]은, 사설납골시설의 경우 납골묘, 납골탑과 납골당 중 가족 또는 종중·문중 납골당은 모두 사원·묘지·화장장 그 밖에 지방자치단체의 조례가 정하는 장소에 설치하여야 한다고 규정하고 있고, 당시 파주시 장사시설의 설치 및 운영조례 제 6 조 본문은 위와 같은 사설납골시설을 설치할 수 있는 장소로 20호 이상의 인가가 밀집한 지역으로부터 500m 이상 떨어진 곳 등을 규정하고 있다.

[판결요지](일부 발췌)

[1] 구 장사 등에 관한 법률 등 관련규정을 종합하면, 납골당설치 신고는 이른바 '수리를 요하는 신고'라 할 것이므로, 납골당설치 신고가 구 장사법 관련 규정의 모든 요건에 맞는 신고라 하더라도 신고인은 곧바로 납골당을 설치할 수는 없고, 이에 대한 행정청의 수리처분이 있어야만 신고한 대로 납골당을 설치할 수 있다. 한편 수리란 신고를 유효한 것으로 판단하고 법령에 의하여 처리할 의사로 이를 수령하는 수동적 행위이므로 수리행위에 신고필증 교부 등 행위가 꼭 필요한 것은 아니다.

[2] 구 장사 등에 관한 법률 제14조 제3항, 구 장사 등에 관한 법률 시행령 제13조 제1항 [별표 3]에서 납골묘, 납골탑, 가족 또는 종중·문중 납골당 등 사설납골시설의 설치장소에 제한을 둔 것은, 이러한 사설납골시설을 인가가 밀집한 지역 인근에 설치하지 못하게 함으로써 주민들의 쾌적한 주거, 경관, 보건위생 등 생활환경상의 개별적 이익을 직접적·구체적으로 보호하려는 데 취지가 있으므로, 이러한 납골시설 설치장소에서 500m 내에 20호 이상의 인가가 밀집한 지역에 거주하는 주민들은 납골당 설치에 대하여 환경상 이익 침해를 받거나 받을 우려가 있는 것으로 사실상 추정된다. 다만 사설납골시설 중 종교단체 및 재단법인이 설치하는 납골당에 대하여는 그와 같은 설치 장소를 제한하는 규정을 명시적으로 두고 있지 않지만, 종교단체나 재단법인이 설치한 납골당이라 하여 납골당으로서 성질이 가족 또는 종중, 문중 납골당과 다르다고 할 수 없고, 인근 주민들이 납골당에 대하여 가지는 쾌적한 주거, 경관, 보건위생 등 생활환경상의 이익에 차이가 난다고 볼 수 없다. 따라서 납골당 설치장소에서 500m 내에 20호 이상의 인가가 밀집한 지역에 거주하는 주민들에게는 납골당이 누구에 의하여 설치되는지를 따질 필요 없이 납골당 설치에 대하여 환경 이익 침해 또는 침해 우려가 있는 것으로 사실상 추정되어 원고적격이 인정된다고 보는 것이 타당하다.

[해 설]

1. 쟁 점

이 사건에서는 ① 납골당설치 신고가 '수리를 요하는 신고'인지 여부(적극) 및 수리행위에 신고필증 교부 등 행위가 필요한지 여부(소극), ② 납골당 설치장소에서 500m 내에 20호 이상의 인가가 밀집한 지역에 거주하는 주민들의 경우, 납골당이 누구에 의하여 설치되는지와 관계없이 납골당 설치에 대하여 환경 이익 침해 또는 침해 우려가 있는 것으로 사실상 추정되어 원고적격이 인정되는지 여부(적극) 등을 쟁점으로 하였다. 이하에서 ②와 관련하여 제3자의 원고적격의 문제로서 검토한다.

2. 원고적격

(1) 이웃소송(인인소송)의 의의

이웃소송이란 이웃하는 자들 사이에서 특정인에게 주어지는 수익적 행위가 타인에게 법률상 불이익을 초래하는 경우에 그 타인이 자기의 법률상 이익의 침해를 다투는 소송을 말한다. 행정소송으로서 이웃소송을 제기하기 위해서는 행정소송법이 정하는 원고적격을 구비하여야 한다. 이웃소송은 건축법 분야와 환경법 분야에서 주로 문제된다([판례 100] 환경소송 부분을 보라).

(2) 원고적격의 법리

이에 관한 내용은 [판례 7] [해설] 2.를 보라.

3. 평　　가

대법원은 이 사건 판결에서 환경소송상 제 3 자의 원고적격에 관해 취해 온 종래의 입장을 그대로 따르고 있다([판례 100] 참조).

4. 참고판례

[1] 청주시 연탄공장사건(대판 1975. 5. 13, 73누96 · 97)

(청주시장이 도시계획법상의 주거 지역으로 지정되어 있는 지역에 원동기를 사용하는 연탄공장의 건축을 허가하는 처분을 하자 이웃주민들이 제기한 취소소송에서) (당시) 도시계획법과 건축법의 규정 취지에 비추어 볼 때 이 법률들이 주거지역 내에서의 일정한 건축을 금지하고 또는 제한하고 있는 것은 도시계획법과 건축법이 추구하는 공공복리의 증진을 도모하고자 하는 데 그 목적이 있는 동시에 한편으로는 주거지역내에 거주하는 사람의 「주거의 안녕과 생활 환경을 보호」하고자 하는 데도 그 목적이 있는 것으로 해석이 된다. 그러므로 주거지역내에 거주하는 사람이 받는 위와 같은 보호이익은 단순한 반사적 이익이나 사실상의 이익이 아니라 바로 법률에 의하여 보호되는 이익이라고 할 것이다.

[평석]　(1) 이 사건 판결, 즉 청주시 연탄공장사건판결은 이웃소송(환경소송)의 고전적인 판례이다. 이 사건 판결은 제 3 자의 원고적격, 환경소송의 원고적격의 법리형성에 기초가 된 판례이다. 이 사건 판결을 바탕으로 하여 「법률에 의하여 보호되는 이익」(법률상 보호이익)과 「권리」가 동일한 개념인지, 아닌지에 관해 논란이 전개되었다. 그 결과로서 1985년의 개정 행정심판법의 원고적격에 관한 조항에서 법률상 이익이라는 용어가 사용되었다.

(2) 크게 본다면, 이 사건 판결은 원고적격의 인정범위에 관하여 소극적이었던 과거의 경향에서 벗어나, 획기적으로 원고적격의 범위를 확대한 리딩케이스라 하겠고, 작게 본다면, 이 사건 판결은 주거지역 내의 사람의 주거의 안녕과 생활환경상 이익을 법이 보호하는 이익으로 고양시켰다는 점에서 의의를 갖는다.

[2] 부산시 두구동 화장장사건(대판 1995. 9. 26, 94누14544)

(부산시가 상수원보호구역인 두구동에 화장장을 설치하기로 하는 도시계획결정 등을 하자 인근주민들이 제기한 상수원보호구역변경처분등취소소송에서) (1) 상수원보호구역 설정의 근거가 되는 수도법 제5조 제1항 및 동 시행령 제7조 제1항이 보호하고자 하는 것은 상수원의 확보와 수질보전일 뿐이고, 그 상수원에서 급수를 받고 있는 지역주민들이 가지는 상수원의 오염을 막아 양질의 급수를 받을 이익은 직접적이고 구체적으로는 보호하고 있지 않음이 명백하여 위 지역주민들이 가지는 이익은 상수원의 확보와 수질보호라는 공공의 이익이 달성됨에 따라 반사적으로 얻게 되는 이익에 불과하므로 지역주민들에 불과한 원고들에게는 위 상수원보호구역변경처분의 취소를 구할 법률상의 이익이 없다.
(2) 도시계획법 제12조 제3항의 위임에 따라 제정된 도시계획시설기준에관한규칙 제125조 제1항이 화장장의 구조 및 설치에 관하여는 매장및묘지등에관한법률이 정하는 바에 의한다고 규정하고 있어, 도시계획의 내용이 화장장의 설치에 관한 것일 때에는 도시계획법 제12조 뿐만 아니라 매장및묘지등에관한법률 및 같은법시행령 역시 그 근거 법률이 된다고 보아야 할 것이므로, 같은법시행령 제4조 제2호가 공설화장장은 20호 이상의 인가가 밀집한 지역, 학교 또는 공중이 수시 집합하는 시설 또는 장소로부터 1,000m 이상 떨어진 곳에 설치하도록 제한을 가하고, 같은법시행령 제9조가 국민보건상 위해를 끼칠 우려가 있는 지역, 도시계획법 제17조의 규정에 의한 주거지역, 상업지역, 공업지역 및 녹지지역 안의 풍치지구 등에의 공설화장장 설치를 금지함에 의하여 보호되는 부근 주민들의 이익은 위 도시계획결정처분의 근거 법률에 의하여 보호되는 법률상 이익이다.

[판례 61] 피고적격

• **SK건설 산재보험료사건**(대결 2006. 2. 23, 2005부4)

[사건개요]

상대방(SK건설)이 특별항고인(근로복지공단)을 피고로 하여 산재보험료부과처분취소소송을 제기하였다. 피고를 잘못 지정한 것이 아님에도 원심은 행정소송법 제14조에 의하여 상대방의 신청에 따라 이 사건 피고를 '근로복지공단 서울지역본부장'으로 경정을 허가하였다. 이에 특별항고인은 피고경정을 다투는 특별항고를 제기하였다.

[결정요지]

[1] 행정소송법 제14조에 의한 피고경정은 사실심 변론종결에 이르기까지 허용되는 것으로 해석하여야 할 것이고, 굳이 제 1 심 단계에서만 허용되는 것으로 해석할 근거는 없다.

[2] 대리권을 수여받은 데 불과하여 그 자신의 명의로는 행정처분을 할 권한이 없는 행정청의 경우 대리관계를 밝힘이 없이 그 자신의 명의로 행정처분을 하였다면 그에 대하여는 처분명의자인 당해 행정청이 항고소송의 피고가 되어야 하는 것이 원칙이지만, 비록 대리관계를 명시적으로 밝히지는 아니하였다 하더라도 처분명의자가 피대리 행정청 산하의 행정기관으로서 실제로 피대리 행정청으로부터 대리권한을 수여받아 피대리 행정청을 대리한다는 의사로 행정처분을 하였고 처분명의자는 물론 그 상대방도 그 행정처분이 피대리 행정청을 대리하여 한 것임을 알고서 이를 받아들인 예외적인 경우에는 피대리 행정청이 피고가 되어야 한다.

[3] 근로복지공단의 이사장으로부터 보험료의 부과 등에 관한 대리권을 수여받은 지역본부장이 대리의 취지를 명시적으로 표시하지 않고서 산재보험료 부과처분을 한 경우, 그러한 관행이 약 10년간 계속되어 왔고, 실무상 근로복지공단을 상대로 산재보험료 부과처분에 대한 항고소송을 제기하여 온 점 등에 비추어 지역본부장은 물론 그 상대방 등도 근로복지공단과 지역본부장의 대리관계를 알고 받아들였다는 이유로, 위 부과처분에 대한 항고소송의 피고적격이 근로복지공단에 있다.

[4] 행정소송에서 피고경정신청이 이유 있다 하여 인용한 결정에 대하여는 종전 피고는 항고제기의 방법으로 불복신청할 수 없고, 행정소송법 제 8 조 제 2 항에 의하여 준용되는 민사소송법 제449조 소정의 특별항고가 허용될 뿐이다.

[해　　설]

1. 쟁　　점

이 사건 판결은 근로복지공단의 이사장으로부터 보험료의 부과 등에 관한 대리권을 수여받은 지역본부장이 대리의 취지를 명시적으로 표시하지 않고서 산재보험료 부과처분을 한 경우, 그 부과처분에 대한 항고소송의 피고적격이 근로복지공단에 있는지 여부(적극) 등을 쟁점으로 하였다. 이하에서 이 사건을 피고적격의 문제로서 검토한다.

2. 피고적격

(1) 의　　의

피고적격이란 개별·구체적인 사건에서 피고로서 소송을 수행하고 본안판결을 받을 수 있는 능력(자격)을 의미한다.

(2) 원　　칙

다른 법률에 특별한 규정이 없는 한 취소소송에서는 그 처분등을 행한 행정청이 피고가 된다(행정소송법 제13조 제 1 항 전단: 처분의 취소·변경의 경우에는 처분청, 재결의 취소·변경의 경우에는 재결청이 피고가 된다). 논리상 피고는 권리주체인 국가나 공공단체가 되어야 할 것이나 행정소송수행의 편의상 행정소송법은 행정청을 피고로 하고 있다. 처분 등을 행한 행정청이란 원칙적으로 소송의 대상인 행정처분 등을 외부적으로 그의 명의로 행한 행정청을 의미한다.

(3) 예　　외

㈎ **국가공무원법상 불리한 처분** 　국가공무원법에 의한 처분 기타 본인의 의사에 반한 불리한 처분으로 대통령이 행한 처분에 대한 행정소송의 피고는 소속장관이 된다(국가공무원법 제16조).

㈏ **행정권한 위임·위탁의 경우** 　행정권한의 위임·위탁이 있는 경우에는 현실적으로 처분을 한 수임청·수탁청이 피고가 된다(행정소송법 제 2 조 제 2 항). 내부위임의 경우에는 두 가지 경우로 구분하는 것이 판례의 입장이다. 말하자면 위임기관의 명의

로 처분을 하였다면(이 경우가 일반적이다) 위임기관이 피고가 되고, 수임기관의 명의로 처분을 한 경우에는 수임기관이 피고가 된다.

(다) **권한의 대리의 경우** 권한의 대리가 있는 경우에는 피대리관청이 여기서 말하는 행정청이 된다. 그러나 대리인이 대리관계에 있음을 밝히지 않고 권한을 행사하는 경우에는 문제가 있다.

(라) **권한승계의 경우** 처분등이 있은 뒤에 그 처분 등에 관계되는 권한이 다른 행정청에 승계된 때에는 이를 승계한 행정청이 피고가 된다(동법 제13조 제1항 후단). 다만 그 승계가 취소소송제기 후에 발생한 것이면, 법원은 당사자의 신청 또는 직권에 의해 피고를 경정한다. 이때 종전의 소는 취하된 것으로 보며, 새로운 피고에 대한 소송은 처음에 소를 제기한 때에 제기한 것으로 본다(동법 제14조 제6항).

(마) **처분청이 없어진 경우** 처분청이 없게 된 때에는 그 처분 등에 관한 사무가 귀속되는 국가 또는 공공단체가 피고가 된다(동법 제13조 제2항). 다만 그 승계가 취소소송제기 후에 발생한 것이면, 법원은 당사자의 신청 또는 직권에 의해 피고를 경정한다. 이때 종전의 소는 취하된 것으로 보며, 새로운 피고에 대한 소송은 처음에 소를 제기한 때에 제기한 것으로 본다(동법 제14조 제6항).

(4) 피고경정

(가) **취 지** 피고를 잘못 지정하는 경우, 소를 각하하고 새로운 소를 제기하게 하는 것보다 피고를 경정하는 것이 보다 효과적이라는 점에 피고경정을 인정하는 의미가 있다.

(나) **내 용** 원고가 피고를 잘못 지정한 때에는 법원은 원고의 신청에 의하여 결정으로써 피고의 경정을 허가할 수 있다(동법 제14조 제1항). 제1항의 규정에 의한 신청을 각하하는 결정에 대하여는 즉시항고할 수 있다(동법 제14조 제3항). 제1항의 규정에 의한 결정이 있은 때에는 새로운 피고에 대한 소송은 처음에 소를 제기한 때에 제기된 것으로 본다(동법 제14조 제1항). 제1항의 규정에 의한 결정이 있은 때에는 종전의 피고에 대한 소송은 취하된 것으로 본다(동법 제14조 제5항).

3. 평 가

행정소송법상 피고경정의 시한에 제한을 두고 있지 않다. 사실심 변론종결시까지 가능하다는 [결정요지][1]은 타당하다.

4. 참고판례

[1] 묵주반지 저작권등록사건(대판 2009. 7. 9, 2007두16608)

(B가 십자무늬묵주반지, 꽃봉오리묵주반지, 장미계단묵주반지에 대하여 C의 명의로 저작권등록을 신청하였고, 이에 저작권심의조정위원회가 등록을 받아주자 묵주반지 등의 제작·판매업자인 A가 제기한 저작권등록무효확인소송에서) (1) 구 저작권법(2006. 12. 28. 법률 제8101호로 개정되기 전의 것) 제97조의3 제 2 호는 '문화관광부장관은 대통령령이 정하는 바에 의하여 법 제53조에 규정한 저작권 등록업무에 관한 권한을 저작권심의조정위원회에 위탁할 수 있다'고 규정하고, 동법 시행령 제42조는 '문화관광부장관은 법 제97조의3의 규정에 의하여 저작권 등록업무에 관한 권한을 저작권심의조정위원회에 위탁한다'고 규정하고 있으므로, '저작권심의조정위원회'가 저작권 등록업무의 처분청으로서 그 등록처분에 대한 무효확인소송에서 피고적격을 가진다고 할 것이다.
(2) '저작권심의조정위원회 위원장'을 피고로 하여 이 사건 저작권 등록처분의 무효확인을 구하는 이 사건 소는 피고적격이 없는 자를 상대로 한 부적법한 소이다.

[2] SH공사 상암동택지개발사건(대판 2007. 8. 23, 2005두3776)

(SH공사(변경 전 명칭 서울특별시 도시개발공사)를 피고로 한 입주권의 확인을 구한 소송에서) 지방자치법 및 조례의 관계 규정과 대행계약서의 내용 등을 종합하여 보면, 피고 공사는 서울특별시장으로부터 서울특별시가 사업시행자가 된 이 사건 택지개발사업지구 내에 거주하다가 사업시행에 필요한 가옥을 제공함으로 인하여 생활의 근거를 상실하게 되는 이주자들에게 택지개발촉진법과 구 공공용지의 취득 및 손실보상에 관한 특례법(2002. 2. 4. 법률 6656호로 폐지되기 전의 것) 및 주택공급에 관한 규칙 등의 법령에 따라서 위 택지개발사업의 시행으로 조성된 토지를 분양하여 주거나 분양아파트 입주권을 부여하는 내용의 이주대책 수립권한을 포함한 택지개발사업에 따른 권한을 위임 또는 위탁받았다고 할 것이므로, 서울특별시가 사업시행자가 된 이 사건 택지개발사업과 관련하여 이주대책 대상자라고 주장하는 자들이 피고 공사 명의로 이루어진 이주대책에 관한 처분에 대한 취소소송을 제기함에 있어 정당한 피고는 피고 공사가 된다.

[판례 62] 제소기간의 기산일

[A] 불특정다수인을 상대로 하는 고시 또는 공고에 의한 행정처분

• **성소수자웹사이트사건**(대판 2007. 6. 14, 2004두619)

[사건개요]

(1) 1997. 6. 6. 원고는 국내에서 최초로 성소수자웹사이트인 인터넷 사이트(이하 '이 사건 사이트'이라 한다)를 개설하여 운영해 왔다.

(2) 2000. 8. 25. 피고 정보통신윤리위원회는 2000. 8. 25. 제17차 전문위원회 회의에서 "이 사건 사이트는 청소년 유해매체물 심의기준 중 '수간을 묘사하거나 혼음, 근친상간, 동성애, 가학, 피가학음란증 등 변태성행위, 매춘행위 기타 사회통념상 허용되지 아니한 성관계를 조장하는 것'에 해당한다"는 이유로 청소년보호법 제10조, 법 시행령 제7조에 의하여 청소년 유해매체물로 심의·결정하였다.

(3) 2000. 9. 20. 피고 청소년보호위원회는 피고 정보통신윤리위원회의 요청에 따라 청소년보호위원회 고시 제2000-31호로 결정사유를 음란, 효력발생일을 2000. 9. 27.로 하여 이 사건 사이트가 청소년 유해매체물에 해당한다는 내용의 고시를 하였다.

(4) 원고들은 아래의 청구취지 및 항소취지로 제소·항소하였으나 모두 기각판결을 받았다.

피고 정보통신윤리위원회에 대한 청구: 주위적으로 위 피고가 2000. 8. 25. 원고에 대하여 한 청소년유해매체물결정은 무효임을 확인한다. 예비적으로 위 결정을 취소하라.

피고 청소년보호위원회에 대한 청구: 주위적으로 위 피고가 2000. 9. 27. 원고에 대하여 한 고시처분은 무효임을 확인한다. 예비적으로 위 고시처분을 취소하라(원고는 당심에서 피고들에 대한 각 예비적 청구를 추가하였다).

[참고조문]

당시 청소년보호법 제22조(청소년 유해매체물의 고시) ① 청소년보호를 위하여 필요하다고 인정할 경우, 청소년보호위원회는 제8조 제1항 본문 및 제3항과 제12조의 규정에 의하여 결정 또는 확인한 매체물에 대하여는 이를 청소년 유해매체물로 고시하여야 한다.

② 각 심의기관은 청소년 유해매체물에 대하여 심의의견서를 첨부하여 청소년보호위원회에 당해 매체물의 고시를 요청하여야 한다.

③ 청소년보호위원회가 제1항 및 제2항의 규정에 의한 매체물을 고시할 때에는 고시의 사유와 효력발생시기를 명시하여야 한다.

제39조(이의신청) 이 법에 의한 처분에 대하여 불복이 있는 자는 그 처분의 고지를 받은 날부터 60일 이내에 그 사유를 갖추어 처분을 한 행정청에 이의신청을 할 수 있다.

제40조(소의 제기) ① 이 법에 의한 처분에 대하여 불복의 소를 제기하고자 할 때에는 이의신청에 대한 처분의 고지를 받은 날부터 90일 이내에 이를 제기하여야 한다.
② 제 1 항의 기간은 이를 불변기간으로 한다.

행정소송법 제20조(제소기간) ① 취소소송은 처분 등이 있음을 안 날부터 90일 이내에 제기하여야 한다. 다만, 제18조 제 1 항 단서에 규정한 경우와 그 밖에 행정심판청구를 할 수 있는 경우 또는 행정청이 행정심판청구를 할 수 있다고 잘못 알린 경우에 행정심판청구가 있은 때의 기간은 재결서의 정본을 송달받은 날부터 기산한다.
② 취소소송은 처분 등이 있은 날부터 1년(제 1 항 단서의 경우는 재결이 있은 날부터 1년)을 경과하면 이를 제기하지 못한다. 다만, 정당한 사유가 있는 때에는 그러하지 아니하다.
③ 제 1 항의 규정에 의한 기간은 불변기간으로 한다.

[원고의 주장](예비적 청구부분의 쟁점 중 제소기간 부분 발췌)

원고는, (1) 청소년보호법 제39조는 "이 법에 의한 처분에 대하여 불복이 있는 자는 그 처분의 고지를 받은 날부터 60일 이내에 그 사유를 갖추어 처분을 한 행정청에 이의신청을 할 수 있다"라고 규정하고 있고, 제40조 제 1 항에서는 "이 법에 의한 처분에 대하여 불복의 소를 제기하고자 할 때에는 이의신청에 대한 처분의 고지를 받은 날부터 90일 이내에 이를 제기하여야 한다"라고 규정하고 있는바, 이는 청소년보호법에 의한 처분은 그 상대방에게 고지해야 함을 전제로 한 것인데, 원고는 이 사건 각 처분에 관하여 고지를 받은 바 없으므로 여전히 이의신청을 할 수 있고, 소송에서의 제소기간 기산점도 고지를 받은 날부터 기산하여야 한다는 취지로 볼 수 있으므로, 이 사건 각 처분에 대한 취소소송의 제소기간은 도과하지 않았다고 보아야 하고, (2) 그렇지 않다 하더라도 행정소송법 제20조 제 2 항은 "취소소송은 처분 등이 있은 날부터 1년을 경과하면 이를 제기하지 못한다. 다만, 정당한 사유가 있는 때에는 그러하지 아니하다"라고 규정하고 있고, 피고들이 법령상 규정된 통지의무를 위반하여 원고가 위 각 처분이 있음을 알지 못하였으므로 제소기간을 준수하지 못한 것에 정당한 사유가 있다.

[판결요지](제소기간 부분 발췌)

[1] 통상 고시 또는 공고에 의하여 행정처분을 하는 경우에는 그 처분의 상대방이 불특정 다수인이고 그 처분의 효력이 불특정 다수인에게 일률적으로 적용되는 것이므로, 그 행정처분에 이해관계를 갖는 자가 고시 또는 공고가 있었다는 사실을 현실적으로 알았는지 여부에 관계없이 고시가 효력을 발생하는 날 행정처분이 있음을 알았다고 보아야 한다.

[2] 구 청소년보호법(2001. 5. 24. 법률 제6479호로 개정되기 전의 것)에 따른 청소년유해매체물 결정 및 고시처분은 당해 유해매체물의 소유자 등 특정인만을 대상으로 한 행정처분이 아니라 일반 불특정 다수인을 상대방으로 하여 일률적으로 표시의무, 포장의무, 청소년에 대한 판매·대여 등의 금지의무 등 각종 의무를 발생시키는 행정처분

으로서, 정보통신윤리위원회가 특정 인터넷 웹사이트를 청소년유해매체물로 결정하고 청소년보호위원회가 효력발생시기를 명시하여 고시함으로써 그 명시된 시점에 효력이 발생하였다고 봄이 상당하고, 정보통신윤리위원회와 청소년보호위원회가 위 처분이 있었음을 위 웹사이트 운영자에게 제대로 통지하지 아니하였다고 하여 그 효력 자체가 발생하지 아니한 것으로 볼 수는 없다.

[3] 인터넷 웹사이트에 대하여 한 구 청소년보호법에 따른 청소년유해매체물 결정 및 고시처분에서, 이러한 결정은 이해관계인이 고시가 있었음을 알았는지 여부에 관계없이 관보에 고시됨으로써 효력이 발생하고, 그가 이러한 결정을 통지받지 못하였다는 것이 제소기간을 준수하지 못한 것에 대한 정당한 사유가 될 수 없다.

[B] 주소불명 등의 이유로 송달할 수 없어 관보 등에 공고한 행정처분

• **용인시장 주민등록직권말소사건**(대판 2006. 4. 28, 2005두14851)

[사건개요]

(1) 원고는 2002. 5. 2. 용인시 소재 주택(이하 '이 사건 주택'이라 한다)으로 이사하고 주민등록 전입신고를 하였다.
(2) 피고(용인시장)는 2004년 초경 사실조사를 한 결과 원고가 이 사건 주택에 거주하지 않으면서 전입신고만 해놓은 위장전입자라고 판단하고, 주민등록법 제17조의2의 규정에 따라 원고에게 주민등록사항에 관한 신고가 사실과 다르므로 2004. 2. 23.부터 2004. 3. 2.까지 사실대로 신고하라는 내용을 담은 최고서를 발송하였으나 위 서류가 반송되자 다시 2004. 3. 3.부터 같은 달 11일까지 주민등록사항을 신고할 것을 공고하였는데, 원고가 위 기간 내에 아무런 신고를 하지 아니하자 2004. 3. 12. 원고의 주민등록사항을 직권으로 말소하는 이 사건 처분을 하였다.
(3) 이에 원고는 주민등록직권말소처분무효확인소송을 제기하였다.

[당사자의 주장]
(1) 피고는 ① 본안전 항변으로, 원고는 이 사건 처분이 있음을 안 날부터 90일이 경과한 후 이 사건 소를 제기하였으므로 이 사건 소는 부적법하고, ② 이 사건 처분은 처분사유와 관계법령에 따른 적법한 것이라고 주장한다.
(2) 원고는, 2002. 5. 2. 이 사건 주택에 입주한 후 피고에게 전입신고를 마치고 계속 거주하여 왔으므로, 이 사건 처분은 사실관계를 오인한 위법한 처분이라고 주장한다.

[판결요지](제소기간 부분 발췌)

[1] 행정소송법 제20조 제 1 항 소정의 제소기간 기산점인 「처분이 있음을 안 날」이라 함은 당사자가 통지, 공고 기타의 방법에 의하여 당해 처분이 있었다는 사실을 현실적으로 안 날을 의미하는바, 특정인에 대한 행정처분을 주소불명 등의 이유로 송달할 수 없어 관보·공보·게시판·일간신문 등에 공고한 경우에는, 공고가 효력을 발생하는 날에 상대방이 그 행정처분이 있음을 알았다고 볼 수는 없고, 상대방이 당해 처분이 있었다는 사실을 현실적으로 안 날에 그 처분이 있음을 알았다고 보아야 할 것이다.

[2] 피고가 2004. 3. 12. 원고의 주민등록사항을 직권으로 말소하는 이 사건 처분을 하고 이를 우편으로 원고에게 통지하였으나 수취인 미거주로 반송되자 위 처분내용을 공고한 이 사건에 있어서, 위 공고의 효력이 발생한 날에 원고가 그 처분이 있음을 알았다고 볼 수 없고, 채택 증거에 의하여 원고가 그 처분사실을 현실적으로 알았다고 인정되는 2004. 6. 28.에 그 처분사실을 알았다고 보아야 하므로, 그로부터 90일이 경과되지 아니한 2004. 9. 21. 원고가 이 사건 소를 제기한 것은 적법하다.

[C] 청구취지의 추가·변경신청과 소의 소제기 기간

• **부산지방병무청 신체검사 뇌물사건**(대판 2004. 12. 10, 2003두12257)

[사건개요]

1998. 6. 1. 원고는 질병을 사유로 한 병역처분변경원을 제출하였다.
1998. 6. 30. 원고는 제 1 차 재신체검사를 받은 결과 신체등위 7급으로 보류판정을 받았다.
1998. 10. 13. 원고는 제 2 차 재신체검사를 받은 결과 신체등위 4급 판정을 받았다.
1998. 10. 21. 원고는 보충역편입(공익근무요원소집대상)처분을 받았다.
1999. 3. 8. 원고는 이 날부터 공익근무요원으로 소집되어 복무하였다.
2001. 3. 19. 피고는 원고의 아버지가 원고로 하여금 신체등위 4급판정을 받도록 하기 위하여 신체검사담당공무원 등에게 뇌물을 공여하였음을 이유로 위 보충역편입처분을 취소하였다.
2001. 3. 30. 피고는 원고에게 다시 신체검사를 받을 것을 명하였다. 그리고 공익근무요원복무중단처분을 하였다.

2001. 3. 30. 원고는 제 3 차 재신체검사를 받은 결과 신체등위 3급 판정을 받았다.
2001. 3. 30. 원고는 피고로부터 현역병입영대상편입처분을 받았다.
2001. 5. 21. 원고는 피고로부터 현역병입영통지처분을 받았다.
2001. 5. 30. 원고는 부산지방법원에 피고(부산지방병무청장)를 상대로 같은 해 3. 19.자 보충역편입처분취소처분의 취소를 구하는 소를 제기하였다.
2001. 8. 20. 원고는 2001. 5. 21.자 처분이 현역병입영대상편입처분임을 전제로 그 처분의 취소를 구하는 청구를 추가하였다.
2001. 12. 19. 원고는 2001. 5. 21.자 현역병입영대상편입처분의 무효확인을 구하는 청구를 예비적으로 추가하였다.
2002. 4. 11. 원고는 "원고의 주위적 청구 및 예비적 청구에 관한 이 사건 소를 모두 각하한다"는 제 1 심판결을 선고받았다. 그 후 이에 불복 항소하였다.
2002. 11. 13. 원고는 2001. 5. 21.자 처분을 현역병입영대상편입처분에서 현역병입영통지처분으로 정정함과 동시에 2001. 3. 30.자 현역병입영대상편입처분의 취소를 구하는 청구를 추가하고 예비적 청구를 취하하였다.
2003. 7. 16. 원고는 2001. 3. 19.자 공익근무요원복무중단처분의 취소를 구하는 청구를 추가하였다.

[판결요지](제소기간 부분 발췌)

[1] 이 사건 공익근무요원복무중단처분, 현역병입영대상편입처분 및 현역병입영통지처분은 보충역편입처분취소처분을 전제로 한 것이기는 하나 각각 단계적으로 별개의 법률효과를 발생시키는 독립된 행정처분으로서 하나의 소송물로 평가할 수 없고, 보충역편입처분취소처분의 효력을 다투는 소에 공익근무요원복무중단처분, 현역병입영대상편입처분 및 현역병입영통지처분을 다투는 소도 포함되어 있다고 볼 수는 없다고 할 것이므로, 공익근무요원복무중단처분, 현역병입영대상편입처분 및 현역병입영통지처분의 취소를 구하는 소의 제소기간의 준수 여부는 각 그 청구취지의 추가·변경신청이 있은 때를 기준으로 개별적으로 살펴야 할 것이지, 최초에 보충역편입처분취소처분의 취소를 구하는 소가 제기된 때를 기준으로 할 것은 아니라고 할 것이다.

[2] 위 법리 및 기록에 비추어 살펴보면, 원고는 이 사건 보충역편입처분취소처분에 대한 취소소송을 제기한 후, 공익근무요원복무중단처분, 현역병입영대상편입처분 및 현역병입영통지처분이 있음을 안 날로부터 90일이 훨씬 지난 2001. 8. 20. 현역병입영

통지처분의 취소를, 2002. 11. 13. 현역병입영대상편입처분의 취소를, 2003. 7. 16. 공익근무요원복무중단처분의 취소를 구하는 청구를 추가적으로 병합하였으므로, 이 사건 공익근무요원복무중단처분, 현역병입영대상편입처분 및 현역병입영통지처분의 취소를 구하는 소는 모두 제소기간이 경과한 후에 제기된 것이 역수상 명백하여 부적법하다.

[해 설]

1. 쟁 점

성소수자웹사이트사건, 용인시장 주민등록직권말소사건 그리고 부산지방병무청 신체검사 뇌물사건 모두 제소기간의 기산일의 확정문제를 주요 쟁점의 하나로 하였다. 이하에서 이 사건 판결들을 행정소송법상 제소기간의 문제로서 검토한다.

2. 제소기간

(1) 의 의

제소기간이란 처분의 상대방 등이 소송을 제기할 수 있는 시간적 간격을 말한다. 제소기간이 경과하면 취소소송을 제기할 수 없다. 제소기간이 경과한 후에 제소하면, 법원은 그 소를 각하하여야 한다.

(2) 성 질

제소기간의 준수 여부는 법원의 직권조사사항이다. 말하자면 피고가 제소기간경과 후의 제소라고 이의(본안전 항변)를 제기하지 않는다고 하여도 법원은 제소기간의 준수 여부를 명백히 하여야 한다.

(3) 적용범위

① 제소기간의 요건은 처분의 상대방이 소송을 제기하는 경우는 물론이고, 법률상 이익이 침해된 제 3 자가 소송을 제기하는 경우에도 적용된다. ② 무효등확인소송의 경우에는 제소기간의 제한이 없다. 그러나 행정처분의 당연무효를 선언하는 의미에서 그 취소를 구하는 행정소송을 제기하는 경우에는 제소기간의 준수 등 취소소송의 제소요건을 갖추어야 한다는 것이 판례의 입장이다. ③ 개별 법률에서 제소기간에 관하여 특례를 두기도 한다.

(4) 안 날부터 90일

① 행정심판을 거치지 않은 경우에 제기하는 취소소송은 처분등(處分等)이 있음을 안 날부터 90일 이내에 제기하여야 한다(행정소송법 제20조 제 1 항 본문). 처분등이 있음을 안 날이란 통지·공고 기타의 방법에 의하여 당해 처분이 있었다는 사실을 현실적으로 안 날을 의미한다. ② 제18조 제 1 항 단서에 규정한 경우와 그 밖에 행정심판청구를 할 수 있는 경우 또는 행정청이 행정심판청구를 할 수 있다고 잘못 알린 경우에 행정심판청구가 있은 때의 기간은 재결서의 정본을 송달받은 날부터 기산한다(행정소송법 제20조 제 1 항 단서). ③ 90일은 불변기간이다(행정소송법 제20조 제 3 항).

(5) 있은 날부터 1년

① 행정심판을 거치지 않고 취소소송을 제기하는 경우에는 처분등이 있은 날부터 1년을 경과하면 이를 제기하지 못한다(행정소송법 제20조 제 2 항 본문). 처분등이 있은 날이란 상대방 있는 행정행위의 경우에는 그 행정처분이 상대방에게 도달되어 효력을 발생한 날을 의미한다. ② 행정소송법 제18조 제 1 항 단서에 규정된 경우와 그 밖에 행정심판청구를 할 수 있는 경우 또는 행정청이 행정심판청구를 할 수 있다고 잘못 알린 경우에 행정심판청구가 있은 때의 제소기간은 재결이 있은 날부터 역시 1년이다(행정소송법 제20조 제 2 항 본문). ③ 정당한 사유가 있으면 상기의 두 경우 모두 1년의 기간이 경과하여도 제소할 수 있다(행정소송법 제20조 제 2 항 단서).

(6) 안 날과 있은 날의 관계

처분이 있음을 안 날부터 90일과 처분이 있은 날부터 1년 중 어느 하나의 기간만이라도 경과하면, 제소기간은 종료하게 된다.

3. 평　　가

[A] 성소수자웹사이트사건

이 사건 판례의 입장은 종전 판례의 입장을 따른 것이다. 만약 고시나 공고에서 효력발생시기를 명시하지 아니하였다면, 사무관리규정이 정하는 바에 따라 고시 또는 공고가 있은 후 5일이 경과한 날에 알았다고 볼 것이다.

[참고조문]

사무관리규정 제 8 조(문서의 성립 및 효력발생) ② 문서는 수신자에게 도달(전자문서는 수신자의 컴퓨터 화일에 기록되는 것을 말한다)됨으로써 그 효력을 발생한다. 다만, 공고문서의 경우에는 공고문서에 특별한 규정이 있는 경우를 제외하고는 그 고시 또는 공고가 있은 후 5일이 경과한 날부터 효력을 발생한다.

[B] 용인시장 주민등록직권말소사건

이 사건 판례의 입장은 종전 판례의 입장을 따른 것이다.

[C] 부산지방병무청 신체검사 뇌물사건

보충역편입처분취소처분(병역의무의 내용 결정 목적), 공익근무요원복무중단처분(실현 중인 병역의무 이행의 중단 목적), 현역병입영대상편입처분(병역의무의 새로운 내용 결정 목적), 현역병입영통지처분(새로이 결정된 병역의무 내용의 이행 목적)은 병역의무의 이행과 관련된다는 점에서 상호 관련이 있으나, 개별적인 목적이 다르다고 할 것이므로 소의 제소기간의 준수 여부는 각 그 청구취지의 추가·변경신청이 있은 때를 기준으로 개별적으로 살펴야 할 것이다.

4. 참고판례

양천세무서 운수알선업자 부가가치세 부과사건
(대판 2010. 6. 25, 2007두12514 전원합의체)

(재조사결정을 쟁점으로 한 부가가치세부과처분취소소송에서) 이의신청 등에 대한 결정의 한 유형으로 실무상 행해지고 있는 재조사결정은 처분청으로 하여금 하나의 과세단위의 전부 또는 일부에 관하여 당해 결정에서 지적된 사항을 재조사하여 그 결과에 따라 과세표준과 세액을 경정하거나 당초 처분을 유지하는 등의 후속 처분을 하도록 하는 형식을 취하고 있다. 이에 따라 재조사결정을 통지받은 이의신청인 등은 그에 따른 후속 처분의 통지를 받은 후에야 비로소 다음 단계의 쟁송절차에서 불복할 대상과 범위를 구체적으로 특정할 수 있게 된다. 이와 같은 재조사결정의 형식과 취지, 그리고 행정심판제도의 자율적 행정통제기능 및 복잡하고 전문적·기술적 성격을 갖는 조세법률관계의 특수성 등을 감안하면, 재조사결정은 당해 결정에서 지적된 사항에 관해서는 처분청의 재조사결과를 기다려 그에 따른 후속 처분의 내용을 이의신청 등에 대한 결정의 일부분으로 삼겠다는 의사가 내포된 변형결정에 해당한다고 볼 수밖에 없다. 그렇다면 재조사결정은 처분청의 후속 처분에 의하여 그 내용이 보완됨으로써 이의신청 등에 대한 결정으로서의 효력이 발생한다고 할 것이므로, 재조사결정에 따른 심사청구기간이나 심판청구기간 또는 행정소송의 제소기간은 이의신청인 등이 후속 처분의 통지를 받은 날부터 기산된다고 봄이 타당하다.

[판례 63] 행정심판의 전치
• 교육대학교 부교수 징계사건
(헌재 2007. 1. 17, 2005헌바86 전원재판부)

[사건개요]

2003. 9. 4. A교육대학교는 사회교육과 역사교육 전공 교수 등의 공채공고를 하였다.
2003. 11. 26. A교육대학교는 전임교원공채심사위원회의 심사를 거쳐 사회교육과 지원자들 중 청구외 B를 최종합격자로 발표하였다.
2003. 12. 3. A교육대학교 사회교육과 부교수로 재직 중인 청구인은 A교육대학교총장에게 B의 합격취소를 요구하였으나 거절당하였다. 그 후 청구인은 B의 채용과정상의 문제점을 항의하면서 B에게 논문표절의 혐의가 있다는 등의 내용을 인터넷에 올리고 언론기관에 보도자료를 배포하였다.
2004. 3. 29. A교육대학교 총장은 청구인의 위와 같은 행위가 국가공무원법상의 복종의무, 품위유지의무를 위반하였다는 이유로 감봉 3개월의 징계처분을 하였다.
2004. 5. 14. 청구인은 교원징계재심위원회에 재심을 청구하지 아니한 채 광주지방법원에 징계처분취소의 소를 제기하였다.
2005. 6. 29. 청구인은 위 소송계속중인 이 날 국가공무원법 제16조 제 2 항, 교육공무원법 제53조 제 1 항, 교원지위향상을위한특별법 제 9 조 제 1 항이 헌법에 위반된다는 이유로 위헌제청신청을 하였다.
2005. 8. 18. 법원은 전심절차를 거치지 아니하였다 하여 당해 사건 소를 각하함과 동시에 위 제청신청 또한 기각하였다. 이에 청구인은 당해 사건에 대하여 항소하면서 2005. 9. 30. 이 사건 헌법소원심판을 청구하였다

[심판대상]

국가공무원법 제16조(행정소송과의 관계) ② 제 1 항의 규정에 의한 행정소송은 소청심사위원회의 심사 · 결정을 거치지 아니하면 이를 제기할 수 없다.

교원지위향상을 위한 특별법 제 9 조(재심의 청구등) ① 교원이 징계처분 그 밖에 그 의사에 반하는 불리한 처분에 대하여 불복이 있을 때에는 그 처분이 있은 것을 안 날부터 30일 이내에 재심위원회에 재심을 청구할 수 있다.

[청구인의 주장](일부 발췌)

(1) 교원(이하 '교원'은 공립대학을 제외한 국 · 공립 학교 또는 기관의 교원을 말한다)에 대한 징계처분에 관하여 행정소송을 제기하기에 앞서 교원징계재심위원회(이하 '교원징계재심위원회'와 '교원소청심사위원회'를 통칭하여 '재심위원회'라고 한다)의 재심(이하 '재심'과 '소청심

사'를 통칭하여 '재심'이라고 한다)을 거쳐야 할 특별한 사정이 보이지 아니함에도 임의적 전치절차인 일반행정심판과 달리 필요적 전치절차로 재심을 규정한 국가공무원법 제16조 제 2 항은 청구인의 재판청구권 내지 평등권을 침해한다.
(2) 교원지위법 제 9 조 제 1 항은 교원의 징계처분에 대한 재심의 청구기간을 징계처분을 안 날로부터 30일 이내로 제한하고 있는바, 이는 결과적으로 행정소송의 제기를 사실상 불가능하게 하거나 매우 어렵게 하여 사실상의 재판의 거부에 해당할 정도일 뿐만 아니라 징계처분에 대한 법률관계를 신속하게 확정하여야 할 특별한 이유가 없는데도 일반행정심판의 청구기간인 90일보다 단기로 제한하여 청구인의 재판청구권 내지 평등권을 침해한다.
(3) 재심위원회의 재심절차는 그 판단기관의 조직과 운영, 심의·의결에 있어서 독립성과 공정성이 보장되어 있지 아니할 뿐만 아니라 심리절차에 있어서도 사법절차성을 보장하고 있지 아니하므로, 행정심판에 있어서 사법절차를 준용하도록 한 헌법 제107조 제 3 항에 위반된다.

[참고조문]
헌법 제107조 ③ 재판의 전심절차로서 행정심판을 할 수 있다. 행정심판의 절차는 법률로 정하되, 사법절차가 준용되어야 한다.
행정소송법 제18조(행정심판과의 관계) ① 취소소송은 법령의 규정에 의하여 당해 처분에 대한 행정심판을 제기할 수 있는 경우에도 이를 거치지 아니하고 제기할 수 있다. 다만, 다른 법률에 당해 처분에 대한 행정심판의 재결을 거치지 아니하면 취소소송을 제기할 수 없다는 규정이 있는 때에는 그러하지 아니하다.

[결정요지](국가공무원법 제16조 제 2 항 중 교원에 대한 부분 발췌)

[1] 재심청구는 불복절차로 행정소송을 제기할 수 있으므로 재판의 전심절차로서의 한계를 준수하고 있고, 판단기관인 재심위원회의 독립성과 공정성이 확보되어 있으며, 심리절차에 상당한 정도로 사법절차가 준용되므로, 헌법 제107조 제 3 항에 위반된다고 할 수 없다.

[2] 교원에 대한 징계처분은 그 적법성을 판단함에 있어서 전문성과 자주성에 기한 사전심사가 필요하고, 재심절차도 사법절차에 준하는 권리구제절차로서 실효성을 갖추고 있으며, 재판청구권의 제약은 경미한 데 비하여 그로 인하여 달성되는 공익은 크므로, 재심제도는 입법형성권의 한계를 벗어나 국민의 재판청구권 내지 평등권을 침해하는 제도라고 할 수 없다.

[해　설]

1. 쟁　점

이 사건 판결에서는 필요적 전치절차로 재심을 규정한 국가공무원법 제16조 제 2 항이 재판청구권 내지 평등권을 침해하는 것인지의 여부 등을 쟁점으로 하였다. 이하에서 이 사건을 행정심판 전치의 문제로서 검토한다.

2. 행정심판의 전치(행정심판과 행정소송의 관계)

(1) 의　의

행정심판의 전치란 행정소송의 제기에 앞서서 피해자가 먼저 행정청에 행정심판의 제기를 통해 처분의 시정을 구하고, 그 시정에 불복이 있을 때 행정소송을 제기하는 것을 말한다. 행정심판의 전치에는 필요적 심판전치주의와 임의적 심판전치주의가 있다.

(2) 취　지

행정심판의 전치제도는 ① 행정청에 대하여는 행정권 스스로에 의한 시정의 기회를 줌으로써 행정권의 자율성 내지 자기통제를 확보하고(이것이 본질적 기능이다), ② 법원에 대하여는 행정청의 전문적인 지식을 활용하고 아울러 법원의 부담을 경감해 줌으로써 경제적이고 신속한 분쟁의 해결에 기여하며, ③ 개인에 대하여는 자신의 권리를 보호하는 데 그 의미가 있다.

(3) 법적 근거

행정심판전치의 헌법적 근거는 헌법 제107조 제 3 항이다. 행정심판전치의 일반법상 근거규정으로는 헌법 제107조 제 3 항에 따른 행정소송법 제18조가 있다. 행정소송법 제18조는 임의적 심판전치주의를 원칙으로 규정하고 있다.

(4) 임의적 심판전치(원칙)

취소소송은 법령의 규정에 의하여 당해 처분에 대한 행정심판을 제기할 수 있는 경우에도 이를 거치지 아니하고 제기할 수 있다(행정소송법 제18조 제 1 항 본문). 따라서 행정소송법상으로는 임의적 심판전치가 원칙이다. 임의적 심판전치제도는 1998년 3월 1일부터 시행되었다.

(5) 필요적 심판전치(예외)

(가) 의 의 다른 법률에 당해 처분에 대한 행정심판의 재결을 거치지 아니하면 취소소송을 제기할 수 없다는 규정이 있는 때에는 반드시 행정심판의 재결을 거쳐야만 제소할 수 있다(행정소송법 제18조 제 1 항 단서). 다른 법률의 예로 도로교통법(제142조), 국세기본법(제56조,) 국가공무원법(제16조) 등을 볼 수 있다.

(나) 성 질 필요적 행정심판전치가 적용되는 경우, 그 요건을 구비하였는가의 여부는 소송요건으로서 당사자의 주장의 유무에 불구하고 법원이 직권으로 조사할 사항에 속한다. 필요적 행정심판전치의 구비 여부는 사실심 변론종결시를 기준으로 한다.

(다) 예 외 예외의 경우로서 행정소송법은 ① 행정심판은 제기하되 재결을 거치지 아니하고 소송을 제기할 수 있는 경우(행정소송법 제18조 제 2 항)와 ② 행정심판조차 제기하지 않고 소송을 제기할 수 있는 경우를 규정하고 있다(행정소송법 제18조 제 3 항).

3. 평 가

(1) 재심을 필요적 전치절차로 규정한 국가공무원법 제16조 제 2 항은 임의적 심판전치주의 원칙하에서 예외적으로 허용되는 필요적 심판전치의 대표적인 예에 해당한다.

(2) 이 사건 결정에서 헌법재판소가 국가공무원법 제16조 제 2 항을 합헌으로 선언한 것은 헌법재판소가 국가공무원법 제16조 제 2 항의 의미를 긍정적으로 평가하였다는 점에서 의미를 가질 뿐만 아니라 필요적 심판전치를 규정하는 다른 법률도 합헌을 추정하게 한다는 점에서 의미를 갖는다.

4. 참고판례

삼성생명 부당지원사건(대결 1999. 12. 20, 99무42)

(부당지원행위를 이유로 그 공표와 과징금의 납부 등을 명하는 처분을 받자 취소를 구하는 본안소송을 제기함과 아울러 그 공표 및 과징금납부명령 부분의 집행정지를 구한 시정명령등효력정지소송에서) 독점규제 및 공정거래에 관한 법률 제53조는 … 이의신청을 할 수 있다고 규정하고 있을 뿐, 달리 그에 대한 재결을 거치지 아니하면 취소소송을 제기할 수 없다는 규정을 두고 있지 아니하므로, 행정소송법 제18조 제 1 항 개정 조항이 1998. 3. 1.자로 시행된 이후에는 공정거래위원회의 처분에 대하여도 이의신청을 제기함이 없이 바로 취소소송을 제기할 수 있다.

[판례 64] 권리보호의 필요(협의의 소의 이익)
• 진주교도소 긴 팔 티셔츠사건(대판 2008. 2. 14, 2007두13203)

[사건개요]

(1) 원고는 징역 15년을 선고받고 확정되어 진주교도소에서 수용생활을 하다가 2005. 11. 28. 홍성교도소로 이송되었고, 2006. 5. 16. 다시 군산교도소로 이송된 사람으로서 현재 형기가 6년 정도 남아 있다.

(2) 원고가 진주교도소에 수감되어 있던 중 2005. 10. 5. 피고에게 원고의 영치품 중 긴 팔 티셔츠 2개(앞 단추가 3개 있고 칼라가 달린 것)에 대한 사용을 신청하자, 피고는 같은 달 11. 원고에게 검신 및 위생상의 문제점, 위 의류가 도주시 겉옷으로 사용될 우려가 있는 점 등 수용질서의 유지라는 사유를 들어 그 신청을 불허(이하 '이 사건 처분'이라 한다)하였다. 이에 원고는 "마산교도소 등 다른 교도소에서는 원고가 신청한 긴 팔 티셔츠의 사용을 허용하고 있는바, 이 사건 처분은 법률상의 근거 없이 원고의 행복추구권을 과도하게 제약하는 행위로서 위법·부당하므로 취소되어야 한다"고 주장하면서 불허처분을 다투는 소송을 제기하였다.

[피고의 본안전 항변]
피고는, 이 사건 처분 후에 원고가 홍성교도소로 이송되었다가 현재는 군산교도소에 수용되어 있어 피고의 관리 하에 있지 아니하므로, 이 사건 처분의 취소를 구할 법률상 이익이 없어 이 사건 소는 부적법하다.

[판결요지](권리보호의 필요 부분 발췌)

[1] 행정처분의 취소를 구하는 소는 그 처분에 의하여 발생한 위법상태를 배제하여 원상으로 회복시키고 그 처분으로 침해되거나 방해받은 권리와 이익을 보호·구제하고자 하는 소송이므로, 비록 처분을 취소한다 하더라도 원상회복이 불가능한 경우에는 그 처분의 취소를 구할 이익이 없는 것이 원칙이지만(대법원 1997. 1. 24. 선고 95누17403 판결, 대법원 2007. 1. 11. 선고 2004두8538 판결 등 참조), 원상회복이 불가능하다고 보이는 경우라 하더라도, 동일한 소송 당사자 사이에서 그 행정처분과 동일한 사유로 위법한 처분이 반복될 위험성이 있어 행정처분의 위법성 확인 내지 불분명한 법률문제에 대한 해명이 필요하다고 판단되는 경우 등에는 행정의 적법성 확보와 그에 대한

사법통제, 국민의 권리구제의 확대 등의 측면에서 여전히 그 처분의 취소를 구할 이익이 있다고 보아야 한다.

[2] 원고의 긴 팔 티셔츠 2개(이하 '이 사건 영치품'이라 한다)에 대한 사용신청 불허처분(이하 '이 사건 처분'이라 한다) 이후 이루어진 원고의 다른 교도소로의 이송이라는 사정에 의하여 원고의 권리와 이익의 침해 등이 해소되지 아니한 점, 원고의 형기가 만료되기까지는 아직 상당한 기간이 남아 있을 뿐만 아니라, 진주교도소가 전국 교정시설의 결핵 및 정신질환 수형자들을 수용·관리하는 의료교도소인 사정을 감안할 때 원고의 진주교도소로의 재이송 가능성이 소멸하였다고 단정하기 어려운 점 등을 종합하면, 원고로서는 이 사건 처분의 취소를 구할 이익이 있다고 봄이 상당하다.

[3] 행형법시행령 제131조 제 2 항에서 영치금품의 사용기준 등에 관하여 필요한 사항을 법무부장관이 정하도록 함에 따라 제정된 영치금품관리규정(개정 2004. 7. 3. 예규관리 제705호) 제28조 제 1 항 단서에서, 소장이 [별표] '수용자 1인의 영치품 휴대 허가기준'에 없는 품목 중 특히 필요하다고 판단되는 물품 등에 대하여는 그 기준을 정하여 허가할 수 있도록 규정하고 있는 점, 위 영치금품관리규정에 따라 사용이 허가된 다른 티셔츠에 비하여 이 사건 영치품에 특별한 위생상의 문제점이 있다고 보기 어려운 점, 이 사건 영치품에 대한 사용을 허가하더라도 그 시기 및 장소 등을 제한할 수 있어, 이 사건 처분으로 인하여 수용자들의 도주사고 가능성이 높아진다고 단정하기 어려운 점 등을 종합하면, 이 사건 처분이 최소 침해의 요청을 충족하지 못하고 있어 비례의 원칙에 위반된다.

[해 설]

1. 쟁 점

이 사건 판결은 수형자의 영치품에 대한 사용신청 불허처분 후 수형자가 다른 교도소로 이송된 경우, 수형자는 영치품 사용신청 불허처분의 취소를 구할 권리보호의 필요(협의의 소의 이익)가 있는지의 여부를 쟁점으로 하였다. 이하에서 이 사건을 권리보호의 필요(협의의 소의 이익)의 문제로서 검토한다.

2. 권리보호의 필요(협의의 소의 이익)

(1) 의 의

취소소송을 제기하기 위해서는 권리보호의 필요의 요건을 구비하여야 한다. 권리보호의 필요란 원고적격에서 말하는 법률상 이익을 실제적으로 보호할 필요성을 말한다. 위법한 행정처분의 취소를 구하는 소는 위법한 처분에 의하여 발생한 위법상태를 배제하여 원상으로 회복시키고 그 처분으로 침해되거나 방해받은 권리와 이익을 보호·구제하고자 하는 소송이므로, 그 위법한 처분을 취소하여 원상회복이 가능하여야 한다. 만약 그 위법한 처분을 취소한다고 하더라도 원상회복이 불가능한 경우에는 그 취소를 구할 이익이 없다. 권리보호의 필요는 법원의 직권조사사항이다. 권리보호의 필요를 협의의 소의 이익이라고도 한다.

(2) 인정 근거

행정소송법에는 재판청구권을 제한하는 권리보호의 필요라는 소송요건(본안판단의 전제요건)을 규정하는 조문이 없다. 권리보호의 필요의 요건은 유용성이 없는 재판청구, 과도한 재판청구는 금지되어야 한다는 소송경제의 원칙과 소송법에도 적용되는 신의성실의 원칙(소권남용의 부인)으로부터 나온다. 권리보호의 필요(소의 이익)는 사인의 남소방지와 이로 인한 법원·행정청의 부담완화, 그리고 원활한 행정작용을 위한 것이다.

(3) 유무의 판단기준

권리보호의 필요의 유무에 대한 판단은 이성적인 형량에 따라야 한다. 권리보호의 필요의 유무에 대한 판단의 대상은 법률상 이익에만 한정되는 것은 아니고, 그 밖에 경제상 또는 정신상 이익도 포함된다. 권리보호의 필요는 넓게 인정하는 것이 국민의 재판청구권의 보장에 적합하다. 다른 본안판단의 전제요건을 모두 구비하게 되면, 일반적으로 권리보호의 필요의 요건을 구비하게 된다.

(4) 권리보호의 필요가 없는 경우

① 원고가 추구하는 목적을 소송보다 간이한 방법으로 달성할 수 있는 경우, ② 원고가 추구하는 권리보호가 오로지 이론상으로만 의미 있는 경우, ③ 원고가 오로지 부당한 목적으로 소구하는 경우에는 권리보호의 필요가 없다.

(5) 효력소멸의 경우

(가) **원 칙** 처분 등이 소멸하면 권리보호의 필요는 없게 됨이 원칙이다. 행정처분에 그 효력기간이 정하여져 있는 경우에는 그 처분의 효력 또는 집행이 정지된 바 없다면, 그 기간의 경과로 그 행정처분의 효력은 상실되는 것이므로 그 기간경과 후에는 그 처분이 외형상 잔존함으로 인하여 어떠한 법률상 이익이 침해되고 있다고 볼 만한 별다른 사정이 없는 한, 그 처분의 취소 또는 무효확인을 구할 법률상 이익이 없다는 것이 판례의 입장이기도 하다.

(나) **예 외** 처분 등의 집행 그 밖의 사유로 인하여 소멸된 뒤에 그 처분 등의 취소를 구하거나 처분 등의 취소를 구하는 도중에 처분등의 집행 그 밖의 사유로 인하여 소멸되는 경우에도 권리보호의 필요는 필요하다. 이러한 소송에 있어서는 ① 위법한 처분이 반복될 위험성이 있는 경우(그러나 반복의 위험은 추상적인 것이 아니라 구체적이어야 한다), ② 회복하여야 할 불가피한 이익이 있는 경우(다음의 (다)를 보라)에 권리보호의 필요가 있는 것으로 본다.

(다) **제재적 행정처분** 제재적 행정처분에 있어서 제재기간 경과 후에도 추후의 제재적 처분이 가중될 수 있다는 것이 법령에서 규정된 경우(예: 건축사법 제28조 제1항)에는 법률상 이익(권리보호의 필요라는 의미에서 법률상 이익)이 있다는 것이 판례의 태도이다. 가중요건은 식품위생법시행규칙과 같이 부령에서도 나타난다(동법시행규칙 제89조 [별표 23]).

3. 평 가

이 사건 판결은 원상회복이 불가능하다고 보이는 경우라도, 동일한 소송 당사자 사이에서 그 행정처분과 동일한 사유로 위법한 처분이 반복될 위험성이 있어 행정처분의 위법성 확인 내지 불분명한 법률문제에 대한 해명이 필요하다고 판단되는 경우에 권리보호의 필요를 긍정한 선도적인 판결 중의 하나라 하겠다.

4. 참고판례

[1] 학교법인 경기학원임시이사사건(대판 2007. 7. 19, 2006두19297 전원합의체)

(학교법인 임원취임승인을 둘러싼 소송에서) (1) 임시이사 선임처분에 대하여 취소를 구하

는 소송의 계속중 임기만료 등의 사유로 새로운 임시이사들로 교체된 경우, 선행 임시이사 선임처분의 효과가 소멸하였다는 이유로 그 취소를 구할 법률상 이익이 없다고 보게 되면, 원래의 정식이사들로서는 계속중인 소를 취하하고 후행 임시이사 선임처분을 별개의 소로 다툴 수밖에 없게 되며, 그 별소 진행 도중 다시 임시이사가 교체되면 또 새로운 별소를 제기하여야 하는 등 무익한 처분과 소송이 반복될 가능성이 있으므로, 이러한 경우 법원이 선행 임시이사 선임처분의 취소를 구할 법률상 이익을 긍정하여 그 위법성 내지 하자의 존재를 판결로 명확히 해명하고 확인하여 준다면 위와 같은 구체적인 침해의 반복 위험을 방지할 수 있을 뿐 아니라, 후행 임시이사 선임처분의 효력을 다투는 소송에서 기판력에 의하여 최초 내지 선행 임시이사 선임처분의 위법성을 다투지 못하게 함으로써 그 선임처분을 전제로 이루어진 후행 임시이사 선임처분의 효력을 쉽게 배제할 수 있어 국민의 권리구제에 도움이 된다.

(2) 그러므로 취임승인이 취소된 학교법인의 정식이사들로서는 그 취임승인취소처분 및 임시이사 선임처분에 대한 각 취소를 구할 법률상 이익이 있고, 나아가 선행 임시이사 선임처분의 취소를 구하는 소송 도중에 선행 임시이사가 후행 임시이사로 교체되었다고 하더라도 여전히 선행 임시이사 선임처분의 취소를 구할 법률상 이익이 있다.

[2] 유신코퍼레이션(주) 영업정지사건(대판 2006. 6. 22, 2003두1684 전원합의체)

(원고가 인천국제공항 전용철도 제 1 단계 건설사업 환경영향평가서를 작성함에 있어 고의 또는 중대한 과실로 그 평가대행업무를 부실하게 수행하였다는 이유로 1월의 영업정지처분을 받자 제기한 영업정지처분취소소송에서) 제재적 행정처분이 그 처분에서 정한 제재기간의 경과로 인하여 그 효과가 소멸되었으나, 부령인 시행규칙 또는 지방자치단체의 규칙(이하 이들을 '규칙'이라고 한다)의 형식으로 정한 처분기준에서 제재적 행정처분(이하 '선행처분'이라고 한다)을 받은 것을 가중사유나 전제요건으로 삼아 장래의 제재적 행정처분(이하 '후행처분'이라고 한다)을 하도록 정하고 있는 경우, 제재적 행정처분의 가중사유나 전제요건에 관한 규정이 법령이 아니라 규칙의 형식으로 되어 있다고 하더라도, 그러한 규칙이 법령에 근거를 두고 있는 이상 그 법적 성질이 대외적·일반적 구속력을 갖는 법규명령인지 여부와는 상관없이, 관할 행정청이나 담당공무원은 이를 준수할 의무가 있으므로 이들이 그 규칙에 정해진 바에 따라 행정작용을 할 것이 당연히 예견되고, 그 결과 행정작용의 상대방인 국민으로서는 그 규칙의 영향을 받을 수밖에 없다. 따라서 그러한 규칙이 정한 바에 따라 선행처분을 받은 상대방이 그 처분의 존재로 인하여 장래에 받을 불이익, 즉 후행처분의 위험은 구체적이고 현실적인 것이므로, 상대방에게는 선행처분의 취소소송을 통하여 그 불이익을 제거할 필요가 있다. 또한, 나중에 후행처분에 대한 취소소송에서 선행처분의 사실관계나 위법 등을 다툴 수 있는 여지가 남아 있다고 하더라도, 이

러한 사정은 후행처분이 이루어지기 전에 이를 방지하기 위하여 직접 선행처분의 위법을 다투는 취소소송을 제기할 필요성을 부정할 이유가 되지 못한다. 그러한 쟁송방법을 막는 것은 여러 가지 불합리한 결과를 초래하여 권리구제의 실효성을 저해할 수 있기 때문이다. 오히려 앞서 본 바와 같이 행정청으로서는 선행처분이 적법함을 전제로 후행처분을 할 것이 당연히 예견되므로, 이러한 선행처분으로 인한 불이익을 선행처분 자체에 대한 소송에서 사전에 제거할 수 있도록 해 주는 것이 상대방의 법률상 지위에 대한 불안을 해소하는 데 가장 유효적절한 수단이 된다고 할 것이고, 또한 그 소송을 통하여 선행처분의 사실관계 및 위법 여부가 조속히 확정됨으로써 이와 관련된 장래의 행정작용의 적법성을 보장함과 동시에 국민생활의 안정을 도모할 수 있다. 이상의 여러 사정과 아울러, 국민의 재판청구권을 보장한 헌법 제27조 제 1 항의 취지와 행정처분으로 인한 권익침해를 효과적으로 구제하려는 행정소송법의 목적 등에 비추어 행정처분의 존재로 인하여 국민의 권익이 실제로 침해되고 있는 경우는 물론이고 권익침해의 구체적 · 현실적 위험이 있는 경우에도 이를 구제하는 소송이 허용되어야 한다는 요청을 고려하면, 규칙이 정한 바에 따라 선행처분을 가중사유 또는 전제요건으로 하는 후행처분을 받을 우려가 현실적으로 존재하는 경우에는, 선행처분을 받은 상대방은 비록 그 처분에서 정한 제재기간이 경과하였다 하더라도 그 처분의 취소소송을 통하여 그러한 불이익을 제거할 권리보호의 필요성이 충분히 인정된다고 할 것이므로, 선행처분의 취소를 구할 법률상 이익이 있다고 보아야 한다.

[3] 기타

(1) 대판 2003. 12. 26, 2003두1875(일본거주자 영구귀국 입영사건)
(2) 대판 1998. 9. 8, 98두9165(이론상 의미와 권리보호의 필요 — 색맹자 입영사건)
(3) 대판 1992. 4. 24, 91누11131(이격거리 위반과 소의 이익 — 동래구 건축허가사건)

[판례 65] 집행정지

• 한국문화예술위원회 위원장 임명사건

(대결 2010. 5. 14, 2010무48)

[사건개요]

2007. 9. 7. 신청인(피항고인, 재항고인)은 피신청인(항고인, 상대방, 문화체육부장관은 이 사건 위원회의 주무기관의 장)에 의하여 2007. 9. 7.부터 2010. 9. 6.까지 한국문화예술위원회(이하 '이 사건 위원회'라고 한다)의 위원장으로 임명받았다. 피신청인은 이 사건 위원회의 주무기관의 장이다.
2008. 12. 5. 피신청인은 2008. 11. 26.부터 2008. 12. 1.까지 이 사건 위원회에 대한 특별조사를 실시하여, 이 사건 위원회에 위 특별조사의 내용을 알리면서 그에 따른 조치를 취할 것을 통지하였다.
2008. 12. 5. 피신청인은 신청인에게 이 사건 위원회 위원장의 직을 면한다는 이 사건 해임처분을 하였다.
2008. 12. 5. 피신청인은 소외인을 신청인의 직무대행자로 선임하였다.
2009. 2. 12. 피신청인은 위 소외인을 이 사건 위원회의 후임 위원장으로 임명하였다.
2008. 12. 17. 신청인은 서울행정법원에 이 사건 해임처분의 무효확인을 구하는 소(서울행정법원 2008구합49513)를 제기하였다.
2009. 12. 16. 신청인은 위 법원으로부터 이 사건 해임처분이 위법하다는 이유로 일부 승소 판결을 선고받았고 이에 대하여 피신청인이 이 법원에 항소를 제기하였다.
2010. 1. 18. 신청인은 서울행정법원에 이 사건 해임처분의 효력정지를 구하는 이 사건 신청을 하였다.

[결정요지](권리보호의 필요 부분 발췌)

[1] 행정소송법 제23조 제 2 항에서 정하고 있는 집행정지 요건인 '회복하기 어려운 손해'라 함은 특별한 사정이 없는 한 금전으로 보상할 수 없는 손해로서 이는 금전보상이 불능인 경우 내지는 금전보상으로는 사회관념상 행정처분을 받은 당사자가 참고 견딜 수 없거나 또는 참고 견디기가 현저히 곤란한 경우의 유형, 무형의 손해를 일컫는다 할 것이고(대법원 1986. 3. 21.자 86두5 결정, 대법원 2003. 4. 25.자 2003무2 결정 등 참조),

「처분 등이나 그 집행 또는 절차의 속행으로 인하여 생길 회복하기 어려운 손해를 예방하기 위하여 긴급한 필요」가 있는지 여부는 처분의 성질과 태양 및 내용, 처분상대방이 입는 손해의 성질·내용 및 정도, 원상회복·금전배상의 방법 및 난이 등은 물론 본안청구의 승소가능성의 정도 등을 종합적으로 고려하여 구체적·개별적으로 판단하여야 한다(대법원 2004. 5. 12.자 2003무41 결정 등 참조).

[2] 행정소송법 제23조 제3항이 집행정지의 또 다른 요건으로 「공공복리에 중대한 영향을 미칠 우려가 없을 것」을 규정하고 있는 취지는, 집행정지 여부를 결정함에 있어서 신청인의 손해뿐만 아니라 공공복리에 미칠 영향을 아울러 고려하여야 한다는 데 있고, 따라서 공공복리에 미칠 영향이 중대한지의 여부는 절대적 기준에 의하여 판단할 것이 아니라, 신청인의 「회복하기 어려운 손해」와 「공공복리」 양자를 비교·교량하여, 전자를 희생하더라도 후자를 옹호하여야 할 필요가 있는지 여부에 따라 상대적·개별적으로 판단되어야 한다(대법원 2001. 2. 28.자 2000무45 결정 등 참조).

[3] 이 사건 해임처분의 경과 및 그 성질과 내용, 처분상대방인 신청인이 그로 인하여 입는 손해의 성질·내용 및 정도, 이 사건에서 효력정지 이외의 구제수단으로 상정될 수 있는 원상회복·금전배상의 방법 및 난이, 이 사건 해임처분 후 신청인이 이 사건 신청을 제기하기까지, 약 1년여의 기간 사이에 이 사건 위원회에서 신청인의 후임 위원장을 임명하여 새로운 위원장이 2009. 2. 12. 이후 이 사건 위원회의 위원장 업무를 수행하고 있는데, 이러한 상황에서 이 사건 해임처분의 효력이 정지되면 신청인이 위원장의 지위를 회복하게 됨에 따라 위 후임 위원장과 신청인 중 어느 사람이 이 사건 위원회를 대표하고 그 업무를 총괄하여야 할 것인지 현실적으로 해결하기 어려운 문제가 야기됨으로써 이 사건 위원회의 대내외적 법률관계에서 예측가능성과 법적 안정성을 확보할 수 없게 되고, 그 결과 이 사건 위원회가 목적 사업을 원활하게 수행하는 데 지장을 초래할 가능성이 큰 점 등 제반 사정을 종합하여 보면 이 사건 해임처분으로 인하여 신청인에게 회복하기 어려운 손해가 발생할 우려가 있어 이를 예방하기 위하여 긴급한 필요가 있다고 인정되지 않을 뿐 아니라 이 사건 해임처분의 효력을 정지할 경우 공공복리에 중대한 영향을 미칠 우려가 있다고 인정된다.

[해 설]

1. 쟁 점

이 사건 판결은 행정소송법 제23조 제 2 항에서 정하고 있는 집행정지 요건을 쟁점으로 하였는바, 이하에서 이 사건을 집행정지의 문제로서 검토한다.

2. 집행정지

(1) 의 의

취소소송이 제기된 경우에 처분 등이나 그 집행 또는 절차의 속행으로 인하여 생길 회복하기 어려운 손해를 예방하기 위하여 긴급한 필요가 있다고 인정할 때에는 본안이 계속되고 있는 법원은 당사자의 신청 또는 직권에 의하여 처분 등의 효력이나 그 집행 또는 절차의 속행의 전부 또는 일부의 정지를 결정할 수 있다(행정소송법 제23조 제 2 항 본문). 이것이 (광의의) 집행정지(執行停止)의 제도이다(집행정지＝처분등의 효력정지＋처분등의 집행정지＋절차의 속행정지).

(2) 요 건

법원으로부터 집행정지결정을 받기 위한 요건으로 행정소송법은 ① 본안이 계속 중이어야 하고, ② 처분 등이 존재하여야 하며, ③ 회복하기 어려운 손해를 예방하기 위한 것이어야 하고, ④ 긴급한 필요가 있어야 하며, ⑤ 공공복리에 중대한 영향이 없어야 한다는 것을 규정하고 있다. 판례는 이 밖에 ⑥ 본안청구의 이유 없음이 명백하지 않을 것을 요구한다. 판례가 ⑥의 요건을 추가한 것은 승소가능성이 없음에도 오로지 처분의 집행을 고의로 지연시키기 위해 집행정지를 신청하는 것을 방지하기 위한 것이다.

(3) 신 청

집행정지결정절차는 당사자의 신청이나 법원의 직권에 의해 개시된다(행정소송법 제23조 제 2 항). 당사자의 신청에 의한 경우에는 집행정지신청에 대한 이유에 관해 소명이 있어야 한다(행정소송법 제23조 제 4 항). 정지는 결정의 재판에 의한다(행정소송법 제23조 제 2 항 본문). 관할법원은 본안이 계속된 법원이다.

(4) 대 상

㈎ **처분등의 효력의 정지** ① 처분등의 효력이 정지된다는 것은 처분등이 갖는

효력(예: 구속력 · 공정력 · 존속력)이 정지되는 것을 의미한다. ② 다만, 처분의 효력정지는 처분의 집행 또는 절차의 속행을 정지함으로써 그 목적을 달성할 수 있을 때에는 허용되지 아니한다(행정소송법 제23조 제 2 항 단서).

(나) **처분등의 집행의 정지** 처분등의 집행의 정지란 처분등의 내용을 강제적으로 실현하기 위한 공권력행사의 정지를 의미한다.

(다) **절차의 속행의 정지** 절차의 속행의 정지란 단계적으로 발전하는 법률관계에서 선행행위의 하자를 다투는 경우에 후행행위를 하지 못하게 함을 말한다.

(5) 효 과

(가) **형 성 력** 집행정지결정 중 처분등의 효력정지결정은 효력 그 자체를 정지시키는 것이므로 행정처분이 없었던 원래상태와 같은 상태를 가져온다. 그러나 집행정지결정 중 처분등의 집행의 정지결정과 절차속행의 정지결정은 처분의 효력에는 영향을 미치지 아니하고, 처분의 현실화(집행)만을 저지하는 효과를 갖는다. 제 3 자효 있는 행위의 경우에는 제 3 자에게까지 효력을 미친다(행정소송법 제29조 제 2 항).

(나) **기 속 력** 집행정지결정은 당사자인 행정청과 그 밖의 관계행정청을 기속한다(행정소송법 제23조 제 6 항, 제30조 제 1 항). 따라서 집행정지결정에 반하는 행정행위를 발령할 수 없다. 행정청이 집행정지결정에 반하는 행위를 하면, 그러한 행위는 무효이다.

(다) **시간적 효력** 집행정지결정의 효력은 집행정지를 결정한 시점부터 발생한다. 그리고 집행정지결정의 효력은 결정주문에서 정한 시기까지 존속하며, 그 주문에 특별한 제한이 없다면 본안판결이 확정될 때까지 그 효력이 존속한다는 것이 판례의 입장이다.

(6) 취 소

① 집행정지의 결정이 확정된 후 집행정지가 공공복리(公共福利)에 중대한 영향을 미치거나, 그 정지사유가 없어진 때에는 당사자의 신청 또는 직권에 의하여 결정으로써 집행정지의 결정을 취소할 수 있다(행정소송법 제24조 제 1 항). ② 집행정지결정이 취소되면 처분의 원래의 효과가 발생한다.

3. 평 가

(1) 상기의 [결정요지][1]은 종전의 입장을 재확인한 것이다. 한편, 2010. 7. 26. 개정 이전 구 행정심판법에 규정되었던 집행정지의 요건 중 '회복하기 어려운 손해'가 2010. 7. 26. 발효된 개정 행정심판법에서는 '중대한 손해'로 규정되고 있다. '회복하기

어려운 손해' 를 '중대한 손해'로 개정한 것은 집행정지가 보다 활용되도록 하기 위한 것으로 보인다. 같은 이유에서 행정소송법상 '회복하기 어려운 손해'도 개정될 필요성이 있어 보인다.

(2) 상기의 [결정요지][2]도 종전의 입장을 재확인한 것이다.

(3) 상기의 [결정요지][3]도 정당해 보인다.

4. 참고판례

[1] '예방하기 위하여 긴급한 필요'가 있는지의 판단 기준
— 4대강 살리기 사건(대결 2011. 4. 21, 2010무111 전원합의체)

(국토해양부 등에서 발표한 '4대강 살리기 마스터플랜'에 따른 '한강 살리기 사업' 구간 인근에 거주하는 주민들이 각 공구별 사업실시계획승인처분에 대한 효력정지를 신청한 사건에서) '처분 등이나 그 집행 또는 절차의 속행으로 인하여 생길 회복하기 어려운 손해를 예방하기 위하여 긴급한 필요'가 있는지는 처분의 성질과 태양 및 내용, 처분상대방이 입는 손해의 성질·내용 및 정도, 원상회복·금전배상의 방법 및 난이 등은 물론 본안청구의 승소가능성 정도 등을 종합적으로 고려하여 구체적·개별적으로 판단하여야 한다.

[2] 행정처분 자체의 적법 여부가 집행정지의 요건인지 여부
— 수도권매립지관리공사사건(대결 2010. 11. 26, 2010무137)

(수도권매립지관리공사가 입찰참가자격을 제한하는 내용의 부정당업자제재처분을 하자, 처분의 상대방이 제재처분의 무효확인 또는 취소를 구한 사건에서) 행정처분의 효력정지나 집행정지를 구하는 신청사건에서는 행정처분 자체의 적법 여부는 원칙적으로 판단의 대상이 아니고, 그 행정처분의 효력이나 집행을 정지할 것인가에 관한 행정소송법 제23조 제2항 소정의 요건의 존부만이 판단의 대상이 되는 것이다. 다만, 집행정지는 행정처분의 집행부정지원칙의 예외로서 인정되는 것이고, 또 본안에서 원고가 승소할 수 있는 가능성을 전제로 한 권리보호수단이라는 점에 비추어 보면, 집행정지사건 자체에 의하여도 신청인의 본안청구가 적법한 것이어야 한다는 것을 집행정지의 요건에 포함시킴이 상당하다.

[3] 행정처분에 대한 집행정지결정의 효력 시한 — 현대정공 영업정지사건(대결 1999. 2. 23, 98두14471)

(1개월 영업정지처분의 취소를 구한 사건에서) 행정소송법 제23조에 의한 집행정지결정의 효력은 결정주문에서 정한 시기까지 존속하며 그 시기의 도래와 동시에 효력이 당연히 소멸하는 것이므로, 일정기간 동안 영업을 정지할 것을 명한 행정청의 영업정지처분에 대하여 법원이 집행정지결정을 하면서 주문에서 당해 법원에 계속중인 본안소송의 판결 선고시까지 처분의 효력을 정지한다고 선언하였을 경우에는 처분에서 정한 영업정지기간의 진행은 그 때까지 저지되는 것이고 본안소송의 판결선고에 의하여 당해 정지결정의 효력은 소멸하고 이와 동시에 당초의 영업정지처분의 효력이 당연히 부활되어 처분에서 정하였던 정지기간(정지결정 당시 이미 일부 진행되었다면 나머지 기간)은 이 때부터 다시 진행한다.

[4] 민사집행법상의 가처분으로 행정청의 행정행위 금지를 구할 수 있는지 여부 — 덕진새마을금고 개인택시사건(대결 2011. 4. 18, 2010마1576)

(채권자 덕진새마을금고가 채무자 을에 대한 대여금채권을 담보하기 위해 을 소유의 개인택시에 대한 근저당권을 설정하고 을에게서 '여객자동차운송사업면허 불처분각서'를 받았는데, 위 개인택시와 더불어 면허를 처분할 우려가 있어서 을에 대하여 면허 처분금지가처분을 구함과 아울러 관할 행정청을 제 3 채무자로 하여 위 면허의 채무자명의 변경금지가처분을 구한 사건에서) 민사집행법 제300조 제 2 항이 규정한 임시의 지위를 정하기 위한 가처분은 그 가처분의 성질상 그 주장 자체에 의하여 다툼이 있는 권리관계에 관한 정당한 이익이 있는 자는 그 가처분의 신청을 할 수 있고, 그 경우 그 주장 자체에 의하여 신청인과 저촉되는 지위에 있는 자를 피신청인으로 하여야 한다(대법원 1963. 2. 7. 선고 62다820 판결, 대법원 1997. 7. 25. 선고 96다15916 판결 등 참조). 한편 민사집행법상의 가처분으로써 행정청의 어떠한 행정행위의 금지를 구하는 것은 허용될 수 없다.

[5] 기타

(1) 대결 1997. 9. 9, 97두29(전주시의회 J의원사건)
(2) 대결 1992. 7. 6, 92마54(부산지방국토관리청장 공유수면매립면허사건)

[판례 66] 소의 변경

• 용산구청 택지초과소유 부담금사건

(대판 1999. 11. 26, 99두9407)

[사건개요]

원고는 구 택지소유상한에관한법률(1998. 9. 19. 폐지) 시행 전에 A토지를 취득하여 소유하였다.
1997. 8. 30. 피고(서울특별시 용산구청장)는 원고가 소유하는 위 토지 중 814m²(1996. 6. 2.부터 같은해 8. 6.까지) 및 470m²(그 다음날부터 1997. 6. 1.까지)가 동법 제7조 제1항 제1호 소정의 가구별 소유상한 660m²를 초과한다는 이유로, 원고에게 택지초과소유부담금 48,007,610원을 부과처분하였다.
1997. 12. 19. 원고는 이 사건 처분에 대한 행정심판을 청구하면서 이 사건 처분 중 금 13,098,520원을 초과하는 부분(금 34,909,090원)의 취소를 구하였으나 그 후 기각되었다.
1998. 2. 23. 원고는 같은 취지로 소를 제기하였다.
1999. 4. 29. 헌법재판소에서 1999. 4. 29. 택지소유상한에관한법률 전체가 헌법에 위반된다고 선고하였다.
헌법재판소 위헌선언 후 원고는 청구취지를 확장하여 이 사건 전부의 취소를 구하였다.

[판결요지]

[1] 행정소송이 전심절차를 거쳤는지 여부를 판단함에 있어서 전심절차에서의 주장과 행정소송에서의 주장이 전혀 별개의 것이 아닌 한 그 주장이 반드시 일치하여야 하는 것은 아니고, 당사자는 전심절차에서 미처 주장하지 아니한 사유를 공격방어방법으로 제출할 수 있다.

[2] 행정소송법 제21조와 제22조가 정하는 소의 변경은 그 법조에 의하여 특별히 인정되는 것으로서 민사소송법상의 소의 변경을 배척하는 것이 아니므로, 행정소송의 원고는 행정소송법 제8조 제2항에 의하여 준용되는 민사소송법 제235조에 따라 청구의 기초에 변경이 없는 한도에서 청구의 취지 또는 원인을 변경할 수 있다.

[3] 하나의 행정처분인 택지초과소유부담금 부과처분 중 일부의 액수에 대하여만

불복하여 전심절차를 거치고 그 후 다시 행정소송에서 위 액수에 관하여만 부과처분의 취소를 구하였다가 택지소유상한에관한법률이 헌법에 위반된다는 헌법재판소의 결정에 따라 그 청구취지를 부과처분 전부의 취소를 구하는 것으로 확장하였다고 하더라도, 이는 동일한 처분의 범위 내에서 청구의 기초에 변경이 없이 이루어진 소의 변경에 해당하여 적법하다.

[해 설]

1. 쟁 점

이 사건 판결에서는 ① 전심절차에서 주장하지 않은 공격방어방법을 행정소송절차에서 주장할 수 있는지 여부(적극), ② 행정소송에서 민사소송법상의 청구의 변경이 인정되는지 여부(적극), 다시 말하면 하나의 행정처분인 택지초과소유부담금 부과처분 중 일부의 액수에 대하여만 불복하여 전심절차를 거친 후 행정소송에서 위 액수에 관하여만 부과처분의 취소를 구하였다가 그 청구취지를 부과처분 전부의 취소를 구하는 것으로 확장할 수 있는지 여부(적극)를 쟁점으로 하였다. 이하에서 이 사건 판결 중 ② 부분을 행정소송법상 소의 변경의 문제로서 검토한다.

2. 행정소송법상 소의 변경

(1) 개 념

소의 변경이라 함은 소송의 계속 후 당사자, 청구의 취지, 청구의 변경 등을 변경하는 것을 말한다. 행정소송법상 소의 변경에는 ① 행정소송법이 개별적 · 구체적으로 규정하고 있는 소의 종류의 변경(제21조)과 처분변경 등으로 인한 소의 변경(제22조), ② 「행정소송에 관하여 이 법에 특별한 규정이 없는 사항에 대하여는 법원조직법과 민사소송법 및 민사집행법의 규정을 준용한다」는 행정소송법 제 8 조 제 2 항에 근거한 민사소송법에 따른 소의 변경이 있다.

(2) 행정소송법에서 규정하는 소의 변경

㈎ 소의 종류의 변경

(a) 의 의 법원은 취소소송을 당해 처분 등에 관계되는 사무가 귀속하는 국가 또는 공공단체에 대한 당사자소송 또는 취소소송 외의 항고소송으로 변경하는 것이 상당하다고 인정할 때에는 청구의 기초에 변경이 없는 한 사실심의 변론종결시까

지 원고의 신청에 의하여 결정으로써 소의 변경을 허가할 수 있다(행정소송법 제21조 제 1 항).

(b) 요 건 소의 종류의 변경을 위해서는 취소소송이 계속중일 것, 청구의 기초에 변경이 없을 것, 변경신청에 상당한 이유가 있을 것, 사실심 변론종결시까지 신청이 있을 것, 취소소송을 당해 처분등에 관계되는 사무가 귀속하는 국가 또는 공공단체에 대한 당사자소송 또는 취소소송 외의 항고소송으로 변경하는 것일 것, 법원의 허가가 있을 것 등의 요건이 필요하다.

(c) 효 과 피고의 변경이 있는 경우 새로운 피고에 대한 소송은 처음부터 소를 제기한 때에 제기된 것으로 보며(행정소송법 제21조 제 4 항, 제14조 제 4 항), 종전의 피고에 대한 소송은 취하된 것으로 본다(행정소송법 제21조 제 4 항, 제14조 제 5 항).

(나) **처분변경으로 인한 소의 변경** 법원은 행정청이 소송의 대상인 처분을 소가 제기된 후 변경한 때에는 원고의 신청에 의하여 결정으로써 청구의 취지 또는 원인의 변경을 허가할 수 있고(행정소송법 제22조 제 1 항), 이러한 신청은 처분의 변경이 있음을 안 날로부터 60일 이내에 하여야 한다(행정소송법 제22조 제 2 항).

(다) **적용범위** 제21조의 규정은 무효등 확인소송이나 부작위위법확인소송을 취소소송 또는 당사자소송으로 변경하는 경우에 준용한다(행정소송법 제37조). 당사자소송을 항고소송으로 변경하는 경우에도 준용된다(행정소송법 제42조).

(3) 민사소송법상 소의 변경의 활용

민사소송법에 따른 소의 변경은 소의 종류의 변경에 이르지 않는 소의 변경, 즉 처분의 일부취소만을 구하다가 전부취소를 구하는 것으로 청구의 취지를 확장하거나, 취소소송의 대상이 될 수 없는 중간단계의 처분등의 취소를 구하다가 소송의 대상이 될 수 있는 최종단계의 처분의 취소를 구하는 것으로 변경하는 것을 말한다.

[참고조문]

민사소송법 제262조(청구의 변경) ① 원고는 청구의 기초가 바뀌지 아니하는 한도안에서 변론을 종결할 때(변론 없이 한 판결의 경우에는 판결을 선고할 때)까지 청구의 취지 또는 원인을 바꿀 수 있다. 다만, 소송절차를 현저히 지연시키는 경우에는 그러하지 아니하다.
② 청구취지의 변경은 서면으로 신청하여야 한다.
③ 제 2 항의 서면은 상대방에게 송달하여야 한다.

3. 평　　가

이 사건 판결은 행정소송법 제8조 제2항에 의하여 준용되는 민사소송법 제262조에 따라 청구의 기초에 변경이 없는 한도에서 소의 변경을 인정하는 종전의 입장을 확인한 판례이다.

4. 참고판례

안양세무서 토지초과이득세사건(대판 1998. 6. 9, 96누17998)

(안양세무서장의 예정과세처분의 취소를 구하였다가 안양세무서장이 정기과세처분을 하자 정기과세처분의 취소를 구하는 것으로 청구를 변경하고, 다시 주위적으로 위 각 정기과세처분의 취소를 구하고, 예비적으로 위 각 예정과세처분의 취소를 구하는 것으로 청구를 변경한 사건에서) (1) 원고들은 이 사건 예정과세처분에 대하여 이 사건 각 토지가 예정과세기간 종료일인 1990. 12. 31.은 물론 그 후에 있어서도 토지초과이득세 과세대상인 유휴 토지 등에 해당하지 아니하고, 공시지가의 산정이 잘못되었다는 등의 위법 사유를 주장하며 적법한 전심절차를 거쳐 이 사건 소제기에 이르렀고, 그 후 청구를 변경하여 이 사건 정기과세처분의 취소를 구하면서도 종전의 주장을 그대로 유지하고 있으므로, 원고들은 이 사건 정기과세처분에 대하여는 별도의 전심절차를 거치지 아니하고 그 취소를 구할 수 있다. 따라서 이와 결론을 달리한 원심의 판단은 조세심판전치주의에 대한 법리를 오해하여 판결에 영향을 미쳤으므로, 이 점을 지적하는 상고이유의 주장은 이유가 있다.
(2) 그러므로 원심판결 중 주위적 청구에 관한 부분에 대한 상고가 이유 있으므로, 나머지 상고이유에 대하여 더 나아가 판단하지 아니하고 예비적 청구에 관한 부분을 포함한 원심판결 전부를 파기, 사건을 원심법원에 환송하기로 하여 주문(원심판결을 파기하고, 사건을 서울고등법원에 환송한다)과 같이 판결한다.

■ 평　　가

위의 [판결요지] [(2)]에서 보는 바와 같이 토지초과이득세 예정과세처분의 취소를 구하는 소송이 제기된 후, 과세관청이 그 소송 계속 중 정기과세처분의 부과고지를 하자, 소유자들이 종전의 청구에 갈음하여 위 정기과세처분의 취소를 구하는 것으로 청구를 변경한 것은 행정소송법 제22조 소정의 처분의 변경으로 인한 소의 변경에 해당하지 않고, 민사소송법 제235조(현행법 제262조) 소정의 청구의 변경에 해당하는 것인데, 이 판결에서 법원이 이를 적법한 것으로 인정하였다는 점에 이 판결의 의미가 있다.

[판례 67] 직권탐지주의와 변론주의

• **세방관광 부당해고사건**(대판 1995. 2. 14, 94누5069)

[사건개요]

(1) 참가인 회사(세방관광)는 "1992. 11. 22. 원고의 차량관리 소홀로 인하여 참가인 회사 소유 서울 5바 1867호 관광버스의 엔진 파열이 있었다"는 것을 비위사실(징계혐의사실)로 하여 원고를 징계 해고하였다. 원고는 이를 다투었고, 중앙노동위원회의 재심절차에서 피고(중앙노동위원회위원장) 및 참가인은 해고가 정당하다고 하였다.

[참고사항]

㈎ 단체협약에서 "해고에 관하여는 단체협약에 의하여야 하고 취업규칙에 의하여 해고할 수 없다"는 취지로 규정하거나 "단체협약에 정한 사유 외의 사유로는 근로자를 해고할 수 없다"고 규정하고 있다.

㈏ 참가인 회사(세방관광)의 단체협약 제21조 회사는 조합원이 다음 각호 1에 해당하는 경우를 제외하고는 징계할 수 없다.

1. 업무집행을 고의로 거부 또는 방해함으로써 회사에 막대한 손실을 가한 물증이 있을 시
2. 비도덕적 행위 또는 음주폭행·폭력을 사용하여 회사의 공동체 파괴행위로 위계질서를 문란하게 한 자
3. 고의로 회사에 막대한 손실을 가하거나 횡령한 사실이 있을 시
4. 7일 이상 무단결근하거나 상습적인 근태 불량한 자
5. 위의 사항 외 발생하는 사안은 사업장 단위 노사간 협의에 의하여 결정한다.

(2) 원고는 재심판정을 다투는 부당해고구제재심판정취소소송을 제기하였다. 원심법원은 이 사건 재심판정의 적법성 여부를 판단함에 있어 기록에 나타난 자료에 터잡아 피고보조참가인 회사(이하 '참가인회사'라 한다)의 취업규칙 제52조 제 1 호, 제 3 호는 단체협약에 반하므로 그 사유로는 원고를 해고할 수 없고, 달리 원고에게 적용된 해고사유가 단체협약에서 정한 징계사유의 어느 하나에 해당한다고 볼 수 없다는 이유로 원고가 주장하지 아니한 사유를 들어 이 사건 해고가 정당하다는 피고 및 참가인 회사의 주장을 배척하는 취지의 판결을 하였고, 이에 피고가 상고하였다.

[판결요지]

[1] 행정소송법 제26조에 「법원은 필요하다고 인정할 때에는 직권으로 증거조사를 할 수 있고, 당사자가 주장하지 아니한 사실에 대하여 판단할 수 있다」고 규정하여 변

론주의의 일부 예외를 인정하고 있으므로, 행정소송에서는 법원이 필요하다고 인정할 때에는 당사자가 명백하게 주장하지 않는 사실이라 할지라도 기록에 나타난 자료를 기초로 하여 직권으로 심리조사하고 이를 토대로 판단할 수 있다.

[2] 근로기준법 제27조의3에 따른 부당해고구제재심판정을 다투는 소송에 있어서는 해고의 정당성에 관한 주장·입증책임은 이를 주장하는 자가 부담한다 할 것이므로, 법원이 해고의 정당성에 관한 주장을 배척하면서 그 과정에서 근로자가 구체적으로 주장하지 아니한 잘못을 인정하였다고 하여 그것이 변론주의에 반하는 것도 아니다.

[3] 원심이 이 사건 재심판정의 적법성 여부를 판단함에 있어 기록에 나타난 자료에 터잡아 피고보조참가인 회사의 취업규칙 제52조 제 1 호, 제 3 호는 단체협약에 반하므로 그 사유로는 원고를 해고할 수 없고, 달리 원고에게 적용된 해고사유가 단체협약에서 정한 징계사유의 어느 하나에 해당한다고 볼 수 없다는 이유로 원고가 주장하지 아니한 사유를 들어 이 사건 해고가 정당하다는 피고 및 참가인 회사의 주장을 배척하는 취지에서 이 사건 해고가 부당하다고 한 것에 소론과 같은 변론주의의 원칙을 위배하거나 주장책임의 법리를 오해한 위법이 없다.

[해 설]

1. 쟁 점

이 사건 판결에서는 원고가 「피고의 징계사유가 단체협약에서 정한 징계사유의 어느 하나에 해당한다고 볼 수 없다」고 주장한 바 없음에도 불구하고 원심법원이 「피고의 징계사유가 단체협약에서 정한 징계사유의 어느 하나에 해당한다고 볼 수 없다」는 이유로 피고 및 참가인 회사의 주장을 배척한 것이 적법한가의 여부를 쟁점으로 한다. 이러한 쟁점은 직권탐지주의와 변론주의에 관해 규정하는 행정소송법 제26조의 해석 문제가 된다.

2. 행정소송법 제26조

(1) 문제상황

행정소송법 제26조(직권심리)는 「법원은 필요하다고 인정할 때에는 직권으로 증거조사를 할 수 있고, 당사자가 주장하지 아니한 사실에 대하여도 판단할 수 있다」고 규정하고 있다. 이 규정이 직권탐지주의를 규정한 것인지, 아니면 변론주의를 규정한 것인지의 여부가 문제된다.

(2) 직권탐지주의와 변론주의의 의의

직권탐지주의는 법원이 판결에 중요한 사실을 당사자의 신청 여부와 관계없이 직접 조사할 수 있는 원칙을 말한다. 변론주의란 판결에 기초가 되는 사실과 증거의 수집을 당사자의 책임으로 하는 원칙을 말한다.

(3) 행정소송법 제26조의 의미

(가) 학설·판례 행정소송법 제26조의 의미에 관해 종래의 학설은 변론주의보충설(행정소송법 제26조는 변론주의하에서 보충적인 의미를 갖는다는 견해)과 직권탐지주의설(행정소송법 제26조는 직권탐지주의를 규정한 것이다)이 있어 왔다. 위의 [판결요지][1]에서 보는 바와 같이 직권으로 심리조사할 수 있지만, 그것은 「기록에 나타난 자료를 기초로」 한다고 하는바, 변론주의보충설의 입장인 것으로 보인다.

(나) 사 견 행정소송법 제26조에서 ①「법원은 필요하다고 인정할 때에는 직권으로 증거조사를 할 수 있고」라는 부분은 행정소송법 제 8 조 제 2 항에 의하여 준용되는 민사소송법 제29조(법원은 당사자가 신청한 증거에 의하여 심증을 얻을 수 없거나, 그 밖에 필요하다고 인정한 때에는 직권으로 증거조사를 할 수 있다)의 보충적 직권증거조사를 넘어서서 독자적으로 직권으로 증거조사를 할 수 있다는 의미로 이해되고, ②「당사자가 주장하지 아니한 사실에 대하여도 판단할 수 있다」라는 부분은 사실자료에 대한 직권탐지도 할 수 있다는 것으로 이해된다.

3. 평 가

행정소송법 제26조는 법원의 독자적인 직권 증거조사와 직권탐지를 규정하고 있다. 그럼에도, 이 사건 판결은 종전과 마찬가지로 행정소송법 제26조의 의미를 「기록에 나타난 자료를 기초로 한다」는 것을 전제로 하고 있어서 행정소송법 제26조의 의미를 축소하고 있다고 하겠다. 하여간 이 사건 판결은 결론에 있어서는 정당하다.

4. 참고판례

[1] 직권탐지 — 양평군 산지전용사건(대판 2010. 2. 11, 2009두18035)

(산지전용허가를 받은 자가 산지전용기간이 만료되자 복구설계승인을 신청하였으나 목적사업이 완료되지 않았다는 이유로 행정청이 이를 불승인하는 처분을 하자 다툰 복구설계승인신청불승인처분취소소송에서) (1) 산지전용허가를 받은 자가 산지전용기간이 만료되자 복구설계승인을 신청하였으나 목적사업이 완료되지 않았다는 이유로 행정청이 이를 불승인하는 처분을 한 사안에서, 산지관리법 제39조 제1항, 제40조 제1항에 의하면 산지전용허가의 산지전용기간이 만료된 이상 목적사업이 완료되지 않았다고 하더라도 산지전용허가를 받은 자에게는 위 규정에 의한 산지복구의무가 발생하므로, 그 의무 이행을 위한 복구설계승인신청을 목적사업이 완료되지 않았다는 이유로 불승인한 처분은 위법하다.
(2) 행정소송에서 기록상 자료가 나타나 있다면 당사자가 주장하지 않았더라도 판단할 수 있고, 당사자가 제출한 소송자료에 의하여 법원이 처분의 적법 여부에 관한 합리적인 의심을 품을 수 있음에도 단지 구체적 사실에 관한 주장을 하지 아니하였다는 이유만으로 당사자에게 석명을 하거나 직권으로 심리·판단하지 아니함으로써 구체적 타당성이 없는 판결을 하는 것은 행정소송법 제26조의 규정과 행정소송의 특수성에 반하므로 허용될 수 없다.

[2] 서울시 서대문구 안산자연공원 주택건설계획사건(대판 1999. 5. 25, 99두1052)

(서울특별시 서대문구청장의 종합토지세등부과처분의 취소를 구한사건에서) 원심판결 이유에 의하면, 원심은, 이 사건 주택건설사업계획이 안산자연공원에 대한 환경파괴로 이어져 공익을 현저히 해칠 염려가 있다는 이유로 입지심의 및 사전결정을 여러 차례에 걸쳐 반려해 오다가, 대통령비서실 경제행정규제완화점검단의 지시로 인하여 부득이 임시심의 및 사전결정을 해주지 않을 수 없었던 것이라고 인정한 다음, 입지심의 및 사전결정을 함에 있어서 이 사건 주택건설사업계획이 위 안산의 자연생태계를 파괴하여 지역주민 전체의 쾌적한 자연환경에 관한 권리를 현저히 침해할 염려가 있다는 점에 대한 고려가 충분히 이루어지지 않았을 개연성이 있다고 추단하였는바, 기록에 의하면, 원심의 이러한 사실인정과 판단은 원고가 피고를 상대로 이 사건 주택건설사업계획승인거부처분의 취소를 구하는 행정소송을 제기한 사건에 관하여 서울고등법원이 선고한 판결(갑 제54호증)을 근거로 한 것이므로, 비록 피고가 위와 같은 주장을 하지 아니하였다고 하더라도, 원심의 이러한 조치는 정당하다.

[판례 68] 입증책임

• 안산시 대경TLS 과징금사건(대판 2007. 1. 12, 2006두12937)

[사건개요]

피고(상고인, 안산시장)는 구 화물자동차 운수사업법(2005. 12. 7. 법률 제7711호로 개정되기 전의 것, 이하 '법'이라고만 한다) 제10조 제 5 항(운송사업자는 자기 명의로 운송계약을 체결한 화물에 대하여 다른 운송사업자에게 수수료 기타 대가를 받고 그 운송을 위탁하거나 대행하게 하는 등 화물운송질서를 문란하게 하는 행위를 하여서는 아니된다)을 근거로 원고(피상고인, 대경TLS 주식회사)에게 과징금부과처분을 하였다. 이에 원고가 과징금부과처분취소소송을 제기하였다. 원심법원은 원고의 이 사건 화물운송위탁이 수수료 기타 대가를 받고 한 것이라고 인정할 증거가 없다는 이유로 원고에 대한 이 사건 과징금 부과처분을 취소하는 판결을 하였고, 이에 피고가 상고하였다.

[판결요지]

[1] 구 화물자동차 운수사업법 제10조 제 5 항은 화물운송사업자가 자기 명의로 운송계약을 체결한 화물에 대하여 다른 화물운송사업자에게 운송을 위탁하거나 대행하게 하는 행위 중 수수료 기타 대가를 받고 하는 행위만을 그 규율 대상으로 하는 것으로 봄이 상당하다.

[2] 행정처분의 취소를 구하는 항고소송에서는 당해 처분의 적법을 주장하는 처분청인 피고에게 그 적법 여부에 대한 입증책임이 있으므로, 법 제10조 제 5 항 위반을 이유로 한 과징금부과처분의 취소를 구하는 소송에서는 화물운송사업자의 다른 화물운송사업자에의 운송위탁 또는 대행 의뢰가 「수수료 기타 대가」를 받고 이루어진 것이라는 사실을 처분청이 입증하여야 한다.

[해 설]

1. 쟁 점

이 사건 판결에서는 입증책임이 핵심적인 쟁점이었다. 행정소송법에는 입증책임에 관한 명시적 규정이 없다. 따라서 행정소송에 있어 입증책임의 문제는 학설과 판례가 정리하여야 한다. 이하에서 이 사건 판결을 입증책임의 문제로서 검토한다.

2. 행정소송상 입증책임

(1) 의 의

어떠한 사실관계에 대한 명백한 입증이 없을 때, 누가 이로 인한 불이익을 부담하여야 할 것인가의 문제가 입증책임의 문제이다. 입증책임은 직권탐지주의가 적용되는 경우에도 여전히 의미를 갖는다. 왜냐하면 직권탐지가 언제나 입증책임의 문제를 분명하게 해결해 주는 것은 아니기 때문이다. 입증책임자에 관해 명문의 규정이 없는 경우와 관련하여 견해가 나뉘고 있다.

(2) 학 설

㈎ **원고책임설** 행정행위에는 공정력이 있어서 처분의 적법성이 추정되므로 입증책임은 원고에게 있다는 견해이다.

㈏ **피고책임설** 법치행정의 원리상 국가행위의 적법성은 국가가 담보하여야 하므로, 행위의 적법성의 입증책임은 피고인 국가에 놓인다는 견해이다.

㈐ **입증책임분배설** 특별한 규정이 없는 한 민사소송법상의 입증책임분배의 원칙에 따라야 한다는 견해이다. 즉 당사자는 각각 자기에게 유리한 요건사실의 존재에 대하여 입증책임을 부담한다는 입장이다. 법률요건분류설·규범설·민사소송법상 입증책임분배원칙 등으로 불린다.

(3) 판 례

이 사건 판결에서 보는 바와 같이 판례는 기본적으로 입증책임분배설을 취한다.

(4) 사 견

공정력은 처분내용의 적법성의 추정이 아니라 정책적 견지에서 인정되는 사실상의 통용력에 불과하므로 공정력을 입증책임의 근거로 삼는 것은 적합하지 아니하다. 입증책임을 피고가 전담한다는 피고책임설 역시 합리성을 결한다. 독자분배설은 법률요건분배설과 기본적으로 다를 바 없다. 그것은 법률요건분류설을 유형적으로 바꾸어 놓은 견해라 할 수 있다. 입증책임분배설을 원칙으로 하되, 행정소송의 특성을 고려하는 방식이 타당하다. 다수설과 판례의 입장이기도 하다.

3. 평　　가

(1) 위의 [판결요지][2]는 판례의 종래의 입장을 재확인한 것이다. 이러한 판례의 입장은 그 후에도 계속 유지되고 있다.

(2) 판례는 무효확인소송의 경우에 원고에게 입증책임이 있다고 한다. 그러나 판례의 입장은 동의하기 어렵다. 왜냐하면 입증책임은 위법 여부와 관련되는 것이고, 무효는 위법성이 인정된 이후의 효과의 문제이므로 입증책임과 무효의 문제는 구분하는 것이 논리적이기 때문이다. 입증책임의 문제를 취소소송과 무효확인소송을 달리 다루어야 할 이유는 없다.

4. 참고판례

[1] 양천세무서 양도소득세부과사건(대판 2010. 5. 13, 2009두3460)

(양천세무서장의 양도소득세부과처분의 무효확인을 구한 사건에서) 원고가 이 사건 청구원인으로 주장하는 바는, 이 사건 과세처분 당시 원고 자신은 구치소에 구속되어 있었고 그 가족들은 주소지였던 「서울 양천구 목동 912 목동신시가지아파트(이하 생략)」를 떠나 다른 곳에 거주하고 있었던 탓에, 그 무렵 위 주소지로 배달된 것으로 보이는 이 사건 납세고지서를 송달받지 못하였으므로, 위 납세고지서의 송달은 부적법한 것으로서 그 효력이 발생하지 아니하였고, 따라서 이 사건 과세처분은 무효라는 것임을 알 수 있는바, 앞서 본 법리에 비추어 이러한 경우 원심으로서는 과연 원고의 주장과 같이 이 사건 과세처분 당시 원고나 그 가족들이 위 주소지에 실제로 거주하고 있지 아니하였는지 여부 등에 관하여 좀 더 면밀하게 살펴본 연후에 이 사건 송달의 적법 여부를 판단하였어야 할 것이다. 그럼에도 원심은 이에 이르지 아니한 채 이 사건 납세고지서의 송달 여부에 관한 증명책임이 피고에게 있음을 전제로 하여, 납세고지서가 원고에게 송달되었다는 점에 관한 피고의 입증이 부족하다는 이유로 이 사건 과세처분이 무효라고 판단하고 말았으니, 이러한 원심의 판단에는 처분의 무효확인을 구하는 행정소송에 있어서의 증명책임에 관한 법리를 오해한 나머지 필요한 심리를 다하지 아니한 위법이 있고, 이는 판결 결과에 영향을 미쳤음이 분명하다. 이 점을 지적하는 상고이유의 주장은 이유가 있다.

[2] 군산세무서 고려(주) 법인세부과사건(대판 1984. 7. 24, 84누124)

(순산세무서장의 법인세부과처분의 취소를 구한 사건에서) (1) 민사소송법의 규정이 준용되는 행정소송에 있어서 입증책임은 원칙적으로 민사소송의 일반원칙에 따라 당사자간에 분배되고 항고소송의 특성에 따라 당해 처분의 적법을 주장하는 피고에게 그 적법사유에 대한 입증책임이 있다고 하는 것이 당원의 일관된 견해이므로 피고가 주장하는 당해 처분의 적법성이 합리적으로 수긍할 수 있는 일응의 입증이 있는 경우에는 그 처분은 정당하다고 할 것이며 위와 같은 합리적으로 수긍할 수 있는 증거와 상반되는 주장과 입증은 그 상대방인 원고에게 그 책임이 돌아간다고 풀이하여야 할 것이다.

(2) 이 사건 주주가지급금계정, 받을 어음계정, 대여금계정, 미결산금계정에 계상된 금액에 대하여 피고의 세무조사 당시 주식회사 고려는 그 근거와 증빙을 제시하지 못하였을 뿐만 아니라 1972. 9. 1부터 1980. 6. 30까지의 기간중 지급된 사채이자를 변태기장한 것이라고 주식회사 고려의 대표이사를 대리한 부사장 김택림이 피고에게 확인서(을 제11호증)를 제출하고 국세청 조사국 세무공무원에게 그와 같은 전말을 진술한(을 제 6 호증의 1)사실이 인정되는 이 사건에 있어서 피고가 위을 제 6 호증의 1 및 을 제11호증을 제출하고 다시 증인 정○○의 증언에 의하여 이와 같은 사실을 입증하였다면 그와 반대되는 이 사건 부과처분의 위법사유에 관하여서는 원고에게 이를 주장 입증할 책임이 돌아간다고 할 것임에도 불구하고 위 을 제 6 호증의 1 및 을 제11호증의 각 기재와 증인 정○○의 증언을 대비되는 증거나 합리적인 이유의 설시도 없이 이를 배척하고 달리 이 돈이 사채이자로 지급된 것이라고 인정할 만한 자료가 없다고 하여 이 사건 부과처분이 위법하다고 판시한 원심조치는 필경 항고소송에 있어서의 입증책임에 관한 법리를 오해하고 입증책임을 전도하여 판결에 그 이유를 갖추지 아니한 잘못을 저질렀다 할 것이니 상고는 그 이유가 있다. (파기환송판결)

[판례 69] 처분이유의 사후변경

• 서울시 종로구 예지동 도로 무단 점유 변상금부과사건

(대판 2011. 5. 26, 2010두28106)

[사건개요]

피고(서울특별시 종로구청장)는 원고들 소유의 건물의 일정 부분이 도로를 무단점유하고 있다는 이유로 원고들에게 도로법 제94조를 근거로 변상금부과처분을 하였다(이하 '이 사건 각 부과처분'이라 한다). 이에 원고들은 변상금부과처분취소소송을 제기하였다.

□ 당사자의 주장(일부 발췌)

[원고의 주장]

이 사건 각 건물이 이 사건 각 도로를 침범하고 있다 하더라도, 이 사건 각 도로는 그 지목이 도로일 뿐 도로법에 따른 노선의 지정 또는 인정의 공고 및 도로구역의 결정·고시가 없었으므로 도로법상의 도로가 아니고, 행정재산 중 공공용재산도 아니다. 이 사건 각 도로가 도로법상의 도로가 아니고, 행정재산 중 공공용재산도 아님에도 불구하고, 피고가 도로법에 근거하여 이 사건 각 부과처분을 한 것은 위법하다.

[피고의 주장]

가사 이 사건 각 도로가 행정재산 중 공공용재산에 해당하지 않는다고 하더라도, 국유재산법, 공유재산 및 물품관리법상의 잡종재산으로서 각 그 해당법률에서 정한 변상금 부과대상에 해당하고, 이에 의할 경우에 각 그 변상금 산출방식이 도로법상의 변상금 산출방식과 동일하므로, 이 사건 부과처분의 근거법령에 국유재산법 등을 추가하는 것은 기초적 사실관계는 동일하면서 다만 근거법령만을 추가한 것에 불과한 것으로서 결국 이 사건 부과처분은 적법하다.

[판결요지](일부 발췌)

[1] 도로는 도로로서의 형태를 갖추고, 도로법에 따른 노선의 지정 또는 인정의 공고 및 도로구역 결정·고시를 한 때 또는 도시계획법이나 도시재개발법 소정의 절차를 거쳐야 비로소 도로법의 적용을 받는 도로로 되는 것이고, 도로로 실제 사용된 사정만으로 도로법의 적용을 받는 도로라고 할 수 없다.

[2] 처분청이 처분 당시에 적시한 구체적 사실을 변경하지 아니하는 범위 내에서 단지 그 처분의 근거 법령만을 추가·변경하는 것은 새로운 처분사유의 추가라고 볼 수 없으므로 이와 같은 경우에는 처분청이 처분 당시에 적시한 구체적 사실에 대하여

처분 후에 추가·변경한 법령을 적용하여 그 처분의 적법 여부를 판단하여도 무방하다. 그러나 처분의 근거 법령을 변경하는 것이 종전 처분과 동일성을 인정할 수 없는 별개의 처분을 하는 것과 다름 없는 경우에는 허용될 수 없다.

[3] 피고는, 행정청이 점용허가를 받지 않고 도로를 점용한 사람에 대하여 도로법 제94조에 의한 변상금 부과처분을 하였다가 처분에 대한 취소소송이 제기된 후 해당 도로가 도로법의 적용을 받는 도로에 해당하지 않을 경우를 대비하여 처분의 근거 법령을 도로의 소유자가 서울특별시 종로구인 부분은 구 공유재산 및 물품관리법(2010. 2. 4. 법률 제10006호로 개정되기 전의 것, 이하 같다) 제81조와 그 시행령 등으로 변경하여 주장하였으나, 도로법과 구 국유재산법령 및 구 공유재산 및 물품관리법령의 해당 규정은 별개 법령에 규정되어 입법 취지가 다르고, 해당 규정내용을 비교하여 보면 변상금의 징수목적, 산정 기준금액, 징수 재량 유무, 징수절차 등이 서로 달라 위와 같이 근거 법령을 변경하는 것은 종전 도로법 제94조에 의한 변상금 부과처분과 동일성을 인정할 수 없는 별개의 처분을 하는 것과 다름 없어 허용될 수 없다.

[해 설]

1. 쟁 점

이 사건은 행정청이 점용허가를 받지 않고 도로를 점용한 사람에 대하여 도로법 제94조에 의한 변상금 부과처분을 하였다가, 처분에 대한 취소소송이 제기된 후 해당 도로가 도로법 적용을 받는 도로에 해당하지 않을 경우를 대비하여 처분의 근거 법령을 구 국유재산법 제51조와 그 시행령 등으로 변경하여 주장한 것을 시인할 것인지의 여부, 즉 처분이유의 사후변경의 문제를 쟁점 중의 하나로 하였다. 이하에서 처분이유의 사후변경의 문제로서 검토한다.

2. 처분이유의 사후변경

(1) 의 의

처분이유의 사후변경이란 행정결정의 발령 시에 놓여 있는 사실상 또는 법상의 상황이 결정의 근거로 사용되지 않았으나, 사후에 행정소송절차에서 그 사유를 행정청이 새로이 제출하거나 법원이 직권으로 회부하여 고려하는 것을 말한다. 처분이유의 사후변경은 행위의 이유만의 변경이므로, 새로운 행위를 가져오는 행정행위의 사후변경과 구별된다.

(2) 의 미

㈎ **소송법상 의미** 처분이유의 사후변경의 인정은 소송경제에 기여한다. 만약 처분이유의 사후변경을 인정하지 아니하고 원고승소의 판결을 한다면, 피고행정청은 다른 사유(사후변경에서 제시할 사유)로 새로운 처분을 할 것이기 때문이다.

㈏ **실체법상 의미** 처분이유의 제시는 행정결정의 내용상의 정당성에 대하여 상대방으로 하여금 신뢰를 갖게 하는 것인데, 그것은 행정절차법이 요구하는 형식적인 이유제시만으로 충분한 것은 아니다. 상대방이 충분한 신뢰를 가질 수 있도록 이유를 제시하는 것은 행정절차에만 한정되는 것은 아니고 행정소송절차에도 요구된다고 보는 것이 법치국가의 요청이다.

(3) 인정 여부

㈎ **학 설** 학설은 ① 처분이유의 사후변경은 처분의 상대방에게 예기하지 못한 불이익을 초래할 수 있으므로 인정될 수 없다는 부정설, ② 처분이유의 사후변경을 부정한다고 하여도 행정청은 새로운 사유로 새로운 처분을 할 수 있으므로 처분이유의 사후변경을 부정할 실익이 없기 때문에 처분이유의 사후변경을 인정해야 한다는 긍정설, ③ 처분의 상대방의 보호와 소송경제의 요청을 고려할 때, 제한적인 범위 내에서 처분이유의 사후변경이 인정되어야 한다는 제한적 긍정설로 나뉜다. 제한적 긍정설이 통설이다.

㈏ **판 례** 판례는 종래부터 「취소소송에서 행정청은 당초 처분의 근거로 삼은 사유와 기본적 사실관계가 동일하다고 인정되는 한도 내에서만 다른 처분사유를 새로 추가하거나 변경할 수 있을 뿐, 기본적 사실관계가 동일하다고 인정되지 않는 별개의 사실을 들어 처분사유로 주장할 수 없다」고 하여 제한적 긍정설의 입장을 취하고 있다. 그리고 기본적 사실관계의 동일성 유무는 처분사유를 법률적으로 평가하기 이전의 구체적인 사실에 착안하여 그 기초가 되는 사회적 사실관계가 기본적인 점에서 동일한지의 여부에 따라 결정되며, 처분사유의 추가·변경은 사실심 변론종결시까지만 허용된다고 한다.

㈐ **사 견** 앞에서 살펴본 소송법상, 실체법상 의미를 고려할 때, 제한적인 범위 내에서 처분이유의 사후변경이 인정되어야 한다는 제한적 긍정설이 타당하다.

3. 평 가

위의 [판결요지][2]에서 보는 처분이유의 사후변경에 관한 판시사항은 종래의 입장을 재확인한 것이다. 판례의 태도는 타당하다.

4. 참고판례

[1] 기본적 사실관계의 동일성의 의미 — 수의사 국가시험사건(대판 2009. 11. 26, 2009두15586)

(2007년도 제51회 수의사국가시험에 외국 수의과대학 졸업자 자격으로 응시하여 합격하였다가, 당시 수의사법에서 정한 수의사국가시험 응시자격이 없다는 이유로 국립수의과학검역원장으로부터 합격이 무효로 된다는 통지를 받고 제기한 수의사국가시험합격무효취소소송에서) 행정처분의 취소를 구하는 항고소송에서, 처분청은 당초 처분의 근거로 삼은 사유와 기본적 사실관계가 동일성이 있다고 인정되는 한도 내에서만 다른 사유를 추가 혹은 변경할 수 있고, 여기서 기본적 사실관계의 동일성 유무는 처분사유를 법률적으로 평가하기 이전의 구체적인 사실에 착안하여 그 기초인 사회적 사실관계가 기본적인 점에서 동일한지 여부에 따라 결정되며, 추가 또는 변경된 사유가 처분 당시에 그 사유를 명기하지 않았을 뿐 이미 존재하고 있었고 당사자도 그 사실을 알고 있었다 하여 당초의 처분사유와 동일성이 있는 것이라고 할 수는 없다

[2] 기본적 사실관계가 동일하다는 판례 모음

(1) 대판 2008. 2. 28, 2007두13791 · 13807(담합을 주도하거나 담합하여 입찰을 방해, 특정인의 낙찰을 위하여 담합한 자 — 원주시 폐기물처리업자 담합사건)
(2) 대판 2004. 11. 26, 2004두4482(준농림지역에서의 행위제한사항에 해당 — 자연환경의 보전, 북제주군 산림형질변경거부사건)

[3] 기본적 사실관계가 다르다는 판례 모음

(1) 대판 2003. 12. 11, 2001두8827(정보공개법 제7조 제1항 제5호, 같은법 제7조 제1항 제4호 및 제6호 — 민변 사면정보공개청구사건)
(2) 대판 1996. 9. 6, 96누7427(무자료 주류판매 및 위장거래, 무면허판매업자에 대한 주류판매 — 서초세무서 무자료 주류판매사건)

[판례 70] 사정판결

• 조선대 로스쿨인가탈락사건(대판 2009. 12. 10, 2009두8359)

[사건개요]

(1) 이 사건의 개요는 [판례 60 B]의 사건개요와 같다. 다만, 사정판결과 관련된 부분을 추가한다.

(2) 피고는 사단법인 한국법학교수회의가 법학교육위원회의 법학교수 위원을 추천하겠다는 제안을 거부하고 법학전문대학원 설립인가를 신청한 서울대, 이화여대, 경북대, 전남대에서 교수로 재직하고 있는 소외 1, 2, 3, 4를 법학교육위원회의 위원으로 위촉하였다.

(3) 2008. 1. 27. 09:40부터 같은 달 28. 00:55까지 진행된 법학교육위원회 제15차 회의에서, 법학전문대학원 예비인가대학을 선정하고 각 대학별 정원을 심의·의결하였는데, 먼저 서울권역과 서울외 권역의 입학정원 비율을 57:43으로 결정한 후, 서울외 권역의 예비인가 대학 선정 및 정원배정, 서울권역의 예비인가대학 선정 및 정원배정의 순으로 회의를 진행하였다. 이때 교수위원들도 모두 참석하여(특히 위원장인 소외 1은 회의 진행을 주재하였다) 당일 결정된 몇 가지 안건의 의결에 있어서 빠짐없이 의결권을 행사하였는바, 그 결과 앞서 본 바와 같이 예비인가 대학과 입학정원이 결정되었고, 그에 따라 예비인가처분이 있었다.

(4) 그 후 2008. 8. 25. 제23차 회의에서 최종 설치인가 여부 및 입학정원 배정에 관한 심의를 예비인가를 받은 개별 대학별로 하였는데, 이 때는 교수위원들은 자기 소속 대학에 대한 심의에서 배제되었다.

(5) 교수위원들이 위원회 제15차 회의에 관여한 것은 소속대학에 대한 관계에서 법 제13조의 위반이 아닌가의 여부가 쟁점이 되었다.

[참고조문]

법학전문대학원 설치·운영에 관한 법률(법률 제8544호 2007. 7. 27 [제정]) **제13조**(법학교육위원회 위원의 제척사유) 위원은 다음 각 호의 어느 하나에 해당하는 경우에는 당해 심의에 관여하지 못한다.

1. 본인 또는 그 배우자가 심의대상인 대학 또는 대학을 설치·경영하는 학교법인에 재직하고 있는 경우
2. 본인 또는 그 배우자가 다음 각 목의 어느 하나에 해당하는 자와 「민법」 제777조의 친족관계에 있는 경우

   가. 심의대상인 대학의 장

나. 심의대상인 대학의 법학과·법학부 또는 법학전문대학원의 교원
다. 심의대상인 대학의 학교법인의 임원

[판결요지](사정판결 부분 발췌)

[1] 교수위원들이 위원회 제15차 회의에 관여한 것은 소속대학에 대한 관계에서 법 제13조를 위반한 것이기는 하나, 법 제13조의 적용 범위 등에 관하여 해석상 논의의 여지가 있고, 교수위원이 소속한 전남대학교의 경우 서울외권역 중 2순위의 평가점수를 받아 소속 교수위원이 배제된 상태에서 심의를 하였더라도 동일한 심의결과가 나왔을 것으로 보이는 점 등에 비추어, 그러한 위반은 이 사건 인가처분의 무효사유가 아니라 취소사유에 해당한다.

[2] 법학전문대학원이 장기간의 논의 끝에 사법개혁의 일환으로 출범하여 2009년 3월초 일제히 개원한 점, 전남대 법학전문대학원도 120명의 입학생을 받아들여 교육을 하고 있는데 인가처분이 취소되면 그 입학생들이 피해를 입을 수 있는 점, 법학전문대학원의 인가 취소가 이어지면 우수한 법조인의 양성을 목적으로 하는 법학전문대학원 제도 자체의 운영에 큰 차질을 빚을 수 있는 점, 법학전문대학원의 설치인가 심사기준의 설정과 각 평가에 있어 법 제13조에 저촉되지 않는 점, 교수위원이 제15차 회의에 관여하지 않았다고 하더라도 그 소속대학의 평가점수에 비추어 동일한 결론에 이르렀을 것으로 보여, 전남대에 대한 이 사건 인가처분을 취소하고 다시 심의하는 것은 무익한 절차의 반복에 그칠 것으로 보이는 점 등을 종합하여, 전남대에 대한 이 사건 인가처분이 법 제13조에 위배되었음을 이유로 취소하는 것은 현저히 공공복리에 적합하지 아니하다.

[해 설]

1. 쟁 점

이 사건 판결에서 법원은 전남대에 대한 부분에만 취소사유인 하자가 있었지만, 직권으로 사정판결을 하여 청구를 기각하였다. 이하에서 이 사건을 사정판결의 문제로서 검토한다.

2. 사정판결

(1) 의 의

사정판결이란 원고의 청구가 이유 있다고 인정되는 경우에도 처분 등을 취소하는 것이 현저히 공공복리에 적합하지 아니하다고 판단될 때에 법원이 원고의 청구를 기각하는 판결을 말한다(행정소송법 제28조 제 1 항).

(2) 성 격

사정판결은 공익과 사익이 충돌할 때 이익형량의 원칙에 입각하여 공익보호가 보다 중대하다고 판단되는 경우에 공익을 사익에 우선시키는 제도이다.

(3) 요 건

사정판결은 다음을 요건으로 한다. ① 처분등이 위법하여야 한다. ② 내용상 처분등의 취소가 현저히 공공복리에 적합하지 아니하여야 한다. 즉 원고의 청구를 기각하는 것만이 공공복리의 실현을 위한 해결책이어야 한다. ③ 사정판결의 필요성은 피고가 입증하여야 한다. 당사자의 주장 또는 항변 없이 법원이 자발적으로 사정판결을 할 수는 없다는 것이 통설이지만, 판례는 사정판결을 할 수 있다는 입장이다(대판 2006. 9. 22, 2005두2506). ④ 사정판결이 필요한가의 판단의 기준시는 판결시점이다. 왜냐하면 사정판결은 처분시에 위법하였으나 사후의 사정을 고려하는 제도이기 때문이다.

(4) 원고의 보호

법원이 사정판결을 하는 경우에는 그 판결의 주문에서 그 처분등이 위법함을 명시하여야 한다(행정소송법 제28조 제 1 항 단서). 법원이 제 1 항의 규정에 의한 사정판결을 함에 있어서는 미리 원고가 그로 인하여 입게 될 손해의 정도와 배상방법 그 밖의 사정을 조사하여야 한다(행정소송법 제28조 제 2 항). 원고는 피고인 행정청이 속하는 국가 또는 공공단체를 상대로 손해배상, 제해시설의 설치 그 밖에 적당한 구제방법의 청구를 당해 취소소송등이 계속된 법원에 병합하여 제기할 수 있다(행정소송법 제28조 제 3 항).

(5) 적용범위

사정판결은 취소소송에 적용된다. 무효등확인소송과 부작위위법확인소송에 사정판결이 유추적용될 수 있는가에 관해서는 견해가 나뉜다. 판례는 부정적인 입장이다(대판 1996. 3. 22, 95누5509).

3. 평 가

(1) 이 사건 판결은 사정판결의 대표적인 예에 해당한다.

(2) 판시사항에는 특별한 문제점이 없어 보인다.

4. 참고판례

인천시 계양구 그린벨트내 건축허가사건(대판 2005. 12. 8, 2003두10046)

(인천광역시 계양구청장이 원고에 내준 건축허가처분을 산림법 등 위반을 이유로 취소하였고, 이에 원고가 건축허가취소처분의 취소를 구하였으나 원심이 사정판결을 하자 원고가 이를 다툰 개발제한구역내행위허가취소처분무효확인등소송에서) 이 사건 건축부지 일대는 산림이 우거진 보전임지(공익임지) 지역으로서 산림의 보전이 특히 요구되는 데다가 이 사건 건축부지는 피고 자신이 제정한 사무처리취급규정에서 정한 형질변경허가의 요건조차도 구비하지 못하고 있는 점, 더욱이 이 사건 건축부지에 건축될 화약류저장시설은 주위토지의 환경·풍치·미관과 전혀 어울리지 않는 것인 점 … 등 제반 사정에 비추어 보면, 이 사건 건축부지는 토지의 형질변경 등 행위허가기준 등에 관한 규칙 제4조 제1항 제1호 소정의 주변의 환경·풍치·미관 등이 크게 손상될 우려가 있는 지역으로서 건축허가를 통하여 형질변경허가를 해 주기가 심히 부적합한 지역에 해당하고, 또한 이 사건 건축부지에 화약류 저장시설을 설치하도록 한 이 사건 건축허가처분은 산림자원의 증식과 산림의 보호·육성, 임업생산력의 향상 및 산림의 공익기능의 증진을 도모함으로써 국토의 보전과 국민경제의 건전한 발전에 이바지함을 목적으로 하는 산림법의 목적, 산림의 공익기능과 임업생산기능의 증진이라는 공익임지 지정의 목적에 반하는 데다가, 도시의 무질서한 확산 방지, 도시주변의 자연환경의 보전, 그리고 도시민의 건전한 생활환경의 확보라는 개발제한구역 지정의 목적에 위배되는 것이어서 비교적 가볍다고 평가되는 절차적인 위법사유를 이유로 하여 이 사건 취소처분을 취소하고 당초의 건축허가를 유지하는 것은 공익을 심히 침해하는 것으로 보이는 반면, 이 사건 건축허가를 취소함으로써 건축공사에 착공조차도 하지 않은 원고가 입는 불이익은 건축공사 준비비용의 손실 정도에 그치는 것이고, 더구나 도시의 급속한 확장에 따라 원고가 이 사건 건축부지로 화약류 저장시설을 옮기더라도 조만간 다시 이전명령을 받아 이전해야 할 가능성이 예상되는 점을 감안하면 결국 위와 같은 취소사유만으로 이 사건 건축허가취소처분을 취소하는 것은 현저히 공공복리에 적합하지 아니하다고 보여 사정판결을 할 사유가 있다고 인정된다.

[판례 71] 판결의 효력(기판력 · 기속력)

- **태영실업 취득세사건**(대판 2009. 1. 15, 2006두14926)
- **한성피씨건설 건축불허가사건**(대판 2011. 10. 27, 2011두14401)

[사건개요]

[A] 판결의 기판력 — 태영실업 취득세사건(대판 2009. 1. 15, 2006두14926)

1998. 11. 21. 진주시장이 주된 납세의무자인 태영실업에 취득세등부과처분을 하였다. 그 후 태영실업이 취소소송을 제기하여 승소하고 판결은 확정되었다.

2004. 6. 19. 진주시장은 제 2 차 납세의무자인 A회사에 취득세등부과처분을 하였다. 이에 A회사는 이 사건 취득세등부과처분취소소송을 제기하였다.

[B] 판결의 기속력 — 한성피씨건설 건축불허가사건(대판 2011. 10. 27, 2011두14401)

고양시장이 한성피씨건설(주)의 공동주택 건립을 위한 주택건설사업계획승인 신청에 대하여 미디어밸리 조성을 위한 시가화예정 지역이라는 이유로 거부하였다. 이에 한성피씨건설(주)가 거부처분의 취소를 구하는 소송을 제기하여 승소판결을 받았고 판결이 그대로 확정되었다. 그 후 고양시장은 해당 토지 일대가 개발행위허가 제한지역으로 지정되었다는 이유로 다시 거부하는 처분을 하였다. 이에 한성피씨건설(주)가 건축불허가처분취소소송을 제기하였다.

[판결요지]

[A] 태영실업 취득세사건(대판 2009. 1. 15, 2006두14926)

[1] 과세처분이란 법률에 규정된 과세요건이 충족됨으로써 객관적 · 추상적으로 성립한 조세채권의 내용을 구체적으로 확인하여 확정하는 절차로서, 과세처분 취소소송의 소송물은 그 취소원인이 되는 위법성 일반이고 그 심판의 대상은 과세처분에 의하여 확인된 조세채무인 과세표준 및 세액의 객관적 존부이다. 한편, 취소판결의 기판력은 소송물로 된 행정처분의 위법성 존부에 관한 판단 그 자체에만 미치는 것이므로 전소와 후소가 그 소송물을 달리하는 경우에는 전소 확정판결의 기판력이 후소에 미치지 아니한다.

[2] 주된 납세의무자인 태영실업 주식회사(이하 '태영실업'이라 한다)가 피고를 상대로

제기한 소송은 태영실업에 대한 1998. 11. 21.자 처분에 관한 것인 반면, 이 사건은 제2차 납세의무자인 원고에 대한 2004. 6. 19.자 처분에 관한 것이어서 그 취소소송의 대상인 행정처분이 동일하지 아니하고, 원고가 전소의 계쟁물에 관한 당사자적격을 승계한 자에 해당한다고 볼 수도 없으므로, 전소의 기판력이 원고에게 미친다고 볼 수 없다.

[B] 한성피씨건설 건축불허가사건(대판 2011. 10. 27, 2011두14401)

[1] 행정소송법 제30조 제2항의 규정에 의하면, 행정청의 거부처분을 취소하는 판결이 확정된 경우에는 그 처분을 행한 행정청이 판결의 취지에 따라 이전의 신청에 대하여 재처분을 할 의무가 있다. 행정처분의 적법 여부는 그 행정처분이 행하여진 때의 법령과 사실을 기준으로 하여 판단하는 것이므로 확정판결의 당사자인 처분 행정청은 종전 처분 후에 발생한 새로운 사유를 내세워 다시 거부처분을 할 수 있고, 그러한 처분도 위 조항에 규정된 재처분에 해당한다.

[2] 새로운 사유인지는 종전 처분에 관하여 위법한 것으로 판결에서 판단된 사유와 기본적 사실관계의 동일성이 인정되는 사유인지 여부에 따라 판단되어야 한다.

[3] 기본적 사실관계의 동일성 유무는 처분사유를 법률적으로 평가하기 이전의 구체적인 사실에 착안하여 그 기초인 사회적 사실관계가 기본적인 점에서 동일한지 여부에 따라 결정되며, 추가 또는 변경된 사유가 처분 당시에 그 사유를 명기하지 않았을 뿐 이미 존재하고 있었고 당사자도 그 사실을 알고 있었다 하여 당초의 처분사유와 동일성이 있는 것이라고 할 수는 없다.

[4] 이 사건 2009. 12. 28.자 처분은, 미디어밸리 조성을 위한 시가화예정 지역이라는 것을 이유로 한 종전 거부처분 후인 2007. 12. 26. 이 사건 토지 일대가 개발행위허가 제한지역으로 지정되었다는 새로운 사실을 그 사유로 한 것으로, 이는 종전 거부처분의 사유와 내용상 기초가 되는 구체적인 사실관계가 달라 기본적 사실관계가 동일하다고 볼 수 없으므로 행정소송법 제30조 제2항의 재처분에 해당하고, 종전 거부처분을 취소한 확정판결의 기속력에 반하지 않는다.

[해 설]

1. 쟁 점

두 사건 모두 판결확정 이후에 이루어진 처분이 적법한가의 여부를 쟁점으로 한다.

이러한 문제는 판결이 확정되면 어떠한 효력을 갖는가의 문제가 된다. 이 사건 판결들을 이하에서 판결의 효력문제로서 검토한다.

2. 판결의 효력

(1) 의 의

판결은 확정되면, 원고와 피고와 관계행정청, 그리고 선고법원과 후소의 법원은 확정된 판결을 따라야 하는 구속을 받는다. 판결이 갖는 이러한 구속력이 판결의 효력이다.

(2) 종 류

판결의 효력에는 자박력, 확정력, 형성력, 기속력, 집행력(간접강제) 등이 있다. 자박력이란 판결을 선고한 법원 자신도 판결의 내용을 취소 · 변경할 수 없는 판결의 효력을 말한다. 형성력이란 취소판결이 확정되면 행정청에 의한 특별한 의사표시 없이 당연히 행정상 법률관계의 발생 · 변경 · 소멸의 효과를 가져오는 것을 말한다. 집행력이란 이행판결에서 명령된 이행의무를 강제집행절차로써 실현할 수 있는 효력을 말한다.

(3) 확 정 력

(가) **형식적 확정력** ① 상고의 포기, 모든 심급을 거친 경우 혹은 상고제기기간의 경과 등으로 인해 판결에 불복하는 자가 더 이상 판결을 상고로써 다툴 수 없게 되는바, 이 경우에 판결이 갖는 구속력을 형식적 확정력 또는 불가쟁력이라 한다. ② 형식적 확정력은 법원의 판결에 불복할 수 있는 자인 당사자와 이해관계자에 관련된 효력이다.

(나) **실질적 확정력**(기판력) ① 판결이 형식적 확정력(불가쟁력)을 발생하게 되면 그 후의 절차(예: 후소)에서 동일한 사항(동일한 소송물)이 문제되는 경우에도 당사자와 이들의 승계인은 기존 판결의 주문에 반하는 주장을 할 수 없을 뿐만 아니라 법원도 그것에 반하는 판단을 할 수 없는 구속을 받는바, 이러한 구속력을 실질적 확정력이라 부른다. 또한 기판력이라 부르기도 한다. 실질적 확정력은 사실심의 변론종결시를 기준으로 하여 효력을 발생한다. ② 실질적 확정력은 당사자와 이들의 승계인 및 법원에 관련된 효력이다. ③ 기판력이 발생하면, 당사자는 동일한 소를 제기할 수 없고, 후소에서 당사자는 기판력을 발생하고 있는 전소의 확정판결의 내용에 반하는 주장을 할 수 없고, 법원은 전소판결에 반하는 판단을 할 수 없다.

(4) 기 속 력

(가) 의 의 ① 처분 등을 취소하는 확정판결은 그 사건에 관하여 당사자인 행정청과 그 밖의 관계행정청을 기속하는바(행정소송법 제30조 제 1 항), 이를 기속력이라 한다. 기속력은 당사자인 행정청과 관계행정청에 대하여 판결의 취지에 따라야 할 실체법상의 의무를 발생시키는 효력이다. ② 기속력은 당사자인 행정청과 그 밖의 관계행정청에 관련된 효력이다.

(나) **소극적 관점에서의 기속력**(반복금지효) 기속력은 소극적으로는 반복금지효를 의미한다. 말하자면 당사자인 행정청은 물론이고 그 밖의 관계행정청(예: 재결취소소송에서 원처분청)도 확정판결에 저촉되는 처분을 할 수 없음을 의미한다. 이를 부작위의무라고도 한다. 반복금지에 위반한 행위는 무효가 된다. 그러나 확정판결에서 적시된 위법사유(예: 형식 · 절차상 하자)를 보완하여 행한 새로운 처분은 확정판결에 의하여 취소된 종전의 처분과는 별개의 처분으로서 확정판결의 기판력에 저촉되는 것은 아니다.

(다) **적극적 관점에서의 기속력**(재처분의무) 기속력은 적극적으로는 재처분의무를 의미한다. 말하자면 ① 판결에 의하여 취소되는 처분이 당사자의 신청을 거부하는 것을 내용으로 하는 경우에는 그 처분을 행한 행정청은 판결의 취지에 따라 다시 이전의 신청에 대한 처분을 하여야 한다(행정소송법 제30조 제 2 항). ② 신청에 따른 처분이 절차의 위법을 이유로 취소되는 경우에도 행정청에 재처분의무가 부과된다(동법 제30조 제 3 항).

(5) 기판력과 기속력의 비교

기판력과 기속력은 동일하다는 견해와 기속력은 취소판결의 실효성을 확보하기 위해 행정소송법이 취소판결에 특별히 인정한 특유한 효력이라는 견해로 나뉜다. 후자의 입장에서 차이점을 도표로 본다.

	기 판 력	기 속 력
성 질	소송법적 효력	실체법적 효력
적용판결	인용판결과 기각판결에서 발생	인용판결에 발생
인적 범위	당사자와 후소법원을 구속	관계 행정청을 구속

3. 평 가

두 사건 판례 모두 기판력과 기속력에 관한 종전 판례의 입장을 따른 것이다. 판례의 태도는 타당한 것으로 판단된다.

4. 참고판례

[1] 기판력에 관한 판례

(1) 한국관광공사 종합토지세사건(대판 1998. 7. 24, 98다10854)
(원고(한국관광공사)가 피고(서귀포시장)의 종합토지세부과처분의 취소를 구하는 소를 제기하였으나, 기각하는 판결이 확정되자, 그 후 원고가 그 사건 과세처분의 그 무효확인을 구하면서 아울러 그 처분이 무효임을 전제로 납부한 세금의 반환을 구한 사건에서) 과세처분 취소청구를 기각하는 판결이 확정되면 그 처분이 적법하다는 점에 관하여 기판력이 생기고 그 후 원고가 이를 무효라 하여 무효확인을 소구할 수 없는 것이어서 과세처분의 취소소송에서 청구가 기각된 확정판결의 기판력은 그 과세처분의 무효확인을 구하는 소송에도 미친다. 한편, 취소소송의 피고는 처분청이므로 행정청을 피고로 하는 취소소송에 있어서의 기판력은 당해 처분이 귀속하는 국가 또는 공공단체에 미친다고 할 것이다.

(2) 속초시 남범주택사건(대판 1996. 4. 26, 95누5820)
(효제세무서장의 수시분이자소득세등부과처분무효확인소송에서) 취소판결의 기판력은 소송물로 된 행정처분의 위법성 존부에 관한 판단 그 자체에만 미치는 것이므로 전소와 후소가 그 소송물을 달리하는 경우에는 전소 확정판결의 기판력이 후소에 미치지 아니하는 것인바, 원심이 확정한 바에 의하더라도 전 소송은 이 사건에서의 피고 보조참가인이 원고가 되어 피고를 상대로 피고가 1990. 2. 3.에 한 이 사건 변경승인취소처분의 취소를 구하는 소송에서 이 사건에서의 원고가 피고 보조참가인이 되어 원고(이 사건에서의 피고 보조참가인)의 청구를 다투는 형식이었는데 반하여, 이 사건 소송은 원고가 피고를 상대로 1988. 9. 6.자 피고의 이 사건 변경승인의 무효확인(주위적으로) 또는 취소(예비적으로)를 구하는 소송에서 피고 보조참가인이 피고를 보조하여 원고의 청구를 다투는 것이어서, 전 소송과 이 사건 소송은 그 청구취지를 달리하는 것이므로 전 소송의 판결의 기판력은 그 소송물이었던 1990. 2. 3.자 변경승인취소처분의 위법성 존부에 관한 판단 그 자체에만 미치는 것이고 그 소송물을 달리하는 이 사건 소에는 미치지 아니한다고 보아야 할 것이다.

[2] 기속력에 관한 판례

(1) 서초세무서 증여세부과사건(대판 2002. 5. 31, 2000두4408)
(토지의 양도가 특수관계자 사이의 저가양도임은 별론으로 하고 무상양도는 아니라는 이유로 증여세부과처분이 확정판결에 의하여 전부 취소된 후 과세관청이 위 토지의 양도가 특수관계자 사이의 저가양도에 해당한다는 이유로 다시 증여세부과처분을 하자 원고가 제기한 증여세부과처분취소소송에서) 이 사건 처분은 확정판결에 적시된 종전처분의 위법사유를 보완하여 행한 새로운 과세처분으로서 상호 처분의 동일성이 인정되지 아니하므로 확정판결의 기속력 내지 기판력에 반하지 아니한다.

(2) 준용하천구역토지 손실보상청구사건(대판 2001. 3. 23, 99두5238)
(구 하천법 제10조와 같은법시행령 제3항의 규정에 의한 준용하천의 경우에 제외지로 편입된 토지에 대한 손실보상을 구한 손실보상재결처분취소소송에서) 행정소송법 제30조 제1항에 의하여 인정되는 취소소송에서 처분 등을 취소하는 확정판결의 기속력은 주로 판결의 실효성 확보를 위하여 인정되는 효력으로서 판결의 주문뿐만 아니라 그 전제가 되는 처분 등의 구체적 위법사유에 관한 이유 중의 판단에 대하여도 인정되고, 같은 조 제2항의 규정상 특히 거부처분에 대한 취소판결이 확정된 경우에는 그 처분을 행한 행정청은 판결의 취지에 따라 다시 처분을 하여야 할 의무를 부담하게 되므로, 취소소송에서 소송의 대상이 된 거부처분을 실체법상의 위법사유에 기하여 취소하는 판결이 확정된 경우에는 당해 거부처분을 한 행정청은 원칙적으로 신청을 인용하는 처분을 하여야 하고, 사실심 변론종결 이전의 사유를 내세워 다시 거부처분을 하는 것은 확정판결의 기속력에 저촉되어 허용되지 아니한다.

(3) 동울산세무서 증여세부과사건(대판 1992. 9. 25, 92누794)
(원고가 그 어머니로부터 토지를 증여받았다는 이유로 동울산세무서장이 증여세 및 방위세의 부과처분을 하자, 원고가 취소소송을 제기하고, 이에 법원이 과세가액 산정방식이 위법하다 하여 부과처분을 취소하였고, 이 판결이 확정된 후 피고가 이 판결에 따라 다시 과세처분을 하자 제기한 증여세등부과처분취소소송에서) 원고가 과세가액평가방법이 잘못되어 부과된 세액이 정당한 세액을 초과한 것이라고 주장하자 법원이 이를 받아들여 초과 세액부분만이 아닌 전체 부과처분의 취소를 명하였는바, 이는 과세관청으로서 판시취지에 따라 정당한 세액을 산정하여 다시 부과할 수 있음을 당연한 전제로 하고 있는 것이고, 따라서 과세관청이 동일한 과세원인에 근거하여 전의 판결에서 적시된 위법사유를 보완하여 정당한 세액을 산출한 다음 다시 부과처분을 한 것은 전의 확정판결의 기판력에 저촉되지 아니한다.

[판례 72] 간접강제

• 해운대구 갑인건설사건(대결 2002. 12. 11, 2002무22)

[사건개요]

2000. 4. 14. 신청인은 상대방(부산광역시 해운대구청장)에게, 부산 해운대구 중동 A번지에 주택건설사업계획승인신청(이하 '이 사건 사업승인신청'이라 한다)을 하였다.
2000. 6. 1. 상대방은 이 사건 사업승인신청을 반려(이하 '종전 거부처분'이라 한다)하였다.
2000. 11. 23. 신청인은 상대방을 상대로 한 종전 거부처분의 취소를 구하는 소송을 제기하여 승소판결을 선고받았다.
2001. 1. 18. 상대방은 도시계획상 필요하다고 인정되는 지역에 대하여 지방도시계획위원회의 심의를 거쳐 당해 지방자치단체의 조례가 정하는 바에 따라 그 허가를 제한할 수 있도록 한 당시 도시계획법 제46조, 제49조 등의 관련 규정에 의하여, 이 사건 토지를 포함한 부산 해운대구 중동 일부지역을 개발행위허가제한구역으로 결정 · 고시하였다.
2001. 8. 24. 상대방의 불복항소에 대하여 부산고등법원은 항소를 기각하였다.
2001. 9. 21. 위 판결이 확정되었다.
2001. 10. 19. 상대방은 다시, "① 이 사건 토지가 위 판시와 같이 개발행위허가제한구역으로 결정 · 고시되었으며, ② 이 사건 사업승인신청서에 건축법시행규칙 제 6 조 소정 서류 등이 미비되었다"는 사유를 들어 이 사건 사업승인신청을 반려(이하 '새 거부처분'이라 한다)하였다. 이에 신청인은 간접강제를 위한 손해배상을 구하는 신청을 하였다.

[결정요지]

[1] 거부처분에 대한 취소의 확정판결이 있음에도 행정청이 아무런 재처분을 하지 아니하거나, 재처분을 하였다 하더라도 그것이 종전 거부처분에 대한 취소의 확정판결의 기속력에 반하는 등으로 당연무효라면 이는 아무런 재처분을 하지 아니한 때와 마찬가지라 할 것이므로 이러한 경우에는 위 규정(행정소송법 제30조 제 2 항, 제34조 제 1 항)에 의한 간접강제신청에 필요한 요건을 갖춘 것으로 보아야 할 것이다.

[2] 당시 도시계획법시행령은 위 시행령과 조례 시행 당시 개발행위허가를 신청중인 경우에는 당해 개발행위에 관하여는 종전의 규정을 적용한다는 경과규정을 두고

있으므로, 위 시행령이나 조례가 시행되기 이전인 2000. 4. 14. 행하여진 이 사건 사업승인신청에 대하여는 도시계획법령이나 위 조례가 아닌 종전 규정에 따른 재처분이 이루어져야 할 것이고, 따라서 상대방이 내세운 새 거부처분의 사유는 확정된 종전 거부처분 취소판결의 기속력이 미치지 않는 법령의 개정에 따른 새로운 사유라고는 할 수 없으므로, 새 거부처분은 확정된 종전 거부처분 취소판결의 기속력에 저촉되는 것으로서 그 하자가 중대하고 명백하여 당연무효라 할 것이다.

[해 설]

1. 쟁 점

이 사건 판결은 「주택건설사업 승인신청 거부처분의 취소를 명하는 판결이 확정되었음에도 행정청이 그에 따른 재처분을 하지 않은 채 위 취소소송 계속중에 도시계획법령이 개정되었다는 이유를 들어 다시 거부처분을 한 사안」에서 새로운 거부처분이 간접강제신청요건의 결여를 의미하는가의 여부를 핵심적인 쟁점으로 하였다. 이하에서 이 사건 판결들을 간접강제의 문제로서 검토한다.

2. 간접강제

(1) 의 의

행정청이 행정소송법 제30조 제 2 항의 규정에 의한 처분을 하지 아니한 때에는 제 1 심수소법원은 당사자의 신청에 의하여 결정으로써 상당한 기간을 정하고 행정청이 그 기간 내에 이행하지 아니하는 때에는 그 지연기간에 따라 일정한 배상을 할 것을 명하거나, 즉시 손해배상을 할 것을 명할 수 있다(행정소송법 제34조 제 1 항).

[참고조문]

행정소송법 제30조(취소판결등의 기속력) ② 판결에 의하여 취소되는 처분이 당사자의 신청을 거부하는 것을 내용으로 하는 경우에는 그 처분을 행한 행정청은 판결의 취지에 따라 다시 이전의 신청에 대한 처분을 하여야 한다.

③ 제 2 항의 규정은 신청에 따른 처분이 절차의 위법을 이유로 취소되는 경우에 준용한다.

[참고예문] 피신청인(서울시 광진구청장)은 결정정본을 받은 날로부터 30일 이내에 신청인이 2012년 12월 29일자에 낸 광장동 381의 5 등 5필지 토지에 대한 형질변경신청에 대하여 허가처분을 하고, 만약 동 기간 내(30일)에 이를 이행하지 않을 때에는 이 기간만료의 다음 날로부터 이행완료시까지 1일 500만원의 비율에 의한 돈을 지급하라.

(2) 적용범위

행정소송법은 거부처분취소판결에 따른 재처분의무에 대한 간접강제를 규정하면서 이를 부작위위법확인판결에 준용하고 있다(행정소송법 제38조 제 2 항). 거부처분에 대한 무효확인판결에는 준용한다는 규정이 없다. 거부처분에 대한 무효확인판결에 간접강제가 허용되는가의 여부에 관해 긍정설과 부정설이 있다. 판례는 부정설을 취한다(대결 1998. 12. 24, 98무37).

(3) 요 건

간접강제의 적용을 위해서는 ① 거부처분취소판결이나 부작위위법확인판결이 확정되어야 하고, ② 행정청이 아무런 처분을 하지 않았어야 한다.

3. 평 가

(1) 이 사건 판례는 위의 ②의 요건과 관련한다.

(2) 이 사건 판결은 「재처분을 하였다 하더라도 그것이 종전 거부처분에 대한 취소의 확정판결의 기속력에 반하는 등으로 당연무효라면 이는 아무런 재처분을 하지 아니한 때와 마찬가지이다」라고 하여 앞의 ②의 요건의 의미를 보다 확대하였다는 점에서 긍정적으로 평가받을 만하다.

4. 참고판례

광주광역시 지방부이사관 승진임용거부사건(대결 2010. 2. 5, 2009무153)

(승진임용을 위해 광주광역시장을 상대방으로 한 간접강제신청사건에서) 원심은 제 1 심결정을 인용하여 다음과 같이 판단하였다. 즉 신청인이 피신청인(광주광역시장)을 상대로 제기한 부작위위법확인소송에서 신청인의 제2 예비적 청구를 받아들이는 내용의 확정판결을 받았다. 그 판결의 취지는 피신청인이 신청인의 광주광역시 지방부이사관 승진임용신청에 대하여 아무런 조치를 취하지 아니하는 것 자체가 위법함을 확인하는 것일 뿐이다. 따라서 피신청인이 신청인을 승진임용하는 처분을 하는 경우는 물론이고, 승진임용을 거부하는 처분을 하는 경우에도 위 확정판결의 취지에 따른 처분을 하였다고 볼 것이다. 그런데 위 확정판결이 있은 후에 피신청인은 신청인의 승진임용을 거부하는 처분을 하였다. 따라서 결국 신청인의 이 사건 간접강제신청은 그에 필요한 요건을 갖추지 못하였다

는 것이다. 원심의 위와 같은 판단은 정당한 것으로 수긍할 수 있고, 거기에 재항고이유의 주장과 같이 부작위위법확인판결의 내용을 오해하거나 부작위위법확인소송에 관한 법리를 오해한 위법이 있다고 할 수 없다.

[판례 73] 무효등확인소송
• 신체등위 1급 공익근무소집사건
(대판 2010. 4. 29, 2009두16879)

[사건개요]

1998. 2. 19. 원고는 징병신체검사에서 신체등위 1급 판정을 받았으나 고등학교 중퇴 학력으로 인하여 공익근무소집대상자처분을 받고, 2001년부터 2007년까지 질병, 자격 시험 응시 등의 사유로 공익근무요원 복무를 연기하여 왔다.
2008. 3. 18. 원고는 피고(부산지방병무청장)에게 생계유지곤란 사유로 병역감면신청을 하였다.
2008. 3. 24. 피고는 '동일한 내용의 민원에 관한 서류를 정당한 사유 없이 3회 이상 반복하여 제출한 경우'에 해당한다는 이유로 '민원사무처리에 관한 법률 시행령' 제21조 제 1 항에 따라 그 신청서를 회송하는 이 사건 병역감면신청서 회송처분을 하였다.
2008. 7. 22. 피고는 원고에게 이 사건 공익근무요원 소집통지를 하였다. 이에 원고는 "피고가 2008. 7. 22. 원고에 대하여 한 공익근무요원소집처분을 취소한다"는 판결을 구하는 소를 제기하였다.
2008. 8. 8. 피고는 원고에게 민원인의 권익보호 차원에서 재검토가 필요하다고 판단되어 원고 가족의 가사상황 · 재산 · 소득 등을 조사하고자 한다면서, 앞서 회송했던 서류를 다시 제출해 줄 것을 요청하였다.
2009. 1. 7. 제 1 심법원은 소각하판결을 하였다. 그 후 원고는 부산고등법원에 "제 1 심 판결을 취소한다. 주위적으로, 피고가 2008. 7. 22. 원고에 대하여 한 공익근무요원소집 처분을 취소한다. 예비적으로, 피고가 2008. 3. 24. 원고에 대하여 한 병역면제신청서 회송처분이 무효임을 확인한다(원고는 부산고등법원에서 예비적 청구를 추가하였다)"는 판결을 구하는 소를 제기하였다.
2009. 3. 24. 원고는 병역감면신청서를 제출하였다.
2009. 9. 4. 제 2 심법원은 소기각판결을 하였다. 이에 원고는 상고하였다.
2009. 9. 21. 피고는 병역감면요건 구비 여부를 심사하여 이 사건 상고 제기 후인 이날 병역감면 거부처분을 하였다.
2009. 9. 25. 피고는 다시 공익근무요원 소집통지를 하였다.
2010. 4. 29. 대법원은 상고를 기각하였다.

[판결요지]

[1] 행정처분이 취소되면 그 처분은 효력을 상실하여 더 이상 존재하지 않는 것이고, 존재하지 않는 행정처분을 대상으로 한 취소소송은 소의 이익이 없어 부적법하다. 또한 절차상 또는 형식상 하자로 무효인 행정처분에 대하여 행정청이 적법한 절차 또는 형식을 갖추어 다시 동일한 행정처분을 하였다면, 종전의 무효인 행정처분에 대한 무효확인 청구는 과거의 법률관계의 효력을 다투는 것에 불과하므로 무효확인을 구할 법률상 이익이 없다.

[2] 피고는 병역감면요건 구비 여부를 심사하지 않은 채 이 사건 병역감면신청서 회송처분을 하고, 이를 전제로 이 사건 공익근무요원 소집통지를 하였다가, 이에 대한 반성적 고려에서 원고의 병역감면신청을 재검토하기로 하여 그에 필요한 서류를 다시 제출받은 후, 병역감면요건 구비 여부를 심사하여 2009. 9. 21. 병역감면 거부처분을 하고, 이를 전제로 같은 달 25일 다시 공익근무요원 소집통지를 한 것으로 보인다. 따라서 이 사건 병역감면신청서 회송처분은 직권으로 취소되었다고 볼 수 있으며, 피고가 2009. 9. 25. 다시 공익근무요원 소집통지를 한 것은, 종전 공익근무요원 소집처분의 의무이행기일을 연기하였다가 다시 그 기일을 정하여 통지한 데 불과한 것이 아니라, 종전 공익근무요원 소집처분을 직권으로 취소하면서 새로운 공익근무요원 소집처분을 한 것이라고 볼 수 있다. 이 사건 소는 주위적 청구 부분과 예비적 청구 부분 모두 더 이상 존재하지 않는 행정처분을 대상으로 한 것 내지는 과거의 법률관계의 효력을 다투는 것에 불과하므로 소의 이익이 없어 부적법하다.

[해　　설]

1. 쟁　　점

이 사건 판결은 원고가 다투는 병역감면신청서 회송처분과 공익근무요원 소집처분이 직권으로 취소되었는데도, 이에 대한 무효확인과 취소를 구할 수 있는지의 여부를 쟁점으로 하였다. 이하에서는 이 사건 판결을 무효등확인소송의 소송요건(본안판단의 전제요건) 중 대상적격(처분의 존재)의 문제로서 검토한다.

2. 무효등확인소송의 대상적격

(1) 무효등확인소송의 의의

무효등확인소송이란 행정청의 처분등의 효력 유무 또는 존재 여부를 확인하는 소송을 말한다(행정소송법 제4조 제2호). 무효등확인소송에는 처분등의 유효확인소송, 처분등의 무효확인소송, 처분등의 존재확인소송, 처분등의 부존재확인소송이 있다. 그리고 학설은 행정소송법에 규정이 없지만, 처분등의 실효확인소송을 인정하고 있다.

(2) 본안판단의 전제요건

① 무효등확인소송의 경우에도 「소(訴) 없으면 재판없다」는 원칙은 당연히 적용된다. 무효등확인소송을 제기하여 법원으로부터 본안에 관한 승소판결을 받기 위해서는 본안판단의 전제요건(소송요건)과 본안요건을 갖추어야 한다. ② 본안판단의 전제요건으로는 무효라고 주장하는 처분등이 존재하고, 관할법원에 원고가 피고를 상대로, 소장을 제출하여야 하고, 원고는 처분등의 무효등의 확인을 구할 이익(권리보호의 필요)이 있어야 하며, 아울러 당사자 사이의 소송대상에 대하여 기판력 있는 판결이 없어야 하고, 또한 중복제소도 아니어야 한다.

(3) 처분등의 존재

(개) 처 분 등 무효등확인소송도 취소소송의 경우와 같이 처분등을 대상으로 한다. 다만 재결무효등확인소송의 경우에는 재결 자체에 고유한 위법이 있음을 이유로 하는 경우에 한한다. 법규범의 무효확인이나 문서의 진위 등의 사실관계의 확인은 무효등확인소송의 대상이 아니다. 다만 집행행위를 요하지 아니하고 그 자체로서 사인의 권리를 침해하는 법규명령이나 조례는 처분(또는 처분에 준하는 작용)으로서 무효확인의 대상이 된다.

(내) 존 재 무효등확인소송 중에서도 무효확인소송은 존재하는 처분의 무효를 확인하는 소송이므로, 무효확인소송의 제기를 위해서는 처분이 존재하여야 한다. 처분이 실효되었다면 무효확인의 대상은 없는 것이 된다. 물론 부존재확인소송의 경우에는 당연히 처분이 부존재하여야 한다.

3. 평 가

(1) 판시사항에는 특별한 문제점이 없어 보인다.

(2) 이 사건 판결에서 대법원이 사용한 소의 이익, 법률상 이익이라는 개념은 광의

의 소의 이익 개념[원고적격+대상적격+협의의 소의 이익(권리보호의 필요)]인 것으로 보인다. 현행 행정소송법은 원고적격과 대상적격에 관한 규정을 구분하여 규정하고 있으므로 소의 이익은 협의의 의미로 사용하는 것이 바람직하다.

4. 참고판례

수원 영통지구 하수도원인자부담금사건(대판 2008. 3. 20, 2007두6342 전원합의체)

(사업시행자인 한국토지공사가 구 하수도법 제32조 제 2 항에 따라 타행위로 인한 공공하수도공사 비용을 부담하였음에도 수원시장이 원고에게 또 같은 법 제32조 제 4 항에 정한 원인자부담금을 부과하자 다툰 하수도원인자부담금부과처분취소소송에서) (1) 행정소송은 행정청의 위법한 처분 등을 취소·변경하거나 그 효력 유무 또는 존재 여부를 확인함으로써 국민의 권리 또는 이익의 침해를 구제하고, 공법상의 권리관계 또는 법 적용에 관한 다툼을 적정하게 해결함을 목적으로 하는 것이므로, 대등한 주체 사이의 사법상 생활관계에 관한 분쟁을 심판대상으로 하는 민사소송과는 그 목적, 취지 및 기능 등을 달리한다. 또한 행정소송법 제 4 조에서는 무효확인소송을 항고소송의 일종으로 규정하고 있고, 행정소송법 제38조 제 1 항에서는 처분 등을 취소하는 확정판결의 기속력 및 행정청의 재처분 의무에 관한 행정소송법 제30조를 무효확인소송에도 준용하고 있으므로 무효확인판결 자체만으로도 실효성을 확보할 수 있다. 그리고 무효확인소송의 보충성을 규정하고 있는 외국의 일부 입법례와는 달리 우리나라 행정소송법에는 명문의 규정이 없어 이로 인한 명시적 제한이 존재하지 않는다. 이와 같은 사정을 비롯하여 행정에 대한 사법통제, 권익구제의 확대와 같은 행정소송의 기능 등을 종합하여 보면, 행정처분의 근거 법률에 의하여 보호되는 직접적이고 구체적인 이익이 있는 경우에는 행정소송법 제35조에 규정된 「무효확인을 구할 법률상 이익」이 있다고 보아야 하고, 이와 별도로 무효확인소송의 보충성이 요구되는 것은 아니므로 행정처분의 무효를 전제로 한 이행소송 등과 같은 직접적인 구제수단이 있는지 여부를 따질 필요가 없다고 해석함이 상당하다. 이와 다른 취지로 판시한 종전 대법원판결들은 이 판결의 견해에 배치되는 범위 내에서 이를 변경하기로 한다. (2) 이 사건에 관하여 보면, 원고로서는 부당이득반환청구의 소로써 직접 위와 같은 위법상태의 제거를 구할 수 있는지 여부에 관계없이 이 사건 처분의 근거 법률에 의하여 보호되는 직접적이고 구체적인 이익을 가지고 있어 행정소송법 제35조에 규정된 「무효확인을 구할 법률상 이익」을 가지는 자에 해당한다. 따라서 이 사건 처분에 대하여는 그 무효확인을 구할 수 있다고 보아야 하므로, 이를 구하는 예비적 청구에 관한 소는 적법하다.

[판례 74] 부작위위법확인소송

• 진해시 어업권연장거부사건(대판 2007. 10. 26, 2005두7853)

[사건개요]

(1) 원고 갑, 을, 병은 각각 A, B, C어장에 관하여 최초 면허 및 등록일 1988. 8. 4., 유효기간 5년으로 된 양식어업 면허를 보유하다가 최초 면허의 유효기간이 만료된 다음, 3회에 걸쳐 10년간 면허기간을 연장하였는데 그 최종 면허의 유효기간이 2003. 8. 3. 만료되었다. 원고 정은 D어장에 관하여 최초 면허 및 등록일 1990. 9. 18., 유효기간 3년으로 된 양식어업 면허를 보유하다가 최초 면허의 유효기간이 만료된 다음, 2회에 걸쳐 10년간 면허기간을 연장하였는데 그 최종 면허의 유효기간이 2003. 9. 17. 만료되었다(이하, 원고들의 각 어업권을 '이 사건 각 어업권'이라 한다).

(2) 피고는 2003년도 개발계획을 수립하면서 이 사건 각 어업권이 있던 수면에 대하여 개발계획에서 반영하지 않았다. 피고는 원고들에게 어장시설물등에 대하여 철거명령을 하였고, 원고들은 이를 다투는 어장시설물등철거명령취소소송을 제기하고 아울러 피고가 2003년도 개발계획에 원고들의 이 사건 어업권에 관한 사항을 포함·반영하지 아니한 조치에 대하여 원고들이 부작위위법확인을 구하였다.

[당시 수산업법령의 내용] 시장·군수 또는 자치구의 구청장은 매년 관할수면의 종합적인 이용·개발을 위한 어장이용개발계획(이하 '개발계획'이라 한다)을 먼저 수립하여 특별시장·광역시장 또는 도지사의 승인을 얻고, 관할수면에서 어업을 하고자 하는 자에 대하여 어업의 면허를 하지만, 어업의 면허를 할 때에는 개발계획의 범위 안에서 면허를 하여야 하며, 어업권자가 유효기간의 연장신청을 하면 제14조 제1항 단서, 제13조 제7항 및 제34조 제1항 각 호의 1에 해당하는 사유가 있는 경우를 제외하고는 면허기간이 만료한 날부터 10년의 범위 안에서 유효기간의 연장을 허가하여야 하지만, 수차에 걸쳐 연장허가를 한 때에는 그 총연장허가기간은 10년을 초과할 수 없도록 되어 있었다. 따라서 최초 어업면허의 유효기간이 만료한 날부터 10년간 면허기간을 연장한 어업권자는 더 이상 연장허가를 받을 수 없게 되어 있었다.

[판결요지](부작위위법확인소송 부분 발췌)

[1] 부작위위법확인소송은 처분의 신청을 한 자로서 부작위의 위법의 확인을 구할 법률상 이익이 있는 자만이 제기할 수 있는 것으로서(행정소송법 제36조) 당사자가 행정청에 대하여 어떤 행정행위를 하여 줄 것을 신청하지 아니하였거나 당사자가 그러한

행정행위를 하여 줄 것을 요구할 수 있는 법규상 또는 조리상의 권리를 가지고 있지 아니하는 등의 경우에는 원고적격이 없거나 항고소송의 대상인 위법한 부작위가 있다고 할 수 없어 그 부작위위법확인의 소는 부적법하다고 할 것이다.

[2] 수산업 관계 법령상 더 이상 연장허가를 받을 수 없는 어업권자에게 어업권의 유효기간이 만료되는 수면에 대하여 개발계획에서 반영하여 줄 것을 요구할 수 있는 법규상 또는 조리상의 신청권이 있다고 볼 근거가 없으므로 피고가 2003년도 개발계획에 원고들의 이 사건 어업권에 관한 사항을 포함·반영하지 아니한 조치에 대하여 원고들이 부작위위법확인을 구하는 것은 원고적격이 없거나 항고소송의 대상인 부작위가 있다고 할 수 없어 부적법하다.

[해　　설]

1. 쟁　　점

이 사건 판결은 부작위위법확인소송의 원고적격과 신청권의 관계를 쟁점의 하나로 하였다. 이하에서 이 사건 판결을 부작위위법확인소송의 본안판단의 전제요건의 문제로서 검토한다.

2. 부작위위법확인소송

(1) 의　　의

부작위위법확인소송이란 행정청의 부작위가 위법하다는 것을 확인하는 소송을 말한다(행정소송법 제4조 제3호).

(2) 본안판단의 전제요건

부작위위법확인소송의 본안판단의 전제요건으로는 부작위가 존재하고, 관할법원에 원고가 피고를 상대로 경우에 따라서는 일정한 기간 내에 소장을 제출하여야 하며 경우에 따라서는 행정심판전치를 거쳐야 하고, 원고에게는 부작위위법의 확인을 구할 이익(권리보호의 필요)이 있어야 하며, 아울러 당사자 사이의 소송대상에 대하여 기판력 있는 판결이 없어야 하고 또한 중복제소도 아니어야 한다.

(3) 부작위의 존재

부작위란 행정청이 당사자의 신청에 대하여 상당한 기간 내에 일정한 처분을 하여야 할 법률상 의무가 있음에도 불구하고 이를 하지 아니하는 것을 말한다(행정소송법 제2조 제1항 제2호). 부작위가 성립하기 위해서는 ① 당사자의 신청이 있을 것, ② 상당한 기간이 경과할 것, ③ 행정청에 일정 처분을 할 법률상 의무가 있을 것, ④ 행정청이 아무런 처분도 하지 않았을 것이 요구된다.

(4) 원고적격

부작위위법확인소송은 처분의 신청을 한 자로서 부작위의 위법을 구할 법률상의 이익이 있는 자만이 제기할 수 있다(행정소송법 제36조). 법률상 이익이 있는 자의 의미는 취소소송의 경우와 같다. ① 학설상 원고적격이 인정되기 위해서는 ⓐ 일정한 처분을 신청한 것으로 족하다는 견해와 ⓑ 법령(명시적 규정이나 해석상 인정되는 경우 포함)에 의해 신청권을 가지는 자에 한한다는 견해, ⓒ 행정청의 부작위로 자기의 법률상의 이익이 침해되었다고 주장하는 자에게 인정된다는 견해의 대립이 있다. ② 생각건대 부작위의 성립에 원고의 신청권이 요구된다는 점을 고려할 때, ⓑ설이 보다 타당하다. ③ 판례도 원고에게 신청권이 있어야 한다는 입장이다.

3. 평　　가

부작위위법확인소송은 신청권이 있는 자만이 제기할 수 있다고 하는 이 사건 판결은 판례의 종전 입장을 따른 것이다.

4. 참고판례

[1] 권리보호의 필요 — 서초구 지방지도원 조례관련사건(대판 2002. 6. 28, 2000두4750)

(서울특별시장을 피고로 한 조례제정부작위위법확인소송에서) (1) 당사자의 신청이 있은 이후 당사자에게 생긴 사정의 변화로 인하여 위 부작위가 위법하다는 확인을 받는다고 하더라도 종국적으로 침해되거나 방해받은 권리와 이익을 보호·구제받는 것이 불가능하게 되었다면 그 부작위가 위법하다는 확인을 구할 이익은 없다.
(2) 지방자치단체가 조례를 통하여 노동운동이 허용되는 사실상의 노무에 종사하는 공무원의 구체적 범위를 규정하지 않고 있는 것에 대하여 버스전용차로 통행위반 단속업무에 종사하는 자가 부작위위법확인의 소를 제기하였으나 상고심 계속중에 정년퇴직한 경우,

위 조례를 제정하지 아니한 부작위가 위법하다는 확인을 구할 소의 이익이 상실되었다.

[2] 제소기간
— 광주광역시 지방부이사관 승진의결 철회사건(대판 2008. 4. 10, 2007두18611)

([판례 84]를 보라) 부작위위법확인의 소는 부작위상태가 계속되는 한 그 위법의 확인을 구할 이익이 있다고 보아야 하므로 원칙적으로 제소기간의 제한을 받지 않으나, 행정소송법 제38조 제 2 항이 제소기간을 규정한 같은 법 제20조를 부작위위법확인소송에 준용하고 있는 점에 비추어 보면, 행정심판 등 전심절차를 거친 경우에는 행정소송법 제20조가 정한 제소기간 내에 부작위위법확인의 소를 제기하여야 할 것이다. 하지만, 당사자의 법규상 또는 조리상의 권리에 기한 신청에 대하여 행정청이 부작위의 상태에 있는지 아니면 소극적 처분을 하였는지는 동일한 사실관계를 토대로 한 법률적 평가의 문제가 개입되어 분명하지 않은 경우가 있을 수 있고, 부작위위법확인소송의 계속중 소극적 처분이 있게 되면 부작위위법확인의 소는 소의 이익을 잃어 부적법하게 되고 이 경우 소극적 처분에 대한 취소소송을 제기하여야 하는 등 부작위위법확인의 소는 취소소송의 보충적 성격을 지니고 있으며, 부작위위법확인소송의 이러한 보충적 성격에 비추어 동일한 신청에 대한 거부처분의 취소를 구하는 취소소송에는 특단의 사정이 없는 한 그 신청에 대한 부작위위법의 확인을 구하는 취지도 포함되어 있다고 볼 수 있다. 이러한 사정을 종합하여 보면, 당사자가 동일한 신청에 대하여 부작위위법확인의 소를 제기하였으나 그 후 소극적 처분이 있다고 보아 처분취소소송으로 소를 교환적으로 변경한 후 여기에 부작위위법확인의 소를 추가적으로 병합한 경우 최초의 부작위위법확인의 소가 적법한 제소기간 내에 제기된 이상 그 후 처분취소소송으로의 교환적 변경과 처분취소소송에의 추가적 변경 등의 과정을 거쳤다고 하더라도 여전히 제소기간을 준수한 것으로 봄이 상당하다.

[판례 75] 무명항고소송(법정외 항고소송)

• **진해시 의창수산업협동조합사건**(대판 1997. 9. 30, 97누3200)

[사건개요]

(1) 피고(진해시장)는 원고 의창수산업협동조합의 제1종 양식어업면허의 유효기간이 만료됨에 따라 1991. 12. 24. 위 어업면허의 연장을 허가하여 새로이 어업면허를 함에 있어서 면허면적을 유효기간 만료 전의 어업면허보다 축소하여 그 판시의 도면표시 ㈏, ㈒ 부분을 제외하였다.
(2) 원고 용원어촌계, 원고 안골어촌계는 1994. 7. 13. 그들의 각 공동어업면허의 면허면적을 조정하여 위 ㈏, ㈒ 부분을 위 공동어업면허면적에 포함시켜 줄 것을 요구하는 내용의 공동어업면허면적 조정신청을 하였으나 피고가 1994. 7. 21. 위 신청을 들어줄 수 없다는 취지의 통보를 하였다.
(3) 용원어촌계 등은 도면표시 ㈏, ㈒ 부분을 공동어업면허의 면허면적에 편입시켜 줄 것을 구하는 취지의 소를 제기하였고, 아울러 피고의 1994. 7. 21. 통보를 원고 용원어촌계 등의 신청에 대한 거부처분으로 보아 그 취소를 구하는 소를 제기하였다.

[판결요지](이행판결 부분 발췌)

현행 행정소송법상 행정청으로 하여금 일정한 행정처분을 하도록 명하는 이행판결을 구하는 소송이나 법원으로 하여금 행정청이 일정한 행정처분을 행한 것과 같은 효과가 있는 행정처분을 직접 행하도록 하는 형성판결을 구하는 소송은 허용되지 아니하므로, 원심이 피고에 대하여 판시의 도면표시 ㈏, ㈒ 부분을 공동어업면허의 면허면적에·편입시켜 줄 것을 구하는 취지의 원고들의 청구 부분은 부적법하다고 판단한 것은 정당하다.

[해 설]

1. 쟁 점

이 사건 판결은 행정청으로 하여금 일정한 행정처분을 하도록 명하는 이행판결을 구하는 것을 대상으로 하였다. 이행판결을 구하는 소송에 관해서는 행정소송법에 정하는 바가 없다. 이하에서 이 사건 판결을 법정외 항고소송(무명항고소송)의 문제로서 검토한다.

2. 무명항고소송(법정외 항고소송)

(1) 의 의

행정소송법은 제 4 조에서 항고소송으로 취소소송·무효등확인소송·부작위위법확인소송을 규정하고 있다. 이 3가지의 소송을 법정항고소송이라 부른다. 그리고 행정소송법에서 규정된 이 3가지의 소송 이외의 항고소송을 무명항고소송이라 부른다. 법정외 항고소송이라고도 한다.

(2) 인정 여부

(가) **학 설** 국민생존권의 강화, 행정의 복잡성과 다양성으로 인해 전통적인 법정항고소송만으로는 행정구제가 미흡하고 행정구제제도의 실질화를 위해 무명항고소송이 인정되어야 한다는 긍정설과 부작위위법확인소송이 인정되고 있으므로 무명항고소송을 인정하기 어렵다는 부정설이 있다.

(나) **판 례** 판례는 무명항고소송인 의무이행소송, 적극적 형성판결, 작위의무확인소송, 예방적 부작위소송을 인정하지 아니하는 부정설의 입장이다.

(다) **사 견** 국민의 권익구제의 폭을 넓힌다는 점, 행정소송법 제 4 조는 예시규정이라는 점, 소송형식의 인정은 학문과 판례에 의해서도 발전될 수 있다는 점을 고려할 때 긍정설이 타당하다.

3. 평 가

이 사건 판결은 무명항고소송을 부인하는 종전의 입장을 재확인하는 판결이다. 앞으로 무명항고소송을 긍정하는 방향으로 판례변경이 있기를 기대한다.

4. 참고판례

[1] 의무이행소송 등 — 서울남부지검 압수물사건(대판 1995. 3. 10, 94누14018)

(검사가 압수 해제된 것으로 간주된 압수물의 환부신청에 대하여 아무런 결정·통지도 하지 아

니하자 다툰 부작위위법확인소송에서) (1) 형사소송법 제332조에 의하면 압수한 서류 또는 물품에 대하여 몰수의 선고가 없는 때에는 압수를 해제한 것으로 간주한다고 규정되어 있으므로 이 사건과 같이 본안사건에서 무죄가 선고되어 확정되었다면 위 법 규정에 따라 피고는 압수물을 제출자나 소유자 기타 권리자에게 환부하여야 할 의무가 당연히 발생한 것이고, 권리자의 환부신청에 대한 피고의 환부결정 등 어떤 처분에 의하여 비로소 환부의무가 발생하는 것은 아니므로 압수가 해제된 것으로 간주된 이 사건 압수물에 대하여 피압수자나 기타 권리자가 민사소송으로 그 반환을 구함은 별론으로 하고 피고가 원고의 압수물 환부신청에 대하여 아무런 결정이나 통지도 하지 아니하고 있다고 하더라도 그와 같은 부작위는 현행 행정소송법상의 부작위위법확인소송의 대상이 되지 아니한다.

(2) 피고에게 압수물 환부를 이행하라는 청구에 관하여는 현행 행정소송법상 행정청의 부작위에 대하여 일정한 처분을 하도록 하는 의무이행소송은 허용되지 아니한다.

[2] 의무이행소송 — 완도군 정자어촌계사건(대판 1989. 9. 12, 87누868)

(전라남도지사가 원고소유의 어업권에 대하여 소멸등록처분을 하자 제기한 어업권말소등록무효확인등청구사건에서) 어업권은 일정한 소멸사유(존속기간의 만료, 어장의 멸실, 어업권의 포기, 면허의 취소등)가 발생하면 어업권소멸의 등록을 기다리지 않고 바로 소멸하므로 도지사의 어업권소멸에 관한 등록행위는 어업권을 소멸시키는 행정처분이 아니어서 도지사의 어업권 등록행위는 무효확인 소송의 대상이 될 여지가 없다. 도지사의 어업권소멸등록에 대하여 어업권면허를 받은 자가 이 회복등록절차이행의 청구를 하는 것은 행정청에 대하여 행정상의 처분의 이행을 구하는 것으로 되니 이와 같은 이행청구는 특별한 규정이 없는 한 행정소송의 대상이 될 수 없는 것이다. 행정소송법 제 4 조에서는 행정심판법상의 의무이행심판청구에 대응하여 부작위위법확인소송만을 규정하고 있으므로 행정청의 부작위에 대하여 의무이행소송이 현행법상 허용되지 아니하고 수산업법 등에서도 이를 인정하는 특별한 규정을 찾아볼 수 없다는 이유로 원고의 어업권소멸등록의 회복등록청구의 소를 각하한 원심판결은 정당하고 거기에 항고소송의 법리를 오해한 위법이 없다.

[3] 작위의무확인소송 등 — 독립기념관 전시물사건(대판 1990. 11. 23, 90누3553)

(잘못 기술된 독립운동가의 활동상을 고쳐 독립운동사 등의 책자를 다시 편찬·보급하고, 독립기념관 전시관의 해설문·전시물 중 잘못된 부분을 고쳐 다시 전시 및 배치할 의무가 있음의 확

인 등을 구한 의무이행청구거부처분취소소송에서) 피고 국가보훈처장 등에게, 독립운동가들에 대한 서훈추천권의 행사가 적정하지 아니하였으니 이를 바로잡아 다시 추천하고, 잘못 기술된 독립운동가의 활동상을 고쳐 독립운동사 등의 책자를 다시 편찬, 보급하고, 독립기념관 전시관의 해설문, 전시물 중 잘못된 부분을 고쳐 다시 전시 및 배치할 의무가 있음의 확인을 구하는 청구는 작위의무확인소송으로서 항고소송의 대상이 되지 아니한다.

[4] 부작위를 구하는 소송 인정 여부에 관한 판례

(1) (건강보험요양급여행위등처분취소소송에서) 행정소송법상 행정청이 일정한 처분을 하지 못하도록 그 부작위를 구하는 청구는 허용되지 않는 부적법한 소송이라 할 것이므로, 피고 국민건강보험공단은 이 사건 고시를 적용하여 요양급여비용을 결정하여서는 아니 된다는 내용의 원고들의 위 피고에 대한 이 사건 청구는 부적법하다(대판 2006. 5. 25, 2003두11988).

(2) (전주시장을 피고로 한 건축허가처분취소소송에서) 피고에 대하여 이 사건 신축건물의 준공처분을 하여서는 아니된다는 내용의 부작위를 구하는 원고의 예비적청구는 행정소송에서 허용되지 아니하는 것이므로 부적법하다(대판 1987. 3. 24, 86누182).

[5] 이행소송 — 의무확인소송 인정 여부에 관한 판례

(1) (건물명도등 · 유익비상환청구소송에서) 행정소송법상 행정청의 부작위에 대하여는 부작위위법확인소송만 인정되고 작위의무의 이행이나 확인을 구하는 행정소송은 허용될 수 없다 할 것인데, 피고가 원고(서울특별시)에 대하여 구하고 있는 이 사건 위탁시설에 대한 관리위탁처분이 행정처분임은 앞서 본 바와 같은바, 그렇다면 이 부분 소는 행정청인 원고에 대하여 행정처분에 대한 작위의무의 이행을 구하는 것으로서 법률상 허용되지 않는 것으로서 부적법하다 할 것이다(대판 2004. 2. 13, 2001다15828 · 15835 · 15842).

(2) (국방부장관을 피고로 한 보존문서정정등청구소송에서) 원고가 이 사건에서 무효확인을 구하는 육군병원의 입원기록은 위 병원에서 환자를 치료, 관리하는 등 업무집행의 편의와 사실증명의 자료로 삼기 위하여 작성되는 것으로서 이로 인하여 바로 원고의 권리의무에 영향을 미치는 것은 아니라 할 것이므로 위 입원기록의 작성행위는 항고소송의 대상이 되는 행정처분이라고 할 수 없고, 또 현행 행정소송법상 의무이행소송이나 의무확인소송은 인정되지 않으며, 행정심판법이 의무이행심판청구를 할 수 있도록 규정하고 있다고 하여 행정소송에서 의무이행청구를 할 수 있는 근거가 되지 못한다(대판 1992. 2. 11, 91누4126).

[판례 76] 당사자소송

• **홍성군 홍주미트 보조금사건**(대판 2011. 6. 9, 2011다2951)

[사건개요]

1997. 11. 13. 원고(홍성군)와 영농법인 푸른축산이 출자하여 도축업, 식육가공업 등 축산물의 종합처리를 목적으로 하는 피고(주식회사 홍주미트)를 설립하였다.
2003. 12. 8. 피고는 원고에게 5년 후에 원금만 상환하는 조건으로 보조금 15억 6,000만 원의 지원을 요청하였다.
2003. 12. 29. 원고는 2003. 12. 11. 홍성군 의회의 의결을 거쳐 피고에게 축산물종합처리장 경영안정자금 지원 명목으로 보조금 15억 원을 지급하기로 결정(이하 '이 사건 보조금 지급결정'이라고 한다)하되, '보조일부터 5년이 되는 2008. 12. 31.까지 원금을 일시불로 반환'하도록 하는 보조금 교부조건(이하 '이 사건 교부조건'이라 한다)을 붙여 피고에게 이 사건 보조금 지급결정을 통보하였다.
2003. 12. 30. 피고는 '피고의 경영안정자금으로 원고로부터 15억 원을 보조받아 경영안정에 최선을 다하고, 보조금 15억 원에 대하여 피고의 경영주체가 변경될 시에도 철저한 인계·인수로 보조금 교부조건에 명시된 바와 같이 2008. 12. 31.까지 일시에 반환할 것을 확약합니다'라는 내용의 확약서를 원고에게 제출하였다.
2003. 12. 31. 원고는 피고에게 9억 7,000만 원의 보조금을 교부하였다.
2004. 3. 12. 원고는 피고에게 5억 3,000만 원의 보조금을 피고에게 교부하였다. 그 후 피고가 교부금을 반환하지 아니하자, 원고가 보조금의 반환을 구하는 소를 제기하였다.

□ **원심판결요지**(대전고법 2010. 12. 17. 선고 2010나3245 판결)
이 사건 보조금 지급결정에 부가된 이 사건 교부조건은 부관에 해당하기는 하지만, 그 내용이 장래의 수익 발생 여부와 상관없이 무조건 이미 교부한 보조금의 반환의무를 부가하는 것이어서 보조금 교부조건에 관한 일반규정이라 할 수 있는 보조금의 예산 및 관리에 관한 법률(이하 '보조금법'이라 한다) 제18조 제 2 항의 취지에 배치되며, 반대급부 없이 주어지는 금전인 보조금의 취지에도 반하여 보조금의 교부라는 행정처분의 본질적 효력을 해하므로, 이 사건 교부조건에는 중대한 하자가 있으며, 이러한 중대한 하자는 그 내용 자체에서 객관적으로 명백하여 무효이고, 이 사건 확약 역시 원고가 위법하게 부가한 이 사건 교부조건에 부당하게 결부시킨 것에 불과하므로 무효이다.

[판결요지](일부 발췌)

[1] 보조금의 예산 및 관리에 관한 법률(이하 '보조금법'이라 한다) 제 2 조 제 1 호는 "위 법에 규정된 보조금이라 함은 국가 외의 자가 행하는 사무 또는 사업에 대하여 국가가 이를 조성하거나 재정상의 원조를 하기 위하여 교부하는 보조금(지방자치단체에 대한 것과 기타 법인 또는 개인의 시설자금이나 운영자금에 대한 것에 한한다) · 부담금(국제조약에 의한 부담금은 제외한다) 기타 상당한 반대급부를 받지 아니하고 교부하는 급부금으로서 대통령령으로 정하는 것을 말한다"고 규정하고 있으므로, 위 법의 적용을 받는 보조금은 국가가 교부하는 보조금에 한정된다. 따라서 지방자치단체인 원고가 피고에게 교부하는 보조금에 관하여는 위 법의 적용이 없고, 지방재정법 및 지방재정법 시행령 그리고 홍성군 보조금관리조례가 적용될 뿐이다.

[2] 지방재정법 및 지방재정법 시행령은 보조금에 관하여 아무런 정의규정을 두지 않고 있는 반면, 홍성군 보조금관리조례는 제 2 조 제 1 호에서 "보조금이라 함은 군 이외의 자가 행하는 사무 또는 사업에 대하여 공익상 · 시책상의 필요에 따라 군이 조성하거나 재정상의 원조를 하기 위하여 교부하는 자금을 말한다"고 규정하면서, 제 7 조에서 "군수는 보조금의 교부를 결정함에 있어서 보조금액에 대한 상당률의 자체부담과 법령 및 예산이 정하는 보조금을 교부목적 달성에 필요하다고 인정되는 조건을 붙일 수 있다"고 규정하고 있다. 위와 같은 홍성군 보조금관리조례의 규정들과 이 사건 보조금 지급결정이 행정청의 재량이 인정되는 수익적 행정행위로서의 성격을 지니고 있고, 특히 경제촉진을 위하여 다양한 형태의 보조금행정을 시행할 필요성도 있는 점 등을 종합하여 보면, 원고가 보조금 지급결정을 하면서 반드시 보조사업자에게 수익이 발생할 경우에 한하여 보조금을 반환하게 하는 조건을 붙일 수 있다고 볼 근거는 없고, 보조사업자의 보조금 신청 내용과 재정상태, 원고의 예산상태, 공익상 · 시책상의 필요성, 보조금의 교부목적 등을 고려하여 금융이자의 부담 없이 보조금을 사용하도록 하되, 일정 기한 내에 그 보조금을 반환하도록 하는 조건의 재정상 원조를 하는 것도 허용될 수 있다고 해석된다.

[3] 보조금법 제18조 제 2 항은 "중앙관서의 장은 보조금의 교부를 결정함에 있어서 보조사업이 완료된 때에 그 보조사업자에게 상당한 수익이 발생하는 경우에는 그 보조금의 교부목적에 위배되지 아니하는 범위 안에서 이미 교부한 보조금의 전부 또는 일부에 해당하는 금액을 국가에 반환하게 하는 조건을 붙일 수 있다"고 규정하고 있으나, 이는 국가가 당초 보조금의 반환을 전제로 하지 않은 보조금 지급결정을 한 경

우에 관하여 적용되는 규정으로서, 그러한 내용의 보조금 지급결정을 하였음에도 보조사업자에게 수익이 발생하는 여부와 무관하게 원금의 일부 또는 전부를 반환하는 조건을 붙인다면 이는 당초의 보조금 교부목적과 상충된다는 점을 고려한 규정이라고 해석된다. 그러나 이 사건과 같이 피고가 원금상환을 조건으로 보조금교부 신청을 하고, 지방자치단체인 원고가 이를 받아들여 이 사건 교부조건이 부가된 이 사건 보조금 지급결정을 한 경우에는 위 규정이 유추 적용될 여지도 없다.

[4] 피고의 원고에 대한 보조금 반환의무는 행정처분인 이 사건 보조금 지급결정에 부가된 부관상 의무이고, 이러한 부관상 의무는 피고가 원고에게 부담하는 공법상 의무이다(대법원 1982. 12. 28. 선고 80다731, 732 판결 등 참조). 따라서 원고의 피고에 대한 이 사건 청구는 공법상 권리관계의 일방 당사자를 상대로 하여 공법상의 의무이행을 구하는 청구로서 행정소송법 제 3 조 제 2 호에서 규정한 당사자소송의 대상임이 분명하다. 그럼에도 제 1 심과 원심은 이 사건 소가 대전지방법원 홍성지원에 제기됨으로써 전속관할을 위반하였음을 간과한 채 본안판단으로 나아갔으니, 이러한 제 1 심과 원심의 판단에는 행정소송법상 당사자소송에 관한 법리를 오해하여 전속관할에 관한 규정을 위반한 위법도 있다.

[해　설]

1. 쟁　점

이 사건에서는 ① 지방자치단체가 교부하는 보조금에 관하여 '보조금의 예산 및 관리에 관한 법률'을 적용할 수 있는지 여부(소극), ② 지방자치단체가 보조사업자에게 금융이자의 부담 없이 보조금을 사용하도록 하되, 일정 기한 내에 보조금을 반환하도록 하는 조건으로 재정상 원조를 하는 것이 허용되는지 여부(적극), ③ 보조금반환청구소송의 관할법원 등을 쟁점으로 하였다. 이하에서는 ③과 관련하여 당사자소송의 문제로서 검토한다.

2. 당사자소송

(1) 의　의

당사자소송이란 행정청의 처분 등을 원인으로 하는 법률관계에 관한 소송, 그 밖에 공법상의 법률관계에 관한 소송으로서 그 법률관계의 한쪽 당사자를 피고로 하는 소송을 말한다(행정소송법 제 3 조 제 2 호). ① 항고소송은 공행정주체가 우월한 지위에서 갖는 공권력의 행사·불행사와 관련된 분쟁의 해결을 위한 절차인 데 반해, 당사자소송은 그러한 공권력행사·불행사의 결과로서 생긴 법률관계에 관한 소송, 그 밖에 대등한 당사자간의 공법상의 권리·의무에 관한 소송이다. ② 당사자소송은 공법상의 법률관계(공권·공의무)를 소송의 대상으로 하는 점에서 사법상의 법률관계(사권·사의무)를 소송의 대상으로 하는 민사소송과 다르다.

(2) 종 류

행정소송법 제 3 조 제 2 호에서 말하는 ① 처분 등을 원인으로 하는 법률관계에 관한 소송의 예로 ⓐ 과세처분의 무효를 전제로 이미 납부한 세금의 반환을 구하는 소송(예: 부당이득반환청구소송), ⓑ 직무상 불법행위로 인한 손해배상청구소송 등을 볼 수 있고, ② 기타 공법상 법률관계에 관한 소송의 예로 ⓐ 공법상 계약의 불이행시에 제기하는 소송(예: 토지수용시 협의성립 후 보상금 미지급시 보상금지급청구소송. 판례는 이를 민사소송으로 다룬다), ⓑ 공법상 금전지급청구를 위한 소송(예: 공무원보수 미지급시 지급청구), ⓒ 공법상 지위·신분의 확인을 구하는 소송(예: 국가유공자의 확인을 구하는 소송)을 볼 수 있다.

(3) 관할법원

당사자소송의 관할법원은 취소소송의 경우와 같다(행정소송법 제40조 본문). 다만 국가 또는 공공단체가 피고인 경우에는 관계행정청의 소재지를 피고의 소재지로 한다(동법 제40조 단서).

(4) 당 사 자

(가) **원 고** 행정소송법상으로 당사자소송의 원고적격에 관하여 규정하는 바는 없다. 그런데 당사자소송은 민사소송에 유사한 것이므로 당사자소송에도 민사소송의 경우와 같이 권리보호의 이익이 있는 자가 원고가 된다(행정소송법 제 8 조 제 2 항). 공동소송이 인정되는 것도 취소소송의 경우와 같다(행정소송법 제15조, 제44조 제 1 항).

(나) **피 고** 항고소송의 경우와 달리 행정청이 피고가 아니다. 국가·공공단체 그 밖의 권리주체가 당사자소송의 피고가 된다(행정소송법 제39조). 국가를 당사자로 하는 소송(국가소송)의 경우에는 「국가를 당사자로 하는 소송에 관한 법률」에 의거하여 법무부장관이 국가를 대표한다(국가를 당사자로 하는 소송에 관한 법률 제 2 조). 지방자치단체를 당사자로 하는 소송의 경우에는 지방자치단체의 장이 당해 지방자치단체를 대표한다(지방자치법 제101조).

3. 평　　가

이 사건에서의 축산물종합처리장의 경영안정을 위한 보조금은 공공적 성격의 경제 촉진을 위한 교부행정(조성행정)의 성격을 갖는다고 볼 때, 판례가 이 사건 청구를 「공법상 권리관계의 일방 당사자를 상대로 하여 공법상의 의무이행을 구하는 청구로서 행정소송법 제3조 제2호에서 규정한 당사자소송」으로 본 것은 타당하다.

4. 참고판례

[1] 재건축조합의 관리처분계획안에 대한 조합 총회결의의 효력 등을 다투는 소송의 성질 — 서초구 주택조합사건(대판 2009. 10. 15, 2008다93001)

(도시 및 주거환경정비법상의 주택재건축정비사업조합을 상대로 아파트의 구분소유자들인 조합원들이 관리처분계획안과 사업시행계획안에 대한 총회결의의 무효확인을 구하는 소를 민사소송으로 제기한 사건에서) 도시 및 주거환경정비법(이하 '도시정비법'이라고 한다)에 따른 주택재건축정비사업조합(이하 '재건축조합'이라고 한다)은 관할 행정청의 감독 아래 도시정비법상의 주택재건축사업을 시행하는 공법인(도시정비법 제18조)으로서, 그 목적 범위 내에서 법령이 정하는 바에 따라 일정한 행정작용을 행하는 행정주체의 지위를 갖는바, 행정주체인 재건축조합을 상대로 관리처분계획안에 대한 조합 총회결의의 효력 등을 다투는 소송은 행정처분에 이르는 절차적 요건의 존부나 효력 유무에 관한 소송으로서 그 소송결과에 따라 행정처분의 위법 여부에 직접 영향을 미치는 공법상 법률관계에 관한 것이므로, 이는 행정소송법상의 당사자소송에 해당하고, 재건축조합을 상대로 사업시행계획안에 대한 조합 총회결의의 효력 등을 다투는 소송 또한 행정소송법상의 당사자소송에 해당한다.

[2] 광주광역시 시립합창단원 재위촉거부사건(대판 2001. 12. 11, 2001두7794)

(광주광역시립합창단원으로서 위촉기간이 만료되는 자들의 재위촉 신청에 대하여 광주광역시 문화예술회관장이 실기와 근무성적에 대한 평정을 실시하여 재위촉을 하지 아니하자 재위촉이 거부된 자가 제기한 합창단재위촉거부처분취소소송에서) 지방자치법 제9조 제2항 제5호 ㈑목 및 ㈒목 등의 규정에 의하면, 광주광역시립합창단의 … 지위가 지방공무원과 유사한 면이 있으나, 한편 단원의 위촉기간이 정하여져 있고 재위촉이 보장되지 아니하며, 단

원에 대하여는 지방공무원의 보수에 관한 규정을 준용하는 이외에는 지방공무원법 기타 관계 법령상의 지방공무원의 자격, 임용, 복무, 신분보장, 권익의 보장, 징계 기타 불이익 처분에 대한 행정심판 등의 불복절차에 관한 규정이 준용되지도 아니하는 점 등을 종합하여 보면, 광주광역시문화예술회관장의 단원 위촉은 광주광역시문화예술회관장이 행정청으로서 공권력을 행사하여 행하는 행정처분이 아니라 공법상의 근무관계의 설정을 목적으로 하여 광주광역시와 단원이 되고자 하는 자 사이에 대등한 지위에서 의사가 합치되어 성립하는 공법상 근로계약에 해당한다고 보아야 할 것이므로, 광주광역시립합창단원으로서 위촉기간이 만료되는 자들의 재위촉 신청에 대하여 광주광역시문화예술회관장이 실기와 근무성적에 대한 평정을 실시하여 재위촉을 하지 아니한 것을 항고소송의 대상이 되는 불합격처분이라고 할 수는 없다.

[3] 광주민주화운동관련자보상사건(대판 1992. 12. 24, 92누3335)

(보상금지급신청에 대한 광주민주화운동관련자보상심의위원회의 결정을 다툰 보상금지급결정취소사건에서) (1) 광주보상법에 의거하여 관련자 및 그 유족들이 갖게 되는 보상 등에 관한 권리는 헌법 제23조 제 3 항에 따른 재산권침해에 대한 손실보상청구나 국가배상법에 따른 손해배상청구와는 그 성질을 달리하는 것으로서 동법이 특별히 인정하고 있는 공법상의 권리이므로 그에 관한 소송은 행정소송법 제 3 조 제 2 호 소정의 당사자소송에 의하여야 할 것이다.

(2) 광주보상법에 의한 보상금등의 지급에 관한 법률관계의 주체는 피고 대한민국이라고 해석되고 지방자치단체인 광주직할시나 또는 국가기관으로서 보상금 등의 심의, 결정 및 지급 등의 기능을 담당하는 데 불과한 피고위원회 및 그 위원장등을 그 주체로 볼 수는 없다.

SECTION 3

행정법각론

(특별행정법)

CASES AND COMMENTARY ON ADMINISTRATIVE LAW

[판례 77] 행정권한의 재위임

• **난지도휀스공사사건**(대판 1995. 7. 11, 94누4615 전원합의체)

[사건개요]

(1) 1993. 7. 9. 피고(서울특별시 영등포구청장)는 서울특별시 난지도 관리사업소가 발주하는 난지도 주변 휀스설치공사에 관하여 원고가 1992. 12. 8. 조달청과 공사도급계약을 체결하고도 이를 소외 ○○휀스실업주식회사에 일괄 하도급주었다는 이유로 건설업법 제22조, 제50조 제 2 항 제 3 호, 같은법시행령 제32조에 따라 원고에 대하여 1993. 7. 7.부터 같은 해 11. 6.까지 4개월 동안 영업을 정지하는 처분(이하 '이 사건 처분'이라 한다)을 하였다. 이에 원고(주식회사 A건설)는 건설업영업정지처분무효확인청구소송을 제기하였다.

(2) 당시 건설업법상 그 처분권한자인 건설부장관은 법 제57조에 따라 위 처분권한을 서울특별시장 등에게 위임하였고, 서울특별시장은 1989. 2. 18. 행정권한의위임및위탁에관한규정 제 4 조에 의거하여 건설부장관의 재위임 승인을 받고 1990. 10. 8. 서울특별시행정권한위임조례(제2654호)가 정하는 바에 따라 이를 피고 등 구청장에게 재위임하여 피고가 이 사건 처분을 하게 되었다.

[원고의 주장]

(1) 건설업법 제50조 제 2 항에 의하면 위 법상 영업정지 등의 처분을 할 수 있는 자는 건설부장관이고, 이를 위임하고자 할 때는 법 제57조에 의거하여 대통령령이 정하는 바에 따라 시, 도지사 또는 지방국토관리청장에 한하여 위임할 수 있을 뿐 군수, 구청장 등에게 재위임할 수 있는 법적 근거는 없으므로 피고의 이 사건 처분은 권한 없는 자에 의하여 행하여진 것이어서 당연 무효이다.

(2) 재위임의 법적 근거 없이 재위임할 수 있는 것으로 본다고 하더라도 행정권한의 위임 및 위탁에 관한 규정 제 4 조에 의거하여 규칙이 정하는 바에 따라 재위임하여야 할 것인데, 이 사건의 경우 법률의 명시적인 위임의 근거도 없이 서울특별시 의회의 조례에 의하여 재위임이 이루어진 것이어서 이 사건 처분은 역시 권한 없는 자에 의하여 행해진 것으로 당연무효이므로 그 확인을 구한다.

[판결요지](재위임 부분 발췌. 나머지 부분은 [판례 24]의 [참고판례][1]을 보라)

[1] 건설업법(1994. 1. 7. 법률 제4724호로 개정되기 전의 것, 이하 같다) 제57조 제 1 항, 같은법시행령 제53조 제 1 항 제 1 호에 의하면 건설부장관의 권한에 속하는 건설업법

제50조 제2항 제3호 소정의 영업정지 등 처분권한은 서울특별시장, 직할시장 또는 도지사(이하 '시·도지사'라고 한다)에게 위임되었을 뿐 시·도지사가 이를 구청장·시장·군수(이하 '구청장 등'이라고 한다)에게 재위임할 수 있는 근거규정은 없으나, 정부조직법 제5조 제1항과 이에 기한 행정권한의위임및위탁에관한규정(1982. 12. 11. 대통령령 제10955호로 전문 개정) 제4조에 재위임에 관한 일반적인 근거규정이 있으므로 시·도지사는 그 재위임에 관한 일반적인 규정에 따라 위임받은 위 처분권한을 구청장 등에게 재위임할 수 있는 것인 바, 위 영업정지 등 처분에 관한 사무는 국가사무로서 지방자치단체의 장에게 위임된 이른바 기관위임사무에 해당하므로 시·도지사가 지방자치단체의 조례에 의하여 이를 구청장 등에게 재위임할 수는 없고 위 행정권한의위임및위탁에관한규정 제4조에 의하여 위임기관의 장의 승인을 얻은 후 지방자치단체의 장이 제정한 규칙이 정하는 바에 따라 재위임하는 것만이 가능하다고 할 것이다.

[2] 이 사건에서, 서울특별시장은 건설부장관으로부터 위임받은 위 처분권한을 위 행정권한의위임및위탁에관한규정 제4조에 의하여 규칙을 제정해서 구청장에게 재위임하지 아니하고 서울특별시행정권한위임조례(1990. 10. 8. 조례 제2654호로 개정된 것) 제5조 제1항 [별표]에 의하여 구청장에게 재위임하였는바, 위 서울특별시행정권한위임조례 중 위 처분권한의 재위임에 관한 부분은 조례제정권의 범위를 벗어난 국가사무(기관위임사무)를 대상으로 한 것이어서 무효라고 하지 않을 수 없다.

[해 설]

1. 쟁 점

이 사건 판결은 ① 구 건설업법 제50조 제2항 제3호 소정의 영업정지 등 처분권한을 위임받은 시·도지사가 이를 구청장 등에게 재위임할 수 있는지 여부, ② 이른바 기관위임사무를 지방자치단체의 조례에 의하여 재위임할 수 있는지 여부, ③ 하자 있는 행정처분이 당연무효인지를 판별하는 기준, ④ 처분권한의 근거 조례가 무효인 경우, 그 근거 규정에 기하여 한 행정처분이 당연무효인지 여부 등을 쟁점으로 하였다. 이하에서는 ①과 ②의 쟁점을 행정권한의 위임과 재위임의 문제로서 검토한다.

2. 행정권한의 위임과 재위임

(1) 위임의 의의

행정관청이 자기에게 주어진 권한을 스스로 행사하지 않고 법령에 근거하여 타자에게 사무처리권한의 일부를 실질적으로 이전하여 그 자의 이름과 권한과 책임으로 특정의 사무를 처리하게 하는 것을 넓은 의미에서 권한의 위임이라고 한다. 「실질적으로」란 모법상으로는 위임행정청의 권한이지만, 위임의 법리에 따른 위임입법에 의해 그 권한이 이전됨을 의미한다.

(2) 위임의 법적 근거

㈎ **문제상황** ① 각 단행법에서 개별적으로 권한의 위임을 규정하는 경우가 적지 않다(예: 식품위생법 제91조; 공중위생관리법 제18조). ② 단행법에 개별 근거규정이 없는 경우에 권한의 위임에 관한 일반적 근거규정인 정부조직법 제 6 조와 이에 근거한 대통령령인 행정권한의 위임 및 위탁에 관한 규정으로 위임할 수 있는가의 문제가 있다.

㈏ **학설·판례** 학설은 ① 정부조직법 제 6 조는 행정관청의 권한은 위임이 가능하다는 일반원칙을 선언한 것에 불과하다는 소극설과 ② 동조는 위임의 근거가 된다는 견해의 적극설이 있다. ③ 판례는 이 사건 판결에서 보는 바와 같이 적극설을 취한다. 즉 동조를 위임과 재위임의 일반적 근거규정으로 본다(대판 1995. 7. 11, 94누4615).

㈐ **사 견** 정부조직법 제 6 조가 권한의 위임의 일반적인 근거가 된다고 하면, 그것은 권한을 법령으로 명확히 정하라는 행정조직법정주의에 상치되는 결과를 가져오고, 아울러 시민의 입장에서는 권한의 소재를 판단하는 데에 많은 어려움을 갖게 된다. 따라서 소극설이 타당하다고 본다.

(3) 재 위 임

권한의 재위임이란 권한을 위임받은 자가 위임받은 권한의 일부를 다시 위임하는 것을 말한다. 권한의 위임을 받은 자는 법령이 정하는 바에 의하여 위임받은 사무의 일부를 보조기관 또는 하급행정기관 등에 재위임할 수 있다.

[참고조문]

정부조직법 제 6 조(권한의 위임 또는 위탁) ① 행정기관은 법령으로 정하는 바에 따라 그 소관사무의 일부를 보조기관 또는 하급행정기관에 위임하거나 다른 행정기관·지방자치단체 또는 그 기관에 위탁 또는 위임할 수 있다. 이 경우 위임 또는 위탁을 받은 기관은 특히 필요한 경우에는 법령으로 정하는 바에 따라 위임 또는 위탁을 받은 사무의 일부를 보조기관 또는 하급행정기관에 재위임할 수 있다.

② 보조기관은 제 1 항에 따라 위임받은 사항에 대하여는 그 범위에서 행정기관으로서 그 사무를 수행한다.

행정권한의 위임 및 위탁에 관한 규정 제 4 조(재위임) 특별시장 · 광역시장 · 도지사 또는 특별자치도지사(특별시 · 광역시 · 도 또는 특별자치도의 교육감을 포함한다. 이하 같다)나 시장 · 군수 또는 구청장(자치구의 구청장을 말한다. 이하 같다)은 행정의 능률향상과 주민의 편의를 위하여 필요하다고 인정될 때에는 수임사무의 일부를 그 위임기관의 장의 승인을 받아 규칙으로 정하는 바에 따라 시장 · 군수 · 구청장(교육장을 포함한다) 또는 읍 · 면 · 동장, 그 밖의 소속기관의 장에게 다시 위임할 수 있다.

지방자치법 제104조(사무의 위임 등) ① 지방자치단체의 장은 조례나 규칙으로 정하는 바에 따라 그 권한에 속하는 사무의 일부를 보조기관, 소속 행정기관 또는 하부행정기관에 위임할 수 있다.

② 지방자치단체의 장은 조례나 규칙으로 정하는 바에 따라 그 권한에 속하는 사무의 일부를 관할 지방자치단체나 공공단체 또는 그 기관(사업소 · 출장소를 포함한다)에 위임하거나 위탁할 수 있다.

④ 지방자치단체의 장이 위임받거나 위탁받은 사무의 일부를 제 1 항부터 제 3 항까지의 규정에 따라 다시 위임하거나 위탁하려면 미리 그 사무를 위임하거나 위탁한 기관의 장의 승인을 받아야 한다.

(4) 내부위임

권한의 내부위임은 행정조직내부에서 수임자가 위임자의 권한을 위임자의 명의와 책임으로 사실상 행사하는 것을 말한다(대판 1989. 3. 14, 88누10985). 내부위임에는 법률의 근거를 요하지 아니한다(대판 1998. 2. 27, 97누1105). 내부위임의 경우, 소송상 피고는 위임청이다(대판 1991. 10. 8, 91누520). 그러나 내부위임의 경우에도 수임기관이 자신의 명의로 처분을 하였다면, 피고는 수임기관이 된다. 왜냐하면 대외적인 행위를 한 자는 바로 수임기관이기 때문이다(대판 1994. 6. 14, 94누1197).

3. 평　가

(1) 이 사건 판결은 판례의 종전 입장을 따른 것이다.

(2) 이 사건 판결요지 중 재위임에 관한 부분은 정부조직법 제 6 조 제 1 항과 행정권한의 위임 및 위탁에 관한 규정 제 4 조를 따른 것으로서 타당하다.

4. 참고판례

[1] 울진군 주유소 영업정지사건(대판 1990. 7. 27, 89누6846)

(울진군수가 한 석유판매업영업정지처분의 취소를 구한 사건에서) (1) 「행정기관은 법령이 정하는 바에 의하여 그 소관사무의 일부를 보조기관 또는 하급행정기관에 위임하거나 다른 행정기관·지방자치단체 또는 그 기관에 위탁 또는 위임할 수 있다. 이 경우 위임 또는 위탁을 받은 기관은특히 필요한 때에는 법령이 정하는 바에 의하여 위임 또는 위탁받은 사무의 일부를 보조기관 또는 하급행정기관에 재위임할 수 있다」고 규정한 정부조직법 제 5 조 제 1 항과 「서울특별시장·직할시장 또는 도지사(서울특별시·직할 시·도교육위원회의 교육감을 포함한다)는 행정의 능률향상과 주민의 편의를 위하여 필요하다고 인정할 때에는 수임사무의 일부를 그 위임기관의 장의 승인을 얻어 규칙이 정하는 바에 따라 구청장·시장·군수(교육구청장·교육장을 포함한다) 기타 소속기관의 장에게 다시 위임할 수 있다」고 규정한 행정권한의위임및위탁에관한규정 제 4 조에 의하면, 도지사가 상급행정기관인 동력자원부장관으로부터 석유사업법 제13조 제 3 항에 따라서 석유판매업자에게 사업의 정지를 명할 수 있는 행정권한을 위임받은 경우, 그 위임기관의 장인 동력자원부장관의 승인을 얻어 규칙이 정하는 바에 따라 군수 기타 소속기관의 장에게 그 수임권한을 다시 위임할 수 있다고 보는 것이 당원의 판례(1989. 12. 26. 선고 89구4000 판결; 1990. 2. 27. 선고 89누5287 판결 등)이다.

(2) 그럼에도 불구하고 원심은 석유사업법과 같은법시행령에 의하면 석유판매업의 사업정지처분에 관한 권한은 서울특별시장·직할시장 또는 도지사에게만 위임되었을 뿐 군수에게까지는 재위임되지 않았다고 단정한 나머지, 경상북도지사가 동력자원부장관의 승인을 얻어 규칙이 정하는 바에 따라 이 사건 사업정지처분에 관한 권한을 군수인 피고에게 다시 위임하였는지의 여부에 대하여는 따져 보지도 아니한 채, 피고가 자신의 이름으로 한 이 사건 사업정지처분이 권한이 없는 행정관청에 의하여 행하여진 것이어서 위법한 것이라는 취지로 판단하였으니, 원심판결에는 행정권한의 재위임에 관한 법리를 오해한 위법이 있다고 하지 않을 수 없고, 이와 같은 위법은 판결에 영향을 미친 것임이 명백하므로, 이 점을 지적하는 논지는 이유가 있고, 원심판결은 파기를 면하지 못할 것이다. (파기환송)

[2] 교육감 권한의 위임

(대전광역시 동부교육장이 한 학교법인 임원취임승인취소처분등의 취소를 구한 사건에서) 사

립학교법 제 4 조 제 1 항, 제20조의2 제 1 항에 규정된 교육감의 학교법인 임원취임의 승인취소권은 교육감이 지방자치단체의 교육·학예에 관한 사무의 특별집행기관으로서 가지는 권한이고 정부조직법상의 국가행정기관의 일부로서 가지는 권한이라고 할 수 없으므로 국가행정기관의 사무나 지방자치단체의 기관위임사무 등에 관한 권한위임의 근거규정인 정부조직법 제 5 조 제 1 항, 행정권한의위임및위탁에관한규정 제 4 조에 의하여 교육장에게 권한위임을 할 수 없고, 구 지방교육자치에관한법률(1995. 7. 26. 법률 제4951호로 개정되기 전의 것) 제36조 제 1 항, 제44조에 의하여 조례에 의하여서만 교육장에게 권한위임이 가능하다 할 것이므로, 행정권한의위임및위탁에관한규정 제 4 조에 근거하여 교육감의 학교법인 임원취임의 승인취소권을 교육장에게 위임함을 규정한 대전직할시교육감소관행정권한의위임에관한규칙 제 6 조 제 4 호는 조례로 정하여야 할 사항을 규칙으로 정한 것이어서 무효이다(대판 1997. 6. 19, 95누8669).

[3] 구 자동차운수사업법상 과징금 부과권한의 재위임

(서울특별시 중구청장이 한 과징금부과처분의 무효확인을 구한 사건에서) 구 자동차운수사업법(1997. 12. 13. 법률 제5448호 여객자동차운수사업법으로 전문 개정되기 전의 것) 제69조 제 1 항은 「교통부장관은 이 법에서 규정하는 그 권한의 일부를 대통령령이 정하는 바에 의하여 도지사 또는 소속기관의 장에게 위임할 수 있다」고, 제 2 항은 「도지사는 제 1 항의 규정에 의하여 교통부장관으로부터 위임받은 권한의 일부를 교통부장관의 승인을 얻어 시장·군수 또는 구청장에게 재위임할 수 있다」고 각 규정하고 있으므로, 서울특별시장은 교통부장관의 승인을 얻은 후 규칙이 정하는 바에 따라 재위임하는 것이 가능하고, 서울특별시행정권한위임규칙(1994. 12. 20. 규칙 제2657호) [별표] 제17호 (나)목에 의하면 같은 법에 의한 과징금의 부과·징수 권한이 서울특별시장으로부터 구청장에게 재위임되어 있으므로 구청장은 과징금을 부과할 적법한 권한이 있는 자다(대판 2000. 2. 8, 97누3767).

[판례 78] 간접국가행정조직

• KBS예비사원 채용공고사건

(헌재 2006. 11. 30, 2005헌마855 전원재판부)

[사건개요]

청구인은 2004. 2. 1. 공군장교로 임관하여 복무중이고, 의무복무기간이 만료되는 2007. 1. 31. 전역할 예정이다. 청구인은 전역과 동시에 한국방송공사(이하 '피청구인'이라 한다)에 입사하기 위하여 피청구인이 주관하는 예비사원 채용시험에 미리 응시하려 하였다. 그런데, 피청구인은 2005. 9. 16. 행한 '2006년도 예비사원 채용공고'에서 "병역필 또는 면제받은 분. 단, 2005. 12. 31. 이전 전역 예정자는 응시 가능합니다"라고 특정하여 응시자격을 제한하였다. 따라서 청구인과 같이 군복무중이면서 해당 기한 내 전역 예정자가 아니면 응시자격이 없었다. 이에 청구인은 그 공고 내용이 자신의 직업선택의 자유와 평등권 등을 침해한다며 2005. 9. 8. 이 사건 헌법소원심판을 청구하였다.

[참고조문]

방송법 제43조(설치 등) ① 공정하고 건전한 방송문화를 정착시키고 국내외 방송을 효율적으로 실시하기 위하여 국가기간방송으로서 한국방송공사(이하 이 장에서 '공사'라 한다)를 설립한다.

② 공사는 법인으로 한다.

⑤ 공사의 자본금은 3천억 원으로 하고 그 전액을 정부가 출자한다.

제44조(공사의 공적 책임) ① 공사는 방송의 목적과 공적 책임, 방송의 공정성과 공익성을 실현하여야 한다.

② 공사는 국민이 지역과 주변 여건에 관계없이 양질의 방송서비스를 제공받을 수 있도록 노력하여야 한다.

③ 공사는 시청자의 공익에 기여할 수 있는 새로운 방송프로그램·방송서비스 및 방송기술을 연구하고 개발하여야 한다.

④ 공사는 국내외를 대상으로 민족문화를 창달하고, 민족의 동질성을 확보할 수 있는 방송프로그램을 개발하여 방송하여야 한다.

제52조(직원의 임면) 공사의 직원은 정관이 정하는 바에 따라 사장이 임면한다.

[결정요지]

[다수의견] 공법인의 행위는 일반적으로 헌법소원의 대상이 될 수 있으나, 그 중 대

외적 구속력을 갖지 않는 단순한 내부적 행위나 사법적(私法的)인 성질을 지니는 것은 헌법소원의 대상이 되는 공권력의 행사에 해당하지 않는다. 방송법은 「한국방송공사 직원은 정관이 정하는 바에 따라 사장이 임면한다」고 규정하는 외에는(제52조) 직원의 채용관계에 관하여 달리 특별한 규정을 두고 있지 않으므로, 한국방송공사의 이 사건 공고 내지 직원 채용은 피청구인의 정관과 내부 인사규정 및 그 시행세칙에 근거하여 이루어질 수밖에 없다. 그렇다면 한국방송공사의 직원 채용관계는 특별한 공법적 규제 없이 한국방송공사의 자율에 맡겨진 셈이 되므로 이는 사법적인 관계에 해당한다고 봄이 상당하다. 또한 직원 채용관계가 사법적인 것이라면, 그러한 채용에 필수적으로 따르는 사전절차로서 채용시험의 응시자격을 정한 이 사건 공고 또한 사법적인 성격을 지닌다고 할 것이다. 이 사건 공고는 헌법소원으로 다툴 수 있는 공권력의 행사에 해당하지 않는다.

[소수의견] 오늘날 국가기능의 확대 내지 민간화 추세에 따라 국가기관은 아니면서 그 기능의 일부를 대신하거나 공익적 업무를 수행하는 공공기관 내지 공법인이 늘어나고 있다. 이런 연유로 국민의 기본권은 주로 국가에 의해 침해될 수 있다는 전통적 이론도 새로운 관점에서 재조명해 볼 필요성이 대두되었다. 미국, 독일 등에서는 이미 산업사회의 발달과 더불어 사적 집단이나 세력에 의한 기본권 침해가 증대될 수 있다는 측면을 중시하여 이른바 「국가행위이론(state action doctrine)」이나 「기본권의 대사인적 효력 이론」 등을 들어서 헌법상 기본권이 사인 상호간의 법률관계에도 적용될 수 있는 방안을 모색하고 있는 추세이다. 방송법에 따르면 한국방송공사는 국가기간방송으로 방송의 공정성과 공익성을 실현하고, 그 자본금 전액을 정부가 출자하고 재원도 주로 국민이 납부하는 텔레비전 방송수신료로 충당되고 있으며, 이사는 방송위원회의 추천으로 대통령이 임명하고, 사장은 이사회의 제청으로 대통령이 임명하며, 그 회계결산은 방송위원회와 국회에 제출하여 승인을 얻어 확정·공표하며, 외부감사는 감사원법에 따라 감사원이 실시한다. 이러한 사정에 비추어 볼 때, 한국방송공사는 공법인 중에서도 특히 공공적 성격이 강하다고 할 수 있을 뿐만 아니라, 한국방송공사의 이 사건 공고처럼 국민의 기본권을 침해할 소지가 있는 경우에 이미 채용된 직원의 근무관계는 사법적인 관계에 해당하므로 법원에 민사소송을 제기함으로써 구제받을 수 있는 것과 달리 단지 피청구인에 대한 입사지원을 준비하는 당사자가 일반법원에 채용공고의 무효확인소송을 제기하거나 집행정지신청을 한 경우에 이것이 허용되어 구제된 사례를 발견할 수도 없다. 그렇다면 이 사건 공고는 공권력 행사에 준하는 것으로 보아 이 사건을 각하할 것이 아니라 본안에 들어가 위헌 여부를 판단하는 것이 옳다.

[해 설]

1. 쟁 점

이 사건 결정은 한국방송공사의 「2006년도 예비사원 채용공고」 중 「병역필 또는 면제받은 분. 단, 2005. 12. 31. 이전 전역 예정자는 응시 가능합니다」 부분이 헌법소원의 대상이 되는 공권력의 행사에 해당하는지 여부(소극)를 쟁점으로 하였다. 한국방송공사는 학문상 간접국가행정조직의 하나로 분류되는바, 이 사건 판결을 간접국가행정조직의 문제로서 검토한다.

2. 간접국가행정조직

국가의 행정은 반드시 국가의 고유기관에 의해서만 수행되어야 하는 것은 아니다. 경우에 따라서는 국가로부터 독립한 법인을 설립하여 그로 하여금 국가행정을 수행하게 하는 경우도 있다(대판 1988. 9. 27, 86누827). 이와 같이 법인격 있는 단체를 통해 수행되는 국가행정을 간접국가행정이라 하고, 간접국가행정조직으로 공법상 사단·공법상 재단·공법상 영조물법인 등이 있다.

3. 평 가

(1) 한국방송공사는 공법상 영조물법인에 해당한다. 한국방송공사는 국가기관방송사로서 국가적인 공공사무를 수행하는 독립의 공법인이므로 한국방송공사의 행위는 일단 공법적인 것으로 추정할 필요가 있다. 따라서 헌법재판소의 다수 견해가 이 사건 결정문에서 KBS 직원채용을 사법관계로 본 것은 타당하다고 보기 어렵다. 오히려 소수견해의 지적이 보다 합리적이고 설득력이 있다.

(2) 국가사무를 효율적으로 수행하기 위하여 공법인을 설립하고, 공법인으로 하여금 그 국가사무를 수행하게 하는 경우, 공법인이 수행하는 사무를 국가가 수행하는 경우만큼 넓게 공법적이라 할 수는 없지만, 그렇다고 하여 공법인이 수행하는 사무는 기본적으로 사법적이라 하는 것도 문제가 있다. 공법인이 수행하는 사무에 대하여 공법적 성격을 인정하는 범위에 관한 헌법재판소의 태도는 상당히 소극적이다.

(3) 이 사건 결정은 종전의 입장을 따른 것이지만, 헌법재판소의 소극적인 자세는 바뀌어야 할 것이다. 대법원의 입장도 헌법재판소의 경우와 유사해 보인다.

4. 참고판례

[1] 한국토지신탁(주)사건(헌재 2002. 3. 28, 2001헌마464 전원재판부)

(피청구인인 (주)한국토지신탁이 근무예정기간이 끝났다며 국가보훈처장의 고용명령을 받고 별정직으로 고용한 청구인을 해고하자, 청구인이 행복추구권, 평등권, 근로권 등의 침해를 이유로 청구한 헌법소원심판에서) 이 사건에서 청구인이 다투는 것은 청구인과 피청구인 간의 고용관계에서 발생한 인사상의 차별 및 해고에 관한 것이다. 그런데 피청구인은 정부투자기관인 한국토지공사의 출자로 설립되었던 주식회사인바, 이러한 회사의 내부적 고용관계에 관한 사항은, 이를 규율하는 특별한 공법적 규정이 존재하지 않는 한, 원칙적으로 사법관계에 속하는 것이라고 볼 것이다. 기록을 보면 청구인이 주장하는 바 인사상의 차별 및 해고는 피청구인의 내부 인사규정에 의한 것이고, 그러한 사항에 대한 별도의 공법적 규정에 의한 것이 아니다. 그렇다면 결국 이는 사법관계에 속하는 근무관계에 관한 사항으로서 헌법소원의 대상이 되는 공권력 작용이라고 할 수 없다.

[2] 한국토지개발공사 입찰참가자격 제한사건(대판 1995. 2. 28, 94두36)

(한국토지개발공사가 원고를 입찰참가자격제한 내용의 부정당업자제재처분을 하자 원고가 부정당업자제재처분효력정지를 구한 사건에서) (1) (한국토지개발공사의 성격) 한국토지개발공사를 중앙행정기관으로 규정한 법률을 찾아 볼 수 없으며, 예산회계법 제11조의 규정에 의하여 정부투자기관의 예산과 회계에 관한 사항을 규정한 정부투자기관관리기본법에 예산회계법 제95조 또는 같은 법 시행령 제130조를 준용한다는 규정도 없으므로 재항고인(한국토지개발공사)은 위 법령 소정의「각 중앙관서의 장」에 해당되지 아니한다.

(2) (한국토지개발공사의 행위의 성질) 재항고인이 행정소송법 소정의 행정청 또는 그 소속 기관이나 이로부터 이 사건 제재처분의 권한을 위임받았다고 볼 만한 아무런 법적 근거가 없다고 할 것이므로 재항고인이 한 위 제재처분은 행정소송의 대상이 되는 행정처분이 아니라 단지 상대방을 재항고인이 시행하는 입찰에 참가시키지 않겠다는 뜻의 사법상의 효력을 가지는 통지행위에 불과하다 할 것이고, 또한 재항고인의 이와 같은 통지행위가 있다고 하여 상대방에게 예산회계법 제95조 제 2 항, 지방재정법 제62조 제 2 항에 의한 국가 또는 지방자치단체에서 시행하는 모든 입찰에 참가자격을 제한하는 효력이 발생한다고 볼 수도 없으므로 상대방이 재항고인을 상대로 하여 제기한 이 사건 신청의 본안소송은 부적법하다.

[판례 79] 조례와 행정의 법률적합성의 원칙

• **결산관련 조례안사건**(대판 2009. 4. 9, 2007추103)

[사건개요]

2007. 7. 20. 피고(A시의회)는 "A시 결산검사위원 선임 및 운영에 관한 조례 중 개정조례안(이하 '개정조례안'이라 한다)"을 의결하였다.

2007. 7. 23. 피고는 개정조례안을 원고에게 이송하였다.

2007. 8. 10. 원고(A시 시장)는 개정조례안 중 제9조 제1항, 제3항이 법령에 위반된다는 이유로 피고에게 재의결을 요구하였다.

2007. 9. 17. 피고는 개정조례안을 원안대로 재의결하여 이로써 개정조례안이 확정되었다. 이에 원고는 "피고가 2007. 9. 17.에 한 A시 결산검사위원 선임 및 운영에 관한 조례 중 개정조례안에 대한 재의결은 효력이 없다. 소송비용은 피고가 부담한다"는 판결을 구하는 개정조례안재의결무효확인청구소송을 제기하였다.

[참고조문]

개정조례안 제9조 ① 결산검사 종료 후 검사위원이 시장에게 제출하는 결산검사의견서에 필요한 경우 추징, 환수, 변상 등과 책임공무원에 대한 징계 등의 시정조치에 관한 의견을 담을 수 있다.

③ 시장은 의회에 결산서와 결산검사의견서를 같이 제출하여야 하되, 결산검사의견서에 시정조치 의견이 있을 때에는 그 시정조치 결과나 시정조치 계획을 의회에 알려야 하고, 그러할 수 없을 때에는 그 사유를 의회에 알려야 한다.

[판결요지]

[1] 지방자치법 제22조 본문은「지방자치단체는 법령의 범위 안에서 그 사무에 관하여 조례를 제정할 수 있다」고 규정한다. 여기서「법령의 범위 안에서」라 함은「법령에 위반되지 아니하는 범위 내에서」를 말하고, 지방자치단체가 제정한 조례가 법령에 위반되는 경우에는 효력이 없다.

[2] 지방자치법은 지방자치단체의 의사를 내부적으로 결정하는 최고의결기관으로 지방의회를, 외부에 대하여 지방자치단체의 대표로서 지방자치단체의 의사를 표명하고 그 사무를 통할하는 집행기관으로 단체장을 각 독립한 기관으로 두고, 의회와 단체

장에게 독자적인 권한을 부여하여 상호 견제와 균형을 이루도록 하고 있다. 그러므로 법률에 특별한 규정이 없는 한 조례로써 그 견제의 범위를 넘어서 상대방의 고유권한을 침해하는 규정을 제정할 수 없다.

[3] 지방의회는 조례의 제정 및 개폐, 예산의 심의·확정, 결산의 승인, 기타 구 지방자치법 제35조에 규정된 사항에 대한 의결권을 가지는 외에 구 지방자치법 제36조 등의 규정에 의하여 지방자치단체사무에 관한 행정사무감사 및 조사권 등을 가진다. 지방의회는 이와 같이 법령에 의하여 주어진 권한의 범위 내에서 집행기관을 견제할 수 있는 것이고, 법령에 규정이 없는 새로운 견제장치를 만드는 것은 집행기관의 고유권한을 침해하는 것이 되어 허용될 수 없다.

[4] 지방의회가 선임한 검사위원이 결산에 대한 검사의 결과 필요한 경우 결산검사의견서에 추징, 환수, 변상 및 책임공무원에 대한 징계 등의 시정조치에 관한 의견을 담을 수 있고, 그 의견에 대하여 시장은 그 시정조치 결과나 시정조치 계획을 의회에 알려야 한다는 것이다. 이러한 경우 지방의회로서는 검사위원의 결산검사의견서의 내용과 그 시정조치에 대한 시장의 결과보고 등을 참작하여 결산에 대한 승인 여부를 결정하게 될 것이어서, 이는 사실상 지방의회가 단체장에 대하여 직접 추징 등이나 책임공무원에 대한 징계 등을 요구하는 것과 크게 다를 바 없다. 그렇다면 지방자치단체의 장에 대한 지방의회의 본래적인 견제장치가 아니라 단지 결산 승인 여부를 판단하는 자료로서 부수적으로 요구되고 행하여지는 검사위원에 의한 결산검사의견서 작성에 추징, 환수, 변상이나 책임공무원에 대한 징계 등과 같은 시정조치에 관한 의견을 담을 수 있도록 하는 것은 더욱이나 지방의회가 법령에 의하여 주어진 권한의 범위를 넘어서 집행기관에 대하여 새로운 견제장치를 만드는 것에 해당하여 법령에 위반된다고 하지 않을 수 없다.

[5] 개정조례안 중 일부가 위법한 이상 개정조례안에 대한 재의결은 그 전부가 효력이 부인되어야 한다.

[해　　설]

1. 쟁　　점

이 사건 판결은 「지방의회가 선임한 검사위원이 결산검사의견서에 추징, 환수, 변상 및 책임공무원에 대한 징계 등의 시정조치에 관한 의견을 담을 수 있도록 하는 등의 내용의 개정조례안이 위법한가?」의 여부를 다툰 것이지만, 이 다툼의 해결을 위해 ① 지방자치법 제22조에 정한 '법령의 범위 안에서'의 의미 및 지방자치단체가 제정한 조례가 법령에 위배되는 경우의 효력(무효), ② 지방의회와 지방자치단체의 장 사이의 관계, ③ 조례안의 일부 위법의 효과 등에 대한 검토가 필요하다. 이하에서 차례로 살펴본다.

2. 조례와 행정의 법률적합성의 원칙

(1) 지방자치법 제22조 본문 중 「법령의 범위 안에서」의 의미

지방자치법 제22조 본문은 「지방자치단체는 법령의 범위 안에서 그 사무에 관하여 조례를 제정할 수 있다」고 규정한다. 여기서 그 사무란 자치사무와 단체위임사무를 말하고, 「법령의 범위 안」이란 법률의 우위의 원칙에 위반되지 않아야 한다는 것과 법률의 유보의 원칙에 위반되지 않아야 한다는 것을 포함한다. 법률의 유보의 원칙과 관련하여 지방자치법 제22조 단서는 「다만, 주민의 권리 제한 또는 의무 부과에 관한 사항이나 벌칙을 정할 때에는 법률의 위임이 있어야 한다」고 하여 법률의 유보의 원칙이 조례제정에 적용됨을 규정하고 있지만, 지방자치법 제22조 단서가 없다고 하여도 지방자치법 제22조 본문에 의해 법률의 유보의 원칙이 적용된다고 볼 것이다. 하여간 수익적 조례에는 법률의 유보의 원칙이 적용되지 아니한다.

(2) 지방의회와 지방자치단체의 장 사이의 관계

현행 지방자치법은 지방자치단체의 조직형태로 기관대립주의(기관분립주의)를 채택하고 있는 것으로 이해된다. 말하자면 우리의 입법자는 기관 상호간의 견제와 균형하에 행정의 능률성과 책임성을 확보하기 위하여 기관대립주의(기관분립주의)를 채택한 것으로 이해된다. 따라서 지방의회는 지방자치법이 정한 기관대립주의를 침해하는 조례를 만들어서 집행기관을 통제할 수는 없다.

(3) 조례안의 일부 위법의 효과

㈎ **조례안의 위법의 효과**　지방자치단체가 제정한 조례가 법령에 위반되는 경우에는 효력이 없다. 왜냐하면 법논리상 상위법령에 반하는 하위법령의 효력은 인정할 수 없고, 아울러 행정소송법은 처분의 경우에만 취소를 인정하고 있을 뿐이기 때문이다.

㈏ **조례안의 일부 위법의 효과**　재의결의 내용 전부가 아니라 그 일부만이 위법한 경우에도 의결 전부의 효력을 부인할 것인가의 여부에 관해서는 견해가 나뉘고 있

다. 의결 중 일부만의 효력배제가 조례의 전체적인 의미를 변질시키는 것이 아닌 한 일부무효를 인정하는 것이 새로운 조례제정을 위한 지방의회절차의 무용한 반복을 피할 수 있다는 점에서 일부무효를 인정하는 것이 바람직하다.

3. 평 가

(1) 대법원은 이전 판례와 마찬가지로 이 사건 판결에서도 지방자치법 제22조 본문의 '법령의 범위 안에서'라 함은 '법령에 위반되지 아니하는 범위 내에서'를 말한다고 하는데,「법령에 위반되지 아니하는 범위 내에서」라는 개념도 모호하다. 그 의미를 보다 세밀하게 정리할 필요가 있다.

(2) 대법원은 이전 판례와 마찬가지로 이 사건 판결에서도「지방자치법은 지방의회와 단체장에게 독자적인 권한을 부여하여 상호 견제와 균형을 이루도록 하고 있다」고 하였다.

(3) 대법원은 이전 판례와 마찬가지로 이 사건 판결에서도「개정조례안 중 일부가 위법한 이상 개정조례안에 대한 재의결은 그 전부가 효력이 부인되어야 한다」고 하였다. 그러나 앞에서 언급한 바와 같이 일부 무효를 인정하는 것이 오히려 바람직할 수도 있다.

4. 참고판례

[1] 인천광역시 민간투자사업추진조례사건(대판 2009. 12. 24, 2007추141)

(인천광역시의회가 의결한 인천광역시 민간투자사업 추진에 관한 조례안을 인천광역시장이 다툰 개정조례안재의결무효확인소송에서) (1) 지방자치단체는 그 고유사무인 자치사무와 법령에 따라 지방자치단체에 속하는 사무에 관하여 법령에 위반되지 않는 범위 안에서 스스로 조례를 제정할 수 있지만(지방자치법 제22조, 제 9 조 제 1 항), 국가사무인 기관위임사무에 관하여는 개별 법령에서 일정한 사항을 조례로 정하도록 위임하고 있는 경우에 한하여 조례를 제정할 수 있다.

(2) 산업입지 및 개발에 관한 법률, 경제자유구역의 지정 및 운영에 관한 법률 등의 관련 규정에 의하면, 산업단지 중 국가산업단지의 지정, 국가산업단지 개발계획의 수립 및 사업시행자의 지정 등은 장관의 권한에 속하고, 시 · 도지사가 제출한 경제자유구역 개발계획의 확정 · 변경, 경제자유구역의 지정 · 해제, 개발사업시행자가 작성한 실시계획의 승

인·변경승인, 개발사업의 준공검사 및 퇴출업종 등의 고시와 이에 대한 영업정지 등의 권한이 장관에 속한다. 위 각 법률규정의 내용과 취지에 비추어 보면, 산업입지법에 의한 국가산업단지개발사업과 경제자유구역 내에서 시행되는 각 개발사업의 추진절차 및 사업자선정은 국가사무에 해당하고, 이와 관련한 시·도지사의 사무는 국가행정기관의 지위에서 하는 기관위임사무라고 보아야 할 것이다. 따라서 이 사건 조례안이 각 개발사업을 지역개발사업이라고 정의한 제2조의 (다)목, (마)목 및 이에 근거한 제10조의 「지역개발사업에 관한 사항」 부분은 국가사무에 관하여 법령의 위임 없이 조례로 정한 것이 되므로, 지방자치법 제9조 제2항이 정한 조례제정권의 한계를 일탈한 것으로서 위법하다.
(3) 지방의회가 집행기관의 인사권에 사전에 적극적으로 개입하는 것은 의결기관과 집행기관 사이의 권한분리 및 배분의 취지에 배치되고, 또 집행기관의 인사권에 의장이 개인 자격으로 관여할 수 있는 권한은 없고 조례로써 이를 허용할 수도 없다. 이 사건 조례안 제11조 제3항은 의회 의장이 5인 이내의 시의원을 민간투자위원회 위원으로 추천하여 시장이 임명 또는 위촉하도록 규정하고 있는바, 위 규정은 의장이 개인 자격으로 시장의 인사권에 사전에 적극적으로 개입할 수 있도록 하여 시장의 고유권한을 침해하고 있으므로 조례제정권의 한계를 일탈하여 위법하다.

[2] 제주시 자동차대여사업조례사건(대판 2007. 12. 13, 2006추52)

(제주특별자치도의회가 의결한 제주특별자치도 여객자동차 운수사업에 관한 조례안을 제주특별자치도지사가 건설교통부장관의 재의요구지시에 따라 재의를 요구하였으나 원안대로 재의결함으로써 조례안이 확정되자 건설교통부장관이 다툰 조례안의결무효확인청구소송에서) (1) 지방자치법 제22조, 제9조 제1항, 구 지방자치법 제9조 제1항, 제15조, 행정규제기본법 제4조 제3항에 의하면 지방자치단체는 그 고유사무인 자치사무와 개별법령에 의하여 지방자치단체에 위임된 단체위임사무에 관하여 자치조례를 제정할 수 있지만 그 경우라도 주민의 권리제한 또는 의무부과에 관한 사항이나 벌칙은 법률의 위임이 있어야 하며, 기관위임사무에 관하여 제정되는 이른바 위임조례는 개별법령에서 일정한 사항을 조례로 정하도록 위임하고 있는 경우에 한하여 제정할 수 있으므로, 주민의 권리제한 또는 의무부과에 관한 사항이나 벌칙에 해당하는 조례를 제정할 경우에는 그 조례의 성질을 묻지 아니하고 법률의 위임이 있어야 하고 그러한 위임 없이 제정된 조례는 효력이 없다.
(2) 지방자치단체의 조례는 그것이 자치조례에 해당하는 것이라도 법령에 위반되지 않는 범위 안에서만 제정할 수 있어서 법령에 위반되는 조례는 그 효력이 없지만, 조례가 규율하는 특정사항에 관하여 그것을 규율하는 국가의 법령이 이미 존재하는 경우에도 조례가 법령과 별도의 목적에 기하여 규율함을 의도하는 것으로서 그 적용에 의하여 법령의 규정이 의도하는 목적과 효과를 전혀 저해하는 바가 없는 때 또는 양자가 동일한 목적에서

출발한 것이라고 할지라도 국가의 법령이 반드시 그 규정에 의하여 전국에 걸쳐 일률적으로 동일한 내용을 규율하려는 취지가 아니고 각 지방자치단체가 그 지방의 실정에 맞게 별도로 규율하는 것을 용인하는 취지라고 해석되는 때에는 그 조례가 국가의 법령에 위배되는 것은 아니라고 보아야 한다.
(3) 제주특별자치도에서 자동차대여사업을 하고자 하는 사람의 영업활동을 제한하는 내용의 「제주특별자치도 여객자동차 운수사업에 관한 조례안」 제37조 제 3 항과 제 4 항은 그 수권규정인 「제주특별자치도 설치 및 국제자유도시 조성을 위한 특별법」 제324조 제 2 항이 조례로 정할 수 있도록 한 사항에 해당하지 아니하여 법률의 위임 없이 국민의 권리제한 또는 의무부과에 관한 사항을 규정한 것으로 무효이다.
(4) 조례안재의결 무효확인소송에서의 심리대상은 지방의회에 재의를 요구할 당시 이의 사항으로 지적되어 재의결에서 심의의 대상이 된 것에 국한된다.

[3] 정선군 다자녀 양육비지원조례사건(대판 2006. 10. 12, 2006추38)

(정선군의회가 의결한 정선군세자녀이상세대양육비등지원에관한조례안을 정선군수가 다툰 지방의회조례안재의결무효확인청구소송에서) (1) 이 사건 조례안은 앞에서 본 바와 같이 저출산 문제의 국가적·사회적 심각성을 십분 감안하여 향후 정선군민의 출산을 적극 장려토록 하여 인구정책을 보다 전향적으로 실효성 있게 추진하고자 세 자녀 이상 세대 중 세 번째 이후 자녀에게 양육비 등을 지원할 수 있도록 하는 것으로서, 위와 같은 사무는 지방자치단체 고유의 자치사무 중 주민의 복지증진에 관한 사무를 규정한 지방자치법 제 9 조 제 2 항 제 2 호 ㈑목에서 예시하고 있는 아동·청소년 및 부녀의 보호와 복지증진에 해당되는 사무라고 할 것이고, 또한 이 사건 조례안에는 주민의 편의 및 복리증진에 관한 내용을 담고 있어 그 제정에 있어서 반드시 법률의 개별적 위임이 따로 필요한 것은 아니다.
(2) 지방자치단체는 법령에 위반되지 아니하는 범위 내에서 그 사무에 관하여 조례를 제정할 수 있는 것이고, 조례가 규율하는 특정사항에 관하여 그것을 규율하는 국가의 법령이 이미 존재하는 경우에도 조례가 법령과 별도의 목적에 기하여 규율함을 의도하는 것으로서 그 적용에 의하여 법령의 규정이 의도하는 목적과 효과를 전혀 저해하는 바가 없는 때, 또는 양자가 동일한 목적에서 출발한 것이라고 할지라도 국가의 법령이 반드시 그 규정에 의하여 전국에 걸쳐 일률적으로 동일한 내용을 규율하려는 취지가 아니고 각 지방자치단체가 그 지방의 실정에 맞게 별도로 규율하는 것을 용인하는 취지라고 해석되는 때에는 그 조례가 국가의 법령에 위반되는 것은 아니라고 할 것이다(대법원 1997. 4. 25. 선고 96추244 판결 참조).
(3) 이 사건 조례안에 의하더라도 지원액은 매년 지원대상 자녀 1명당 300만원 범위 안

에서 예산사정, 물가상승률, 출산실태, 인구증감률, 기타 군민의 평균적인 양육비 등을 참작하여 운영위원회 심의를 거쳐 군수가 최종적으로 결정하고, 지원기간도 12세까지로 하도록 되어 있으므로, 이 사건 조례안의 시행으로 인하여 지방재정에 있어서 과도한 부담이 발생한다고 단정하기 어렵고, 그 밖에 원고가 주장하는 바와 같이 이 사건 조례안이 시행될 경우 양육비 지원에 있어서 다른 지방자치단체와의 형평에 반하거나 실효성이 없다는 등의 사정만으로는 이 사건 조례안이 상위 법령에 위배된다고 할 수도 없다.

[4] 인천 부평구 미군부대이전 구민투표조례사건(대판 2002. 4. 26, 2002추23)

(인천광역시 부평구의회가 의결한 인천광역시부평구미군부대이전에관한구민투표조례안을 인천광역시 부평구청장이 다툰 조례안재의결무효확인소송에서) (1) 지방자치법 제13조의2(현행법 제14조, 주민투표)의 취지는 지방자치단체의 장이 권한을 가지고 결정할 수 있는 사항에 대하여 주민투표에 붙여 주민의 의사를 물어 행정에 반영하려는 데에 있다.
(2) 미군부대이전은 지방자치단체의 장의 권한에 의하여 결정할 수 있는 사항이 아님이 명백하므로 지방자치법 제13조의2 소정의 주민투표의 대상이 될 수 없다.
(3) 지방자치법은 지방의회와 지방자치단체의 장에게 독자적 권한을 부여하고 상호 견제와 균형을 이루도록 하고 있으므로, 법률에 특별한 규정이 없는 한 조례로써 견제의 범위를 넘어서 고유권한을 침해하는 규정을 둘 수 없다 할 것인바, 위 지방자치법 제13조의2 제1항에 의하면, 주민투표의 대상이 되는 사항이라 하더라도 주민투표의 시행 여부는 지방자치단체의 장의 임의적 재량에 맡겨져 있음이 분명하므로, 지방자치단체의 장의 재량으로서 투표실시 여부를 결정할 수 있도록 한 법규정에 반하여 지방의회가 조례로 정한 특정한 사항에 관하여는 일정한 기간 내에 반드시 투표를 실시하도록 규정한 조례안은 지방자치단체의 장의 고유권한을 침해하는 규정이다.

[5] 인천광역시 공무원자녀 장학기금조례사건(대판 1996. 10. 25, 96추107)

(인천광역시의회가 의결한 인천광역시공무원자녀장학기금설치및운용에관한조례안을 인천광역시장이 내무부장관의 재의요구지시에 따라 재의를 요구하였으나 원안대로 재의결함으로써 조례안이 확정되자 내무부장관이 다툰 조례안재의결무효확인등소송에서) (1) 당시 지방공무원법 제44조 제3항은 「이 법 기타 법령에 의한 보수에 관한 규정에 의하지 아니하고는 어떠한 금전 또는 유가물도 공무원의 보수로 지급될 수 없다」고 규정하고, 같은 법 제45조 제1항, 당시 지방공무원보수규정 제3조는 지방공무원의 보수는 봉급과 기타 각종 수당을 합산한 금액을 말한다고 규정하고, 위 보수규정 제30조 제2항, 지방공무원수당규정

은 지방공무원에게 지급하는 수당인 가계보전수당의 하나로 자녀학비보조수당을 들고 있고, 위 수당규정 제11조는 공무원에 대한 자녀학비보조수당의 지급대상을 중·고등학교에 취학 중인 자녀에 한정하고 있다. 그런데 이 사건 조례안 제 2 조는 학비의 지급대상을 소속 공무원의 대학에 취학 중인 자녀를 그 대상으로 하고 있는바, 비록 그 학비를 보수(수당)로서 공무원에게 직접 지급하는 것은 아니라고 하더라도 그 자녀의 학비를 위 장학기금에서 대신 지급하여 줌으로써 공무원이 지출하여야 할 학비를 지출하지 않게 하여 그 실질에 있어서는 법령에서 규정하지 아니한 명목의 금전을 소속 공무원에게 변형된 보수로서 지급하는 것에 다름 아니고, 이는 결과적으로 위 관계 법령의 규정을 위반하는 것이라고 하지 않을 수 없다.

(2) 지역주민이 부담하는 지방세 등으로 조성된 지방자치단체의 수입 일부를 출연하여 소속 공무원의 대학생 자녀에 한정하여 학비를 지급한다면 이는 지역주민 중 대학생 자녀를 둔 소속 공무원에 한정하여 특혜를 베푸는 조치로서 일반주민은 물론 대학생 자녀를 두지 아니한 다른 공무원과의 관계에서 형평에 반하고, 이는 결과적으로 공익에도 부합되지 아니한다고 할 것이므로, 이 사건 조례안은 당시 지방자치법 제133조 제 1 항 소정의 기금설치를 위한 요건을 구비하였다고 볼 수도 없다.

(3) 이 사건 조례안 제 3 조는 예외적으로 지방자치단체가 개인 또는 공공기관이 아닌 단체에 기부·보조 또는 기타 공금을 지출할 수 있는 경우의 하나인 지방재정법 제14조 제 1 항 제 4 호 소정의 「지방자치단체가 권장하는 사업을 위하여 필요하다고 인정되는 경우」에 해당하지 아니한다고 할 것이다. 그리고 이 사건 조례안에 의하면 장학기금을 위한 시의 출연금의 규모에 대하여는 아무런 제한이 없는바, 이를 무한정으로 허용할 경우 시의 재정상의 불균형을 초래할 우려가 있고, 이러한 결과는 지방재정의 건전한 운영과 엄정한 관리를 도모하기 위한 지방재정법의 입법취지(같은 법 제 1 조 참조)를 저해한다고 할 것이다.

(4) 이 사건 조례안은 그 일부가 위법하고 이와 같은 경우에는 이 사건 조례안에 대한 재의결은 전부 효력이 부인되어야 한다.

[판례 80] 지방자치단체장과 지방의회의 관계

• 제주특별자치도 연구위원회조례사건

(대판 2009. 9. 24, 2009추53)

[사건개요]

2008. 12. 24. 피고(제주특별자치도의회)는 그 소속 의원이 발의한 '제주특별자치도 연구위원회 설치 및 운영에 관한 조례안'(이하 '이 사건 조례안'이라 한다)을 의결하여 원고(제주특별자치도지사)에게 이송하였다.

2009. 1. 9. 원고는 이 사건 조례안이 법령에 위반된다는 이유로 피고에게 그 재의를 요구하였다.

2009. 2. 25. 피고는 이 사건 조례안을 그대로 재의결하였다. 이에 원고는 "피고가 2009. 2. 25.에 한 '제주특별자치도 연구위원회 설치 및 운영에 관한 조례안'에 대한 재의결은 효력이 없다"는 판결을 구하는 소를 제기하였다.

이 사건 조례안은 제주특별자치도의 전반적인 운영상황을 평가하고 합리적이고 현실적인 발전방안을 마련하기 위하여 지방자치법 제116조 및 같은 법 시행령 제79조에 따라 제주특별자치도 연구위원회(이하 '이 사건 연구위원회'라 한다)를 설치하고 그 운영 등에 관하여 필요한 사항을 정할 목적에서 제정된 것으로(제 1 조), 이 사건 연구위원회는 원고 소속하에 두되 그 직무에 있어서는 독립된 지위를 가지고(제 2 조), 위원장 1명을 포함한 연구위원 11명으로 구성하되 위원장은 원고가 피고의 동의를 얻어 연구위원 중에서 임명하며(제 3 조 제 1 항), 연구위원은 원고가 위촉하되 그 중 5명은 피고가 추천하는 자를, 2명은 제주특별자치도 교육감이 추천하는 자를 위촉하고(제 3 조 제 2 항), 제주특별자치도의 위상 강화 방안, 의결기관과 집행기관의 통합형과 대립형 구조에 관한 검토, 기초자치단체 부활 여부에 관한 검토, 주민참여제도의 활성화 방안, 선진형 교육자치모형에 관한 검토, 자치경찰단에 관한 운영 개선방안 등 제주특별자치도의 발전에 관한 사항을 그 연구범위로 하며(제 7 조), 사무국장·전문위원 등 소속 직원은 경력직·계약직·교육행정직 지방공무원으로 보하고(제14조), 사무국 소속 직원은 연구위원회 위원장의 추천을 받아 원고가 임명한다(제15조)는 것 등을 그 주요 내용으로 하고 있다.

[판결요지]

[1] 지방자치법상 지방자치단체의 집행기관과 지방의회는 서로 분립되어 각기 그 고유권한을 행사하되 상호 견제의 범위 내에서 상대방의 권한 행사에 대한 관여가 허용되나, 지방의회는 집행기관의 고유권한에 속하는 사항의 행사에 관하여는 견제의

범위 내에서 소극적·사후적으로 개입할 수 있을 뿐 사전에 적극적으로 개입하는 것은 허용되지 아니한다(대법원 2001. 12. 11. 선고 2001추64 판결 참조).

[2] 지방자치법 제101조, 제103조, 제112조, 제127조, 지방자치단체의 행정기구와 정원기준 등에 관한 규정(이하 '행정기구규정'이라 한다) 제 5 조, 제 7 조, 제36조 제 2 항의 각 규정을 종합하면, 지방자치법령은 지방자치단체의 장으로 하여금 지방자치단체의 대표자로서 당해 지방자치단체의 사무와 법령에 의하여 위임된 사무를 관리·집행하는 데 필요한 행정기구를 설치할 고유권한과 이를 위한 조례안의 제안권을 가지도록 하는 반면 지방의회로 하여금 지방자치단체장의 행정기구 설치권한을 견제하도록 하기 위하여 지방자치단체의 장이 조례안으로써 제안한 행정기구를 축소·통폐합할 권한을 가지도록 하고 있다(대법원 2005. 8. 19. 선고 2005추48 판결 참조).

[3] 지방자치법 제116조에 그 설치의 근거가 마련된 합의제 행정기관은 지방자치단체의 장이 통할하여 관리·집행하는 지방자치단체의 사무를 일부 분담하여 수행하는 기관으로서 그 사무를 독립하여 수행한다 할지라도 이는 어디까지나 집행기관에 속하는 것이지 지방의회에 속한다거나 집행기관이나 지방의회 어디에도 속하지 않는 독립된 제 3 의 기관에 해당하지 않는 점, 행정기구규정 제 3 조 제 1 항의 규정에 비추어 지방자치단체의 장은 집행기관에 속하는 행정기관 전반에 대하여 조직편성권을 가진다고 해석되는 점을 종합해 보면, 지방자치단체의 장은 합의제 행정기관을 설치할 고유의 권한을 가지며 이러한 고유권한에는 그 설치를 위한 조례안의 제안권이 포함된다고 봄이 상당하므로, 지방의회가 합의제 행정기관의 설치에 관한 조례안을 발의하여 이를 그대로 의결, 재의결하는 것은 지방자치단체장의 고유권한에 속하는 사항의 행사에 관하여 지방의회가 사전에 적극적으로 개입하는 것으로서 위 관련 법령에 위반되어 허용되지 아니한다.

[4] 제주특별자치도의회가 발의하여 의결 및 재의결한 「제주특별자치도 연구위원회 설치 및 운영에 관한 조례안」은, 제주특별자치도지사의 고유권한에 속하는 사항과 인사권에 관하여 제주특별자치도의회가 사전에 적극적으로 개입한 것으로서 그 일부가 법령에 위배되어 위법하므로, 그 조례안에 대한 재의결은 효력이 없다.

[해 설]

1. 쟁 점

이 사건 판결에서는 ① 지방의회가 합의제 행정기관의 설치에 관한 조례안을 발의하여 이를 의결, 재의결하는 것이 허용되는지 여부(소극), ② 지방의회가 집행기관의 인사권을 독자적으로 행사하거나 동등한 지위에서 합의하여 행사할 수 있는지 및 그에 관하여 사전에 적극적으로 개입하는 것이 허용되는지 여부(소극) 등을 쟁점으로 하였다. 단순하게 말한다면, 이 사건 판결에서는 지방자치단체장과 지방의회의 관계를 쟁점으로 하였다. 이것은 지방자치단체의 조직형태의 문제이기도 하다.

2. 지방자치단체장과 지방의회의 관계(지방자치단체의 조직형태)

(1) 조직형태의 다양성

지방자치단체의 조직형태는 다양하다. 우선 최고의사결정기관과 관련하여 직접민주주의형태와 간접민주주의형태의 구분이 가능하다. 주민총회형이 전자에 속한다. 후자의 경우는 다시 의결기능과 집행기능이 하나의 기관에 집중되는가의 여부에 따라 기관통합형과 기관대립형의 구분이 가능하다. 그리고 지방자치단체의 집행기관이 독임제인 경우와 합의제인 경우의 구분이 가능하고, 또한 전자의 경우에는 선임방법과 관련하여 내각제형과 대통령제형의 구분이 가능하다. 그 어떠한 형태라도 전체로서 지방자치단체는 정부에 귀속하는 것이지 국회나 법원에 귀속하는 것은 아니다.

(2) 기관통합형과 기관대립형

㈎ **기관통합형** 기관통합형이란 의결기능과 집행기능이 하나의 기관(의회 또는 위원회)에 집중되어 있는 경우를 말한다. 기관통합형의 구체적인 내용은 이를 채택하는 나라마다 상이하다. 기관통합형에서는 지방자치단체의 장이 별도로 존재하지 아니하는 경우도 있다. 이 경우에는 지방의회의 의장이 그 지방자치단체의 대표기관이 된다. 기관통합형은 신중하고 공정한 행정의 장점을 가지는 반면, 통제가 없는 권한행사 또는 권한남용의 우려와 책임소재의 불분명이 문제될 수 있다.

㈏ **기관대립형** 기관대립형이란 의결기능과 집행기능을 상호 독립된 별개의 기관에 부여하는 형태를 말한다. 독립된 별개의 기관을 두는 것은 상호 견제와 균형을 통한 임무수행을 도모하기 위한 것이다. 기관대립형의 구체적인 내용은 나라마다 상이하다. 기관대립형은 명백한 책임소재, 행정의 전문화, 권력남용의 방지 등의 장점을

가지나, 집행기관이 독주를 행하는 경우에는 신중하고 공정한 행정에는 다소 거리가 생길 수 있다. 기관분립형이라고도 한다.

(3) 현행법상 제도

현행 지방자치법은 지방자치단체의 조직형태로 기관대립주의(기관분립주의)를 채택하고 있다. 입법자들이 기관대립주의를 채택한 것은 기관 상호 간의 견제와 균형하에 행정의 능률성과 책임성을 확보하려는 것에 중점을 두었기 때문일 것이다. 앞에서 본 기관대립형이 갖는 문제점을 고려할 때, 지방의회의 자율성과 권한을 확대하고, 의원의 전문성과 책임성을 제고하여 집행부에 대한 통제력을 강화하는 것이 중요한 과제일 것이다.

3. 평　　가

(1) 이 사건 판례는 현행 지방자치법상 지방자치단체의 조직형태는 기관대립형이라는 인식에 따른 것이다. 판례의 태도는 정당하다.

(2) 이 사건 판례 역시 판례의 종전 입장을 따른 것이다.

4. 참고판례

[1] 광주광역시 주민자치과 폐지조례사건(대판 2005. 8. 19, 2005추48)

(광주광역시 북구의회가 시기구인 주민자치과를 여유기구로 전환하고 명칭을 자치정책과로 변경하는 내용의 조례안을 의결하자 광주광역시 북구청장이 제기한 광주광역시북구행정기구설치조례일부개정조례안에대한수정안재의결무효확인청구에서) (1) 지방자치법상 지방자치단체의 집행기관과 지방의회는 서로 분립되어 각기 그 고유 권한을 행사하되 상호 견제의 범위 내에서 상대방의 권한 행사에 대한 관여가 허용되나, 지방의회는 집행기관의 고유 권한에 속하는 사항의 행사에 관하여는 견제의 범위 내에서 소극적·사후적으로 개입할 수 있을 뿐 사전에 적극적으로 개입하는 것은 허용되지 아니한다고 할 것인바(대법원 2001. 12. 11. 선고 2001추64 판결 참조), 지방자치법 제92조, 제94조, 제102조, 제118조, 지방자치단체의 행정기구와 정원기준 등에 관한 규정(이하 '행정기구규정'이라 한다) 제 4 조, 제 6 조의2, 제24조 제 2 항의 각 규정을 종합하면, 지방자치법령은 지방자치단체의 장으로 하여금 지방자치단체의 대표자로서 당해 지방자치단체의 사무와 법령에 의하여 위임된 사무를 관리·집행하는 데 필요한 행정기구를 설치할 고유한 권한과 이를 위한 조례안의

제안권을 가지도록 하는 반면 지방의회로 하여금 지방자치단체의 장의 행정기구의 설치 권한을 견제하도록 하기 위하여 지방자치단체의 장이 조례안으로서 제안한 행정기구의 축소, 통폐합의 권한을 가지는 것으로 하고 있으므로, 지방의회의원이 지방자치단체의 장이 조례안으로서 제안한 행정기구를 종류 및 업무가 다른 행정기구로 전환하는 수정안을 발의하여 지방의회가 의결 및 재의결하는 것은 지방자치단체의 장의 고유 권한에 속하는 사항의 행사에 관하여 사전에 적극적으로 개입하는 것으로서 허용되지 아니한다고 할 것이다.

(2) 원고가 광주광역시 북구의 경우 자치정책과의 업무를 지역의 특색 있는 행정수요로 판단하여 그 처리를 위한 여유기구로 자치정책과를 설치하는 이 사건 개정안을 제안한 이상, 설사 피고의 주장과 같이 위 북구의 경우 자치정책과의 업무보다는 가정복지과의 업무가 지역의 특색 있는 행정수요라고 하더라도 여유기구로 자치정책과를 설치하도록 한 이 사건 개정안에 대하여 자치정책과를 축소하거나 통폐합하는 것은 별론으로 하고, 자치정책과와 업무가 다른 가정복지과를 여유기구로 신설하는 내용의 이 사건 수정안의 재의결은 지방자치단체의 장의 고유 권한에 속하는 행정기구의 설치권과 조례제안권에 사전에 적극적으로 개입하는 것으로서 지방자치법 제15조, 행정기구규정 제 6 조의2, 제 24조 제 2 항에 위반된다고 할 것이다.

(3) 이 사건 수정안은 그 일부가 법령에 위반되어 위법하고 이와 같은 경우에 이 사건 수정안의 재의결은 전부 효력이 부인된다고 할 것이다.

[2] 서울특별시 강남구 주민자치센터조례사건(대판 2001. 12. 11, 2001추64)

(서울특별시 강남구청장이 의결을 요구한 서울특별시강남구주민자치센터설치·운영조례의 내용을 강남구의회가 수정하여 의결하고 또한 재의결하자 강남구청장이 제기한 지방의회조례안의결취소소송에서) (1) 지방자치법 제 9 조 제 1 항, 제 2 항 제 2 호 (가)목, (나)목, 제108조 등 규정의 취지와 이 사건 조례안 중 관련 규정의 취지를 종합하여 보면, 위 주민자치센터의 설치와 운영은 지역주민의 복리증진을 위한 지방자치단체 고유의 자치사무에 속하고, 그 운영위원회는 하부 행정기관인 동장의 주민자치센터의 설치와 운영에 관한 집행사무를 심의하기 위한 보조기관에 해당한다고 해석된다.

(2) 그리고 지방자치법상 지방자치단체의 집행기관과 지방의회는 서로 분립되어 각기 그 고유 권한을 행사하되 상호 견제의 범위 내에서 상대방의 권한 행사에 대한 관여가 허용되나, 지방의회는 집행기관의 고유 권한에 속하는 사항의 행사에 관하여는 견제의 범위 내에서 소극적·사후적으로 개입할 수 있을 뿐, 사전에 적극적으로 개입하는 것은 허용되지 아니하고, 또 집행기관을 비판·감시·견제하기 위한 의결권·승인권·동의권 등의 권한도 법상 의결기관인 지방의회에 있는 것이지 의원 개인에게 있는 것이 아니다(대법원

2000. 11. 10. 선고 2000추36 판결 등 참조).
(3) 이 사건 재의결 조례안 제17조 제 4 항에서 당해 동 구의원 개인이 운영위원회의 당연직 위원장이 된다고 규정하고 있는 것은 지방의회 의원 개인이 하부 행정기관인 동장의 권한에 속하는 주민자치센터의 설치와 운영을 심의하는 보조기관인 운영위원회의 구성과 운영에 적극적·실질적으로 사전에 개입하여 관여할 수 있게 함을 내용으로 하는 것으로서 지방의회 의원의 법령상 권한 범위를 넘어 법령에 위반된다고 할 것이므로, 이 사건 조례안에 대한 재의결은 그 효력을 부정할 수밖에 없다.

[3] 전라북도 행정불만처리조례사건(대판 1994. 4. 26, 93추175)

(전라북도지사가 전라북도의회를 상대로 제기한 전라북도행정불만처리조례안무효확인소송에서) (1) 지방의회가 집행기관의 인사권에 관하여 소극적 사후적으로 개입하는 것은 그것이 견제의 범위 안에 드는 경우에는 허용되나, 집행기관의 인사권을 독자적으로 행사하거나 동등한 지위에서 합의하여 행사할 수는 없으며, 사전에 적극적으로 개입하는 것도 원칙적으로 허용되지 아니하므로 조례안에 규정된 행정불만처리조정위원회 위원의 위촉, 해촉에 지방의회의 동의를 받도록 한 것은 사후에 소극적으로 개입하는 것으로서 지방의회의 집행기관에 대한 견제권의 범위에 드는 적법한 규정이라고 보아야 될 것이나, 그 일부를 지방의회 의장이 위촉하도록 한 것은 지방의회가 집행기관의 인사권에 사전에 적극적으로 개입하는 것으로서 지방자치법이 정한 의결기관과 집행기관 사이의 권한분리 및 배분의 취지에 배치되는 위법한 규정이며, 또 집행기관의 인사권에 의장 개인의 자격으로는 관여할 수 있는 권한이 없고 조례로써 이를 허용할 수도 없으며, 따라서 의장 개인이 위원의 일부를 위촉하도록 한 조례안의 규정은 그 점에서도 위법하다.
(2) 정부조직법 제 3 조, 행정기관의조직과정원에관한통칙 제18조, 지방자치법 제112조, 지방교육자치에관한법률 제25조, 제26조, 제27조 등의 규정을 종합하면, 교육감은 도의 교육, 학예에 관한 사무를 고유적으로 분장하게 하기 위하여 설치한 특별지방행정기관인 집행기관으로서 교육, 학예에 관한 도의 사무 및 국가에서 위임한 교육, 학예에 관한 행정사무를 독자적으로 관장하도록 하고 있으므로, 지방자치단체의 일반 집행기관인 도지사가 위와 같은 교육감의 고유업무에 대한 행정불만처리사무까지 관장하도록 한 것은 위 법률 등에 규정된 교육감의 고유권한을 침해하는 것으로서 위법하다.
(3) 조례안의 일부가 위법한 경우에는 조례안에 대한 재의결은 전부 효력이 부인되어야 한다.

[판례 81] 자치사무의 감독(시정명령)
• 울산광역시 북구청 전공노 공무원 승진취소사건
(대판 2007. 3. 22, 2005추62 전원합의체)

[사건개요]

2004. 10.경 전국공무원노동조합(이하 '전공노'라 줄여 쓴다)은 당시 국회에 계류중에 있던 '공무원 노동조합 설립 및 운영에 관한 법률(안)'에 노동 3 권 중 단체행동권이 포함되어 있지 않다는 이유로 2004. 11. 15. 총파업을 예고하였다.
2004. 11. 15. 전공노는 총파업을 강행하였다.
2005. 2. 3. 원고(울산광역시 북구청장)는 전공노의 2004. 11. 15.자 파업에 참가한 울산광역시 북구청 소속 공무원인 7급 공무원 소외 1, 2, 3을 6급 공무원으로, 9급 공무원 5, 6을 8급 공무원으로 각 승진임용발령하였다(이하에서는 승진임용발령을 받은 6명의 공무원을 '이 사건 공무원들'이라 하고, 승진임용발령을 '이 사건 승진처분'이라 한다).
2005. 3. 2. 피고(울산광역시장)는 1차로 원고에게 이 사건 승진처분을 취소하도록 지시하였고, 같은 해 4. 6. 및 같은 해 5. 6.에도 다시 같은 내용의 지시를 하였으나, 원고는 이 지시에 따르지 않았다.
2005. 6. 7. 피고는 이 사건 공무원들의 행위는 지방공무원법 제58조의 집단행위금지의무 위반, 제49조의 복종의무 위반, 제50조의 직장이탈금지의무 위반 등의 사유에 해당하므로 지방공무원법 제69조, 지방공무원 징계 및 소청규정 제 2 조에 의하여 징계의결요구되어야 함에도 원고가 이를 이행하지 않은 채 오히려 징계의결요구 대상자들을 승진임용발령한 것은 원고의 재량권의 범위를 일탈하였고, 관계 법령을 위반하여 징계의결 요구를 하지 않음으로써 지방공무원임용령 제34조의 승진임용 제한요건이 발생되지 않게 하여 승진임용한 것은 위법을 기초로 한 무효행위에 해당한다는 이유로 지방자치법 제157조 제 1 항에 의하여 이 사건 승진처분을 취소하였다(이하 '이 사건 처분'이라 한다). 이에 원고는 "피고가 2005. 6. 7.자로 원고에 대하여 한 승진임용 취소처분을 취소한다"는 판결을 구하는 소를 제기하였다.

[판결요지]

[1] 지방자치법 제157조 제 1 항 전문 및 후문에서 규정하고 있는 지방자치단체의

사무에 관한 그 장의 명령이나 처분이 법령에 위반되는 경우라 함은 명령이나 처분이 현저히 부당하여 공익을 해하는 경우, 즉 합목적성을 현저히 결하는 경우와 대비되는 개념으로, 시·군·구의 장의 사무의 집행이 명시적인 법령의 규정을 구체적으로 위반한 경우뿐만 아니라 그러한 사무의 집행이 재량권을 일탈·남용하여 위법하게 되는 경우를 포함한다고 할 것이므로, 시·군·구의 장의 자치사무의 일종인 당해 지방자치단체 소속 공무원에 대한 승진처분이 재량권을 일탈·남용하여 위법하게 된 경우 시·도지사는 지방자치법 제157조 제1항 후문에 따라 그에 대한 시정명령이나 취소 또는 정지를 할 수 있다.

[2] 지방공무원법에서 정한 공무원의 집단행위금지의무 등에 위반하여 전국공무원노동조합의 불법 총파업에 참가한 지방자치단체 소속 공무원들의 행위는 임용권자의 징계의결요구 의무가 인정될 정도의 징계사유에 해당함이 명백하므로, 임용권자인 하급 지방자치단체장으로서는 위 공무원들에 대하여 지체 없이 관할 인사위원회에 징계의결의 요구를 하여야 함에도 불구하고 상급 지방자치단체장의 여러 차례에 걸친 징계의결요구 지시를 이행하지 않고 오히려 그들을 승진임용시키기에 이른 경우, 하급 지방자치단체장의 위 승진처분은 법률이 임용권자에게 부여한 승진임용에 관한 재량권의 범위를 현저하게 일탈한 것으로서 위법한 처분이라 할 것이다. 따라서 상급 지방자치단체장이 하급 지방자치단체장에게 기간을 정하여 그 시정을 명하였음에도 이를 이행하지 아니하자 지방자치법 제157조 제1항에 따라 위 승진처분을 취소한 것은 적법하고, 그 취소권 행사에 재량권 일탈·남용의 위법이 있다고 할 수 없다.

[해 설]

1. 쟁 점

이 사건 판결은 당시 지방자치법 제157조(현행법 제169조) 제1항의 해석문제를 쟁점으로 하였다. 이하에서 현행법을 기준으로 검토한다.

> **현행 지방자치법 제169조**(위법·부당한 명령·처분의 시정) ① 지방자치단체의 사무에 관한 그 장의 명령이나 처분이 법령에 위반되거나 현저히 부당하여 공익을 해친다고 인정되면 시·도에 대하여는 주무부장관이, 시·군 및 자치구에 대하여는 시·도지사가 기간을 정하여 서면으로 시정할 것을 명하고, 그 기간에 이행하지 아니하면 이를 취소하거나 정지할 수 있다. 이 경우 자치사무에 관한 명령이나 처분에 대하여는 법령을 위반하는 것에 한한다.
> ② 지방자치단체의 장은 제1항에 따른 자치사무에 관한 명령이나 처분의 취소 또는 정지에 대

하여 이의가 있으면 그 취소처분 또는 정지처분을 통보받은 날부터 15일 이내에 대법원에 소(訴)를 제기할 수 있다.

2. 지방자치법 제169조(시정명령제도)(지방자치단체장에 대한 감독)

(1) 감독청의 시정명령

(가) 의 의 지방자치단체의 사무에 관한 그 장의 명령이나 처분이 법령에 위반되거나 현저히 부당하여 공익을 해친다고 인정되면 시·도에 대하여는 주무부장관이, 시·군 및 자치구에 대하여는 시·도지사가 기간을 정하여 서면으로 시정할 것을 명하고, 그 기간에 이행하지 아니하면 이를 취소하거나 정지할 수 있다. 이 경우 자치사무에 관한 명령이나 처분에 대하여는 법령을 위반하는 것에 한한다(지방자치법 제169조 제1항). 본 조항은 시정명령에 관한 일반적 근거조항이다.

(나) 대 상 시정명령은 지방자치단체의 사무에 관한 그 장의 명령이나 처분을 대상으로 한다. 명령이란 일반추상적인 법규정립행위(예: 규칙발령)를 뜻하고, 처분이란 개별구체적인 행위(예: 행정행위)를 뜻한다.

(다) 사 유 시정명령의 사유는 법령에 위반되거나 현저히 부당하여 공익을 해치는 경우이다. 다만 자치사무에 관한 명령이나 처분에 대하여는 법령을 위반하는 것에 한한다.

(라) 형 식 시정명령은 서면으로 하여야 한다. 서면에는 기간을 정하여야 한다. 그 기간은 시정명령을 수행하는 데 필요한 상당한 기간이어야 한다. 시정명령은 행정절차법상 행정처분에 해당하므로 그 서면에는 이유를 붙여야 한다(행정절차법 제23조 제1항 본문).

(마) 내 용 시정명령의 내용은 어떠한 행정작용이 법령에 위반되거나 현저히 부당하여 공익을 해하기 때문에 시정하라는 것이지, 내용을 특정하여 시정을 하라는 것은 아니다. 대안을 제시하는 등 내용을 특정하여 시정을 명하는 것은 지방자치단체의 자치권의 존중의 사고에 반하는 것이 된다.

(2) 감독청의 취소·정지

(가) 요 건 감독청의 시정명령에서 정해진 기간에 이행하지 아니하면 이를 취소하거나 정지할 수 있다(지방자치법 제169조 제1항 제1문). 이것이 감독청의 취소·정지권이다.

(나) 기 속 성 법문상으로는 「취소하거나 정지할 수 있다」라고 하는바 감독청의 취소·정지는 재량적인 것으로 보인다. 그러나 재의요구사유가 법령위반인 경우에는

시정명령제도의 취지에 비추어 재량권이 영으로 수축된다고 할 것이므로 기속적인 것으로 볼 것이다.

(다) 효　　과　　감독청에 의한 취소·정지가 이루어지면, 그것만으로 명령이나 처분은 취소되거나 정지된다. 지방자치단체가 별도로 취소처분이나 정지처분을 하여야 취소나 정지의 효력이 발생하는 것은 아니다.

(3) 지방자치단체의 장의 제소

(가) 의　　의　　지방자치단체의 장은 제 1 항에 따른 자치사무에 관한 명령이나 처분의 취소 또는 정지에 대하여 이의가 있으면 그 취소처분 또는 정지처분을 통보받은 날부터 15일 이내에 대법원에 소를 제기할 수 있다(지방자치법 제169조 제 2 항).

(나) 요　　건　　① 원고는 지방자치단체의 대표기관인 지방자치단체의 장이고, 피고는 감독청이다. ② 소의 대상은 자치사무에 관한 취소처분 또는 정지처분이다. ③ 제소기간은 취소처분 또는 정지처분을 통보받은 날부터 15일 이내이다. ④ 관할법원은 대법원이다. ⑤ 지방자치법에 집행정지결정의 신청에 관한 규정은 보이지 아니하지만, 원고는 행정소송법이 정하는 바에 따라 집행정지신청을 할 수 있다.

(다) 성　　질　　감독청의 자치사무에 대한 시정명령은 행정소송법상 처분개념에 해당한다. 지방자치법 제169조 제 2 항이 시정명령에 대하여 출소할 수 있음을 규정한 것도 자치사무에 대한 시정명령이 행정소송법상 처분개념으로 해당한다는 것을 전제로 한 것이다.

3. 평　　가

(1) 이 사건 [판결요지][1]에 대한 평가

재량권의 일탈·남용을 위법으로 새기고, 「공익을 현저히 해하는 것」을 「법령위반」에 이르지 아니한 부당으로 새기게 되면, 재량권의 일탈·남용은 「법령위반」에 해당하는 것으로 보아야 한다는 지적이 가능하다.

(2) 이 사건 [판결요지][2]에 대한 평가

판례의 논지는 타당하다.

4. 참고판례

[1] 징계요구의 의무성

(울산광역시 북구청장이 전국공무원노동조합이 주도한 파업에 참가한 소속 공무원들에 대하여 관할 인사위원회에 징계의결요구를 하지 아니하고 가담 정도의 경중을 가려 자체 인사위원회에 징계의결요구를 하거나 훈계처분을 하도록 지시한 행위 등을 이유로 직무유기죄로 기소된 사건에서) 지방공무원법 제69조 제 1 항에서 공무원이 징계사유에 해당하는 경우에는 「… 징계의결의 요구를 하여야 하고…」라고 규정하고 있고, 지방공무원 징계 및 소청규정 제 2 조 제 1 항도 임용권자는 소속공무원이 징계사유가 있다고 인정될 때에는 「지체 없이 당해 징계사건을 관할하는 위원회에 징계의결을 요구하여야 한다」라고 규정하고 있는 점, 임용권자가 소속 공무원에 대해서 징계처분을 함에 있어 반드시 인사위원회에 징계의결요구를 하여 그 심의·의결에 따르도록 하고 있는 것은 임용권자의 자의적인 징계운영을 견제하여 지방공무원의 권익을 보호함과 아울러 징계의 공정성을 담보할 수 있도록 절차의 합리성과 공정한 징계운영을 도모하기 위한 것에 그 입법취지가 있는 점, 인사위원회에서는 지방자치단체장이 징계의결요구를 하는 경우에 한하여 징계 여부 및 징계양정을 결정하도록 하고 있는 점 등 지방공무원의 징계와 관련된 규정을 종합해 보면, 징계권자이자 임용권자인 지방자치단체장은 소속 공무원의 구체적인 행위가 과연 제69조 제 1 항에 규정된 징계사유에 해당하는지 여부에 관하여 판단할 재량은 있다고 할 것이지만, 징계사유에 해당하는 것이 명백한 경우에는 관할 인사위원회에 징계를 요구할 의무가 있다고 보아야 할 것이다(대판 2007. 7. 12, 2006도1390).

[2] 징계시효의 성질

(위의 사건에서) 지방공무원법 제73조의2 제 1 항은 「징계의결의 요구는 징계사유가 발생한 날부터 2년(금품 및 향응수수, 공금의 횡령·유용의 경우에는 3년)을 경과한 때에는 이를 행하지 못한다」고 규정하고 있으나, 이는 공무원에게 징계사유에 해당하는 비위가 있더라도 그에 따른 징계절차를 진행하지 않았거나 못한 경우 그 사실상태가 일정 기간 계속되면 그 적법·타당성 등을 묻지 아니하고 그 상태를 존중함으로써 공직의 안정성을 보장하려는 취지이지, 임용권자가 징계시효기간 내에만 징계의결요구를 하면 된다는 취지로는 해석되지 아니한다. 오히려 지방공무원 징계 및 소청규정 제 2 조 제 1 항, 제 6 항에서 임용권자는 징계사유에 대한 충분한 조사를 한 후 소속공무원에게 징계사유가 있다고 인정될 때에는 「지체 없이」 관할 인사위원회에 징계의결을 요구하여야 한다고 규정한 취

지에 비추어 볼 때, 임용권자는 징계사유가 발생하면 이에 대한 충분한 조사를 한 다음, 특별한 사정이 없는 한 지체 없이 징계의결요구를 할 직무상 의무가 있다고 할 것이다(대판 2007. 7. 12, 2006도1390).

[판례 82] 기관위임사무의 감독

• 충북대학교 축산기술연구소 부지조성사건

(대판 2007. 9. 20, 2005두6935)

[사건개요]

2001. 11.경부터 2002. 2.경까지 원고(대한민국, 피상고인) 산하 충북대학교는 농과대학 부설 축산기술연구소를 설립하고자 충남 연기군 전의면 다방리 산14-1 임야를 포함하여 국토이용계획상 '농림지역 내지 준농림지역'으로 지정되어 있던 그 인근의 토지를 매입하였다. 충북대학교는 위 매입 토지 중 일부 면적(이하 '이 사건 신청지'라고 한다)을 위 축산기술연구소의 부지로 조성하려고 계획하였다.

2002. 10. 9. 원고(충북대학교 총장)는 피고에게 국토이용계획상 농림지역 또는 준농림지역으로 지정되어 있는 이 사건 신청지의 용도를 준도시지역 중 시설용지지구로 변경하여 달라는 취지의 국토이용계획변경승인신청을 하였다.

2002. 11. 15. 피고(충청남도 연기군수, 상고인)는 축산기술연구소 부지 조성을 위하여 이 사건 신청지 중 국토이용계획상 농림지역인 곳 0.028km^2 및 준농림지역인 곳 0.03km^2 합계 0.058km^{2}를 준도시지역으로 변경하고자 하는 내용의 국토이용계획변경 공람 공고를 하였다.

2002. 12. 21.경 피고는 원고 충북대학교 총장으로부터 사전환경성 검토서와 농지전용 협의요청서를 제출받아 산하 부서의 검토를 거친 후 자체 의견서를 첨부하여 충청남도지사 및 금강유역환경청장에게 국토이용계획의 변경에 따른 보전임지전용, 농지전용 및 사전환경성검토에 관한 협의를 요청하였다. 위 기관들은 2002. 12. 27.부터 2003. 1. 29.까지 일정한 안전조치 및 위험방지조치를 사업계획에 반영하여 사업이 추진될 수 있도록 하라는 조건하에 협의에 응하였다.

2003. 3. 25.경 피고는 연기군도시계획위원회에 위 국토이용계획변경 결정안에 대한 서면심의를 부의한 후 과반수(재적의원 18명 중 승인 12명, 불승인 4명, 기타 2명)의 찬성 의견을 제출받았으나 위 국토이용계획변경안의 결정 및 공고를 보류하고 있었다.

2003. 9. 16. 원고 충북대학교 총장이 조속한 시일 내에 국토이용계획을 변경해 줄 것을 요청하였다. 이에 피고는 주민들의 반대민원이 심화되고 있으므로 이를 해결하라는 통보를 하였다.

2003. 11. 11. 피고는 국토이용계획변경승인신청을 반려하는 이 사건 처분을 하였다. 이에 원고들이 국토이용계획변경신청거부처분취소소송을 제기하였다.

[판결요지]

[1] 주위적 원고 대한민국의 소에 대하여

(1) 구 국토이용관리법령의 관련규정에 의하면, 국토이용계획의 입안과 구 국토이용관리법 시행령 제58조 제 1 항 제 2 호 (가)목에서 정하는 면적 범위 내의 토지에 관한 국토이용계획의 결정·변경에 관한 사무는 중앙행정기관인 건설교통부장관의 고유업무인 국가사무로서 구 국토이용관리법 제30조의2 제 1 항, 제 2 항, 동법 시행령 제58조 제 1 항 제 1 호의2, 제 2 호 (가)목에 의하여 지방자치단체의 장에게 위임된 기관위임사무에 해당한다.

(2) 구 국토이용관리법, 구 지방자치법 및 행정권한의 위임 및 위탁에 관한 규정 등에 의하면, 건설교통부장관은 지방자치단체의 장이 기관위임사무인 국토이용계획 사무를 처리함에 있어 자신과 의견이 다를 경우 행정협의조정위원회에 협의·조정 신청을 하여 그 협의·조정 결정에 따라 의견불일치를 해소할 수 있고, 법원에 의한 판결을 받지 않고서도 행정권한의 위임 및 위탁에 관한 규정이나 구 지방자치법에서 정하고 있는 지도·감독을 통하여 직접 지방자치단체의 장의 사무처리에 대하여 시정명령을 발하고 그 사무처리를 취소 또는 정지할 수 있으며, 지방자치단체의 장에게 기간을 정하여 직무이행명령을 하고 지방자치단체의 장이 이를 이행하지 아니할 때에는 직접 필요한 조치를 할 수도 있으므로, 국가가 국토이용계획과 관련한 지방자치단체의 장의 기관위임사무의 처리에 관하여 지방자치단체의 장을 상대로 취소소송을 제기하는 것은 허용되지 않는다고 할 것이다. (부적법각하)

[2] 예비적 원고 충북대학교 총장의 소에 대하여

예비적 원고 충북대학교 총장의 소는, 원고 충북대학교 총장이 원고 대한민국이 설치한 충북대학교의 대표자일 뿐 항고소송의 원고가 될 수 있는 당사자능력이 없어 부적법하다. (부적법각하)

[해 설]

1. 쟁 점

이 사건 판결에서는 ① 국가가 국토이용계획과 관련한 기관위임사무의 처리에 관하여 지방자치단체의 장을 상대로 취소소송을 제기할 수 있는지 여부(소극)와 ② 충북대학교 총장이 원고적격을 갖는지의 여부 등을 쟁점으로 하였다. ①은 기관위임사무의 통제의 문제이고, ②는 원고적격의 문제이다. 이하에서 ①에 관해 검토한다.

2. 기관위임사무의 통제

(1) 의 의

기관위임사무에 대한 감독에는 적법성 감독 외에 타당성 감독이 있다. 기관위임사무의 감독에 관한 지방자치법상 명시적 근거로 제167조, 제170조가 있다.

(2) 감 독 청

지방자치단체나 그 장이 위임받아 처리하는 국가사무에 관하여 시·도에서는 주무부장관의, 시·군 및 자치구에서는 1차로 시·도지사의, 2차로 주무부장관의 지도·감독을 받는다(지방자치법 제167조 제1항). 시·군 및 자치구나 그 장이 위임받아 처리하는 시·도의 사무에 관하여는 시·도지사의 지도·감독을 받는다(동법 제167조 제2항). 그리고 감사원은 모든 회계감사와 직무감찰을 행한다(감사원법 제22조, 제24조).

(3) 사전적 수단

(가) **조언·권고·지도, 보고** 지방자치법상 명문의 규정이 없지만, 기관위임사무의 경우에도 중앙행정기관의 장 또는 시·도지사는 지방자치단체의 사무에 관하여 조언 또는 권고하거나 지도할 수 있고, 또한 관련 지방자치단체로부터 개개의 사무에 관하여 보고를 받을 수 있다고 볼 것이다(행정권한의 위임 및 위탁에 관한 규정 제6조).

(나) **감 사** 지방자치법은 기관위임사무와 관련하여 감사에 관한 규정을 두고 있지 않다. 그러나 사무수행에 필요한 범위 안에서 감독청은 관련 지방자치단체의 사무에 관하여 수임사무처리상황, 서류·장부 또는 회계를 감사할 수 있다(행정권한의 위임 및 위탁에 관한 규정 제9조).

(4) 사후적 수단

(가) **시정명령** 지방자치법이 규정하는 지방의회에 대한 감독수단인 이의제도와 지방자치단체의 장에 대한 감독수단인 시정명령제도는 자치사무와 단체위임사무에 적용될 뿐, 기관위임사무에는 적용되지 아니한다. 그러나 기관위임사무는 지방자치법이 아니라 다른 법령에 의하여 감독청의 시정명령이나 취소·정지의 대상이 된다(행정권한의 위임 및 위탁에 관한 규정 제6조).

(나) **직무이행명령**

(a) 의 의 지방자치단체의 장이 법령의 규정에 따라 그 의무에 속하는 국가위임사무나 시·도위임사무의 관리와 집행을 명백히 게을리하고 있다고 인정되면

시 · 도에 대하여는 주무부장관이, 시 · 군 및 자치구에 대하여는 시 · 도지사가 기간을 정하여 서면으로 이행할 사항을 명령할 수 있다(지방자치법 제170조 제 1 항).

(b) 행정대집행　　주무부장관이나 시 · 도지사는 해당 지방자치단체의 장이 제 1 항의 기간에 이행명령을 이행하지 아니하면 그 지방자치단체의 비용부담으로 대집행하거나 행정상 · 재정상 필요한 조치를 할 수 있다. 이 경우 행정대집행에 관하여는 「행정대집행법」을 준용한다(지방자치법 제170조 제 2 항).

(c) 출　　소　　지방자치단체의 장은 제 1 항의 이행명령에 이의가 있으면 이행명령서를 접수한 날부터 15일 이내에 대법원에 소를 제기할 수 있다. 이 경우 지방자치단체의 장은 이행명령의 집행을 정지하게 하는 집행정지결정을 신청할 수 있다(지방자치법 제170조 제 3 항).

(d) 평　　가　　권한의 이양이 아니라 위임의 경우, 위임자는 법률상 여전히 위임한 사무의 귀속주체이다. 따라서 위임자는 수임자가 위법하게 사무를 처리하는 경우에 시정을 명할 수 있고, 수임자는 위임자의 시정명령에 따라야 한다. 그럼에도 지방자치법 제170조 제 3 항이 기관위임사무를 해태한 경우에 가해지는 시정명령에 대하여 출소를 규정한 것은 예외적인 현상이다.

3. 평　　가

(1) 이 사건 판결에서 대법원이 「국토이용계획 사무의 성질 및 기관위임사무에 대한 국가의 지도 · 감독에 관한 법리에 비추어 볼 때 이는 피고가 지방자치단체의 장으로서 처리한 기관위임사무에 대하여 위임자인 국가가 제기한 소에 해당하므로 부적법하다」고 한 것은 타당하다.

(2) 국립대학교 총장은 국가의 교육기관 중 1개 기관의 대표자일 뿐, 권리능력을 갖는 아니므로 충북대학교 총장이 항고소송의 원고적격을 갖지 않는다는 것도 타당하다(피고적격에 관해서는 [판례 61]을 보라).

4. 참고판례

[1] 창녕군 골재채취사업회계조례사건(대판 2004. 6. 11, 2004추34)

(창녕군의회가　재의결한　창녕군하천골재채취군직영사업운영관리특별회계설치조례개정조례안

을 창녕군수가 다툰 조례안재의결무효확인소송에서) (1) 헌법 제117조 제 1 항과 지방자치법 제15조에 의하면 지방자치단체는 법령의 범위 안에서 그 사무에 관하여 자치조례를 제정할 수 있으나 이때 사무란 지방자치법 제 9 조 제 1 항에서 말하는 지방자치단체의 자치사무와 법령에 의하여 지방자치단체에 속하게 된 단체위임사무를 가리키므로 지방자치단체가 자치조례를 제정할 수 있는 것은 원칙적으로 이러한 자치사무와 단체위임사무에 한한다. 그러므로 국가사무가 지방자치단체의 장에게 위임된 기관위임사무는 원칙적으로 자치조례의 제정범위에 속하지 않는다 할 것이고, 다만 개별법령에서 일정한 사항을 조례로 정하도록 위임하고 있는 경우에는 위임받은 사항에 관하여 개별법령의 취지에 부합하는 범위 내에서 이른바 위임조례를 정할 수 있다. 그리고 법령상 지방자치단체의 장이 처리하도록 규정하고 있는 사무가 자치사무인지 기관위임사무에 해당하는지 여부를 판단함에 있어서는 그에 관한 법령의 규정 형식과 취지를 우선 고려하여야 할 것이지만 그 외에도 그 사무의 성질이 전국적으로 통일적 처리가 요구되는 사무인지 여부나 그에 관한 경비부담과 최종적인 책임귀속의 주체 등도 아울러 고려하여 판단하여야 할 것이다 (대법원 2001. 11. 27. 선고 2001추57 판결 참조).

(2) 골재채취법상 골재채취업등록 및 골재채취허가사무를 시장 · 군수 · 구청장의 사무로 하고 있으나 … 골재채취업등록 및 골재채취허가사무는 전국적으로 통일적 처리가 요구되는 중앙행정기관인 건설교통부장관의 고유업무인 국가사무로서 지방자치단체의 장에게 위임된 기관위임사무에 해당한다. 따라서 지방자치단체의 장의 위와 같은 기관위임사무인 골재채취허가의 제한에 관하여 조례에 아무런 위임을 하지 아니하였음에도 불구하고 법 제22조 제 1 항 단서의 경우를 제외하고 골재는 군의 직영 또는 위탁직영으로만 채취하도록 하여 지방자치단체의 장인 원고의 민간에 대한 골재채취허가권 자체를 배제하는 것을 내용으로 하는 이 사건 조례안 제10조 제 2 항은 자치조례의 제정범위를 넘어 지방자치법 제15조, 법 제14조 제 1 항, 제22조 제 1 항에 위반된다고 할 것이므로 자치조례로서의 효력을 인정할 수 없다.

[2] 울진군 발전소주변지역 지원조례사건(대판 1999. 9. 17, 99추30)

(울진군수가 울진군의회를 피고로 한 울진군발전소주변지역지원산업시행에관한조례무효확인청구의소에서) (1) 헌법 제117조 제 1 항과 당시 지방자치법 제15조에 의하면 지방자치단체는 법령의 범위 안에서 그 사무에 관하여 자치조례를 제정할 수 있으나 이때 사무란 지방자치법 제 9 조 제 1 항에서 말하는 지방자치단체의 자치사무와 법령에 의하여 지방자치단체에 속하게 된 단체위임사무를 가리키므로 지방자치단체가 자치조례를 제정할 수 있는 것은 원칙적으로 이러한 자치사무와 단체위임사무에 한하므로, 국가사무가 지방자치단체의 장에게 위임된 기관위임사무와 같이 지방자치단체의 장이 국가기관의 지위에서

수행하는 사무일 뿐 지방자치단체 자체의 사무라고 할 수 없는 것은 원칙적으로 자치조례의 제정범위에 속하지 않는다.
(2) 기관위임사무에 있어서도 그에 관한 개별 법령에서 일정한 사항을 조례로 정하도록 위임하고 있는 경우에는 지방자치단체의 자치조례 제정권과 무관하게 이른바 위임조례를 정할 수 있다고 하겠으나 이 때에도 그 내용은 개별 법령이 위임하고 있는 사항에 관한 것으로서 개별 법령의 취지에 부합하는 것이라야만 하고, 그 범위를 벗어난 경우에는 위임조례로서의 효력도 인정할 수 없다.
(3) 법령상 지방자치단체의 장이 처리하도록 규정하고 있는 사무가 기관위임사무에 해당하는지 여부를 판단함에 있어서는 그에 관한 법령의 규정 형식과 취지를 우선 고려하여야 할 것이지만 그 외에도 그 사무의 성질이 전국적으로 통일적인 처리가 요구되는 사무인지 여부나 그에 관한 경비부담과 최종적인 책임귀속의 주체 등도 아울러 고려하여 판단하여야 할 것이다.
(4) 발전소주변지역지원에관한법률은 지역개발 외에 전원개발의 촉진과 발전소 및 방사성폐기물관리시설의 원활한 운영 도모를 그 목적에 포함시키고 있고(제 1 조), 위 법상 발전소 주변지역에 대한 지원사업은 한국전력공사가 전국의 각 주변지역에 대한 장기계획을 각각 수립하여야 하며(제 9 조), 지원사업은 지방자치단체의 장 외에 위 공사도 그 시행주체가 되어(제11조), 지원사업의 내용에 따라 각각 나누어 시행하게 되어 있고(같은법 시행령 제19조 내지 제25조), 사업시행에 필요한 경비는 기본적으로 위 공사가 출연하여 운용·관리하는 기금에 의하여 충당하게 되어 있는 점을 고려할 때(제 4 조 내지 제 7 조), 위 법상 발전소 주변지역에 대한 지원사업은 지방자치단체별로 재정능력에 따른 차등이 없이 통일적으로 시행하여야 할 국가사무에 해당하나 다만 당해 지역의 사정과 지방자치단체가 시행하는 다른 복지시책과 밀접한 관련하에서 시행할 필요가 있는 점을 고려하여 당해 지방자치단체의 장에게 시행을 위임한 기관위임사무에 해당한다.

[판례 83] 공무원의 임용요건(면접시험의 성질)
• 안양시 사회복지 9급임용시험 면접사건
(대판 2008. 12. 24, 2008두8970)

[사건개요]

2005. 7. 11. 피고(항소인, 피상고인, 안양시인사위원회 위원장)는 '2005년도 제 1 회 안양시 지방공무원특별임용시험'(이하, '이 사건 시험'이라고 한다) 시행계획을 공고하였는바, 그 주요 내용은 아래와 같다.

－선발예정인원: 사회복지 9급 13명
－시험시행일정: 2005. 9. 24. 필기시험, 2005. 10. 21. 서류전형, 2005. 11. 9. 면접시험 (전단계의 시험에 불합격하면 다음 단계의 시험에 응시할 수 없다)

2005. 11. 9. 원고는 이 사건 시험의 필기시험 및 서류전형에 각 합격하고, 이 날 시행된 면접시험에 응시하였다.

2005. 11. 14. 피고는 이 날 공고한 이 사건 시험의 최종합격자 13명의 명단에 원고를 포함시키지 아니함으로써 원고에게 이 사건 시험 불합격처분(이하, '이 사건 처분'이라고 한다)을 하였다. 이에 원고는 "피고가 2005. 11. 14. 원고에게 한 지방공무원특별임용(사회복지 9급)시험 불합격처분을 취소한다"는 판결을 구하는 소를 제기하였다.

■ 당시 안양시 지방공무원 인사규칙 제13조에는 안양시공무원 임용을 위한 면접시험은 2인 이상으로 구성된 면접위원들이 5개 항목의 평정요소(1. 공무원으로서의 정신자세, 2. 전문지식과 응용능력, 3. 의사발표의 정확성과 논리성, 4. 용모·예의·품행 및 성실성, 5. 창의력·의지력 기타 발전 가능성)에 대하여 각 상(3점), 중(2점), 하(1점)로 평정하여 면접위원들로부터 받은 평정점의 평균이 10점 이상인 응시생을 합격자로 처리하되, 어느 하나의 평정요소에 대하여 면접위원 과반수로부터 '하'의 평정을 받은 경우에는 불합격자로 처리하도록 정하고 있었다.

■ 이 사건 시험의 면접위원은 4인으로, 원고는 그 중 2인으로부터는 각 10점의 평정을 받았지만 나머지 2인으로부터는 '의사발표의 정확성과 논리성' 항목에서 각 '하'로 평가받는 바람에 각 9점의 평정을 받아 그 결과 전체 평정 평균이 10점에 미달하는 9.5점이 되어 불합격되었다.

■ 면접위원들은 시험의 면접채점표상 5개의 '평정요소'란에 각 평정점을, '합계'란에 그 합산점을 각 기재하였을 뿐, 그와 별도로 면접위원이 제시한 문항 및 응시생의 응답 내용과 그에 대한 평가 등을 기재한 바 없고, 사전에 위 5개의 평정요소에 대한 객관적인 세부평가기준이 마련된 바도 없었다.

■ 면접시험 당시 면접위원도 아닌 안양시장이 시험을 참관하면서 응시생들에게 거주지 등에 관한 질문을 하기도 하였다.

[원고의 주장]
원고에 대한 면접시험을 실시할 당시 면접시험 위원들과 원고 사이에 실질적인 문답이 이루어진 바가 없고, 원고의 거주지 등에 대한 형식적인 문답만 있었으므로, 면접시험 위원들이 원고에게 행한 평정은 합리적인 근거가 없어 재량권을 일탈, 남용한 경우에 해당한다는 점, 면접시험 실시 당시 면접시험 위원이 아닌 안양시장이 참관하면서 응시생들에게 거주지에 관한 질문을 하는 등 면접시험 위원들에게 영향을 미칠 우려가 있는 행위를 하였다는 점 등에 비추어 이 사건 시험의 면접시험이 적법하게 실시되었다고 볼 수 없으므로, 면접시험 결과에 따라 원고를 이 사건 시험에서 불합격처리한 피고의 이 사건 처분은 위법하다.

[피고의 주장]
이 사건 시험의 면접시험은 응시생들이 미리 제출한 이력서와 자기소개서를 검토하고 응시생들에게 적절한 질문을 하는 등의 방법으로 응시생들을 적정하게 평가하는 방식으로 이루어졌고, 안양시장은 비록 면접시험 위원은 아니지만 이 사건 시험의 합격자들에 대한 지휘감독자가 될 자로서 면접시험 위원들의 동의를 받아 면접시험에 참관한 것이므로, 면접시험의 시행 및 면접시험 결과에 따라 원고를 불합격처리한 피고의 이 사건 처분은 적법하다.

[제1심 판결요지](수원지법 2007. 8. 29, 2006구합263)
(1) 피고는 원고에 대하여 면접시험을 실시함에 있어 객관성을 담보할 만한 세부적인 평가기준이나 평정 결과를 뒷받침할 객관적인 증빙자료도 없이 단지 시험방식으로 공무원으로서의 정신자세, 전문지식과 응용능력 등 5가지의 추상적인 평정요소에 대하여 상(3점), 중(2점), 하(1점)로 각 평정하게 한 다음, 그 평정 결과에 따라 원고의 합격 여부를 결정하였으므로, 이 사건에 있어서 피고가 위와 같은 평정 결과만으로 원고를 불합격처리하는 이 사건 처분을 한 것은 지방공무원 임용에 관한 재량권을 일탈하거나 이를 남용한 경우에 해당하여 위법하다.
(2) 이 사건 시험의 면접시험 위원이 아닌 안양시장이 면접시험장에 들어가 참관하면서 응시생들에게 질문을 하였는바, 안양시장은 이 사건 시험에 합격하여 안양시 공무원으로 임용되는 자들의 지휘감독자가 될 지위에 있으므로, 위와 같이 면접시험을 참관하여 응시생에게 질문을 하는 것은 면접시험 위원들의 사전 동의 여부에 관계없이 면접시험 위원들이 응시생을 공정하게 평가하는 데 영향을 미칠 우려가 있는 행위로 보여지고, 따라서 이 사건 시험의 면접시험은 그 실시 절차에 위와 같은 하자가 있다는 점에서도 위법하다.
(3) 따라서 위법하게 실시된 이 사건 시험의 면접시험 결과에 따라 원고를 이 사건 시험의 불합격자로 처리한 피고의 이 사건 처분은 위법하다.

[제2심 판결](서울고법 2008. 5. 14, 2007누28528)
제1심 판결 유지

[판결요지](상고기각)

[1] 공무원 임용을 위한 면접전형에서 임용신청자의 능력이나 적격성 등에 관한 판단은 면접위원의 고도의 교양과 학식, 경험에 기초한 자율적 판단에 의존하는 것으로서 오로지 면접위원의 자유재량에 속하고, 그와 같은 판단이 현저하게 재량권을 일

탈·남용하지 아니한 한 이를 위법하다고 할 수 없다 할 것이다.

[2] 피고가 이 사건 면접시험의 평가기준으로 삼은 위 5가지 평정요소는 종전부터 공무원임용 및 시험 시행규칙(2004. 6. 12. 폐지되기 전의 것), 지방공무원임용령, 공무원임용시험령 등 각종 관련 법령에서 면접을 통한 당해 직무수행에 필요한 능력 및 적격성을 검정하기 위한 평가기준으로 일관되게 제시·활용되어 온 것으로서 그 자체로도 최하 1점에서 최고 3점까지 계량적 평가가 이루어지게 되어 있을 뿐만 아니라 특히, 면접의 경우 그에 앞선 필기시험과 서류전형을 통한 객관적 지식이나 자격 등의 검정만으로는 파악하기 어려운 응시생의 잠재적 능력 내지 전인격적 측면에 대한 평가를 수반하는 것이어서 고식적이고 정형적인 질의응답이 아닌 개방적이고 자유로운 질의응답의 과정을 통해 면접위원이 응시생을 종합적으로 평가하는 것이 오히려 요망되기도 하는 이상 그 평가기준의 포괄적 설정은 어느 정도 부득이한 면이 있음에 비추어, 위 5가지 평정요소 및 그에 대한 1점에서 3점까지의 계량화된 평정방법 이외에 보다 세부적인 평가기준의 마련 혹은 평정 결과의 정당성을 뒷받침할 구체적 증빙자료의 구비가 이루어져야만 그 평정의 적법성이 담보된다고 볼 수는 없다. 그럼에도 원심이 위에서 본 바와 같은 사정들을 들어 이 사건 면접시험에 있어 재량권의 일탈·남용에 해당하는 위법한 평정이 이루어졌다고 판단한 것은 상고이유에서 주장하는 바와 같이 공무원임용을 위한 면접시험에 있어서 재량권에 관한 법리를 오해한 잘못이 있다.

[3] 정식 면접위원도 아닌 안양시장이 이 사건 면접에 참여하여 행한 행위는 그 절차상 단순한 참관의 정도를 벗어나 사실상 면접에 직접 관여한 것으로 평가할 수 있을 뿐만 아니라, 참여 면접위원들의 구성 및 신분과 숫자, 이 사건 면접시험의 방식과 효력 등에 비추어 응시자격으로 정한 거주지제한 요건과는 무관한 사항에 관하여 면접위원 다수에게 특정 부류의 응시생들에 대한 예단 내지 편견을 조장하여 면접 결과에 영향을 미쳤다고 볼 소지가 있다 할 것이고, 이러한 행위는 이 사건 시험의 근거법령인 지방공무원임용령 제45조 제 3 항에서 규제하는 시험의 신뢰도에 대한 침해행위로서 위법하다. 같은 취지의 이 부분 원심판단에는 상고이유에서 주장하는 바와 같은 위법이 없다. 그렇다면 이 사건 처분에 취소사유에 해당하는 위법이 있다고 본 원심판단의 결론은 정당하다.

[해 설]

1. 쟁 점

이 사건 판결은 ① 공무원 임용을 위한 면접전형에서 임용신청자의 능력이나 적격성 등에 관한 판단이 면접위원의 자유재량에 속하는지 여부(적극)와 ② 지방공무원특별임용시험 면접에 면접위원도 아닌 시장이 참여하여 응시자격요건과 무관한 질문을 하여 면접 결과에 영향을 미친 것이 당시 지방공무원임용령 제45조 제3항에서 규제하는 시험의 신뢰도에 대한 침해행위로서 위법한 것인지의 여부 등을 쟁점으로 하였다. 단순하게 말한다면, 이 사건 판결은 면접시험의 성질을 쟁점으로 하였다. 아래에서 이 사건 판결을 면접시험의 성질문제로서 검토한다.

2. 면접시험

(1) 공무원의 임용요건

모든 국민은 법률이 정하는 바에 의하여 공무담임권을 가진다(헌법 제25조). 이에 따라 제정된 국가공무원법은 공무원이 되기 위한 요건으로 능력요건과 성적요건을 요구한다.

㈎ **능력요건** 다음 각 호의 어느 하나에 해당하는 자는 공무원으로 임용될 수 없다(국가공무원법 제33조). 능력요건이 미비된 자에 대한 임용행위는 무효이다.

1. 금치산자 또는 한정치산자
2. 파산선고를 받고 복권되지 아니한 자
3. 금고 이상의 실형을 선고받고 그 집행이 종료되거나 집행을 받지 아니하기로 확정된 후 5년이 지나지 아니한 자
4. 금고 이상의 형을 선고받고 그 집행유예 기간이 끝난 날부터 2년이 지나지 아니한 자
5. 금고 이상의 형의 선고유예를 받은 경우에 그 선고유예 기간 중에 있는 자
6. 법원의 판결 또는 다른 법률에 따라 자격이 상실되거나 정지된 자

6의2. 공무원으로 재직기간 중 직무와 관련하여 「형법」 제355조 및 제356조에 규정된 죄를 범한 자로서 300만원 이상의 벌금형을 선고받고 그 형이 확정된 후 2년이 지나지 아니한 자

7. 징계로 파면처분을 받은 때부터 5년이 지나지 아니한 자
8. 징계로 해임처분을 받은 때부터 3년이 지나지 아니한 자

㈏ **성적요건** 공무원의 임용은 시험성적·근무성적, 그 밖의 능력의 실증에 따라 행한다(국가공무원법 제26조 본문). 그런데 신규채용의 경우, 공무원은 공개경쟁시험으로 채용한다(국가공무원법 제28조). 공개경쟁채용시험은 통상 서류전형, 필기시험과

면접시험 등으로 이루어진다.

(2) 면접시험의 필요성

이 사건에 대한 [판결요지][2]에서 보는 바와 같이 필기시험과 서류전형을 통해서는 객관적 지식이나 자격 등의 검정은 가능하나, 응시생의 잠재적 능력 내지 전인격적 측면에 대한 평가는 어렵다. 면접시험은 필기시험과 서류전형이 갖는 이러한 문제점을 보완하는 의미를 갖는다.

(3) 면접시험의 재량성

(가) 이 사건에 대한 [판결요지][1]에서 보는 바와 공무원 임용을 위한 면접전형에서 임용신청자의 능력이나 적격성 등에 관한 판단은 면접위원의 고도의 교양과 학식, 경험에 기초한 자율적 판단에 의존하는 것으로서 오로지 면접위원의 자유재량에 속한다고 볼 것이다.

(나) 면접위원이 갖는 재량권은 재량권의 부여된 목적과 범위 내에서 행사되어야 한다. 그 목적에 반하는 면접위원의 재량권의 행사와 그 범위를 벗어나는 면접위원의 재량권의 행사는 위법한 것이 된다. 목적에 반하는 재량권의 행사로 비례원칙위반의 재량권행사, 평등원칙위반의 재량권행사, 비이성적인 재량권행사를 들 수 있다.

3. 평 가

(1) 논리로만 본다면, 제 1 심과 제 2 심의 판단이 정당해 보이지만, 면접시험의 실제 진행과정을 고려한다면 대법원의 판단이 보다 설득력을 갖는다.

(2) 이 사건 판결은 「공무원임용을 위한 면접시험에서 면접관은 재량권을 갖는다」는 종래의 판례의 입장을 재확인한 것이다.

4. 참고판례

[1] 사법연수원 제25기생 중 검사임용거부사건(대판 1997. 11. 28, 97누11911)

(면접위원 전원으로부터 하(1점)로 평가받은 항목이 있을 뿐만 아니라 총점 기준 평균 10점에도 미달하여 면접전형에서 불합격처리됨으로써 각 검사임용에서 제외된 자가 제기한 검사임용거부처분취소소송에서) 공무원 임용을 위한 면접전형에 있어서 임용신청자의 능력이나 적격성 등에 관한 판단은 면접위원의 고도의 교양과 학식, 경험에 기초한 자율적 판단에 의

존하는 것으로서 오로지 면접위원의 자유재량에 속하고, 그와 같은 판단이 현저하게 재량권을 일탈 내지 남용한 것이 아니라면 이를 위법하다고 할 수 없는 것이다. 면접전형 결과에 따라 한 피고의 이 사건 임용거부처분이 신뢰보호의 원칙에 반하거나 재량권을 일탈 또는 남용한 것으로 볼 수 없다.

[2] 재량행위에 대한 사법심사의 방식

(1) (광주광역시 남구청장이 구 도시계획법상의 개발제한구역 내의 주택에 대하여 농업종사 등의 목적으로 이축허가를 받아 이를 신축한 후 취사용 가스판매장으로 용도변경신청을 하자 행정청이 당시 추진하여 온 '엘피지(LPG) 판매업소 외곽이전 공동화사업'과 그 주택에 대한 당초의 이축허가 목적 등에 적합하지 아니하다는 사유로 불허가처분을 하자 제기한 건축물용도변경신청거부처분취소소송에서) 행정행위를 기속행위와 재량행위로 구분하는 경우 양자에 대한 사법심사는, 전자의 경우 그 법규에 대한 원칙적인 기속성으로 인하여 법원이 사실인정과 관련 법규의 해석·적용을 통하여 일정한 결론을 도출한 후 그 결론에 비추어 행정청이 한 판단의 적법 여부를 독자의 입장에서 판정하는 방식에 의하게 되나, 후자의 경우 행정청의 재량에 기한 공익판단의 여지를 감안하여 법원은 독자의 결론을 도출함이 없이 당해 행위에 재량권의 일탈·남용이 있는지 여부만을 심사하게 되고, 이러한 재량권의 일탈·남용 여부에 대한 심사는 사실오인, 비례·평등의 원칙 위배 등을 그 판단 대상으로 한다(대판 2005. 7. 14, 2004두6181 참조)(대판 2001. 2. 9, 98두17593).

(2) (서울특별시의사회가 진단서 등 의료기관 증명서의 발급수수료를 현행보다 2배 수준으로 인상하기로 의결하고 이를 소속 회원들에게 시행하도록 한 행위에 대하여 공정거래위원회가 과징금 납부를 명령하자 서울특별시의사회가 제기한 시정명령등취소소송에서) 과징금부과의 처분을 할 것인지 여부와 처분의 정도에 관하여 재량이 인정되는 과징금 납부명령에 대하여 그 명령이 재량권을 일탈하였을 경우 법원으로서는 재량권의 일탈 여부만 판단할 수 있을 뿐이지 재량권의 범위 내에서 어느 정도가 적정한 것인지에 관하여는 판단할 수 없어 그 전부를 취소할 수밖에 없고, 법원이 적정하다고 인정되는 부분을 초과한 부분만 취소할 수는 없는 것이므로, 피고의 이 사건 과징금납부명령이 재량권 일탈·남용에 해당한다면서 적정하다고 인정되는 과징금을 산정한 후 이를 초과한 부분만 취소한 원심판결은 이 점에서도 파기를 면할 수 없다(대판 2009. 6. 23, 2007두18062).

[판례 84] 공무원의 승진임용신청권

• 광주광역시 지방부이사관 승진의결 철회사건

(대판 2008. 4. 10, 2007두18611)

[사건개요]

2004. 3.경 피고(광주광역시장)는 국가서기관으로서 광주광역시 기획관으로 근무하던 원고를 포함한 8명을 지방부이사관 승진후보자로 하여 광주광역시 인사위원회에 심의를 요구하였다.

2004. 3. 31. 위 인사위원회는 원고를 지방부이사관 임용대상자로 사전심의하였다. 심의결과는 피고 소속 총무과 직원에 의하여 같은 날 광주광역시 구내방송 및 내부통신망에 게시한 전자문서를 통해 피고 소속 공무원 및 기자들에게 알려지게 되었고, 광주일보 등 일간지에도 보도되었다.

2004. 3. 31. 원고는 위 심의결과에 따라 피고를 통하여 행정자치부장관에게 국가공무원에서 광주광역시 지방공무원으로의 전출에 동의한다는 동의서를 제출하였다.

2004. 4. 1. 피고는 행정자치부장관에게 원고에 대한 광주광역시 지방공무원 전출명령을 제청함과 동시에 원고를 재단법인 광주비엔날레 사무국장으로 파견, 근무하도록 하는 인사발령을 하였다.

2004. 4. 14. 대통령권한대행인 국무총리가 원고에게 광주광역시 지방공무원 전출을 명하였다.

2004. 7. 20. 원고가 광주비엔날레의 사무국장으로 근무하던 2004. 7. 초경 피고는 광주비엔날레 이사장과 사무총장이 2차례에 걸쳐 사무국장인 원고가 충분한 지원역할을 못하고 오히려 업무추진에 걸림돌이 되고 있다는 이유로 사무국장의 교체를 요구하자, 이 날 광주비엔날레 사무국장 파견복귀 및 대기를 명하였다. 그 후 피고는 위 인사위원회에 원고의 지방부이사관 승진의결 재심의를 요구하였다.

2004. 7. 31. 위 인사위원회는 원고에 대한 2004. 3. 31.자 승진임용예정 철회를 의결하였다.

2004. 8. 1. 피고는 이 날 인사발령을 하면서 원고를 제외한 나머지 부이사관 승진예정자에 대한 승진발령을 하였다.

2004. 8. 9. 피고는 원고를 지방서기관으로 보하는 시립민속박물관장으로 발령하였다.

2005. 9. 30. 원고는 2004. 8. 1. 이후의 인사발령에서도 승진발령을 받지 못하게 되자, 이 날 광주광역시 소청심사위원회에 원고의 의사에 반하는 불리한 부작위를 이유로 자

신을 지방부이사관으로 승진임용하라는 소청심사를 청구하였다.

2006. 2. 20. 소청심사는 기각되었다. 이에 원고는 이를 다투기 위하여 소를 제기하였다.

[제 1 심](광주지법 2006. 9. 28, 2006구합1036)(부작위위법확인의 소)

[주 문]

1. 피고가 2006. 3. 30. 원고에 대하여 한 부이사관승진임용거부처분을 취소한다.

[제 2 심](환송전판결)(광주고법 2007. 8. 30, 2006누2557)(부작위위법확인의 소)

[주 문]

1. 제 1 심 판결을 취소한다.
2. 원고의 주위적 청구와 제1 예비적 청구 및 당심에서 추가된 제2 예비적 청구를 모두 각하한다.

[청구취지 및 항소취지]

1. 청구취지
   가. 주위적 청구취지: 피고가 2006. 3. 30. 원고에 대하여 한 부이사관승진임용거부처분을 취소한다.
   나. 제1 예비적 청구취지: 피고가 2006. 3. 30. 원고에 대하여 한 부이사관승진임용확정행위에 대한 철회처분을 취소한다.
   다. 제2 예비적 청구취지: 피고가 원고를 광주광역시 지방부이사관으로 승진임용하지 않은 것은 위법임을 확인한다(원고는 당심에서 이 부분 청구를 추가하였다).
2. 항소취지

제 1 심 판결을 취소한다. 원고의 청구를 기각한다.

[제 3 심](환송판결)(대판 2008. 4. 10, 2007두18611)(부작위위법확인의 소)

[주 문]

원심판결 중 제2 예비적 청구에 관한 부분을 파기하고, 이 부분 사건을 광주고등법원에 환송한다. 나머지 상고를 기각한다.

[환송후 제 2 심](광주고법 2008. 6. 5, 2008누531)(부작위위법확인의 소)

[주 문]

1. 피고가 원고를 ○○광역시 지방부이사관으로 승진임용하지 않은 것은 위법임을 확인한다.

[환송후 제 2 심에 대한 제 3 심](대판 2009. 7. 23, 2008두10560)(부작위위법확인의 소)

[주 문]

상고를 기각한다.

[판결요지] (참고판례를 보라)

[판결요지](환송판결 중 승진임용청구권 부분)

지방공무원법 제 8 조, 제38조 제 1 항, 지방공무원임용령 제38조의3의 각 규정을 종합하면, 2급 내지 4급 공무원의 승진임용은 임용권자가 행정실적 · 능력 · 경력 · 전공분야 · 인품 및 적성 등을 고려하여 하되 인사위원회의 사전심의를 거치도록 하고 있는

바, 4급 공무원이 당해 지방자치단체 인사위원회의 심의를 거쳐 3급 승진대상자로 결정되고 임용권자가 그 사실을 대내외에 공표까지 하였다면, 그 공무원은 승진임용에 관한 법률상 이익을 가진 자로서 임용권자에 대하여 3급 승진임용 신청을 할 조리상의 권리가 있다고 보아야 할 것이다.

[해 설]

1. 쟁 점

이 사건은 사건개요에서 보는 바와 같이 대법원의 환송판결(승진임용신청권 부분), 환송판결에 대한 고등법원의 판결과 그에 대한 대법원판결(부작위의 위법부분)을 거쳐서 확정되었다. 이하에서는 승진임용청구권에 관해 검토한다. 부작위의 위법 부분은 [판례 74]를 보라.

2. 승진임용신청권

(1) 의 의

승진임용신청권이란 공무원이 임용주체에 대하여 자신을 상위직급으로 임용해 줄 것을 청구할 수 있는 개인적 공권을 말한다.

(2) 요 건

법해석상 개인적 공권으로서 승진임용신청권이 인정되기 위해서는 ① 근거법령이나 관련 법령이 국가 또는 그 밖의 행정주체에 행위의무를 부과하고 있고(강제규범성), 아울러 ② 근거법령이나 관련 법령이 공익의 실현 외에 사익의 보호도 의도하고 있어야 한다(사익보호성). 이러한 논리체계를 2요소론이라 부른다.

3. 평 가

(1) 행위의무의 존부

(가) **영으로의 재량수축** 지방공무원법령이 2급 내지 4급 공무원의 승진임용은 임용권자가 행정실적 · 능력 · 경력 · 전공분야 · 인품 및 적성 등을 고려하도록 한 것은 승진임용이 재량적인 것임을 뜻한다. 그런데 이 사건의 경우, 4급 공무원이 당해 지방자치단체 인사위원회의 심의를 거쳐 3급 승진대상자로 결정되고 임용권자가 그 사실을 대내외에 공표까지 하였다면 임용권자의 승진임용의 재량권은 영으로 수축되었다고

보아야 한다. 따라서 임용권자인 광주광역시장은 원고를 반드시 승진임용하여야 할 기속적인 행위의무를 부담한다고 하겠다.

(나) **확 약** 확약을 행정행위의 일종으로 이해하는 저자의 입장에서는 피고가 행정자치부장관에게 「원고가 광주광역시 지방부이사관에 내정되었음을 이유로 그에 대한 광주광역시 지방공무원 전출명령을 제청한 것」은 피고가 원고를 지방부이사관으로 임용하겠다는 자기구속적 약속, 이른바 확약을 한 것으로 본다.

(다) **소 결** 영으로의 재량수축의 법리의 관점에서 보아도 피고에게 기속적인 행위의무가 발생하였고, 확약의 법리의 관점에서 보아도 피고에게 기속적인 행위의무가 발생하였다고 하겠다.

(2) 사익보호의 존부

헌법이 보장하는 공무담임권(헌법 제25조)과 직업선택의 자유(헌법 제15조)의 구체화 내지 현실화의 과정에서 경우에 따라서는 승진 관련 공무원법령이 공무원에게 승진으로 인한 이익(상위 직급의 직무수행과 보다 많은 보수의 수령 등)을 법적으로 보호하고 있다고 새겨야 할 경우도 있을 것이다. 이 사건에서와 같이 승진이 확약된 상태에서는 사익보호의 목적도 존재한다고 볼 것이다.

(3) 소 결

법률상 이익의 성립요건을 모두 구비하였으므로 원고에게 법률상 이익이 인정된다. 판례의 태도는 정당하다. 다만 판례는 「원고에게 임용권자에 대하여 3급 승진임용 신청을 할 조리상의 권리가 있다」고 하였는데, 원고의 승진임용신청권은 법령의 해석상 나오는 것이므로 원고의 승진임용신청권을 조리상의 권리라고 한 것은 용례상 적절해 보이지 아니한다.

4. 참고판례

> 대판 2009. 7. 23, 2008두10560([판례 84]의 환송판결에 따라 이루어진 2심판결에 대한 대법원 판결)
>
> 4급 공무원이 당해 지방자치단체 인사위원회의 심의를 거쳐 3급 승진대상자로 결정되고 임용권자가 그 사실을 대내외에 공표까지 하였다면, 그 공무원은 승진임용에 관한 법률상 이익을 가진 자로서 임용권자에 대하여 3급 승진임용을 신청할 조리상의 권리가 있다.

[판례 85] 공무원의 직권면직

• 문화체육관광부 홍보자료제작과장 직권면직사건

(대판 2010. 6. 24, 2010두3770)

[사건개요]

(1) 원고는 언론직에 종사하다가 2002. 4.경 구 국정홍보처 별정직공무원(5급 상당)으로 임용된 후 승진하여 국정홍보처 소속 콘텐츠운영단 간행물팀장(4급 상당)으로 근무해왔는데, 정부조직 개편으로 2008. 3. 6. 국정홍보처가 폐지되고 그 소관업무가 문화체육관광부 홍보지원국으로 이관됨에 따라 같은 달 12. 문화체육관광부 소속 홍보지원국 홍보자료제작과장으로 발령받아 근무해 왔다.

(2) 종래 홍보자료제작과장은 문화체육관광부와 그 소속기관 직제 시행규칙에 따라 부이사관 · 서기관 · 4급상당 별정직공무원 또는 행정사무관으로 보하였는데, 동 규칙이 2008. 11. 25. 문화체육관광부령 제20호로 개정되면서 부이사관 · 서기관 또는 행정사무관 등 일반직 공무원으로만 보하도록 변경되었고(제14조 제 2 항), 이에 따라 피고는 2008. 11. 25. 원고를 직권으로 면직하였다(이하 '이 사건 면직처분'이라 한다). 이에 원고는 면직처분무효확인소송을 제기하였다.

[원고의 주장]

원고는 구 국정홍보처 시절 간행물팀장으로 근무하다가 조직개편 이후에는 문화체육관광부 홍보자료제작과장으로 근무해왔는데, 홍보자료제작과는 기존 구 국정홍보처 정책광고팀과 간행물팀의 업무가 이관된 부서로써 직접 대국민 정책홍보를 수행하고 있는 곳이므로 행정관리능력보다는 광고기획과 같은 전문성이 요구되고, 그러한 필요성 때문에 구 국정홍보처 시절부터 간행물팀장을 별정직 공무원으로 보하여 왔음에도 불구하고, 피고는 오로지 새정부의 공무원 정원 10% 감축 지시에 따르기 위하여 기존에 별정직 공무원으로 보하여 오던 홍보자료제작과장을 일반직 공무원에 한하여 보하도록 직제 시행규칙을 개정하여 객관적, 합리적 근거없이 별정직 공무원인 원고를 직권면직하였던바, 이 사건 면직처분은 재량권을 일탈 또는 남용한 것으로서 위법한 처분이다.

[판결요지]

[1] 별정직공무원은 특정한 업무를 담당하기 위하여 별도의 자격 기준에 따라 임용되는 공무원으로서 법령에서 별정직으로 지정하는 공무원인 점, 국가공무원법상 보수, 복무 등에 관한 일부 규정만 적용될 뿐 제70조(직권면직)의 규정이 적용되지 않는 점

등에 비추어 보면, 별정직공무원을 직권면직할 때 객관적이고도 합리적인 근거를 갖추었는지의 여부는 당해 직무를 별정직공무원에게 담당하게 한 제도의 취지, 직무의 내용과 성격, 당해 별정직공무원을 임용하게 된 임용조건과 임용과정, 직권면직에 이르게 된 사정 등을 종합적으로 고려해서 판단하여야 한다.

[2] 문화체육관광부 소속 홍보자료제작과장직으로 재직하던 별정직공무원을 조직개편에 따라 직권면직한 사안에서, 임용하게 된 조건과 과정, 조직개편과 홍보체제 정비로 담당업무가 달라지고 이로 인하여 직권면직에 이르게 된 사정 등을 종합하여 볼 때, 임용권자가 행정관련 업무의 비중이 높은 홍보자료제작과장에 별정직공무원으로서 주로 간행물 제작 업무만을 담당해 온 사람보다는 행정능력을 갖춘 일반직공무원이 적합하다고 판단한 후, 문화체육관광부와 그 소속기관 직제 시행규칙을 개정하여 위 공무원을 면직시켰던 것으로 보이므로, 위 면직처분은 객관적이고도 합리적인 근거에 의하여 이루어진 것으로서 재량권을 일탈하였거나 남용하지 않았다.

[해　설]

1. 쟁　점

이 사건 판결은 별정직공무원을 조직개편에 따라 직권면직한 사안에서, 면직처분이 재량권을 일탈하였거나 남용한 것인지의 여부 등을 쟁점으로 하였다. 아래에서 이 사건 판결을 공무원의 직권면직의 문제로서 검토한다.

2. 공무원의 면직

(1) 의　의

면직이란 특별한 행위로 공무원법관계를 소멸시키는 것을 말한다. 「특별한 행위에 의한다」는 점에서 법정 사유의 발생으로 당연히 공무원법관계가 소멸하는 당연퇴직과 다르다. 면직에는 의원면직과 강제면직이 있다.

(2) 의원면직

의원면직이란 공무원 자신의 사직의 의사표시에 의거하여 임용권자가 공무원관계를 소멸시키는 처분을 말한다. 그 법적 성질은 상대방의 신청을 요하는 행정행위(협력을 요하는 행정행위 또는 쌍방적 행정행위)이다. 사직의 의사표시는 정상적인 의사작용에 의한 것이어야 한다. 사직의 의사표시는 사직원이 수리되기 전까지 이루어져야 한다.

(3) 강제면직

강제면직이란 공무원 본인의 의사에 관계없이 임용권자가 일방적으로 공무원관계를 소멸시키는 처분이다. 일방적 면직이라고도 한다. 강제면직에는 징계면직과 직권면직이 있다. 징계면직이란 공무원이 공무원법상 요구되는 의무를 위반할 때, 그에 대하여 가해지는 제재로서의 징계처분에 의한 파면과 해임을 의미한다.

(4) 직권면직

직권면직이란 국가공무원법 제70조 제 1 항이 정하는 사유가 발생하는 경우에 공무원 본인의 의사에 관계없이 임용권자가 일방적으로 공무원관계를 소멸시키는 의사표시를 말한다. 직권면직은 공무원에 대한 제재가 아니다. 임용권자나 임용제청권자는 제 1 항 제 3 호(직제와 정원의 개폐 또는 예산의 감소 등에 따라 폐직 또는 과원이 되었을 때)에 따라 소속 공무원을 면직시킬 때에는 임용 형태, 업무 실적, 직무수행 능력, 징계처분 사실 등을 고려하여 면직 기준을 정하여야 한다(국가공무원법 제70조 제 3 항).

3. 평 가

국가공무원법상 면직처분도 재량행위에 해당한다. 재량행위에 재량하자가 없어야 한다. 대법원이 이 사건 판결에서 문화체육관광부와 그 소속기관 직제 시행규칙을 개정하여 위 공무원을 면직시킨 것에 재량권의 남용이나 일탈이 없다고 한 대법원의 판단은 정당해 보인다.

4. 참고판례

[1] 익산시 공무원 사직원제출 면직사건(대판 1997. 12. 12, 97누13962)

(익산시장의 의원면직처분의 취소를 구한 사건에서) (1) 공무원이 사직의 의사표시를 하여 의원면직처분을 하는 경우 그 사직의 의사표시는 그 법률관계의 특수성에 비추어 외부적·객관적으로 표시된 바를 존중하여야 할 것이므로, 비록 사직원제출자의 내심의 의사가 사직할 뜻이 아니었다고 하더라도 진의 아닌 의사표시에 관한 민법 제107조는 그 성질상 사직의 의사표시와 같은 사인의 공법행위에는 준용되지 아니하므로 그 의사가 외부에 표시된 이상 그 의사는 표시된 대로 효력을 발한다.

(2) 사직서의 제출이 감사기관이나 상급관청 등의 강박에 의한 경우에는 그 정도가 의사결정의 자유를 박탈할 정도에 이른 것이라면 그 의사표시가 무효로 될 것이고 그렇지 않

고 의사결정의 자유를 제한하는 정도에 그친 경우라면 그 성질에 반하지 아니하는 한 의사표시에 관한 민법 제110조의 규정을 준용하여 그 효력을 따져보아야 할 것이나, 감사담당 직원이 당해 공무원에 대한 비리를 조사하는 과정에서 사직하지 아니하면 징계파면이 될 것이고 또한 그렇게 되면 퇴직금 지급상의 불이익을 당하게 될 것이라는 등의 강경한 태도를 취하였다고 할지라도 그 취지가 단지 비리에 따른 객관적 상황을 고지하면서 사직을 권고·종용한 것에 지나지 않고 위 공무원이 그 비리로 인하여 징계파면이 될 경우 퇴직금 지급상의 불이익을 당하게 될 것 등 여러 사정을 고려하여 사직서를 제출한 경우라면 그 의사결정이 의원면직처분의 효력에 영향을 미칠 하자가 있었다고는 볼 수 없다.

[2] 제주시 청원경찰 직권면직사건(대판 2002. 2. 8, 2000두4057)

(행정자치부의 지방조직 개편지침에 따라 제주시장에 의해 직권면직된 자가 제기한 직권면직무효확인소송에서) (1) 당시 청원경찰법 제5조 제1항·제3항, 제11조, 구 청원경찰법시행령 제16조 제1항 등의 규정을 종합하면, 청원주는 청원경찰이 인원의 감축으로 과원이 되었을 때에는 직권으로 면직시킬 수 있는바, 지방자치단체의 장이 청원주인 경우 그 면직처분은 재량행위라 할 것이므로, 지방자치단체의 장이 합리적이고 공정한 기준에 의하여 면직대상자를 선정하고 그에 따라 면직처분을 하였다면 일응 적법한 재량행사라 할 것이나, 그 기준이 평등의 원칙에 위배되는 등 비합리적이고 불공정하다면 그에 따른 면직처분은 재량권의 일탈·남용으로서 위법하다.

(당시) **청원경찰법 제5조**(청원경찰관 임용등) ③ 청원경찰의 임용자격·임용방법·교육·보수 및 징계에 관하여는 대통령령으로 정한다.

제11조(시행령) 이 법의 시행에 관하여 필요한 사항은 대통령령으로 정한다.

(당시) **청원경찰법시행령 제16조**(직권면직) ① 청원주는 청원경찰이 신체정신의 이상으로 직무를 감당하지 못하거나 인원의 감축으로 과원이 되었을 때 또는 청원경찰의 배치가 중지되었을 때에는 직권으로 이를 면직시킬 수 있다.

(2) 행정자치부의 지방조직 개편지침의 일환으로 청원경찰의 인원감축을 위한 면직처분 대상자를 선정함에 있어서 초등학교 졸업 이하 학력소지자 집단과 중학교 중퇴 이상 학력소지자 집단으로 나누어 각 집단별로 같은 감원비율 상당의 인원을 선정한 것은 합리성과 공정성을 결여하고, 평등의 원칙에 위배하여 그 하자가 중대하다 할 것이나, 그렇게 한 이유가 시험문제 출제 수준이 중학교 학력 수준이어서 초등학교 졸업 이하 학력소지자에게 상대적으로 불리할 것이라는 판단 아래 이를 보완하기 위한 것이었으므로 그 하자가 객관적으로 명백하다고 보기는 어렵다.

[판례 86] 공무원의 징계

• 울산광역시 북구청장 직무유기사건

(대판 2007. 7. 12, 2006도1390)

[사건개요]

2004. 12. 1. 피고인(울산광역시 북구청장)은 전국공무원노동조합의 2004. 11. 15.자 총파업에 참가한 울산광역시 북구 소속 공무원 213명에 대하여 총파업에 참가한 북구청 공무원에 대하여 울산광역시 인사위원회에 전원 중징계의결요구를 하고자 한다는 내용의 기안문에 결재하면서 지시사항란에 '공소외 1 내지 8의 8명은 경징계요구하고, 나머지 공소외 9 외 205명은 훈계조치하기 바람'이라고 기재하여 기획감사실로 반려하였다.
2004. 12. 1. 피고인은 울산광역시로부터 2회에 걸쳐 "자체징계 방침을 철회하고 정부의 지침에 따라 파업참가자들에 대한 징계가 조속히 이루어 질 수 있도록 조치하고 소속기관을 달리하는 동일사건 관련자의 징계는 시인사위원회에서 심의·의결토록 규정하고 있으므로 북구에서 징계사건의 심의·의결함은 무효이다"라는 내용의 공문을 시달받았다.
2004. 12. 10.경 피고는 위 공문을 결재하면서 공문지시란에 '자체처리 방침대로 조속히 시행할 것. 훈계 205명, 경징계 8명'이라고 기재하여 기획감사실에 지시함으로써, 결국 위 213명의 공무원에 대하여 울산광역시 인사위원회에 징계의결요구를 할 의무를 이행하지 아니하였다. 이에 피고는 직무유기의 죄로 기소되었다.

[판결요지](징계관련 부분 발췌)

[1] 지방공무원의 징계와 관련된 규정을 종합해 보면, 징계권자이자 임용권자인 지방자치단체장은 소속 공무원의 구체적인 행위가 과연 지방공무원법 제69조 제 1 항에 규정된 징계사유에 해당하는지 여부에 관하여 판단할 재량은 있지만, 징계사유에 해당하는 것이 명백한 경우에는 관할 인사위원회에 징계를 요구할 의무가 있다.

[2] 징계사유의 시효를 정한 지방공무원법 제73조의2 제 1 항의 규정은 공무원에게 징계사유에 해당하는 비위가 있더라도 그에 따른 징계절차를 진행하지 않았거나 못한 경우 그 사실상태가 일정 기간 계속되면 그 적법·타당성 등을 묻지 아니하고 그 상태

를 존중함으로써 공직의 안정성을 보장하려는 취지이지, 임용권자가 징계시효기간 내에만 징계의결요구를 하면 된다는 취지로는 해석되지 아니하고, 오히려 지방공무원 징계 및 소청규정 제 2 조 제 1 항, 제 6 항에서 임용권자는 징계사유에 대한 충분한 조사를 한 후 소속공무원에게 징계사유가 있다고 인정될 때에는 「지체 없이」 관할 인사위원회에 징계의결을 요구하여야 한다고 규정한 취지에 비추어 볼 때, 임용권자는 징계사유가 발생하면 이에 대한 충분한 조사를 한 다음, 특별한 사정이 없는 한 지체 없이 징계의결요구를 할 직무상 의무가 있다.

[해　　설]

1. 쟁　　점

이 사건 판결은 ① 소속 공무원의 구체적인 행위가 징계사유에 해당하는 것이 명백한 경우에 소속 지방자치단체장이 관할 인사위원회에 징계를 요구할 의무를 지는지 여부(적극)와 ② 징계사유의 시효를 정한 지방공무원법 제73조의2 제 1 항의 규정 취지 및 징계사유가 발생한 경우 임용권자가 취해야 할 직무상 의무의 내용 등을 쟁점으로 한 형사사건이다. 아래에서 이 사건 판결을 공무원의 징계의 문제로서 검토한다.

2. 공무원의 징계

(1) 징계의 의의

징계란 공무원이 공무원으로서 부담하는 의무를 위반하였을 때, 공무원관계의 질서유지를 위해 공무원법에 따라 당해 공무원에게 법적 제재, 즉 벌을 가하는 것을 말한다. 용례상 의무위반에 대하여 가해지는 처벌을 징계벌이라 하고, 처벌을 받게 되는 지위를 징계책임이라 한다.

(2) 징계의 법적 근거

징계는 공무원의 의사에 반하여 그에게 불이익을 주는 처분이며 국민으로서 향유하는 공무담임권을 부당하게 침해할 우려가 있다는 취지에서 징계벌에도 일반적으로 법치주의가 적용된다. 근거법률로 국가공무원법(이하 '국공법')과 공무원징계령(이하 '공징령'), 지방공무원법(이하 '지공법')과 지방공무원징계 및 소청규정(이하 '지징정') 등이 있다.

(3) 징계의 원인

국가공무원법과 동법에 의거한 명령위반(지방공무원법과 조례 · 규칙위반), 직무상 의무

(다른 법령에서 공무원의 신분으로 인하여 부과된 의무포함. 예: 공직자윤리법 제22조)의 위반 또는 직무태만, 직무의 내외를 불문하고 그 체면 또는 위신을 손상하는 행위 등(국공법 제78조 제 1 항; 지공법 제69조 제 1 항)이 징계의 원인이 된다.

(4) 징계의 종류

징계의 종류는 법률에 따라 상이하나, 국가공무원법은 일반직공무원에 대한 징계로 파면 · 해임 · 강등 · 정직 · 감봉 · 견책의 여섯 가지를 규정하고 있다(국공법 제79조).

(5) 징계의 절차

㈎ **징계 의결 요구의 기속성** 국가공무원법 제78조 제 1 항은 공무원에게 징계사유가 발생하면 「징계 의결을 요구하여야 하고 그 징계 의결의 결과에 따라 징계처분을 하여야 한다」고 규정하고 있다. 말하자면 징계의결의 요구는 의무적이다.

㈏ **징계요구의 시한** 원칙적으로 징계의결등의 요구는 징계 등의 사유가 발생한 날부터 2년(금품 및 향응 수수, 공금의 횡령 · 유용의 경우에는 5년)이 지나면 하지 못한다(국공법 제83조의2 제 1 항; 지공법 제73조의2 제 1 항). 징계사유가 계속적으로 행하여진 일련의 행위인 경우에는 최종의 행위를 기준으로 한다(대판 1986. 1. 21, 85누841).

㈐ **징계위원회의 심의** 징계사건의 심의에서 징계위원회(지방공무원의 경우는 인사위원회)는 징계혐의자를 출석시킴이 원칙이다. 그러나 본인이 출석을 원치 아니하거나, 해외체재, 여행 기타의 사유가 있는 경우에는 출석 없이 징계의결할 수 있다(공징령 제10조; 지징정 제 4 조). 징계위원회는 징계혐의자에게 충분한 진술을 할 수 있는 기회를 부여하여야 하며, 그 진술의 기회를 부여하지 아니하고 한 징계의결은 무효이다(국공법 제81조 제 3 항, 제13조 제 2 항; 공징령 제11조 제 2 항).

(6) 소 청

징계처분에 불복이 있는 자는 소청할 수 있다. 소청이란 공무원이 징계처분 기타 그 의사에 반한 불리한 처분(예: 의원면직 · 전보 · 복직청구 · 강임 · 휴직 · 면직처분)에 대한 불복신청을 말한다(국공법 제 9 조 제 1 항; 지공법 제13조).

3. 평 가

(1) 위의 2.(5)㈎에서 보는 바와 국가공무원법 제78조 제 1 항은 공무원에게 징계사유가 발생하면 「징계 의결을 요구하여야 한다」고 하여 징계의결의 요구를 기속적인 것으로 규정하고 있으므로, 이 사건 [판결요지][1]은 이것을 확인하는 것이다.

(2) 이 사건 [판결요지][2]는 위의 2.(5)㈏에서 보는 시효제도의 취지를 적시한 것

이다. 공무원의 법관계의 조속한 안정을 통한 공무원사회의 안정과 질서의 확보라는 관점에서 볼 때, 이 사건 [판결요지][2]는 타당하다.

4. 참고판례

전북대 전교조원 징계사건(대판 1993. 2. 23, 92누16096)

(국가공무원법 제66조 제1항을 위반하여 집단행위를 하였다는 이유로 해임처분을 받은 자가 제기한 해임처분취소소송에서) (1) 교육공무원징계령 제8조 제1항의 규정에 의한 징계혐의자에 대한 출석통지는 징계혐의자로 하여금 징계위원회가 언제 개최되는가를 알게 함과 동시에 자기에게 이익되는 사실을 진술하게 하거나 증거자료를 제출할 기회를 부여하기 위한 조치에서 나온 강행규정이라 할 것이므로 위 출석통지 없이 한 징계심의절차는 위법하다고 할 것이다.

(2) 징계의결의 기한을 규정한 위 징계령 제7조는 징계비행자가 무한정의 신분적 불안정 상태에 빠져 있게 하는 것으로부터 벗어나게 하려는 취지에서 규정한 국가공무원법 제83조의2의 징계사유의 시효와는 따로이 신속한 징계의결을 도모하고 그에 따른 후임자의 충원 등에 의해 행정작용이 계속적으로 원활히 행해지도록 하는 등으로 행정법관계의 장기간에 걸친 불안정 상태를 방지하려는 것을 그 주안으로 하는 훈시적 규정이라고 할 것이고 위 징계의결기한이 지나서 징계의결을 하였다고 하여 관계자의 책임문제는 별론으로 하고 그 징계의결이 위법한 것은 아니라고 할 것이다.

[판례 87] 불이익변경금지의 원칙

• 창원중부경찰서 경찰관 징계사건

(대판 2008. 10. 9, 2008두11853 · 11860)

[사건개요]

2006. 8. 10. 창원중부경찰서 경찰공무원보통징계위원회는 "원고 1과 2는 2006. 5. 18. 23:00경부터 그 다음날 01:00경까지 사이에 관할구역을 순찰하던 중, 순찰구역을 임의로 이탈하여 창원시 천선동에 있는 식당에 간 다음, 그곳에서 도박현장을 적발하고도 도박판돈 395,000원을 착복한 후 도박사건을 묵살하는 등 직무를 유기하였고(이하 이 사건 비위행위라 한다), 이는 국가공무원법 제56조(성실의무), 제61조(청렴의 의무), 제63조(품위유지의 의무)를 위반한 것으로서 같은 법 제78조 제1항 각 호의 징계사유에 해당한다"는 이유로 원고들에 대하여 파면처분을 의결하였다.

2006. 8. 14. 피고(경상남도 지방경찰청장)는 원고들에게 이를 통지하였다(이하 원고 2에 대한 파면처분을 원고 2에 대한 이 사건 징계처분이라 한다).

2006. 8. 18. 원고들은 위 파면처분에 불복하여 중앙인사위원회 소청심사위원회에 소청심사를 청구하였다.

2006. 10. 2. 위 위원회는 원고들의 이 사건 비위행위가 인정되고(다만 관할구역을 임의로 이탈한 것은 아니라고 판단하였다), 원고들의 이러한 비위행위는 국가공무원법 제78조 제1항 각호의 징계사유에 해당한다고 판단한 다음, 원고 1에 대하여는 근무기간 동안의 공적이나 이 사건 비위행위에 가담한 정도 등을 고려하여 파면의 징계처분을 해임으로 변경하고(이하 원고 1에 대하여 변경된 해임처분을 원고 1에 대한 이 사건 징계처분이라 한다), 원고 2에 대하여는 소청심사청구를 기각하는 결정을 하였다. 이에 원고(상고인)들은 해임처분취소 · 파면처분취소를 구하는 소를 제기하였다.

[제2심 판결]

[주 문]

1. 제1심 판결을 취소한다.
2. 원고들의 청구를 모두 기각한다.
3. 소송총비용은 원고들이 부담한다.

[청구취지 및 항소취지]

1. 청구취지

피고가 2006. 10. 2. 원고 1에 대하여 한 해임처분 및 2006. 8. 14. 원고 2에 대하여 한 파면처분을 각 취소한다.

2. 항소취지
주문과 같다.

[원고들의 주장](징계절차의 위법성 부분만 발췌)
피고 산하 창원중부경찰서 감찰조직이 이 사건 비위행위에 관하여 감찰하면서 원고들에게 사직서의 제출을 강요하는 바람에 원고들로서는 마지못해 사직서를 제출하여 2006. 6. 7. 피고로부터 의원면직처분을 받게 되었고, 이에 원고들이 중앙인사위원회 소청심사위원회에 소청심사를 청구하여 위 위원회가 2006. 7. 26. 위 의원면직처분을 취소한다는 결정을 하였음에도, 피고가 위 의원면직처분보다 더 불리한 이 사건 징계처분을 한 것은 국가공무원법 제 9 조 제 1 항(소청심사위원회의 설치), 소청절차규정 제 2 조 제 1 항(소청심사청구) 등으로부터 추단할 수 있는 소청심사제도의 목적이나 국가공무원법 제14조 제 6 항(소청심사위원회의 결정), 행정심판법 제36조 제 2 항(재결의 범위)에 규정된 불이익변경금지의 원칙에 위배되어 무효이거나 취소되어야 한다.

[판결요지](불이익변경금지의 원칙 부분 발췌)

[1] 국가공무원법 제14조 제 6 항은「소청심사위원회가 징계처분을 받은 자의 청구에 의하여 소청을 심사할 경우에는 원징계처분에서 부과한 징계보다 무거운 징계를 부과하는 결정을 하지 못한다」고 규정하고 있는바, 이는 소청심사결정에 있어서 당초의 원처분청의 징계처분보다 청구인에게 불리한 결정을 할 수 없다는 의미라고 할 것인데, 의원면직처분에 대하여 소청심사청구를 한 결과, 소청심사위원회가 의원면직처분의 전제가 된 사의표시에 절차상 하자가 있다는 이유로 의원면직처분을 취소하는 결정을 하였다고 하더라도, 그 효력은 의원면직처분을 취소하여 당해 공무원으로 하여금 공무원으로서의 신분을 유지하게 하는 것에 그치는 것이고, 이때 당해 공무원이 국가공무원법 제78조 제 1 항 각 호 소정의 징계사유에 해당하는 이상 같은 항에 따라 징계권자로서는 반드시 징계절차를 열어 징계처분을 하여야 하는 것이므로, 이러한 징계절차는 소청심사위원회의 의원면직처분 취소결정과는 별개의 절차로서, 여기에 국가공무원법 제14조 제 6 항 소정의 불이익변경금지의 원칙이 적용될 여지는 없다.

[2] 원고들이 의원면직처분에 대한 소청심사청구를 하자, 소청심사위원회가 의원면직처분의 전제가 된 원고들의 사의표시가 감찰조직의 강요에 의하여 이루어졌을 개연성이 높다는 이유로 원고들에 대한 의원면직처분을 취소하는 결정을 하였고, 이에 피고가 징계절차를 열어 원고들에 대하여 각 파면처분을 하였는바(원고 1에 대하여는 소청심사위원회에서 다시 해임처분으로 변경됨), 위와 같은 원고들에 대한 징계절차는 소청심사위원회의 의원면직처분 취소결정과는 별개의 절차로서 여기에 불이익변경의 원칙이

적용될 여지가 없으므로, 그 징계절차에서 원고들에게 의원면직처분보다 사실상 불리한 처분인 해임이나 파면처분이 내려졌다고 하더라도, 이것이 불이익변경금지의 원칙에 위배되는 것이라고 할 수 없다.

[해 설]

1. 쟁 점

이 사건 판결은 소청심사위원회가 절차상 하자가 있다는 이유로 의원면직처분을 취소하는 결정을 한 후 징계권자가 징계절차에 따라 당해 공무원에 대하여 징계처분을 하는 경우, 국가공무원법 제14조 제6항에 정한 불이익변경금지의 원칙이 적용되는지 여부(소극) 등을 쟁점으로 하였다. 아래에서 이 사건 판결을 불이익변경금지의 원칙의 문제로서 검토한다.

2. 불이익변경금지의 원칙

(1) 의 의

불이익변경금지의 원칙이란 「소청심사위원회가 징계처분 또는 징계부가금 부과처분(이하 '징계처분등'이라 한다)을 받은 자의 청구에 따라 소청을 심사할 경우에는 원징계처분보다 무거운 징계 또는 원징계부가금 부과처분보다 무거운 징계부가금을 부과하는 결정을 하지 못한다」는 원칙을 말한다. 불이익변경금지의 원칙은 국가공무원법 제14조 제6항에서 명시적으로 규정되고 있다.

(2) 취 지

징계처분 또는 징계부가금 부과처분(양자를 원징계처분으로 부르기로 한다)을 받은 자가 원징계처분을 다투는 소청심사절차에서 원징계처분보다 더 무거운 징계 또는 더 무거운 징계부가금 부과처분이 이루어질 수 있다고 한다면, 원징계처분을 받은 자가 소청심사절차에서 원징계처분을 다투기는 어렵다. 이 때문에 원징계처분을 받은 자가 소청심사절차에서 원징계처분을 다투는 경우에 원징계처분보다 무거운 징계 또는 더 무거운 징계부가금 부과처분이 이루어질 수 없도록 할 필요가 있는바, 이것이 불이익변경금지의 원칙을 인정하는 취지이다.

(3) 적용범위

불이익변경금지의 원칙은 국가공무원법 제14조 제6항에 비추어 원징계처분과 소청심사절차상 결정 사이에서 적용된다.

3. 평 가

(1) 이 사건 판결요지에서 보는 바와 같이 대법원이 소청심사위원회의 의원면직처분 취소결정과 징계위원회의 징계처분 사이에는 불이익변경금지의 원칙이 적용되지 아니한다고 판시한 것은 국가공무원법 제14조 제6항의 규정내용에 비추어 타당하다.

(2) 의원면직제도가 위법한 행위를 한 공무원이 징계를 피하기 위한 수단으로 악용되는 것은 방지되어야 한다는 점에서 볼 때에도, 이 사건 판결은 정당하다.

[판례 88] 경찰공무원의 지위

• 검사지휘에 대한 제주경찰서 경찰관의 헌법소원사건

(헌재 2009. 3. 24, 2009헌마118)

[사건개요]

(1) 청구인은 제주동부경찰서 소속 경찰관인바, 2008. 12. 29. 02:40경 피청구인(제주지방검찰청 검사)으로부터 관내 지구대에서 형집행장에 의하여 검거된 벌금미납자의 신병에 대하여 "귀서 유치장에 인치하였다가 익일 10:00경 제주지방검찰청 재산형집행계로 신병을 인계하라"는 내용의 '벌금미납자 인치지휘'(이하 '이 사건 인치지휘'라 한다) 공문을 받고, 이에 따라 위 벌금미납자를 제주동부경찰서 유치장에 인치하였다.
(2) 청구인은 범죄의 수사에 있어 검사의 지휘를 받을 뿐이므로 이미 형이 확정된 벌금미납자를 경찰서 유치장에 인치하라는 이 사건 인치지휘는 아무런 법적 근거가 없는 위법한 명령으로 피청구인이 오로지 검사라는 우월적 지위에서 행한 권력적 사실행위로써 헌법소원심판의 대상이 되는 공권력의 행사에 해당하고 이로써 청구인의 평등권 등 기본권이 침해되었다고 주장하며 이 사건 헌법소원심판을 청구하였다.

[결정요지](심판청구각하)

[1] 헌법재판소법 제68조 제 1 항에 의한 헌법소원은 헌법이 보장하는 기본권의 주체가 국가기관의 공권력의 행사 또는 불행사로 인하여 그 기본권을 침해받았을 경우 이를 구제하기 위한 수단으로 인정된 것이다. 그러므로 헌법소원을 청구할 수 있는 자는 원칙적으로 기본권의 주체로서의 국민에 한정되며 국민의 기본권을 보호 내지 실현할 책임과 의무를 지는 국가기관 또는 국가조직의 일부는 기본권의 「수범자」이지 기본권의 주체가 아니므로 헌법소원을 적법하게 청구할 수 없다.

[2] 일반적으로 청구인과 같은 경찰공무원은 기본권의 주체가 아니라 국민 모두에 대한 봉사자로서 공공의 안전 및 질서유지라는 공익을 실현할 의무가 인정되는 기본권의 수범자라 할 것이다. 그런데 벌금미납자에 대하여 검사가 발부한 형집행장은 구속영장과 동일한 효력이 있고(형사소송법 제474조 제 2 항) 경찰서 유치장은 「구속된 자 또는 신체의 자유를 제한하는 판결 또는 처분을 받은 자를 수용하는 시설」이므로(경찰

관직무집행법 제9조), 위와 같이 검사가 발부한 형집행장에 의하여 검거된 벌금미납자의 신병에 관한 업무는 국가 조직영역 내에서 수행되는 공적과제 내지 직무영역에 대한 것이다. 따라서 이러한 직무를 수행하는 청구인은 국가기관의 일부 또는 그 구성원으로서 공법상의 권한을 행사하는 공권력 행사의 주체일 뿐, 기본권의 주체라 할 수 없으므로 이 사건에서 청구인에게 헌법소원을 제기할 청구인적격을 인정할 수 없다 할 것이다.

[해　설]

1. 쟁　점

이 사건 결정에서는 공무를 수행하는 지위에 있는 경찰관이 헌법소원을 제기할 수 있는 기본권의 주체인가의 여부를 쟁점으로 하였다. 이것은 경찰관의 지위의 문제가 된다. 아래에서 이 결정을 경찰관의 지위의 문제로서 검토한다.

2. 경찰공무원

(1) 의　의

경찰공무원이란 경찰행정기관의 구성자로서 경찰사무를 수행하는 자연인을 말한다. 경찰공무원은 제도적 의미의 국가경찰 또는 지방자치단체경찰에 소속하는 공무원을 말한다. 경찰공무원의 임용·복무 등은 경찰공무원법 등에서 규정되고 있다.

(2) 지　위

(가) 기관구성자로서의 지위　경찰공무원은 경찰행정기관의 구성자로서 경찰행정기관 그 자체는 아니다. 경찰행정기관의 구성자로서 경찰공무원은 경찰법령이 정하는 바에 따라 경찰사무를 수행한다. 경찰사무를 수행하는 한 경찰공무원은 행정기관의 구성자일 뿐이다. 경찰기관은 경찰행정권을 수행하는 자로서 기본권에 구속을 받는다. 경찰기관이 기본권의 주체일 수는 없다.

(나) 사인으로서의 지위　경찰공무원에게도 일반 국민과 마찬가지로 모든 기본권이 보장된다(기본권주체). 물론 헌법과 법령이 정하는 바에 따라 경찰공무원의 기본권은 제한될 수 있다. 경찰공무원에 따라 다니는 생명과 건강에 대한 위험은 국가에 의한 것이 아니라, 오히려 사적 자치에 근거를 둔 고용관계에서와 같이 일정 유형의 직업상의 위험을 당사자인 공무원이 자유로이 선택하였다는 점에 특징이 있다.

3. 평 가

헌법재판소가 이 사건 결정이유로 경찰공무원을 기본권의 수범자라고 한 것은 기관구성자로서의 공무원의 지위를 말한 것이지, 자연인으로서의 경찰공무원의 지위를 말한 것은 아니다. 헌법재판소의 결정이유는 타당하다.

4. 참고판례

[1] 경찰공무원의 결격사유

(징계에 의하여 해임처분을 받은 공무원에 대해 경찰공무원으로의 임용을 금지하고 있는 경찰공무원법 제 7 조 제 2 항 제 6 호(1982. 12. 31. 법률 제3606호로 개정된 것) 중 "해임" 부분 위헌소원에서) (1) 공무원의 임용결격사유에 대한 규정은 공무원의 직무를 수행하기에 부적격한 자를 그 직무로부터 사전에 배제함으로써 공무원직에 대한 국민의 신뢰를 유지하고 직무의 정상적인 운영을 확보하기 위한 것이다. 특히 경찰공무원은 국민의 생명·신체와 재산에 대한 보호, 범죄의 예방과 수사를 주된 임무로 하는바, 그러한 경찰공무원 직무의 성격상 고도의 직업적 윤리성이 요청된다. 그런데 해임은 파면과 더불어 중징계 중 하나로서 그 행위에 대한 비난가능성이 크며, 징계절차를 거쳐 해임처분을 받은 이상 당해 직무의 수행이 부적절하다고 판단된 것으로 볼 수 있다. 따라서 위와 같은 경찰공무원직의 특수성과 중요성을 고려할 때 이 사건 법률조항은 과잉금지원칙에 위배되어 공무담임권에 대한 과도한 제한이라고 할 수 없다.

(2) 경찰공무원과 일반직 공무원, 검사, 군인은 각기 해당 법령에 의해 부여된 고유의 업무를 수행하며, 해당 법령들은 그러한 업무와 조직의 특성을 고려하여 임용결격사유와 임용결격기간을 달리 규정하고 있는 것이다. 따라서 임용결격사유를 규정함에 있어 다른 법률보다 경찰공무원법의 규정이 다소 강화되어 있더라도 합리적 이유 없는 자의적인 차별이라고 보기 어려우므로, 이 사건 법률조항이 평등원칙에 위배된다고 할 수 없다(헌재 2010. 9. 30, 2009헌바122)(합헌).

[2] 청원경찰의 징계에 관한 사항을 대통령령에 위임한 구 청원경찰법 제 5 조 제 3 항의 위헌 여부

(청원경찰의 징계에 관하여 대통령령으로 정하도록 하고 있는 청원경찰법(1973. 12. 31. 법률

제2666호로 전부 개정된 것) 제5조 제3항 위헌소원에서) (1) 헌법상 법치주의의 한 내용인 법률유보의 원칙은 국민의 기본권 실현에 관련된 영역에 있어서 국가 행정권의 행사에 관하여 적용되는 것이지, 기본권규범과 관련 없는 경우에까지 준수되도록 요청되는 것은 아니라 할 것인데, 청원경찰은 근무의 공공성 때문에 일정한 경우에 공무원과 유사한 대우를 받고 있는 등으로 일반 근로자와 공무원의 복합적 성질을 가지고 있지만, 그 임면주체는 국가 행정권이 아니라 청원경찰법상의 청원주로서 그 근로관계의 창설과 존속 등이 본질적으로 사법상 고용계약의 성질을 가지는바, 청원경찰의 징계로 인하여 사적 고용계약상의 문제인 근로관계의 존속에 영향을 받을 수 있다 하더라도 이는 국가 행정주체와 관련되고 기본권의 보호가 문제되는 것이 아니어서 여기에 법률유보의 원칙이 적용될 여지가 없으므로, 그 징계에 관한 사항을 법률에 정하지 않았다고 하여 법률유보의 원칙에 위반된다 할 수 없다.

(2) 청원경찰의 징계 사유나 종류, 효력, 절차 등은 청원경찰이 배치된 기관·시설 또는 사업장의 특성에 따라 달라질 수 있어 탄력적인 규율의 필요성이 인정되고, 청원경찰 복무의 복합적 성격을 감안하면 대통령령에 규정될 징계 사유, 종류, 효력 및 절차 등 대강의 내용이 일반 근로자를 기본으로 하되 국가공무원 내지는 경찰공무원의 성질이 가미되는 복합적 내용이 될 것이라는 점을 충분히 예측할 수 있으므로, 이 사건 법률조항은 포괄위임입법금지 원칙에 위반되지 아니한다(헌재 2010. 2. 25, 2008헌바160 전원재판부).

[3] 국회의원의 헌법소원
— 날치기통과의안 헌법소원사건(헌재 1995. 2. 23, 90헌마125 전원재판부)

(피청구인인 국회의장의 직무를 대리한 국회부의장의 사회로 26개 의안을 일괄 상정하여 일체의 토론과 질의를 생략한 채 33초만에 의안을 가결 또는 폐기처리하자, 이에 국회의원인 청구인들이 제기한 입법권침해 등에 대한 헌법소원에서) 헌법소원을 청구할 수 있는 자는 원칙으로 기본권의 주체로서의 국민에 한정되며 국민의 기본권을 보호 내지 실현할 책임과 의무를 지는 국가기관이나 그 일부는 헌법소원을 청구할 수 없다.

[판례 89] 경찰공무원임용령상 응시제한

• 울산 해양경찰공무원 합격결정 취소사건

(대판 2008. 5. 29, 2007두18321)

[사건개요]

(1) 원고는 피고 울산지방경찰청장이 시행한 '2004 경찰공무원 순경 공개채용시험(이하 '이 사건 전 시험'이라 한다)'에 응시하여 필기시험에 합격한 후 면접시험시 가산점을 부여받기 위하여 실제 합기도 공인단증을 취득하지 않았음에도 사단법인 한국합기도연맹 명의의 '합기도 2단 공인단증'을 35만 원에 구입하여 제출하였고, 2004. 8. 24. 최종 합격하였다.

(2) 피고 울산지방경찰청장의 자체감사결과 원고가 '합기도 2단 공인단증'을 구입하여 제출한 사실을 밝혀냈다.

(3) 피고 울산지방경찰청 산하 울산남부경찰서 온양지구대 소속 순경으로 근무하고 있던 원고는 위 부정행위로 인하여 사직을 권고받아 징계 등 불이익을 받을 것을 우려하여 2005. 5. 4.자로 피고 울산지방경찰청장에게 사직서를 제출하였고 피고 울산지방경찰청장이 이를 수리함으로써 의원면직되었다.

(4) 이후 원고는 경찰공무원 채용시험에 응시하다가 피고 해양경찰청장이 시행한 해양경찰공무원 채용시험(2005. 12. 27. 공고, 이하 '이 사건 시험'이라 한다)에 응시하여 2006. 3. 3. 최종 합격하였다.

(5) 피고 울산지방경찰청장은 2006. 4. 4. 울산광역시지방경찰청공고 제2006-2호로 원고가 이 사건 전 시험 부정행위자로서 경찰공무원임용령 제46조에 따라 5년간(2004. 7. 20.부터 2009. 7. 19.까지) 시험에 응시할 수 없다는 내용을 관보에 게재하자(이하 '이 사건 관보 게재'라 한다), 피고 해양경찰청장은 2006. 4. 7. 원고가 경찰공무원 채용시험 부정행위자로서 응시 결격사유가 있다는 이유로 원고에 대한 합격결정을 취소하였다(이하 '이 사건 합격취소처분'이라 한다). 이에 원고는 합격결정취소및응시자격제한처분취소 소송을 제기하였다.

[판결요지](응시자격제한기간의 기산일 부분 발췌)

[1] 경찰공무원임용령 제46조 제1항은 경찰공무원의 채용시험 또는 경찰간부후보

생공개경쟁선발시험에서 부정행위를 한 응시자에 대하여는 당해 시험을 정지 또는 무효로 하고, 그로부터 5년간 이 영에 의한 시험에 응시할 수 없도록 규정하고 있는바, 여기에서 부정행위를 한 당해 시험 이후의 시험에 대한 응시자격제한기간은 당해 시험을 정지 또는 무효로 한 행정청의 처분이 있은 때로부터 진행된다고 보아야 할 것이다. 이 사건 전 시험의 부정행위가 원인이 되어 피고 울산지방경찰청장이 원고의 사직서를 수리하는 면직처분을 하고 원고가 이를 수용함으로써 이 사건 전 시험을 무효 또는 정지로 하는 처분 및 원고에 대한 통지절차가 이루어졌다고 할 것이므로, 경찰공무원임용령 제46조 제 1 항에 의한 원고에 대한 응시자격제한기간은 위 면직처분이 수리된 때인 2005. 5. 4.경부터 5년간 진행된다고 할 것이어서 피고 해양경찰청장이 원고가 응시자격제한기간 내 치러진 이 사건 시험에 응시하여 얻은 합격결정을 취소한 이 사건 합격취소처분은 적법하다.

[2] 경찰공무원임용령 제46조 제 1 항의 수권형식과 내용에 비추어 이는 행정청 내부의 사무처리기준을 규정한 재량준칙이 아니라 일반 국민이나 법원을 구속하는 법규명령에 해당하고 따라서 위 규정에 의한 처분은 재량행위가 아닌 기속행위라 할 것이다.

[참고조문]

경찰공무원임용령 제46조(부정행위자에 대한 조치) ① 경찰공무원의 채용시험 또는 경찰간부후보생공개경쟁선발시험에서 부정행위를 한 응시자에 대하여는 당해 시험을 정지 또는 무효로 하고, 그로부터 5년간 이 영에 의한 시험에 응시할 수 없게 한다.

[해 설]

1. 쟁 점

이 사건 판결에서는 ① 경찰공무원임용령 제46조 제 1 항에 따른 부정행위자에 대한 5년간의 응시자격제한기간의 기산일과 ② 경찰공무원임용령 제46조 제 1 항이 행정청 내부의 사무처리기준을 규정한 재량준칙인지 아니면 일반 국민이나 법원을 구속하는 법규명령에 해당하는지의 여부 등을 쟁점으로 하였다. 아래에서 차례로 검토한다.

2. 경찰공무원 채용시험 응시제한

(1) 경찰공무원임용령 제46조 제 1 항의 기산일

(가) **규정내용** 경찰공무원임용령 제46조 제 1 항은 「경찰공무원의 채용시험 또는

경찰간부후보생공개경쟁선발시험에서 부정행위를 한 응시자에 대하여는 당해 시험을 정지 또는 무효로 하고, 그로부터 5년간 이 영에 의한 시험에 응시할 수 없게 한다」고 규정하고 있다. 이 조항에서 말하는 「그로부터」의 의미가 문제된다.

(나) **당해 시험을 정지 또는 무효로 하는 시점 기준설**　　당해 시험을 정지 또는 무효로 한다는 것은 경찰공무원의 채용시험 또는 경찰간부후보생공개경쟁선발시험 그 자체를 정지 또는 무효로 한다는 것이 아니라 그 시험에 응시한 자의 시험을 정지 또는 무효로 한다는 것을 의미한다고 보아 5년의 기산일은 당해 시험을 정지 또는 무효로 하는 날을 의미한다는 견해이다.

(다) **부정행위일 기준설**　　부정행위자에 대한 응시자격제한은 부정행위에 대한 응징이므로 5년의 기산일은 부정행위일을 의미한다는 견해이다.

(라) **사　　견**　　부정행위를 한 응시자에 대한 자격제한의 그 취지에 비추어 볼 때 부정행위일 기준설이 일면 타당성이 있으나, 경찰공무원임용령 제46조 제 1 항이 「… 당해 시험을 정지 또는 무효로 하고, 그로부터 5년간 …」으로 명시적으로 규정하고 있으므로 경찰공무원임용령 제46조 제 1 항의 해석상으로는 당해 시험을 정지 또는 무효로 하는 시점 기준설이 타당하다.

(2) 경찰공무원임용령 제46조 제 1 항의 성질(법규명령과 기속행위)

(가) **문제상황**　　① 경찰공무원임용령 제46조 제 1 항을 법규명령으로 보고 동시에 경찰공무원임용령 제46조 제 1 항에 따른 응시자격제한처분을 기속행위로 본다면, 경찰공무원의 채용시험 또는 경찰간부후보생공개경쟁선발시험에서 부정행위를 한 응시자는 당해 시험이 정지 또는 무효로 된 경우, 그로부터 5년간 이 영에 의한 시험에 응시할 수 없게 된다. ② 경찰공무원임용령 제46조 제 1 항을 법규명령으로 보면서 경찰공무원임용령 제46조 제 1 항에 따른 응시자격제한처분을 재량행위로 본다면, 경찰공무원의 채용시험 또는 경찰간부후보생공개경쟁선발시험에서 경찰공무원의 채용시험 또는 경찰간부후보생공개경쟁선발시험에서 부정행위를 한 응시자는 당해 시험이 정지 또는 무효로 된 경우, 부정행위를 한 응시자는 5년을 한도로 시험시행기관의 재량에 따라 정하는 기간 동안 시험에 응시할 수 없게 된다.

(나) **해　　석**　　경찰공무원 등 공무원의 임용은 헌법상 보장되는 국민의 직업선택의 자유와 공무담임권의 현실화의 과정이고, 공무원의 임용에는 복수의 지원자 사이에서 경쟁의 문제가 발생하고, 부정행위자에 대한 응징은 공무원질서와 공무원채용질서를 위해 엄정하게 실현되어야 한다는 점에서 볼 때, 경찰공무원임용령 제46조 제 1

항은 법규명령으로서, 그에 따른 응시자격제한처분은 기속행위로 볼 것이다.

3. 평　　가

(가) **경찰공무원임용령 제46조 제 1 항의 '기산일' 부분**　　당해 시험을 정지 또는 무효로 하는 시점 기준설에 의할 때, 대법원의 태도는 타당하다.

(나) **경찰공무원임용령 제46조 제 1 항의 '성질' 부분**　　응시자격제한처분을 기속행위로 본 것은 응시자격제한제도의 취지에 비추어 타당하다.

4. 참고판례

금용종합건설영업정지사건(대판 1997. 12. 26, 97누15418)

(피고인 서울특별시 노원구청장이 하자보수지시의 불이행등을 이유로 3개월간 영업정지처분을 하자 원고인 금용종합건설주식회사가 이의 취소를 구한 사건에서) (1) 이 사건 처분의 기준이 된 시행령 제10조의3 제 1 항 [별표 1]은 법 제 7 조 제 2 항의 위임규정에 터잡은 규정 형식상 대통령령이므로 그 성질이 부령인 시행규칙이나 또는 지방자치단체의 규칙과 같이 통상적으로 행정조직 내부에 있어서의 행정명령에 지나지 않는 것이 아니라 대외적으로 국민이나 법원을 구속하는 힘이 있는 법규명령에 해당한다고 할 것이다(대법원 1995. 10. 17. 선고 94누14148 판결 참조).

(2) 이 사건 처분이 재량행위인지 여부를 결정함에 있어서는, 먼저 그 근거가 된 시행령 제10조의3의 규정과 같은 조 제 1 항 [별표 1]의 규정형식이나 체재 또는 문언을 살펴야 하는바, 이들 규정들은 영업의 정지처분에 관한 기준을 개개의 사유별로 그에 따른 영업정지기간을 일률적으로 확정하여 규정하는 형식을 취하고 있고 다만 영업정지 사유가 경합되거나(시행령 제10조의3 제 2 항 제 2 호) 사업실적미달로 인하여 영업정지처분사유에 해당하게 된 경우(같은 조 제 3 항)에 한하여 예외적으로 그 정지기간 결정에 재량의 여지를 두고 있을 뿐이므로, 이 사건의 경우와 같이 등록을 마친 주택건설사업자가 「법 제38조 제14항의 규정에 의한 하자보수를 정당한 사유 없이 사용검사권자가 지정한 날까지 이행하지 아니하거나 지체한 때」에는 관할 관청으로서는 위 [별표 1]의 제 2 호 (타)목 (1)의 규정에 의하여 3개월간의 영업정지처분을 하여야 할 뿐 달리 그 정지기간에 관하여 재량의 여지가 없다고 할 것이다.

[판례 90] 경찰관직무집행법 제 5 조

• 김제시 쌀시장개방반대 시위사건

(대판 1998. 8. 25, 98다16890)

[사건개요]

(1) 김제경찰서 과장인 소외 1을 비롯한 위 경찰서 소속 경찰관들은 1993. 12. 24. 22:30경 김제시 황산동 봉황삼거리 앞 편도 1차선 도로 상에서 정부의 쌀 시장 개방정책에 반대하여 트랙터 2대를 앞세우고 차도를 점거한 채 김제시청으로 진행하며 시위를 벌이던 농민 300여 명을 저지하기 위하여 위 트랙터 2대의 열쇠를 빼앗았다.

(2) 그 후 경찰관들은 농민들로부터 더 이상 김제 시내로 진입하지 않겠다는 약속을 받고 빼앗은 열쇠를 돌려주었으나 트랙터를 운전하던 A와 B 등은 경찰이 트랙터 열쇠를 강제로 빼앗는 바람에 트랙터의 유압벨브 장치가 고장났다고 주장하며 이를 보상하겠다는 각서를 써줄 것을 요구하였고, 경찰관들이 이를 거절하자 A와 B 등은 위 트랙터 2대를 도로 상에 세워둔 채 귀가하였다.

(3) 경찰관들은 교통방해를 염려하여 B가 운전하던 소형의 트랙터 1대는 들어서 도로 옆 공터로 옮겨 놓았으나 A가 운전하던 대형의 트랙터 1대는 무거워서 옮기지 못하자 아무런 사고예방조치도 취하지 아니한 채 그대로 방치하고 그 곳에서 철수하였다.

(4) 제 1 심 공동피고 C는 그 다음날 새벽 03:45경 자신의 승용차에 원고 D를 동승시키고 이를 운전하여 위 장소를 진행하다 전방에 위와 같이 트랙터가 주차되어 있는 것을 뒤늦게 발견하고 충돌을 피하기 위하여 급히 핸들을 왼쪽으로 돌리다 도로를 이탈하여 왼쪽 공터에 옮겨 놓은 다른 트랙터를 충격하여 위 원고가 상해를 입는 사고가 발생하였다. 이에 원고 D등이 국가를 상대로 손해배상을 청구하는 소를 제기하였다.

[판결요지]

[1] 경찰관직무집행법 제 5 조는 경찰관은 인명 또는 신체에 위해를 미치거나 재산에 중대한 손해를 끼칠 우려가 있는 위험한 사태가 있을 때에는 그 각 호의 조치를 취할 수 있다고 규정하여 형식상 경찰관에게 재량에 의한 직무수행권한을 부여한 것처럼 되어 있으나, 경찰관에게 그러한 권한을 부여한 취지와 목적에 비추어 볼 때 구체적인 사정에 따라 경찰관이 그 권한을 행사하여 필요한 조치를 취하지 아니하는 것이

현저하게 불합리하다고 인정되는 경우에는 그러한 권한의 불행사는 직무상의 의무를 위반한 것이 되어 위법하게 된다.

[2] 농민들의 시위를 진압하고 시위 과정에 도로 상에 방치된 트랙터 1대를 도로 밖으로 옮기는 등 도로의 질서 및 교통을 회복하는 조치를 취하던 소외 1 등 경찰관들로서는 도로교통의 안전을 위하여 나머지 트랙터 1대도 도로 밖으로 옮기거나 그것이 어려우면 야간에 다른 차량에 의한 추돌사고를 방지하기 위하여 트랙터 후방에 안전표지판을 설치하는 등 경찰관직무집행법 제 5 조가 규정하는 위험발생방지의 조치를 취하여야 할 의무가 있는데도 위 트랙터가 무거워 옮기지 못한다는 등의 이유로 아무런 사고예방조치도 취하지 아니한 채 그대로 방치하고 철수하여 버린 것은 직무상의 의무를 위반한 것으로 위법하다.

[해　　설]

1. 쟁　　점

이 사건은 기본적으로 국가배상법 제 2 조 제 1 항의 적용문제이다. 그런데 이 사건 판결에서는 국가배상법 제 2 조 제 1 항의 요건과 관련하여 「경찰관의 경찰관직무집행법 제 5 조에 규정된 권한의 불행사가 직무상의 의무를 위반한 것이 되어 위법한 것으로 되기 위한 요건」이 핵심적인 쟁점이었다. 아래에서 이 판결을 경찰관직무집행법 제 5 조의 위험발생의 방지의 문제로서 검토한다.

2. 위험발생의 방지(경찰관직무집행법 제 5 조)

(1) 의　　의

경찰관은 인명 또는 신체에 위해를 미치거나 재산에 중대한 손해를 끼칠 우려가 있는 천재, 사변, 공작물의 손괴, 교통사고, 위험물의 폭발, 광견 · 분마류 등의 출현, 극단한 혼잡 기타 위험한 사태가 있을 때에는 위험발생의 방지에 필요한 일정한 조치를 할 수 있다(경찰관직무집행법(이하 '경직법') 제 5 조 제 1 항). 경찰관직무집행법은 이를 위험발생의 방지라 부르고 있다.

(2) 조치의 요건

위험발생의 방지를 위한 조치는 인명 또는 신체에 위해를 미치거나 재산에 중대한 손해를 끼칠 우려가 있는 위험한 사태가 있을 때에 가능하다. 위험한 사태의 예로 경찰관직무집행법은 천재, 사변, 공작물의 손괴, 교통사고, 위험물의 폭발, 광견·분마류 등의 출현, 극단한 혼잡 등을 들고 있다. 천재는 자연의 재해(예: 화산폭발·대홍수), 사변은 사회적 변란(예: 전쟁·내란·폭동), 공작물의 손괴는 파괴나 노후화 등으로 인한 공작물의 불안전한 상태를 뜻한다.

(3) 조치의 내용

위험발생의 방지를 위해 경찰관은 ① 그 장소에 집합한 자, 사물의 관리자 기타 관계인에게 필요한 경고를 발하는 것, ② 특히 긴급을 요하는 때에는 위해를 받을 우려가 있는 자를 필요한 한도 내에서 억류하거나 도피시키는 것(퇴거명령), ③ 그 장소에 있는 자, 사물의 관리자 기타 관계인에게 위해방지상 필요하다고 인정되는 조치를 하게 하거나 스스로 그 조치를 할 수 있다(경직법 제5조 제1항).

(4) 조치의 재량성

경찰관직무집행법 제5조 제1항은 「…을 할 수 있다」고 규정하여 경찰관에게 재량권을 부여하고 있다. 그러나 재량권도 구체적인 경우에는 영으로 수축될 수도 있다. 재량권이 영으로 수축된 경우에는 경찰관이 아무런 조치를 취하지 않는 부작위는 위법한 것이 되고, 따라서 국가배상책임이 인정될 수도 있다.

(5) 보고(통제)와 협조

경찰관이 위험발생의 방지를 위한 조치를 한 때에는 지체 없이 이를 소속경찰관서의 장에게 보고하여야 한다(경직법 제5조 제3항). 보고를 받은 경찰관서의 장은 관계기관의 협조를 구하는 등 적당한 조치를 하여야 한다(경직법 제5조 제4항).

3. 평 가

대법원이 이 사건 판결에서 「경찰관이 그 권한을 행사하여 필요한 조치를 취하지 아니하는 것이 현저하게 불합리하다고 인정되는 경우에는 그러한 권한의 불행사는 직무상의 의무를 위반한 것이 되어 위법하게 된다」고 한 것은 재량권이 영으로 수축된 경우에 경찰관의 부작위는 위법한 것이 된다는 것을 뜻하는 것으로 이해된다. 판례의 태도는 타당하다. 판례의 이러한 입장은 그 후의 여러 판례에서 계속되고 있다.

4. 참고판례

[1] 군산시 대명동 윤락업체 화재사건(대판 2004. 9. 23, 2003다49009)

(윤락업소에 감금된 채로 윤락을 강요받으면서 생활하던 윤락녀들이 화재 사건으로 사망하자 유족들이 국가 등을 상대로 손해배상을 청구한 소송에서) 윤락녀들이 윤락업소에 감금된 채로 윤락을 강요받으면서 생활하고 있음을 쉽게 알 수 있는 상황이었음에도, 경찰관이 이러한 감금 및 윤락강요행위를 제지하거나 윤락업주들을 체포·수사하는 등 필요한 조치를 취하지 아니하고 오히려 업주들로부터 뇌물을 수수하며 그와 같은 행위를 방치한 것은 경찰관의 직무상 의무에 위반하여 위법하므로 국가는 이로 인한 정신적 고통에 대하여 위자료를 지급할 의무가 있다.

[2] 양산시 한석토건 토석채취사건(대판 2001. 3. 9, 99다64278)

(토석채취공사 도중 경사지를 굴러 내린 암석이 가스저장시설을 충격하여 화재가 발생한 사안에서, 피해를 입은 회사가 보험금으로 지급받고 보험회사가 토지형질변경허가권자인 양산시가 허가 당시 사업자로 하여금 위해방지시설을 설치하게 할 의무를 다하지 아니한 위법과 작업 도중 구체적인 위험이 발생하였음에도 작업을 중지시키는 등의 사고예방조치를 취하지 아니하였다는 이유로 손해배상을 청구한 사건에서) 구 도시계획법 등의 관련 규정의 취지를 종합하여 보면, 시장 등은 토지형질변경허가를 함에 있어 허가지의 인근 지역에 토사붕괴나 낙석 등으로 인한 피해가 발생하지 않도록 허가를 받은 자에게 옹벽이나 방책을 설치하게 하거나 그가 이를 이행하지 아니할 때에는 스스로 필요한 조치를 취하는 직무상 의무를 진다고 해석되고, 이러한 의무의 내용은 단순히 공공 일반의 이익을 위한 것이 아니라 전적으로 또는 부수적으로 사회구성원 개인의 안전과 이익을 보호하기 위하여 설정된 것이라 할 것이므로, 지방자치단체의 공무원이 그와 같은 위험관리의무를 다하지 아니한 경우 그 의무위반이 직무에 충실한 보통 일반의 공무원을 표준으로 할 때 객관적 정당성을 상실하였다고 인정될 정도에 이른 경우에는 국가배상법 제2조에서 말하는 위법의 요건을 충족하였다고 봄이 상당하다.

[판례 91] 경찰관직무집행법 제 6 조

• 한미FTA 반대 범국민대회 제천사건
(대판 2008. 11. 13, 2007도9794)

[사건개요]

(1) 피고인 1은 제천시농민회 사무국장이고, 피고인 2는 제천시농민회 봉양읍 지회장이다.

(2) 피고인들은 2007. 3. 10. 서울시청 앞 광장 등에서 개최될 예정인 '한미 자유무역협정(FTA) 반대집회 범국민대회'(아래에서는 '이 사건 집회'라고만 한다)에 참가하기 위해 농민회원을 비롯한 농민관련단체 회원들 약 20명과 함께 같은 날 09:30경 제천시 봉양읍 주포리에 있는 봉양읍주민자치센터 앞마당에 모여서 그 중 10여명이 12인승 승합차 1대에 동승하고 출발하려 하였다.

(3) 이 사건 집회는 이른바 한미FTA저지 범국민운동본부가 한미 자유무역협정(FTA)의 체결을 저지할 목적으로 2007. 3. 10. 15:00경 서울시청 앞 광장 등에서 개최할 예정이었는데, 관할 경찰당국은 이 사건 집회가 집단적 폭력시위가 될 것이 명백하고 교통소통을 위해 제한이 필요하다는 등의 이유로 주최자에게 집회의 금지를 통고함과 아울러 대규모의 인원이 집회참가를 위해 상경하는 것을 대비하여 각 지방에서 집회참가를 원천봉쇄하기로 하였다.

(4) 이에 따라 제천경찰서 소속 경찰관들은 이 사건 집회가 금지통고되었다는 이유로 그 집회참가를 저지하기 위해 주민자치센터 정문의 양 기둥 사이에 교통순찰차 1대를 가로세우고 경비 지프차 1대를 뒷부분이 자치센터 쪽으로 향하도록 세워서 출입로를 봉쇄하여 피고인들이 승차한 봉고 승합차의 진출을 막았다.

(5) 이에 피고인 2 등은 승합차에서 내려 순찰차 등을 이동시켜 줄 것을 요구하였으나 경찰관들이 이에 응하지 않자 피고인 2는 그곳 바닥에 있던 배수로 철 구조물을 들어 제천경찰서 소속 경장 피해자 공소외 2가 승차하고 있던 경비 지프차의 뒷유리창을 향해 던져 깨뜨렸다. 이에 원고들은 폭력행위등처벌에관한법률위반(집단·흉기등상해)·특수공무집행방해치상·공용물건손상의 죄로 기소되었다.

[판결요지]

[1] 경찰관직무집행법 제 6 조 제 1 항은 「경찰관은 범죄행위가 목전에 행하여지려고

하고 있다고 인정될 때에는 이를 예방하기 위하여 관계인에게 필요한 경고를 발하고, 그 행위로 인하여 인명·신체에 위해를 미치거나 재산에 중대한 손해를 끼칠 우려가 있어 긴급을 요하는 경우에는 그 행위를 제지할 수 있다」고 규정하고 있는데, 위 조항 중 경찰관의 제지에 관한 부분은 범죄의 예방을 위한 경찰 행정상 즉시강제, 즉 눈앞의 급박한 경찰상 장해를 제거하여야 할 필요가 있고 의무를 명할 시간적 여유가 없거나 의무를 명하는 방법으로는 그 목적을 달성하기 어려운 상황에서 의무불이행을 전제로 하지 아니하고 경찰이 직접 실력을 행사하여 경찰상 필요한 상태를 실현하는 권력적 사실행위에 관한 근거조항이다. 행정상 즉시강제는 그 본질상 행정 목적 달성을 위하여 불가피한 한도 내에서 예외적으로 허용되는 것이므로, 위 조항에 의한 경찰관의 제지 조치 역시 그러한 조치가 불가피한 최소한도 내에서만 행사되도록 그 발동·행사 요건을 신중하고 엄격하게 해석하여야 하고, 그러한 해석·적용의 범위 내에서만 우리 헌법상 신체의 자유 등 기본권 보장 조항과 그 정신 및 해석 원칙에 합치될 수 있다.

따라서 경찰관은 형사처벌의 대상이 되는 행위가 눈앞에서 막 이루어지려고 하는 것이 객관적으로 인정될 수 있는 상황이고, 그 행위를 당장 제지하지 않으면 곧 인명·신체에 위해를 미치거나 재산에 중대한 손해를 끼칠 우려가 있는 상황이어서, 직접 제지하는 방법 외에는 위와 같은 결과를 막을 수 없는 절박한 사태일 때에만 경찰관직무집행법 제6조 제1항에 의하여 적법하게 그 행위를 제지할 수 있고, 그 범위 내에서만 경찰관의 제지 조치가 적법한 직무집행으로 평가될 수 있는 것이다.

[2] 구 집회 및 시위에 관한 법률은 공공의 안녕질서를 유지하기 위하여 일정한 집회·시위를 절대적으로 금지하거나 관할 경찰관서장으로 하여금 금지 또는 제한할 수 있도록 하면서 이를 위반하여 집회·시위를 주최한 사람 또는 그 정을 알면서 참가하는 사람을 처벌하고 있지만 그 미수행위 또는 예비·음모행위를 처벌하는 조항은 두지 않았고, 위 법률 제18조에서 집회·시위가 위 법률에 위반되는 일정한 경우 이를 이유로 사후에 그 집회·시위의 해산을 명할 수 있도록 하면서 그 위반자를 처벌하고 있을 뿐 그러한 집회·시위 자체를 사전에 미리 제지하거나 봉쇄할 수 있는 근거 조항은 따로 두지 않았다. 위와 같은 관련 법률 조항들의 내용과 취지를 종합하면, 비록 장차 특정 지역에서 구 집회 및 시위에 관한 법률에 의하여 금지되어 그 주최 또는 참가행위가 형사처벌의 대상이 되는 위법한 집회·시위가 개최될 것이 예상된다고 하더라도, 이와 시간적·장소적으로 근접하지 않은 다른 지역에서 그 집회·시위에 참가하기 위

하여 출발 또는 이동하는 행위를 함부로 제지하는 것은 경찰관직무집행법 제6조 제1항에 의한 행정상 즉시강제인 경찰관의 제지의 범위를 명백히 넘어서는 것이어서 허용될 수 없으므로, 이러한 제지 행위는 공무집행방해죄의 보호대상이 되는 공무원의 적법한 직무집행에 포함될 수 없다.

[해 설]

1. 쟁 점

이 사건 판결에서는 ① 경찰관직무집행법 제6조 제1항에 의한 경찰관의 제지 조치 발동·행사 요건의 해석 방법과 ② 특정 지역에서의 불법집회에 참가하려는 것을 막기 위하여 시간적·장소적으로 근접하지 않은 다른 지역에서 집회예정장소로 이동하는 것을 제지하는 행위가 경찰관직무집행법 제6조 제1항에 따른 공무원의 적법한 직무집행인지 여부(소극)를 쟁점으로 하였다. 간략하게 말하면, 이 사건 판결은 경찰관직무집행법 제6조의 해석을 쟁점으로 하였다. 아래에서 이 판결을 경찰관직무집행법 제6조의 문제로서 검토한다.

2. 범죄의 예방과 제지(경찰관직무집행법 제6조)

(1) 의 의

경찰관은 범죄행위가 목전에 행하여지려고 하고 있다고 인정될 때에는 이를 예방하기 위하여 관계인에게 필요한 경고를 발하고, 그 행위로 인하여 인명·신체에 위해를 미치거나 재산에 중대한 손해를 끼칠 우려가 있어 긴급을 요하는 경우에는 그 행위를 제지할 수 있다(경직법 제6조).

(2) 성 질

범죄행위의 예방 그 자체도 위헌방지작용으로서의 경찰작용에 해당한다. 본 조항에 따라 경찰관이 경고를 발하거나 그 행위를 제지할 수 있는 범죄행위의 종류에는 제한이 없다. 말하자면 경찰관은 본 조항에 근거하여 모든 종류의 범죄행위에 대하여 경고를 발하거나 그 행위를 제지할 수 있다. 한편, 경고는 비권력적 사실행위로서 경찰지도의 성격을 갖지만, 범죄의 제지는 대인적 즉시강제의 성질을 갖는다.

(3) 요 건

(가) 상황요건 　제6조에 의한 경찰권의 발동은 ① 목전에 행하여지려는 범죄행

위를 예방하기 위한 것이거나, 또는 ② 범죄행위로 인하여 인명·신체에 위해를 미치거나 재산에 중대한 손해를 끼칠 우려가 있는 경우에 이루어진다. ①에서 목전이란 범죄행위의 실현이 급박함을 의미하고, 범죄란 근거법령을 불문하고 처벌(형벌·행정형벌)이 예정된 모든 행위를 말한다. 행정질서벌(과태료부과)이나 제재적 행정처분의 원인이 되는 행위는 여기서 말하는 범죄에 해당하지 아니한다. 예방이란 범죄의 실행을 막는 것과 범죄로 인한 피해의 발생을 방지하는 것을 의미한다. ②에서의 범죄도 ①의 경우와 같다. 중대한 손해란 불확정개념에 해당하므로 판단여지가 적용될 수 있다. 제지란 물리적 강제력 등을 활용하여 범죄행위를 실행에 옮기지 못하도록 하는 것을 말한다.

(나) **대 상 자** 관계인을 대상으로 한다. 관계인이란 범죄행위를 하려고 하는 자뿐만 아니라 그 자와 관련 있는 자(예: 범죄행위의 대상자, 시설의 관리인)를 포함한다.

(4) 방 법

(가) **경 고** 목전에 행하여지려는 범죄행위를 예방하기 위한 경우에는 경고의 수단을 활용한다. 경고란 범죄행위로 나아가지 말 것을 통고·권고하는 것이다. 경고의 방법에는 특별한 제한이 없다. 구두로 할 수도 있고 경적이나 확성기사용을 통해 할 수도 있다. 경고는 사실행위이고 행정행위는 아니다.

(나) **제 지** 범죄행위로 인하여 인명·신체에 위해를 미치거나 재산에 중대한 손해를 끼칠 우려가 있는 경우에는 제지라는 수단을 활용한다. 제지란 경찰관이 신체상의 힘 또는 경찰장구를 이용하여 범죄행위를 실행에 옮기지 못하도록 하는 것을 말한다. 경찰장구의 사용은 경찰관직무집행법 제10조의2에 따라야 한다. 제지를 위해 사전에 반드시 경고를 거쳐야만 하는 것은 아니다. 제지를 위해 도입되는 수단은 비례원칙을 준수하여야 한다.

3. 평 가

대법원이 이 사건 판결에서 ① 경찰관직무집행법 제 6 조 제 1 항에서 말하는 범죄의 제지조치를 경찰행정상 즉시강제의 수단으로 본 것도 타당하고, ② 조치가 불가피한 최소한도 내에서만 행사되도록 그 발동·행사 요건을 신중하고 엄격하게 해석하여야 한다고 판시한 것도 경찰관직무집행법 제 1 조 제 2 항(이 법에 규정된 경찰관의 직권은 그 직무수행에 필요한 최소한도 내에서 행사되어야 하며 이를 남용하여서는 아니 된다)에 비추어 타당하고, ③ 시간적·장소적으로 근접하지 않은 다른 지역에서 그 집회·시위에 참가하기 위하여 출발 또는 이동하는 행위를 함부로 제지할 수 없다고 한 것은 비례원칙을 규정하는 경찰관직무집행법 제1조 제2항에 비추어 타당하다.

4. 참고판례

[1] 전교조 한양대집회사건(대판 1990. 8. 14, 90도870)

(집회및시위에관한법률위반,기부금품모집법위반의 형사사건에서) 한양대학교 집회에 관하여 관할경찰서장이 보낸 「공무원의 집단행동이 국가공무원법위반의 처벌행위」라는 취지의 경고장이 집회및시위에관한법률 제8조가 정하는 금지처분으로 보기 어렵다 하더라도 경찰관들이 한양대학교 출입문에서 집회참가자의 출입을 저지한 것은 집회장소사용 승낙을 하지 않은 한양대학교측의 집회저지협조요청에 따른 것임을 알 수 있어서 이는 경찰관직무집행법 제6조의 주거침입행위에 대한 사전 제지조치로 보지 못할 바 아니다.

[2] 한미FTA 반대 범국민대회 광주사건(대판 2009. 6. 11, 2009도2114)

(한미FTA 저지 등을 위한 시위참가자들이 광주지방경찰청 북부경찰서 경찰관들의 위법한 제지행위에 대항하는 과정에서 공동하여 경찰관들에게 PVC파이프를 휘두르거나 진압방패와 채증장비를 빼앗는 등의 폭행행위로 인해 특수공무집행방해[변경된 죄명: 폭력행위등처벌에관한법률위반(공동폭행)]로 기소된 사건에서) (1) 경찰관직무집행법 제6조 제1항과 구 집회 및 시위에 관한 법률 등 관련 법률조항들의 내용과 취지를 종합하면, 비록 장차 특정 지역에서 구 집회 및 시위에 관한 법률에 의하여 금지되어 그 주최 또는 참가행위가 형사처벌의 대상이 되는 위법한 집회·시위가 개최될 것이 예상된다고 하더라도, 이와 시간적·장소적으로 근접하지 않은 다른 지역에서 그 집회·시위에 참가하기 위하여 출발 또는 이동하는 행위를 함부로 제지하는 것은 경찰관직무집행법 제6조 제1항에 의한 행정상 즉시강제인 경찰관의 제지의 범위를 명백히 넘어서는 것이어서 허용될 수 없으므로, 이러한 제지 행위는 공무집행방해죄의 보호대상이 되는 공무원의 적법한 직무집행에 포함될 수 없다.

(2) 원심이 이와 같은 취지에서 서울에서 개최될 예정이었던 「한미FTA저지, 비정규직 철폐, 반전평화 2007 범국민행동의 날」 집회에 참가하기 위하여 광주에서 상경하려는 피고인들의 출발 또는 이동을 제지한 행위는 위 집회의 시간(2007. 11. 11. 저녁) 및 장소(서울)와 피고인들을 비롯한 위 집회 참가 희망자들이 모여 있던 시간(2007. 11. 11. 08:10경부터

09:40경까지) 및 장소(광주) 사이에 시간적·장소적 근접성이 인정되지 않으므로, 경찰관 직무집행법 제 6 조 제 1 항의 행정상 즉시강제인 경찰관의 제지의 범위를 명백히 넘어 허용될 수 없는 것이어서 적법한 직무집행이 아니라고 판단한 것은 정당하다.

[판례 92] 공용폐지

• **삽교천 하류 매립사건**(대판 2009. 12. 10, 2006다87538)

[사건개요]

(1) 원고 1은 1974. 10.말경부터, 원고 2, 3, 4는 각 1982. 3. 3.경부터 각 이 사건 변론 종결일까지 별지(기재 생략) 목록 기재 각 토지 중 청구취지 기재의 각 부분을 점유하고 있다.
(2) 피고 대한민국은 별지 목록 기재 각 토지에 관하여 1993. 11. 15. 소유권이전등기를 하였다가, 그 중 별지 목록 기재 1, 2의 각 토지에 관하여는 1994. 9. 26. 피고 충청남도 앞으로 각 소유권이전등기를 마쳐주었다. 그 후 원고들은 소유권이전등기절차의 이행을 구하는 소송을 제기하였다.

[원고들의 주장]
원고들은 그 각 점유 부분에 대하여 소유의 의사로 평온, 공연하게 20년간 이를 점유하였다고 주장하면서 취득시효 완성을 원인으로 한 소유권이전등기절차의 이행을 구한다.

[피고들의 주장]
(1) 위 각 토지는 원래 취득시효의 대상이 되지 않는 국유하천으로서 행정재산이었는데 피고 대한민국은 1994. 9. 14.경에야 용도폐지를 하였으므로 1994. 9. 14.경부터 취득시효의 기산점이 되는바, 그때로부터 점유기간이 20년이 되지 못한다.
(2) 원고들의 점유는 타주점유이다.

[판결요지]

[1] 공유수면으로서 자연공물인 바다의 일부가 매립에 의하여 토지로 변경된 경우에 다른 공물과 마찬가지로 공용폐지가 가능하다고 할 것이며, 이 경우 공용폐지의 의사표시는 명시적 의사표시뿐만 아니라 묵시적 의사표시도 무방하다.

[2] 공물의 공용폐지에 관하여 국가의 묵시적인 의사표시가 있다고 인정되려면 공물이 사실상 본래의 용도에 사용되고 있지 않다거나 행정주체가 점유를 상실하였다는 정도의 사정만으로는 부족하고, 주위의 사정을 종합하여 객관적으로 공용폐지 의사의 존재가 추단될 수 있어야 할 것이다.

[3] 이 사건 각 토지는 당초 매립면허를 받은 구역 밖에 있어 준공인가내용에 포함되지 아니하였으므로 원칙적으로 구 공유수면매립법 제26조 제3항, 제1항에 의한 원상회복의무의 대상이 된다고 할 것이어서, 제방 축조에 의하여 매립면허 대상이었던 다른 매립지 부분과 함께 유사한 형상을 가지게 되었다고 하더라도 그러한 사정만으로 원상회복의무의 대상이 되지 않아 자연공물인 바다로서의 성질을 영구·확정적으로 상실하였다고 볼 수 없고, 또한 매립면허를 받은 구역에 대한 1974. 10. 25.자 준공인가의 내용에 이 사건 각 토지에 대하여도 공용폐지를 하는 취지가 포함되었다고 볼 수도 없다. 그리고 앞서 본 법리에 비추어 볼 때에, 원심이 들고 있는 바와 같이 피고 대한민국이 이 사건 토지에 대하여 자연공물임을 전제로 하는 어떠한 조치도 취하지 아니하였다거나 새로 형성된 지형이 기재된 지적도에 이 사건 각 토지를 포함시켜 지목을 답 또는 잡종지로 기재하고 토지대장상 지목을 답으로 변경하였다고 하더라도, 그러한 사정만으로는 공용폐지에 관한 피고 대한민국의 의사가 객관적으로 추단된다고 보기에 부족하다.

[해 설]

1. 쟁 점

이 사건 판결은 공용폐지의 성립요건을 쟁점으로 하였다. 이하에서 이 사건 판결을 공용폐지의 문제로서 검토한다.

2. 공용폐지

(1) 의 의

공용폐지란 특별한 공법상의 이용질서하에 둔 물건인 공물을 그 이용질서에서 제외시키는 것, 즉 공용폐지란 공물에 부여된 공법적 성격을 제거하는 것을 말한다.

(2) 형 식

공용폐지는 명시적으로도 가능하고 묵시적으로도 가능하다. 한편, 일설은 공공용물(특히 인공공물)이나 공적 보존물의 경우에는 공용폐지가 필요하나 공용물의 경우에는 공용폐지가 없어도 그 사용을 폐지함으로써 공물의 성질을 상실한다고 한다. 그러나 공용물의 경우에도 사용의 폐지는 묵시적인 공용폐지를 전제로 한다고 볼 것이다.

(3) 요 건

공용폐지가 있기 위해서는 공물의 공적 목적이 상실되었거나(예: 도로의 경우라면 도로의 의미의 상실) 공용폐지를 위한 중대한 공익상의 근거(예: 도로의 경우라면 교통상의 안전 또는 도시건축상의 질서)가 있어야 한다.

(4) 효 과

공용폐지로써 공용지정으로 인한 모든 효과(예: 공용에 제공의무 · 도로유지의무 · 사용제공의무)는 해제된다. 만약 공물이 국유라면 공용폐지로 인해 그것은 일반재산으로 돌아가고, 시효취득의 대상이 된다.

(5) 권리보호

공용폐지 역시 공법적인 행위의 하나이다. 공용폐지로 권리가 침해된 자는 경우에 따라서 취소소송을 제기할 수 있다.

3. 평 가

(1) 대법원이 [판결요지][1]은 종전의 입장을 따른 것이다.

(2) 대법원이 [판결요지][2] 부분에서 공물에 대한 국가의 묵시적인 공용폐지의 의사표시의 존부에 대한 판단기준으로 적시한 바는 타당하지만, 구체적인 사건에서 이루어져야 할 종합적 · 객관적 판단은 용이하지 아니할 것이다.

4. 참고판례

[1] 대한불교조계종 칠장사사건(대판 2010. 11. 25, 2010다58957)

(일제하 토지조사사업 당시 지적원도상 지목이 도로로 표시되어 있으나 지번이 부여되지 아니하였을 뿐만 아니라 소유권의 조사가 이루어져 토지조사부에 등재되거나 토지대장에 등록되지도 않았던 토지가 그 후 지번을 부여받고 국가 명의로 소유권보존등기가 되었다. 그 후 원고 사찰이 사찰부지로 점유하자 피고 대한민국이 용도폐지를 하였고, 그 후 원고가 소유권이전등기를 구한 사건에서) (1) 일제하 토지조사사업 당시의 관계 법령에 의하면, 토지조사사업 당시 지목이 도로로 조사되었으나 지번이 부여되지 아니하였을 뿐만 아니라 소유권의 조사가 이루어져 토지조사부에 등재되거나 토지대장에 등록되지도 않았던 토지는 당시의 현황에 따라 도로로 이용되고 있던 국유의 공공용재산이었다고 보아야 하고, 1945. 8. 9. 이전에 조선총독부 소관으로 있던 국유재산은 대한민국 정부수립과 동시에 국가 고유의

권원에 의하여 당연히 국유가 된다. 이 사건 토지는 일제하의 임야조사사업 당시는 물론 1997. 12. 2. 공용폐지되기 전까지는 국유의 공용용재산으로서 시효취득의 대상이 되지 않는 행정재산이었다고 보아야 한다.
(2) 행정재산이 기능을 상실하여 본래의 용도에 제공되지 않는 상태에 있다 하더라도 관계 법령에 의하여 용도폐지가 되지 아니한 이상 당연히 취득시효의 대상이 되는 일반재산이 되는 것은 아니고, 공용폐지의 의사표시는 묵시적인 방법으로도 가능하나 행정재산이 본래의 용도에 제공되지 않는 상태에 있다는 사정만으로는 묵시적인 공용폐지의 의사표시가 있다고 볼 수도 없다.

[2] 흑산어업조합 매도 토지사건(대판 1996. 5. 28, 95다52383)

(토지소유권이전등기를 구한 민사사건에서) (1) 공유수면은 소위 자연공물로서 그 자체가 직접 공공의 사용에 제공되는 것이고, 공유수면의 일부가 사실상 매립되었다 하더라도 국가가 공유수면으로서의 공용폐지를 하지 아니하는 이상 법률상으로는 여전히 공유수면으로서의 성질을 보유하고 있다 할 것이다. 따라서 원심이 인정한 바와 같이 이 사건 토지가 공유수면을 무단으로 매립하여 이루어진 토지라면 이 사건 토지는 당연히 국유재산이 되고, 또한 공유수면으로서의 성질을 보유하고 있어서 국가가 이에 대하여 공용폐지를 하지 아니하는 이상 행정재산이라고 보아야 한다.
(2) 행정재산은 공용폐지가 되지 아니하는 한 사법상 거래의 대상이 될 수 없으므로 시효취득의 대상이 되지 아니하고, 관재당국이 이를 모르고 행정재산을 매각하였다 하더라도 그 매매는 당연무효이다. … 이 사건 토지에 관하여 공용폐지가 되기 전에 피고가 착오에 의하여 이 사건 토지를 귀속재산으로 매각하였고, 이 사건 토지가 본래의 공유수면으로서의 용도에 사용되고 있지 아니하다 하여도 그 사실만으로 피고가 이 사건 토지에 관하여 공용폐지의 의사표시를 하였다고 볼 수는 없을 것이다.

[3] 기타(일반재산에 대한 입증책임자)

(1) 대판 2009. 12. 10, 2006다19528(해남세무서 국유임야 매각사건)
(2) 대판 2009. 12. 10, 2006다19177(서울시 증여토지사건)

[판례 93] 공물(도로)의 일반사용과 특별사용
· 강남구 미래주유소 도로 무단점용사건
(대판 1999. 5. 14, 98두17906)

[사건개요]

(1) 원고는 1991. 6. 11. 서울 강남구 대치동 A번지에 지하 1층 지상 4층 주유소 건물(미래주유소)을, 1993. 4. 28. 같은 동 B번지에 지상 7층, 지하 3층의 업무시설 및 근린생활시설 건물(티아빌딩)을 각 신축하여 소유하면서, 위 각 건물 앞 차도와 인도 사이의 경계턱을 없애고, 인도 부분을 차도에서부터 완만한 오르막 경사를 이루도록 시공하는 방법으로 위 미래주유소 앞 인도 $53m^2$와 티아빌딩 앞 인도 $21m^2$(이하 이 사건 각 인도 부분이라 한다)에 차량들을 위한 진출입통로를 개설하여, 위 주유소와 빌딩에 드나드는 차량들이 위 각 인도 부분을 빈번하게 통과하도록 하였다.
(2) 원고는 일반인이 위 각 인도 부분을 통행하는 것을 특별히 제한하지는 아니하였으나, 위 각 건물 앞을 지나다니는 보행자들이 위 주유소와 빌딩을 빈번하게 드나드는 차량들로 인하여 불편을 겪고 있었다.
(3) 강남구청장은 원고에게 당시 도로법 제80조의2에 근거하여 부당이득금을 부과하였다. 이에 원고는 부당이득금부과처분의 취소를 구하는 소를 제기하였다.

[참고조문]
(당시) 도로법 제40조(도로의 점용) ① 도로의 구역안에서 공작물·물건 기타의 시설을 신설·개축·변경 또는 제거하거나 기타의 목적으로 도로를 점용하고자 하는 자는 관리청의 허가를 받아야 한다.
제43조(점용료의 징수) ① 관리청은 제40조의 규정에 의하여 도로를 점용하는 자로부터 점용료를 징수할 수 있다.
제80조의2(부당이득금의 징수) 제40조의 규정에 의한 도로점용허가를 받지 아니하고 도로를 점용한 자에 대하여는 그 점용기간에 대한 점용료 상당액을 부당이득금으로 징수할 수 있다. 이 경우에 그 징수방법은 도로점용료징수의 예에 의한다.

[판결요지]

[1] 당시 도로법 제40조(현행법 제38조), 제43조(현행법 제41조), 제80조의2(현행법 제94조)에 규정된 도로의 점용이라 함은, 일반공중의 교통에 공용되는 도로에 대하여 이러

한 일반사용과는 별도로 도로의 특정 부분을 유형적, 고정적으로 사용하는 이른바 특별사용을 뜻하는 것이고, 그와 같은 병존이 가능한 경우도 있고, 이러한 경우에는 도로점용 부분이 동시에 일반공중의 교통에 공용되고 있다고 하여 도로점용이 아니라고 말할 수는 없는 것이다.

[2] 차도와 인도 사이의 경계턱을 없애고 인도 부분을 차도에서부터 완만한 오르막 경사를 이루도록 시공하는 방법으로 건물 앞 인도 부분에 차량 진출입통로를 개설하여 건물에 드나드는 차량들의 편익에 제공함으로써, 일반의 보행자들이 인도 부분을 불편을 감수하면서 통행하고 있는 경우, 인도 부분이 일반공중의 통행에 공용되고 있다고 하여도 도로의 특별사용에 해당한다.

[3] 차도와 인도 사이의 경계턱을 없애고, 인도 부분을 차도에서부터 완만한 오르막 경사를 이루도록 시공하는 방법으로 인도 부분에 개설한 차량 진출입통로는 당시 도로법시행령 제24조 제 5 항 제 6 호 소정의 「통로 기타 이와 유사한 것」으로서, 당시 도로법 제40조 제 1 항 소정의 「공작물, 물건, 기타 시설」에 해당함이 명백하다.

[해 설]

1. 쟁 점

이 사건은 공물의 일반사용과 특별사용의 관계를 내용으로 하였다. 이하에서 공물의 사용관계의 문제로서 이 사건 판결을 검토한다.

2. 공물의 사용관계

(1) 의 의

공물의 사용관계란 공물관리권의 주체와 공물을 사용하는 자인 사인 사이의 법관계를 말한다. 사인이 공물을 사용하는 공법상 방식에는 ① 자유사용, ② 허가사용, ③ 특허사용, ④ 관습법상 사용이 있다. ①을 보통사용(공물의 통상의 용도에 통상적으로 사용하는 것), ②, ③, ④를 특별사용(공물의 본래의 목적범위를 넘어서 보통 이상의 정도로 사용하는 것)이라 부르기도 한다.

(2) 자유사용

공물의 자유사용이란 공물주체의 특별한 행위 없이 모든 사인이 자유롭게 공물을 사용하는 것(예: 도로상 통행, 호숫가의 산책)을 말한다. 자유사용에 놓이는 공물은 공용지정시에 이미 일반공중의 이용에 놓이는 것을 적시하기 때문에, 일반시민의 사용을 위해 사후에 새로운 행위(예: 사용허가)를 요하지 아니한다. 자유사용은 일반사용 또는 보통사용이라 부르기도 한다.

(3) 허가사용

공물의 허가사용이란 사인이 행정청의 사전허가를 받은 후에 공물을 사용하는 것을 말한다. 공물은 원칙적으로 사인이 자유롭게 사용할 수 있어야 한다. 그러나 자유로운 사용이 공물의 목적달성이나 공물의 유지·보전에 문제를 야기할 수 있는 경우도 생겨날 수 있다. 이러한 경우에는 공물의 자유사용을 일단 금지하고 나서 사후에 사인으로 하여금 선별적으로 허가를 받아 사용하게 하는 것이 합리적이다. 여기에 허가사용의 의미가 나타난다.

(4) 특허사용

공물의 특허사용이란 공물주체의 특허를 받아 사인이 공물을 사용하는 것(예: 도로법 제38조의 도로점용허가; 하천법 제33조의 하천의 점용허가)을 말한다. 특허사용은 당해 공물의 일반적인 목적·범위를 능가하여 공물을 사용하게 하는 것인바, 공물의 사용의 방식에 있어서는 예외적인 경우가 된다.

(5) 관습법상 사용

공물의 관습법상 사용이란 공물의 사용권이 관습법으로 인정된 경우의 사용(예: 관개용 수로로서의 하천사용)을 의미한다. 수산업법상 입어자의 입어권의 경우도 이에 해당한다. 관습법상 사용권이 인정되기 위해서는 ① 사인이 당해 공물을 장기간 분쟁 없이 사용하였어야 하고, ② 사용자가 제한된 범위 내이어야 하며, 즉 자유사용에 제공된 것이 아니어야 하고, ③ 그 사용의 정도가 특별한 것이어야 할 것이다.

3. 평 가

(1) 대법원이 이 사건 판결에서 도로의 일반사용과 특별사용은 상호 배타적인 것이 아니라 병존이 가능하다고 한 것은 타당하다.

(2) 대법원은 이 사건 판결은 판례의 종전 입장을 재확인하는 것이기도 하다.

4. 참고판례

[1] 낙원상가아파트 도로점용료부과사건(대판 1998. 9. 22, 96누7342)

(도로 상하의 공간에 설치된 상가아파트 건물의 소유자가 지상 1층 공간에 일정 간격으로 배열된 지주 사이로 난 터널형 도로를 특별사용하고 있다고 하여 부과한 도로점용료부과처분의 취소를 구한 사건에서) (1) 도로법 제40조(현행법 제38조)에 규정된 도로의 점용이라 함은 일반공중의 교통에 공용되는 도로에 대하여 이러한 일반사용과는 별도로 도로의 지표뿐만 아니라 그 지하나 지상 공간의 특정 부분을 유형적, 고정적으로 특정한 목적을 위하여 사용하는 이른바 특별사용을 뜻하는 것이므로, 허가없이 도로를 점용하는 행위의 내용이 위와 같은 특별사용에 해당할 경우에 한하여 도로법 제80조의2의 규정에 따라 도로점용료 상당의 부당이득금을 징수할 수 있다.

(2) 지하 1층, 지상 17층의 상가아파트 건물이 도로 상하의 공간에 설치되어 있고, 지상 1층 공간에는 일정 간격으로 지주가 배열되어 있으며, 그 사이로 형성된 터널형 공간 부분의 중앙으로 차도가 설치되어 있고, 양쪽에 주차장 및 옥외출입계단이 설치되어 있는 경우, 위 도로는 주로 위 건물의 사용을 위한 사람과 차량의 통행 및 주차 등을 위하여 사용되고 있고 지방자치단체장은 단지 건물 소유자의 독점적, 배타적 지배를 방해하지 않는 범위 내에서 일반의 차량통행, 보행 및 주차 등을 위하여 이를 사용하고 있음에 불과하므로, 건물 소유자는 도로를 특별사용하고 있다.

[2] 서울특별시 중구청 A예식장 도로점용사건(대판 1993. 5. 11, 92누13325)

(서울특별시 중구청장이 한 점용료부과처분의 취소를 구한 사건에서) 이 사건에서 문제가 된 도로는 원고들 소유의 예식장 옆을 지나 인근주택지로 연결되어 있어 인근주민들의 통행로로 사용되기도 하지만 예식장을 이용하는 사람들을 위한 주차장이 위 도로주변에 형성되어 있는 관계로 사실상 예식장을 위한 주차장이나 차량출입통로로 이용되고 있으며, 원고들은 이 사건 도로입구에 주차장간판과 차량출입통제소를 설치하여 이 사건 도로가 예식장부속의 주차장인 것 같은 시설을 하여 놓았다면 원고들은 이 사건 도로를 유형적, 고정적으로 특정한 목적을 위하여 사용하는 이른바 특별사용을 하고 있다고 봄이 상당하다.

■ 도로법 제38조 제1항의 도로점용허가의 성질

도로법 제38조 제1항은 「도로의 구역에서 공작물이나 물건, 그 밖의 시설을 신설·개축·변경 또는 제거하거나 그 밖의 목적으로 도로를 점용하고자 하는 자는 관리청의 허가를 받아야 한다」고 규정하고 있다. 여기서 말하는 허가는 학문상 허가와 특허를 포함하는 의미이다.

[판례 94] 행정재산의 사용·수익의 허가
• 국립의료원 부설주차장 위탁관리사건
(대판 2006. 3. 9, 2004다31074)

[사건개요]

1999. 12. 27. 피고는 공개입찰을 통해 원고(피항소인, 상고인)와 서울 중구 을지로 6가에 있는 국립의료원 내 부설주차장의 주차관제시스템에 관하여 위탁관리운영용역계약(이하 '1차계약'이라 한다)을 체결하였다.

2000. 12. 28. 위 계약기간이 만료되자 피고는 공개입찰을 통해 원고와 사이에 '국립의료원 부설주차장 위탁관리운영용역계약'(이하 '2차계약'이라 한다)을 체결하였다.

2001. 11. 6. 원고는 국유재산법 제27조의 행정재산 등의 사용·수익 허가기간은 3년 이내로 한다는 규정에 따라 그 계약기간을 3년으로 연장하여 줄 것을 요청하였다.

2001. 11. 14. 원고는 2차 계약을 연장하여 줄 것을 요청하였다.

2001. 12. 12. 피고는 국유재산법령이 정한 국유재산 사용·수익허가 기간을 갱신(계약기간연장)할 수 있는 경우에 해당하지 않는다고 하여 원고의 계약연장에 합의할 수 없다고 회신하였다.

2001. 12. 28. 피고는 입찰공고를 거쳐 다시 원고와 사이에 '국립의료원 부설주차장 위탁관리운영용역계약'(이하 '이 사건 계약'이라고 한다)을 체결하였다.

2002. 12. 27. 피고는 원고에게 이 사건 계약에 따른 위탁관리 사용료의 미납액 및 연체에 대한 가산금으로 금 19,600,140원을 추가로 납부할 것을 통보하였다. 이에 원고는 채무부존재확인소송을 제기하였다.

[당사자의 주장]

■ 원고는 이 사건 계약이 순전히 사경제 주체로서 행한 사법상 임대차 내지 이에 준하는 계약관계이므로 비록 임대료 납부기한을 도과하여 이를 연체하였다고 하더라도 당사자 사이에 별도의 약정이 없는 이상, 원고에게 피고가 요구하는 가산금까지 지급할 의무가 없다는 법률관계의 확인을 민사소송의 한 형태로 구하였다.

■ 피고는, 이 사건 계약의 대상인 위 국립의료원부설주차장은 국유재산법상의 행정재산에 해당하여 이 사건 계약은 강학상 특허에 해당하므로 별도로 정한 바가 없더라도 위 부설주차장의 사용료를 체납한 경우에는 당연히 위 법률 제25조 제3항이 적용되고, 따라서 원고는 국세징수법 제21조, 제22조 소정의 가산금 및 중가산금을 납부할 의무를 진다고 주장하였다.

[참고조문]

(당시) 국유재산법 제24조(사용·수익허가) ① 행정재산은 그 용도 또는 목적에 장애가 되지

아니하는 범위안에서 그 사용 또는 수익을 허가할 수 있다.

제25조(사용료) ③ 행정재산등의 사용·수익허가를 받은 자가 제1항의 사용료를 체납하는 때에는 관리청은 관할세무서장 또는 지방자치단체의 장에게 위임하여 국세징수법 제21조 내지 제23조 및 동법의 체납처분에 관한 규정을 준용하여 이를 징수할 수 있다. 이 경우에 관할세무서장 또는 지방자치단체의 장은 당해 사무의 집행에 있어서 이를 위임한 관리청의 감독을 받는다.

(현행) 국유재산법 제30조(사용허가) ① 관리청은 다음 각 호의 범위에서만 행정재산의 사용허가를 할 수 있다.

1. 공용·공공용·기업용 재산: 그 용도나 목적에 장애가 되지 아니하는 범위
2. 보존용재산: 보존목적의 수행에 필요한 범위

제73조(연체료 등의 징수) ① 관리청등은 국유재산의 사용료, 관리소홀에 따른 가산금, 대부료, 매각대금, 교환자금 및 변상금(징수를 미루거나 나누어 내는 경우 이자는 제외한다)이 납부기한까지 납부되지 아니한 경우 대통령령으로 정하는 바에 따라 연체료를 징수할 수 있다. 이 경우 연체료 부과대상이 되는 연체기간은 납기일부터 60개월을 초과할 수 없다.

② 관리청등은 국유재산의 사용료, 관리소홀에 따른 가산금, 대부료, 변상금 및 제1항에 따른 연체료가 납부기한까지 납부되지 아니한 경우에는 다음 각 호의 방법에 따라 「국세징수법」 제23조와 같은 법의 체납처분에 관한 규정을 준용하여 징수할 수 있다.

1. 관리청(일반재산의 경우 제42조 제1항에 따라 관리·처분에 관한 사무를 위임받은 자를 포함한다. 이하 이 호에서 같다)은 직접 또는 관할 세무서장이나 지방자치단체의 장(이하 '세무서장등'이라 한다)에게 위임하여 징수할 수 있다. 이 경우 관할 세무서장등은 그 사무를 집행할 때 위임한 관리청의 감독을 받는다.
2. 제42조 제1항에 따라 관리·처분에 관한 사무를 위탁받은 자는 관할 세무서장등에게 징수하게 할 수 있다.

[판결요지]

[1] 국유재산 등의 관리청이 하는 행정재산의 사용·수익에 대한 허가는 순전히 사경제주체로서 행하는 사법상의 행위가 아니라 관리청이 공권력을 가진 우월적 지위에서 행하는 행정처분으로서 특정인에게 행정재산을 사용할 수 있는 권리를 설정하여 주는 강학상 특허에 해당한다.

[2] 국유재산 등의 관리청이 하는 행정재산의 사용·수익 허가에 따른 사용료에 대하여는 국유재산법 제25조 제3항의 규정에 의하여 국세징수법 제21조, 제22조가 규정한 가산금과 중가산금을 징수할 수 있다 할 것이고, 위 가산금과 중가산금은 위 사용료가 납부기한까지 납부되지 않은 경우 미납분에 관한 지연이자의 의미로 부과되는 부대세의 일종이다.

[3] 국립의료원 부설 주차장에 관한 위탁관리용역운영계약의 실질은 행정재산에 대한 국유재산법 제24조 제 1 항의 사용·수익 허가이므로, 민사소송으로 제기된 위 계약에 따른 가산금지급채무의 부존재확인청구에 관하여 본안 판단을 한 원심판결은 위법하다. (파기, 각하)

[해 설]

1. 쟁 점

이 사건 판결은 ① 행정재산의 사용·수익에 대한 허가의 법적 성질과 ② 행정재산의 사용·수익 허가에 따른 사용료를 납부기한까지 납부하지 않은 경우에 부과되는 가산금과 중가산금의 법적 성질 등을 쟁점으로 하였다. 달리 말한다면 이 사건 판결은 당시 국유재산법 제24조 제 1 항(현행법 제30조 제 1 항)의 허가의 의미와 당시 국유재산법 제25조 제 1 항(현행법 제32조 제 1 항)의 사용료의 성질을 쟁점으로 하였다. 이하에서 이 사건 판결을 행정재산의 사용·수익에 대한 허가의 성질문제로서 검토한다.

2. 행정재산의 사용·수익의 허가

(1) 행정재산의 의의

국유재산법상 국유재산은 그 용도에 따라 행정재산과 일반재산으로 구분되고(국재법 제 4 조 제 1 항), 행정재산은 공용재산(국가가 직접 그 사무용·사업용 또는 공무원의 주거용으로 사용하거나 사용하기로 결정한 재산), 공공용재산(국가가 직접 그 공공용으로 사용하거나 사용하기로 결정한 재산) 그리고 기업용재산(정부기업이 직접 그 사무용·사업용 또는 당해 기업에 종사하는 직원의 주거용으로 사용하거나 사용하기로 결정한 재산)으로 구성된다(국유재산법 제 4 조 제 2 항).

(2) 사용·수익의 허가의 성질

㈎ 학 설 국유재산법 제30조에 의한 행정재산의 사용허가의 성질을 둘러싸고 종래 학설은 행정처분설과 사법상 계약설 그리고 이원적 법률관계설로 나뉘었다.

(a) 행정처분설 국유재산법이 사용료의 징수를 조세체납절차에 의하도록 규정하고 있다는 점, 사용허가에 관한 규정과 사용허가의 취소·철회에 관한 규정을 각각 독립시켜 놓고 있다는 점, 발생원인이 처분의 형식인 점 등을 논거로 한다.

(b) 사법상 계약설 국유재산법 제30조 제 1 항에 의한 사용은 「원래의 목적 외

의 사용」이라는 점, 관리청과 사인 사이에 상하관계가 존재한다고 보기 어렵다는 점, 조세체납절차에 의한 강제징수가 가능하다는 것이 반드시 법관계를 공법관계로 보아야 한다는 것은 아니라는 점 등을 논거로 한다.

(c) 이원적 법률관계설 원칙적으로 행정재산의 사용·수익관계의 발생·소멸, 사용료의 징수관계는 공법관계이지만, 행정재산의 사용·수익관계는 그 실질에 있어서는 사법상의 임대차와 같다고 할 것이므로 특수한 공법적 규율이 있는 사항을 제외하고는 행정재산의 목적 외 사용의 법률관계는 사법관계라는 견해이다.

(나) 판 례 판례는 행정처분설을 취한다.

(다) 사 견 ① 국유재산법은 국가 외의 자의 행정재산의 사용·수익은 사용허가라 하고(국유재산법 제2조 제7호), 국가 외의 자의 일반재산의 사용·수익은 대부계약이라 하여(국유재산법 제2조 제8호) 양자를 구분하고 있고, ② 동법 제2조 제7호는 사용허가를 「행정재산을 국가 외의 자가 일정 기간 유상이나 무상으로 사용·수익할 수 있도록 "허용하는 것"을 말한다」고 하여 사용허가를 관리청의 일방적인 의사표시로 규정하고 있다. ③ 동법 제36조가 관리청의 사용허가의 취소와 철회를 규정하여 관리청의 우월한 지위를 인정하고 있고, ④ 동법 제73조 제3항이 사용료의 체납시에 국세징수법에 따른 강제징수를 규정하고 있음에 비추어 행정재산의 사용허가는 행정처분으로 볼 것이다.

3. 평 가

(1) 대법원이 이 사건 판결에서 국유재산 등의 관리청이 하는 행정재산의 사용·수익에 대한 허가는 순전히 사경제주체로서 행하는 사법상의 행위가 아니라 관리청이 공권력을 가진 우월적 지위에서 행하는 행정처분이라 한 것은 타당하다.

(2) 이 사건 판결은 종전 판례의 입장을 재확인한 것이기도 하다.

4. 참고판례

[1] 서울대공원 시설물설치·기부채납사건(대판 2001. 6. 15, 99두509)

(기부채납받은 행정재산에 대한 사용·수익허가 중 사용·수익허가의 기간산정이 위법하다고 하여 제기한 무상사용허가일부거부처분취소소송에서) (1) 공유재산의 관리청이 하는 행정재

산의 사용·수익에 대한 허가는 순전히 사경제주체로서 행하는 사법상의 행위가 아니라 관리청이 공권력을 가진 우월적 지위에서 행하는 행정처분이라고 보아야 할 것인바, 행정재산을 보호하고 그 유지·보존 및 운용 등의 적정을 기하고자 하는 지방재정법 및 그 시행령 등 관련 규정의 입법 취지와 더불어 잡종재산에 대해서는 대부·매각 등의 처분을 할 수 있게 하면서도 행정재산에 대해서는 그 용도 또는 목적에 장해가 없는 한도 내에서 사용 또는 수익의 허가를 받은 경우가 아니면 이러한 처분을 하지 못하도록 하고 있는 구 지방재정법(1999. 1. 21. 법률 제5647호로 개정되기 전의 것) 제82조 제1항, 제83조 제2항 등 규정의 내용에 비추어 볼 때 그 행정재산이 구 지방재정법 제75조의 규정에 따라 기부채납받은 재산이라 하여 그에 대한 사용·수익허가의 성질이 달라진다고 할 수는 없다.

(2) 행정행위의 부관은 부담인 경우를 제외하고는 독립하여 행정소송의 대상이 될 수 없는바, 기부채납받은 행정재산에 대한 사용·수익 허가에서 공유재산의 관리청이 정한 사용·수익 허가의 기간은 그 허가의 효력을 제한하기 위한 행정행위의 부관으로서 이러한 사용·수익 허가의 기간에 대해서는 독립하여 행정소송을 제기할 수 없다.

[2] 일반재산 대부행위의 성질

(국유재산법 제51조 등 위헌소원에서) 구 공유재산 및 물품관리법(2008. 12. 26. 법률 제9174호로 개정되기 전의 것) 제14조 제1항, 제28조 제1항 등의 규정에 의하여 특별시장·광역시장 또는 도지사로부터 공유재산 관리의 권한을 위임받은 시장·군수 또는 구청장이 공유재산인 잡종재산(현행법상 일반재산)을 대부하는 행위는 지방자치단체가 사경제 주체로서 상대방과 대등한 위치에서 행하는 사법상의 계약이다(대판 2010. 11. 11, 2010다59646).

[3] 잡종재산(현행법상 일반재산) 무단점유자에 대한 변상금 징수와 잡종재산에 무단 설치한 시설물의 행정대집행법에 따른 철거가 헌법에 위반하는지 여부

(부당이득반환청구소송에서) (1) 행정청이 공유(公有)의 잡종재산을 무단점유한 자에게 통상의 대부료의 120%에 상당하는 변상금을 징수할 수 있도록 한 구 「공유재산 및 물품 관리법」 제81조 제1항 본문 및 무단점유자가 잡종재산에 설치한 시설물을 행정대집행의 규정에 따라 철거할 수 있도록 한 제83조 중 잡종재산에 관한 부분(이하 '이 사건 법률조항'이라 한다)은, 그 소유자가 사인이 아닌 지방자치단체라는 이유로 사경제 거래의 객체인 물건의 권리관계에 관하여 공법적 규율을 하는 것으로서, 본질적으로 동일한 것을 다

르게 취급하고 있는 것에 해당한다.

(2) 공유의 잡종재산은, 행정재산이나 보존재산과 달리 공적 목적에 직접 제공된 것은 아니라 하더라도, 그 경제적 가치를 통하여 지방자치단체의 재정에 기여한다는 점에서 여전히 공유재산으로 보호할 필요가 있고, 현재의 상태에서는 당장 공적 목적에 사용되지 않는다고 하더라도 행정 목적상 필요한 경우에는 언제든지 행정재산 등으로 전환될 수 있으므로, 그 유지·보호 및 운용의 적정이라는 공익상의 목적과 기능을 수행하기 위하여 필요한 경우에는 공법적 규율이 가능하다고 할 것이다.

(3) 공유의 잡종재산은 그 종류가 다양하고 그 위치도 지역적으로 광범위하게 분포되어 있는 반면에 관리청의 인적·물적 자원은 제한될 수밖에 없는 실정이므로, 관리청이 일상적으로 공유의 잡종재산의 현황과 무단점유 여부 등을 점검하여 법 위반행위를 발견한 경우에는 단지 민사법에 따른 권리구제수단으로만 그 위반상태를 바로잡아야 한다면, 이는 공유의 잡종재산의 유지·보호 및 운용의 적정이라는 행정 목적 달성을 위한 신속하고도 효율적인 수단이라고 보기 어려울 것이다.

(4) 따라서 이 사건 법률조항들을 두게 된 데에는, 공유의 잡종재산의 효율적인 보존·관리라는 합리적인 이유가 있다고 할 것이므로 헌법상 평등의 원칙에 반한다고 할 수 없다(헌재 2010. 3. 25, 2008헌바148).

[판례 95] 인접주민의 권리

• 황학동 중앙시장 좌판사건

(대판 2006. 12. 22, 2004다68311 · 68328)

[사건개요]

(1) B는 A로부터 서울 중구 황학동 중앙시장 내에 위치한 이 사건 점포를 매수하였고 (1974. 10. 15. 소유권이전등기), B는 원고(B의 부인)에게 유증하였다(1997. 10. 15. 소유권 이전등기).

(2) 피고는 B로부터 이 사건 점포를 임차(이하 '이 사건 임대차계약'이라 한다)하여 사용하면서 이 사건 점포의 앞 소방도로(서울 중구 황학동 370-2, 소유자 국, 이하 '이 사건 도로'라 한다)를 이용하여 이 사건 도로상에 이 사건 좌판을 차려 놓고 채소 등을 판매하여 왔다. 이 사건 임대차계약은 이후로도 계속 묵시적으로 갱신되어 오다가 2000. 9. 30. 원고와 피고 쌍방의 합의에 의하여 해지되었는데, 피고는 이 사건 임대차계약 해지 당시까지 임료를 연체하고 있었다.

(3) 원고는 2002. 3. 30. 참가승계인에게 이 사건 점포(특약사항에 이 사건 좌판을 포함한다고 되어 있다)를 매도하였다(2003. 3. 3. 소유권이전등기).

(4) 원고는 점포명도 · 임대차보증금반환을 구하는 민사소송을 제기하였다.

[판결요지]

[1] 공물의 인접주민은 다른 일반인보다 그 인접공물의 일반사용에 있어서 특별한 이해관계를 가지는 경우가 있고, 그러한 의미에서 다른 사람에게 인정되지 아니하는 이른바 고양된 일반사용권이 보장될 수 있으며, 이러한 고양된 일반사용권이 침해된 경우 다른 개인과의 관계에서 민법상으로도 보호될 수 있으나, 그러한 권리도 공물의 일반사용의 범위 안에서 인정되는 것이므로, 특정인에게 어느 범위에서 이른바 고양된 일반사용권으로서의 권리가 인정될 수 있는지의 여부는 당해 공물의 목적과 효용, 일반사용관계, 고양된 일반사용권을 주장하는 자의 법률상의 지위와 당해 공물의 사용관계의 인접성, 특수성 등을 종합적으로 고려하여 판단하여야 할 것이지만, 구체적으로 그 공물을 사용하지 않고 있는 이상 그 공물의 인접주민이라는 사정만으로는 그러한 권리관계가 인정될 수 없다.

[2] 이 사건 좌판은 이 사건 점포 바로 앞의 폭 240cm의 인도 아래 떨어져 있는 도로상에 설치된 것이고, 피고는 신당지하도상가의 화재로 인하여 1974.경 B로부터 이 사건 점포를 임차하여 사용하면서부터 도로상에 이 사건 좌판을 차려놓고 채소 등을 판매하여 왔다는 것인바(피고는 좌판 설치 시점을 이 사건 점포 임차 이전이라고 다투고 있다), B나 원고가 이 사건 도로에 대하여 일반사용을 넘어 특별한 이해관계가 인정될 만한 사용을 하고 있었다는 사정을 전혀 찾아볼 수 없는 이상, 공물의 이용관계에 관한 위 법리에 비추어 그들이 이 사건 점포를 소유하고 있다는 사정만으로 이 사건 도로에 좌판을 설치·이용할 권리가 있다고 할 수 없을 것이다.

[해　설]

1. 쟁　점

(1) 이 사건 판결은 원고가 「이 사건 소송에서 이 사건 점포와 함께 이 사건 좌판을 이 사건 임대차계약의 목적물에 포함시켜 피고에게 임대한 것으로 전제하고」 점포명도·임대차보증금반환을 구하기 위하여 제기한 소송에 대한 것이다.

(2) 이 사건 좌판을 이 사건 임대차계약의 목적물에 포함시켜 점포명도를 받으려면, 이 사건 도로에 좌판을 설치·이용할 권리가 원고에게 인정되어야 한다. 이 사건 도로에 좌판을 설치·이용할 권리가 원고에게 인정되는가의 문제는 도로의 인접주민이 공물에 대한 고양된 일반사용권을 가지는가의 문제가 된다. 이것은 인접주민의 강화된 이용권의 문제로 표현될 수 있다. 이하에서 이 사건을 「인접주민의 강화된 이용권」의 문제로서 검토한다. 이 사건 판결에서의 기타 쟁점은 논외로 한다.

2. 인접주민의 강화된 이용권(특별이용)

(1) 의　의

인접주민의 강화된 이용권이란 도로에 인접한 토지나 영업장의 소유자인 도로의 인접주민이 그 인접한 도로를 그 토지 또는 그 영업을 위하여 적정하게 이용할 수 있는 권리를 말한다. 인접주민의 강화된 이용권은 개인적 공권에 해당한다.

(2) 근　거

개별 법률에 규정이 없다고 하여도 강화된 이용권은 재산권보장을 규정하는 헌법 제23조 제 1 항으로부터 나온다.

(3) 요 건

인접주민의 강화된 이용권은 ① 인접주민의 토지가 도로의 존재와 도로의 이용에 종속적일 때, ② 자유사용을 영속적으로 배제하지 아니하는 범위 안에서 인정된다.

(4) 내 용

인접주민의 강화된 이용권은 지역관습과 공동체가 수용할 만한 범위 안에서 필요한 범위까지 보장된다. 그 내용은 헌법합치적으로 해석하여야 한다. 인접주민에게는 필수적인 외부와의 접속을 가능하게 하여야 하는바, 토지의 도로에의 접속원은 강화된 이용권의 내용에 속하며, 도로의 존속을 구할 수 있는 권리도 강화된 이용권에 속한다.

(5) 수 인

인접주민은 도로의 개선을 위한 작업으로부터 나오는 방해는 보상 없이 수인하여야 한다. 인접주민은 도로의 자유사용의 유지·보전을 위한 처분으로부터 나오는 방해를 수인하여야 한다.

(6) 침 해

인접주민의 강화된 이용권에 대한 침해는 법률에 근거하여서만 가능하고, 이에 대한 보상이 따라야 한다. 이러한 침해는 수용은 아니지만, 보상이 따를 때에만 비례원칙에 적합한 것이 된다.

3. 평 가

인접주민에게 인정되는 고양된 일반사용권(강화된 이용권)은 인접도로의 이용이 그 인접주민의 재산권행사 등과 분리 불가능하거나 매우 곤란한 경우(예: 도로에의 접속)에만 인정된다고 볼 것이다. 따라서 도로에 접한 카페의 영업자가 도로에 고객용 테이블과 의자를 두고 영업을 하는 것은 그 카페영업과 분리 불가능한 것은 아니므로 카페영업자에게 고양된 일반사용권(강화된 이용권)을 갖는다고 보기 어렵다. 이러한 시각에서 본다면, 도로상에 좌판을 차려놓고 채소 등을 판매해 온 자에게 고양된 일반사용권(강화된 이용권)을 갖는다고 말하기 어렵다. 요컨대 대법원이 이 사건 판결에서 「원고 등이 이 사건 점포를 소유하고 있다는 사정만으로 이 사건 도로에 좌판을 설치·이용할 권리가 있다고 할 수 없다」고 한 것은 타당하다.

4. 참고판례

공주시 금강빌라 도로용도폐지사건(대판 1992. 9. 22, 91누13212)

(공주시장이 사유지 사이에 위치한 매우 좁은 도로가 일반통행에는 거의 제공이 되지 않고 주민들의 산책로 등으로 가끔 이용될 뿐이어서 도로용도폐지처분을 하자 국유도로의공용폐지처분무효확인등을 구한 사건에서) (1) 일반적으로 도로는 국가나 지방자치단체가 직접 공중의 통행에 제공하는 것으로서 일반국민은 이를 자유로이 이용할 수 있는 것이기는 하나, 그렇다고 하여 그 이용관계로부터 당연히 그 도로에 관하여 특정한 권리나 법령에 의하여 보호되는 이익이 개인에게 부여되는 것이라고까지는 말할 수 없으므로, 일반적인 시민생활에 있어 도로를 이용만 하는 사람은 그 용도폐지를 다툴 법률상의 이익이 있다고 말할 수 없지만, 공공용재산이라고 하여도 당해 공공용재산의 성질상 특정개인의 생활에 개별성이 강한 직접적이고 구체적인 이익을 부여하고 있어서 그에게 그로 인한 이익을 가지게 하는 것이 법률적인 관점으로도 이유가 있다고 인정되는 특별한 사정이 있는 경우에는 그와 같은 이익은 법률상 보호되어야 할 것이고, 따라서 도로의 용도폐지처분에 관하여 이러한 직접적인 이해관계를 가지는 사람이 그와 같은 이익을 현실적으로 침해당한 경우에는 그 취소를 구할 법률상의 이익이 있다.

(2) 문화재는 문화재의 지정이나 그 보호구역으로 지정이 있음으로써 유적의 보존·관리 등이 법적으로 확보되어 지역주민이나 국민일반 또는 학술연구자가 이를 활용하고 그로 인한 이익을 얻는 것이지만, 그 지정은 문화재를 보존하여 이를 활용함으로써 국민의 문화적 향상을 도모함과 아울러 인류문화의 발전에 기여한다고 하는 목적을 위하여 행해지는 것이지, 그 이익이 일반 국민이나 인근주민의 문화재를 향유할 구체적이고도 법률적인 이익이라고 할 수는 없다.

■ 평　가

이 사건 판결은 원고에게 인접주민에게 고양된 일반사용권(강화된 이용권)이 있다고 한 것은 아니지만, 인접주민에게 고양된 일반사용권(강화된 이용권)이 있을 수 있다고 판시한 선도적인 판결인 점에서 기억할 만하다.

[판례 96] 사업인정의 성질과 요건

• 창원시 두대동 골프연습장 설치사건

(대판 2011. 1. 27, 2009두1051)

[사건개요]

2004. 11. 26. A는 이 사건 골프연습장 조성사업을 시행하기 위하여 위 사업구역 내에 있는 원고(B학교법인)소유의 토지(이하 '이 사건 토지'라고 한다)에 관하여 피고에게 수용재결을 신청하였다.
2005. 3. 22. 피고(중앙토지수용위원회)는 이 사건 토지에 대하여 수용개시일을 2005. 5. 10. 수용보상금을 949,442,400원으로 각 정하여 수용재결(이하 '이 사건 재결'이라 한다)을 하였다.
한편, A는 사업인정을 받은 이후 재정상황이 더욱 악화되어 이 사건 수용재결 당시 이미 이 사건 사업을 수행할 능력을 상실한 상태에 있었다. 원고는 이 사건 수용재결이 부적법을 이유로 토지수용재결처분취소소송을 제기하였다.

[청구이유](발췌)

A는 이 사건 사업인정 이전인 1996. 6. 24.경 이 사건 토지에 골프연습장을 설치하기 위하여 원고와 사이에 임대차계약을 체결하고 토지사용승낙을 받았다가 그 후 소정의 임대료를 지급하지 아니하여 원고와 사이에 분쟁이 생기자 이를 모면하기 위하여 이 사건 사업인정 및 수용재결을 신청한 점, 이 사건 토지를 제외하더라도 인접한 소외 1 소유의 토지만으로 충분히 골프연습장을 설치할 수 있었던 점, 이 사건 토지는 본래 공익목적인 학교교육용에 제공될 토지로서 그 공익적 용도가 골프연습장조성 용도보다 우선되어야 하는 점, 소외 1 소유의 인근 토지는 경매절차에 의하여 타인에게 매각되었고 그 지상건물은 불법건물로서 철거되어야 할 처지이므로 이 사건 수용재결이 있더라도 골프연습장 조성사업은 사실상 실현 불가능한 점 등에 비추어, 이 사건 수용재결은 토지수용권의 남용에 해당한다.

[판결요지]

[1] 사업인정이란 공익사업을 토지 등을 수용 또는 사용할 사업으로 결정하는 것으로서 공익사업의 시행자에게 그 후 일정한 절차를 거칠 것을 조건으로 일정한 내용의 수용권을 설정하여 주는 형성행위이다.

[2] 해당 사업이 외형상 토지 등을 수용 또는 사용할 수 있는 사업에 해당한다고 하

더라도 사업인정기관으로서는 그 사업이 공용수용을 할 만한 공익성이 있는지의 여부와 공익성이 있는 경우에도 그 사업의 내용과 방법에 관하여 사업인정에 관련된 자들의 이익을 공익과 사익 사이에서는 물론, 공익 상호간 및 사익 상호간에도 정당하게 비교·교량하여야 하고, 그 비교·교량은 비례의 원칙에 적합하도록 하여야 한다. 그뿐만 아니라 해당 공익사업을 수행하여 공익을 실현할 의사나 능력이 없는 자에게 타인의 재산권을 공권력적·강제적으로 박탈할 수 있는 수용권을 설정하여 줄 수는 없으므로, 사업시행자에게 해당 공익사업을 수행할 의사와 능력이 있어야 한다는 것도 사업인정의 한 요건이라고 보아야 한다.

[3] 공용수용은 헌법상의 재산권 보장의 요청상 불가피한 최소한에 그쳐야 한다는 헌법 제23조의 근본취지에 비추어 볼 때, 사업시행자가 사업인정을 받은 후 그 사업이 공용수용을 할 만한 공익성을 상실하거나 사업인정에 관련된 자들의 이익이 현저히 비례의 원칙에 어긋나게 된 경우 또는 사업시행자가 해당 공익사업을 수행할 의사나 능력을 상실하였음에도 여전히 그 사업인정에 기하여 수용권을 행사하는 것은 수용권의 공익 목적에 반하는 수용권의 남용에 해당하여 허용되지 않는다.

[해　　설]

1. 쟁　　점

이 사건에서는 ① 사업인정기관이 공익사업을 위한 토지 등의 취득 및 보상에 관한 법률상의 사업인정을 하기 위한 요건, ② 사업시행자가 사업인정을 받은 후 그 사업이 공용수용을 할 만한 공익성을 상실하거나 사업인정에 관련된 자들의 이익이 현저히 비례의 원칙에 어긋나게 된 경우 또는 사업시행자가 해당 공익사업을 수행할 의사나 능력을 상실한 경우, 그 사업인정에 터잡아 수용권을 행사할 수 있는지 여부(소극) 등을 쟁점으로 하였다. 이하에서는 사업인정의 문제로서 검토한다.

2. 사업인정

(1) 사업인정의 의의

사업인정이란 공익사업을 토지등을 수용 또는 사용할 사업으로 결정하는 것을 말한다(토상법 제2조 제7호). 사업인정의 권한은 국토해양부장관에게 있다.

(2) 사업인정의 성질

① 다수설과 판례는 사업인정을 「일정한 절차를 거칠 것을 조건으로 하여 사업시행자에게 수용권을 발생시키는 형성적 행정행위」로 본다. 한편, ② 사업인정이 기속행위인지 아니면 재량행위인지에 관해 견해가 나뉜다. 생각건대 토지수용은 수용자(특히 사인)의 기본권의 최대한 보장의 관점이 아니라, 공익의 실현이라는 점에 중점을 두고 판단되어야 한다(기본권 기준설). 따라서 사업인정은 재량행위로 보아야 한다. 판례도 재량행위로 본다(대판 2005. 4. 29, 2004두14670).

(3) 사업인정의 절차

① 국토해양부장관은 사업인정을 하려면 관계 중앙행정기관의 장 및 특별시장·광역시장·도지사·특별자치도지사(이하 "시·도지사"라 한다)와 협의하여야 하며, 대통령령으로 정하는 바에 따라 미리 제49조에 따른 중앙토지수용위원회 및 사업인정에 이해관계가 있는 자의 의견을 들어야 한다(토상법 제21조). 그리고 ② 국토해양부장관은 제20조에 따른 사업인정을 하였을 때에는 지체 없이 그 뜻을 사업시행자, 토지소유자 및 관계인, 관계 시·도지사에게 통지하고 사업시행자의 성명이나 명칭, 사업의 종류, 사업지역 및 수용하거나 사용할 토지의 세목을 관보에 고시하여야 한다(토상법 제22조 제 1 항).

(4) 사업인정의 효과

사업인정은 제 1 항에 따라 고시한 날부터 그 효력이 발생한다(토상법 제22조 제 3 항). 사업인정의 고시로 수용의 목적물은 확정된다. 이것이 사업인정의 기본적인 효과이다. 부수적인 효과로 관계인의 범위제한(토상법 제 2 조 제 5 호 단서), 형질변경 등의 제한(토상법 제25조), 토지등에 대한 조사권발생(토상법 제27조) 등이 따른다.

(5) 사업인정의 후속절차

제20조에 따른 사업인정을 받은 사업시행자는 토지조서 및 물건조서의 작성, 보상계획의 공고·통지 및 열람, 보상액의 산정과 토지소유자 및 관계인과의 협의 절차를 거쳐야 한다(토상법 제26조 제 1 항 본문).

3. 평 가

(1) [판결요지] [1]은 종래 판례(대판 1987. 9. 8, 87누395; 대판 2005. 4. 29, 2004두14670)의 태도를 재확인한 것이다.

(2) [판결요지] [2]도 종래의 판례(대판 2005. 4. 29, 선고 2004두14670)의 태도를 재확인

한 것이다. 토상법에 규정되지 아니하였으나, 수용제도의 취지에 비추어 사업시행자에게 해당 공익사업을 수행할 의사와 능력이 있어야 한다는 것을 사업인정의 한 요건으로 본 것은 정당하다.

(3) 판례의 태도를 종합하면, 사업인정의 요건으로 ① 사업시행자가 하고자 하는 사업이 공익사업에 해당하여야 하고, ② 공익사업에 해당하여도 실제상 공익성이 있어야 하고, ③ 사업시행자에게 해당 공익사업을 수행할 의사와 능력이 있어야 한다는 것을 들 수 있다.

4. 참고판례

사업인정의 요건

(전기사업자가 전선로를 설치하기 위하여 다른 사람의 토지 위의 공중사용을 할 필요가 있는 경우, 전기사업법상의 공중사용이 아닌 공익사업을위한토지등의취득및보상에관한법률상의 공중사용을 대상으로 한 사업인정처분을 할 수 있는지 여부(적극)를 쟁점으로 한 사건에서) 공익사업을위한토지등의취득및보상에관한법률의 규정에 의한 사업인정처분이라 함은 공익사업을 토지 등을 수용 또는 사용할 사업으로 결정하는 것으로서(같은 법 제2조 제7호) 단순한 확인행위가 아니라 형성행위이므로, 당해 사업이 외형상 토지 등을 수용 또는 사용할 수 있는 사업에 해당된다 하더라도 행정주체로서는 그 사업이 공용수용을 할 만한 공익성이 있는지의 여부와 공익성이 있는 경우에도 그 사업의 내용과 방법에 대하여 사업인정처분에 관련된 자들의 이익을 공익과 사익 간에서는 물론, 공익 상호간 및 사익 상호간에도 정당하게 비교·교량하여야 하고, 그 비교·교량은 비례의 원칙에 적합하도록 하여야 한다(대판 2005. 4. 29, 2004두14670).

[판례 97] 공용수용과 권리보호

• 평택 - 이동간 도로 확장 및 포장공사사건

(대판 2010. 1. 28, 2008두1504)

[사건개요]

사업시행자를 피고 대한민국 산하 서울지방국토관리청장으로 하는 평택 - 이동간 도로 확장 및 포장공사[1997. 2. 27. 서울지방국토관리청 고시 제1997-39호로 도로구역결정(변경)]에 대한 사업인정과 고시가 있었다. 사업시행자와 도로구역에 토지와 지장물을 갖고 있는 원고 사이에 수용을 둘러싸고 다툼이 있어 수용재결절차와 이의재결절차가 있었다. 이러한 절차가 있은 후 원고는 지적불부합지로서 인접 토지와 사이에 경계, 위치, 면적, 형상 등을 확정할 수 없어 정당한 보상액의 산정은 물론 수용대상 토지 자체의 특정이 어려워 토지수용 자체가 불가능하므로 이 사건 이의재결은 위법하고, 수용 자체가 가능하다고 하더라도 보상금 산정에 관한 기준을 충족하지 못하였으므로 보상금이 증액되어야 한다고 주장하면서 수용재결취소등을 구하는 소를 제기하였다.

[원심판결요지](서울고법 2007. 12. 18, 2007누12769)

(1) 수용재결에 불복하여 중앙토지수용위원회의 이의재결을 거친 경우 수용재결 자체의 취소를 구하는 항고소송은 이의재결을 한 중앙토지수용위원회만이 피고적격이 있는 것으로 봄이 상당하다. 따라서 수용재결의 주체로서 위 피고를 상대로 한 원고의 이 사건 소는 부적법하다고 할 것이다.

(2) 임야도상 위 분할 전의 토지만 표시되어 있을 뿐 거기로부터 분할된 이 사건 토지가 표시되어 있지 아니하고, 또한 위 분할 전의 토지가 같은 동 등의 토지와 사이에 지적불부합 관계에 있다면, 위 토지들의 위치와 상호간의 경계를 전혀 확인할 방법이 없어, 수용되는 토지 부분이 물리적으로 특정이 가능하다고 하더라도, 과연 어느 토지가 얼마만큼 수용의 목적물이 되는지는 알 길이 없으므로 먼저 적법한 절차를 거쳐서 위치와 경계가 확정되지 아니하는 이상 이를 수용할 수는 없다고 할 것이다. 따라서 위치와 경계가 특정되지 아니한 토지의 일부분을 임의로 지분을 정하여 수용한 이 사건 재결은 위법하다.

[판결요지]

공익사업법 제85조 제 1 항 전문의 문언 내용과 공익사업법 제83조, 제85조가 중앙토지수용위원회에 대한 이의신청을 임의적 절차로 규정하고 있는 점, 행정소송법 제19조 단서가 행정심판에 대한 재결은 재결 자체에 고유한 위법이 있음을 이유로 하는 경우에 한하여 취소소송의 대상으로 삼을 수 있도록 규정하고 있는 점 등을 종합하여 보면, 수용재결에 불복하여 취소소송을 제기하는 때에는 이의신청을 거친 경우에도 수용재결을 한 중앙토지수용위원회 또는 지방토지수용위원회를 피고로 하여 수용재결의 취소를 구하여야 하고, 다만 이의신청에 대한 재결 자체에 고유한 위법이 있음을 이유로 하는 경우에는 그 이의재결을 한 중앙토지수용위원회를 피고로 하여 이의재결의 취소를 구할 수 있다고 보아야 한다.

[해　　설]

1. 쟁　　점

이 사건 판결은 토지소유자 등이 수용재결에 불복하여 이의신청을 거친 후 취소소송을 제기하는 경우 피고적격(=수용재결을 한 토지수용위원회) 및 소송대상(=수용재결)을 핵심적인 쟁점으로 하였다. 크게 보면, 이 사건 판결은 공익사업을 위한 토지 등의 취득 및 보상에 관한 법률상 손실보상절차를 대상으로 한 것이다. 이하에서 이 사건 판결을 동 법률상 손실보상의 절차의 문제로서 검토한다.

2. 공익사업을 위한 토지 등의 취득 및 보상에 관한 법률상 손실보상의 절차

(1) 개　　관

(가) **협　　의**　　보상금액 등은 국토해양부장관의 사업인정을 받은 사업시행자와 토지소유자 등이 협의하여 정한다.

(나) **재결신청**　　협의가 성립되지 아니하거나 협의를 할 수 없으면 사업시행자가 관할 토지수용위원회에 재결을 신청할 수 있다.

(다) **이의신청**　　관할 토지수용위원회의 재결에 이의가 있는 자는 중앙토지수용위원회에 이의를 신청할 수도 있고, 이의신청 없이 행정소송을 제기할 수도 있다.

(라) **행정소송**　　중앙토지수용위원회의 이의재결에 불복하는 자는 행정소송을 제기할 수 있다.

(2) 행정소송

(가) **피고적격 · 소송대상**　　행정소송은 원처분인 관할 토지수용위원회의 재결을 대상으로 한다(공익사업을 위한 토지 등의 취득 및 보상에 관한 법률 제85조 제 1 항). 이의신청 절차를 거친 경우에도 중앙통지수용위원회의 이의신청에 대한 재결이 아니라 관할 토

지수용위원회의 재결을 대상으로 한다(행정소송법 제19조 본문). 물론 중앙통지수용위원회의 이의신청에 대한 재결에 고유한 위법이 있다면, 중앙토지수용위원회의 이의신청에 대한 재결을 다툴 수 있다(행정소송법 제19조 단서).

(나) **제소기간** 재결신청의 재결에 대하여 불복이 있는 때에는 재결서를 받은 날부터 60일 이내에, 이의신청을 거친 때에는 이의신청에 대한 재결서를 받은 날부터 30일 이내에 행정소송을 제기할 수 있다(공익사업을 위한 토지 등의 취득 및 보상에 관한 법률 제85조 제 1 항 제 1 문).

(3) 보상금증감소송

행정소송이 보상금의 증감에 관한 소송인 경우 당해 소송을 제기하는 자가 토지소유자 또는 관계인인 때에는 사업시행자를, 사업시행자인 때에는 토지소유자 또는 관계인을 각각 피고로 한다(공익사업을 위한 토지 등의 취득 및 보상에 관한 법률 제85조 제 2 항). 본 조항에 의한 소를 보상금증감소송이라 부른다.

(4) 기타 법률상 보상절차

하천법의 경우는 행정청(건설교통부장관 또는 도지사)이 손실을 받을 자와 협의하고(하천법 제74조 제 3 항), 협의가 성립되지 아니하거나 협의를 할 수 없을 때에는 관할토지수용위원회의 재결을 신청할 수 있다(하천법 제74조 제 4 항). 판례는 손실을 받은 자도 재결신청권이 있다고 한다. 공유수면관리법의 경우도 하천법의 경우와 같다(공유수면관리법 제14조).

3. 평 가

(1) 공익사업을 위한 토지 등의 취득 및 보상에 관한 법률로 대체되기 이전에 시행되었던 토지수용법하에서 대법원은 재결신청과 이의신청을 거친 경우, 소를 제기할 때에는 이의신청을 대상으로 하여야 한다고 판시하였다(대판 1990. 6. 12, 89누8187). 이러한 판례의 태도는 원처분주의(원처분중심주의)를 취하는 행정소송법 제19조에 반하는 것이라는 비판도 있었다. 저자도 비판적인 입장에 있었다.

(2) 대법원은 이 사건 판결에서 공익사업을 위한 토지 등의 취득 및 보상에 관한 법률상 재결신청과 이의신청을 거친 경우, 소를 제기할 때에는 재결신청을 대상으로 하여야 한다고 하여 원처분주의를 취함으로써 종전의 입장을 변경하였다.

(3) 이 사건 판결은 공익사업을 위한 토지 등의 취득 및 보상에 관한 법률상 재결신청과 이의신청을 거친 경우, 소를 제기하는 향후의 모든 사건에 새로운 기준을 제시한

선도적인 판결이라 하겠다.

4. 참고판례

[1] 재결절차를 거치지 않은 채 사업시행자를 상대로 한 영업손실보상 청구가능성

(갑 등이 자신들의 농작물 경작지였던 각 토지가 공익사업을 위하여 수용되었음을 이유로 공익사업 시행자를 상대로 구 공익사업을 위한 토지 등의 취득 및 보상에 관한 법률 제77조 제2항에 의하여 농업손실보상을 청구한 사안에서) 토상법상 농업손실보상청구권은 공익사업의 시행 등 적법한 공권력의 행사에 의한 재산상의 특별한 희생에 대하여 전체적인 공평부담의 견지에서 공익사업의 주체가 그 손해를 보상하여 주는 손실보상의 일종으로 공법상의 권리임이 분명하므로 그에 관한 쟁송은 민사소송이 아닌 행정소송절차에 의하여야 할 것이고, … 농업손실에 대한 보상을 받기 위해서는 구 공익사업법 제34조, 제50조 등에 규정된 재결절차를 거친 다음 그 재결에 대하여 불복이 있는 때에 비로소 구 공익사업법 제83조 내지 제85조에 따라 권리구제를 받을 수 있다고 봄이 타당하다(대판 2011. 10. 13, 2009다43461). (유사판례로 대판 2011. 9. 29, 2009두10963 참조)

[2] 기타

(1) 대판 2010. 9. 30, 2010다30782(환매권의 행사 — 오산시 양산초등학교 신설사건)
(2) 대판 2010. 8. 19, 2008두822(잔여지의 수용청구 — 익산·장수간 고속도로건설공사사건)

[판례 98] 토지거래계약허가제

• 용인시 기흥구 대한생명 개발불허사건

(대판 2011. 6. 30, 2011두1665)

[사건개요]

2006. 12. 29. 피고(용인시 기흥구청장)는 원고(대한생명보험 주식회사)에게 A토지(6필지)를 복지시설(기숙사)로 하는 토지거래계약허가를 내주었다.
2008. 3. 20. 피고는 원고에게 이행명령내용을 "건축을 하지 않은 경우 실제 착공(최소 기초공사) 여부로 판단"이라고 정하여 이 사건 토지를 허가받은 목적대로 이행할 것을 내용으로 하는 토지거래계약허가 이용의무 이행명령(이행기간: 2008. 3. 25.~2008. 6. 25.)을 발하였다.
2008. 6. 24. 원고는 피고에게 A토지 중 2필지와 다른 1필지(이하 '이 사건 신청지'라 한다)를 공동주택(기숙사) 부지조성목적으로 개발행위(토지형질변경)허가신청을 하였다.
2008. 7. 2. 피고는 원고에게 이행강제금 부과예고의 통지를 하였다.
2008. 7. 14. 원고는 피고에게 이행강제금 부과예고 통지에 대한 의견제출을 하였다.
2008. 7. 23. 피고는 원고에게 자연경관 및 미관 훼손, 환경오염·생태계파괴·위해발생 우려, 녹지축 절단 등을 이유로 개발행위(토지형질변경)불허가처분을 하였다.
2008. 7. 29. 피고는 원고에게 허가받은 목적(복지시설: 기숙사)대로 이 사건 토지를 이용하지 않고 방치하면서 이행명령을 이행하지 않았다는 이유로 이행강제금 합계 1,116,402,000원을 부과하였다(이하 '이 사건 부과처분'이라 한다).
2009. 3. 3. 원고는 불허가처분과 부가처분의 취소를 구하는 행정심판을 청구하였으나 이 날 기각되었다. 이에 원고는 취소소송을 제기하였다.

[판결요지]

토지거래계약허가제도는 토지의 투기적인 거래가 성행하거나 지가가 급격히 상승하는 지역 및 그러한 우려가 있는 지역에서 투기적인 거래를 방지하기 위한 것으로서, 관할관청은 토지거래계약을 체결하려는 자의 토지이용목적이 위와 같은 입법 취지를 고려한 국토의 계획 및 이용에 관한 법률에서 정한 허가기준에 적합한 경우에 토지거래계약을 할 수 있도록 허가를 하는 것일 뿐 허가시 토지 개발행위를 위한 허가 등 다른 법령에 정해진 허가를 당연히 전제로 하는 것은 아니므로, 토지거래계약허가를 받은 자가 그 토지에 관하여 토지의 형질변경 등 개발행위를 하면서 필요한 허가를 받는 것은 토지거래계약허가와 별개의 문제이다. 따라서 토지거래계약허가를 받은 자가 허가를 받은 후 관련 법령에 저촉되어 관할관청으로부터 토지 형질변경 등 개발행위를 위한 허가를 받지 못하였다는 사정만으로는 구 국토의 계획 및 이용에 관한 법률 시행령 제124조 제 1 항 제 7 호에서 말하는 '공익사업의 시행 등 토지거래계약허가를 받은 자의 귀책사유가 아닌 사유로 인하여 허가받은 목적대로 이용하는 것이 불가능한 경우'에 해당된다고 할 수 없다.

[해 설]

1. 쟁 점

토지거래계약허가를 받은 자가 관련 법령에 저촉되어 관할관청으로부터 토지 형질변경 등 개발행위를 위한 허가를 받지 못한 것이 구 국토의 계획 및 이용에 관한 법률 시행령 제124조 제 1 항 제 7 호의 '공익사업의 시행 등 토지거래계약허가를 받은 자의 귀책사유가 아닌 사유로 인하여 허가받은 목적대로 이용하는 것이 불가능한 경우'에 해당하는지 여부(소극)를 핵심적인 쟁점으로 하였다. 이하에서 국토의 계획 및 이용에 관한 법률상 토지거래계약허가제의 문제로서 검토한다.

> **당시 국토의 계획 및 이용에 관한 법률 제124조**(토지이용에 관한 의무 등) ① 제118조의 규정에 의하여 토지거래계약 허가를 받은 자는 대통령령이 정하는 사유가 있는 경우를 제외하고는 5년의 범위 이내에서 대통령령이 정하는 기간 동안 그 토지를 허가받은 목적대로 이용하여야 한다.
>
> **제124조의2**(이행강제금) ① 시장·군수 또는 구청장은 제124조 제 1 항의 규정에 의한 토지의 이용의무를 이행하지 아니한 자에 대하여는 상당한 기간을 정하여 토지의 이용의무를 이행하도록 명할 수 있다. 다만, 대통령령이 정하는 사유가 있는 경우에는 이용의무의 이행을 명하지 않을 수 있다.
>
> ② 시장·군수 또는 구청장은 제 1 항의 규정에 의한 이행명령이 정하여진 기간 내에 이행되지 아니한 경우에는 토지 취득가액의 100분의 10의 범위 안에서 대통령령이 정하는 금액의 이행강제금을 부과한다.
>
> **당시 국토의 계획 및 이용에 관한 법률 시행령 제124조**(토지이용의무 등) ① 법 제124조 제 1 항에서 "대통령령이 정하는 사유"라 함은 다음 각 호의 어느 하나에 해당하는 경우를 말한다.
>
> 7. 공익사업의 시행 등 토지거래계약 허가를 받은 자의 귀책사유가 아닌 사유로 인하여 허가받은 목적대로 이용하는 것이 불가능한 경우

2. 토지거래계약의 허가

(1) 토지거래계약에 관한 허가구역의 지정

국토해양부장관은 국토의 이용 및 관리에 관한 계획의 원활한 수립과 집행, 합리적인 토지 이용 등을 위하여 토지의 투기적인 거래가 성행하거나 지가(地價)가 급격히 상승하는 지역과 그러한 우려가 있는 지역으로서 대통령령으로 정하는 지역에 대하여는 5년 이내의 기간을 정하여 제118조 제 1 항에 따른 토지거래계약에 관한 허가구역(이하 '허가구역'이라 한다)으로 지정할 수 있다(국토의 계획 및 이용에 관한 법률(이하 '토용법'이라 한다) 제117조 제 1 항).

(2) 토지거래계약에 관한 허가제의 의의

허가구역에 있는 토지에 관한 소유권 · 지상권(소유권 · 지상권의 취득을 목적으로 하는 권리를 포함한다)을 이전하거나 설정(대가를 받고 이전하거나 설정하는 경우만 해당한다)하는 계약(예약을 포함한다. 이하 '토지거래계약'이라 한다)을 체결하려는 당사자는 공동으로 대통령령으로 정하는 바에 따라 시장 · 군수 또는 구청장의 허가를 받아야 한다. 허가받은 사항을 변경하려는 경우에도 또한 같다(토용법 제118조 제 1 항). 어느 토지가 거래신고대상토지인지 거래허가대상토지인지의 여부는 매매계약체결일을 기준으로 하여야 한다고 했다(대판 1994. 5. 24, 93다53450).

(3) 허가의 성질

토지거래허가제에 있어서 허가란 ① 토지거래를 원칙적으로 금지하였다가 사후에 이를 해제하는 것을 의미하는가, 아니면 ② 사인간의 토지거래를 국가가 후견적으로 돕는 것을 의미하는가, 또는 ③ 양자의 성질을 모두 갖는가는 문제이다. ①은 학문상 허가를 말하며, ②는 학문상 인가에 해당한다. 대법원은 인가로 본다(대판 1991. 12. 24, 90다12243(참고, 동 판결의 소수의견은 허가로 보았다)). 생각건대 토지거래허가제가 투기억제라는 면에서 나타난 것임을 고려하고 또한 국가가 사인의 거래를 지도 · 조정하는 점을 고려한다면, 토지거래허가제의 허가는 허가와 인가의 양면성을 갖는다고 볼 것이다. 또한 허가는 기속행위이다. 판례의 입장도 같다(대판 1997. 6. 27, 96누9362).

(4) 권리보호

(가) **행정쟁송** 제118조에 따른 처분에 이의가 있는 자는 그 처분을 받은 날부터 1개월 이내에 시장 · 군수 또는 구청장에게 이의를 신청할 수 있다(토용법 제120조 제 1 항). 제 1 항에 따른 이의신청을 받은 시장 · 군수 또는 구청장은 시 · 군 · 구도시계획위

원회의 심의를 거쳐 그 결과를 이의신청인에게 알려야 한다(토용법 제120조 제 2 항). 행정심판법에 따른 행정심판이나 행정소송법에 따른 행정소송도 제기할 수 있다.

(나) **불허가처분을 받은 토지에 관한 매수 청구** 제118조 제 1 항에 따른 허가신청에 대하여 불허가처분을 받은 자는 그 통지를 받은 날부터 1개월 이내에 시장·군수 또는 구청장에게 해당 토지에 관한 권리의 매수를 청구할 수 있다(토용법 제123조 제 1 항).

3. 평　　가

피고가 원고에게 이행강제금을 부과한 것은 당시 국토의 계획 및 이용에 관한 법률 시행령 제124조 제 1 항 제 7 호의 '자신의 귀책사유가 아닌 사유로 인하여 허가받은 목적대로 이용하는 것이 불가능한 경우'에 해당하지 않는다고 한 판례의 태도는 타당한 것으로 보인다.

4. 참고판례

[1] 토지거래계약에 관한 허가구역 지정행위의 성질(처분성)
— 제14회 공인중개사자격시험사건(대판 2006. 12. 22. 2006두12883)

(국토의계획및이용에관한법령에서의 각종 행위에 대한 이의신청·행정심판 또는 행정소송에 관한 설명을 대상으로 한 문제의 정답을 쟁점으로 한 공인중개사시험불합격처분취소소송에서)
국토의 계획 및 이용에 관한 법률의 규정에 의하면, 법에 따라 토지거래계약에 관한 허가구역으로 지정되는 경우, 허가구역 안에 있는 토지에 대하여 소유권이전 등을 목적으로 하는 거래계약을 체결하고자 하는 당사자는 공동으로 행정관청으로부터 허가를 받아야 하는 등 일정한 제한을 받게 되고, 허가를 받지 아니하고 체결한 토지거래계약은 그 효력이 발생하지 아니하며, 토지거래계약허가를 받은 자는 5년의 범위 이내에서 대통령령이 정하는 기간 동안 그 토지를 허가받은 목적대로 이용하여야 하는 의무도 부담하며, 법에 따른 토지이용의무를 이행하지 아니하는 경우 이행강제금을 부과당하게 되는 등 토지거래계약에 관한 허가구역의 지정은 개인의 권리 내지 법률상의 이익을 구체적으로 규제하는 효과를 가져오게 하는 행정청의 처분에 해당한다고 할 것이고, 따라서 이에 대하여는 원칙적으로 항고소송을 제기할 수 있다.

[2] 허가의 배제 또는 잠탈을 내용으로 하는 매매계약의 효력 — 명의도용 토지거래사건(대판 2010. 6. 10, 2009다96328)

(토지거래허가신청절차를 쟁점으로 한 소송에서) 국토의 계획 및 이용에 관한 법률(이하 '법'이라 한다)상 토지거래계약 허가구역 내의 토지에 관하여 허가를 배제하거나 잠탈하는 내용으로 매매계약이 체결된 경우에는 법 제118조 제6항에 따라 그 계약은 체결된 때부터 확정적으로 무효라고 할 것이다. 그리고 이러한 허가의 배제·잠탈행위에는 토지거래허가가 필요한 계약을 허가가 필요하지 않은 것에 해당하도록 계약서를 허위로 작성하는 행위뿐만 아니라, 정상적으로는 토지거래허가를 받을 수 없는 계약을 허가를 받을 수 있도록 계약서를 허위로 작성하는 행위도 포함된다고 할 것이다.

[3] 처벌되는「토지거래허가 없이 토지 등의 거래계약을 체결하는 행위」 — 김포시 하성면 가금리 토지 위장매매사건(대판 2010. 5. 27, 2010도11160)

(허가구역 안에 있는 토지들을 매수하는 계약을 체결하면서, 관할관청의 허가를 받지 아니한 이유로 국토의계획및이용에관한법률위반 등의 죄로 기소된 사건에서) 국토의 계획 및 이용에 관한 법률 위반죄로 처벌되는「토지거래허가 없이 토지 등의 거래계약을 체결하는 행위」라 함은 처음부터 위 법 소정의 토지거래허가를 배제하거나 잠탈하는 내용의 계약을 체결하는 행위를 가리키고, 허가받을 것을 전제로 한 거래계약을 체결하는 것은 여기에 해당하지 아니한다. 토지거래허가구역 안에 있는 토지를 매수하면서 구 국토의 계획 및 이용에 관한 법률에서 정하는 토지거래허가요건을 갖추지 못하였음에도 허가요건을 갖춘 타인 명의로 매매계약을 체결한 경우, 위 행위는 이 매매계약에 관하여 토지거래허가를 잠탈하고자 하는 것으로서, 위 법에서 처벌대상으로 삼고 있는「토지거래허가 없이 토지의 거래계약을 체결한 경우」에 해당한다.

[4]「허가받은 목적에의 사용」의 의미 — 평택시 장안동 한식점업 임대사건(대결 2008. 5. 19, 2008마414)

(허가 목적대로 이용하지 아니하고 임대하였다는 이유로 과태료 500만 원을 부과받은 원고가 제기한 국토의계획및이용에관한법률위반이의사건에서) 국토의 계획 및 이용에 관한 법률 제124조 제1항은 토지거래계약허가를 받은 자는 그 토지를 허가받은 목적에 사용하여야 한다고 규정하고 있고, 이 경우 그 허가받은 목적이 무엇인지 여부는「토지거래허가서」

의 기재에 의하여야 할 것인데, 이 사건의 경우 토지거래허가증의 이용목적란에는 재항고인이 신고한 음식점을 뜻하는 「복지편익시설용」이라고만 되어 있음이 기록상 분명한 이상, 이 사건 토지는 그 지상 건물을 복지편익시설인 음식점으로 이용하기만 하면 되는 것이지, 그 지상 건물을 허가받은 자가 직접 사용하는지 또는 타인에게 임대하여 사용하는지 여부는 그 토지의 이용계획·사용목적에 포함되는 사항이 아니라고 보아야 할 것이다(대법원 2006. 7. 13.자 2006마658 결정 참조). 그렇다면 재항고인이 이 사건 토지의 지상 건물에서 음식점을 운영하다가 타인에게 임대하여 계속해서 음식점으로 사용하게 한 이상 재항고인이 토지거래허가조건에 위반하여 그 이용목적대로 이 사건 토지를 이용하지 않았다고 볼 수는 없다 할 것이므로, 이와 다른 전제에서 한 평택시장의 과태료 부과처분은 위법하다.

[판례 99] 개별공시지가와 권리보호
• 용인시 기흥구 상업용지 변경사건
(대판 2010. 1. 28, 2008두19987)

[사건개요]

2006. 5. 31. 피고(상고인, 용인시 기흥구청장)는 원고 등의 공유인 용인시 기흥구 ○○동 (이하지번 1 생략) 5,729m²(이하 '이 사건 토지'라고 한다)에 대하여 2006. 1. 1. 기준 개별공시지가를 m²당 2,780,000원으로 결정 · 고시하였다.

2006. 6. 19. 원고는 피고에게 「부동산 가격공시 및 감정평가에 관한 법률」(2007. 4. 27. 법률 제8409호로 개정되기 전의 것, 이하 '법'이라 한다) 제12조에 따라 이 사건 토지의 개별공시지가를 m²당 1,126,850원으로 하향 조정해 줄 것을 내용으로 하는 이의신청을 하였다.

2006. 7. 28. 피고는 용인시 부동산평가위원회의 심의를 거쳐 이 사건 토지의 이용상황을 상업용에서 주차장용으로 정정하여 위 개별공시지가를 m²당 2,380,000원으로 조정하여 결정 · 고시하는 이 사건 처분을 하였다.

2006. 8. 10. 원고는 이의신청결과를 통지받았다.

2006. 9. 27. 원고는 용인시장에게 이 사건 토지의 개별공시지가를 m²당 1,790,316원으로 수정해 달라는 내용의 행정심판을 청구하였다.

2007. 1. 4. 경기도지사는 원고의 행정심판청구가 부적법하므로 각하한다는 내용의 재결을 하였다.

2007. 1. 8. 경기도지사는 원고에게 재결서를 송달하였다.

2007. 3. 5. 원고는 이 사건 소를 제기하였다.

[원고의 주장]

피고는 이 사건 토지와 위치, 형상, 이용현황, 주위환경, 기타 가격형성상의 제반 요인에서 상당한 차이가 있는 비교표준지를 선정하는 등으로 이 사건 토지의 개별공시지가를 너무 높게 잘못 산정하였으므로 이 사건 처분은 위법하다.

[피고의 주장]

피고는 본안전 항변으로, 법 제12조가 규정한 이의신청절차는 행정심판법 제 3 조 제 1 항이 정한 '다른 법률에 특별한 규정이 있는 경우'에 해당하므로 개별공시지가결정처분에 대하여는 행정심판을 제기할 수 없고 법이 정한 이의신청을 거친 후 곧바로 행정소송을 제기하여야 하는바, 원고는 위 이의신청결과를 통보받은 뒤 곧바로 행정소송을 제기하지 않고 행정심판을 청구하였다가 그에 대한 재결을 받느라 위 이의신청결과를 통보받은 때로부터 90일의 제소기간이 지나 이 사건 소를 제기하였으므로 결국 이 사건 소는 부적법하여 각하되어야 한다.

[판결요지](제소기간 부분만 발췌)

[1] 부동산 가격공시 및 감정평가에 관한 법률 제12조는 제 1 항에서 「개별공시지가에 대하여 이의가 있는 자는 개별공시지가의 결정 · 공시일부터 30일 이내에 서면으로 시장 · 군수 또는 구청장에게 이의를 신청할 수 있다」고 한 다음, 제 2 항에서 「시장 · 군수 또는 구청장은 제 1 항의 규정에 의한 이의신청기간이 만료된 날부터 30일 이내에 이의신청을 심사하여 그 결과를 신청인에게 서면으로 통지하여야 한다. 이 경우 시장 · 군수 또는 구청장은 이의신청의 내용이 타당하다고 인정될 때에는 제11조의 규정에 따라 당해 개별공시지가를 조정하여 다시 결정 · 공시하여야 한다」고 규정하고 있다.

[2] 행정소송법 제20조 제 1 항은 「취소소송은 처분 등이 있음을 안 날부터 90일 이내에 제기하여야 한다. 다만, 제18조 제 1 항 단서에 규정한 경우와 그 밖에 행정심판청구를 할 수 있는 경우 또는 행정청이 행정심판청구를 할 수 있다고 잘못 알린 경우에 행정심판청구가 있은 때의 기간은 재결서의 정본을 송달받은 날부터 기산한다」고 하고 있고, 행정심판법 제 3 조 제 1 항은 「행정청의 처분 또는 부작위에 대하여 다른 법률에 특별한 규정이 있는 경우를 제외하고는 이 법에 의하여 행정심판을 제기할 수 있다」고 규정하고 있다.

[3] 이와 같은 관련 법령의 규정 내용 및 취지와 아울러 가격공시법에 행정심판의 제기를 배제하는 명시적인 규정이 없고 가격공시법에 따른 이의신청과 행정심판은 그 절차 및 담당 기관에 차이가 있는 점을 종합하면, 가격공시법이 이의신청에 관하여 규정하고 있다고 하여 이를 행정심판법 제 3 조 제 1 항에서 행정심판의 제기를 배제하는 「다른 법률에 특별한 규정이 있는 경우」에 해당한다고 볼 수 없으므로, 개별공시지가에 대하여 이의가 있는 자는 곧바로 행정소송을 제기하거나 가격공시법에 따른 이의신청과 행정심판법에 따른 행정심판청구 중 어느 하나만을 거쳐 행정소송을 제기할 수 있을 뿐 아니라, 이의신청을 하여 그 결과 통지를 받은 후 다시 행정심판을 거쳐 행정소송을 제기할 수도 있다고 보아야 하고, 이 경우 행정소송의 제소기간은 그 행정심판 재결서 정본을 송달받은 날부터 기산한다.

[해 설]

1. 쟁 점

이 사건 판결은 ① 개별공시지가에 대하여 이의가 있는 자가 행정심판을 거쳐 행정소송을 제기하는 경우 제소기간의 기산점과 ② 개별공지지가의 위법 여부를 쟁점으로 하였다. 이하에서 ①과 관련하여 개별공시지가제와 권리보호의 문제로서 검토한다.

2. 개별공시지가제와 권리보호

(1) 개별공시지가의 의의

시장·군수 또는 구청장은 「개발이익환수에 관한 법률」에 의한 개발부담금의 부과 그 밖의 다른 법령이 정하는 목적을 위한 지가산정에 사용하도록 하기 위하여 제20조의 규정에 의한 시·군·구부동산평가위원회의 심의를 거쳐 매년 공시지가의 공시기준일 현재 관할구역 안의 개별토지의 단위면적당 가격을 결정·공시하고, 이를 관계행정기관등에 제공하여야 하는데(부동산 가격공시 및 감정평가에 관한 법률(이하 '부감법'이라 한다) 제11조 제 1 항 본문), 여기서 말하는 개별토지의 단위면적당 가격을 개별공시지가라 부른다,

(2) 개별공시지가의 법적 성질

(가) 학 설　개별공시지가의 법적 성질과 관련하여 ① 개별공시지가는 개발부담금 등의 부과의 기준인 일반추상적 규율이라는 입법행위설, ② 개별공시지가는 개발부담금 등의 부과처분의 기준이 되는 계획의 일종이라는 행정계획설, ③ 개별공시지가는 그 자체가 아무런 법적 효과도 갖지 아니하는 사실행위라는 사실행위설, ④ 개별공시지가를 구체적 사실에 대한 법집행행위라는 행정행위설이 논급되고 있다. 행정행위설에도 통상의 행정행위로 보는 견해와 물적 행정행위로서 일반처분으로 보는 견해가 있다.

(나) 판 례　판례는 개별공시지가의 결정을 행정소송의 대상이 되는 행정처분으로 본다.

(다) 사 견　생각건대 개별공시지가는 개발부담금 등의 부과의 전제가 되는 법적인 것이지만, 개별공시지가의 결정·고시 그 자체는 사인의 권리·의무를 발생시키는 구체적 사실입법에 대한 법집행행위로 보기 어려운바, 행정소송법상 처분개념으로 보기 곤란하다. 개별공시지가의 공시는 일종의 행정입법으로 볼 것이다.

(3) 불복(권리보호)

(개) **이의신청** 개별공시지가에 대하여 이의가 있는 자는 개별공시지가의 결정·공시일부터 30일 이내에 서면으로 시장·군수 또는 구청장에게 이의를 신청할 수 있다(부감법 제12조 제 1 항).

(내) **행정소송** 판례와 같이 개별공시지가의 처분성을 인정하는 입장에서 보면, 개별공시지가는 당연히 항고소송의 대상이 된다. 따라서 이의신청의 재결에 대하여 불복하는 자는 행정소송을 제기할 수 있다. 이 경우에도 원처분중심주의가 적용된다(행정소송법 제19조 단서).

(대) **하자의 승계** 판례는 개별공시지가를 다투는 소송에서 표준지공시지가의 위법을 다툴 수 없다고 한다. 그러나 판례는 수인성의 원칙을 근거로 하여, 개별공시지가의 결정상 위법은 이를 기초로 한 조세소송에서 다툴 수 있다고 한다.

3. 평 가

(1) 개별공시지가에 대한 이의신청을 규정하는 「부동산 가격공시 및 감정평가에 관한 법률」 제12조 제 1 항은 행정소송의 제기를 위해서는 반드시 이의신청절차를 먼저 거쳐야 하는 것인지의 여부 등에 관해 명시적으로 규정하고 있지 않다. 이 때문에 해석상 논란의 여지가 있어 왔다. 이 사건 판결은 이러한 해석상 논란의 여지를 제거하였다는 점에서 의미를 갖는다.

(2) 저자는 임의적 심판전치를 원칙으로 규정하는 행정소송법 제18조에 비추어 이의신청절차를 거치지 아니하고 개별공시지가에 대하여 행정소송을 제기할 수 있다는 견해를 취해 왔다. 저자의 입장에서 볼 때, 이 사건 판결의 내용은 타당하다.

(3) 종래의 판례는 표준지공시지가와 관련하여 「표준지로 선정된 토지의 공시지가에 대하여 불복하기 위하여는 지가공시및토지등의평가에관한법률 제 8 조 제 1 항 소정의 이의절차를 거쳐 처분청을 상대로 그 공시지가결정의 취소를 구하는 행정소송을 제기하여야 한다」라고 하였다. 저자는 종래부터 「판례가 이의신청절차를 행정소송의 필요적 전치로 보는 것은 임의적 심판전치를 원칙으로 규정하는 행정소송법 제18조에 비추어 문제가 있다」는 점을 지적해오고 있다. 이 사건 판결의 내용과 동일한 방향으로 판례가 변경되어야 한다.

4. 참고판례

[1] 이천세무서 양도소득세부과사건(대판 1994. 1. 25, 93누8542)

(양도소득세등부과처분취소소송에서) (1) 개별공시지가의 결정은 이를 기초로 한 과세처분 등과는 별개의 독립된 처분으로서 서로 독립하여 별개의 법률효과를 목적으로 하는 것이나, 위와 같이 개별공시지가는 이를 토지소유자나 이해관계인에게 개별적으로 고지하도록 되어 있는 것이 아니어서 토지소유자 등이 개별공시지가의 결정내용을 알고 있었다고 전제하기도 곤란할 뿐만 아니라 결정된 개별공시지가가 자신에게 유리하게 작용될 것인지 또는 불이익하게 작용될 것인지 여부를 쉽사리 예견할 수 있는 것도 아니며, 더욱이 장차 어떠한 과세처분등 구체적인 불이익이 현실적으로 나타나게 되었을 경우에 비로소 권리구제의 길을 찾는 것이 우리 국민의 권리의식임을 감안하여 볼 때 토지소유자 등으로 하여금 결정된 개별공시지가를 기초로 하여 장차 과세처분 등이 이루어질 것에 대비하여 항상 토지의 가격을 주시하고 개별공시지가의 결정이 잘못된 경우 정해진 시정절차를 통하여 이를 시정하도록 요구하는 것은 부당하게 높은 주의의무를 지우는 것이라고 아니할 수 없고, 위법한 개별공시지가의 결정에 대하여 그 정해진 시정절차를 통하여 시정하도록 요구하지 아니하였다는 이유로 위법한 개별공시지가를 기초로 한 과세처분 등 후행행정처분에서 개별공시지가결정의 위법을 주장할 수 없도록 하는 것은 수인한도를 넘는 불이익을 강요하는 것으로서 국민의 재산권과 재판받을 권리를 보장한 헌법의 이념에도 부합하는 것이 아니라고 할 것이다.
(2) 따라서 개별공시지가의 결정에 위법이 있는 경우에는 그 자체를 행정소송의 대상이 되는 행정처분으로 보아 그 위법여부를 다툴 수 있음은 물론 이를 기초로 한 과세처분 등 행정처분의 취소를 구하는 행정소송에서도 선행처분인 개별공시지가결정의 위법을 독립된 위법사유로 주장할 수 있다고 해석함이 타당하다.

[2] 개별공시지가의 의미 등 — 대우일렉트로닉스사건(대판 2010. 7. 22, 2010다13527)

(경기도 광주시 담당공무원 등이 잘못 산정·공시한 개별공시지가를 신뢰하여 상대방이 제공한 토지의 담보가치가 충분하다고 믿고 그 토지에 근저당권설정등기를 경료한 물품을 공급하였으나, 그 후 그 토지가 경매됨으로써 대금의 일부를 변제받지 못하는 손해를 입은 자가 제기한 손해배상소송에서) (1) 직무상 의무는 단순히 공공 일반의 이익을 위한 것이거나 행정기관 내부의 질서를 규율하기 위한 것이 아니고 전적으로 또는 부수적으로 국민 개개인의

재산권 보장을 목적으로 하여 규정된 것이라고 봄이 상당하다. 따라서 개별공시지가 산정업무 담당공무원 등이 그 직무상 의무에 위반하여 현저하게 불합리한 개별공시지가가 결정되도록 함으로써 국민 개개인의 재산권을 침해한 경우에는 그 손해에 대하여 상당인과관계 있는 범위 내에서 그 담당공무원 등이 소속된 지방자치단체가 배상책임을 지게 된다.

(2) 시장이 토지의 이용상황을 실제 이용되고 있는 「자연림」으로 하여 개별공시지가를 산정한 다음 감정평가법인에 검증을 의뢰하였는데, 감정평가법인이 그 토지의 이용상황을 「공업용」으로 잘못 정정하여 검증지가를 산정하고, 시 부동산평가위원회가 검증지가를 심의하면서 그 잘못을 발견하지 못함에 따라, 그 토지의 개별공시지가가 적정가격보다 훨씬 높은 가격으로 결정·공시된 사안에서, 이는 개별공시지가 산정업무 담당공무원 등이 개별공시지가의 산정 및 검증, 심의에 관한 직무상 의무를 위반한 것으로 불법행위에 해당한다.

(3) 개별공시지가는 그 산정 목적인 개발부담금의 부과, 토지 관련 조세 부과 등 다른 법령이 정하는 목적을 위해 지가를 산정하는 경우에 그 산정 기준이 되는 범위 내에서는 납세자인 국민 등의 재산상 권리·의무에 직접적인 영향을 미칠 수 있지만, 이에 더 나아가 개별공시지가가 당해 토지의 거래 또는 담보제공을 받음에 있어 그 실제 거래가액 또는 담보가치를 보장한다거나 어떠한 구속력을 미친다고 할 수는 없다.

(4) 개별공시지가 산정업무 담당공무원 등이 잘못 산정·공시한 개별공시지가를 신뢰한 나머지 토지의 담보가치가 충분하다고 믿고 그 토지에 관하여 근저당권설정등기를 경료한 후 물품을 추가로 공급함으로써 손해를 입었음을 이유로 그 담당공무원이 속한 지방자치단체에 손해배상을 구한 사안에서, 그 담당공무원 등의 개별공시지가 산정에 관한 직무상 위반행위와 위 손해 사이에 상당인과관계가 있다고 보기 어렵다.

[판례 100] 환경소송과 원고적격
• 낙동강유역 공장설립승인 거부사건
(대판 2010. 4. 15, 2007두16127)

[사건개요]

2004. 4. 초순경 소외 A등은 피고(상고인 겸 피상고인, 김해시장)에게 김해시 상동면 매리 산 140-40 토지 등 그 일대 토지 합계 148,245m²(이하 '이 사건 신청지'라고 한다)를 대상부지로 하는 공장설립승인신청을 하였다. 이에 피고는 낙동강유역환경청장에게 사전환경성검토협의를 요청한 후, 낙동강유역환경청장으로부터 이 사건 신청지로부터 약 2.7km 떨어진 곳에 2곳의 취수장이 있다는 이유 등으로 부동의 한다는 회신을 받고 위 공장설립승인신청을 반려하였다.
2005. 7. 19. 피고 보조참가인을 비롯한 별지 기재 신청업체들은 피고에게 이 사건 신청지를 대상부지로 하는 공장설립승인신청을 하였다.
2005. 11. 3. 피고는 낙동강유역환경청장에게 사전환경성검토협의를 요청하였다.
2005. 11. 28. 낙동강유역환경청장은 오염물질 확산에 의한 영향검토 및 이 사건 신청지에 공장이 설립됨으로써 직접적인 영향을 받는 부산광역시와 양산시의 동의에 관한 보완요청을 하였다.
2005. 12. 9. 피고는 낙동강유역환경청장이 제기한 문제에 관하여 제대로 보완하지 아니한 채 다시 사전환경성검토협의를 요청하였다.
2006. 1. 5. 낙동강유역환경청장은 ① 이 사건 신청지로부터 약 2.4km 떨어진 곳에 물금취수장이, 약 2.7km 떨어진 곳에 양산물금택지개발사업지구에 상수를 공급하기 위한 취수시설(이하 '양산취수장'이라 한다)과 정수시설이 건설 중이어서 공장입지로서 적절하지 않고, ② 2005. 6. 4. 시행된 김해시의 공장건축가능지역 지정에 관한 조례 제5조 제2항에 위배되며, ③ 낙동강원수를 상수원수로 이용하고 있는 부산광역시, 양산시가 안정적인 상수원수 확보를 이유로 반대하고 있다는 등의 사유로 이 사건 신청지를 대상부지로 하는 공장설립은 바람직하지 않다고 회신하였다.
2006. 1. 10. 피고는 다시 낙동강유역환경청장에게 사전환경성검토재협의를 요청하였다.
2006. 2. 7. 낙동강유역환경청장은 부동의 한다고 통보하였다.
2006. 4. 27. 피고는 그 협의내용을 반영하지 않겠다고 통보하고, 같은 날 산업집적활성화 및 공장설립에 관한 법률(이하 '공장설립법'이라 한다) 제13조에 따라 별지 기재 신청업체들의 공장설립승인신청을 승인하였다(이하 '이 사건 처분'이라 한다).

2006. 4. 29. 낙동강유역환경청장은 피고의 협의내용 미반영 통보에 대하여 협의내용을 이행할 것을 요청하였다.

2006. 6. 12. 낙동강유역환경청장은 경상남도지사에게 이 사건 처분의 취소 또는 정지 조치를 요청하였다. 이에 주민들인 원고들은 "피고가 2006. 4. 27. 별지 기재 신청업체들에 대하여 한 공장설립승인처분을 취소한다"라는 판결을 구하는 공장설립승인처분취소소송을 제기하였다.

■ 원고들의 지위

양산물금택지개발사업지구 내인 양산시 남부동에 거주하고 있는 원고 A, B는 현재 밀양댐에서 취수한 수돗물을 공급받고 있으나, 양산취수장과 정수장의 급수가 개시되면 그곳에서 취수한 물을 식수로 공급받기로 계획되어 있고, 위 원고들을 제외한 나머지 원고들은 대부분 부산광역시(그 중 원고 원고 C, D는 양산시 물금읍 범어리에 거주하고 있다)에 거주하면서 물금취수장에서 취수한 물을 식수로 공급받고 있다.

[판결요지](원고적격 부분 발췌)

[1] 행정처분의 근거 법규 또는 관련 법규에 그 처분으로써 이루어지는 행위 등 사업으로 인하여 환경상 침해를 받으리라고 예상되는 영향권의 범위가 구체적으로 규정되어 있는 경우에는, 그 영향권 내의 주민들에 대하여는 당해 처분으로 인하여 직접적이고 중대한 환경피해를 입으리라고 예상할 수 있고, 이와 같은 환경상의 이익은 주민 개개인에 대하여 개별적으로 보호되는 직접적·구체적 이익으로서 그들에 대하여는 특단의 사정이 없는 한 환경상 이익에 대한 침해 또는 침해 우려가 있는 것으로 사실상 추정되어 법률상 보호되는 이익으로 인정됨으로써 원고적격이 인정되며, 그 영향권 밖의 주민들은 당해 처분으로 인하여 그 처분 전과 비교하여 수인한도를 넘는 환경피해를 받거나 받을 우려가 있다는 자신의 환경상 이익에 대한 침해 또는 침해 우려가 있음을 증명하여야만 법률상 보호되는 이익으로 인정되어 원고적격이 인정된다.

[2] 공장설립승인처분의 근거 법규 및 관련 법규인 구 산업집적활성화 및 공장설립에 관한 법령이 「개발행위로 인하여 당해 지역 및 그 주변 지역에 수질오염에 의한 환경오염이 발생할 우려가 없을 것」을 개발사업의 허가기준으로 규정하고 있는 취지는, 공장설립승인처분과 그 후속절차에 따라 공장이 설립되어 가동됨으로써 그 배출수 등으로 인한 수질오염 등으로 직접적이고도 중대한 환경상 피해를 입을 것으로 예상되는 주민들이 환경상 침해를 받지 아니한 채 물을 마시거나 용수를 이용하며 쾌적하고 안전하게 생활할 수 있는 개별적 이익까지도 구체적·직접적으로 보호하려는 데 있다.

따라서 수돗물을 공급받아 이를 마시거나 이용하는 주민들로서는 위 근거 법규 및 관련 법규가 환경상 이익의 침해를 받지 않은 채 깨끗한 수돗물을 마시거나 이용할 수 있는 자신들의 생활환경상의 개별적 이익을 직접적·구체적으로 보호하고 있음을 증명하여 원고적격을 인정받을 수 있다.

[3] 김해시장이 소감천을 통해 낙동강에 합류하는 하천수 주변의 토지에 구 산업집적활성화 및 공장설립에 관한 법률 제13조에 따라 공장설립을 승인하는 처분을 한 사안에서, 소감천이 흘러 내려 낙동강 본류와 합류하는 지점 근처에 위치하고 있는 상수원인 물금취수장은 이 사건 공장설립으로 인하여 그 근거 법규 및 관련 법규가 개별적·구체적·직접적인 환경상 이익으로서 보호하고 있는 「상수원 등 용수이용에 현저한 영향을 미치는 지역」이나 「수질오염에 의한 환경오염이 발생할 우려가 있는 개발행위의 주변 지역」에 위치한다고 볼 여지가 충분하고, 비록 나머지 원고들의 거주지역이 물금취수장으로부터 다소 떨어진 부산광역시 또는 양산시이기는 하나, 수돗물은 수도관 등 급수시설에 의해 공급되는 것이어서 수돗물을 공급받는 주민들이 가지게 되는 수돗물의 수질악화 등으로 인한 환경상 이익의 침해나 침해 우려는 그 거주 지역에 불구하고 그 수돗물을 공급하는 취수시설이 입게 되는 수질오염 등의 피해나 피해 우려와 동일하게 평가될 수 있다고 할 것이다. 따라서 물금취수장에서 취수된 물을 수돗물로 공급받는 나머지 원고들로서는 이 사건 공장설립승인처분의 근거 법규 및 관련 법규에 의하여 개별적·구체적·직접적으로 보호되는 환경상 이익, 즉 법률상 보호되는 이익이 침해되거나 침해될 우려가 있는 주민으로서 원고적격이 인정될 수 있다.

[해 설]

1. 쟁 점

이 사건 판결은 원고들이 원고적격을 갖는지의 여부와 이 사건 처분이 위법한지의 여부를 쟁점으로 하였다. 이하에서 이 사건 판결을 원고적격의 문제로서 검토한다.

2. 원고적격

(1) 환경소송의 의의

환경소송이란 환경과 관련된 처분으로 환경상 이익이나 권리를 침해받은 자가 제기하는 소송을 말한다. 환경소송은 환경상 이웃하는 자 사이의 소송이므로 이웃소송(인인소송)의 한 종류가 된다(이에 관해 [판례 60 C]를 보라). 환경소송을 제기하기 위해서는 행정소송법이 정하는 원고적격을 구비하여야 한다.

(2) 원고적격의 법리

이에 관한 내용은 [판례 60 C]의 원고적격 부분과 같다.

3. 평 가

(1) 법령상 직접 영향권과 간접 영향권의 구분이 있는 경우

(가) **판례 입장** 환경소송상 법률상 이익의 침해 여부에 대한 판단기준과 관련하여 판례는 근거 법규 또는 관계 법규가 「당해 처분으로 인하여 직접적이고 중대한 환경피해를 입는 영향권(직접 영향권)」과 「그 영향권 밖(간접 영향권)」으로 구분하고 있다면, 전자의 주민들이 갖는 이익은 법률상 이익으로 추정되고, 후자의 주민들이 갖는 이익은 법률상 이익으로 추정되지 않는다는 입장을 취한다. 그러나 후자의 주민들도 침해받는 이익이 법률상 이익임을 입증함으로써 원고적격을 인정받을 수 있다고 해왔다. 이 사건 판결도 이러한 입장을 따른 것이다.

(나) **법률상 구분의 예** 폐기물처리시설 설치촉진 및 주변지역지원 등에 관한 법률 제17조 제 2 항은 명시적으로 직접 영향권과 간접 영향권을 규정하고 있고, 환경정책기본법 제25조의2(사전환경성검토대상) 제 1 항도 직접 영향권과 간접 영향권의 구분을 전제로 한 것으로 볼 수 있다.

[참고조문]

폐기물처리시설 설치촉진 및 주변지역지원 등에 관한 법률 제17조(주변영향지역의 결정 · 고시) ① 폐기물처리시설 설치기관은 제11조의3에 따른 폐기물처리시설 설치계획이 공고된 날부터 대통령령으로 정하는 기간에 그 폐기물처리시설의 설치 · 운영으로 인하여 환경상 영향을 받게 되는 주변지역(이하 '주변영향지역'이라 한다)을 결정 · 고시하여야 한다.

② 폐기물처리시설 설치기관은 제 1 항에 따라 주변영향지역을 결정 · 고시하려면 제17조의2에 따라 구성된 주민지원협의체(이하 '지원협의체'라 한다)가 선정한 전문연구기관으로 하여금 환경상 영향을 조사하게 하고, 그 결과를 수렴하여야 한다. 다만, 지원협의체가 주변지역의 환경상 영향조사가 필요하지 아니하다고 인정하는 경우에는 해당 조사를 생략하거나 관계 전문가의 검토의견서로 대체할 수 있다.

③ 주변영향지역은 다음과 같이 구분한다.

1. 직접 영향권: 제 2 항에 따라 환경상 영향을 조사한 결과 인체 · 동물의 활동, 농 · 축산물, 임산물 또는 수산물에 직접적으로 환경상 영향을 미칠 것으로 예상되어 지역주민을 이주시킬 필요가 있다고 인정되는 지역.
2. 간접 영향권: 대통령령으로 정하는 범위의 지역으로서 제 2 항에 따라 환경상 영향을 조사한

결과 환경상 영향이 미칠 것으로 예상되는 직접 영향권 외의 지역. 다만, 특히 필요하다고 인정되는 경우에는 대통령령으로 정하는 범위 밖의 지역도 포함시킬 수 있다.

환경정책기본법 제25조의2(사전환경성검토대상) ① 사전환경성검토는 「환경영향평가법」 제 4 조 제 1 항의 규정에 의한 환경영향평가대상사업을 내용으로 하는 행정계획과 보전이 필요한 지역 안에서 시행되는 개발사업을 대상으로 실시하여야 한다.

(2) 법령상 직접 영향권과 간접 영향권의 구분이 없는 경우

환경소송상 법률상 이익의 침해 여부에 대한 판단기준과 관련하여 법령상 직접 영향권과 간접 영향권의 구분이 없는 경우, 판례는 근거 법률과 관련 법률의 종합적인 해석을 통하여 법률상 이익의 존부를 판단해 왔다.

4. 참고판례

[1] 제주특별자치도 풍력발전단지조성사건(대판 2009. 9. 24, 2009두2825)

(제주특별자치도지사가 남제주군수와 관계기관 협의를 거친 후, A회사에 풍력발전소 개발사업의 시행을 승인하자 인근주민들이 제기한 개발사업시행승인처분취소소송에서) (1) 환경상 이익에 대한 침해 또는 침해 우려가 있는 것으로 사실상 추정되어 원고적격이 인정되는 사람에는 환경상 침해를 받으리라고 예상되는 영향권 내의 주민들을 비롯하여 그 영향권 내에서 농작물을 경작하는 등 현실적으로 환경상 이익을 향유하는 사람도 포함된다. 그러나 단지 그 영향권 내의 건물·토지를 소유하거나 환경상 이익을 일시적으로 향유하는 데 그치는 사람은 포함되지 않는다.

(2) 원심이 이 사건 개발사업의 사전환경성검토협의 대상지역의 범위는 이 사건 개발사업 부지 및 그 반경 1km 내지 1.2km 내의 주변지역으로 될 개연성이 크다고 판단한 것은 정당한 것으로 수긍할 수 있다. 그러나 원고 16은 그 거주지와 이 사건 개발사업 부지 사이에 표고 326.4m의 영주산이 있어 이 사건 사업부지 및 그 반경 1km 내지 1.2km 내에 거주하지 않고 다만 이 사건 개발사업 부지에 근접하여 방목장을 운영하는 것으로 보이고(을 제83호증), 나머지 원고들은 모두 이 사건 개발사업 부지 및 그 반경 1km 내지 1.2km 밖에 거주하면서 이 사건 개발사업 부지에 인접한 지역에 토지를 소유하고 있는 사실을 알 수 있으므로, 원심으로서는 위 법리에 따라 원고들이 현실적으로 환경상 이익을 향유하는 자에 해당하는지 여부를 심리하였어야 한다.

[2] 새만금간척종합개발사업사건(새만금사건)(대판 2006. 3. 16, 2006두330 전원합의체)

(새만금간척종합개발사업을 위한 정부조치계획의 취소등을 구한 사건에서) (1) 공유수면매립면허처분과 농지개량사업 시행인가처분의 근거 법규 또는 관련 법규가 되는 구 공유수면매립법 등의 관련 규정의 취지는, 공유수면매립과 농지개량사업시행으로 인하여 직접적이고 중대한 환경피해를 입으리라고 예상되는 환경영향평가 대상지역 안의 주민들이 전과 비교하여 수인한도를 넘는 환경침해를 받지 아니하고 쾌적한 환경에서 생활할 수 있는 개별적 이익까지도 이를 보호하려는 데에 있다고 할 것이므로, 위 주민들이 공유수면매립면허처분 등과 관련하여 갖고 있는 위와 같은- 환경상의 이익은 주민 개개인에 대하여 개별적으로 보호되는 직접적·구체적 이익으로서 그들에 대하여는 특단의 사정이 없는 한 환경상의 이익에 대한 침해 또는 침해우려가 있는 것으로 사실상 추정되어 공유수면매립면허처분 등의 무효확인을 구할 원고적격이 인정된다. 한편, 환경영향평가 대상지역 밖의 주민이라 할지라도 공유수면매립면허처분 등으로 인하여 그 처분 전과 비교하여 수인한도를 넘는 환경피해를 받거나 받을 우려가 있는 경우에는, 공유수면매립면허처분 등으로 인하여 환경상 이익에 대한 침해 또는 침해우려가 있다는 것을 입증함으로써 그 처분 등의 무효확인을 구할 원고적격을 인정받을 수 있다.

(2) 헌법 제35조 제 1 항에서 정하고 있는 환경권에 관한 규정만으로는 그 권리의 주체·대상·내용·행사방법 등이 구체적으로 정립되어 있다고 볼 수 없고, 환경정책기본법 제 6 조도 그 규정 내용 등에 비추어 국민에게 구체적인 권리를 부여한 것으로 볼 수 없으므로, 환경영향평가 대상지역 밖에 거주하는 주민에게 헌법상의 환경권 또는 환경정책기본법에 근거하여 공유수면매립면허처분과 농지개량사업 시행인가처분의 무효확인을 구할 원고적격이 없다.

[새만금간척종합개발사업]

(1) 전라북도 군산시, 김제시, 부안군에 인접한 하구해역 40,100ha를 방조제로 막은 후 28,300ha의 토지와 11,800ha의 담수호를 조성하는 간척사업이다.

(2) 총 하구해역 40,100ha를 방조제로 막은 후 28,300ha의 토지와 11,800ha의 담수호를 조성하는 것으로, 조성되는 28,300ha의 토지는 식량단지 17,950ha, 원예단지 2,500ha, 해수어 및 담수어 양식단지 2,000ha, 농촌도시 800ha, 도로 등 기타 면적 5,050ha로 구성된다.

판 례 색 인

사 건 색 인

사건색인

ㄴ

ㄷ

ㅅ

ㅊ

ㅋ

ㅌ

ㅍ

ㅎ

사 항 색 인

저자약력

서울대학교 법과대학 졸업

서울대학교 대학원 졸업(법학박사)

독일 Universität Tübingen, Universität Wuppertal, 미국 University of California at Berkeley 등에서 행정법연구

한국공법학회 회장(현 고문)

한국지방자치법학회 회장(현 명예회장)

지방분권촉진위원회위원 · 민주화운동관련자명예회복및보상심의위원회위원 · 헌법재판소공직자윤리위원회위원 · 행정소송법개정위원회위원 · 행정자치부정책자문위원회위원 · 국무총리행정심판위원회위원 · 중앙분쟁조정위원회위원 · 중앙토지평가위원회위원 · 경찰혁신위원회위원 · 전국시장군수구청장협의회자문교수 · 서울특별시민간위탁운영평가위원회위원장 · 서울특별시강남구법률자문교수 등

사법시험 · 행정고시 · 입법고시 · 외무고시 · 지방고등고시 등 시험위원

이화여자대학교 법과대학 교수

현재: 연세대학교 법학전문대학원 · 법과대학 교수

저 서

헌법과 정치(법문사, 1986)

행정법원리(박영사, 1990)

판례행정법(길안사, 1994)

사례행정법(신조사, 1996)

행정법연습(신조사, 초판 1999, 제 8 판 2008)

신행정법연습(신조사, 초판 2009, 제 2 판 2011)

경찰행정법(박영사, 초판 2007, 제 2 판 2010)

신지방자치법(박영사, 2009)

행정법원론(상)(박영사, 초판 1992, 제20판 2012)

행정법원론(하)(박영사, 초판 1993, 제20판 2012)

행정법특강(박영사, 초판 2002, 제11판 2012)

신행정법입문(박영사, 초판 2008, 제 5 판 2012)

공인노무사 행정쟁송법특강(박영사(공저), 2011)

CASE 행정법특강(박영사(공저), 2011)

제 2 판

최신행정법판례특강

2011년 3월 2일 초판발행

2012년 2월 20일 제 2 판발행

2013년 3월 5일 중판발행

저 자 홍 정 선

발행인 안 종 만

발행처 (주) 박영사

서울특별시 종로구 평동 13-31번지

전화 (733) 6771 FAX (736) 4818

등록 1959. 3. 11. 제300-1959-1호(倫)

www.pybook.co.kr e-mail: pys@pybook.co.kr

정 가 29,000원 ISBN 978-89-6454-793-9